Kohlhammer Edition Marketing

Herausgeber: **Prof. Dr. Richard Köhler**
Universität zu Köln

Prof. Dr. Dr. h.c. Heribert Meffert
Universität Münster

Dieter Ahlert
Hendrik Schröder

Rechtliche Grundlagen des Marketing

2., völlig überarbeitete Auflage

Verlag W. Kohlhammer
Stuttgart Berlin Köln

Die Deutsche Bibliothek – CIP-Einheitsaufnahme

Kohlhammer-Edition Marketing / Hrsg.: Richard Köhler ;
Heribert Meffert. – Stuttgart ; Berlin ; Köln : Kohlhammer.
NE: Köhler, Richard [Hrsg.]

Ahlert, Dieter: Rechtliche Grundlagen des Marketing. – 2.,
völlig überarb. Aufl. – 1996

Ahlert Dieter:
Rechtliche Grundlagen des Marketing / Dieter Ahlert ;
Hendrik Schröder. – 2., völlig überarb. Aufl. – Stuttgart ;
Berlin ; Köln : Kohlhammer, 1996
  (Kohlhammer-Edition Marketing)
  ISBN 3-17-014428-6
NE: Schröder, Hendrik:

2., völlig überarbeitete Auflage 1996

Alle Rechte vorbehalten
© 1989 W. Kohlhammer GmbH
Stuttgart Berlin Köln
Verlagsort: Stuttgart
Gesamtherstellung:
W. Kohlhammer Druckerei GmbH + Co. Stuttgart
Printed in Germany

Vorwort der Herausgeber

Mit dem vorliegenden Werk wird die „Kohlhammer Edition Marketing" fortgesetzt - eine Buchreihe, die in 24 Einzelbänden die wichtigsten Teilgebiete des Marketing behandelt. Jeder Band soll in kompakter Form (und in sich abgeschlossen) eine Übersicht zu den Problemstellungen seines Themenbereichs geben und wissenschaftliche sowie praktische Lösungsbeiträge aufzeigen.

Als Ganzes bietet die Edition eine Gesamtdarstellung der zentralen Führungsaufgaben des Marketing-Management. Ebenso wird auf die Bedeutung und Verantwortung des Marketing im sozialen Bezugsrahmen eingegangen.

Als Autoren dieser Reihe konnten namhafte Fachvertreter an den Hochschulen und, zu einigen ausgewählten Themen, Marketing-Praktiker in verantwortlichen Positionen gewonnen werden. Sie gewährleisten eine problemorientierte und anwendungsbezogene Veranschaulichung des Stoffes. Angesprochen sind mit der Kohlhammer Edition Marketing zum einen die Studierenden an den Hochschulen. Ihnen werden die wesentlichen Stoffinhalte des Faches möglichst vollständig - aber pro Teilgebiet in übersichtlich komprimierter Weise - dargeboten.

Zum anderen wendet sich die Reihe auch an Institutionen, die sich der Aus- und Weiterbildung von Praktikern auf dem Spezialgebiet des Marketing widmen, und nicht zuletzt unmittelbar an Führungskräfte des Marketing. Der Aufbau und die inhaltliche Gestaltung der Edition ermöglichen es ihnen, einen raschen Überblick über die Anwendbarkeit neuerer Ergebnisse aus der Forschung sowie über Praxisbeispiele aus anderen Bereichen zu gewinnen.

Was das äußere Format und die inhaltliche Ausführlichkeit betrifft, so ist mit der Kohlhammer Edition Marketing bewußt ein Mittelweg zwischen Taschenbuchausgaben und sehr ins einzelne gehenden Monographien beschritten worden. Bei aller vom Zweck her gebotenen Begrenzung des Umfanges erlaubt das gewählte Format ein übersichtliches und durch manche didaktische Hilfen ergänztes Darstellungsbild. Über die Titel und Autoren der Gesamtreihe informiert ein Programmüberblick am Ende dieses Bandes. Hier sollen nur die fünf Schwerpunktgebiete genannt werden:

Grundlagen des Marketing (Einführungsband, Strategisches Marketing, Marketing-Planung, Marketing-Organisation, und Marketing-Kontrolle) - **Informationen für Marketing-Entscheidungen** (Marktforschung, Markt- und Absatzprognosen, Konsumentenverhalten, Marktsegmentierung, Marketing-Informationssysteme, Entscheidungsunterstützung für Marketing-Manager) - **Instrumente des Marketing-Mix** (Produktpolitik, Distributionsmanagement, Preispolitik, Kommunikationspolitik, Strategie und Technik der Werbung, Verkaufsmanagement) - **Institutionelle Bereiche des Marketing** (Handelsmarketing, Investitionsgüter-Marketing, Dienstleistungs-Marketing, Marketing für öffentliche Betriebe, Internationales Marketing-Management) -

Umwelt und Marketing (Rechtliche Grundlagen des Marketing, Social Marketing).

Der vorliegende Band „Rechtliche Grundlagen des Marketing" von Ahlert und Schröder behandelt einen in der deutschsprachigen Literatur stark vernachlässigten Problembereich des Marketing-Management.

Zahlreiche neue Rechtsnormen, der Fortschritt der Rechtsprechung und neue Themen des Marketing, z.B. die Werbung mit Umweltschutzargumenten oder in neuen Medien, das „Product Placement" in Filmen, machten eine vollständige Überarbeitung dieses Standardwerkes notwendig.

Nachdem die beiden Autoren zunächst die zentralen Problembereiche im Spannungsfeld zwischen Marketing und Recht aufgearbeitet und damit die Grundlagen des Marketing-Rechts-Managements legen, setzen sie sich in einem ersten umfassenden Schwerpunkt mit den Möglichkeiten und Grenzen einer rechtlichen Absicherung des strategischen Marketing auseinander. Dabei steht zunächst das Vertragsmanagement im Vordergrund. Diskutiert werden nicht nur die rechtlichen Grundlagen, sondern auch die unterschiedlichen Phasen des Vertragsmanagements. Ein zweiter Teil im strategischen Schwerpunkt des vorliegenden Bandes ist dem Schutzrechtsmanagement gewidmet.

Den zweiten Schwerpunkt der „Rechtlichen Grundlagen des Marketing" legen Ahlert und Schröder auf die Wirkungen des Rechts in den verschiedenen Mixbereichen des Marketing. Im Mittelpunkt steht insbesondere das Rechtsmanagement im Rahmen produkt- und kundendienstpolitischer Entscheidungen. Besonders hervorzuheben ist dabei die Auseinandersetzung mit der besonderen Rechtsproblematik der Produkthaftung und den Auswirkungen der Verschärfung des Produkthaftungsrechts. Aber auch die weiteren Marketinginstrumente - Preis- und Absatzkreditpolitik, Kommunikationspolitik und Distributionspolitik - werden umfassend analysiert. Im Mittelpunkt stehen dabei insbesondere die restriktiven Wirkungen des Rechts sowie die Fragestellung, wie das Marketing-Rechts-Management diesen Restriktionen begegnen kann.

Das Buch von Ahlert und Schröder spiegelt den aktuellen Stand rechtlicher Problemstellungen im Marketing wider. Es vermittelt jedoch nicht allein in sehr umfassender Form die rechtlichen Grundlagen des Marketing, vielmehr setzen sich die Autoren auch immer wieder mit den Implikationen für das Marketing-Rechts-Management auseinander. Gerade dieser problemorientierte, von den spezifischen Fragestellungen des Marketing ausgehende Ansatz, verbunden mit einer hohen Benutzerfreundlichkeit, die das Buch auch zum Nachschlagewerk werden läßt, liefert wesentliche Anregungen für die Praxis des Marketing-Rechts-Management.

Köln und Münster, im August 1996 Richard Köhler

Heribert Meffert

Vorwort der Verfasser zur zweiten Auflage

Seit Erscheinen der ersten Auflage dieses Buches hat sich das für das Marketing relevante Recht maßgeblich weiterentwickelt. Folglich wurden Novellierungen bestehender Rechtsnormen (z.b. GWB, UWG), zusätzliche Rechtsnormen (z.b. das mit dem Markengesetz neu geordnete Kennzeichenrecht, die Gemeinschaftsmarken-Verordnung, das Produktpirateriegesetz, das Produkthaftungsgesetz) und aktuelle Rechtsprechung (z.b. zur Schockwerbung und zur Direktwerbung) in die zweite Auflage eingearbeitet.

Des weiteren sind Marketing-Instrumente aufgenommen worden, die in der Unternehmungspraxis erhebliche Bedeutung erlangt haben. Hierzu gehören z.b. das Product Placement, das Sponsoring, die Werbung mit Gesundheitsargumenten, die Werbung mit Umweltschutzargumenten und das Tele-Shopping.

Die für die Gestaltung des Marketing wesentlichen Fragestellungen werden nunmehr im Anschluß an das Grundlagenkapitel in vier nach den Instrumentalbereichen des Marketing geordneten Kapiteln untersucht. Soweit nicht sektoren- und branchenunabhängige Marketing-Rechts-Probleme vorliegen, geschieht dies aus der Perspektive eines Herstellers von Konsumgütern.

Die vielfältigen Entwicklungen in den Gebieten der Rechtsordnung und des Marketing verlangen, Schwerpunkte zu setzen und auf bestimmte Themen, die der eine oder andere Leser vielleicht erwartet, zu verzichten. So läßt es die Konzeption dieses Buches z.B. nicht zu, auf Besonderheiten des Rechts einzugehen, die für das Handelsmarketing, das Investitionsgütermarketing oder das internationale Marketing relevant sind.

Den Lesern der ersten Auflage danken wir für wertvolle Hinweise und Anregungen. Unser Dank gebührt weiterhin Herrn Frank Katzenmayer vom Verlag Kohlhammer, der uns mit seinen Ratschlägen bei der Erstellung eines reproduktionsreifen Manuskripts unterstützt hat. Schließlich danken wir Frau Kirsten Heuser für die gewissenhafte Korrektur des Manuskripts und Herrn Michael Verheyen für seinen Beitrag bei der Anfertigung der Abbildungen.

Münster und Essen, im August 1996   Dieter Ahlert
                                              Hendrik Schröder

Vorwort der Verfasser zur ersten Auflage

Das Beziehungsfeld zwischen Marketing und Recht ist weitaus komplexer, als es in den Marketing-Lehrbüchern gemeinhin dargestellt wird. Das Recht bietet Risiken und Chancen für das Marketing, es begrenzt, aber es erweitert auch den Handlungsspielraum der Absatzpolitik. Es gehört zum Datenkranz des Marketing, aber es ist auch beeinflußbar und als Gestaltungsparameter einsetzbar. Das marketingrelevante Recht ist besonders kompliziert und unübersichtlich, zudem höchst unsicher und variabel. Die Bewältigung der rechtlichen Probleme des Marketing stellt daher hohe Anforderungen an Marketingmanager und Rechtsexperten. Wissenschaftliche Unterstützung kann dabei formal und substantiell geleistet werden, und in beiderlei Hinsicht sind noch erhebliche Defizite im Fachschrifttum festzustellen.

In **formaler Hinsicht** geht es um den Problemlösungsprozeß, d.h. um die Zusammenarbeit von Marketingmanagern und Rechtsexperten
- bei Entscheidungen über die präventive, defensive oder offensive Handhabung der Rechtsprobleme,
- bei der Wahl geeigneter Verhaltensstrategien gegenüber dem restriktiven und dem chancenerweiternden Recht sowie
- bei der Schaffung einer dafür geeigneten Informationsbasis.

Von besonderem Interesse ist die organisatorische Gestaltung dieses Problemlösungsprozesses, die von einzelnen Regelungen bis hin zur Einrichtung separater Marketing-Rechts-Kollegien oder -Projektgruppen reichen kann.

Zu diesen formalen Fragen der Problembewältigung ist eine weitere, umfassende Monographie entstanden (Ahlert, D., Marketing-Rechts-Management, Köln 1988), aus der ein Extrakt in das vorliegende Buch eingearbeitet ist.

In **substantieller Hinsicht** kommt es auf eine systematische und möglichst vollständige Erfassung und Aufarbeitung des marketingrelevanten Rechts an. Dabei ist von den Fragestellungen des Marketing, vom einzelnen absatzpolitischen Instrument bis hin zur kompletten Marketingstrategie, auszugehen, um die jeweils relevanten Rechtsnormen auf allen möglichen Rechtsgebieten zusammenzustellen und deren restriktiven, aber auch chancenerweiternden Wirkungen herauszuarbeiten.

Darin besteht unser zentrales Anliegen. Es wird besonderer Wert auf eine 'benutzerfreundliche' Aufbereitung des marketingrelevanten Rechts gelegt. Dies bedeutet zweierlei: Einmal die Vermittlung eines jeweils umfassenden Überblicks über das einschlägige Recht mit gezielten Literaturempfehlungen und zum andern die vertiefende Darstellung der besonders gravierenden oder aktuellen Probleme in den verschiedenen Instrumentalbereichen der Absatzpolitik. Die Auswahl dieser Schwerpunkte ist nicht willkürlich, sondern setzt an jenen Entscheidungstatbeständen des Marketing an, deren Relevanz von Marketing- und Rechtsmanagern der deutschen Konsumgüterindustrie in einer repräsentativen Erhebung erfragt wurde.

Die "Rechtlichen Grundlagen des Marketing" sind im Rahmen eines größeren Forschungsprojektes "Marketing und Recht" am Lehrstuhl für Betriebswirtschaftslehre, insbesondere Distribution und Handel, der Westfälischen Wilhelms-Universität Münster entstanden. Das Forschungsprojekt wurde vom Minister für Wissenschaft und Forschung des Landes Nordrhein-Westfalen großzügig finanziell unterstützt. Weitere Forschungsergebnisse zum Thema "Marketing und Recht" werden in der Reihe "Schriften zu Distribution und Handel" (Hrsg. D. Ahlert) veröffentlicht. Die sich mit diesem Themenkomplex befassenden Arbeiten behandeln einzelne zentrale Fragestellungen in Distributionssystemen jeweils aus der Perspektive des industriellen Marketing, aus der Perspektive des Handelsmanagements und aus (wettbewerbs)rechtlicher und rechtspolitischer Sicht.

An der Vorbereitung dieses Buches haben zahlreiche Mitarbeiter des Forschungsprojektes mitgewirkt, denen wir für ihre Vorlagen und kritischen Anregungen herzlich danken möchten. Unser besonderer Dank gilt dem langjährigen Projektleiter, Herrn Dipl.-Kfm. Dieter Pollmüller, der umfangreiche Dokumentationen zu den Marketing-Rechts-Problemen beigesteuert hat. Weiterhin sei Herrn Dipl.-Kfm. Dr. Hans-Joachim Flocke (Rechtsanwalt), Herrn Dipl.-Kfm. Klaus Terjung (Rechtsanwalt) und Frau Anne Feldhaus (Sekretärin) herzlich Dank gesagt. Bei einem dermaßen breitangelegten und teilweise auch tiefreichenden Vorstoß in die rechtliche Dimension des Marketing bleibt es nicht aus, daß Fehler unterlaufen, aktuelle Entwicklungen übersehen werden, die Akzente nicht immer problemadäquat gesetzt werden und überhaupt Wünsche offenbleiben. Für kritische Anmerkungen und Anregungen aus dem Kreis unserer Leser sind wir daher besonders dankbar.

Münster, im Juli 1989   Dieter Ahlert
                                                         Hendrik Schröder

Inhaltsverzeichnis

Abbildungsverzeichnis

Bild

Abkürzungsverzeichnis

AbfG	Abfallgesetz
ABl.	Amtsblatt (der EU)
Abs.	Absatz
Abschn.	Abschnitt
Abt.	Abteilung
AcP	Archiv für civilistische Praxis
ADAC	Allgemeiner Deutscher Automobilclub
ADSp	Allgemeiner Deutsche Spediteurbedingungen
a.F.	alte Fassung
AfP	Archiv für Presserecht
AG	Amtsgericht oder Aktiengesellschaft
AGB	Allgemeine Geschäftsbedingungen
AGBG	Gesetz zur Regelung des Rechts der Allgemeinen Geschäftsbedingungen
AGR	Arbeitsgemeinschaft für Rationalisierung des Landes Nordrhein-Westaflen
AGV	Arbeitsgemeinschaft der Verbraucher
allg.	allgemein
AMG	Gesetz über den Verkehr mit Arzneimitteln, Arzneimittelgesetz
Anm.	Anmerkung
Art.	Artikel
asw	Absatzwirtschaft (Zeitschrift)
Aufl.	Auflage
AWG	Außenwirtschaftsgesetz
AWV	Außenwirtschaftsverordnung
BB	Betriebsberater (Zeitschrift)
Bd.	Band
BDSG	Bundesdatenschutzgesetz
BFStrG	Bundesfernstraßengesetz
BFUP	Betriebswirtschaftliche Forschung und Praxis (Zeitschrift)
BGA	Bundesgesundheitsamt
BGB	Bürgerliches Gesetzbuch
BGBl.	Bundesgesetzblatt
BGH	Bundesgerichtshof
BGHZ	Entscheidungen des BGH in Zivilsachen (Amtliche Sammlung)
BKartA	Bundeskartellamt
BRAO	Bundesrechtsanwaltsordnung
BRDrucks.	Drucksachen des Bundesrats
BT	Bundestag

CAD	Computer Aided Design
CAM	Computer Aided Manufacturing
c.i.c.	culpa in contrahendo
c.p.	ceteris paribus
CIM	Computer Integrated Manufacturing
DAR	Deutsches Autorecht (Zeitschrift)
DB	Der Betrieb (Zeitschrift)
DBW	Die Betriebswirtschaft (Zeitschrift)
dgl.	dergleichen
d.h.	das heißt
DFG	Deutsche Forschungs-Gemeinschaft
Diss.	Dissertation
Drucks	Drucksache
DSD GmbH	Duales System Deutschland GmbH
EG	Europäische Gemeinschaft (Begriff wird bis einschließlich 1994 verwendet)
ehb	Einzelhandelsberater
EichG	Eichgesetz
Einl	Einleitung
EPÜ	Europäisches Patentübereinkommen
EStG	Einkommensteuergesetz
et al.	et alteri
EU	Europäische Union (Begriff wird ab 1995 verwendet)
EuGH	Europäischer Gerichtshof
EUGH Slg.	Europäischer Gerichtshof, Entscheidungssammlung
EUGHE	Europäischer Gerichtshof Entscheidungen
EWGV	Vertrag zur Gründung der Europäischen Wirtschaftsgemeinschaft
f.	folgende
FAZ	Frankfurter Allgemeine Zeitung
FIW	Forschungsinstitut für Wirtschaftsverfassung und Wettbewerb e.V. Köln
ff.	fortfolgende
FPV	Fertigpackungsverordnung
G	Gesetz
GebrMG	Gebrauchsmustergesetz
GemMVO	Gemeinschaftsmarken-Verordnung
GeschmMG	Geschmacksmustergesetz
GeWO	Gewerbeordnung
GG	Gundgesetz
GjS	Gesetz über die Verbeitung jugendgefährdender Schriften
GPÜ	Gemeinschaftspatentübereinkommen
GRUR	Gewerblicher Rechtsschutz und Urheberrecht (Zeitschrift)

GRUR-Int.	Gewerblicher Rechtsschutz und Urheberrecht International (Zeitschrift)
GüKG	Güterkraftverkehrsgesetz
GVBl.	Gesetz- und Verordnungsblatt für Berlin
GWB	Gesetz gegen Wettbewerbsbeschränkungen
HDE	Hauptgemeinschaft des deutschen Einzelhandels
HGB	Handelsgesetzbuch
h.M.	herrschende Meinung
HMA	Haager Musterabkommen
Hrsg.	Herausgeber
HTiWiG	Gesetz über den Widerruf von Haustürgeschäften und ähnlichen Geschäften
HWG	Heilmittelwerbegesetz
i.d.F.	in der Fassung
i.d.R.	in der Regel
i.e.S.	im engeren Sinn
IHK	Industrie- und Handelskammer
insb.	insbesondere
i.S.v.	im Sinne von
i.V.m.	in Verbindung mit
i.w.S.	im weiteren Sinn
Jg.	Jahrgang
JuS	Juristische Schulung (Zeitschrift)
Kap.	Kapitel
KG	Kammergericht Berlin oder Kommanditgesellschaft oder Kommanditgesellschaft
LG	Landgericht
lit.	Buchstabe
LMBG	Lebensmittel- und Bedarfsgegenstände-Gesetz
LMKV	Lebensmittel-Kennzeichnungsverordnung
MA	Markenartikel (Zeitschrift)
MarkenG	Markengesetz
MarkenV	Markenverordnung
Marketing ZFP	Marketing Zeitschrift für Forschung und Praxis (Zeitschrift)
MRM	Marketing-Rechts-Management
MschG	Gesetz über technische Arbeitsmittel (sog. Maschinenschutzgesetz), Gerätesicherheitsgesetz
m.w.N.	mit weiteren Nachweisen
NJW	Neue Juristische Wochenschrift (Zeitschrift)

o.ä.	oder ähnlich
OHG	Offene Handelsgesellschaft
o.J.	ohne Jahresangabe
OLG	Oberlandesgericht (mit Ortsnamen)
o.O.	ohne Ortsangabe
o.V.	ohne Verfasserangabe
PatG	Patentgesetz
Pers.Bef.G	Personenbeförderungsgesetz
PHI	Produkthaftpflicht International (Zeitschrift)
ProdHaftG	Produkthaftungsgesetz
pVV	positive Vertragsverletzung
PVÜ	Pariser Verbandsübereinkunft zum Schutz des gewerblichen Eigentums
Rdn.	Randnummer
RfStV	Staatsvertrag über den Rundfunk im vereinten Deutschland
RGBl.	Reichsgesetzblatt
RIW/AWD	Recht der internationalen Wirtschaft/Außenwirtschafts dienst des Betriebsberaters
Rz.	Randziffer
S.	Seite oder Satz
StVO	Straßenverkehrsordnung
STVZO	Straßenverkehrzulassungsordnung
TabStG	Tabaksteuergesetz
TB	Tätigkeitsbericht
TÜV	Technischer Überwachungsverein
UrhG	Urheberrechtsgesetz
u.U.	unter Umständen
u.v.a.m.	und viele(s) andere mehr
UWG	Gesetz gegen den unlauteren Wettbewerb
v.	vom, von
VDA	Verband Deutscher Automobilhersteller
VDE	Verband Deutscher Elektrotechniker
VDI	Verband Deutscher Ingenieure
VerbrKrG	Verbraucher-Kredit Gesetz
VersR	Versicherungsrecht (Zeitschrift)
vgl.	vergleiche
VO	Verordnung
Vol.	Volume
WKZ	Werbekostenzuschuß
WRP	Wettbewerb in Recht und Praxis (Zeitschrift)
WuW	Wirtschaft und Wettbewerb (Zeitschrift)

WuW/E	Entscheidungssammlung zu Wirtschaft und Wettbewerb (Zeitschrift)
ZAW	Zentralverband der deutschen Werbewirtschaft
ZfB	Zeitschrift für Betriebswirtschaft
ZfbF	Zeitschrift für betriebswirtschaftliche Forschung
ZfgG	Zeitschrift für das gesamte Genossenschaftswesen
ZHR	Zeitschrift für das gesamte Handelsrecht und Wirtschafts recht (Zeitschrift)
Ziff.	Ziffer
ZIP	Zeitschrift für Wirtschaftsrecht und Insolvenzpraxis (Zeitschrift)
ZPO	Zivilprozeßordnung
ZRP	Zeitschrift für Rechtspolitik
ZSR	Zeitschrift sür schweizerisches Recht
ZUM	Zeitschrift für Urheber- und Medienrecht
z.T.	zum Teil
z.Zt.	zur Zeit

1. Managementprobleme im Spannungsfeld zwischen Marketing und Recht

1.1 Risiken und Chancen des Rechts für das Marketingmanagement - die offenen Fragen

Die im Spannungsfeld zwischen Marketing und Recht zu bewältigenden Aufgabenstellungen gehören heute zu den **Schlüsselproblemen des Managements**. Die Zeiten, in denen die Marketingabteilungen Rechtsfragen entweder ignoriert oder deren Klärung ausschließlich den internen oder externen Rechtsexperten überlassen haben, die häufig erst dann aktiv wurden, wenn aus dem Marketing-Rechts-Problem ein "Fall" geworden war, gehören heute in den meisten größeren deutschen Unternehmungen offenbar der Vergangenheit an (vgl. die bei Ahlert 1988 dokumentierten Ergebnisse einer empirischen Erhebung).

Gleichwohl ist es nicht schwer, eine größere Anzahl spektakulärer Fälle aus der Marketingpraxis aufzuführen, die in der Literatur unter dem Stichwort "Mißmanagement" publiziert werden und auf ein **Versagen der Problembewältigung** im Spannungsfeld zwischen Marketing und Recht hindeuten (vgl. Ahlert 1982 II, S. 91 f.). Beispiele lassen sich in allen Instrumentalbereichen des Konsumgüter-Marketing finden, wie die folgende Auswahl zeigt.

Wenn ein Hersteller **innovative Produkte** auf den Markt bringen will, wird er entsprechende Investitionen in den Einsatz neuer Technologien, in die Entwicklung des Produktdesigns und in die Kommunikation eines Markennamens tätigen. Versäumt es dieser Hersteller jedoch, die neuen Produktmerkmale durch gewerbliche Schutzrechte ausreichend abzusichern, geht er das Risiko legaler Nachahmungen ein. Konkurrenten können die fremden Errungenschaften "abkupfern" und von deren Vermarktung profitieren, ohne daß der betroffene Hersteller eine rechtliche Handhabe dagegen hat.

Eine zentrale Rolle im Bereich der Absatzprogrammpolitik spielt die **Produkthaftung**. Bislang mußten bereits zahlreiche Hersteller die teilweise harten Wirkungen der Haftung für Mangelfolgeschäden erfahren. Zu ihnen zählt ein bekannter Hersteller von Pflegemitteln für Lederwaren: Nach der Verwendung von Lederpflege-, Imprägnier- oder Farbsprays zweier renommierter Marken traten bei einigen Verbrauchern erhebliche gesundheitliche Beeinträchtigungen auf. Obwohl der Hersteller von den Gefahren wußte, unterließ er es, seine Produkte rechtzeitig vom Markt zurückzurufen und ihre weitere Auslieferung zu stoppen. Neben den zivil- und strafrechtlichen Folgen trafen den Hersteller aufgrund der Publikation des Falles auch erhebliche Imageeinbußen.

Rechtliche Aspekte gilt es des weiteren auf dem Gebiet der **Preispolitik** zu beachten. Ein Hersteller kann zu Preissenkungen gezwungen werden, wenn er seine marktbeherrschende Stellung zu einer mißbräuchlichen Preisfestsetzung ausnutzt. In der Vergangenheit waren hiervon z.b. Mineralölfirmen und Pharmaproduzenten betroffen. Chancen, die Preise im Absatzkanal zu sichern, bieten z.b. Mittelstandsempfehlungen und unverbindliche Preisempfehlungen. Der Einsatz dieser Instrumente ist allerdings an eine Reihe von Voraussetzungen geknüpft und unterliegt der Mißbrauchsaufsicht durch die Kartellbehörden. Diese haben bereits manche unverbindliche Preisempfehlung für unzulässig erklärt, weil sich der empfohlene Preis als sogenannter Mondpreis herausgestellt hat.

In kaum einem anderen Bereich sind rechtliche Fehltritte so zahlreich zu verzeichnen wie in der **Werbung**: Verbraucher werden über Produkteigenschaften getäuscht, Produkte werden unzulässigerweise miteinander verglichen, oder Konsumgüter sollen mit Appellen an Angst oder Leidenschaft verkauft werden. Vor allem neu aufgegriffene Themen bringen Rechtsprobleme mit sich. Dies gilt in letzter Zeit besonders für die Werbung mit Umweltschutz- und Gesundheitsargumenten. Allzu häufig werden hier die Grenzen des rechtlich Zulässigen überschritten. Weiterhin mußten sich schon viele Anbieter den berechtigten Vorwurf der Belästigung gefallen lassen, wenn sie telefonisch, über Telex oder Telefax um Kunden geworben hatten. Bei Kenntnis der Voraussetzungen, unter denen der Einsatz dieser Werbemittel erlaubt ist, wären ihnen Kosten und Ärger erspart geblieben.

Vielfältige und komplexe rechtliche Probleme können schließlich auftreten, wenn die Beziehungen zwischen Industrie und Handel auf eine umfassende vertragliche Basis gestellt werden sollen. Dies zeigen beispielhaft die **Vertraglichen Vertriebssysteme**, die z.B. in der Kosmetik-, Unterhaltungselektronik- und Automobilbranche anzutreffen sind. Ein umfassendes Vertragsmanagement kann hier helfen, zeit- und kostenintensive Rechtsstreitigkeiten zu vermeiden.

In diesen und ähnlichen Fällen wird deutlich, welche gravierenden Konsequenzen der Verzicht auf ein präventives Marketing-Rechts-Management bzw. dessen Scheitern haben kann. Den Ausgangspunkt der folgenden Ausführungen bilden daher die Entscheidungen, die über den Einsatz der einzelnen Instrumente im Rahmen des Marketing zu treffen sind.

Da das Marketing-Instrumentarium der Konsumgüter-Hersteller von dem der Investitionsgüter-Hersteller, des Handels oder anderer Dienstleistungsunternehmungen zum Teil erheblich abweicht und folglich zu anderen Marketing-Rechts-Problemen führen kann, ist es kaum möglich, alle rechtlichen Grundlagen des Marketing in einem einzigen Band behandeln zu wollen. Das vorliegende Buch widmet sich daher ausschließlich den Marketing-Rechts-Problemen und Lösungsansätzen von Konsumgüter-Herstellern. Es werden handels- und verbrauchergerichtete Maßnahmen daraufhin untersucht, inwieweit sie einerseits durch rechtliche Maßnahmen abgesichert werden können und welche rechtlichen Restriktionen andererseits zu beachten sind.

Die Kernfrage lautet also: Welche Chancen und Risiken gehen von dem Recht für das Konsumgüter-Marketing aus, und wie kann das Marketing-Rechts-Management die auftretenden Probleme in der für den Hersteller günstigsten Weise lösen?

Die genannten Fallbeispiele für ein **Versagen der Problembewältigung im Spannungsfeld zwischen Marketing und Recht** verleiten vorschnell zu der Auffassung, ein gut funktionierendes Marketing-Rechts-Management solle für **alle** Marketingmaßnahmen den höchstmöglichen Schutz durch rechtliche Absicherungsstrategien erlangen und deren vollkommene Unbedenklichkeit bezüglich restriktiver Rechtsnormen gewährleisten. Diese Forderung ist jedoch nicht nur naiv, sondern schlicht ökonomisch falsch; denn es lassen sich zweifellos mindestens ebensoviele Fälle anführen - die allerdings nicht veröffentlicht werden -, in denen der (bewußte) Verzicht auf eine aufwendige und zeitraubende Rechtstauglichkeitsprüfung ("Legal Check") von Marketingstrategien erhebliche Aufwendungen erspart und ein rasches Agieren oder Reagieren ermöglicht hat, ohne daß Störungen eingetreten sind. Außerdem sind es nicht selten gerade die chancenreichsten Marketingstrategien, bei denen Rechtsrisiken nicht vollständig auszuschließen sind und bei denen die Forderung nach der absoluten Vermeidung von Rechtsrisiken dem Verzicht auf eben diese Strategien gleichkäme. Damit würden jedoch die Rechtsrisiken durch andere - möglicherweise viel größere - Verlustgefahren substituiert. Gerade im Einflußbereich des Wettbewerbsrechts mangelt es nicht an aktuellen Beispielen, wie in den *Kapiteln 2 bis 5* noch ausführlich gezeigt wird.

Probleme im Spannungsfeld zwischen Marketing und Recht sind besonders kompliziert, weil sie - wenn auch in unterschiedlichen Gewichtungen - stets sowohl eine rechtliche als auch eine absatzwirtschaftliche Komponente aufweisen, zwischen denen interdependente Beziehungen bestehen. Marketing-Rechts-Probleme ergeben sich folglich aus einer **Überschneidung der rechtlichen und absatzwirtschaftlichen Problemfelder.** Absatzwirtschaftlich initiierte Marketing-Rechts-Probleme treten z.B. im Rahmen der Berücksichtigung rechtlicher Bestimmungen bei der Planung neuer oder der Modifizierung bereits praktizierter Marketingmaßnahmen auf. Rechtlich initiierte Marketing-Rechts-Probleme entstehen durch die Schaffung neuer oder die Novellierung bestehender Rechtsnormen, die die Planung und Durchführung von absatzpolitischen Maßnahmen beeinflussen.

Hierbei muß auch auf die Schwierigkeit hingewiesen werden, daß die ökonomischen Belastungen nur selten exakt quantifizierbar sind. Diese Belastungen ergeben sich aus dem Verzicht auf die ursprünglich geplante Marketingstrategie, ihrer Änderung oder ihrer Durchführung gegen den Widerstand der Rechtsordnung sowie den damit einhergehenden zeitlichen Verzögerungen und Folgewirkungen, zu denen auch Imageverluste zählen.

Wie einleitend schon ausgeführt, wirkt die **Vielschichtigkeit der Beziehungen zwischen Marketing und Recht** zusätzlich komplexitätserhöhend. Auf der einen Seite beeinflußt die Rechtsordnung das Verhalten des Marketingmanagers durch Gesetze, Verordnungen und Gerichts- bzw. Behördenentscheidungen, und auf der anderen Seite kann die Unternehmung die Rechtsordnung beeinflussen, und zwar mittelbar durch die Schaffung neuer Regelungssachverhalte und unmittelbar durch die Einflußnahme auf die Legislative und Jurisdiktion. Die Beeinflussungsversuche können über das Führen von Musterprozessen, das Erstellen von Gutachten, die Verhandlung mit Behörden, formal geregelte Anhörungsverfahren und informale Kontakte (Lobby) vorgenommen werden.

Ferner spiegelt sich die Vielschichtigkeit der Beziehungen zwischen Marketing und Recht in dem folgenden Sachverhalt wider. Zum einen begrenzen die Rechtsnormen die absatzpolitischen Aktivitäten der Unternehmungen, schützen sie aber auch gleichzeitig vor rechtswidrigen Maßnahmen anderer Unternehmungen. Zum anderen gewährt das Recht Schutzpositionen z.B. in Form von gewerblichen Schutzrechten und ermöglicht bzw. erleichtert die Durchführung bestimmter Marketingmaßnahmen, zugleich wird jedoch der eigene absatzpolitische Handlungsspielraum durch Schutzpositionen anderer Unternehmungen eingeengt. Die Tatsache, daß Unternehmungen bei der Ausschöpfung ihrer Schutzpositionen wieder auf begrenzende Rechtsnormen stoßen, die andere Unternehmungen vor einer übermäßigen Einengung ihrer Aktionsmöglichkeiten schützen sollen, zeigt deutlich die sich aus der Komplexität der Beziehungen ergebenden, mannigfaltigen Schwierigkeiten bei der Handhabung von Marketing-Rechts-Problemen.

Wenngleich generell davon ausgegangen werden kann, daß Unternehmungen primär keine Rechtsprobleme haben, sondern Geschäfts- bzw. Marketingprobleme mit rechtlichen Aspekten (vgl. Uvena 1978/79, S. 831), so muß in einigen Fällen doch eine völlige Verdrehung dieser Beziehung zwischen Marketing und Recht stattgefunden haben; denn immer häufiger wird versucht, den **Wettbewerb mit Mitteln des Rechts** anstelle von absatzpolitischen Instrumenten auszutragen.

Aus diesem Spannungsfeld zwischen Marketing und Recht ergibt sich eine **Vielzahl offener Fragestellungen und Grundsatzprobleme**, an deren Klärung die Konsumgüter-Hersteller größtes Interesse haben dürften:

- Welche **rechtlichen Absicherungsstrategien**, wie etwa Schutzrechte und Vertragssysteme, bieten sich für die geplanten oder bereits laufenden

Marketingstrategien an? Wie können diese Schutzpositionen erlangt, verteidigt und verwertet werden?

- Welche **Chancen und Risiken** sind mit dem Einsatz rechtlicher Mittel verbunden, wenn das Verhalten der Konkurrenz, der Absatzmittler und der Verbraucher im Sinne der Unternehmungszielsetzungen beeinflußt werden soll?
- In welchen Bereichen der Rechtsordnung und bei welchen Marketingaktivitäten ist eine **regelmäßige Diagnose bzw. Prognose des Rechts** ("Legal Check") auf jeden Fall erforderlich oder lohnenswert? In welchen Bereichen kann die aktive Informationsgewinnung und -auswertung von bestimmten Bedingungen abhängig gemacht werden, z.b. von der Beschäftigungslage der Marketing- und Rechtsexperten oder vom Zeitdruck? In welchen Bereichen kann eine präventive Rechtstauglichkeitsprüfung unterbleiben?
- Welche **Ziele und Orientierungsgrößen** können dem Marketing-Rechts-Management für eine Aufgabenerfüllung vorgegeben bzw. mit ihm vereinbart werden?
- Wie können die **Schwachstellen** des vorhandenen Marketing-Rechts-Managements erkannt werden? Welche Kriterien können für die Charakterisierung eines hinsichtlich der spezifischen Unternehmungssituation geeigneten Marketing-Rechts-Managements herangezogen werden?
- Welche Anforderungen lassen sich in bezug auf die **Aufbauorganisation** (Dimensionierung, Zusammensetzung, Eingliederung etc. des Marketing-Rechts-Management-Apparates) und die **Ablauforganisation** (Zusammenarbeit zwischen Marketing- und Rechtsexperten, Abläufe der nach außen gerichteten Funktionen des Marketing-Rechts-Managements) formulieren?
- Wie läßt sich der reale Zustand eines Marketing-Rechts-Managements durch Maßnahmen des **geplanten organisatorischen Wandels** in Richtung auf die Idealvorstellungen verändern?

Zum Stand der Behandlung dieser Fragestellungen im Schrifttum kann festgestellt werden, daß den rechtlichen Aspekten einzelner Marketingentscheidungen seit Mitte der 70er Jahre eine verstärkte Aufmerksamkeit in zahlreichen speziellen Beiträgen zuteil wird (vgl. dazu die umfangreichen Literaturhinweise in der von Ahlert und Mitarbeitern verfaßten Aufsatzserie über die rechtlichen Aspekte des Marketing, in: Handbuch Marketing, Bd. 1, Hrsg. J. Koinecke, Gernsbach 1978, S. 117-188). Indessen fehlte es lange Zeit an umfassenden Abhandlungen zu den aufgezeigten Grundsatzfragen des Marketing-Rechts-Managements.

Ziel dieses Buches ist es, die substantiellen Rechtsprobleme beim Einsatz der absatzpolitischen Instrumente herauszuarbeiten, während dem Problemlösungsprozeß als Aufgabe des Marketing-Rechts-Managements eine separate Veröffentlichung gewidmet ist (Ahlert 1988).

1.2 Die Absatzpolitik als Ursprung rechtlicher Probleme

1.2.1 Die Teilbereiche der Marketingkonzeption und ihre rechtlichen Aspekte

Konsumgüter-Hersteller haben primär keine Rechtsprobleme, sondern Geschäfts- bzw. Marketingprobleme, aus denen Rechtsfragen resultieren. Es erscheint daher naheliegend, die Marketing-Rechts-Probleme nach ihrem Ursprung, d.h. nach den verschiedenen Bereichen des Marketing, zu systematisieren. Dabei ist von einem Marketingbegriff auszugehen, der gegenüber dem Güterabsatz (entgeltliche Leistungsverwertung) sehr viel weiter reicht und sowohl

- die Führung der gesamten Unternehmung vom Markt her, d.h. **Marketing als Konzept der Unternehmungsführung**, als auch
- die systematische Beeinflussung des Marktes zugunsten der Unternehmung durch den **Einsatz der absatzpolitischen Instrumente** umschließt (vgl. Näheres bei Ahlert 1984, S. 2 ff., Meffert 1986, S. 29 ff.).

Mit dem weitgefaßten Marketingbegriff ergibt sich das Problem, daß sämtliche Rechtsfragen betriebswirtschaftlicher Entscheidungen Bedeutung erlangen (vgl. zu diesem weiten Beziehungsfeld Backhaus/Plinke 1986). Denn wie *Bild 1* im Überblick zeigt, umfaßt die Marketingkonzeption eine Vielzahl von Teilkonzeptionen, mit denen die unterschiedlichsten Rechtsgebiete tangiert werden. So ist beispielsweise an arbeitsrechtliche Probleme im Bereich der Marketingorganisation, an das Datenschutzrecht im Bereich der Marktforschung u.v.a.m. zu denken.

Unter den aufgezeigten Teilkonzepten des Marketing kommt der **absatzpolitischen Konzeption** indessen die zentrale Bedeutung zu. Sie bildet den **originären** Aufgabenbereich des Marketing, aus dem alle anderen Teilkonzepte **abgeleitet** sind. Die Absatzpolitik betrifft unmittelbar das eigentliche Geschäft der Unternehmung mit ihren Kunden. Schon weil absatzpolitische Maßnahmen Wettbewerbshandlungen darstellen, hat in diesem Bereich die rechtliche Dimension (wettbewerbsrechtliche Restriktionen und Schutzpositionen) eine besondere Qualität: Die rechtlichen Aspekte der Absatzpolitik begründen nicht nur regelmäßig die gravierendsten Probleme für die Unternehmung, sie unterscheiden sich auch am stärksten von den Rechtsproblemen, mit denen die Unternehmung in ihren anderen Funktionsbereichen konfrontiert ist. Demgegenüber treten z.B. die Rechtsprobleme im Bereich der Marketingorganisation (u.a. arbeitsrechtliche Fragen) in gleicher oder zumindest sehr ähnlicher Form auch im Bereich der Beschaffungs- oder Produktionsorganisation auf, sie sind nicht oder kaum marketingspezifisch.

Bild 1: Die Teilkonzepte des Marketing im Überblick

Aus diesen Gründen wird der Gegenstandsbereich der vorliegenden Untersuchung auf die Rechtsfragen im Zusammenhang mit der Planung, Realisation und Kontrolle **absatzpolitischer** Instrumente eingeschränkt.

1.2.2 Begriffsabgrenzungen zur Absatzpolitik

1.2.2.1 Der Begriff Absatzpolitik

Die Voraussetzung für die Erfüllung jeglicher Marketingziele besteht darin, daß potentielle Abnehmer Kaufentscheidungen zugunsten der angebotenen Absatzgüter treffen. Die Gesamtheit der geplanten Maßnahmen zur Herbeiführung von Kaufentscheidungen kann als **absatzpolitische Konzeption** bezeichnet werden.

Absatzpolitische Maßnahmen unterscheiden sich von den übrigen Marketingaktivitäten - wie z.B. Marketingforschung und innerorganisatorische Maßnahmen - dadurch, daß sie stets nach außen, d.h. auf Personen außerhalb des Marketingapparates gerichtet sind. Dabei handelt es sich in erster Linie um den Kreis der potentiellen Abnehmer, also um Händler (Groß- und Einzelhändler) und Verbraucher (Produzenten, Institutionen, Konsumenten). Darüber hinaus sind auch Personen anzusprechen, die nicht notwendiger-

35

weise zum Abnehmerkreis zählen, wie z.B. Meinungsführer und Referenzgruppen. Um Kaufentscheidungen herbeizuführen, sind

- erstens unter den potentiellen Abnehmern diejenigen auszuwählen, die gemäß den Marketingzielen als Transaktionspartner akzeptiert werden können (**Abnehmerselektion**),
- zweitens die ausgewählten potentiellen Abnehmer zu Transaktionen mit der Unternehmung zu veranlassen (**Abnehmerakquisition**) und
- drittens spezifische Maßnahmen der **Koordination** zu ergreifen, sofern eine ständige, möglicherweise vertraglich fundierte Zusammenarbeit mit den Transaktionspartnern praktiziert wird. Dazu rechnen vor allem die aktive und passive Bindungspolitik, die institutionellen Vorkehrungen und laufenden Bemühungen des Konfliktmanagements im Distributionssystem und dergleichen.

Bezüglich der Aktionsparameter der Absatzpolitik ist in Literatur und Praxis eine erhebliche Begriffsvielfalt festzustellen. Wir wollen die Abgrenzungsfragen im folgenden dadurch lösen, daß zwischen Instrumenten, Maßnahmen und Strategien der Absatzpolitik unterschieden wird.

1.2.2.2 Instrumente und Maßnahmen der Absatzpolitik

Bei den **Instrumenten der Absatzpolitik** handelt es sich um die Werkzeuge zur Einflußnahme auf die Kaufentscheidung der potentiellen Abnehmer. Sie können weiter in Aktionselemente untergliedert oder zu größeren, sogenannten "Submix"-Bereichen zusammengefaßt werden.

Die Zusammenfassung der Instrumente zu Gruppen (Submix-Bereichen) erfolgt fast in jedem Lehrbuch zum Marketing in einer anderen Form. Es ist dies eine Zweckmäßigkeitsfrage (vgl. zum Überblick Ahlert 1995, S. 16 ff.). Besonders weit verbreitet ist die Aufgliederung in vier Instrumentegruppen, die auch dem vorliegenden Beitrag zugrunde gelegt wird:

- **Produkt-Mix**
  Produkt-, Verpackungs-, Marken- und Sortimentsgestaltung, Kundendienstpolitik
- **Kontrahierungs-Mix**
  Direkte Preispolitik, Rabatt- und Zugabenpolitik, Gestaltung der Zahlungskonditionen, Absatzkreditpolitik
- **Kommunikations-Mix**
  Absatzwerbung, Verkaufsförderung, Public Relations
- **Distributions-Mix**
  Verkaufs- und Außendienstpolitik, Lieferungspolitik einschließlich Marketinglogistik, darüber hinaus die Absatzkanalpolitik als Summe aller auf die Absatzmittler gerichteten Instrumente der Selektion, Akquisition und Koordination in den Distributionssystemen.

Die Instrumente der Absatzpolitik werden nicht isoliert, sondern stets kombiniert eingesetzt. Jede **absatzpolitische Maßnahme** (Handlung, Aktion) bildet eine Mischung von Aktionselementen aus den verschiedenen Instrumenten der Absatzpolitik, die durchgeführt wird, um ein bestimmtes Aktionsziel zu erreichen. Die absatzpolitische Maßnahme ist also einem Cocktail vergleichbar, um es mit einer Metapher auszudrücken: Der Marketingmanager hat wie der Barmixer als "Mixer of Ingredients" die Aufgabe, die guten Bestandteile (Instrumente) zu einem bekömmlichen Ganzen (Marketing-Mix) in idealer Mischung (Optimierung) zusammenzufügen.

1.2.2.3 Strategien der Absatzpolitik

Nicht schon jede Folge absatzpolitischer Maßnahmen im Zeitablauf kann als absatzpolitische Strategie bezeichnet werden, sondern erst die **ex ante bewußt geplante Maßnahmenfolge**. Sie dient dazu, schrittweise, d.h. durch eine Mehrzahl hintereinandergeschalteter Marketingmaßnahmen ein bestimmtes strategisches Ziel zu erreichen. Die Auflistung aller verfügbaren Handlungs- und Strategiealternativen ist nicht möglich, da eine unendlich große Anzahl von Kombinationen absatzpolitischer Aktionselemente denkbar ist. So wie die absatzpolitische Maßnahme stets eine Mischung von Elementen aus den verschiedenen absatzpolitischen Instrumenten darstellt, so handelt es sich auch bei den absatzpolitischen Strategien um **instrumenteübergreifende Handlungsfolgen**. Die absatzpolitischen Strategien lassen sich in drei Kategorien einteilen.

(1) Die grundsätzliche Marschroute, der eine Unternehmung mit dem kombinierten Einsatz der absatzpolitischen Instrumente zu folgen beabsichtigt, kann als **Marketing-Basisstrategie** bezeichnet werden. Es bietet sich eine Strukturierung der Strategiealternativen nach den wichtigsten Transaktionspartnern bzw. Akteuren im Markt an, wonach zwischen

• verbraucherorientierten,

• handelsorientierten und

• konkurrenzorientierten

Marketing-Basisstrategien unterschieden wird.

(2) Der - nur gedanklich isolierbare - Handlungsplan für den Einsatz des einzelnen Instrumentes, etwa der Werbung oder der Preisgestaltung, kann **Marketing-Instrumentalstrategie** genannt werden. Die Basisstrategie wird also in eine Reihe instrumentebezogener Teilstrategien aufgelöst und konkretisiert. Es versteht sich, daß bei der Längsschnittplanung der einzelnen Instrumentalstrategien - wie etwa einer Abschöpfungsstrategie oder einer Penetrationsstrategie im Rahmen der Preispolitik - der Gesamtzusammen-

hang, d.h. die Interdependenzen zwischen den auf die verschiedenen Instrumentbereiche bezogenen Teilstrategien, nicht vernachlässigt werden darf.

(3) Eine weitere Konkretisierung erfährt die Strategieplanung, wenn die absatzpolitischen Aktivitäten konsequent auf bestimmte Kundengruppen, z.b. die kooperierenden Handelsgruppen, oder gar auf einzelne Schlüsselkunden ausgerichtet werden. Im ersten Fall kann von **Kundengruppen-Strategien**, im zweiten von **Key-Account-Strategien** gesprochen werden. Es handelt sich um die geplante Abfolge absatzpolitischer Maßnahmen mit direktem Bezug auf die Besonderheiten der einzelnen Kundengruppe bzw. des einzelnen Schlüsselkunden auf der Handels- oder Verbraucherstufe.

1.2.2.4 Prinzipien und Methoden der Absatzpolitik

Von den bisher definierten Begriffen Instrumente, Maßnahmen und Strategien sind noch zwei weitere, in der Marketingpraxis übliche Begriffe abzugrenzen.

Von **Prinzipien der Absatzpolitik** wird gesprochen, wenn die Marketingplanung bestimmten, auf längere Sicht unverrückbaren Leitlinien zu folgen hat, die nicht einmal im Rahmen strategischer Überlegungen zur Disposition stehen. Beispiele sind die Fachhandelstreue, das Bekenntnis zur Qualitätsführerschaft oder die grundsätzliche Rechtstreue eines Konsumgüter-Herstellers.

Methoden im Bereich der Absatzpolitik sind Verfahrensweisen bzw. Technologien, nach denen die verschiedenen Aufgaben des Marketing effizient erfüllt werden. Beispiele sind Planungsmethoden, Methoden der Mediaselektion oder Methoden der Rechtstauglichkeitsprüfung in Form des "Legal Check".

1.2.3 Die Systematik der Marketing-Rechts-Probleme

Rechtliche Probleme ergeben sich mit dem Einsatz der absatzpolitischen Instrumente, also etwa der Erhöhung des Preises, der Durchführung einer Werbemaßnahme oder der Gewährung eines Kredites. Es ist damit zweckmäßig, die Darstellung der rechtlichen Aspekte nach den Instrumentalbereichen zu strukturieren, wie dies in den *Kapiteln 2 bis 5* geschieht.

Bestimmte Rechtsfragen treten aber bei sämtlichen absatzpolitischen Maßnahmen in ähnlicher Form auf, so daß deren dezentrale Behandlung zu Wiederholungen führen müßte. So sind in sämtlichen Instrumentalbereichen Verträge abzuschließen und bestehende Vertragswerke zu "managen". Den instrumentspezifischen Erörterungen wird daher eine allgemeine Darstellung der **Grundfragen des Vertragsmanagements** vorangestellt (siehe *Kap. 1.5*), und in den Instrumentalbereichen wird nur noch auf die jeweiligen Besonderheiten der vertraglichen Absicherung der absatzpolitischen Maßnahmen und Strategien eingegangen.

Wenngleich wir meinen, eine "benutzerfreundliche" Gliederungslogik für das vorliegende Buch gefunden zu haben, soll nicht verschwiegen werden, daß auch andere Strukturierungsformen zur Auswahl standen und vielversprechende Ansatzpunkte liefern. Hier ist insbesondere auf die Systematik nach den formalen Phasen (Planung, Realisation, Kontrolle) des absatzpolitischen Entscheidungsprozesses und auf die Längsschnittanalyse des Lebenszyklus einer absatzpolitischen Strategie (Konzeption, Einführung, laufendes Management, Beendigung) hinzuweisen. Gerade das letztgenannte Behandlungsmuster der rechtlichen Aspekte vermittelt bei komplexeren Marketingstrategien wertvolle Einsichten in die Aufgaben des Marketing-Rechts-Managements. Wir haben dem Rechnung getragen, indem an verschiedenen Stellen die **Längsschnittbetrachtung** zusätzlich einbezogen wurde, und zwar in

- *Kapitel 2.2*: Entscheidungsprobleme im Rahmen des Schutzrechtsmanagements;
- *Kapitel 5.4*: Phasen des Managements Vertraglicher Vertriebssysteme zwischen Industrie und Handel.

Was die Systematik der Marketing-Rechts-Probleme nach den **formalen Phasen** des absatzpolitischen Entscheidungsprozesses betrifft, soll nachfolgend eine diesbezügliche Klassifikation vorgestellt werden, die in allen Instrumentalbereichen nutzbringend angewendet werden kann und die zugleich einen tieferen Einblick in die Natur dieser Probleme im Spannungsfeld zwischen Marketing und Recht vermittelt:

(1) Marketing-Rechts-Probleme als Ausgangspunkt der Strategieplanung

Marketing-Rechts-Probleme stellen eine besonders wichtige Klasse jener Faktoren dar, die das Marketingmanagement immer wieder zur **Planung** neuer Marketingstrategien oder zur **Planrevision** veranlassen. Beispiele für solche Anlässe sind:

- Änderungen des Rechtsrahmens, etwa der Erlaß neuer Gesetze, die Novellierung bestehender Rechtsnormen oder Wandlungen der Rechtsprechung, die zu Änderungen oder zur Aufgabe der bislang vorgesehenen Marketingstrategien zwingen, aber auch neue Chancen eröffnen können,

- Änderungen des subjektiven Informationsstandes des Managements über relevante Rechtsnormen, was sowohl eine veränderte Wahrnehmung bzw. Interpretation geltenden Rechts als auch die Prognose relevanter Rechtsänderungen beinhalten kann,

- rechtliche Schritte, die von dritter Seite gegen die Unternehmung eingeleitet werden oder ein prozessuales Stadium erreichen und rechtliche und/oder absatzpolitische Reaktionen zweckmäßig werden lassen, oder
- rechtlich angreifbare Verhaltensweisen anderer Wirtschaftssubjekte (z.B. von Konkurrenten oder Händlern), die den Einsatz von Rechtsinstrumenten als Bestandteil der Marketingstrategie erwägenswert erscheinen lassen.

(2) Marketing-Rechts-Probleme als Gegenstand der Strategieplanung

Die **Antizipation** rechtlicher Restriktionen der zur Auswahl stehenden Marketingstrategien stellt einen integrativen Bestandteil der Marketingplanung dar. Betrachtet man darüber hinaus die vielfältigen Möglichkeiten einer aktiven Ausnutzung der chancenerweiternden Wirkungen des Rechts im Wege der Schutzrechtspolitik, der Vertragsgestaltung und des Einsatzes rechtlicher Mittel im Wettbewerb, so wird der instrumentale Charakter des Rechts deutlich. Rechtsinstrumente können somit zu wichtigen, möglicherweise sogar zu den tragenden Komponenten der Marketingstrategie werden.

(3) Marketing-Rechts-Probleme als antizipierte Konsequenzen der Strategiedurchführung

Vielfältige Rechtsprobleme treten erst im Zuge der **Durchsetzung** der geplanten Marketingstrategie auf. Soweit sie in der Planungsphase antizipiert werden können, ist ihre Bewältigung integrativer Bestandteil des zu realisierenden Maßnahmenprogramms. Beispiele sind

- der Abschluß von Verträgen,
- die Erlangung gewerblicher Schutzrechte,
- die Einflußnahme auf restriktive Rechtsnormen im Sinne der Unternehmungsziele oder
- die Einleitung rechtlicher Schritte gegen die laufenden Marketingstrategien einschließlich schutzrechtspolitischer Maßnahmen dritter Wirtschaftssubjekte (z.B. von Konkurrenten und Händlern).

(4) Marketing-Rechts-Probleme als unvorhergesehene Konsequenzen der Strategiedurchführung

Charakteristisch für zahlreiche Marketing-Rechts-Probleme ist, daß sie in nicht oder nur unvollkommen voraussehbarer Form auftreten und die Praktizierung der gewählten Marketingstrategie erheblich behindern, aber auch begünstigen können. Die mit ihrer Bewältigung verbundenen **Managementaufgaben** können im Rahmen der Strategieplanung **nicht oder nur unvollkommen vorausbestimmt** werden. Beispiele sind

- rechtliche Schritte gegen Vertragspartner (z.B. bei Vertragsverletzungen) oder gegen Außenseiter,

- die Abwehr von Angriffen Dritter auf die eigenen Marketingmaßnahmen oder
- Maßnahmen gegen die Verletzung des eigenen Schutzrechtsbestandes.

Häufig bilden diese unvorhergesehenen Marketing-Rechts-Probleme, die im Rahmen der Marketingkontrolle aufgedeckt werden, wiederum den Anlaß zur Planrevision (Anpassungsstrategien) oder zur Entwicklung neuer Marketingstrategien (z.B. Umgehungsstrategien).

1.3 Die Elemente der Rechtsordnung aus der Perspektive des Marketing

Wie einleitend schon erwähnt, besteht der besondere Ansatz des vorliegenden Buches darin, von den Problemstellungen des Marketing ausgehend, die vielfältigen relevanten Rechtsnormen systematisch zu erfassen und zu behandeln. Es entspricht daher der Gliederungslogik dieses Buches, über Rechtsnormen dezentral, d.h. im Zusammenhang mit dem jeweiligen Marketingthema zu berichten. Gleichwohl erscheint es zweckmäßig, einige allgemeine, für alle Instrumentalbereiche der Absatzpolitik zutreffende Aussagen über die Rechtsordnung voranzustellen, um dem Leser

- einen globalen Überblick über das marketingrelevante Recht zu vermitteln und ihn
- über einige Besonderheiten der Rechtsordnung als Teil des "Datenkranzes der Marketingplanung" zu informieren, welche den Umgang des Marketingmanagers mit dem Recht so erheblich erschweren.

1.3.1 Die Rechtsordnung als Bezugsrahmen

Die staatliche Rechtsordnung dient grundsätzlich dazu, die in jeder Gesellschaft bestehenden Gegensätze und die aus ihnen resultierenden Konflikte zu verbieten, zu beseitigen oder zumindest zu kanalisieren.

Als **Recht im objektiven Sinne** umfaßt die Rechtsordnung die Gesamtheit der Rechtsvorschriften sowie die Personen und Institutionen, die Recht schaffen, sich darauf berufen oder es anwenden. Da die vorhandenen Rechtsnormen nicht alle Einzelprobleme des sozialen Zusammenlebens regeln können, gibt es immer wieder Rechtsfragen, die keine gesetzliche Regelung erfahren haben und bei denen die Gerichte und Behörden selbst rechtsschöpferisch tätig werden müssen, um auf der Grundlage der jeder Rechtsordnung zugrunde liegenden allgemeinen Rechtsgedanken neue Normen zu schaffen. Daneben obliegt den Juristen die Aufgabe, die einzelnen stets individuellen Rechtsprobleme anhand der vorhandenen Rechtsvorschriften zu beurteilen.

Im Gegensatz zum objektiven Recht (law) ist unter **subjektivem Recht** eine Befugnis (right) zu verstehen, die sich für den Berechtigten aus der Rechtsordnung direkt ergibt oder die aufgrund eines objektiven Rechts erworben werden kann. Das subjektive Recht folgt somit logisch aus der Existenz des objektiven Rechts. Die Rechtsordnung eröffnet allen natürlichen und juristischen Personen die Möglichkeit, den eigenen Willen in den gesetzten Grenzen mit staatlicher Hilfe durchzusetzen. Das subjektive Recht ist folglich "eine von der Rechtsordnung einem Rechtssubjekt zur Wahrung seiner Interessen gewährte Macht" (Rehfeldt/Rehbinder 1978, S. 94).

Die subjektiven Rechte können untergliedert werden in Herrschaftsrechte, Ansprüche und Gestaltungsrechte. Die **Herrschaftsrechte** umfassen wiederum **relative Rechte**, die sich nur gegen bestimmte Personen richten, und **absolute Rechte**, die gegen jeden Dritten wirken. Bei den relativen Rechten handelt es sich insbesondere um Rechte aus Schuldverhältnissen wie Forderungen aus Darlehen, Kauf- und Mietverträgen oder Schadensersatzansprüchen. Da die Erfüllung dieser Schuldverhältnisse für die Öffentlichkeit nur von sekundärem Interesse ist, obliegt die Durchsetzung des Anspruchs allein dem Begünstigten. Die staatliche Gerichtsbarkeit wird in diesen Fällen nicht von sich aus tätig, sondern stellt sich nur den Interessenten zur Verfügung. Absolute Rechte hat jeder Bürger gegenüber jedem anderen; jeder hat z.B. den anderen als Persönlichkeit zu achten, seinen Namen und sein Bild nicht zu mißbrauchen. Daneben gewährt die Rechtsordnung dem einzelnen für besondere geistige Leistungen über das Urheberrecht oder etwa den Erwerb eines Patents einen absoluten Schutz vor Nachahmungen.

Aufgrund eines Anspruchs kann der Berechtigte von einem anderen ein Tun oder Unterlassen verlangen. **Dingliche Ansprüche**, z.B. aus Eigentum, verpflichten alle. **Obligatorische Ansprüche**, z.B. aus einem Schuldverhältnis, verpflichten nur eine oder mehrere Personen. Niemand darf den Eigentümer in Gebrauch seines Eigentums stören, jeder hat es ihm auf sein Verlangen hin auszuhändigen. Der Kaufvertrag (§ 433 BGB), als obligatorischer Vertrag, begründet hingegen nur die gegenseitigen Verpflichtungen der Partner. Erst die sachrechtlichen, d.h. dinglichen Verträge (Übereignung der Sache und des Geldes, § 929 BGB) übertragen das Eigentum.

Die **Gestaltungsrechte** geben den Berechtigten die Befugnis, subjektive Rechte zu begründen, zu verändern oder aufzuheben (Vertragsabschluß, -änderung, -rücktritt oder -anfechtung).

Einen zusammenfassenden Überblick über die Gliederung in objektives und subjektives Recht vermittelt *Bild 2*.

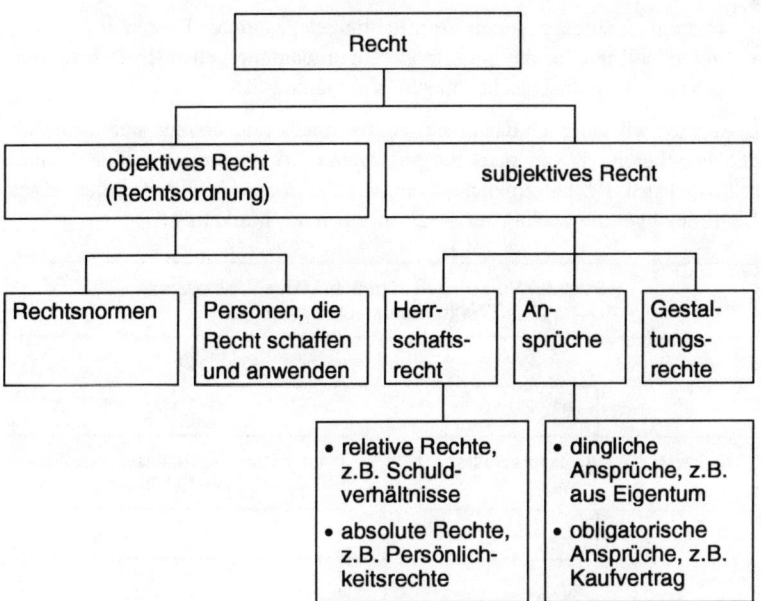

Bild 2:   Die Gliederung in objektives und subjektives Recht

Weiterhin kann unterschieden werden zwischen

- **generell** geltendem Recht, das eine für eine unbestimmte Vielzahl von Personen geltende Regelung eines - abstrakt festgelegten - Sachverhalts bezweckt, wie z.b. Gesetze, Rechtsverordnungen, Satzungen von Selbstverwaltungskörperschaften und Gewohnheitsrecht, und

- **individuell** geltendem Recht, das lediglich bestimmte Personen betrifft bzw. schützt, wie z.b. Verträge, Gerichtsentscheidungen, Verwaltungsakte, absolute Rechte und gewerbliche Schutzrechte.

1.3.2 Die marketingrelevanten Rechtsnormen im Überblick

Aus den vorstehenden Darlegungen ergibt sich, daß rechtliche Restriktionen des Marketing nicht nur aus generell geltenden, objektiven Rechtsnormen resultieren, sondern auch aus

- subjektiven Rechten Dritter (z.B. gewerbliche Schutzrechte konkurrierender Unternehmungen),
- Verträgen anderer Personen mit Dritten (von bilateralen Einzelverträgen bis hin zu multilateralen Vertragssystemen),

- vertraglich eingegangenen Verpflichtungen gegenüber Dritten und
- individuell nur für die betreffende Unternehmung geltenden Bestimmungen (z.B. Gerichtsentscheidungen, Verwaltungsakte).

Betrachten wir lediglich das objektive Recht näher, so erweist sich dieses als unübersichtlich, da die marketingrelevanten Rechtsnormen aus den unterschiedlichsten Rechtsgebieten stammen. Die *Bilder 3 und 4* geben einen Überblick über die wichtigsten Rechtsnormen des Marketing.

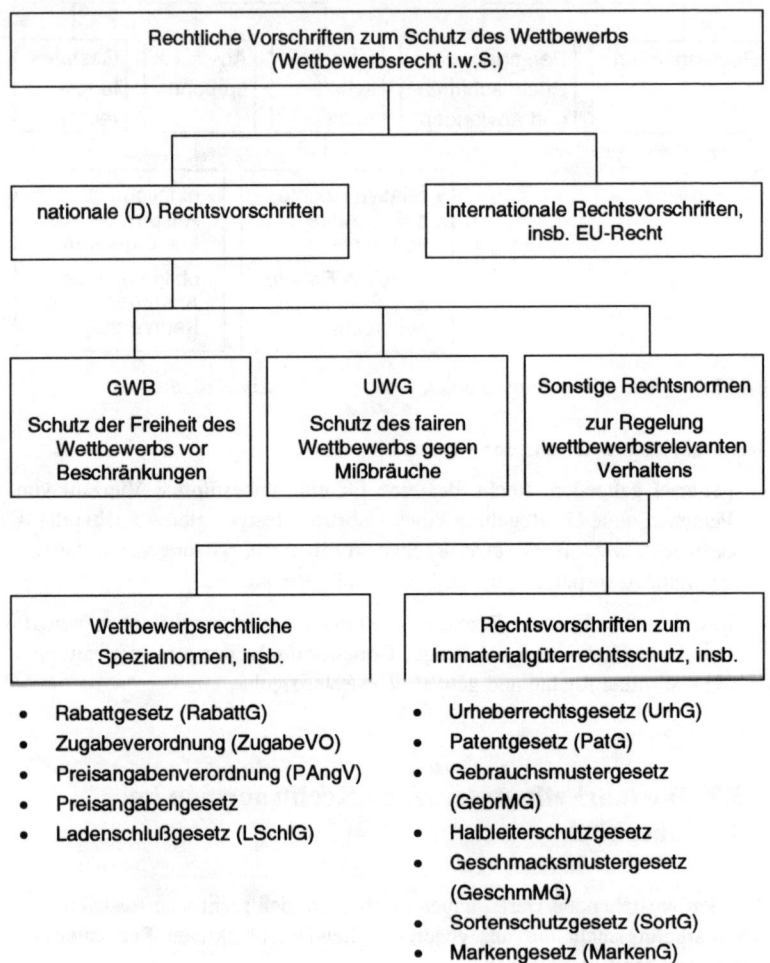

Bild 3:   Rechtliche Vorschriften zum Schutz des Wettbewerbs

Sonstige Rechtsvorschriften mit Marketingrelevanz
I. Grundlegende Gesetze und Verordnungen, insb.
• Grundgesetz (GG)
• Bürgerliches Gesetzbuch (BGB)
• Handelsgesetzbuch (HGB)
• Strafgesetzbuch (StGB)
• Wirtschaftsstrafgesetz (WiStG)
II. Rechtsvorschriften mit Wirkung auf bestimmte *Wirtschaftsgruppen*, insb.
• Gewerbeordnung (GewO)
• Handwerksordnung (HWO)
• Recht der Argrarwirtschaft, insb. Marktordnungsgesetz
• Berufsausübungs- und Zulassungsrecht im Einzelhandel
• Verordnung über den Nachweis der Sachkunde im Einzelhandel
• Gaststättengesetz und Gaststättenverordnung
III. Rechtsvorschriften mit Wirkung auf bestimmte *Waren und Leistungen*, insb.
• Gesetz über den Verkehr mit Lebensmitteln und Bedarfsgegenständen (LMBG)
• Arzneimittelgesetz (AMG)
• Heilmittelwerbegesetz (HWG)
• Weingesetz
• Futtermittelgesetz
• Gesetz über technische Arbeitsmittel (MSchG)
• Frischfleischgesetz
• Handelsklassengesetz
• Eichgesetz
• Fertigpackungsverordnung
• Textilkennzeichnungsgesetz
• Gesetz über die Verbreitung jugendgefährdender Schriften
IV. Rechtsvorschriften für bestimmte *Rechtsgeschäfte*, insb.
• Gesetz über allgemeine Geschäftsbedingungen (AGBG)
• Verordnung für Preise bei öffentlichen Aufträgen (VPÖA)
• Scheckgesetz
• Wechselgesetz
• Verbraucherkreditgesetz
V. Sonstige Rechtsvorschriften, insb.
• Rechtsvorschriften zur Aufrechterhaltung der öffentlichen Ordnung
• Raumordnungs- und Baurecht, insb. Baunutzungsverordnungen
• Straßen- und Straßenverkehrsrecht, insb. Straßenverkehrsordnung
VI. Handelsbrauch und sonstiges nicht-kodifiziertes Recht, insb.
• Allgemeine Lagerbedingungen (ALB)
• Allgemeine Deutsche Speditionsbedingungen (ADSp)
• Incoterms

Bild 4:   Sonstige Rechtsvorschriften mit Marketingrelevanz

1.3.3 Das Wettbewerbsrecht als besonders relevante Einflußgröße des Marketing

Die Kernfunktion des Marketing ist die systematische Beeinflussung des Marktes (genauer: der Entscheidungsprozesse der Abnehmer) zugunsten der Unternehmung durch den Einsatz absatzpolitischer Instrumente. Die Marktpolitik der Unternehmung bestimmt die Art und Weise der Teilnahme am Wettbewerbsprozeß. Ein Wettbewerbsrecht, dessen Anliegen im weitesten Sinne die Ordnung und Steuerung dieses Wettbewerbsprozesses ist, muß daher als wesentliche Einflußgröße bei der Planung und dem Einsatz marktgerichteter Maßnahmen berücksichtigt werden.

1.3.3.1 Überblick über Bereiche und Funktionen des Wettbewerbsrechts

Die Notwendigkeit eines ordnenden und steuernden Eingriffs in privatwirtschaftliche Aktivitäten bzw. in den Ablauf des Wettbewerbsprozesses als Kernstück einer marktwirtschaftlichen Ordnung resultiert aus der politischen Entscheidung, daß bestimmte Auswüchse eines uneingeschränkt verlaufenden Marktprozesses unerwünscht sind. Das Ziel dieser Teilsteuerung ist somit eine "kultivierte" Form privatwirtschaftlichen Vorteilsstrebens, durch die aber die positiven Effekte des Marktprozesses, die Erfüllung der dem Wettbewerb unterstellten gesamtwirtschaftlichen Funktionen, wie z.B. Förderung des technischen Fortschritts oder optimale Ressourcenallokation (vgl. Schmidt, J., 1981, S. 19), nicht verhindert werden. Entsprechend dieser Zielsetzung konzentriert sich das **Wettbewerbsrecht im weiteren Sinne** vor allem auf zwei Aspekte:

- Die Erhaltung des Wettbewerbs als Koordinations- und Steuerungsprozeß: Rechtliche Maßnahmen richten sich hier vor allem gegen Selbstzerstörung und Minderung der Funktionsfähigkeit des Wettbewerbs durch bestimmte Verhaltensweisen der Wettbewerber.

- Die Verhinderung von Verhaltensweisen, die zwar den Wettbewerb als Steuerungsmechanismus nicht beeinträchtigen, die aber aus anderen Gründen mit einem Unwerturteil zu belegen sind.

Zur Umsetzung dieser Vorstellungen stehen im wesentlichen zwei Gesetzeswerke zur Verfügung, das Gesetz gegen Wettbewerbsbeschränkungen (GWB) und das Gesetz gegen den unlauteren Wettbewerb (UWG) nebst seiner Nebengesetze und Verordnungen wie das Rabattgesetz und die Zugabeverordnung. Das **Wettbewerbsrecht im engeren Sinne** umfaßt demgegenüber nach juristischer Übung lediglich den UWG-Komplex, während das GWB unzutreffenderweise einem eigenständigen Kartellrecht zugerechnet wird. Im folgenden ist mit Wettbewerbsrecht immer das Wettbewerbsrecht i.w.S. gemeint.

Die unterschiedlichen Zielsetzungen der Gesetzeswerke werden bereits durch deren Bezeichnung angedeutet. Während das GWB den Wettbewerb als Grundlage der wirtschaftlichen Ordnung gegen Beschränkungen durch die Marktteilnehmer schützen soll, d.h., "die Freiheit des Wettbewerbs sicherstellen und wirtschaftliche Macht da beseitigen (soll), wo sie die Wirksamkeit des Wettbewerbs und die ihm innewohnenden Tendenzen zur Leistungssteigerung beeinträchtigt und die bestmögliche Versorgung der Verbraucher in Frage stellt" (Begründung zu dem Entwurf eines Gesetzes gegen Wettbewerbsbeschränkungen, vgl. Müller-Hennerberg 1958, S. 1057), wendet sich das UWG gegen unlautere Verhaltensweisen, mit denen Unternehmungen den Wettbewerbsprozeß zu ihren Gunsten beeinflussen, und bekämpft damit diejenigen "Auswüchse" des Wettbewerbs, die mit dem Wertesystem der Gesellschaft nicht zu vereinbaren sind.

An die Stelle der früher weit verbreiteten Auffassung von einer Antinomie beider Gesetzeswerke ist in den letzten Jahren zunehmend die Vorstellung von einer Einheit der Wettbewerbsordnung getreten. Als Teile einer Gesamtordnung des Wettbewerbs könnten GWB und UWG gemeinschaftlich die Aufrechterhaltung funktionaler Marktprozesse anstreben, was allerdings noch einige Novellierungen erforderlich machen würde (vgl. Ahlert/Wellmann 1988 I, II).

Neben den beiden genannten Gesetzeskomplexen werden dem Wettbewerbsrecht noch einige weitere Vorschriften subsumiert, die ebenfalls wettbewerbsrelevantes Verhalten regeln. Zu nennen sind insbesondere das Gebiet des gewerblichen Rechtsschutzes sowie sonstige Spezialnormen, die z.B. im Heilmittelwerbegesetz, Lebensmittel- und Bedarfsgegenständegesetz sowie im Textilkennzeichnungsgesetz zu finden sind.

1.3.3.2 Das Gesetz gegen Wettbewerbsbeschränkungen (GWB)

Das GWB ist 1958 in Kraft getreten und wurde seitdem durch fünf Novellen geändert, zuletzt 1990. Die materiellen, die Sicherung des wirksamen Wettbewerbs betreffenden Vorschriften lassen sich in vier Komplexe gliedern:

- Kartellverträge und -beschlüsse: Verbot und Ausnahmen in den §§ 1-14,
- sonstige wettbewerbsbeschränkende Individualvereinbarungen: insb. Preisgestaltung, Ausschließlichkeitsbindungen, Lizenzverträge in den §§ 15-21,
- marktbeherrschende Unternehmen und Zusammenschlußkontrolle in den §§ 22-24b und
- einseitiges oder aufeinander abgestimmtes wettbewerbsbeschränkendes und diskriminierendes Verhalten in den §§ 25-27, 38 I Nr. 11 u. 12.

Wesentliche Änderungen der 5. Novellierung des GWB sind die Freistellung der Einkaufskooperationen vom Kartellverbot (§ 5c), die Erweiterung des Katalogs der Marktbeherrschungskriterien (§ 22 I Nr. 2), die Erweiterung der Zusammenschlußtatbestände (§ 23 II Nr. 2a , 2b), die Einschränkung der Diskriminierungsverbote zugunsten der "relativ" marktstarken Unternehmungen (§ 26 II, III) sowie die Umwandlung des Untersagungstatbestandes der Behinderung kleiner und mittlerer Wettbewerber durch Unternehmungen mit überlegener Marktmacht des bisherigen § 37a III in einen Verbotstatbestand (§ 26 IV).

Der Anwendungsbereich des GWB wird in den §§ 98 ff. bestimmt. Danach werden die Vorschriften auf einige Wirtschaftszweige nur in eingeschränkter und modifizierter Weise angewandt, wie etwa auf Beförderungsunternehmungen, Erzeugervereinigungen, Kredit- und Versicherungsunternehmungen, Verwertungsgesellschaften und Versorgungsunternehmungen. "Diese üblicherweise unter dem Titel "Bereichsausnahmen" zusammengefaßten Bestimmungen umgreifen große und wichtige Teile der Gesamtwirtschaft. Das Gesetz trifft in vollem Umfang daher lediglich die Warenproduktion und den Warenhandel sowie die nicht als Ausnahmebereich anerkannten Dienstleistungen" (Rittner 1993, S. 201).

1.3.3.3   Das Gesetz gegen den unlauteren Wettbewerb (UWG)

Im Gegensatz bzw. in Ergänzung zum GWB, das in erster Linie auf die Erhaltung wettbewerblicher Marktprozesse im allgemeinen abgestellt ist, soll das UWG primär die Lauterkeit des Wettbewerbs im Einzelfall schützen, d.h. es greift ein, wenn von der Wettbewerbsfreiheit in unerwünschter (bzw. unlauterer) Weise Gebrauch gemacht wird.

Ebenso wie beim sportlichen Wettkampf kann auch das Grundprinzip wirtschaftlichen Wettbewerbs, nämlich die Möglichkeit, unter mehreren Angeboten das günstigste frei zu wählen, verfälscht werden, wenn ein Wettbewerber unlautere Mittel verwendet und sich durch unfaire oder gar verbotene Methoden einen ungerechtfertigten Vorsprung vor seinen Konkurrenten verschafft.

Die Fülle denkbarer unlauterer Maßnahmen, die durch das bereits am 01.10.1909 in Kraft getretene UWG erfaßt werden, kann nach der **Angriffsrichtung** wie folgt gegliedert werden (vgl. Nordemann 1994, S. 30 ff.):

- unlautere Beeinflussung der Willensentschließung des **Kunden**,

- Behinderung bestimmter **Mitbewerber**,

- Schaffung eines Vorsprungs im Wettbewerb durch **Rechtsbruch**.

Besondere Bedeutung kommt der Generalklausel in § 1 UWG zu: "Wer im geschäftlichen Verkehr zu Zwecken des Wettbewerbs Handlungen vornimmt, die gegen die guten Sitten verstoßen, kann auf Unterlassung und Schadenersatz in Anspruch genommen werden." Auf dieser Grundlage hat die Rechtsprechung Fallgruppen sittenwidrigen Verhaltens entwickelt, die helfen sollen, die Rechtsunsicherheit zu mindern. Baumbach/Hefermehl (1995, S. 387 ff.) gruppieren die mit § 1 UWG erfaßten sittenwidrigen Verhaltensweisen nach der in *Bild 5* aufgeführten Systematik. Das Verbot unlauterer Handlungen ist nach § 1 UWG an drei Voraussetzungen geknüpft:

- Es muß sich um eine Wettbewerbshandlung handeln,
- die Wettbewerbshandlung muß im geschäftlichen Verkehr vorgenommen sein, und
- die Wettbewerbshandlung muß gegen die guten Sitten verstoßen.

Zur normativen Konkretisierung dessen, was die guten Sitten verlangen, wird gewöhnlich auf das "Anstandsgefühl aller billig und gerecht Denkenden" bzw. auf das "Anstandsgefühl des verständigen und anständigen Durchschnittsgewerbetreibenden" verwiesen, ohne daß mit dieser Leerformel viel gewonnen wäre. Trotz vielfältiger Versuche im Schrifttum, den Maßstab der guten Sitten im Wettbewerb weiter zu konkretisieren, ist und bleibt die Konkretisierung der Generalklausel letztlich die Domäne der Rechtsprechung. Sie hat mit Unterstützung durch die Wissenschaft aus der elastischen Generalklausel einen außerordentlich umfangreichen Katalog von konkreten Verhaltensnormen entwickelt, der praktisch alle Aspekte unternehmerischen Handelns im Wettbewerb erfaßt und ständig an neuartige Formen unfairen Verhaltens angepaßt wird.

Neben der großen Generalklausel des § 1, die das gesamte UWG beherrscht, enthält das Gesetz noch eine Reihe von Einzelbestimmungen (sog. Sondertatbestände) gegen unerlaubten Wettbewerb, durch die eine Reihe von Wettbewerbshandlungen als eindeutig wettbewerbswidrige und unerlaubte Handlungsweisen verboten werden, wie z.B. irreführende Werbung (§ 3), die Werbung mit Konkurswaren (§ 6), die progressive Kundenwerbung (§ 6c), Sonderveranstaltungen (§ 7), Räumungsverkäufe (§ 8), die Bestechung von Angestellten (§ 12), der Verrat von Geschäftsgeheimnissen (§§ 17 - 20) oder die Geschäftsehrverletzung (§§ 14, 15).

Die letzte Änderung des UWG trat zum 1.8.1994 in Kraft. Diese "kleine Novelle" hat unter anderem die Abmahnbefugnis sogenannter Abmahnvereine stark eingeschränkt (§ 13), das Verbot der Bewerbung von Sonderangeboten mit zeitlicher Begrenzung aufgehoben und die erst mit der Novellierung 1987 aufgenommenen Paragraphen 6d (Werbung mit mengenmäßiger Beschränkung) und 6e (Werbung mit Preisgegenüberstellungen) ersatzlos gestrichen (vgl. hierzu Gröning 1994, Nacken 1994 sowie aus dem Vorfeld der Novellierung Borck 1994).

I. Kundenfang

1. Täuschung
2. Nötigung
3. Belästigung, wie z.B. Straßenwerbung, Zusendung unbestellter Waren
4. Verlockung, wie z.b. Wertreklame, unentgeltliche Zuwendungen, Zugaben, Probegaben, Koppelungsgeschäfte, Vorspannangebote
5. Aleatorische Reize, wie z.b. Preisausschreiben, Gratisverlosungen, Gewinnspiele, progressive Kundenwerbung
6. Gefühls- und Vertrauensausnutzung, wie z.b. Gesundheitswerbung, umweltbezogene Werbung, gefühlsbetonte Werbung
7. Ausnutzung der Unerfahrenheit
8. Laienwerbung

II. Behinderung

1. Absatz-, Werbe-, Lizenz- und Bezugsbehinderung
2. Betriebsstörung
3. Preisunterbietung, wie z.b. Verdrängungs- oder Vernichtungsunterbietung
4. Boykott
5. Diskriminierung
6. Geschäftsehrverletzung und Anschwärzung
7. Vergleichende Werbung

III. Ausbeutung

1. Nachahmen fremder Leistungen
2. Unmittelbare Übernahme fremder Leistung
3. Ausnutzung fremder Werbung
4. Ausbeuten fremden Rufs
5. Ausspannen von Beschäftigten und Kunden

IV. Rechtsbruch

1. Verletzung außervertraglicher Bindungen
2. Verletzung vertraglicher Bindungen, wie z.b. Beteiligung an fremdem Vertragsbruch, Mißachtung vertraglicher Bindungssysteme, Verletzung vertikaler Preisbindungen, Verletzung von Vertriebsbindungen

V. Marktstörung

1. Massenverteilung von Originalwaren
2. Umsonstlieferungen von Presseerzeugnissen
3. Preiskampfmethoden
4. Ausbeutungsmißbrauch

Quelle: Vgl. Baumbach/Hefermehl 1995, S. 387 ff.
Bild 5: Über die Generalklausel des § 1 UWG erfaßte Verhaltensweisen

1.3.3.4 Das europäische Wettbewerbsrecht

Neben das deutsche Wettbewerbsrecht tritt mehr und mehr das europäische Recht, das die nationalen Bestimmungen vielfach überlagert und z.T. auch verdrängt. Von besonderer Bedeutung für die Absatzpolitik der Unternehmungen sind die Wettbewerbsregeln des EWG-Vertrages (insb. Art. 85, 86) sowie die dazu ergangenen Verordnungen. Art. 85 I EWGV verbietet **alle** Vereinbarungen zwischen Unternehmungen, Beschlüsse von Unternehmungsvereinigungen und aufeinander abgestimmte Verhaltensweisen (z.b. Preis- und Konditionenbindungen), die den Handel zwischen den Mitgliedstaaten beeinträchtigen und eine Behinderung, Einschränkung oder Verfälschung des Wettbewerbs innerhalb des gemeinsamen Marktes bezwecken oder bewirken. Allerdings kann dieses Verbot wettbewerbsbeschränkender Verträge von der EU-Kommission im Einzelfall (Individualfreistellung) oder auch für bestimmte typisierte Vereinbarungen (Gruppenfreistellung) unter bestimmten Voraussetzungen, z.b. zur Förderung des technischen Fortschritts, aufgehoben werden.

Art. 86 EWGV verbietet jeden Mißbrauch einer marktbeherrschenden Stellung, der zu einer spürbaren Beeinträchtigung des Handels zwischen den Mitgliedstaaten führen kann. Unter diesen Artikel fällt auch die - im EU-Vertrag an sich nicht geregelte - Fusionskontrolle, da der Zusammenschluß von Unternehmungen einen Machtmißbrauch darstellen kann, wenn die marktbeherrschende Stellung hierdurch wesentlich verstärkt wird.
Aus den unterschiedlichen Zwecken des nationalen und des EU-Kartellrechts ergibt sich, daß beide selbständig nebeneinander stehen und auch nebeneinander auf denselben Sachverhalt angewendet werden können. So kann ein gleichzeitiger Verstoß gegen das europäische und nationale Kartellrecht zu zwei parallelen Verfahren und im Falle einer Verurteilung zu zwei Bußgeldzahlungen führen. Nach der Rechtsprechung des Europäischen Gerichtshofes muß allerdings die bereits verhängte Geldbuße bei der Bemessung der erneuten Geldbuße aus Billigkeitsgründen berücksichtigt werden.

Ein gewisser Vorrang des EU-Rechts gegenüber dem nationalen Recht besteht sogar insofern, als eine positive Entscheidung der europäischen Kommission oder des Europäischen Gerichtshofes nicht durch eine anders lautende Entscheidung nationaler Gerichte umgestoßen werden darf. Mit Ausnahme der Freistellungserklärung, für die ausschließlich die EU-Kommission zuständig ist, müssen auch die nationalen Behörden das EU-Recht unmittelbar anwenden. Vor deutschen Gerichten kann sich deshalb jede Unternehmung darauf berufen, daß eine Vereinbarung oder das Verhalten eines Wettbewerbers gegen EU-Recht verstoße (vgl. zum Zusammenhang von deutschem Wettbewerbsrecht und EU-Recht Kisseler 1994 I, Steindorff 1993, Piper 1992).

1.3.3.5 Die Umsetzung von EU-Richtlinien in nationales Recht

Von wesentlicher Bedeutung für das nationale Recht sind schließlich die Richtlinien der Europäischen Gemeinschaft. Im Zuge der Vollendung des Europäischen Binnenmarktes sind bisher ca. 800 Richtlinien (siehe im einzelnen Kommission der Europäischen Gemeinschaften 1990) verabschiedet worden, die die EU-Mitgliedstaaten innerhalb einer bestimmten Frist in nationales Recht umsetzen müssen. Ziel dieser Richtlinien sind die sogenannten "4 Freiheiten", nämlich die Abschaffung von Zöllen und mengenmäßigen Beschränkungen sowie die Freiheit von Personen-, Dienstleistungs- und Kapitalverkehr. Die von der EU-Kommission initiierten und vom Europäischen Rat verabschiedeten Richtlinien stellen selbst keine Rechtsnormen dar; erst mit der Umsetzung in das nationale Recht eines Mitgliedstaates werden sie geltendes Recht. Es wäre jedoch falsch zu glauben, daß dadurch ein vollständig harmonisiertes Recht in der EU geschaffen würde (vgl. Schröder/Ahlert 1993, S. 377 f.):

Das Ziel der Europäischen Union ist seit 1987 nicht mehr primär die Harmonisierung von Rechtsvorschriften, sondern die gegenseitige Anerkennung nationaler Regelungen. Daher wird es in bestimmten Bereichen auch künftig bei national abweichenden Rechtsnormen bleiben.

Verschiedener Themen hat sich die EU-Kommission bislang nicht oder nur in begrenztem Umfang angenommen, obwohl der Weg einer Harmonisierung dringend geboten ist. Dies trifft vor allem auf das Recht der Werbung und des unlauteren Wettbewerbs zu.

Zu einigen Bereichen der Absatzpolitik existieren zwar Richtlinien-Entwürfe, wie z.B. der Vorschlag über die vergleichende Werbung von 1994, doch sind die Beratungen noch nicht so weit, daß der Ministerrat eine entsprechende EU-Richtlinie verabschieden konnte, welche die Mitgliedstaaten verpflichtet, die Richtlinie in nationales Recht umzusetzen.

Ist schließlich eine EU-Richtlinie verabschiedet worden, dann sind die Mitgliedstaaten gehalten, diese innerhalb einer bestimmten Frist in nationales Recht zu transformieren. Die Erfahrungen der Vergangenheit haben aber gezeigt, daß viele Länder diesen Termin verstreichen ließen, ohne daß es zu einer Umsetzung kam.

Manche Vereinbarungen treten erst dann in Kraft, wenn sie von allen Mitgliedstaaten ratifiziert worden sind. Weigern sich einige Länder, wie z.B. Dänemark und Irland im Fall der Vereinbarung über Gemeinschaftspatente von 1989, verzögert sich dadurch die Rechtsangleichung teilweise erheblich.

Wenn EU-Richtlinien mit Optionen ausgestattet sind, wie z.B. die EU-Produkthaftungsrichtlinie von 1985, dann bleibt es den Mitgliedstaaten überlassen, diese nach ihren eigenstaatlichen Interessen auszuüben. Ein international einheitliches Recht dürfte anschließend selten das Ergebnis sein.

Auch bei einheitlichen Rechtsnormen wird es weiterhin abweichende Rechtsprechungen geben, wie das Beispiel der irreführenden Werbung zeigt. Während die Rechtsprechung in der Bundesrepublik Deutschland von einem weniger kritischen Verbraucher ausgeht und daher bereits eine Irreführung annimmt, wenn 10 bis 15 Prozent der relevanten Verkehrskreise aufgrund der Werbeangabe falsche Vorstellungen über die tatsächlichen Gegebenheiten entwickeln, ist man in dieser Hinsicht in Italien wesentlich großzügiger. Dort hält man die Verbraucher für kritisch genug, sich durch Werbeangaben nicht so leicht täuschen zu lassen.

Die Angleichungsarbeiten werden in bestimmten Bereichen noch einige Jahre andauern, bis sie abgeschlossen sein werden. Dies gilt z.B. für die Normungspolitik der EU. Nach Schätzungen sind ca. 120.000 Normen in der EU anzugleichen, ca. 20.000 bis 30.000 mit Bedeutung für die Bundesrepublik Deutschland. Erst ein geringer Teil davon ist zum Gegenstand von EU-Richtlinien geworden (vgl. Müller, R., 1990).

1.3.4 Die besonderen Dateneigenschaften des Rechts als Problem des Marketing-Rechts-Managements

Die Rechtsordnung bildet für die Unternehmungen eine Umweltschicht, die in ganz besonderem Maße das Ungewißheitsproblem der Marketingplanung begründet und verschärft. Im Gegensatz zu den erklärten gesellschaftlichen Funktionen der Rechtsordnung, dauerhafte Orientierungen herzustellen und die Konsistenz relevanter Verhaltensmuster zu verbürgen, sind die praktisch relevanten Rechtsnormen durch folgende Merkmale gekennzeichnet:

• mangelnde Stabilität und Kontinuität (Dynamik),
• Beeinflußbarkeit,
• Unübersichtlichkeit und Komplexität sowie
• Subsumtions- und Rechtsfolgenunsicherheit.

In diesen Dateneigenschaften des Rechts (siehe auch *Bild 6*) kann einer der Hauptgründe für die Zweckmäßigkeit, z.T. sogar Notwendigkeit einer laufenden Zusammenarbeit von Marketingmanagern und Rechtsexperten bei der Bewältigung der vielfältigen Marketing-Rechts-Probleme gesehen werden.

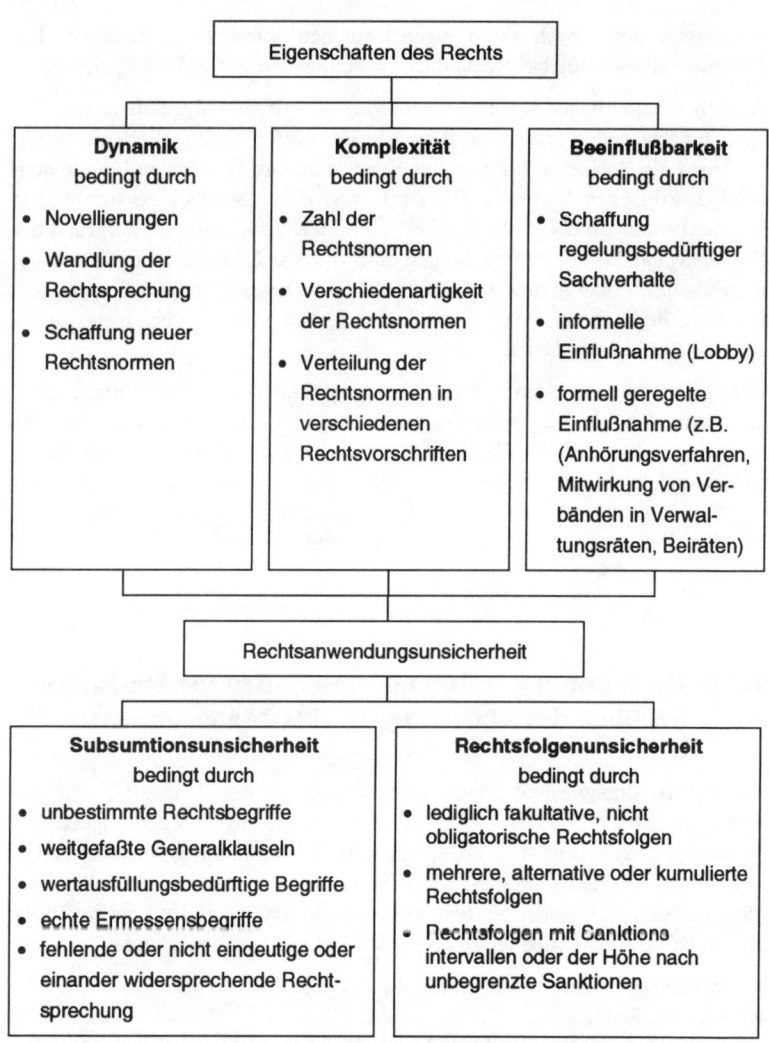

Eigenschaften des Rechts

Dynamik bedingt durch	**Komplexität** bedingt durch	**Beeinflußbarkeit** bedingt durch
• Novellierungen • Wandlung der Rechtsprechung • Schaffung neuer Rechtsnormen	• Zahl der Rechtsnormen • Verschiedenartigkeit der Rechtsnormen • Verteilung der Rechtsnormen in verschiedenen Rechtsvorschriften	• Schaffung regelungsbedürftiger Sachverhalte • informelle Einflußnahme (Lobby) • formell geregelte Einflußnahme (z.B. (Anhörungsverfahren, Mitwirkung von Verbänden in Verwaltungsräten, Beiräten)

Rechtsanwendungsunsicherheit

Subsumtionsunsicherheit bedingt durch	**Rechtsfolgenunsicherheit** bedingt durch
• unbestimmte Rechtsbegriffe • weitgefaßte Generalklauseln • wertausfüllungsbedürftige Begriffe • echte Ermessensbegriffe • fehlende oder nicht eindeutige oder einander widersprechende Rechtsprechung	• lediglich fakultative, nicht obligatorische Rechtsfolgen • mehrere, alternative oder kumulierte Rechtsfolgen • Rechtsfolgen mit Sanktions intervallen oder der Höhe nach unbegrenzte Sanktionen

Bild 6: Die eine Bearbeitung von Marketing-Rechts-Problemen erschwerenden Eigenschaften des Rechts

In *Kap. 1.3.2* wurde ein Überblick über die marketingrelevanten Rechtsnormen gegeben. In den instrumentspezifischen Darstellungen (*Kapitel 2 bis 5*) werden weitere Übersichten jeweils an den Anfang gestellt. In diesen Abbildungen sind die wichtigsten - keineswegs sämtliche (!) - Rechtsnormen mit Bedeutung für die Absatzpolitik aufgeführt. Es zeigt sich, daß die relevanten Rechtsnormen aus den unterschiedlichsten Gesetzen und Quellen stammen. Dem Marketingmanager steht kein "Marketing-Gesetzbuch" zur Verfügung, so wie etwa die Sozialgesetze in einem eigenen Sozial-Gesetzbuch, Steuergesetze und -richtlinien in einer entsprechenden Gesetzes- bzw. Richtliniensammlung zusammengefaßt sind. Es mag daher nicht verwundern, daß immerhin selbst 8 % der Juristen Gesetze, die die wichtigste Informationsquelle überhaupt sind, manchmal oder häufig nicht finden (vgl. Jungjohann u.a. 1974, S. 49).

Außer der vorstehend aufgeführten Rechtsnormenflut und Komplexität, der Beeinflußbarkeit und Dynamik des Rechts bereitet die **Rechtsunsicherheit**, durch die in besonderem Maße das Wettbewerbsrecht gekennzeichnet ist, weitere Schwierigkeiten bei der Prüfung der rechtlichen Zulässigkeit von Marketingmaßnahmen.

Zu unterscheiden sind die Subsumtionsunsicherheit und die Rechtsfolgenunsicherheit. Dabei ist zu beachten, daß beide Dimensionen nicht unabhängig voneinander existieren. Besteht Subsumtionsunsicherheit, so kann sie die Rechtsfolgenunsicherheit potenzieren. Darüber hinaus besteht die Möglichkeit, daß aufgrund der Subsumtionsunsicherheit tatsächlich relevante Rechtsnormen gar nicht erst erfaßt werden.

Subsumtionsunsicherheit umschreibt das Problem, eine bestimmte Maßnahme angesichts unsicherer Erwartungen hinsichtlich ihrer Tatbestandserfüllung einer bestimmten Rechtsnorm bzw. mehreren Rechtsnormen zuzuordnen. Erfolgversprechende Marketingmaßnahmen nur deshalb zu unterlassen, weil aufgrund der Subsumtionsunsicherheit die vage Möglichkeit einer Verletzung von Rechtsnormen gegeben ist, erscheint nicht akzeptabel. Hier wird es vielmehr sinnvoll sein, die Konsequenzen einer eventuellen Rechtsverletzung zu antizipieren und im Investitionskalkül mit entsprechender Wahrscheinlichkeit oder als ungünstigsten Fall zu berücksichtigen. Andernfalls wäre kreatives Marketing nur noch in Ausnahmefällen denkbar.

Die Antizipation der Konsequenzen im Wege einer Rechtsfolgenanalyse bereitet allerdings in vielen Fällen ähnlich große Schwierigkeiten wie die Zuordnung von Maßnahmen zu den relevanten Rechtsnormen. Der Entscheidungsträger befindet sich in einer Situation der **Rechtsfolgenunsicherheit**, in der aufgrund mangelnder Bestimmtheit der Rechtsfolgen nur unsichere Erwartungen über die Konsequenzen von Tatbestandsverletzungen bestehen. Neben den unmittelbaren Sanktionen, die die Rechtsordnung bereithält, sind die mittelbaren Folgen einer rechtlichen Verfolgung zu beachten (z.B. Imageschädigungen durch die Publizierung spektakulärer Rechtsstreitigkeiten).

Als abschließendes Fazit dieser allgemeinen Betrachtungen soll ein die Schwierigkeiten bei der Behandlung rechtlicher Fragen sehr treffend und eindrucksvoll beschreibendes Zitat angeführt werden: "Die Kenntnis des geltenden Rechts bleibt mithin immer mehr dem Zufall überlassen. Legislative und Exekutive geben offen zu, daß jede Annahme, das Recht stelle sich als eine erkennbare und überschaubare Materie dar, hoffnungslos unrealistisch ist" (Simitis 1970, S. 17).

1.4 Grundzüge des Marketing-Rechts-Managements

1.4.1 Funktionales und institutionalisiertes Marketing-Rechts-Management

Die Behandlung von Marketing-Rechts-Problemen kann in den Unternehmungen auf unterschiedlichen Wegen erfolgen (vgl. ausführlich Ahlert 1988, S. 183 ff.). Weit verbreitet ist eine Vorgehensweise, bei der diese Probleme nach dem Ping-Pong-Verfahren abwechselnd von Marketingmanagern und Rechtsexperten bearbeitet werden. Bei dieser Form einer streng arbeitsteiligen Problembehandlung erscheint es allerdings sehr fraglich, ob alle relevanten rechtlichen Aspekte, insbesondere die nicht evidenten Probleme, überhaupt identifiziert, aufgegriffen und effizient gelöst werden können. Mag diese Vorgehensweise im reaktiven Maßnahmenbereich noch hinlänglich funktionieren, so erscheint zumindest im Bereich der präventiven Berücksichtigung restriktiver Rechtsnormen sowie der Nutzung der häufig vernachlässigten Chancen, die das Recht zur Absicherung und zur Verbesserung der Marketingaktivitäten bietet, eine frühzeitige Beteiligung des Rechtsexperten am Marketingplanungsprozeß zweckmäßig.

Ausgangspunkt der weiteren Überlegungen ist, daß Managementprobleme im Spannungsfeld zwischen Marketing und Recht am besten auf der Grundlage einer engen Kooperation von Marketingmanagern und Rechtsexperten bewältigt werden können. Diese Form der kooperativen Bearbeitung von Marketing-Rechts-Problemen wollen wir Marketing-Rechts-Management im **funktionalen** Sinne nennen. Dabei wird unterstellt, daß das Marketing-Rechts-Management nur dann optimal funktionieren kann, wenn die beteiligten Marketingmanager und Rechtsexperten nicht konfliktionären Zielen (Renditestreben versus Sicherheitsstreben) folgen, sondern wenn die Kooperation an einer **gemeinsamen Zielsetzung** ausgerichtet ist: Diese kann sich nur aus den Marketingzielen herleiten.

Soweit bei der Bewältigung von Marketing-Rechts-Problemen sowohl Marketing- als auch Rechtsexperten zusammenarbeiten, können diese gedanklich zu einem **personalen Subsystem** der Unternehmung zusammengefaßt werden. Mitwirkende auf der Marketingseite können je nach Problemstellung Personen der verschiedensten Hierarchieebenen aus Linieninstanzen und Stäben, ja sogar externe Organe sein, wie z.B. Mitarbeiter von Marktforschungsinstituten, Werbeagenturen und Handelsvertretungen, mit denen die Unternehmung zusammenarbeitet. Aus dem Rechtsbereich können außer den Mitarbeitern der eigenen Rechtsabteilung(en) auch externe Rechtsberater fallweise oder sogar ständig hinzugezogen werden. In einigen Fällen nehmen auch Mitglieder der Geschäftsleitung an der Beratung besonders wichtiger Rechtsfragen teil. Es ist auch denkbar, daß für abgegrenzte Zeiträume externe Unternehmensberater eingeschaltet werden.

Die Zusammenarbeit unterschiedlicher Personen bei der Bewältigung von Marketing-Rechts-Problemen kann in völlig ungeregelter, d.h. nicht organisierter Form erfolgen. Es ist aber auch denkbar, daß das funktionale Marketing-Rechts-Management organisatorisch gestaltet wird: In diesem Fall kann von Marketing-Rechts-Management im **institutionalen** Sinn gesprochen werden. Dieses personale Subsystem der Unternehmung kann entweder als ein offenes Gremium mit wechselnden Mitgliedern oder als eine geschlossene Arbeitsgruppe gestaltet sein.

1.4.2 Die Entscheidungsprobleme im Bereich des Marketing-Rechts-Managements

Im Zusammenhang mit der Bewältigung rechtlicher Probleme des Marketing hat eine jede Unternehmung eine Vielzahl von Entscheidungen zu treffen, die wie folgt systematisiert werden können:

(1) Grundsatzentscheidungen über die Implementierung des Marketing-Rechts-Managements

Soll überhaupt eine Kooperation von Marketingmanagern und Rechtsexperten bei der Bewältigung der Marketing-Rechts-Probleme angestrebt werden? Hiermit ist die Frage nach dem "Ob" des **funktionalen** Marketing-Rechts-Managements angesprochen.

Soll diese kooperative Problembewältigung organisatorisch gestaltet bzw. geregelt werden? Sollen gegebenenfalls Kollegien bzw. Projektgruppen eingerichtet werden? Diese Frage betrifft das "Ob" des **institutionalisierten** Marketing-Rechts-Managements.

(2) Entscheidungen über die grundsätzlichen Verhaltens- und Verfahrensweisen des Marketing-Rechts-Managements

Sind die Fragen unter (1) positiv beantwortet, geht es um das "Wie" des Marketing-Rechts-Managements. Ausgangspunkt der weiteren Strukturierung ist *Bild 7*, in dem die Elemente und Beziehungsstrukturen im Bereich des Marketing-Rechts-Managements dargestellt werden. Aus der Perspektive des Marketing-Rechts-Managements als personalem Subsystem in der Unternehmung (fett eingerahmter Kasten) kann zwischen Außen- und Binnenbeziehungen unterschieden werden. Außenbeziehungen bestehen sowohl zu den weiteren Organisationseinheiten innerhalb der Unternehmung als auch zur Unternehmungsumwelt. Sie lassen sich gedanklich in zwei Kategorien untergliedern:

Einmal sind umfangreiche **Informationen** zu gewinnen, und zwar insbesondere über rechtsspezifische Tatbestände (z.B. Rechtsnormen, Schutzrechte, Vertragsabschlüsse Dritter), aber auch über ökonomische Tatbestände, die rechtliche Konsequenzen auslösen können (etwa rechtlich angreifbare Marketingmaßnahmen anderer Unternehmungen).

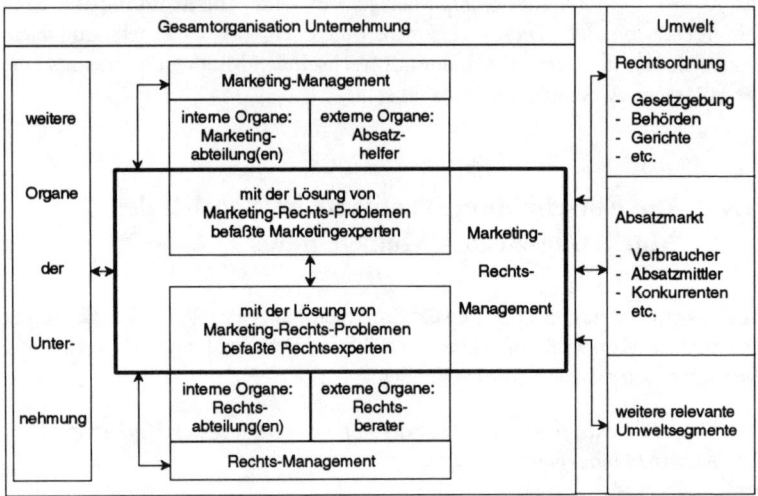

Bild 7:   Das Marketing-Rechts-Management als Subsystem der Unternehmung

Zum anderen kann das Marketing-Rechts-Management **Aktionen** nach außen entfalten, indem es selbst Informationen an unternehmungsinterne und -externe Stellen weitergibt, Verträge abschließt, Schutzrechte anmeldet, rechtliche Schritte gegen andere Wirtschaftssubjekte einleitet u.v.a.m.

Mit diesen Außenbeziehungen verbinden sich Vorgänge und Tätigkeiten (z.B. Informationsverarbeitung, Interaktionsprozesse) innerhalb des Marketing-Rechts-Managements.

Darüber hinaus sind (Meta-)Entscheidungen zu treffen, die die **Institutionalisierung** der Marketing-Rechts-Management-Funktionen betreffen. Diese lassen sich formal in Entscheidungen über die Struktur (Aufbauorganisation) und über die Problemlösungsprozesse (Ablauforganisation) des Marketing-Rechts-Managements untergliedern.

Zwischen diesen Informations-, Aktions- und Organisationsaspekten des Marketing-Rechts-Managements bestehen enge Interdependenzen, wie es die folgenden Beispiele verdeutlichen (siehe *Bild 8*):

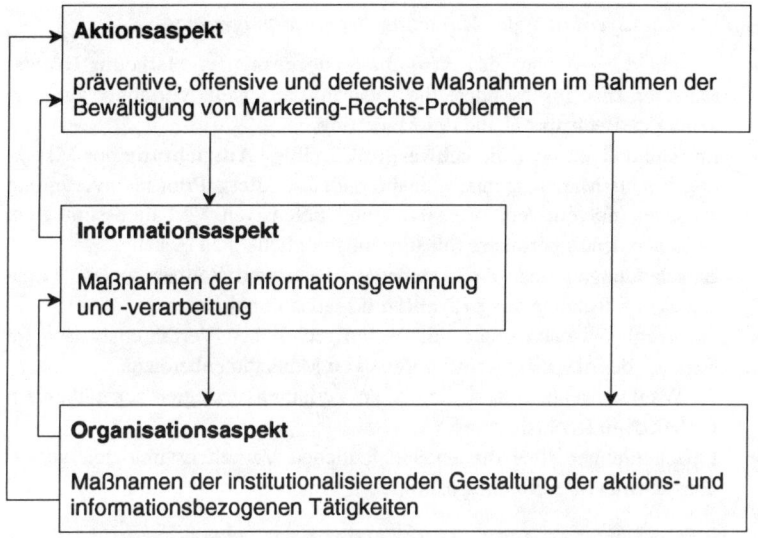

> **Aktionsaspekt**
>
> präventive, offensive und defensive Maßnahmen im Rahmen der Bewältigung von Marketing-Rechts-Problemen
>
> **Informationsaspekt**
>
> Maßnahmen der Informationsgewinnung und -verarbeitung
>
> **Organisationsaspekt**
>
> Maßnamen der institutionalisierenden Gestaltung der aktions- und informationsbezogenen Tätigkeiten

Bild 8: Die Entscheidungsbereiche des Marketing-Rechts-Managements

- Informationen über rechtliche Entwicklungen regen Aktionsplanungen an (z.b. Korrektur bisher verfolgter Marketingstrategien).
- Aktionsplanungen rufen wiederum einen spezifischen Informationsbedarf hervor (z.b. Informationen über die Tatbestandselemente bestimmter restriktiver Rechtsnormen sowie die Rechtsfolgen).
- Derartige Informationen können der Aktionsplanung wiederum eine neue Richtung weisen (z.b. Umgehung der restriktiven Rechtsnormen oder Ausschöpfung von Rechtslücken).
- Die realisierten Aktivitäten können zu rechtlichen Interventionen führen (z.b. des Bundeskartellamtes, sonstiger staatlicher Stellen oder anderer Unternehmungen), die ihrerseits wiederum den Charakter restriktiver Rechtsnormen erlangen können.
- Einige Verhaltensweisen im Rahmen außengerichteter Aktivitäten setzen eine bestimmte Mindestausstattung des Marketing-Rechts-Management-Apparates voraus (z.b. der offene Konfrontationskurs zum Recht).
- Der bestehende Apparat determiniert die Qualität und Geschwindigkeit der Informationsgewinnung und -verarbeitung.

Nach den Gegenstandsbereichen Informations-, Aktions- und Organisations-verhalten lassen sich Entscheidungen über das "Wie" des Marketing-Rechts-Managements wie folgt untergliedern:

(2.1)   *Aktionsverhalten des Marketing-Rechts-Managements*

- Entscheidungen über das **Aufgabenprogramm** des Marketing-Rechts-Managements, insbesondere die Auswahl der jeweils vorrangig zu bearbeitenden Rechtsprobleme des Marketing,
- Entscheidungen über die **schwerpunktmäßige Ausrichtung** des Marketing-Rechts-Managements, insbesondere die Prioritätenverteilung zwischen präventiven, offensiven und defensiven Verhaltensstrategien, zwischen denen periphere Substitutionsmöglichkeiten bestehen,
- Entscheidungen über Art, Intensität, Sach- und Zeitbezug des "Legal Check" im Rahmen des **präventiven** Maßnahmenbereichs,
- die Wahl zwischen unterschiedlichen rechtlichen Verfahrensweisen im Rahmen des **offensiven und defensiven** Maßnahmenbereichs,
- die Wahl zwischen unterschiedlichen Verhaltensstrategien gegenüber den **restriktiven** Rechtsnormen,
- Entscheidungen über die unterschiedlichen Verhaltensstrategien gegenüber **schützenden** Rechtspositionen.

(2.2)   *Informationsverhalten des Marketing-Rechts-Managements*

- Entscheidungen über den zu deckenden **Informationsbedarf** des Marketing-Rechts-Managements,
- Entscheidungen über Träger, Initiative und Intensität, Regelmäßigkeit und Quellen der **Informationsgewinnung**, differenziert nach den verschiedenen Marketing-Rechts-Gebieten,
- Entscheidungen über Träger, Art, Regelmäßigkeit und Zeitbezug der **Informationsverwertung**, d.h. der Verarbeitung bzw. Aufbereitung, gegebenenfalls Speicherung und Übermittlung der Informationen.

Die mit der Lösung von Marketing-Rechts-Problemen befaßten Personen werden nicht selten Schwierigkeiten haben, den Zugang zu den relevanten Rechtsquellen und Rechtspublikationen zu finden. Hirte (1991) liefert hierzu eine gute Hilfestellung, deren Systematik *Bild 9* zeigt. Die Suche unterstützen Microfiches und Datenbanken, wie z.B. juris-Datenbank und CD-ROM-Datenbanken.

Einen schnellen Zugriff zu aktueller Rechtsprechung und deren Kommentierung erlauben insbesondere juristische Fachzeitschriften. Auf dem Gebiet des marketing-relevanten Rechts sind dies vor allem BB, DB, EUGHE und EUGH Slg., JuS, NJW, GRUR, GRUR-Int., WRP, WuW und WuW/E, ZHR sowie ZIP.

(2.3)   *Organisatorische Gestaltung des Marketing-Rechts-Managements*

Hier sind Entscheidungen zu treffen über

- Art und Ausmaß der **Arbeitsteilung und Spezialisierung** innerhalb des Marketing-Rechts-Managements,

A. Das Auffinden von Rechtsquellen

I. Rechtsnormen
  1. Das Recht der Europäischen Union
    a. Amtsblatt
    b. Loseblattwerke
    c. Gebundene Ausgaben
  2. Bundesrecht
    a. Bundesgesetzblatt
    b. Bundesanzeiger
    c. Loseblattwerke
    d. Gebundene Ausgaben
    e. Verwaltungsvorschriften
  3. Landesrecht
    a. Gesetzblätter
    b. Loseblattwerke
    c. Gebundene Ausgaben
    d. Verwaltungsvorschriften
  4. Kommunalrecht

II. Gerichtliche Entscheidungen
  1. Allgemeines
    a. Richterrecht als Rechtsquelle
    b. Leitsätze als Zusammenfassung des Urteils
    c. Aktenzeichen und Geschäftsverteilung
    d. Überblick über die Publikationsformen
  2. Amtliche Sammlungen
  3. Juristische Fachzeitschriften
  4. Entscheidungssammlungen
  5. Doppel- und Mehrfachveröffentlichung
  6. Anforderung von Originalentscheidungen

B. Das Auffinden von juristischem Schrifttum

I. Kategorien von juristischem Schrifttum
  1. Kommentare
  2. Lehrbücher
  3. Handbücher
  4. Monographien
  5. Formularbücher
  6. Aufsätze
  7. Anmerkungen
  8. Buchbesprechungen
  9. Gesetzgebungsmaterialien

II. Hilfsmittel zum Auffinden von juristischem Schrifttum
  1. Fundhefte
  2. Bibliographien, wie z.B. Die Karlsruher Juristische Bibliographie
  3. Bibliothekskataloge
  4. Kommentar- und Lehrbuchübersichten
  5. Auffinden von Anmerkungen und Buchbesprechungen
  6. Gesetzgebungsmaterialien: Recht der EU, Bundesrecht, Landesrecht

Quelle: Hirte (1991), S. VII f.
Bild 9:   Systematik zum Auffinden von Rechtsquellen und juristischem Schrifttum

- die **Kompetenzverteilung** (Leitungsstruktur, Delegation und Partizipation) innerhalb des Marketing-Rechts-Managements,
- **Kommunikationsregelungen** (Bindungsgrad der Kommunikation und Kommunikationsstruktur) innerhalb des Marketing-Rechts-Managements,
- Art und Ausmaß der **Prozeßstrukturierung** (Regelung der Arbeitsabläufe) innerhalb des Marketing-Rechts-Managements,
- die **Konfiguration** des Marketing-Rechts-Managements, insbesondere auch die Herausbildung spezieller Kollegien und Projektgruppen (vgl. ausführlich zur Organisation des Marketing-Rechts-Managements Partu 1985).

(3) Entscheidungen über die konkrete Aufgabenerfüllung bei der Bewältigung eines Marketing-Rechts-Problems

Die bisher aufgeführten Entscheidungen haben überwiegend den Charakter von Meta- bzw. Grundsatzentscheidungen über die Implementierung eines institutionalisierten Marketing-Rechts-Managements und dessen prinzipielle Ausgestaltung. Darüber hinaus hat das Marketing-Rechts-Management eine **Fülle von Einzelentscheidungen** über die konkrete Bewältigung der zahlreichen Marketing-Rechts-Probleme zu treffen, welche **im Zuge der Planung, Realisation und Kontrolle der einzelnen Marketingstrategien** auftreten. Diese sach- und fallbezogenen Entscheidungen lassen sich nicht allgemein, sondern nur konkret an der speziellen Problemstellung aufzeigen (siehe dazu *Kapitel 2 bis 5*).

1.4.3 Grundsatzentscheidungen über das Aktionsprogramm des Marketing-Rechts-Managements

1.4.3.1 Identifikation und Dringlichkeitseinstufung der zu bearbeitenden Marketing-Rechts-Probleme

Ist eine Unternehmung zu einem bestimmten Zeitpunkt mit der Konzeption und Praktizierung zahlreicher Marketingstrategien befaßt, so kann daraus ein derart vielfältiges und umfangreiches Spektrum an Marketing-Rechts-Problemen resultieren, daß angesichts einer gegebenen kapazitativen Ausstattung des Marketing-Rechts-Management-Apparates **Prioritäten** gesetzt werden müssen. Das bedeutet, daß das jeweilige Aufgabenprogramm des Marketing-Rechts-Managements Gegenstand eines eigenen, höchstschwierigen Entscheidungsprozesses ist. Die Festlegung des aktuellen Aufgabenprogramms ist dadurch erschwert,

- daß ein Teil der dringend lösungsbedürftigen Marketing-Rechts-Probleme nicht offenkundig ist (latente Marketing-Rechts-Probleme),
- daß ein Teil der im Zusammenhang mit Marketingmaßnahmen auftretenden, evidenten Rechtsprobleme außerhalb des Zuständigkeitsbereiches des Marketing-Rechts-Managements liegt, weil eine Kooperation von Marketing- und Rechtsexperten bei deren Bewältigung entbehrlich ist (z.B. routinemäßig zu erledigende Aufgaben wie der Abschluß von Kaufverträgen im laufenden Geschäft ohne besondere rechtliche Problematik), und
- daß Kapazitätsrestriktionen und Zeitdruck nicht die gleichermaßen sorgfältige Bearbeitung aller evidenten, in den Zuständigkeitsbereich des Marketing-Rechts-Managements fallenden Probleme erlauben.

Damit verbinden sich zwei Problemkreise, die nachfolgend erläutert werden. Erstens sind aus der Vielzahl der **evidenten** Rechtsfragen des Marketing - die allesamt gewissenhaft zu lösen im Regelfall eine nicht mehr rentable Aufblähung des Apparates erfordern würde - die zwingend lösungsbedürftigen Probleme herauszufiltern. Dabei ist einerseits zu beachten, daß der Zeitbedarf der Problemlösung häufig mit der Eilbedürftigkeit der Marketingentscheidung kollidiert. Andererseits kann das Marketing-Rechts-Management die Lösungsbedürftigkeit eines Problems häufig erst beurteilen, wenn es sich schon in einem gewissen Umfang näher damit befaßt hat.

Für die Bewältigung dieser äußerst schwierigen informationsökonomischen Problematik wäre es wünschenswert, wenn es aufgrund der unternehmungsspezifischen Erfahrungen gelingen könnte, die regelmäßig auftretenden Marketing-Rechts-Probleme im Rahmen einer ABC-Analyse zu klassifizieren: Probleme des Typs A sind wegen der besonders hohen Rechtsrisiken bzw. Marktchancen stets vorrangig und ohne Rücksichtnahme auf den Zeitdruck gewissenhaft zu lösen. Probleme des Typs C können unter explizit herausgearbeiteten Bedingungen (einstweilen) vernachlässigt werden. Probleme des Typs B sind in dem Maße zu bearbeiten, wie es deren Eilbedürftigkeit sowie die aktuelle Beschäftigungslage des Marketing-Rechts-Managements zulassen.

Eine besondere Aufgabe bestünde unter diesen Umständen darin, von Zeit zu Zeit zu überprüfen, ob die Bedingungen, unter denen die Probleme des Typs C vernachlässigt werden können, noch gelten. Außerdem wäre im Hinblick auf die Probleme des Typs A sicherzustellen, daß diese stets zur Behandlung durch das Marketing-Rechts-Management gelangen. Bei Problemen des Typs B ist zumindest die Überprüfung der Bearbeitungswürdigkeit durch das Marketing-Rechts-Management zu gewährleisten.

Der zweite Problemkreis ist die Aufdeckung der **latenten** (nicht evidenten) Marketing-Rechts-Probleme. Die Evidenz von Marketing-Rechts-Problemen hängt wesentlich von den unternehmungsspezifischen Perzeptionsmechanismen (insbesondere vom Grad der Sensibilisierung des Marketing- und des

Rechtsmanagements für die Rechtsfragen des Marketing) sowie von den situativen Umständen ihres Auftretens ab.

1.4.3.2 Die Wahl zwischen einem schwerpunktmäßig präventiven, defensiven oder offensiven Problemlösungsverhalten

Mit den situativen Umständen des Auftretens von Marketing-Rechts-Problemen sind vor allem die **Anlässe** für das Aktivwerden des Marketing-Rechts-Managements gemeint, die in drei verschiedene Kategorien aufgegliedert werden können (siehe *Bild 10*). Erstens können zukünftige Beeinträchtigungen des Marketingerfolges im Rahmen der Marketingplanung **antizipiert** werden. Dabei sind die Ursachen solcher Beeinträchtigungen sowohl im eigenen Fehlverhalten (z.b. Versäumnisse bei der Schutzrechtspolitik) als auch in rechtlichen Schritten, die von dritter Seite gegen die Unternehmung unternommen werden könnten, zu suchen. Einen zweiten Anlaß bilden die tatsächlich schon gegen die Unternehmung eingeleiteten, **rechtlichen Angriffe Dritter**, welche die erfolgreiche Realisierung einer Marketingstrategie oder bestehende Schutzpositionen (z.b. gewerbliche Schutzrechte oder vertraglich gesicherte Domänen der Unternehmung) gefährden. Drittens können bereits praktizierte, **wirtschaftliche Verhaltensweisen Dritter**, welche die bestehenden Schutzpositionen verletzen oder auch nur die allgemeinen Marketingchancen der Unternehmung zu beeinträchtigen geeignet sind, Anlaß geben, rechtliche Schritte gegen diese Wirtschaftssubjekte zu erwägen und gegebenenfalls einzuleiten.

In einer zunächst noch sehr groben Klassifikation kann das gesamte absatzrechtliche Aufgabenfeld danach gegliedert werden, ob das Marketing-Rechts-Management aufgrund einer bereits eingetretenen Störung (reaktiver Maßnahmenbereich) oder angesichts einer erwarteten zukünftigen Störung der Absatzpolitik (präventiver Maßnahmenbereich) tätig wird. *Bild 10* stellt die Maßnahmenbereiche mit Hinweisen auf die jeweils verfolgten Ziele im Überblick dar.

Präventive Maßnahmen umfassen die Absicherung und Verbesserung der Marketingstrategien durch die aktive Erlangung von Schutzrechten, durch eine umsichtige Vertragsgestaltung sowie durch die vorbeugende Berücksichtigung von Rechtsrestriktionen bei der Planung von Marketingmaßnahmen.

Reaktive Maßnahmen lassen sich nochmals danach unterscheiden, ob sie aufgrund eines rechtlichen Angriffs auf die Unternehmung eingeleitet werden (defensiver Maßnahmenbereich) oder ob die betrachtete Unternehmung selbst initiativ mit rechtlichen Mitteln gegen rechtlich vermeintlich unzulässige Verhaltensweisen anderer Wirtschaftssubjekte vorgeht (offensiver Maßnahmenbereich).

Gliederung der Maßnahmen im Marketing-Rechts-Management nach			
Anlaß der Maßnahmen	**Art der Maßnahmen**	**Ziel der Maßnahmen**	
Rechtliche Schritte gegen die eigene Unternehmung • gefährden die erfolgreiche Realisation der eigenen Marketingstrategie • gefährden bestehende eigene Schutzpositionen (z.B. Schutzrechte)	Unterlassung oder Änderung der beanstandeten Marketingmaßnahmen (wirtschaftliche Reaktion)	Vermeidung drohender rechtlicher Sanktionen	d e f e n s i v r e a k t i v
	Einflußnahme auf den Verursacher der rechtlichen Störung (wirtschaftl. Reaktion)	Rücknahme der rechtlichen Störung bzw. zukünftiger Verzicht auf derartige Interventionen durch den Verursacher	
	Austragung des rechtlichen Konflikts (rechtliche Reaktion)	Verteidigung der Schutzpositionen / des Erfolgs der Marketingstrategie	
Rechtlich angreifbare, wirtschaftliche Verhaltensweisen anderer Wirtschaftssubjekte • verletzen eigene bestehende Schutzpositionen • beeinträchtigen allgemein die eigenen Marketingchancen	Einleitung rechtlicher Schritte gegen die Verletzung eigener Schutzpositionen (rechtl. Reaktion)	Wiederherstellung der eigenen Schutzposition und Ausgleich des entstandenen Schadens	o f f e n s i v
	Eigentätige Durchführung oder Veranlassung rechtlicher Schritte gegen die zu beanstandenden Marketingmaßnahmen anderer Unternehmungen (rechtl. Reaktion)	Sicherung oder Erweiterung des eigenen Marketingpotentials, z.B. durch Beeinträchtigung der Marketingchancen anderer Unternehmungen	
Antizipation von potentiellen Beeinträchtigungen der Marketingstrategien der Unternehmung durch rechtliche und wirtschaftliche Störungen	Aktive Erlangung rechtlicher Schutzpositionen	Sicherung oder Erweiterung künftiger Marketingerfolge	p r ä v e n t i v
	Anpassung der Marketingstrategien an Rechtsrestriktionen, u.U. Verzicht auf die Maßnahmendurchführung	Meidung rechtlicher Störungen	
	Umgehung von Rechtsrestriktionen durch Änderung der Marketingstrategie	Meidung rechtlicher Störungen ohne Erfolgsbeeinträchtigung der Marketingstrategie	
	Negation der Rechtsrestriktionen	Ausschöpfung risikobehafteter Marketingchancen	
	Beeinflussung des Rechts	Abwendung / Abmilderung von Beeinträchtigungen	

Bild 10: Anlässe, Arten und Ziele von Maßnahmen im Rahmen des Marketing-Rechts-Managements

Bei dieser Unterteilung in den defensiven und offensiven Maßnahmenbereich muß beachtet werden, daß damit nicht zugleich ein friedfertiges oder aggressives Verhalten des betrachteten Marketing-Rechts-Managements impliziert wird. Vielmehr kann z.b. die berechtigte Schadensersatzklage eines Konkurrenten zur Abschreckung mit einer Gegenklage beantwortet werden (aggressives Reagieren im defensiven Maßnahmenbereich), und ebenso kann die persönliche Ansprache eines Wettbewerbers, der rechtswidrig die eigenen, durch eingetragene Patente geschützten Produkte plump imitiert, als eine sehr friedfertige Reaktion im offensiven Maßnahmenbereich charakterisiert werden.

Sofern mit dem Problemlösungsverhalten ein prozessualer Weg beschritten werden soll, sind die Besonderheiten des Wettbewerbsprozesses zu beachten (vgl. hierzu z.b. Melullis 1991; eine Übersicht zur jeweils aktuellen Rechtsprechung des Bundesgerichtshofs zum wettbewerblichen Anspruchs- und Verfahrensrecht gibt Teplitzky 1994).

In gewissen Grenzen bestehen **Substitutionsmöglichkeiten** reaktiver Maßnahmen durch die präventive Berücksichtigung des Rechts bei der Marketingplanung: Je mehr Zeit und Mühen das Marketing-Rechts-Management auf die präventive Vermeidung rechtlicher Störungen verwendet, desto geringer dürften die zukünftigen Belastungen durch akute Rechtsfälle (defensive bzw. offensive Reaktionserfordernisse) sein. Gleichwohl ist präventive Problembehandlung nicht mit der Entscheidung für eine grundsätzliche Meidung sämtlicher Rechtsrisiken gleichzusetzen. Dies ist vielmehr nur eine unter mehreren zur Auswahl stehenden Verhaltensstrategien, wie nachfolgend zu zeigen ist.

1.4.3.3 Die Wahl zwischen alternativen Verhaltensstrategien des Marketing-Rechts-Managements

Das Handlungsprogramm des Marketing-Rechts-Managements wird wesentlich davon bestimmt, welche grundsätzlichen Verhaltenspläne die Unternehmung gegenüber den unterschiedlichen restriktiven und chancenerweiternden Wirkungen des Rechts entwickeln und praktizieren will. Die Auswahl zielkonformer Verhaltensstrategien hängt von den spezifischen Umständen des Einzelfalls, insbesondere der Art und Dringlichkeitseinstufung des Marketing-Rechts-Problems, dem gegebenen Zeitdruck, unter dem zu entscheiden ist, und der aktuellen Beschäftigungslage des Marketing-Rechts-Managements ab. Es erscheint demgegenüber unrealistisch, daß Unternehmungen in sämtlichen Marketing-Rechts-Fragen ein und dieselbe Strategiealternative präferieren; dies schon deswegen, weil die Auswahlentscheidung u.a. auch davon beeinflußt wird, ob die Verhaltensstrategie für den präventiven, offensiven oder defensiven Maßnahmenbereich festzulegen ist.

Für die Handhabung eines bestimmten Marketing-Rechts-Problems stehen die folgenden Verhaltensstrategien zur Auswahl:

(1) Ignoranzstrategie
Rechtsnormen werden in den betrachteten Maßnahmenbereichen grundsätzlich nicht zur Kenntnis genommen; auf einen "Legal Check" wird hier verzichtet.

(2) Anpassungsstrategie/Kooperationsstrategie
Rechtsrisiken werden gemieden, indem man auf die gefährdete Marketingmaßnahme verzichtet oder sie entsprechend der andernfalls verletzten Rechtsnorm anpaßt; auch ist eine Kooperation mit dem potentiellen Verursacher rechtlicher Störungen möglich.

(3) Ausweichstrategie/Umgehungsstrategie
Unter Beibehaltung der ursprünglichen Zielsetzung wird die Marketingmaßnahme in der Weise umgestaltet, daß die geänderte Maßnahme nicht mehr in den Geltungsbereich der zuvor verletzten Rechtsnorm fällt; unter Umständen lassen sich auch vorhandene Rechtslücken ausnutzen.

(4) Konfrontationsstrategie
Es wird bewußt und vorsätzlich gegen Rechtsnormen verstoßen.

(5) Beeinflussungsstrategie
Je nach Interessenlage erfolgt eine Einflußnahme auf die Legislative, Jurisdiktion und/oder Exekutive zur Beseitigung und Milderung von Rechtsnormen oder auch zur Schaffung neuer bzw. zur Verschärfung bestehender Rechtsnormen.

Eine generelle Ignoranzstrategie ist in der heutigen, stark reglementierten Wirtschaft kaum auf Dauer möglich, doch sind Unternehmungen durchaus bereit, im Einzelfall unter bestimmten Bedingungen gegen Rechtsnormen zu verstoßen. Eine recht pragmatische Einstellung zu rechtlichen und sozialen Normen zeigten die befragten Manager in einer Untersuchung unter Leitung der asw (vgl. o.V. 1981, S. 66 ff.). Vergleichbare Ergebnisse zum Rechtsbewußtsein der Manager ergab auch eine Untersuchung von Gabele/Kirsch/Treffert (1977, S. 80 ff.).

Während Anpassungs-, Ausweich- und Konfrontationsstrategie in bezug auf eine zur Entscheidung anstehende Marketingmaßnahme sich gegenseitig ausschließende Basisstrategien bilden, kann die Beeinflussung des Rechts jeweils zur Unterstützung einer der genannten Basisstrategien dienen.
Wie die Auswahl der im Einzelfall zweckmäßigsten Verhaltensstrategien ablaufen könnte, kann anhand des Flußdiagramms in *Bild 11* nachvollzogen werden. Aus Anschaulichkeitsgründen sind die in der Praxis simultan vorzunehmenden Strategieüberlegungen dabei in einen sachlogischen Ablaufprozeß gebracht worden.

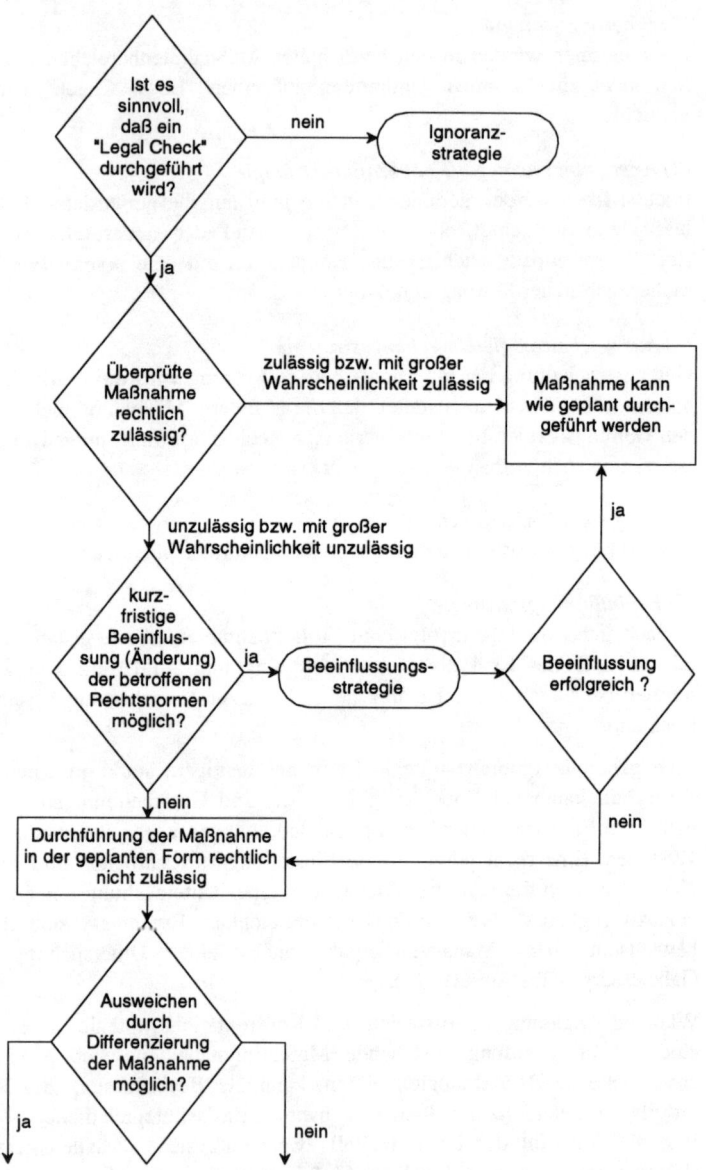

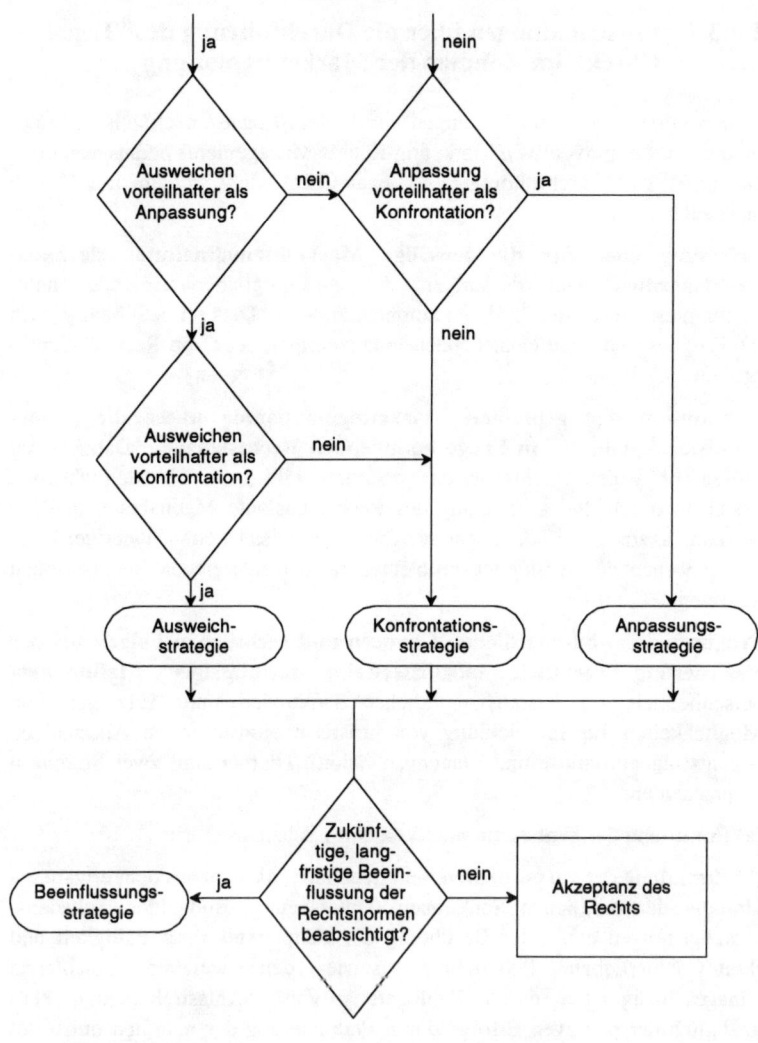

Bild 11: Der Prozeß der Strategiewahl im Rahmen der präventiven Handhabung von Marketing-Rechts-Problemen

1.4.3.4 Entscheidungen über die Durchführung des "Legal Check" im Rahmen der Marketingplanung

In den vorstehenden Ausführungen wurde der "Legal Check" als zentrales Instrument des präventiven Marketing-Rechts-Managements herausgestellt. Die praktische Durchführung des "Legal Check" läßt sich in drei Phasen unterteilen:

Erfassung aller für die jeweilige Marketingmaßnahme relevanten Rechtsnormen, auch derjenigen, die nur möglicherweise oder unter bestimmten Umständen in Frage kommen könnten. Dies schließt häufig auch die Prognose von neu entstehenden Rechtsnormen oder von Rechtsänderungen ein.

Subsumtion der geplanten Marketingmaßnahme unter die Tatbestandsmerkmale der in Frage kommenden Rechtsnormen. Dabei ist zu prüfen, ob gegen Rechtsnormen verstoßen wird bzw. ob Möglichkeiten bestehen, durch die Ausnutzung des Rechts geplante Maßnahmen in ihrer Wirkung abzusichern oder sogar zu verbessern. Dies ist ein schwieriger Prüfschritt wegen der Auslegungsprobleme, die bei zahlreichen Rechtsnormen auftreten.

Prognose der wirtschaftlichen Chancen und rechtlichen Folgen bei der Realisierung rechtlich möglicherweise unzulässiger Maßnahmen einschließlich des Risikos rechtlicher Sanktionen und Aufzeigen von Möglichkeiten zur Entwicklung von juristisch einwandfreien Alternativen (Rechtsfolgenprognose und Planungsrevision). Hierbei sind zwei Stufen zu unterscheiden:

(a) Ermittlung der **Wahrscheinlichkeit** eines Schadenseintritts,

(b) Ermittlung der **vermutlichen Schadenshöhe**, die sich aus dem erwarteten Umfang der möglichen Sanktionen (Untersagung, Bußgelder, Schadensersatzleistungen etc. unter Beachtung des Zeitpunktes ihrer Fälligkeit und ihrer steuerlichen Behandlung) sowie den weiteren Nachteilen (Imageschädigungen durch Publizierung von Rechtsstreitigkeiten etc.) abzüglich der positiven Erfolge durch Praktizierung der rechtlich umstrittenen Marketingmaßnahme zusammensetzt.

Bezüglich des dritten Prüfschrittes könnte die Auffassung vertreten werden, daß die Prognose der Folgen von Verstößen gegen restriktives Recht nur für solche Unternehmungen von Bedeutung sei, die die Akzeptanz der Rechtsordnung einem Nutzen-Kosten-Kalkül unterziehen.
Tatsächlich wird sich auch eine Unternehmungsleitung, die grundsätzlich Wert darauf legt, in Übereinstimmung mit dem geltenden Recht zu handeln, mit den Konsequenzen von Verstößen gegen bestimmte Rechtsnormen auseinandersetzen müssen.

Denn wegen der hohen Rechtsunsicherheit und der daraus resultierenden Unberechenbarkeit, die gerade das Wirtschafts- und Wettbewerbsrecht auszeichnet (siehe *Kap. 1.3.4*), kann in vielen Fällen gar nicht mit Sicherheit gesagt werden, welche Rechtsnormen eine Marketingmaßnahme begrenzen. Es wird sich keine Unternehmung leisten können, sämtliche, auch nur mit geringer Wahrscheinlichkeit auftretenden Rechtsrestriktionen dadurch zu berücksichtigen, daß sie die betreffenden Wettbewerbshandlungen unterläßt.

Die Unternehmung steht im Zusammenhang mit der Durchführung des "Legal Check" vor folgenden Entscheidungsproblemen:

- Soll die Frage, ob ein "Legal Check" durchgeführt wird, in ausdrücklichen Regelungen (Richtlinien, Arbeitsanweisungen o.ä.) festgelegt werden?
- Soll die materielle Abwicklung des "Legal Check" in irgendeiner Form geregelt werden?
- Unter welchen Umständen soll eine bereits in der Realisationsphase befindliche Marketingstrategie einer erneuten rechtlichen Überprüfung unterzogen werden?
- Wie ist der "Legal Check" zeitlich in den Marketingplanungsprozeß einzubeziehen?

Im Mittelpunkt der folgenden Abhandlung stehen nicht die formalen (organisatorischen) Aspekte der Durchführung des "Legal Check" (vgl. dazu Ahlert 1988, S. 238 ff.), sondern die substantiellen Aspekte, d.h. die systematische Herausarbeitung der bei der Planung absatzpolitischer Maßnahmen und Strategien zu berücksichtigenden Rechtsprobleme.

1.5 Grundzüge des Vertragsmanagements

1.5.1 Die Bedeutung des Vertragsmanagements für das Marketing

"Im Kaufvertragsabschluß finden die gesamten absatzpolitischen Bemühungen des Anbieters ihre Krönung" (Ahlert 1984, S. 5). Entsprechend bilden die **Grundfragen des Kaufvertragsrechts** einen essentiellen Bestandteil der Ausbildung eines jeden Ökonomen und natürlich auch Juristen. Bemerkenswert erscheint indessen, daß - zumindest in den wirtschaftswissenschaftlichen Studiengängen - das Vertragsmanagement nur selten über das Studium der Propädeutik hinausgelangt und zum Gegenstand des Hauptstudiums etwa im

Bereich des Marketing avanciert. Bemerkenswert deshalb, weil Verträge nicht nur das tragende Medium der Leistungsverwertung sind, sondern sämtliche Maßnahmen und Strategien des Marketing begleiten bzw. fundieren: Sowohl die innerorganisatorischen Vorgänge im Marketingbereich als auch der Einsatz der absatzpolitischen Instrumente manifestieren sich im Abschluß von Verträgen (mit den Mitarbeitern der Marketingorganisation, mit Beschaffungs- und Absatzhelfern, mit Konkurrenten, Absatzmittlern, Lieferanten und Verbrauchern). Zum tragenden Fundament von Marketingstrategien werden Verträge dann, wenn sie in Form komplexer Vertragssysteme gestaltet werden und den Transaktionsbeziehungen im Marketing ihr spezifisches Gepräge geben, wie z.b. Handelsvertreter- bzw. Kommissionsagentur-, Vertriebsbindungs-, Alleinvertriebs-, Vertragshändler- und Franchisesysteme im vertikalen Marketing.

Das Vertragsmanagement gehört zu jenen Aufgabenbereichen, für die die in *Kap. 1.4.1* vorgetragene Hypothese in besonderem Maße zutrifft, daß nämlich Managementprobleme im Spannungsfeld zwischen Marketing und Recht am besten auf der Grundlage einer engen Kooperation von Marketingmanagern und Rechtsexperten bewältigt werden können. Dies gilt sicherlich nicht für den routinemäßigen Abschluß einzelner Austauschverträge in einem klar definierten Rahmen, etwa durch Mitarbeiter des Verkaufs bzw. Vertriebs, aber doch für die Konzeption dieses Rahmens sowie komplexerer Vertragswerke und ganzer Vertragssysteme. Als Beispiele für derartige Aufgabenstellungen, die für eine Kooperation von Kaufleuten und Juristen geradezu prädestiniert sind, können genannt werden

- der Entwurf Allgemeiner Geschäftsbedingungen,
- die Gestaltung von Rahmenvereinbarungen mit den Transaktionspartnern,
- die Konzeption eines komplexen und für die Unternehmung sehr bedeutsamen Vertragswerkes,
- die Konzeption eines kompletten Vertragssystems, das gegenüber einer größeren Anzahl (oder auch der Gesamtheit) der Transaktionspartner durchgesetzt werden soll, etwa ein vertragliches Vertriebssystem zwischen dem Hersteller und seiner Händlerzielgruppe.

Vertragsmanagement umfaßt nicht allein die Vertragsgestaltung, sondern die **Gesamtheit der Managementaufgaben im Lebenszyklus eines Vertrages bzw. Vertragssystems**. Im einzelnen sind dies

- die Konzeption des Vertragswerkes im Zusammenhang mit der verfolgten Marketingstrategie,
- der Vertragsabschluß einschließlich aller vorbereitenden Maßnahmen wie Sondierung, Vertragsanbahnung, Selektion der Vertragspartner und Vertragsverhandlung,
- die laufende Praktizierung des Vertrages einschließlich offensiver oder defensiver Maßnahmen zum Schutz des Vertrages bzw. der damit rechtlich fundierten Marketingstrategie (z.B. Vorgehen gegen vertragsbrüchige

Vertragspartner und gegen Außenseiter) sowie der notwendigen Anpassungen an Änderungen der Rechtsordnung, der sonstigen Kontextfaktoren und/oder der verfolgten Marketingstrategie,

- die Beendigung des Vertragsverhältnisses.

Wichtige **Besonderheiten des Vertragsmanagements** bestehen darin, daß hier eine Fülle höchst komplizierter Entscheidungsprobleme zu lösen ist. So ist zunächst auf die Interdependenzen zwischen der Planung der Marketingstrategie und der Konzeption des Vertragswerkes als rechtliches Fundament hinzuweisen: In den selteneren Fällen ist die Vertragsgestaltung gegenüber der Strategieplanung nachrangig (und könnte daher allein den Rechtsexperten überantwortet werden). Vielmehr sind die im Bereich der vertraglichen Absicherung gegebenen Möglichkeiten und Grenzen bereits bei der Strategiewahl simultan zu berücksichtigen. Die rechtzeitige Beteiligung der Rechtsexperten an der Marketingplanung ist schon aus diesem Grunde ökonomisch geboten (präventives Marketing-Rechts-Management).

Auch zwischen den aufgeführten Phasen des Vertragsmanagements bestehen enge Interdependenzen. So sind schon bei der Vertragskonzeption die abzusehenden Probleme der Durchsetzung, Anpassung und Beendigung zu berücksichtigen.

Vertragswerke sind unternehmungsindividuelle Rechtsfundamente von Marketingstrategien und müssen in der Regel maßgeschneidert sein. Standardverträge stehen häufig nicht zur Verfügung oder müssen zumindest den besonderen Umständen angepaßt werden (Maßkonfektion).

Beim Abschluß von Verträgen mit einer Mehrzahl von Vertragspartnern ist u.a. zu wählen zwischen individueller Aushandlung der Verträge und dem Versuch, einen einheitlichen Vertrag durchzusetzen (Reverssystem). Bei mehrstufigen Absatzkanälen tritt noch das besondere Wahlproblem Direktverpflichtung jedes Absatzmittlers oder Kettenverpflichtung (z.B. durchlaufende Vertriebsbindung) auf.

Bei der Plazierung eines Kapitels über Vertragsmanagement an der vorliegenden Stelle dieses Beitrags besteht die Gefahr, daß es zu erheblichen Überschneidungen mit den folgenden Abschnitten kommt; denn Verträge spielen in sämtlichen Instrumentalbereichen der Absatzpolitik eine große Rolle, etwa bei

- der Vergabe von Lizenzen (*Kap. 2.3.2.5*),
- dem Abschluß von Wartungsverträgen innerhalb der Kundendienstpolitik (*Kap. 2.5.2.4*),
- der Versorgung mit Ersatzteilen und Zubehör (*Kap. 2.5.3*),
- dem Problembereich der Produkthaftung auf der Grundlage vertraglicher Beziehungen (*Kap. 2.6.2*),
- der Gewährung und Abwicklung von Absatzkrediten sowie der Absatzkreditsicherung und der Absatzkreditfinanzierung (*Kap. 3.3.3 bis Kap. 3.3.6*),

- der Vereinbarung der Lieferzeit (*Kap. 5.2.2.1*) und des Kosten- und Gefahrüberganges (*Kap. 5.2.2.2*),
- dem Einsatz von Verkehrsmitteln (*Kap. 5.2.3.1*) und der Einschaltung von Absatzhelfern (*Kap. 5.2.3.2*),
- dem Einsatz von Verkaufsorganen (*Kap. 5.3.2.1*) sowie
- der Gestaltung von Vertraglichen Vertriebssystemen zwischen Industrie und Handel (*Kap. 5.4*).

Um Wiederholungen zu vermeiden, werden hier nur die allgemeinen rechtlichen Grundlagen des Vertragsmanagements vorgestellt, losgelöst vom konkreten Anwendungsbezug. Nähere Einzelheiten sind den späteren instrumentspezifischen Darstellungen vorbehalten. Insbesondere ist auf das Management komplexer Vertragssysteme in *Kap. 5.4* zu verweisen.

1.5.2 Die Funktionen des Vertrages

Der Wirksamkeitsgrund von Verträgen liegt in dem in Art. 2 GG anerkannten Bedürfnis, die eigenen Verhältnisse selbst zu regeln. Die zwischen den Parteien ausgehandelte Vereinbarung bietet die beste Gewähr für Richtigkeit und Gerechtigkeit von Leistung und Gegenleistung. Da dieser Satz aber nur für den Idealfall von gleich starken Partnern gilt, hält die Rechtsordnung neben der grundsätzlichen Vertragsfreiheit ein Netz von **Schutzbestimmungen zugunsten des schwächeren Partners** bereit.

Ein Vertrag bedeutet zunächst nur, daß jeweils die eine Partei der anderen die im Vertrag ausgehandelte Leistung in einer Weise verspricht, daß diese sich darauf verlassen kann. Da allerdings Verträge auch vielfach mit Partnern geschlossen werden müssen, deren Verläßlichkeit vorher nicht überprüft werden kann oder deren Verläßlichkeit sich ändert, stellt die Rechtsordnung eine Reihe unterschiedlicher Sanktionen zur Verfügung, um das im Gesamtinteresse notwendige Vertrauen in Verträge zu gewährleisten. Zu diesen Sanktionen zählt in erster Linie die **zwangsweise Durchsetzung des Versprochenen**, wenn das nicht möglich ist, der **Schadensersatz wegen Nichterfüllung** oder in bestimmten Fällen ein **finanzieller Ausgleich des enttäuschten Vertrauens**. Damit beruht die Funktion eines jeden Vertrages letztlich in dem Vertrauen auf die Sanktion.

Bei den Verhandlungen und dem Abschluß eines Vertrages lassen sich zwei Stufen unterscheiden. Zunächst wird gefragt, **was** in dem Vertrag inhaltlich geregelt werden soll. In der zweiten Stufe geht es darum, **wie** diese Punkte geregelt werden sollen. Dieser Struktur folgt auch der weitere Aufbau dieses Kapitels.

1.5.3 Die Ableitung des Vertragsinhalts aus der Problemstellung des Marketing

Der Inhalt dessen, worüber im Vertrag Einigkeit erzielt werden soll, ist stets abhängig von dem im Einzelfall angestrebten Geschäft. So steht der Regelungsbedarf beim Kauf einer Streichholzschachtel in keinem Verhältnis zu dem beim Auftrag für eine schlüsselfertige Industrieanlage. Beiden gemeinsam ist eine Regelung der Parteien und der Hauptleistungen. Während aber bei der Industrieanlage für jede Partei eine Fülle von Nebenleistungen vereinbart werden muß, ist ein solches für die angesprochene Streichholzschachtel kaum vorstellbar. Auch Fragen der Haftung liegen beim Industrieanlagenvertrag näher, doch sollte nicht übersehen werden, daß auch beim Kauf einer Streichholzschachtel am Kiosk der Verkäufer für solche Schäden des Käufers haften muß, die etwa durch gefährliche Eigenschaften des Verkaufsraumes (frisch gebohnert, bissiger Hund etc.) entstanden sind. Regelungen über die Gefahrtragung für den zufälligen Untergang der Sache kommen dagegen wieder nur für die Industrieanlage in Betracht, für die Streichholzschachtel mangels entsprechenden Wertes nicht. Eine Regelung über die Gefahrtragung kommt aber nicht nur bei Verträgen über Sachen, sondern auch über Leistungen in Frage, wenn nämlich eine solche Leistung aus einem Grund unmöglich wird, die keine Seite zu vertreten hat.

Grundsätzlich ist ein Vertrag, in dem die Vertragsparteien nicht genannt sind, unvollständig. Jeder der Partner hat besonders im Hinblick auf die Bonität des anderen und der daraus resultierenden Durchsetzbarkeit seiner vertraglichen Ansprüche ein legitimes Interesse an der eindeutigen Fixierung seines Vertragspartners. Das wird gerade im gewerblichen Bereich bedeutsam; denn dort treten fast ausschließlich **Vertreter der eigentlichen Vertragspartner** auf. Letztere sind nämlich im gewerblichen Bereich in der Regel Firmen, seien es Kapitalgesellschaften wie AG und GmbH, seien es Personengesellschaften wie OHG und KG, oder seien es auch Einzelfirmen wie z.B. Fritz Müller, Möbelhandel, deren Inhaber der Kfm. Karl Schulz ist. Für diese treten dann Vorstände, Geschäftsführer, Prokuristen, Handlungsbevollmächtigte usw. auf. Wenn diese nun einen Vertrag schließen, muß klar sein, daß der Vertrag nicht für sie selbst, sondern für die durch sie vertretene Firma gelten soll. Eine Ausnahme besteht lediglich bei den Bargeschäften des täglichen Lebens, etwa bei der oben schon erwähnten Streichholzschachtel. Hier ist es dem Betreiber des Kiosks egal, ob der Prokurist Meyer diese Streichholzschachtel für sich oder für die von ihm vertretene Firma Walzstahl AG einkauft.

Ohne Ausnahme muß dagegen der **Inhalt der Hauptleistung** eine genaue Regelung erfahren. Dies hat weniger seinen Grund darin, daß man grundsätzlich einem jeden Vertragspartner mißtrauen sollte. Es geht vielmehr darum, daß die genaue Beschreibung zu einer konkreten Auseinandersetzung mit der Hauptleistung zwingt. Das bedeutet vor allem, daß jeder der

Vertragspartner genau weiß, wozu er verpflichtet ist und daß er seine Leistungen nicht nach eigenen Vorstellungen gestalten kann. In die gleiche Richtung geht die Empfehlung, alle nicht völlig banalen Vereinbarungen schriftlich niederzulegen, um bezüglich des Leistungsumfanges Klarheit zu schaffen.

Der Begriff **Nebenleistungen** läßt sich weiter in **selbständige** und **unselbständige** Nebenpflichten unterteilen. Während letztere unmittelbar mit der Erbringung der Hauptleistung im Zusammenhang stehen, wie etwa die sorgsame Behandlung des Hausrates durch den beauftragten Handwerker, bestehen erstere als selbständige Pflichten neben der Hauptleistung, etwa der Auskunftsanspruch des Geschäftsherrn gegenüber seinen Reisenden oder Vertretern.

Außer diesen Inhaltspunkten, die den Gegenstand des Vertrages ausmachen, sind die **Modalitäten des Vertrages** zu regeln, d.h. die Bedingungen, zu denen die Parteien ihre Leistungen austauschen (siehe *Bild 12*).

Gegenstand des Vertrages	
• Parteien	
• Leistung	
• Gegenleistung	

Modalitäten des Vertrages	
Zahlungsmodalitäten	• Bonitätsregelung
	• Währungsrisiko
	• Transfermöglichkeit
	• Risiko aus Garantien
Geschäftsgrundlage	• Leistungsbeschreibung
	• Kostenänderung der Inputfaktoren
Vertragsdurchsetzung	• anwendbares Recht
	• Entscheidungsinstanz (Gericht, Schiedsgericht, Ort)
	• Vollstreckungsmöglichkeit
Gefahrtragung	• Leistungsgefahr
	• Preisgefahr
	• Force-Majeur-Klausel
Leistungsstörungen	• Gewährleistung
	• Verzug und Unmöglichkeit
	• positive Vertragsverletzung
	• sonstige Verschuldenshaftung
Vertragsnichtigkeit	• Vertragsbruch

Quelle: Flocke 1986, S. 41.
Bild 12: Zwei Kategorien von Vertragsinhalten

1.5.4 Risiko, Haftung und Gefahrtragung

(1) Der Vertragsabschluß gehört zu jenen präventiven Maßnahmen, durch welche die im Bereich des Marketing allenthalben vorherrschende **Ungewißheit** über zukünftige Umstände bzw. die aus ihr resultierenden **Risiken** zu vermindern versucht werden. Dadurch, daß sich die Vertragspartner gegenseitig ein bestimmtes Verhalten versprechen, ist das Verhalten des einen für den anderen Partner wesentlich besser zu kalkulieren. Soweit der Partner rechtstreu und leistungsfähig ist, wird durch den Vertrag sogar Sicherheit über das Verhalten des Partners erzielt. Ist er zwar leistungs**fähig**, aber nicht leistungs**willig**, so wirkt der Vertrag als Teil der Rechtsordnung dahin, daß dem anderen Partner gleichwohl kein Schaden entsteht. Insofern besteht zwar über das Verhalten keine Gewißheit, diese Unsicherheit beinhaltet aber kein Risiko; denn es treten keine nachteiligen Folgen ein. Erst wenn der Partner nicht zur Leistung fähig ist - unabhängig davon, ob er leistungswillig ist oder nicht -, verliert der Vertrag seine schützende Funktion. Er vermag damit die Unsicherheit über das willentliche Verhalten des Vertragspartners zu vermindern. Bezüglich der Leistungsfähigkeit bleibt die Unsicherheit bestehen.

Die durch den Vertrag erlangte Gewißheit über zukünftige Ereignisse wird aber noch aus einer anderen Richtung relativiert. Jede Vertragspartei ist mit der Ungewißheit belastet, ob sie die im Vertrag zugesagte Leistung auch erbringen kann. Andernfalls trifft sie die beeinträchtigende Tatsache, daß sie den Schaden ihres Vertragspartners ersetzen muß. Diese Risikoverteilung ist für den Normalfall gewollt und interessengerecht; denn in unserer Rechtsordnung soll derjenige, der einen Vertrag schließt, nur das versprechen, von dem er sicher ist, daß er es auch erfüllen kann.

Schließlich beeinflussen auch Maßnahmen Dritter, Anforderungen oder Einschränkungen der Rechtsordnung und höhere Gewalt die von dem Vertrag betroffenen Umstände. Im Vertrag können diese Einflüsse nur ansatzweise berücksichtigt werden. Die mit ihnen zusammenhängende Unsicherheit wird dadurch aber nicht berührt. Die Ungewißheit aus allen drei Punkten, nämlich dem Einfluß von dritter Seite, der Leistungsschwäche eines Vertragspartners und dem für den Versprechenden bestehenden Fehlschlagrisiko, lassen sich durch vertragliche Regelungen beeinflussen. Die Risiken können entweder zwischen den Parteien verteilt oder insgesamt verringert oder gar ausgeschlossen werden. Soweit die Risiken nur zwischen den Parteien verteilt wurden, bleibt die Ungewißheit über den Eintritt des beeinträchtigenden Ereignisses bestehen, aber sie führt im gleichen Maße, wie das Risiko auf den anderen Partner abgewälzt wurde, zu einer weniger starken Beeinträchtigung bzw. sogar zum Ausschluß jeglicher Beeinträchtigung durch ein etwaiges Ereignis dieser Art. Im Stadium der Vertragsverhandlung und -gestaltung wird jeder Partner nur insoweit bereit sein, ein bestimmtes Risiko zu übernehmen, als er dafür einen angemessenen Ausgleich erhält (vgl. Flocke 1986, S. 31 f.).

Die grundsätzliche Frage ist die nach der Angemessenheit einer Verteilung der Lasten, insbesondere der Risiken. Betrachtet man den Normalfall des Vertrages, so handelt es sich um einen Tausch von Geld gegen eine Ware oder Leistung. Mit dieser Ware oder Leistung ist aber eine viel größere Vielfalt an Risiken und wertmäßig auch eine größere Verlustgefahr verbunden als mit dem Geld, das weder mangelhaft sein kann im Sinne des Gewährleistungsrechts noch jemand anderem einen Körper- oder Sachschaden zufügen kann.

In einer Privatwirtschaft muß ein Unternehmer wenigstens langfristig alle seine Kosten decken, um sein Kapital zu erhalten, was eine Voraussetzung dafür ist, daß er dauerhaft am Marktgeschehen teilnehmen kann. Das bedeutet, daß er auch die aus der Realisierung von Risiken ihn treffenden Belastungen auf seine Abnehmer abwälzen muß. Dafür hat er zwei Möglichkeiten. Entweder er überträgt das Risiko offen auf seinen Abnehmer, dann braucht er dieses nicht weiter zu kalkulieren, oder aber er bewertet das Risiko und bezieht es in seine Kalkulation mit ein. Er muß dann versuchen, neben den anderen Kosten auch den kalkulierten Betrag für die bestehenden Risiken über die Gegenleistung zu erlangen. Gelingt ihm beides nicht, so scheidet er - langfristig betrachtet - aus dem Markt aus. Damit ergibt sich für die Risikoverteilung eine zunächst überraschende Folge. Wird das Risiko auf den Abnehmer übertragen, so muß dieser es allein tragen. Wird es auf den Unternehmer übertragen, so muß es - über den Preis - die Gesamtheit der Abnehmer tragen. Eine Risikoregelung bedeutet mithin nur die Entscheidung zwischen individueller und kollektiver Trägerschaft des Risikos durch die Abnehmer.

Wenn man also nach einer angemessenen Verteilung der Risiken sucht, darf man nicht nur die am jeweiligen Vertrag beteiligten Parteien im Auge haben, sondern muß neben dem unmittelbaren Ziel der Regelung auch seine sonstigen Auswirkungen und Nachwirkungen beachten (vgl. Großfeld 1982, S. 123 f., Flocke 1986, S. 98).

(2) Wird auf eine explizite Risikoregelung **im Vertrag** verzichtet, ergeben sich die rechtlichen Pflichten der Vertragsparteien aus **gesetzlichen Regelungen**.

Eine erste Fallgruppe ist die **Haftung** für nicht ordnungsgemäß erbrachte Haupt- und Nebenleistungen. Mängel der Hauptleistung können zwei Arten von Schäden beim Käufer auslösen, nämlich einerseits sogenannte Mangelschäden und andererseits sogenannte Mangelfolgeschäden.

Beim **Mangelschaden** besteht der Nachteil des Abnehmers unmittelbar darin, daß das Produkt in dem Zeitpunkt, in dem er es übernimmt, den Mangel aufweist und daher z.B. nicht den angestrebten Verwendungszweck erfüllt. Mangelschäden führen in aller Regel zu **Gewährleistungsansprüchen**. Soweit diese explizit vertraglich geregelt sind, wird auch von **Garantiezusagen** gesprochen, die aber keineswegs stets eine Erweiterung der gesetzlichen Gewährleistungspflichten zugunsten des Abnehmers beinhalten müssen, sondern häufig auch eine Einschränkung bedeuten können. Die Gewährleistung kann verschiedene Formen annehmen. Die klassische Form der Gewährleistung nach dem Gesetz besteht in der Verminderung der Gegenleistung bis hin zur Rückgängigmachung (Wandlung) des Vertrages. Als interessengerechter haben sich dagegen vielfach die Nachleistung, Nachlieferung oder Nachbesserung herausgestellt, die auch schon im Gesetz ihren Niederschlag gefunden haben.

Eine weitere Form der Gewährleistung tritt ein, wenn der Vertragspartner zur vereinbarten Zeit keine vollwertige Leistung erhalten hat und er kein Interesse mehr an der nachträglichen Vervollständigung der Leistung hat, etwa an der vollständigen Belieferung mit Osterhasen Anfang Mai, ihm aber durch die vorher unvollständige Leistung ein Schaden entstanden ist. Im Vertrag kann vereinbart werden, unter welchen Umständen ein Schadensersatz wegen Nichterfüllung geleistet werden muß. Gleichzeitig sollte dabei eine Schadenspauschale vereinbart werden, da die Höhe des konkreten Schadens oft nur schwer nachzuweisen ist.

Als Folge des Produktmangels können zusätzliche Schäden an anderen Rechtsgütern (z.B. Unfallfolgen bei mangelhaften Bremsen eines Fahrzeuges), aber auch am übrigen Produkt selbst (z.B. Beschädigung des Fahrzeuges, ausgelöst durch fehlerhafte Bremsen) auftreten. Solche **Mangelfolgeschäden** bilden eine zentrale Problemstellung des Marketing im Rahmen der Produkt- und Kundendienstpolitik (Produkt- bzw. Produzentenhaftung) und werden daher ausführlich in *Kap. 2.5* abgehandelt.

Selbst wenn beide Parteien ihre Hauptleistung einwandfrei erbringen, kann ein Schaden für eine Partei durch die oder anläßlich der Leistungserbringung der anderen Partei eintreten (Haftung für Verletzung von Sorgfalts- bzw. Verkehrssicherheitspflichten). Wenn z.B. der Unternehmer ein Schwimmbad im Garten des Auftraggebers anlegt und dabei mit seinem schweren LKW die Einfahrt stark beschädigt, so beeinträchtigt das die Erfüllung seiner vertraglichen Hauptpflicht zwar nicht, fraglich ist aber, ob der Unternehmer nicht das Eigentum des Auftraggebers sorgfältiger hätte behandeln müssen. Vertraglich hätte man allerdings auch vereinbaren können, daß der Auftraggeber die Herrichtung einer Lkw-tauglichen Zufahrt übernimmt.

(3) Die Übergabe der Sache bzw. die Leistungserbringung hat eine große Bedeutung für die **Gefahrtragung**. Jede Vertragspartei trägt hinsichtlich der von ihr zu erbringenden Leistung die Gefahr, daß die Leistungserbringung durch Zufall unmöglich wird. Mit der Leistungsbewirkung (z.B. Übergabe der Sache) ist der Vertrag erfüllt, so daß der Leistungsempfänger auch dann zur Gegenleistung verpflichtet bleibt, wenn der Gegenstand nach Erhalt untergeht oder sich verschlechtert (§ 446 BGB).

Eine Sonderregelung hat der Gefahrübergang beim Kaufvertrag gefunden. Der Gefahrübergang auf den Käufer erfolgt hier regelmäßig mit der körperlichen Übergabe, unabhängig vom Eigentumsübergang an der Ware. Geht die

Ware nach der Übergabe zufällig unter, so bleibt der Käufer weiterhin zur Zahlung des Kaufpreises verpflichtet.

Vor Übergabe der Ware an den Käufer geht die Gefahr beim **Annahme-verzug** auf diesen über, weil der Käufer damit verhindert hat, daß sich der Verkäufer durch die Übergabe von der Gefahrtragung befreien konnte (§§ 300 II, 324 II BGB). Beispiel: Der Verkäufer bietet dem Käufer die Übergabe des gekauften Autos an. Der Käufer lehnt die Annahme ab, weil er im Augenblick anderweitig beschäftigt ist. Durch Zufall verbrennt das Auto. Der Verkäufer behält seinen Zahlungsanspruch.

Besondere Bedeutung erlangt die Gefahrtragung im Rahmen der Vereinbarung der Lieferungskonditionen und wird daher in *Kap. 5.2.2* ausführlicher behandelt.

1.5.5 Rechtliche Grenzen der Vertragsfreiheit

1.5.5.1 Abschlußfreiheit versus Kontrahierungszwang

1.5.5.1.1 Der Grundsatz der Abschlußfreiheit

Rechtsgrundlage für die **Vertragsfreiheit** ist Art. 2 I GG. Danach hat jeder ein Recht auf die freie Entfaltung seiner Persönlichkeit. Dazu gehört auch, die eigenen Angelegenheiten selbst vertraglich zu regeln. Auf der Ebene des einfachen Gesetzes wird diese Vertragsfreiheit zwar nicht ausdrücklich wiederholt, aber insbesondere die Bestimmungen der §§ 241, 305 BGB setzen das Bestehen der Vertragsfreiheit voraus. Innerhalb des Begriffes der Vertragsfreiheit sind drei Stufen zu unterscheiden. Zunächst beinhaltet die Vertragsfreiheit neben der Möglichkeit, grundsätzlich jeden beliebigen Vertrag abzuschließen, auch die Möglichkeit, einen bestimmten Vertrag mit jedem Partner oder mit einem bestimmten Partner nicht abzuschließen. Wenn sie sich aber zu einem Vertrag entschließen, steht es den Partnern frei, in welcher Form er abgeschlossen werden soll. Schließlich liegt der Schwerpunkt der Vertragsfreiheit darin, daß die Parteien in der Wahl und Ausgestaltung der Inhalte von Verträgen frei sind.

Ein gravierender **Eingriff in die Vertragsfreiheit** liegt vor, wenn jemand zum Abschluß mit einem anderen gezwungen wird, also die Entscheidungsfreiheit über das "Ob" des Vertragsabschlusses aufgehoben wird. Diese Einschränkung der Vertragsfreiheit betrifft allerdings nur wenige, deutlich abgegrenzte Fälle. Gemeinsames Merkmal dieser Fälle ist ein regulierter Markt, für den auf der Anbieterseite eine Zulassungsbeschränkung besteht. So muß etwa jede örtliche Energieversorgungsunternehmung mit jedem Vertragswilligen einen Versorgungsvertrag zu den üblichen Tarifen abschließen. Ein weiterer Fall des Kontrahierungszwanges ist in § 22 PersBefG geregelt und betrifft die Unternehmungen, die dem Personenbeförderungsgesetz unterliegen, wie Taxen, Bus- und Straßenbahnunternehmungen. Sonstige Privatunternehmungen unterliegen **grundsätzlich** nicht dem Kontrahierungszwang, auch wenn sie praktisch eine Monopolstellung haben. So kann sich z.b. die einzige Reinigung in einer Kleinstadt ohne Begründung weigern, für einen bestimmten Einwohner Reinigungsarbeiten durchzuführen. Dieser Grundsatz wird in § 26 II GWB insoweit durchbrochen, als bestimmte marktbeherrschende oder relativ marktstarke Unternehmungen andere Unternehmungen nicht diskriminieren dürfen und daher wohl gelegentlich auch zu Vertragsabschlüssen gegen ihren Willen gezwungen werden können. Das sogenannte Diskriminierungsverbot besitzt im Rahmen der Gestaltung der Absatzpolitik, insbesondere im Verhältnis zwischen Industrie und Handel, große Relevanz.

1.5.5.1.2 Das Diskriminierungsverbot als Grundlage zum Kontrahierungszwang

Nach § 26 II S. 1 GWB dürfen "**marktbeherrschende** Unternehmen, Vereinigungen von Unternehmen im Sinne der §§ 2 bis 8 ... und Unternehmen, die Preise ... binden, ... ein anderes Unternehmen in einem Geschäftsverkehr, der gleichartigen Unternehmen üblicherweise zugänglich ist, weder unmittelbar noch mittelbar behindern oder gegenüber gleichartigen Unternehmen ohne sachlich gerechtfertigten Grund unmittelbar oder mittelbar unterschiedlich behandeln". Dieses Verbot gilt nach § 26 II S. 2 GWB ebenso für **relativ marktstarke** Unternehmen, d.h. Unternehmen, von denen "kleine und mittlere Unternehmen als Anbieter oder Nachfrager einer bestimmten Art von Waren oder gewerblichen Leistungen in der Weise abhängig sind, daß ausreichende und zumutbare Möglichkeiten, auf andere Unternehmen auszuweichen, nicht bestehen".

Von elementarer Bedeutung ist § 26 II GWB bei der Frage, ob Abnehmer (z.B. Händler) von der Belieferung ausgeschlossen werden dürfen oder nicht (siehe *Bild 13*). Die Unzulässigkeit einer Exklusion ist dann gegeben, wenn die in einer dreistufigen Prüfungsreihenfolge aufgeführten Fragen nach

(1) der Zugehörigkeit der lieferverweigernden Unternehmung zum **Normadressatenkreis**,

(2) der Zugehörigkeit der nicht-belieferten Unternehmung zum **geschützten Personenkreis** und

(3) der unbilligen und/oder ohne **sachlich gerechtfertigten Grund** durchgeführten Nichtbelieferung

bejaht werden müssen. Grundsätzlich trägt hierfür derjenige die Beweislast, der sich auf die Vorschrift des § 26 II GWB beruft. In der Rechtsprechungspraxis des Zivilverfahrens hat sich allerdings eine Beweislasterleichterung für die klagende Unternehmung durchgesetzt, wonach der klagende Abnehmer in der Regel den Nachweis der Tatbestandsvoraussetzungen (1) und (2) erbringen muß, während der Hersteller zu belegen hat, daß eine Behinderung nicht unbillig oder eine unterschiedliche Behandlung sachlich gerechtfertigt ist (3). Die einzelnen Schritte werden im folgenden kurz erläutert.

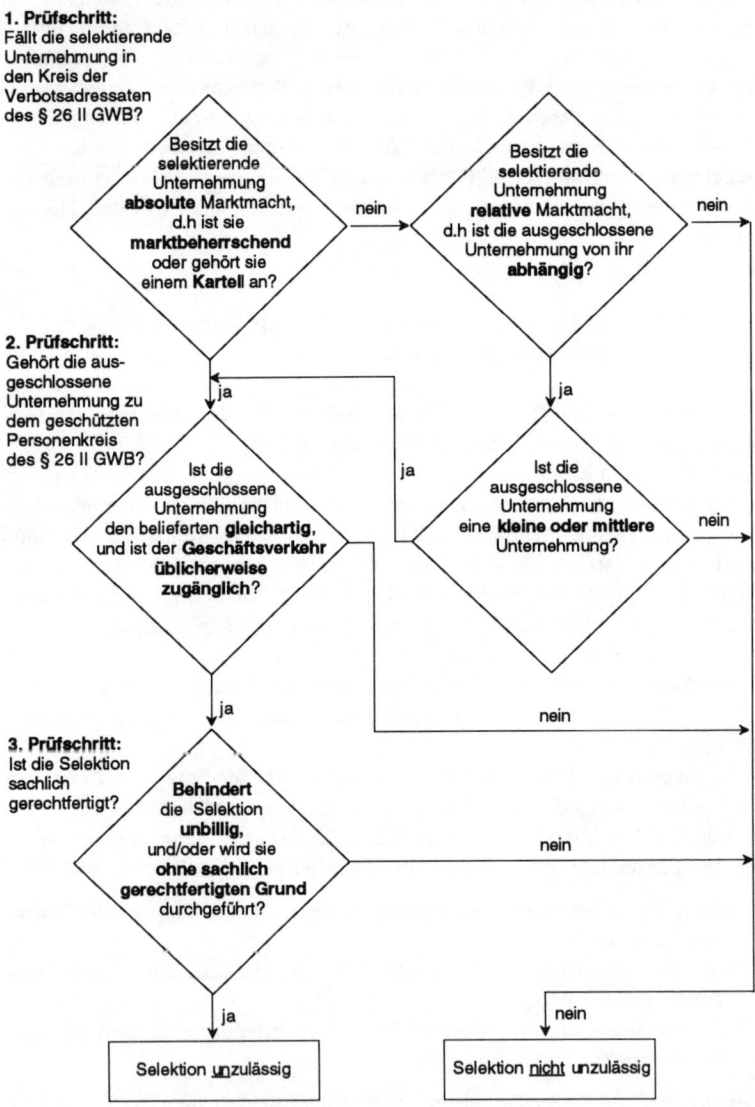

Bild 13:   Ablaufdiagramm zur Prüfung der Zulässigkeit des Selektions- und Exklusivvertriebs nach § 26 II GWB

(1) Der Normadressatenkreis

Neben marktbeherrschenden Unternehmungen, vom GWB freigestellten Kartellen und preisbindenden Unternehmungen gehören nach Inkrafttreten der zweiten GWB-Novelle im Jahre 1974 auch relativ marktstarke Unternehmungen zum Normadressatenkreis des § 26 II GWB. Sowohl der Nachweis einer Marktbeherrschung als auch einer relativ marktstarken Stellung ist in der Regel mit erheblichen Schwierigkeiten verbunden, die in erster Linie auf die Problematik geeigneter Indikatoren der Marktbeherrschung und auf das Problem der Auslegung des Begriffes "Abhängigkeit" (relative Marktstärke) zurückzuführen sind.

Relative Marktstärke einer Unternehmung besteht dann, wenn die Unternehmung der Marktgegenseite in der Weise **abhängig** ist, daß keine ausreichenden und zumutbaren Ausweichmöglichkeiten für den Bezug einer bestimmten Art von Waren oder gewerblichen Leistungen bestehen. Im Rahmen der angebotsbedingten Abhängigkeit von relativ marktstarken Unternehmungen können drei Grundformen unterschieden werden:

- die mangel- bzw. knappheitsbedingte Abhängigkeit,
- die unternehmungsbedingte bzw. historische Abhängigkeit und
- die Abhängigkeit von einem Markenartikel mit den Ausprägungen
  - **artikelbedingte** Abhängigkeit (= unmittelbare Umsatzminderung durch Verlust eines wichtigen Umsatzträgers) und
  - **sortimentsbedingte** Abhängigkeit (= mittelbare Umsatzminderung durch geschäftsschädigende Rufbeeinträchtigung infolge Fehlens eines wettbewerbsfähigen Sortimentes (sog. Makeltheorie).

Die größte praktische Relevanz im Verhältnis zwischen Industrie und Handel weist die sortimentsbedingte Abhängigkeit auf. Kriterien für die Beurteilung einer derartigen Abhängigkeit sind das Ausmaß der Herstellerwerbung, der Bekanntheitsgrad der Marke, das Markenbewußtsein der Verbraucher, der Distributionsgrad und der Marktanteil. Alle diese Kriterien sind letztlich Indizien für die Verbrauchererwartung hinsichtlich des Handelssortimentes (vgl. Langen u.a. 1982, Rdn. 102 ff.). Diesbezüglich sind die sogenannte Spitzenstellungs- und die sogenannte Spitzengruppenabhängigkeit zu unterscheiden. Eine **Spitzenstellungsabhängigkeit** liegt dann vor, wenn eine bestimmte Marke für den Händler unabdingbare Voraussetzung für die Erhaltung seiner Wettbewerbsfähigkeit auf dem Wiederverkaufsmarkt ist und wenn sich diese Marke durch andere Marken nicht ersetzen läßt. Die **Spitzengruppenabhängigkeit** ist dadurch gekennzeichnet, daß eine Handelsunternehmung zur Gewährleistung seiner Wettbewerbsfähigkeit nicht auf eine bestimmte Marke angewiesen ist, sondern zumindest die Produkte eines oder mehrerer allgemein anerkannter Markenartikelhersteller benötigt. Verfügt ein Händler bereits über mehrere Marken von den zur Spitzengruppe gehörenden Herstellern, dann besteht die Spitzengruppenabhängigkeit von einem ihn bisher nicht beliefernden Hersteller nur, wenn er alle diese Marken

83

zur Herstellung der Wettbewerbsfähigkeit führen muß (vgl. BGH, in: BB 1985, S. 543 - Technics).

Bei der Geltendmachung seines Anspruches kann der Händler grundsätzlich zwischen allen zur Spitzengruppe zählenden Herstellern als Anspruchsverpflichteten frei wählen, sofern er nicht über den notwendigen Sortimentsumfang zur Erhaltung der Konkurrenzfähigkeit verfügt. Im Einzelfall sind zur Feststellung der Spitzengruppenabhängigkeit eines Händlers von einem Hersteller der erforderliche Mindestsortimentsumfang festzulegen, die Ist-Sortimentssituation des klagenden Händlers zu analysieren und die Zugehörigkeit des beklagten Herstellers zur Spitzengruppe festzustellen.

(2) Der geschützte Personenkreis

Mit der am 1.1.1990 in Kraft getretenen fünften Novellierung des GWB ist der geschützte Personenkreis eingeschränkt worden, sofern der Hersteller lediglich **relativ marktstark**, nicht aber marktbeherrschend ist. Im Unterschied zu der bis dahin gültigen Fassung des Diskriminierungsverbotes können sich in diesem Fall **nur noch kleine und mittlere** Handelsunternehmungen auf das Diskriminierungsverbot nach § 26 II S. 2 GWB berufen. Ein relativ marktstarker Hersteller kann also eine große Handelsunternehmung von der Belieferung ausschließen, ohne die Exklusion mit weiteren Argumenten rechtfertigen zu müssen. Diese Möglichkeit besteht gemäß § 26 II S. 1 GWB nicht für **marktbeherrschende** Hersteller.

Für die Zugehörigkeit zum geschützten Personenkreis ist bei den entsprechenden Handelsunternehmungen zu prüfen, ob die vermeintliche Diskriminierung "in einem Geschäftsverkehr, der gleichartigen Unternehmen üblicherweise zugänglich ist", erfolgt. Dieses Tatbestandsmerkmal wird von der ständigen Rechtsprechung sehr großzügig ausgelegt. Von einem Anspruch sollen von vornherein diejenigen Unternehmungen ausgeschlossen werden, für die nach objektiven Gesichtspunkten ein Geschäftsverkehr mit dem Lieferanten nicht in Betracht kommt. Die Gleichartigkeit der nicht-belieferten mit der bisher belieferten Unternehmung bestimmt sich danach, ob diese Unternehmungen im Wettbewerbsprozeß die gleiche Tätigkeit und Funktion erfüllen. So sind beispielsweise nach dem Discountprinzip vertreibende Einzelhändler und Fachgeschäfte des Einzelhandels gleichartig, während der Kiosk nicht gleichartig mit einer dieser beiden Formen des Einzelhandels ist. Ein Wettbewerbsverhältnis zwischen der behinderten und der nicht behinderten Unternehmung wird für die Geltendmachung eines Anspruches nicht vorausgesetzt.

(3) Sachliche Rechtfertigung

Sofern die vorangegangenen Fragen nach dem Normadressatenkreis und dem geschützten Personenkreis bejaht worden sind, ist im dritten Prüfschritt schließlich festzustellen, ob ein sachlich gerechtfertigter Grund für die Ungleichbehandlung vorliegt. Hierbei sind nach ständiger Rechtsprechung des Kartellsenats des BGH die Interessen der beteiligten Parteien unter Berücksichtigung der auf die Freiheit des Wettbewerbs gerichteten Zielsetzung des GWB gegeneinander abzuwägen. Dazu sind in einem ersten Schritt die Interessen einer **Schutzwürdigkeitsprüfung** zu unterziehen. Das schutzwürdige Interesse des nicht-belieferten Händlers liegt in der Erreichung bzw. Erhaltung der Konkurrenzfähigkeit. Auf der Seite des Herstellers ist grundsätzlich jedes Interesse abwägungswürdig, sofern damit nicht gegen eine bestehende Rechtsnorm (z.B. das Preisbindungsverbot des § 15 GWB) verstoßen wird.

Im zweiten Schritt erfolgt dann eine umfassende **Interessenbilanzierung**. Hierbei ist insbesondere unter dem Aspekt des allgemeinen Grundsatzes der Verhältnismäßigkeit zu prüfen, ob zur Interessenwahrung des Herstellers nicht eine andere Maßnahme als die der Lieferverweigerung geeignet ist, die den Abnehmer weniger stark in seinen wettbewerblichen Betätigungsmöglichkeiten beschränkt. Im Fall der Existenz einer solchen "milderen" Maßnahme kann der Hersteller jedoch dann nicht zu deren Ergreifen veranlaßt werden, wenn damit ein erheblich höherer materieller und zeitlicher Aufwand verbunden ist, der sich aufgrund einer möglichen Beeinträchtigung der Wettbewerbsfähigkeit des Herstellers nicht rechtfertigen läßt.

Prinzipiell können die vom Hersteller angeführten sachlichen Gründe einer Nichtbelieferung unterschieden werden in solche, die völlig unbedenklich, und solche, die in der Regel zulässig oder kritisch bzw. unzulässig sind. **Völlig unbedenklich** ist der Ausschluß eines Händlers von der Belieferung, wenn dieser die notwendigen sachlichen und personellen Rahmenvoraussetzungen nicht erfüllt, welche die Herstellerprodukte aufgrund ihrer Erklärungs-, Beratungs- und Servicebedürftigkeit erfordern. Welches Niveau der Hersteller im Bereich der Warenpräsentation, der Kundenbetreuung und des Reparaturservices von einem Händler verlangen kann, hängt in erster Linie von der Art des Produktes ab (vgl. hierzu stellvertretend für viele BGH, in: GRUR 1987, S. 459 ff. - Belieferungsunwürdige Verkaufsstätten II). Wird einer Handelsunternehmung, die über mehrere Verkaufsstätten verfügt, die Belieferung verweigert, so ist jede einzelne Verkaufsstätte auf die Erfüllung der Anforderungen hin zu überprüfen (vgl. BGH, in: WuW/E 1981, S. 1814 - Belieferungsunwürdige Verkaufsstätten I). Eine Lieferverweigerung kann des weiteren sachlich gerechtfertigt sein, wenn der Abnehmer sich in der Vergangenheit unlauter gegenüber dem Hersteller verhalten und damit die Vertrauensgrundlage zwischen den Parteien erschüttert hat, selbst dann, wenn die Unlauterkeit bereits längere Zeit (2 Jahre) zurückliegt (vgl. OLG München, in: WuW/E 1985, S. 144 ff.).

In der Regel zulässig sind solche sachlichen Rechtfertigungsgründe, bei denen die qualitative Selektion - vor allem im Rahmen von Vertriebsbindungssystemen - über das hinausgeht, was bei der betrachteten Produktart objektiv als angemessen gewertet werden kann, wie z.B. die Pflicht zur Abnahme des Gesamtsortimentes. Als **kritisch bzw. unzulässig** zu beurteilen

sind Gründe, die auf den systematischen Ausschluß bestimmter Handels-
betriebstypen abzielen, wie etwa der Belieferungsausschluß von Handelsunternehmungen, weil diese über keine Schaufensterflächen verfügen oder
weil bei ihnen der Einkauf mit Einkaufswagen getätigt werden muß. Ebenso
zu den rechtlich nicht anerkannten Gründen zählen z.b.

- die ausschließlich willkürliche Exklusion bestimmter Händler,
- die Einhaltung eines bestimmten Preisniveaus,
- die Vermeidung eines Intrabrand-Wettbewerbes,
- die Aufrechterhaltung einer überschaubaren Zahl an Abnehmern, wenn
  dadurch die Verbraucherversorgung beeinträchtigt wird,
- den Wettbewerb beschränkende Maßnahmen als Voraussetzung für eine
  Belieferung, wie z.b. die Aufforderung an den betreffenden Händler, aus
  einer Kooperation auszuscheiden oder den Abbruch der Lieferbeziehungen mit bisherigen Lieferanten herbeizuführen, sowie
- das Drängen belieferter Händler auf Nichtbelieferung anderer Händler.

Abschließend muß darauf hingewiesen werden, daß die Beurteilung eines
jeden Grundes, der bei einer Lieferverweigerung angegeben wird, nur
erfolgen kann, wenn die Lage und Interessen der beteiligten Parteien sowie
die spezifischen Marktgegebenheiten und Produkteigenschaften des jeweiligen **Einzelfalles** berücksichtigt werden.

1.5.5.2 Inhaltsfreiheit versus Gestaltungszwang

Gestaltungsfreiheit von Verträgen bedeutet zunächst, daß alle denkbaren
Vertragsinhalte in beliebiger Ausgestaltung von den Beteiligten vereinbart
werden können. Dem liegen die beiden oben schon erwähnten Grundgedanken zugrunde, daß einerseits jeder seine eigenen Angelegenheiten selbst
regeln können soll und daß andererseits die bestmögliche Gewähr für eine
zweckmäßige und gerechte Vereinbarung durch eine zum Vertragsabschluß
führende Verhandlung zwischen den Vertragsparteien gegeben ist. Dies
funktioniert aber nur in der vorgesehenen Art und Weise, wenn die Parteien
in etwa gleich stark sind. In der Praxis ist in der Regel eine Partei der anderen
wirtschaftlich (oder intellektuell) überlegen und hat die Möglichkeit, einseitig
die eigenen Vertragsbedingungen durchzusetzen. Dem beugt die Rechtsordnung vor, indem sie zunächst für eine große Zahl wichtigster Verträge die
Bedingungen mehr oder weniger ausführlich vorgibt; dazu gehört in Einzelfällen auch, daß der Vertrag in einer besonderen Form, etwa schriftlich oder
gar von einem Notar, abgeschlossen werden muß. Für den übrigen Bereich
wird durch Generalnormen sowie einzelne zwingende Vorschriften dafür
gesorgt, daß derartige Machtmißbräuche möglichst ausgeschlossen werden.
Eine besonders intensive Behandlung hat dabei das Recht der allgemeinen
Geschäftsbedingungen erfahren (siehe *Kap. 1.5.6*).

Eine große Zahl von häufig abgeschlossenen Verträgen ist **gesetzlich geregelt, d.h. kodifiziert,** so z.B. im BGB in den §§ 433-811. Hier finden sich Kauf-, Werk-, Miet-, Darlehens-, Makler- und andere Verträge sowie die Grundform des Gesellschaftsvertrages und auch der Reisevertrag. Weitere Vertragstypen finden sich im HGB, im AktG, im GmbHG und im Versicherungsvertragsgesetz. Regelungen für den Arbeitsvertrag sind dem BGB, dem Tarifvertragsgesetz, dem Kündigungsschutzgesetz und weiteren Gesetzen zu entnehmen. Neben dieser Vielzahl von verpflichtenden Verträgen - sie werden als schuldrechtliche Verträge bezeichnet und machen den weitaus größten Teil der geschlossenen Verträge aus - gibt es noch - vornehmlich wieder im BGB - weitere Verträge, wie z.B. Eigentumsübertragung an Sachen, Eheverträge und Verträge des Erbrechts.

Neben den kodifizierten Verträgen existiert eine Reihe **nicht kodifizierter Verträge,** die mit zunehmender Arbeitsteilung in der Wirtschaft entstanden sind, jedoch bislang keine eigenständige gesetzliche Regelung als Vertragstyp erfahren haben (vgl. Martinek 1991, S. 3). Zu den marketing-relevanten und schon **länger bekannten Verträgen** zählen z.B. Bankverträge, Vertragshändlerverträge, Automatenaufstellverträge und Bierlieferungsverträge. In der jüngeren Vergangenheit haben sich sogenannte **moderne Vertragstypen** herausgebildet, zu denen Martinek (1992, S. IX f.) unter anderem Leasing, Factoring, Franchising, Know-how-Verträge, Computer- und Kreditkartenverträge rechnet. Sie sind das Ergebnis veränderter Instrumente und Strategien der Absatzpolitik und haben eine herausragende und das Wirtschaftsleben prägende Bedeutung gewonnen. So trugen etwa Franchiseverträge dazu bei, daß Firmen wie McDonald's, OBI, Body Shop, Götzen, Quick Schuh, Foto Quelle und Eismann national und teilweise international bekannt und erfolgreich geworden sind.

Es kann folglich nicht verwundern, daß die **Gesetzgebung** bei der Kodifizierung moderner Vertragstypen und damit bei der Rechtswirklichkeit mitunter beträchtlich hinterherhinkt. So sind die **Gerichte** vielfach gezwungen, selbst Typen zu bilden und einheitliche Bewertungsmaßstäbe zu finden, um auch bei sich entwickelnden neuen Klassen von Verträgen die Rechtssicherheit zu gewährleisten. *Bild 14* gibt abschließend einen Überblick über Vertragstypen mit Bedeutung für das Marketing von Konsumgüter-Herstellern.

Einen Vertragstypus, der als Ganzes **obligatorisch** ist, bei dem also nur die Wahl besteht, den Vertrag so wie er vom Gesetz vorgesehen ist zu akzeptieren oder einen derartigen Vertrag nicht abzuschließen, gibt es nicht. Zwingend sind immer nur Teile von Vorschriften. Die Unterscheidung zwischen zwingender Bestimmung und nachgiebiger Regelung fällt häufig nicht leicht. Zwingende Bestimmungen sind gelegentlich am Wortlaut (z.B. Vereinbarungen über die Verjährung in § 225 S. 1 BGB), häufiger aus der Systematik des Gesetzes, oft aber nur aus Sinn und Zweck einer Vorschrift zu erkennen. Wenn von einer gesetzlichen Regel gesetzlich eine Ausnahme zugelassen wird, so ist daraus zu erkennen, daß andere Ausnahmen nicht zulässig sind.

A. kodifizierte Vertragstypen (Auswahl)

I.   im BGB kodifiziert:
   1. Kauf (§§ 433 ff.)
   2. Miete, Pacht (§§ 535 ff.)
   3. Darlehen (§§ 607 ff.)
   4. Dienstverträge (§§ 611 ff.)
   5. Werkverträge (§§ 631 ff.)
   6. Werklieferungsverträge (§ 651)
   7. Geschäftsbesorgung (§§ 677 ff.)
   8. Gesellschaft (§§ 741 ff.)
II. im HGB kodifiziert:
   1. Handelsvertreter (§§ 84 ff.)
   2. Handelsmakler (§§ 93 ff.)
   3. Handelskauf (§§ 373 ff.)
   4. Kommissionsgeschäft (§§ 383 ff.)
   5. Speditionsgeschäft (§§ 407 ff.)
   6. Lagergeschäft (§§ 416 ff.)
   7. Frachtgeschäft (§§ 425 ff.)
III. in Rechtsquellen des gewerblichen Rechtsschutzes kodifiziert:
   1. Lizenzvertrag über technische Produkteigenschaften (§§ 20, 21 GWB)
   2. Lizenzvertrag über Marken (§ 30 Markengesetz)
IV. im Verbraucherkreditgesetz kodifiziert: Abzahlungskauf

B. nicht kodifizierte Vertragstypen (Auswahl)

I.   ältere Vertragstypen:
   1. Vertragshändlerverträge
   2. Automatenaufstellverträge
   3. Bierlieferungsverträge
   4. Bankverträge
II. moderne Vertragstypen:
   1. Leasing
   2. Factoring
   3. Franchising
   4. Know-how-Verträge
   5. Computerverträge
   6. Kreditkartenverträge

Bild 14:   Vertragstypen mit Bedeutung für das Konsumgütermarketing

Soweit gesetzliche Vorschriften **dispositives Recht**, also nicht zwingend sind, dienen sie zunächst als Regelungsvorschlag sowie als Lückenfüller für die Fälle, die im Vertrag von den Parteien nicht geregelt wurden. Darüber hinaus kommt diesen Vorschriften auch eine Leitfunktion zu. Je stärker die getroffene Regelung von der gesetzlichen Vorstellung abweicht, desto größer ist der Rechtfertigungsdruck für die Abweichung und desto größer ist die Gefahr, daß die Regelung als sittenwidrig oder gegen Treu und Glauben verstoßend von der Rechtsordnung nicht anerkannt wird und deshalb nicht durchsetzbar ist. Das bedeutet allerdings nicht, daß unter besonderen Umständen eine vom Gesetz völlig abweichende Lösung nicht auch als sachgerecht und angemessen anerkannt wird und damit durchsetzbar bleibt. Diese Leitfunktion der gesetzlichen Regelung ist in § 9 II Ziff. 1 AGBG ausdrücklich angesprochen.

Aber auch explizite **gesetzliche Verbote** sind zu beachten: Gemäß § 138 I BGB ist ein Rechtsgeschäft, das gegen die guten Sitten verstößt, **nichtig**. Das bedeutet, daß die Rechtsordnung einem solchen Vertrag die Anerkennung und damit die Durchsetzbarkeit versagt. Nach der Rechtsprechung ist ein Vertrag sittenwidrig, wenn er gegen das Anstandsgefühl aller billig und gerecht Denkenden verstößt. Damit ist aber nicht etwa ein diffuses Sittlichkeitsempfinden der Volksmasse gemeint, das möglicherweise gar durch Repräsentativ-Befragungen festgestellt werden müßte. Vielmehr werden die Maßstäbe aus der Rechtsordnung als der durch die Volksvertreter konkretisierten Sittenordnung gewonnen. Damit gehört das im Grundgesetz verkörperte Wertesystem zu den bestimmenden Einflüssen auf das im Einzelfall zu fällende Sittlichkeitsurteil. Eine gesetzliche Konkretisierung des Sittlichkeitsurteils ist in § 138 I BGB gegeben. Ihr Inhalt läßt sich als wucherische Ausnutzung von hilflosen Geschäftspartnern oder Dritten umschreiben (siehe Näheres hierzu in *Kap. 3.2.2.1* und *Kap. 3.3.3.1*).

Gemäß § 134 BGB sind auch alle Verträge unzulässig, die gegen ein anderes gesetzliches Verbot als das der Sittenwidrigkeit verstoßen. Ausnahmsweise kann innerhalb des gesetzlichen Verbots angeordnet werden, daß der Vertrag nicht nichtig, sondern nur **anfechtbar** ist. Das hat zur Folge, daß der Vertrag jedenfalls so lange wirksam ist, bis er tatsächlich von einem Berechtigten, in der Regel dem geschützten Vertragspartner, angefochten worden ist. Ein gesetzliches Verbot liegt nicht nur dann vor, wenn das Gesetz einen bestimmten Vertragsabschluß ausdrücklich verbietet, sondern auch dann schon, wenn sich aus dem Gesetz durch Auslegung ergibt, daß eine bestimmte Vereinbarung nicht getroffen werden darf. Andererseits fällt unter § 134 BGB weder ein Verstoß gegen ein ausländisches Gesetz noch ein an sich zulässiger Vertrag, bei dem lediglich seine Auswirkung unzulässig ist. Allerdings wird ein solcher Vertrag in der Regel gegen die guten Sitten verstoßen und daher gemäß § 138 I BGB nichtig sein.

Auch außerhalb der gesetzlichen Vertragstypen und der verbotenen Rechtsgeschäfte gibt es im weitgehend nachgiebigen Vertragsrecht noch einige **zwingende, nicht abdingbare Vorschriften**. So sind gemäß § 225 S. 1 BGB Vereinbarungen unwirksam, die den Ausschluß oder die Erschwerung von

Verjährungsregelungen bezwecken. Dazu gibt es allerdings wieder Ausnahmen bei den einzelnen Gesetzestypen, wie z.B. beim Kaufvertrag in § 477 I S. 2 BGB. Zweck des allgemeinen Satzes ist, den Rechtsfrieden durch Eintritt der Verjährung zu sichern und dieses Ziel nicht zur Disposition der Vertragsparteien zu stellen.

Die Gestaltungsfreiheit von Verträgen wird nicht zuletzt begrenzt durch die Vorschrift des § 18 GWB, wonach bestimmte Vertragstypen der Mißbrauchsaufsicht der Kartellbehörden unterliegen. Hierbei handelt es sich um sogenannte **Abschlußbindungen** in Form von Verwendungsbeschränkungen, Ausschließlichkeitsbindungen, Vertriebsbindungen und Kopplungsgeschäften (siehe *Bild 15*).

Bei **Verwendungsbeschränkungen** wird der Vertragspartner verpflichtet, die Ware oder gewerbliche Leistung nur in der vom Lieferanten vorgeschriebenen Weise zu verwenden. Kartellrechtlich ist dieser Vertragstyp bisher nur von untergeordneter Bedeutung.

Ausschließlichkeitsbindungen enthalten die vertragliche Verpflichtung, keine Geschäftsbeziehungen mit Dritten aufzunehmen. Bedeutung erlangt hat dieser Vertragstyp vor allem als Bezugsbindung im Rahmen von Bierlieferungsverträgen.

Vertriebsbindungen beinhalten die vertragliche Bindung, die Ware des Lieferanten nicht an bestimmte Dritte weiterzuveräußern. Mit einer derartigen Bindung kann sich der Hersteller vor einem unerwünschten Intrabrand-Wettbewerb zu schützen versuchen.

Kopplungsgeschäfte schließlich sind Verträge, bei denen der Abnehmer zum Kauf weiterer Waren oder gewerblicher Leistungen verpflichtet wird, die lediglich Nebensachen im Verhältnis zur eigentlichen Hauptsache darstellen.

Grundsätzlich sind diese Vertragstypen zulässig, erst die **mißbräuchliche Bindung** kann die Kartellbehörde zu einem Eingreifen veranlassen. Als Mißbrauch ist eine vertragliche Bindung dann nach § 18 I lit. a-c GWB einzustufen, wenn durch sie entweder

- eine für den Wettbewerb auf dem Markt erhebliche Zahl von Unternehmen gleichartig gebunden und in ihrer Wettbewerbsfreiheit unbillig eingeschränkt ist (lit. a) oder
- für andere Unternehmen der Marktzutritt unbillig beschränkt wird (lit. b) oder
- der Wettbewerb auf dem Markt für diese oder andere Waren oder gewerbliche Leistungen wesentlich beeinträchtigt wird (lit. c).

Ist eine dieser Tatbestandsvoraussetzungen gegeben, dann kann die Kartellbehörde gemäß § 18 GWB nur den Teil eines Vertrages für unwirksam erklären (Rechtsfolge), der eine der obengenannten fraglichen Bindungen beinhaltet. Die Gültigkeit der übrigen Vertragsteile bleibt von dieser Vorschrift unberührt, was jedoch nicht ihre Unwirksamkeit nach einer anderen Rechtsnorm (insb. § 138 BGB) ausschließt.

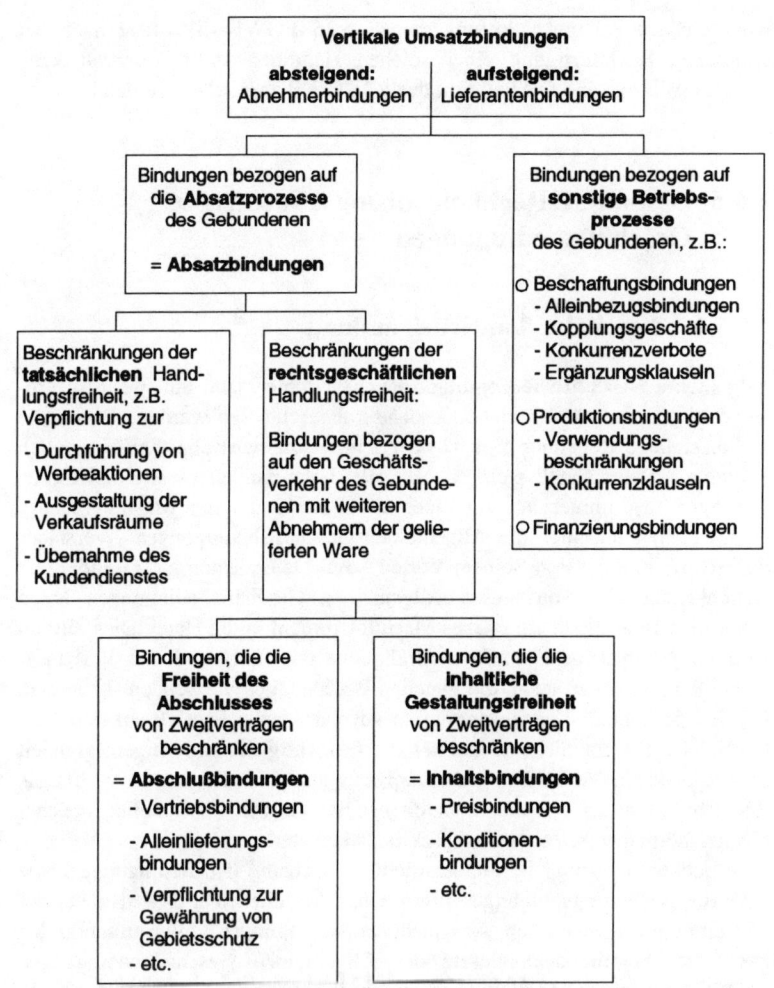

Bild 15:   Das System der vertikalen Umsatzbindungen

Daß die Kartellbehörden auf der Grundlage des § 18 GWB nur wenige Eingriffe in Verträge mit Ausschließlichkeits- oder Vertriebsbindungen und noch weniger Untersagungen von Verträgen mit Verwendungsbeschränkungen sowie von Kopplungsverträgen vorgenommen haben, mag an den engen Eingriffsvoraussetzungen dieser Vorschrift und an der leichteren Handhabbarkeit des § 26 II GWB liegen. Die Anspruchskonkurrenz von § 18 und § 26 II GWB ergibt sich vor allem bei Vertriebsbindungen (weniger bei Ausschließlichkeitsbindungen), die eine unbillige Behinderung oder unterschiedliche Behandlungen gleichartiger Unternehmungen zur Folge haben können,

91

wodurch sich bei einer Prüfung gemäß § 26 II GWB die Frage nach der sachlichen Rechtfertigung einer solchen Handlung stellt. Insoweit kann § 26 II GWB als eine Spezialnorm des § 18 GWB angesehen werden.

1.5.6 Besondere Rechtsprobleme Allgemeiner Geschäftsbedingungen

1.5.6.1 Zweck der Sonderbehandlung

Allgemeine Geschäftsbedingungen tauchen immer dann auf, wenn in großer Zahl gleiche oder ähnliche Geschäfte abgeschlossen werden, für welche die gesetzliche Regelung ergänzt oder - meist aus wirtschaftlich sinnvollen Gründen - abgewandelt werden soll. Allerdings handelt es sich bei diesen Verträgen fast immer nur für einen der Partner um ein Massengeschäft. Dieser stellt dann auch die Allgemeinen Geschäftsbedingungen - verständlicherweise möglichst zu seinem Vorteil - auf. Da er, schon aus Gründen der Gleichbehandlung, von diesen Allgemeinen Geschäftsbedingungen kaum abgeht, erhält er damit ein starkes Machtinstrument in die Hand. Dies gilt um so mehr, wenn seine Konkurrenten ähnliche oder aufgrund von Verbandsempfehlungen sogar genau die gleichen Bedingungen verwenden. In diesem Fall hat der andere Vertragspartner so gut wie keinen Einfluß auf den Vertragsinhalt. Da auf diese Weise der die Gerechtigkeit und Angemessenheit gewährleistende Verhandlungsmechanismus außer Kraft gesetzt ist, hat die Rechtsordnung ein Instrument bereitgestellt, das den Verhandlungsmechanismus möglichst gut, aber auch praktikabel ersetzt.

Eine denkbare Lösung ist die staatliche Festsetzung der Bedingungen, wie etwa die Benutzungsordnungen öffentlicher Anstalten. Da dies aber bei der Vielzahl der erforderlichen, verschiedenen Bedingungen völlig undurchführbar wäre, kommt dem Gesetz der Allgemeinen Geschäftsbedingungen (AGBG) mit seinen Möglichkeiten sowohl der vorherigen als auch der nachträglichen Kontrolle eine große Bedeutung zu.

1.5.6.2 Wesentlicher Inhalt des AGB-Gesetzes

AGB sind Vertragsbedingungen, die für eine Vielzahl von Geschäften vorformuliert sind und von einer Partei verwendet und beim Geschäftsabschluß der anderen Partei zur Annahme vorgelegt werden (§ 1 I S. 1 AGBG, die folgenden Rechtsnormen beziehen sich auf das AGBG). Es ist nicht erforderlich, daß diese Bedingungen schon einmal tatsächlich verwendet wurden. Vielmehr muß ihre Verwendung lediglich für eine **Vielzahl von Fällen** (mindestens 3 bis 5) geplant sein. Die Vielzahl kann sich auch aus einer

Mehrzahl von Anwendern gleicher Bedingungen ergeben. Erforderlich ist lediglich, daß eine Partei die Bedingungen **bei Vertragsabschluß** stellt. Sie kann sich dabei von Dritten erarbeiteter, empfohlener oder auch angewandter Bedingungen bedienen. AGB liegen nicht vor, wenn nach einem Formulierungsvorschlag die einzelnen Bedingungen individuell ausgehandelt wurden. Dazu reicht allerdings nicht, daß die Partei, welche die Formulierungen einführt, grundsätzlich Verhandlungsbereitschaft signalisiert, wenn dann nicht auch tatsächlich verhandelt wird.

Die Qualifikation eines vertraglichen Klauselwerkes als AGB ist weder von dessen Umfang noch von der Art der Vervielfältigung abhängig. Um der Kontrolle des AGBG unterworfen zu sein, ist es vielmehr unerheblich, ob die AGB knapp oder ausführlich formuliert sind und ob die Vervielfältigung durch Druck, Drucklegung, Fotografie, handschriftlich etc. erfolgt; auch können die AGB in einen rein mündlichen Vertrag eingebracht werden.

Das AGBG ist ein allgemeines Gesetz. Seine **Anwendbarkeit** ist nicht auf im einzelnen angeführte Verträge beschränkt, sondern betrifft zunächst alle Verträge. Einzeln angeführt sind dagegen vielmehr die Ausnahmen in den §§ 23, 24. Danach findet das Gesetz keine Anwendung bei Arbeits-, Erb-, Familien- und Gesellschaftsverträgen. Daneben unterliegen ihm nicht eine Reihe von Tarifen und Bedingungen, die im wesentlichen staatlich genehmigt oder kontrolliert sind, wie Beförderungsbedingungen und Versicherungs- oder Lotterieverträge.

Die Klauselverbote der §§ 10, 11 - dem Kern des AGBG - sind gegenüber Kaufleuten und juristischen Personen des öffentlichen Rechts nicht anwendbar. Wenn allerdings eine solche Klausel in einem Vertrag auftaucht und gegen die weiter anwendbare Generalklausel (§ 9) verstößt, ist sie gleichwohl unwirksam. Die Nichtanwendbarkeit der §§ 10, 11 bedeutet nicht, daß solche Klauseln automatisch wirksam sind, sondern nur, daß sie nicht an diesen Normen geprüft werden dürfen. In der Praxis der Rechtsprechung ist es daher weitgehend so, daß die §§ 10, 11 über die Generalklausel in § 9 auch auf AGB gegenüber Kaufleuten und juristischen Personen des öffentlichen Rechts angewendet werden.

Ziel des AGBG ist es, denjenigen, der mit den AGB konfrontiert wird, vor einer unangemessenen Benachteiligung zu schützen. Entsprechend ist in der **Generalklausel** des § 9 festgelegt, daß diejenigen Bestimmungen in AGB unwirksam sind, die den betroffenen Partner entgegen den Geboten von Treu und Glauben unangemessen benachteiligen. Dies sind z.B. Verstöße gegen wesentliche Grundgedanken einer eventuell vorhandenen gesetzlichen Regelung und den Vertragszweck gefährdende Klauseln.

Eine weitere Konkretisierung des Benachteiligungsgedankens erfolgt in den **einzelnen Klauseln** der §§ 10, 11. Diese beziehen sich schwerpunktmäßig auf Kaufverträge, insbesondere für neu hergestellte Sachen und Leistungen (§ 11 Ziff. 10 lit. a-f), betreffen aber auch viele andere Arten von Verträgen.

Dieser Kern des AGBG setzt sich auch in den **weiteren materiellen Bestimmungen** fort. So kann sich derjenige, der die AGB in den Vertrag eingebracht hat, nur auf sie berufen, wenn er sie auf eine Weise eingebracht hat, die dem Partner vor Vertragsabschluß die Möglichkeit gab, von der Einbringung und vom Inhalt der AGB Kenntnis zu nehmen (§ 2). Aber selbst wenn diese Bedingung beachtet wurde, werden solche Klauseln nicht Vertragsbestandteil, die für den Partner überraschend waren, wenn selbst bei sorgfältiger Überlegung nicht mit einer derartigen Regel gerechnet werden konnte (§ 3).

Daß **eine individuelle Vereinbarung einer Regelung der AGB vorgeht**, ergibt sich schon aus der Natur einer solchen Vereinbarung; denn sie könnte keinen Sinn geben, wenn trotz der individuellen Vereinbarung die allgemeine Regel gelten sollte. Eine individuelle Vereinbarung enthält damit immer auch indirekt die Vereinbarung, daß die allgemeine Regel aufgehoben ist. Gleichwohl ist dieser Vorrang zur Klarstellung auch im Gesetz geregelt (§ 4). Nicht ganz so selbstverständlich und daher wichtiger ist die **Unklarheitenregel** in § 5. Danach gehen Zweifel bei der Auslegung von AGB stets zu Lasten desjenigen, der die AGB in den Vertrag eingeführt hat. Denn nur er konnte auf die Formulierung Einfluß nehmen.

1.5.7 Praktische Hinweise zur Vertragsgestaltung

(1) Übereinstimmung von wirklichem Willen und Vertragsinhalt

Der Vertrag als solcher ist die Einigung zwischen den Parteien. Im Fall eines schriftlichen Vertrages ist die Vertragsurkunde ein Protokoll über den Inhalt der Einigung. Sie hat zunächst den Sinn, für jede Partei eine Gedächtnisstütze dafür zu sein, was sie selbst zu tun hat und was sie im Gegenzug von der anderen Partei erwarten kann. Erst in zweiter Linie ist das Vertragsformular als Beweismittel für einen Streit anzusehen; denn Ziel des Vertragsabschlusses ist nicht der Streit, sondern der reibungslose gegenseitige Leistungsaustausch. Aus diesem Grunde sollten Einigung und Vertragstext immer übereinstimmen, weil der Vertragstext sonst weder die eine noch die andere Funktion erfüllen kann.

Eine Abweichung von Einigung und Vertragstext liegt dann vor und führt zur Nichtigkeit des Vertrages, wenn die Willenserklärung einer Seite nur zum Schein abgegeben wurde (§ 117 I BGB). Selbst bei Übereinstimmung von wirklichem Willen und Vertragsinhalt kann ein Rechtsgeschäft nichtig sein, wenn die gesetzlich vorgeschriebene Form fehlt (§ 125 BGB).

(2) Vollständigkeit des Vertrags

Um später unliebsame Überraschungen zu vermeiden, muß ein Vertrag möglichst vollständig sein. Leichthin offengelassene Punkte mit dem Bemerken: "Darüber brauchen wir uns doch wohl nicht zu unterhalten!" sind die häufigsten Ausgangspunkte für Streitigkeiten, weil die Parteien tatsächlich von Anfang an unterschiedlicher Auffassung über den zu regelnden Sachverhalt waren. Daher müssen sorgfältig alle regelungsbedürftigen Probleme gesucht, einvernehmlich geregelt und dann möglichst schriftlich niedergelegt werden. Dabei können Formularhandbücher eine Hilfe sein (mehr nicht!). Regelungsfähig sind allerdings nur die Sachverhalte, die bei einer sorgfältigen Prognose problematisch werden könnten. Die Antizipation aller denkbaren Streitfälle ist ohnehin nicht möglich.

(3) Einfache, klare Formulierungen

Jeder Vertrag ist in gewisser Weise der Ausdruck einer Zweckgemeinschaft. Nicht möglichst komplizierte, ausgefuchste Klauseln sichern am ehesten den Vertragszweck, sondern einfache, klare Regelungen, die auf offenen und fairen Verhandlungen aufbauen. Es ist daher besser, in knappen Worten etwa auch die Voraussetzungen und Motive der Vertragspartner für den Vertragsabschluß festzuhalten. Dies gibt für die im Einzelfall doch immer wieder erforderliche Interpretation des Vertrages bessere Hilfen als noch so tiefgehend festgelegte Leistungsanforderungen und Interpretationsregeln. Vor allem verbessert die ausdrückliche Erwähnung von Voraussetzungen und Motiven auch das gegenseitige Verständnis der Vertragspartner und führt von daher schon zu einem Vertrag, der ein höheres Maß an Übereinstimmung und Einigkeit aufweist.

(4) Pflichten der Parteien außerhalb des eigentlichen Vertrags

Die Gemeinschaft zwischen den Parteien, die für einen Vertragsabschluß in Frage kommen, ist umfassender als ein Vertragswerk und damit der Vertragsinhalt selbst. Es bestehen nämlich schon bei der Vertragsverhandlung und auch nach Vertragsabschluß außerhalb der eigentlichen Vertragsdurchführung gegenseitige Pflichten der Parteien, auf die Belange des anderen im angemessenen und erforderlichen Rahmen Rücksicht zu nehmen. Wichtige Fallgruppen hierzu sind:

- die Gewährleistung der persönlichen Sicherheit des einen Vertragspartners durch den anderen, soweit der eine in den Einflußbereich - etwa die Geschäftsräume - des anderen zu Vertragsverhandlungen kommt;
- die Aufklärung über Tatsachen, die erkennbar für den anderen wichtig sind und über die er Aufklärung nach Treu und Glauben erwarten darf (also nicht etwa über andere, gegebenenfalls günstigere Konkurrenzangebote);

- Diskretion bezüglich der Tatsachen beim Vertragspartner, die nicht allgemein bekannt sind und an deren Geheimhaltung der andere üblicherweise ein anerkennenswertes Interesse hat;
- Ehrlichkeit bezüglich des Vertragsstandes; insbesondere darf nicht vorgespiegelt werden, man sei in allen Punkten einig, wenn tatsächlich noch ernste Bedenken gegen einen endgültigen Vertragsschluß bestehen.

(5) Meinungsverschiedenheiten im Rahmen der Vertragsdurchführung

Auch bei Meinungsverschiedenheiten ist die auf offener Verhandlung basierende Einigung, in der ein für beide Seiten fairer Kompromiß geschlossen wird, in aller Regel die beste Form der Konflikthandhabung. Streitentscheidungen durch Dritte (Gerichte, Schiedsstellen, Sachverständige) entsprechen häufiger nicht den Vorstellungen der Parteien und belasten im Vergleich zur selbständigen Einigung beide Vertragsparteien mit zusätzlichen Kosten: Auch für die im Rechtsstreit vollständig obsiegende Partei treten fast immer Zeitverluste auf, die vom Prozeßgegner kaum vollständig ersetzt werden. Weiter sind unter Umständen Teile der Rechtsanwalts- und Gutachterkosten nicht erstattungsfähig. Vor allem kann auch ein erfolgreicher Prozeß dem Unternehmensimage schaden, und schließlich darf nicht vergessen werden, daß nach einem Prozeß in aller Regel diese Geschäftsbeziehung verloren ist.

Je einvernehmlicher ein Vertrag in Maßnahmen umgesetzt wird, desto höher ist in der Regel der zwischen den Parteien zu verteilende Gesamtertrag und desto niedriger sind die von den Parteien zu tragenden Kosten der Konfliktregelungen. Es ist daher für alle Vertragsparteien von großem Nutzen, wenn nicht nur Einigkeit bezüglich des Vertragstextes besteht, sondern auch über die praktische Durchführung der vertraglich geregelten Maßnahme. Zu den einzelnen Vertragsarten existiert eine Fülle von Vertragshand- und -formularbüchern. Als Beispiel seien hier die "Heidelberger Musterverträge" aus dem "Verlag Recht und Wirtschaft" genannt, in denen für Franchise-Verträge, Verträge mit Vertragshändlern, Verträge mit Handelsvertretern, Kreditsicherungsverträge und zahlreiche andere Vertragsarten Musterverträge entworfen werden. Diese Vorlagen sind bei der Abfassung komplexer Vertragswerke hilfreich.

2. Rechtliche Grundlagen der Absatz- programm- und Kundendienstpolitik

2.1 Die Aktionsbereiche des "Produkt-Mix"

Die von einer Unternehmung angebotenen Absatzleistungen lassen sich gedanklich in Haupt- und Nebenleistungen untergliedern, auch wenn die Abgrenzung in Einzelfällen Schwierigkeiten bereitet. Hauptleistungen sind beim Sachgüterhersteller die Produkte (einschließlich ihrer Verpackungen und Markierungen), bei Dienstleistungsbetrieben jene Leistungen, auf die sich das primäre Interesse der Kunden richtet, bei Handelsbetrieben das Sortiment. Dieses Sachgüter- bzw. Dienstleistungsangebot wird nachfolgend unter dem Begriff **Absatzprogramm** zusammengefaßt. Nebenleistungen wie z.B. Zugaben, Kreditgewährung, Zustelldienste und Kundendienstleistungen werden zur Förderung des Absatzprogramms erbracht. Auch wenn sie entgeltlich verwertet werden, gehören sie solange nicht zum Hauptleistungs- programm, wie sie derivativen Charakter haben, d.h. im Zusammenhang mit dem Hauptleistungsangebot, nicht aber selbständig vermarktet werden.

Abgrenzungsschwierigkeiten treten vor allem dort auf, wo sich ehemals derivative Nebenleistungen in originäre Hauptleistungen wandelten. Dies ist vor allem bei **Kundendienstleistungen** häufig der Fall, die eine Unterneh- mung zunächst ausschließlich im Zusammenhang mit dem Absatz der Hauptprodukte erbrachte und nunmehr auch unabhängig davon anbietet. Demgegenüber sind Zugaben, die Gewährung von Absatzkrediten und die Auslieferung definitionsgemäß stets Nebenleistungen. Nicht nur wegen dieser Abgrenzungsprobleme werden die beiden Instrumente Absatzprogramm- politik und Kundendienstpolitik hier unter dem Oberbegriff "Produkt-Mix" zusammengefaßt und im Zusammenhang behandelt (so auch Meffert 1986, S. 117 f. und 361 ff.). Auch die rechtlichen Aspekte sind aufs engste mitein- ander verknüpft. So ergeben sich aus Produktmängeln bestimmte Verpflich- tungen zur Erbringung von Serviceleistungen, und die Produzentenhaftung wird u.a. von Vorgängen im Rahmen der Kundendienstpolitik (z.B. Instruk- tionsfehler) beeinflußt.

Im einzelnen umfaßt die **Absatzprogrammpolitik** als Teilinstrumente
- die Gestaltung der Produkte (Qualitätsgestaltung),
- die Gestaltung der Verpackungen,
- die Gestaltung der Markierungen (Markenpolitik) und
- die Gestaltung der Programmzusammensetzung (von der ein separierbarer akquisitorischer Effekt ausgehen kann).

Das Aktionsfeld der Absatzprogrammpolitik ist zusammenfassend in *Bild 16* dargestellt (Näheres bei Ahlert 1984, S. 69 ff.).

Formen der Veränderung des Absatzprogramms					
Bereinigung	Erneuerung	Erweiterung			
Eliminierung von Programmelementen	Neugestaltung bisheriger Programmelemente	Einführung neuer Programmelemente			
Eliminierung	Substitution bisheriger durch neugestaltete Programm-elemente: *Variation*	zusätzliche Aufnahme modifizierter Programm-elemente: *Differen-zierung*	innerhalb bisheriger Produktlinien	Aufnahme neuer Produktlinien: *Diversifikation*	
kompletter Produkt-linien / von Produkten weiterbe-stehender Produkt-linien			Unter-nehmgs.-neu-heiten	Markt-neuheiten: *Inno-vationen*	Unterneh-mungs-neuheiten
Ein-engung des Ab-satzpro-gramms	Ab-flachung des Ab-satzpro-gramms	Beibehaltung der Breite und Tiefe des Absatz-programms	Vertiefung des Absatzprogramms		Verbreiterung des Absatz-programms
hinsichtlich					
Produkte (im engeren Sinn)	Verpackungen	Markierungen			

Bild 16: Das Aktionsfeld der Absatzprogrammpolitik

Größere Schwierigkeiten bereitet es, den Aktionsbereich der **Kundendienst-politik** zu definieren und exakt abzugrenzen. Kundendienst ist ein dehnbarer Begriff, mit dem in der Praxis vielfach alle jene Leistungen belegt werden, für die kein akquisitorisch besser klingender Name gefunden werden kann. Vom Wort her ist eine Begriffsbestimmung nicht möglich; denn fast jede absatzpolitische Maßnahme kann "dem Kunden dienen", ein besonders niedriger Preis ebenso wie eine sachlich informierende Werbebotschaft oder eine Reparaturmaßnahme.

Der Umfang des Maßnahmenbereichs Kundendienstpolitik wird daher in der Literatur unterschiedlich weit gefaßt. Einige Autoren subsumieren auch Teile der Verkaufspolitik (Kaufberatung, Gewährung von Annehmlichkeiten und Erleichterung des Kaufvorganges), die Absatzkreditgewährung und die Aus-lieferung der Ware als sogenannte kaufmännische Kundendienstleistungen unter diesen Begriff, wobei sich diese Leistungen auf alle Abnehmergruppen (Händler und Verbraucher) erstrecken können.

Für die Eingrenzung der rechtlichen Fragestellungen erscheint indessen eine **engere Begriffsfassung** zweckmäßig (vgl. Ahlert 1984, S. 169 ff.): Kundendienst ist die Summe aller Maßnahmen, die **nach** abgeschlossenem Beschaffungsvorgang erbracht werden, um dem Verbraucher die Verwendung der Hauptleistung zu erleichtern oder erst zu ermöglichen.

Das Interesse des Verbrauchers an den verwendungserleichternden Maßnahmen des Anbieters resultiert aus den vielfältigen Diskrepanzen, die zwischen

- dem zu verwendenden Absatzobjekt und seinen verwendungserschwerenden Eigenschaften auf der einen Seite und

- den persönlichen Fähigkeiten des Verbrauchers und seiner Ausstattung mit den für die Verwendung erforderlichen Sachmitteln auf der anderen Seite bestehen.

Wie *Bild 17* zeigt, können die verwendungserleichternden Leistungen des Verkäufers zur Überwindung dieser Diskrepanzen einerseits darin bestehen, dem Käufer **Hilfe zur Selbsthilfe** zu leisten. Durch sie sollen die persönlichen Fähigkeiten des Käufers an die Erfordernisse der zu verwendenden Güter angepaßt werden.

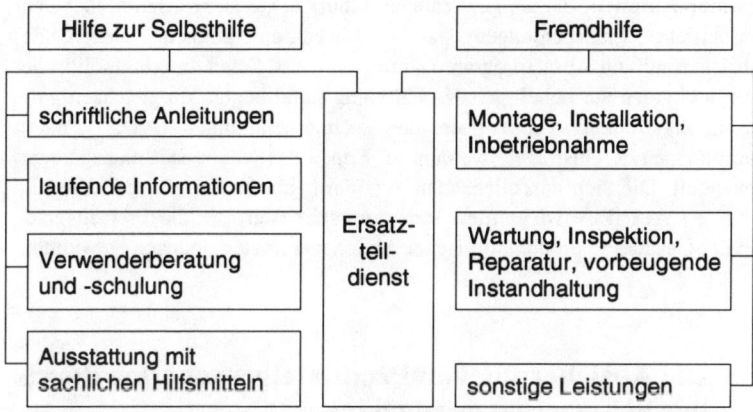

Bild 17:   Aktionsformen der Kundendienstpolitik

Zur Überwindung der genannten Diskrepanzen kann der Verkäufer andererseits dadurch beitragen, daß er selbst (oder von ihm beauftragte Absatzhelfer) bestimmte mit der Verwendung zusammenhängende Tätigkeiten übernimmt, für deren Erlernung und Durchführung es dem Verbraucher an Zeit, Lust oder Können ermangelt und für die der Verbraucher auch nicht die Hilfe von dafür spezialisierten dritten Betrieben in Anspruch nehmen kann oder will **(Fremdhilfe)**. Darüber hinaus ist die Versorgung mit Ersatzteilen, speziellen sachlichen Hilfsmitteln und Zubehör eine bei beiden Formen der Verwendungshilfe notwendige, verbrauchserleichternde Leistung (Ersatzteildienst).

In diesem Abschnitt wird zunächst ein breiter Überblick über die relevanten Rechtsnormen, untergliedert nach den Aktionsbereichen der Absatzprogramm- und Kundendienstpolitik, vermittelt. Eine vertiefende Analyse ist einerseits dem Schutzrechtsmanagement und andererseits dem höchst aktuellen Thema der Produkthaftung gewidmet, das in beiden Instrumentalbereichen gleichermaßen Bedeutung erlangt.

2.2 Die relevanten Rechtsnormen der Absatzprogrammpolitik im Überblick

Bild 18 vermittelt einen Überblick über wesentliche, beschränkende und schützende Rechtsvorschriften der Produkt-, Verpackungsgestaltung und Markierung, ohne allerdings den Anspruch auf Vollständigkeit erheben zu wollen. Zu vielfältig sind die branchenspezifischen Einzelvorschriften, als daß sie hier komplett erfaßt werden könnten. Die **rechtlichen Schutzpositionen**, die als gewerbliche Schutzrechte aktiv erlangt oder über gerichtliche Entscheidungen passiv zuwachsen können, dienen der Absicherung von Absatzprogrammstrategien - z.B. Schutz produktpolitischer Entwicklungen vor unbefugter Nachahmung - und begrenzen gleichzeitig die Gestaltungsfreiheit konkurrierender Unternehmungen. Die damit verbundenen Rechtsfragen werden in *Kap. 2.3* (Schutzrechtsmanagement) behandelt. Die sich anschließenden Ausführungen in *Kap. 2.4 bis Kap. 2.6* sind den **restriktiv wirkenden Rechtsvorschriften**, die die Freiheitsgrade bei der Gestaltung produktpolitischer Aktionsparameter einengen, gewidmet.

2.3 Die Absicherung von Produkteigenschaften durch das Schutzrechtsmanagement

Mit dem Marketing-Schutzrechts-Management operiert die Unternehmung ebenso wie mit dem Vertragsmanagement in jenem Bereich der Rechtsordnung, in dem die **chancenerhaltenden** und insbesondere die **chancenerweiternden** Funktionen des Rechts im Vordergrund stehen. Nach einem Überblick über die Rechtsgrundlagen des gewerblichen Rechtsschutzes werden grundsätzliche Entscheidungsprobleme der Schutzrechtspolitik dargestellt (vgl. ausführlich Schröder, J. 1987, Ahlert 1988, S. 258 ff., 391 ff.).

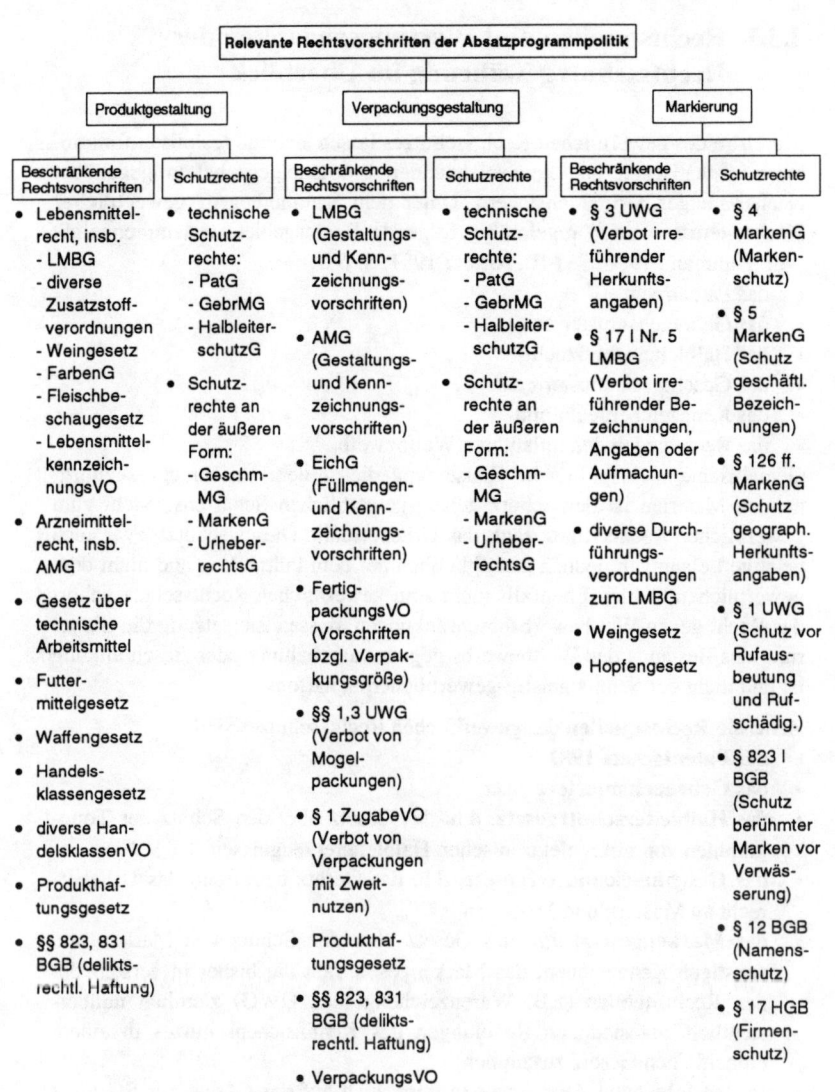

Bild 18: Relevante Rechtsvorschriften im Bereich der Absatzprogrammpolitik

101

2.3.1 Rechtsquellen und Wertungsgedanken der Rechtsschutzgewährung im Überblick

Mit Hilfe des gewerblichen Rechtsschutzes lassen sich die technisch-funktionalen, ästhetischen und kennzeichnenden Produkteigenschaften gegenüber Nachahmungen Dritter absichern. Unter dem Sammelbegriff **gewerblicher Rechtsschutz** werden regelmäßig folgende Rechtsgebiete zusammengefaßt (vgl. Hubmann 1988, S. 1 ff., Rittner 1981, S. 6 ff.):

- das Patentrecht,
- das Gebrauchsmusterrecht,
- das Halbleiterschutzrecht,
- das Geschmacksmusterrecht,
- das Kennzeichenrecht und
- das Recht gegen den unlauteren Wettbewerb.

Gemeinsame rechtspolitische Zielsetzung dieser dem Privatrecht zuzuordnenden Materien ist der Schutz geistig-gewerblichen Schaffens. Nicht zum gewerblichen Rechtsschutz zählt das Urheberrecht. Dieses schützt zwar auch geistige Leistungen, jedoch ausschließlich auf dem kulturellen und nicht dem gewerblichen Gebiet. Ebenfalls nicht zum gewerblichen Rechtsschutz gehört das Recht gegen Wettbewerbsbeschränkungen, dessen Zielsetzung die Sicherung des Bestands des Wettbewerbs gegen Ausschaltung oder Beschränkung ist und nicht der Schutz geistig-gewerblichen Schaffens.

Zentrale Rechtsquellen des gewerblichen Rechtsschutzes sind

- das **Patentgesetz 1981**,
- das **Gebrauchsmustergesetz**,
- das **Halbleiterschutzgesetz**, d.h. das Gesetz über den Schutz der Topographien von mikroelektronischen Halbleitererzeugnissen,
- das **Geschmacksmustergesetz**, d.h. das Gesetz betreffend das Urheberrecht an Mustern und Modellen,
- das **Markengesetz**, d.h. das Gesetz über den Schutz von Marken und sonstigen Kennzeichen; das Markengesetz faßt die bisher in verschiedenen Rechtsquellen (z.B. Warenzeichengesetz, UWG) ziemlich unübersichtlich angesiedelten Regelungen des Kennzeichenschutzes in einem einheitlichen Gesetz zusammen.
- In den folgenden Ausführungen wird auch auf das Gesetz zur Stärkung des Schutzes des geistigen Eigentums und zur Bekämpfung der Produktpiraterie von 1990 eingegangen. Das **Produktpirateriegesetz** ist ein sogenanntes Artikelgesetz, das Änderungen und Ergänzungen vor allem für das Patent-, das Gebrauchsmuster-, das Halbleiterschutz-, das Geschmacksmuster- sowie das mittlerweile ersetzte Warenzeichengesetz enthält (vgl. ausführlich Meister 1991).
- Rechtsquelle des Rechtes gegen den unlauteren Wettbewerb ist das **Gesetz gegen den unlauteren Wettbewerb**.

Die Gesamtmaterie des gewerblichen Rechtsschutzes läßt sich nach Maßgabe der folgenden zwei voneinander verschiedenen **Wertungsgedanken** ordnen, auf die die speziellen Rechtsgebiete gründen (vgl. Baumbach/Hefermehl 1995, Allg. UWG, Rdn. 93 ff.):

- Schutz geistig-gewerblicher Schöpfungen als solche und
- Sicherung des fairen Leistungswettbewerbs durch Bekämpfung unlauteren Wettbewerbsverhaltens.

(1) Der Schutz der geistig-gewerblichen Schöpfung selbst

Die Schutzobjekte des Patent-, Gebrauchs-, Halbleiterschutz- und Geschmacksmusterrechtes sind bestimmte technische bzw. ästhetische individuelle Leistungen. Die entsprechenden Gesetzeswerke beruhen auf dem Wertungsgedanken des Schutzes geistig-gewerblicher Schöpfungen und billigen besondere **Ausschließlichkeitsrechte** (Sonderrechtsschutz) zu, die durch folgende gemeinsame Merkmale gekennzeichnet sind (vgl. Hubmann 1988, S. 46 ff.).

- Es sind **subjektive Privatrechte**: In dieser Eigenschaft sichern sie die Interessen des Schaffenden an einer konkreten, gewerblich verwertbaren Leistung und unterwerfen diese allein dessen rechtlicher Herrschaft.
- Es sind **Immaterialgüterrechte**: Der geistige Gehalt der jeweils geschützten Leistung hat sich als geschütztes Gut im Verkehr verselbständigt.
- Es sind **absolute Rechte mit positivem und negativem Inhalt**: Der Inhaber hat die Benutzungsbefugnis (positiv) und die Befugnis, jeden Dritten von der Nutzung des Schutzgegenstandes ausschließen zu können (negativ).
- Ihre Entstehung ist an das **förmliche Moment der Anmeldung und Registrierung** gebunden, womit die Zugehörigkeit des jeweils erteilten Rechtes zu einer bestimmten Person nach außen sichtbar wird.

(2) Die Sicherung des fairen Leistungswettbewerbs durch Bekämpfung
unlauteren Wettbewerbsverhaltens

Grundsätzlich anderer Art ist der **Rechtsschutz des Wettbewerbsrechts**, das nicht auf das Medium subjektiver Ausschließlichkeitsrechte zurückgreift. Es wählt stattdessen das Medium eines privatrechtlich gestalteten Interessenschutzes. Dieser konkretisiert sich darin, daß mittels einer umfassenden Generalklausel (§ 1 UWG) sowie einer Reihe von Sondertatbeständen objektive Verhaltensnormen für die Wettbewerber vorgegeben und jedem Gewerbetreibenden Abwehransprüche gegenüber demjenigen Wettbewerber zugebilligt werden, der im Konkurrenzkampf gegen diese Verhaltensnormen verstößt. Die Reichweite des individuellen Schutzes von Leistungsergebnissen für technische, ästhetische oder kennzeichnende Produkteigenschaften durch das UWG bestimmt sich dabei nicht allein nach den jeweils berührten privaten Interessen der betroffenen Wettbewerber, sondern nach Maßgabe einer umfassenden Interessenabwägung, in die auch das Kollektivinteresse der Gesamtheit der Mitbewerber sowie das Allgemeininteresse einbezogen sind (vgl. Baumbach/Hefermehl 1995, Einl UWG, Rdn. 44 ff.). Hierdurch sind die Grenzen des wettbewerbsrechtlichen Leistungsschutzes relativ eng gezogen.

Mit seiner Entscheidung im Tchibo/Rolex-Fall hat der Bundesgerichtshof die bis dato bestehenden Grenzen des wettbewerbsrechtlichen Schutzes im Bereich der **Nachahmung** von Erzeugnissen erheblich erweitert (vgl. BGH, in: GRUR 1985 - Tchibo/Rolex, S. 876 ff.). Bis zu dieser Entscheidung erkannten die Gerichte zwar die nahezu völlige Übereinstimmung von Original und Plagiat an, verneinten jedoch mangels besonderer Unlauterkeitsmerkmale stets einen Verstoß gegen § 1 UWG. Im besonderen wurden die Tatbestände der Irreführung beteiligter Verkehrskreise und der Rufschädigung der Hersteller der Originalwaren als nicht erfüllt angesehen, da die Plagiate mit mehr oder weniger abweichenden Markierungen versehen waren (vgl. Fritze 1982, S. 520 ff.). Um so bemerkenswerter ist die Abweichung des BGH von der bis dahin ständigen Rechtsprechung im Fall des Vertriebs von mit der Marke Rolex fast identischen Uhren durch den Kaffeeröster Tchibo. Obwohl der Geschmacksmusterschutz der Rolex-Uhr bereits abgelaufen war und somit durch die Nachahmung kein Sonderschutzrecht verletzt wurde, was eine Unlauterkeit i.S.v. § 1 UWG dargestellt hätte, anerkannte der BGH einen wettbewerbsrechtlichen Leistungsschutz für den Uhrenhersteller auf der Grundlage von § 1 UWG mit der Begründung, daß die mit diesem exklusiven Produkt verbundene wettbewerbliche Eigenart schutzwürdig sei. Diese Eigenart besteht darin, daß die Produktgestaltung in den interessierten Verkehrskreisen als Hinweis auf den Anbieter oder die Ware dienen kann (Prestige-Effekt). Mit der Übernahme der wettbewerblichen Eigenart durch den Nachahmer werden zwar nicht die Käufer der Original-Produkte über die tatsächliche Herkunft bzw. den tatsächlichen Anbieter getäuscht, wohl aber das übrige Publikum, das die Plagiate für Originale halten kann. Es ist daher nicht mit den guten Sitten im Wettbewerb gemäß § 1 UWG vereinbar, wenn sich die Nachahmer von exklusiven Produkten an deren Prestigewert und damit den guten Ruf anhängen.

Das UWG schützt mithin die individuellen Interessen von Unternehmungen sowie das Kollektivinteresse der Gesamtheit der Wettbewerber gegenüber **unlauteren Wettbewerbshandlungen einzelner Mitbewerber.** Welche individuellen Schutzpositionen das UWG den Wettbewerbern dabei konkret vermittelt, ist jedoch dem UWG selbst unmittelbar kaum zu entnehmen. Eine enumerative Aufzählung von Wettbewerbshandlungen, deren Durchführung jeweils Unterlassungsansprüche begründet, sucht man hier vergebens. Nur in wenigen Bereichen legt das UWG selbst Verhaltensnormen fest und konkretisiert im Rahmen spezieller Verbotstatbestände das, was es schützen will. Ansonsten ist das UWG-Recht über die elastische Generalklausel des

§ 1 UWG, die lediglich einen Verhaltensmaßstab, jedoch keine inhaltlich bestimmten Verhaltensnormen vorgibt, weitgehend Richterrecht.

Schutzgegenstand ist neben den explizit im UWG genannten Unternehmenskennzeichen und Betriebs- und Geschäftsgeheimnissen insbesondere der Ruf einer Unternehmung sowie ihrer Erzeugnisse. Darüber hinaus schützt das UWG die Beziehungen einer Unternehmung zu ihren Abnehmern, Lieferanten, Mitarbeitern etc. Individuelle Schutzpositionen vermittelt das UWG zusammenfassend also über die gesamte Bandbreite von Leistungsergebnissen sowie für das gesamte Spektrum laufender wettbewerblicher Betätigung. Allerdings sind Reichweite und Intensität des wettbewerbsrechtlichen Interessenschutzes relativ eng begrenzt, da nur gegen unlautere Wettbewerbshandlungen Dritter Schutz gewährt wird und dabei das Allgemeininteresse gegenüber dem Individualinteresse der betroffenen Unternehmung Vorrang hat.

(3) Wertungsgedanken des auf dem Markengesetz beruhenden Kennzeichenrechtes

Dem Markengesetz liegt - wie auch dem hierdurch abgelösten Warenzeichengesetz - eine Kombination der beiden zuvor genannten Wertungsgedanken zugrunde. In **formaler** Hinsicht gewährt das Markengesetz Rechtsschutz durch subjektive ausschließliche Rechte (vgl. Meister 1995, S. 369). Dagegen sind in **materieller** Hinsicht die Ausschlußrechte des Kennzeichenrechtes vorrangig an Kollektiv- und Allgemeininteressen gebunden. Zum einen gewährt das Markengesetz keinen dem Patent- und Musterrecht analogen Rechtsschutz in dem Sinne, daß die geistig-gewerblichen schöpferischen Leistungen als solche geschützt werden. Vielmehr sind die mit den Kennzeichen einhergehenden originären wettbewerblichen Funktionen geschützt, d.h. die Unterscheidungs- und Herkunftsfunktion. Dabei ist allerdings zu beachten, daß sich durch das neue Recht die Gewichte bei den durch das Markengesetz geschützten Funktionen der Marke verschieben. So heißt es in der Begründung zum Entwurf des Markengesetzes: "Die Herkunftsfunktion, die zwar weiterhin maßgeblich ist, wird künftig durch eine Reihe weiterer Markenfunktionen ergänzt, wie insbesondere die Qualitätsfunktion und die Werbefunktion." (BR-Drucks. 795/93, S. 131) Zum anderen geht der wettbewerbsbezogene Wertungsgedanke aus der Einbeziehung wettbewerbsrechtlicher Tatbestände hervor, wie etwa der Schutz gegen irreführende geographische Herkunftsangaben (vgl. von Gamm 1994, S. 778).

Schließlich ist die Entstehung von Kennzeichenrechten im Unterschied zu denen des Patent- und Musterrechtes nicht zwingend an die förmliche Registrierung geknüpft. Markenschutz kann auch durch die Benutzung eines Zeichens im geschäftlichen Verkehr entstehen, soweit das Zeichen innerhalb der beteiligten Verkehrskreise als Marke Verkehrsgeltung erworben hat.

Eine Übersicht über die Systematisierung und Abgrenzung der Rechtsmaterie des gewerblichen Rechtsschutzes gibt zusammenfassend *Bild 19*.

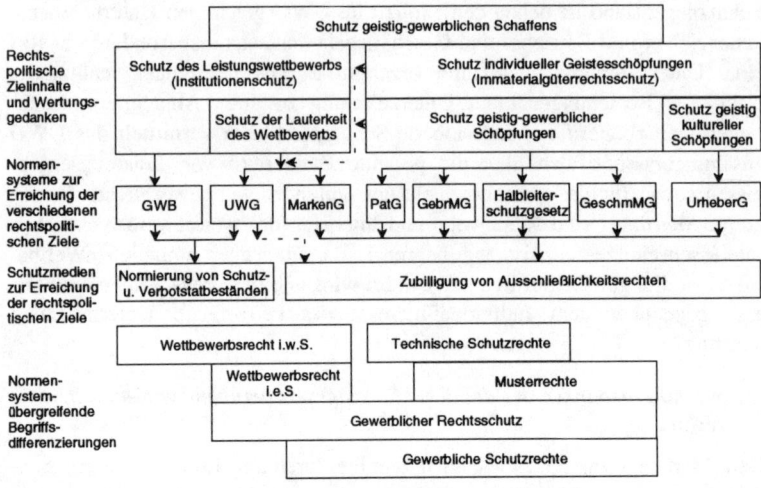

Bild 19:   Systematisierung und Abgrenzung der Rechtsmaterie des gewerblichen Rechtsschutzes

2.3.2 Die gewerblichen Schutzrechte

Einen umfassenden Überblick über Rechtsgrundlagen, Schutzvoraussetzungen und Schutzwirkungen gewerblicher Schutzrechte vermittelt *Bild 20*. Auf der Grundlage dieser Übersicht werden nachfolgend einige ergänzende Hinweise gegeben. Weitere einführende Hinweise zu den materiellen und formalen Schutzvoraussetzungen dieser Schutzrechte geben z.B. Tronser (1994) und von Wahlert (1994).

2.3.2.1 Der Patentschutz

Der Erfinder technischer Produkteigenschaften kann prüfen, ob seine Leistung dem Patentschutz zugänglich ist. Nach § 1 PatG können Patente für Leistungen auf dem Gebiet der Technik erlangt werden, die neu sind, auf erfinderischer Tätigkeit beruhen und gewerblich anwendbar sind.

Was konkret zum **Gebiet der Technik** und damit zum Objektbereich des Patentrechts zählt, hat der BGH durch folgende Definition des Begriffs der Technik präzisiert: "Technik ist eine Lehre zum planmäßigen Handeln unter

Einsatz beherrschbarer Naturkräfte zur Erreichung eines kausal übersehbaren Erfolgs, der ohne Zwischenschaltung menschlicher Verstandestätigkeit die unmittelbare Folge des Einsatzes beherrschbarer Naturkräfte ist" (Schulte 1981, § 1 Rdn. 24).

Hieraus ergibt sich, daß solche Erfindungen **patentfähig** sind, die es dem Menschen ermöglichen, die Natur zu beherrschen, und zwar in der Weise, daß durch die Nutzung natürlicher Kräfte und Rohstoffe oder die Nutzung z.b. physikalischer, chemischer oder biologischer Gesetze Bedürfnisse befriedigt werden. Solche Erfindungen, die zur bloßen Welt des Geistes zählen und/oder eine Bedürfnisbefriedigung nicht durch Naturbeherrschung erzielen, sind dem Patentschutz nicht zugänglich (vgl. Hubmann 1988, S. 80 ff.).

Als Beispiele für **nicht patentfähige** Leistungen nennt § 1 II PatG Entdeckungen und wissenschaftliche Theorien, ästhetische Formschöpfungen, Pläne, Regeln und Verfahren für gedankliche oder geschäftliche Tätigkeiten sowie für Spiele, ferner Programme für EDV-Anlagen und schließlich Tätigkeiten im Rahmen der Wiedergabe von Informationen.

Nicht patentfähig sind darüber hinaus Pflanzen und biologische Verfahren zur Züchtung von Pflanzen, es sei denn, diese Pflanzensorten sind ihrer Art nach nicht im Artenverzeichnis zum **Sortenschutzgesetz** aufgeführt (vgl. Hubmann 1988, S. 81). Das Sortenschutzgesetz ermöglicht solchen Sorten einen dem Patentschutz ähnlichen Schutz, die unterscheidbar, homogen, beständig, neu und durch eine eintragungsfähige Sortenbezeichnung gekennzeichnet sind (§ 1 Sortenschutzgesetz).

Den **Gegenstandsbereich** schutzfähiger Erfindungen unterteilt § 9 PatG in die beiden Kategorien

- Erzeugnispatente, wie z.B. Vorrichtungs-, Anordnungs- bzw. Schaltungs- und Stoffpatente, sowie
- Verfahrenspatente, das sind Herstellungs- und Arbeitsverfahrenspatente.

Das **Erzeugnispatent** schützt nicht nur das Produkt selbst, sondern auch alle Arten seiner Herstellung und seiner Verwendungsmöglichkeiten. Der Schutz des **Verfahrenspatents** erstreckt sich auch auf die unmittelbar damit hergestellten Produkte, d.h. der Patentinhaber kann Ansprüche gegen Dritte geltend machen, wenn dieser mit seinem geschützten Verfahren bestimmte Produkte hergestellt hat. Dagegen hat er keine rechtliche Handhabe, wenn diese Produkte mit einem anderen Verfahren hergestellt worden sind, für das sein Patent nicht gilt (vgl. Tronser 1994, S. 1790).

Den Begriff der **Neuheit** spezifiziert § 3 PatG dahingehend, daß eine Erfindung dann als neu gilt, wenn sie nicht zum **Stand der Technik** gehört.

Schutzrecht / Merkmal	Patent	Gebrauchsmuster	Geschmacksmuster
Rechtsgrundlage	PatG 1981 i.d.F. v. 16.12.1980 (BGBl. I S. 1, zuletzt geändert durch Gesetz v. 25.10.1994, BGBl. I S. 3082)	GebrMG i.d.F. v. 28.8. 1986 (BGBl. I S. 1455, zuletzt geändert durch Gesetz v. 2.9.1994, BGBl. I, S. 2278)	GeschmMG v. 11.1.1876 (RGBl. S.11, zuletzt geändert durch Gesetz v. 25.10.1994, BGBl. I, S. 3082)
sachlicher Schutzbereich	geistiger Gehalt von Ergebnissen erfinderischer Tätigkeit auf dem Gebiet der Technik, der sich in körperlichen Gegenständen, Stoffen oder Verfahren manifestiert	der sich in Arbeitsgeräten oder Gebrauchsgegenständen manifestiert	ästhetischer Gehalt geistiger Leistung, die auf überdurchschnittlicher gestalterischer Begabung beruht
zeitlicher Schutzbereich	20 Jahre (§ 16 I)	3 Jahre (§ 23 I), Verlängerungen um einmal 3 und zweimal 2 Jahre möglich (§ 23 II)	5 Jahre (§ 9 I), Verlängerung um 5 Jahre oder ein Vielfaches davon bis höchstens 20 Jahre möglich (§ 9 II)
räumlicher Schutzbereich	gesamtes Hoheitsgebiet der Bundesrepublik Deutschland		
materielle Schutzvoraussetzungen	• Lehre zum technischen Handeln (§§ 1, 3, 4) • Neuheit (§§ 3, 1) • erfinderische Tätigkeit (§§ 4, 1) • gewerbliche Anwendbarkeit (§§ 5, 1)	• Gestaltung, Anordnung oder Vorrichtung, die dem Arbeits- oder Gebrauchszweck dient (§ 1) • Neuheit (§ 1) • erfinderischer Schritt (§ 1) • gewerbl. Anwendbarkeit (§§ 1, 11)	• äußere Formgebung, die sich in einer Raum- oder Flächenform manifestiert (§ 1 I) • Neuheit (§ 1 II) • Eigentümlichkeit (§ 1 II) • gewerbliche Anwendbarkeit (§§ 1 I)

- Fortsetzung auf der nächsten Seite -

Schutzrecht / Merkmal	Patent	Gebrauchsmuster	Geschmacksmuster
formelle Schutzvoraussetzungen	schriftliche Anmeldung beim Patentamt mit den Bestandteilen: • Patenterteilungsantrag mit Erfindungsbezeichnung • Patentansprüche • Erfindungsbeschreibung • Zeichnungen • Zusammenfassung • Erfinderbenennung (§§ 35 ff. PatG)	• Erfindungsbezeichnung • Erfindungsbeschreibung • Schutzansprüche • Zeichnungen (ersatzweise ein Modell) (§ 4 GebrMG)	Anmeldung zur Eintragung beim Patentamt (§ 7 I): schriftlicher Eintragungsantrag und photographische oder sonstige graphische Darstellung des Musters oder Modells (§ 7 III)
Entstehung des Schutzes	nach Prüfung der *formellen* und *materiellen* Schutzvoraussetzungen mit der Erteilung des Patents	mit Eintragung des Musters nach Prüfung der *formellen* Schutzvoraussetzungen (§ 8)	mit der Anmeldung zur Eintragung beim Patentamt
Schutzwirkungen	alleinige Nutzungsbefugnis und Recht auf Ausschluß Dritter von der Erfindung (§ 9 PatG, §§ 11-14 GebrMG) nur bei Patenten: Entschädigungsansprüche (§ 33 PatG) Unterlassungs- und Schadensersatzansprüche (§ 139 PatG, § 24 GebrMG) Vernichtungsanspruch (§ 140a PatG, § 24a GebrMG) Auskunftsanspruch gegen Benutzer (§ 140b PatG, § 24b GebrMG) auf Antrag Strafverfolgung (§ 142 PatG, § 25 GebrMG)		alleinige Nutzungsbefugnis, Recht auf Ausschluß Dritter von der Nachbildung des Musters oder Modells (§§ 1, 5) Einschränkung: freie Benutzung einzelner Motive (§ 4) Unterlassungs- und Schadensersatzansprüche (§ 14a) auf Antrag Strafverfolgung (§ 14)

Bild 20: Gewerbliche Schutzrechte im Überblick - Teil 1: Patente, Gebrauchsmuster und Geschmacksmuster

Schutz-recht / Merkmal	Marke durch Eintragung	Marke durch Benutzung und Erlangung von Verkehrsgeltung	notorisch bekannte Marke i.S.v. Art. 6bis PVÜ
Rechts-grundlage	Markenrechtsreformgesetz (MarkenG) vom 25.10.1994 (BGBl. 1994 I S. 3082, berichtigt durch BGBl. 1995 I S. 156)		
sachlicher Schutz-bereich	alle Zeichen, insb. Wörter einschl. Personennamen, Abbildungen, Buchstaben, Zahlen, Hörzeichen, dreidimensionale Gestaltungen einschl. der Form einer Ware oder ihrer Verpackung sowie sonstige Aufmachungen einschl. Farben und Farbzusammen-stellungen (§ 3 I, 1. Halbs.)		
zeitlicher Schutz-bereich	10 Jahre; Verlängerung um jeweils 10 Jahre möglich (§ 47 I, II)	für die Dauer der Verkehrsgeltung (§ 4 Ziff. 2)	für die Dauer der notorischen Bekanntheit (§ 4 Ziff. 3)
räumlicher Schutz-bereich	gesamtes Gebiet der Bundesrepublik Deutschland (§ 13 I)	im Gebiet der Verkehrsgeltung (Deutschland)	gesamtes Gebiet der Bundesrepublik Deutschland
materielle Schutz-voraus-setzungen	• Kennzeichnung von Waren oder Dienstleistungen (§ 3 I, 2. Halbs.) • Unterscheidungskraft des Zeichens (§ 3 I, 2. Halbs.) • Selbständigkeit des Zeichens (§ 3 II)		
formelle Schutz-voraus-setzungen	Anmeldung zur Eintragung einer Marke in das Markenregister beim Patentamt mit	keine	keine in der Bundesrepublik Deutschland
	• Nachweis der Identität des Anmelders, • Wiedergabe der Marke und • Verzeichnis der Waren oder Dienstleistungen, für die die Eintragung beantragt wird (§ 32 II)		
Entstehung des Schutzes	mit der Eintragung eines Zeichens als Marke (§ 4 Ziff. 1)	mit der Erlangung der Verkehrsgeltung (§ 4 Ziff. 2)	mit der notorischen Bekanntheit (§ 4 Ziff. 3)
Schutz-wirkungen	• alleiniges Benutzungsrecht und Recht auf Ausschluß Dritter von der Nutzung des Zeichens (§ 14 I, II, III, IV) • Unterlassungsanspruch (§ 14 V) • Schadensersatzanspruch (§ 14 VI) • Vernichtungsanspruch (§ 18 I) • Auskunftsanspruch (§ 19 I)		

Bild 20: Gewerbliche Schutzrechte im Überblick - Teil 2: Marken

Zum Stand der Technik wiederum zählen gemäß § 3 PatG alle Kenntnisse, die vor dem für den Zeitrang (= Priorität, Vorrang) einer entsprechenden Patentanmeldung maßgeblichen Tag durch schriftliche oder mündliche

Beschreibung, durch Benutzung oder in sonstiger Weise der Öffentlichkeit zugänglich gemacht worden sind. Das Patentrecht fordert also von Erzeugnissen bzw. Verfahren absolute Neuheit. Neuheitsschädlich und für die Erlangung eines Patents hinderlich ist alles, was irgendwann irgendwo irgendwie vor der Anmeldung bereits veröffentlicht ist (vgl. Hubmann 1988, S. 90). Zu den vielfältigen Möglichkeiten, wie ein Erzeugnis oder ein Verfahren bereits bekannt gemacht worden sein kann, zählen unter anderem inländische und ausländische offengelegte Patentanmeldungen und Patentschriften, Unterlagen eingetragener Gebrauchsmuster, Bücher, Zeitschriften, Kataloge, Fotokopien, Fotos, Vorträge, Vorlesungen, Radio- und Fernsehsendungen sowie Werbeveranstaltungen (vgl. Tronser 1994, S. 1794).

Neuheitsschädlich kann auch das eigene Verhalten eines Herstellers sein. Hat er nämlich das Erzeugnis oder das Verfahren, das er zum Patent anmelden möchte, bereits der Öffentlichkeit bekannt gemacht, etwa auf einer Messe oder in einem Testmarkt, so ist dies der maßgebliche Zeitpunkt für den aktuellen Stand der Technik. Dies bedeutet aber nichts anderes, als daß er mit diesem Erzeugnis oder Verfahren den von ihm selbst entwickelten Stand der Technik nicht mehr überholen kann. Die Patentanmeldung scheitert folglich an der Neuheit.

Neben der Neuheit fordert § 1 PatG als Schutzvoraussetzung, daß die Erfindung aus erfinderischer Tätigkeit hervorgegangen sein, d.h. **Erfindungshöhe** aufweisen muß. Konkret bedeutet dies, daß sie sich für den Durchschnittsfachmann nicht in naheliegender Weise aus dem Stand der Technik ergeben darf (§ 4 PatG). Innovationen, die mittels Patent geschützt werden sollen, müssen die stetige Weiterentwicklung im Rahmen des technischen Fortschritts übersprungen haben, d.h. entwicklungsraffende oder sprunghafte Verbesserungen des Standes der Technik verkörpern (Schulte 1981, § 4 Rdn. 14).

Dies ist z.B. dann der Fall, wenn die mit der Innovation erzielte Bedürfnisbefriedigung ein Problem berührt, das zu lösen die Fachwelt bisher nicht imstande war, oder wenn durch die Innovation ein Bedürfnis auf völlig andere Weise als bisher befriedigt werden kann.

Als letzte Voraussetzung der Patentfähigkeit fordert § 1 PatG die **gewerbliche Anwendbarkeit** einer Erfindung. Zu dieser Voraussetzung führt § 5 PatG weiter aus, daß eine Erfindung als gewerblich anwendbar gilt, wenn sie auf irgendeinem gewerblichen Gebiet hergestellt oder benutzt werden kann. Um Patentschutz für eine Innovation zu erlangen, kommt es also allein darauf an, daß eine **Möglichkeit zur gewerblichen Verwertung** der Innovation besteht, und nicht darauf, daß diese tatsächlich gewerblich verwertet wird bzw. auch anders als gewerblich genutzt werden kann (vgl. Schulte 1981, § 5 Rdn. 3).

Erfüllt eine Innovation diese materiellen Schutzvoraussetzungen, ist zwecks Erlangung eines Patents zunächst eine **schriftliche Anmeldung** zur Erteilung eines Patents beim Patentamt vorzunehmen.

Die Erlangung eines Patentes ist mit **einmaligen und laufenden Kosten** verbunden (vgl. Tronser 1994, S. 1799 f.). Für die Anmeldung des Patents sind 100 DM, für die Prüfung der Anmeldung 400 DM und für die Erteilung des Patents 150 DM an Gebühren an das Patentamt zu entrichten. Ab dem dritten Jahr nach der Anmeldung fallen jährlich steigende Gebühren an, die von 100 DM im dritten über 600 DM im zehnten bis 3.300 DM im zwanzigsten Jahr reichen. Bei voller Ausschöpfung des Schutzumfanges von 20 Jahren entstehen insgesamt 22.375 DM an laufenden Gebühren.

Was die chancenerhaltenden Wirkungen der gewerblichen Schutzrechte anbelangt, kann das **Produktpirateriegesetz** zu einer wesentlichen Verbesserung beitragen. Hier soll in den Grundzügen zunächst auf den Patentschutz eingegangen werden. Die Ausführungen gelten analog für den Gebrauchsmuster- und den Halbleiterschutz.

Nach der bis 1990 geltenden Rechtslage war es fast unmöglich, gezielt und erfolgreich gegen die Nachahmungen und den Vertrieb von Produkten vorzugehen, die über eine patentgeschützte Eigenschaft verfügen. Folgende Instrumente erhöhen den Patentschutz. Zunächst besteht die bislang nicht gegebene Möglichkeit zur **Vernichtung** nicht nur des im Besitz oder Eigentum des Verletzers befindlichen Erzeugnisses, das Gegenstand des Patents ist, sondern darüber hinaus auch der Produktionsanlagen, mit denen die Piraterie-Waren hergestellt wurden, soweit diese Eigentum des Schutzrechtsverletzers sind (§ 140a PatG).

Weiterhin besteht die **Pflicht zur Auskunft über die Warenherkunft**. Dieser Auskunftsanspruch gilt gegenüber demjenigen, der eine patentierte Erfindung benutzt bzw. damit handelt, und beinhaltet Namen und Anschrift des Herstellers, des Lieferanten und anderer Vorbesitzer des Erzeugnisses, des gewerblichen Abnehmers oder Auftraggebers sowie die Menge der hergestellten, erhaltenen oder bestellten Erzeugnisse. Damit will man erreichen, die Herkunft und den Vertriebsweg der Ware, bei der ein Patent verletzt wurde, lückenlos nachzuvollziehen (§ 140b I, II PatG).

Die Zollbehörden können bei der Ein- oder Ausfuhr einer Ware, bei der offensichtlich (!) ein Schutzrecht verletzt wurde, diese **beschlagnahmen** (§ 142a I PatG). Die Kritik, daß diese Vorschrift wenig praktische Bedeutung haben werde, ist berechtigt; denn die Zollbeamten verfügen kaum über die Rechtskunde und ausreichende Informationen, um Schutzrechtsverletzungen beurteilen zu können.

Schließlich ist noch darauf hinzuweisen, daß die **Freiheitsstrafe** für die Herstellung, die Benutzung oder das Inverkehrbringen von patentgeschützten Erzeugnissen ohne Zustimmung des Patentinhabers von einem auf drei Jahre heraufgesetzt wurde, daß das gewerbsmäßige Handeln des Täters mit bis zu fünf Jahren bestraft werden kann und daß die Strafbarkeit des **Versuchs einer Patentverletzung** eingeführt wurde (§ 142 I, II, III PatG).

2.3.2.2 Der Gebrauchsmusterschutz

(1) Rechtliche Grundlagen des Gebrauchsmusterschutzes

Das Gebrauchsmusterrecht gewährt - wie das Patentrecht - Schutz für technische Unternehmungsleistungen. Die rechtlichen Anforderungen an eine zu schützende Leistung sind indessen geringer als die des Patentrechts, weshalb ein Gebrauchsmuster häufig auch als **kleines Patent** bezeichnet wird. Das Gebrauchsmustergesetz hat durch das Produktpirateriegesetz eine "geradezu revolutionäre Änderung" (Tronser 1991, S. 10) erfahren, auf die hier Bezug genommen wird. Nach § 1 I GebrMG in der neuen Fassung werden als Gebrauchsmuster Erfindungen - die alte Fassung bezog sich noch auf Gegenstände - geschützt, die neu sind, auf erfinderischem Schritt beruhen und gewerblich verwendbar sind. Damit ist die **Möglichkeit des Gebrauchsmusterschutzes ausgedehnt** worden; denn bisher war die Eintragungsfähigkeit für Neuerungen an Arbeitsgerätschaften, Gebrauchsgegenstände oder Teile davon gebunden. Anders ausgedrückt, es war eine Raumform erforderlich, d.h. Erfindung von konkreten Gegenständen. Diese Schutzvoraussetzungen müssen allerdings noch von solchen Gebrauchsmustern erfüllt sein, die vor dem 1.7.1990 eingetragen worden sind. Andernfalls können sie gelöscht werden (vgl. hierzu und zum folgenden Tronser 1991).

Durch den **Wegfall des Raumerfordernisses** sind nun auch Anlagen und Anordnungen gebrauchsmusterfähig, wie z.B. Müllverbrennungs- und -verwertungsanlagen, Fertigungs- und Montagezellen oder Förderanlagen. Ebenfalls sind dem Gebrauchsmusterschutz jetzt Nahrungs-, Genuß- und Arzneimittel zugänglich, genauso Stoffe ohne festen Inhalt, womit ein Stoff (Festkörperstoff, Flüssigkeit, Gas) gemeint ist, dessen Verwendung als Gebrauchsgegenstand noch nicht festgelegt ist.

Wie bisher bleiben jedoch **Verfahren**, wie z.B. Arbeits- und Herstellungsverfahren, Verwendungserfindungen und Gebrauchsanweisungen, vom Gebrauchsmusterschutz **ausgeschlossen**. Gleichwohl ist darauf hinzuweisen, daß über den Gebrauchsmustererzeugnisschutz ein Verfahren, das regelmäßig zu demselben Erzeugnis führt, mittelbar geschützt ist.

Wie das Patentrecht fordert auch das Gebrauchsmusterrecht als Voraussetzung der Schutzfähigkeit wiederum **Neuheit** der zu schützenden Erfindung. Als neu gilt die Erfindung eines Gebrauchsmusters - wie im Patentgesetz , wenn sie nicht zum Stand der Technik gehört. Allerdings braucht hier die Verschiedenheit vom bisher Bekannten nicht groß zu sein. Sie muß lediglich irgendwie wahrnehmbar sein (vgl. Hubmann 1988, S. 98). Neuheitsschädlich ist überdies im Unterschied zum Patentrecht lediglich das, was vor dem für den Zeitrang der Anmeldung maßgeblichen Tag durch schriftliche Beschreibung oder eine im Inland erfolgte Benutzung der Öffentlichkeit zugänglich gemacht wurde (§ 3 I GebrMG). Für Gebrauchsmuster ist somit die relative

Neuheit ausschlaggebend; denn offenkundige Vorbenutzungen im Ausland sowie öffentliche mündliche Beschreibungen im In- und Ausland bleiben unberücksichtigt und sind nicht neuheitsschädlich (vgl. Gramm 1985, S. 650).

Im Unterschied zur Erlangung eines Patents ist die eigene Veröffentlichung einer Erfindung, die dem Gebrauchsmusterschutz zugänglich gemacht werden soll, nicht gleich neuheitsschädlich. Vielmehr besteht eine **sechsmonatige Neuheitsschonfrist**, in der ein Hersteller z.B. den Markterfolg eines neuen Produktes testen kann, bevor er seine Erfindung als Gebrauchsmuster anmeldet (§ 3 I S. 3 GebrMG).

Geringer als im Patentrecht sind im Gebrauchsmusterrecht ferner die Anforderungen an die **Erfindungshöhe**, aus der die zu schützende Leistung hervorgegangen sein muß. Während das Patentgesetz eine "erfinderische Tätigkeit" fordert, verlangt das Gebrauchsmustergesetz lediglich einen "erfinderischen Schritt" (§ 1 I GebrMG). Dennoch gilt auch hier der Grundsatz, daß sich die zu schützende Leistung für einen Durchschnittsfachmann nicht in naheliegender Weise aus dem Stand der Technik ergeben darf (vgl. Nielsen 1982, S. 80).

Zur Realisierung des Gebrauchsmusterschutzes ist analog der Erlangung eines Patentes eine schriftliche **Anmeldung beim Patentamt** vorzunehmen (§ 4 GebrMG). Der Gebrauchsmusterschutz entsteht mit dem Tag der **Eintragung in die Gebrauchsmusterrolle**. Anders als beim Patent werden hier nur die formellen, nicht aber die materiellen Schutzvoraussetzungen wie Neuheit und Erfindungshöhe geprüft. Dies bedeutet, daß das Gebrauchsmuster lediglich ein "Scheinrecht" ist, dessen tatsächlicher Wert sich erst in einem Streitfall zeigt. Um den Wert eines Gebrauchsmusters zu sichern, hat der Erfinder in eigener Verantwortung dafür zu sorgen, daß die materiellen Schutzvoraussetzungen erfüllt werden und daß mit den Anmeldeunterlagen sorgfältig diejenigen Schutzansprüche formuliert werden, die er aus seinem Gebrauchsmuster ableitet (vgl. Tronser 1994, S. 1815 f.).

Bei Gebrauchsmustern fallen im Unterschied zu Patenten keine jährlichen **Gebühren** an. Statt dessen sind für die Eintragung in die Gebrauchsmusterrolle und für die erste Laufzeit von drei Jahren 50 DM sowie für maximal drei Verlängerungen um drei, zwei und noch einmal zwei Jahre Gebühren in Höhe von 350 DM, 600 DM und 900 DM zu entrichten, also maximal 1.900 DM.

Durch das **Produktpirateriegesetz** ergeben sich für Gebrauchsmuster dieselben chancenerhaltenden Wirkungen, wie sie bereits für Patente aufgezeigt wurden. Es gibt die Möglichkeit der Vernichtung von Erzeugnissen, die Gegenstand des Gebrauchsmusters sind, sowie von Produktionsanlagen, auf denen diese Erzeugnisse hergestellt wurden, soweit diese Eigentum des Schutzrechtsverletzers sind (§ 24a GebrMG). Daneben bestehen die Pflicht zur Auskunft über die Warenherkunft (§ 24b GebrMG) sowie die Möglichkeit zur Beschlagnahme von Piraterie-Waren durch die Zollbehörden (§ 25a GebrMG). Hinsichtlich der strafrechtlichen Bestimmungen gelten dieselben Änderungen bzw. Neuerungen wie für Patente (§ 25 GebrMG). Mit dem Produktpirateriegesetz ist schließlich die höchstmögliche Schutzdauer von acht auf zehn Jahre verlängert worden (§ 23 II S. 1 GebrMG n.F.).

(2) Ergänzender Gebrauchsmusterschutz bei Patentanmeldungen

Das Gebrauchsmusterrecht kann das Patentrecht unter bestimmten Voraussetzungen sinnvoll ergänzen. Betrachtet man die verschiedenen Phasen von der Patentanmeldung bis zur Patenterteilung, in denen ein Antrag zur Prüfung des Patentes (§ 44 PatG) gestellt werden kann, so zeigt sich, daß der Schutzumfang erst nach Erteilung des Patentes vollumfänglich wirkt:

(a) Stadium nicht offengelegter Patentanmeldungen für den Zeitraum von 18 Monaten zwischen Anmeldung und Ausgabe der Offenlegungsschrift: Innerhalb dieser Zeitspanne ist der Gegenstand einer Patentanmeldung **vollkommen ungeschützt**. Gegenüber Dritten, die eine zum Patent angemeldete Erfindung in dieser Zeit vermarkten, besteht keine rechtliche Handhabe.

(b) Stadium offengelegter Anmeldungen, aber noch nicht erteilter Patente: Innerhalb dieser Zeitspanne genießt der Gegenstand dieser Patentanmeldung lediglich **einstweiligen Schutz**. Gegenüber Dritten besteht ein Anspruch auf angemessene Entschädigung.

(c) Stadium nach Patenterteilung bis zum Erlöschen des Patentes: Innerhalb dieses Zeitraums besteht **vollumfänglicher Patentschutz**.

Das Stadium (b) einer Patentanmeldung kann übersprungen werden, wenn ein Prüfungsantrag binnen der 18-monatigen Offenlegungsfrist gestellt wird und es vor Ablauf dieser Frist bereits zur Patenterteilung kommt. Stadium (a) dagegen läßt sich allenfalls verkürzen. Je nach Dauer des amtlichen Patentprüfungsverfahrens, auf das der Anmelder nur begrenzten Einfluß hat, bleibt in jedem Fall ein mehr oder weniger langer Zeitraum, in dem der Gegenstand der Patentanmeldung ungeschützt ist.

Diese **Schutzlücke des patentfreien Zeitraums** läßt sich mit Hilfe des Gebrauchsmusterrechtes überbrücken. Das Gebrauchsmusterrecht bietet einen die Patentanmeldung flankierenden Schutz über die Möglichkeit der **Abzweigung**. Hat der Anmelder für denselben Gegenstand bereits früher ein Patent nachgesucht, so kann er mit der Gebrauchsmusteranmeldung die Erklärung abgeben, daß hierfür der für die Patentanmeldung maßgebende Anmeldetag in Anspruch genommen wird (§ 5 GebrMG). Da die Gebrauchsmustereintragung aufgrund des Fehlens eines materiellen Prüfungsverfahrens in der Regel schneller erfolgt als die Erteilung bzw. Offenlegung eines Patentes bzw. einer Patentanmeldung, erhält die Erfindung in weiten Teilen des patentfreien Zeitraums zumindest einen Gebrauchsmusterschutz. Erfolgt dagegen zuerst die Anmeldung zum Gebrauchsmuster und will der Erfinder für denselben Gegenstand ein Patent anmelden, dann ist darauf zu achten, daß der Erfinder mit der Patentanmeldung nicht so lange wartet, bis die Gebrauchsmusterunterlagen vom Patentamt öffentlich ausgelegt worden sind. Mit dieser Veröffentlichung könnte das für ein Patent notwendige Kriterium der Neuheit nicht mehr erfüllt werden (vgl. Hubmann 1988, S. 135).

Des weiteren kann der Erfinder eine **Priorität für das Patent** beanspruchen (§ 6 GebrMG). Dies bedeutet, daß bei Vorliegen der materiellen Schutzvoraussetzungen der Gegenstand in den Genuß des Patentschutzes gelangt, der einen weiteren Umfang als das Gebrauchsmuster aufweist.

2.3.2.3 Der Halbleiterschutz

Am 16.12.1986 wurde die EG-Richtlinie über den Rechtsschutz der Topographie von Halbleitererzeugnissen verabschiedet. Ziel dieses Vorhabens ist der Schutz integrierter Halbleiterschaltkreise vor unerlaubter Nachbildung, insbesondere vor dem Hintergrund, daß stetig verbesserte Kopiertechniken nur sehr geringe Kopierkosten verursachen. Die Umsetzung der EG-Richtlinie in nationales Recht führte zum "Gesetz über den Schutz von Topographien von mikroelektronischen Halbleitererzeugnissen (Halbleiterschutzgesetz)", das am 22.10.1987 in Kraft getreten ist und das die bisherigen Sonderschutzrechte auf technischem Gebiet - Patent- und Gebrauchsmusterschutz - erweitert.

Schutzgegenstände des Halbleiterschutzgesetzes sind dreidimensionale Strukturen von mikroelektronischen Halbleitererzeugnissen, selbständig verwertbare Teile, wie z.B. gate-arrays, sowie Darstellungen zur Herstellung von Topographien, wie z.B. Masken und Steuerbänder (§ 1 I, alle folgenden Angaben von Rechtsnormen beziehen sich auf das Halbleiterschutzgesetz).

Materielle Voraussetzung für den Halbleiterschutz ist die Eigenart der Topographie, die darin besteht, daß sie nicht alltäglich ist und daß sie als Ergebnis geistiger Arbeit und nicht durch die bloße Nachbildung einer anderen Topographie hergestellt wurde (§ 1 II). Die Topographie muß keine persönlichen oder das Können des Durchschnittsfachmanns überschreitende Merkmale aufweisen (vgl. Dreier 1987, S. 657).

Der **Halbleiterschutz entsteht** entweder an dem Tag der ersten nicht nur vertraulichen geschäftlichen Verwertung der Topographie, wenn sie innerhalb von zwei Jahren nach dieser Verwertung beim Patentamt angemeldet wird, oder an dem Tag, an dem sie beim Patentamt angemeldet wird, wenn sie zuvor noch nicht oder nur vertraulich geschäftlich verwertet worden ist (§ 5 I). Die Topographie ist schriftlich beim Patentamt anzumelden (§ 3 I); u.a. sind Unterlagen zur Identifizierung oder Veranschaulichung der Topographie oder eine Kombination davon beizufügen (§ 3 II Ziff. 2).

Die **Dauer des Schutzes** endet - aus Vereinfachungsgründen - mit Ablauf des zehnten Kalenderjahres nach dem Jahr des Schutzbeginns (§ 5 III).

Im übrigen weist das Halbleiterschutzgesetz, vor allem was die Anmeldung (§ 3), Eintragung, Bekanntmachung, Änderungen (§ 4), Löschungsanspruch, Löschungsverfahren (§ 8) und Schutzverletzung (§ 9) anbelangt, eine enge Verwandtschaft mit dem Gebrauchsmustergesetz auf.

In bezug auf die Schutzwirkungen gilt folgendes. Allein der Inhaber des Schutzrechtes hat die **Befugnis**, die geschützte Topographie zu verwerten. Dritte dürfen sie ohne seine Zustimmung nicht nachbilden oder diese bzw. das sie enthaltende Halbleitererzeugnis anbieten, in den Verkehr bringen oder verbreiten oder zu den genannten Zwecken einführen (§ 6 I). Allerdings enthält das Verbietungsrecht einige wesentliche Einschränkungen (vgl. hierzu auch Dreier 1987, S. 658 ff.). Der berechtigte Erwerb, Besitz, Gebrauch oder die berechtigte Benutzung des Schutzgegenstandes - selbst zu eigenen geschäftlichen Zwecken - bedürfen nicht der Zustimmung des Schutzrechtsinhabers.

Ebenfalls nicht unzulässig ist das sogenannte "Reverse engineering", bei dem eine geschützte Topographie kopiert, ihre Funktionsweise analysiert und für eine eigene, zweite Topographie verwendet werden, sofern diese dann selbst eine Eigenart i.s.v. § 1 II aufweist (§ 6 II Ziff. 3).

Die bereits angesprochene Nähe des Halbleiterschutzgesetzes zum Gebrauchsmustergesetz findet sich auch im **Produktpiraterigesetz** wieder. Wörtlich heißt es in § 9 II des Halbleiterschutzgesetzes: "Die Vorschriften des Gebrauchsmustergesetzes über den Anspruch auf Vernichtung (§ 24a GebrMG), über den Anspruch auf Auskunft hinsichtlich Dritter (§ 24b GebrMG) und über Maßnahmen der Zollbehörde (§ 25a GebrMG) sind entsprechend anzuwenden". Gleiches gilt für die strafrechtlichen Bestimmungen.

2.3.2.4 Der Geschmacksmusterschutz

Schutzgegenstand des Geschmacksmusterrechtes sind ästhetisch wirkende, gewerbliche Muster und Modelle, die neu und eigentümlich sind (§ 1 II GeschmMG). Die Forderung nach ästhetischem Gehalt erfüllt ein Muster bzw. Modell stets dann, wenn es über die visuelle Wahrnehmung auf den Formen- oder Farbensinn des Menschen wirkt. Der Terminus "Geschmacksmuster" darf nicht dahingehend mißverstanden werden, daß ein Muster den Geschmackssinn ansprechen müsse. Maßgeblich ist allein die Ansprache des Schönheitssinns, und zwar unabhängig davon, ob damit positive oder negative Wirkungen bei einem Individuum erzielt werden (vgl. Hubmann 1988, S. 193 f.).

Wesentliche materielle Schutzvoraussetzungen sind Neuheit und Eigentümlichkeit eines Musters. Das Kriterium der **Neuheit** erfüllt ein Muster dann, wenn es in inländischen Fachkreisen weder hinlänglich bekannt ist noch bei zumutbarer Beobachtung der auf den einschlägigen oder benachbarten Gewerbegebieten vorhandenen Gestaltungen hätte bekannt sein können (vgl. Brouër/Bockmair 1988, S. 11).

Mit der Novellierung des GeschmMG im Jahre 1986 ist eine **Neuheitsschonfrist** eingeführt worden (§ 7a GeschmMG). Dieses Instrument erlaubt es, neue Muster und Modelle noch vor der Anmeldung im Markt einzuführen, um dann - ohne gegen das Erfordernis der Neuheit zu verstoßen - nur die erfolgversprechenden Muster und Modelle spätestens sechs Monate nach der Veröffentlichung im Markt als Geschmacksmuster anzumelden. Durch die Neuheitsschonfrist lassen sich die Anmeldekosten senken; denn wenig erfolgversprechende Muster und Modelle werden erst gar nicht zum Geschmacksmuster angemeldet. Hiervon profitieren hauptsächlich die Schöpfer umfangreicher Kollektionen (vgl. Eichmann 1989, S. 17 f.).

Die Voraussetzung der **Eigentümlichkeit** ist dann gegeben, wenn das Muster aufgrund überdurchschnittlicher gestalterischer Begabung entstand, somit also Ergebnis besonderer individueller Fähigkeiten ist. Alles, was der Durchschnittsmensch gestalterisch hervorbringen kann bzw. könnte, ist nicht schutzfähig (vgl. Brouër/Bockmair 1988, S. 11).

Liegen diese Voraussetzungen vor, dann erlangt der Urheber eines Musters oder Modells **mit der Anmeldung** zur Eintragung in das zentral geführte Musterregister beim Patentamt den **Schutz vor Nachahmung** (§ 7 I GeschmMG). Eine Prüfung der Neuheit findet nicht statt. Der Antrag hat schriftlich zu erfolgen und muß eine photographische oder sonstige graphische Darstellung des Musters oder Modells enthalten (§ 7 III GeschmMG). Hierdurch erübrigt sich die Niederlegung eines Unikates des Musters oder Modells, wie es bis zum Inkrafttreten des § 7 III GeschmMG am 1.7.1988 erforderlich war; gleichwohl ist in einigen Ausnahmefällen auch weiterhin die Hinterlegung des Originals anstelle einer bildlichen Darstellung möglich (Näheres hierzu vgl. Kelbel 1987, S. 143 ff.).

Eine weitere Möglichkeit, Kosten zu sparen, besteht in der **Sammelanmeldung**. Bis zu max. 50 Muster oder Modelle, die derselben Warenklasse angehören müssen, können in einer solchen Sammelanmeldung - früher Pakethinterlegung - zusammengefaßt werden (§ 7 IX GeschmMG). Je mehr Muster oder Modelle unter diesen Voraussetzungen angemeldet werden, um so größer ist die Gebühreneinsparung (vgl. Kelbel 1989, S. 639).

Das Patentamt macht die Eintragung der Anmeldung in das Musterregister nebst Abbildung der Darstellung des Musters oder Modells durch eine einmalige **Veröffentlichung im Geschmacksmusterblatt** bekannt (§ 8 II GeschmMG). Die Bekanntmachung der bildlichen Darstellung kann auf Antrag des Urhebers um 18 Monate aufgeschoben werden, wodurch sich die Bekanntmachung auf die Eintragung der Anmeldung im Musterregister beschränkt (§ 8b I S. 1 GeschmMG); in diesem Fall endet der Schutz mit dem Ende der Aufschiebungsfrist (§ 8b I S. 2 GeschmMG). Durch diese Regelung wurde die bis dahin bestehende Möglichkeit einer versiegelten Hinterlegung ersetzt; gleichzeitig wird dem Urheber mit der Aufschiebungsregelung in bezug auf die Bildveröffentlichung die Möglichkeit gegeben, die Muster und Modelle unter bereits bestehendem Schutz am Markt zu testen und - auch unter Kostenaspekten - nur diejenigen durch eine Bildveröffentlichung bekanntmachen zu lassen, die sich als Markterfolg erwiesen haben oder von denen ein solcher Erfolg erwartet wird. Erst mit der Bildbekanntmachung wird der für Geschmacksmuster übliche Schutzzeitraum von fünf Jahren erreicht, beginnend mit dem Tag, der auf die Anmeldung folgt (§ 9 I GeschmMG); eine Verlängerung des Schutzes um jeweils fünf Jahre oder ein Mehrfaches davon bis auf höchstens zwanzig Jahre ist möglich (§ 9 II GeschmMG).

Gebühren sind für die Anmeldung, die Bekanntmachung und für die Verlängerung von Geschmacksmustern zu entrichten. Die Höhe der Anmeldegebühren ist davon abhängig, ob eine Einzelanmeldung (100 DM) oder eine Sammelanmeldung (10 DM je Muster oder Modell, mindestens jedoch 100 DM) vorgenommen wird. Die Kosten der Bekanntmachung hängen von der Art der jeweiligen Darstellung ab. Für maximal drei Verlängerungen im Abstand von fünf Jahren fallen steigende Gebühren von 150 DM, 200 DM und schließlich 300 DM an (vgl. ausführlich Scheer 1992, S. 203 f.).

Abschließend ist darauf hinzuweisen, daß das **negative Verbietungsrecht** (§ 1 I GeschmMG) im Vergleich zu jenem bei Patenten und Gebrauchsmustern **erheblich eingeschränkt** ist. Erstens greift es grundsätzlich nicht gegen einen unabhängigen, selbständig schaffenden Urheber eines identischen Musters. Der Schöpfer eines identischen Musters kann durchaus ein identisches Schutzrecht wirksam begründen. Zweitens ist die Benutzung einzelner Motive eines Musters bzw. Modells zur Herstellung eines neuen Musters bzw. Modells nicht als Nachbildung anzusehen, daher also zulässig (§ 4 GeschmMG).

Die nicht genehmigte Nachbildung von Geschmacksmustern führt nach dem **Produktpirateriegesetz** zu denselben strafrechtlichen Konsequenzen, die auch bei technischen Schutzrechten gelten. Was den Anspruch auf Vernichtung und ähnliche Maßnahmen, den Anspruch auf Auskunft Dritter sowie Maßnahmen der Zollbehörde anbelangt, so verweist § 14a III GeschmMG auf die Vorschriften des Urheberrechtsgesetzes (§§ 98-111a UrhG).

2.3.2.5 Der Kennzeichenschutz

Neben den technischen und ästhetischen Produkteigenschaften lassen sich auch kennzeichnende, d.h. das Produkt individualisierende Eigenschaften durch gewerbliche Schutzrechte absichern. Darüber hinaus sind auch geschäftliche Bezeichnungen, wie z.B. Unternehmenskennzeichen, dem Sonderschutzrecht zugänglich. An dieser Stelle werden die Grundzüge des Kennzeichenrechtes dargestellt, soweit sie das Markengesetz (1), den Schutz berühmter Marken (2) und die Gemeinschaftsmarke in den Mitgliedstaaten der Europäischen Union (3) betreffen.

2.3.2.5.1 Der Schutz durch das Markengesetz

Das in einigen Bestimmungen am 1.11.1994 und im übrigen am 1.1.1995 in Kraft getretene Gesetz über den Schutz von Marken und sonstigen Kennzeichen (Markengesetz - MarkenG) verfolgt **zwei Ziele**. Erstens kommt es der Vorgabe nach, die am 21.12.1988 verabschiedete Richtlinie 89/104/EWG des Rates zur Angleichung der Rechtsvorschriften der Mitgliedstaaten über die Marken - kurz EG-Markenrichtlinie - in nationales Recht umzusetzen. Zweitens ist das Markengesetz das Ergebnis einer schon länger geforderten Reform des Warenzeichengesetzes (vgl. Meister 1990, S. 525, von Gamm 1994, S. 776).

Das Markengesetz faßt die bisher in **verschiedenen Rechtsquellen** (z.B. Warenzeichengesetz, UWG) ziemlich unübersichtlich angesiedelten Regelungen des Kennzeichenschutzes für Waren- und Dienstleistungszeichen, geschäftliche Bezeichnungen (Unternehmenskennzeichen und Werktitel) sowie geographische Herkunftsangaben in einem einheitlichen Gesetz zusammen.

Mit dem Markengesetz ist eine **Reihe von Änderungen und Neuerungen** verbunden. Da sich die Vorschriften des Markengesetzes an den Regelungen der Europäischen Markenrechts-Richtlinie auszurichten hatten, kann bei der Interpretation der Begriffe dieses Regelwerks nicht ohne weiteres auf die einschlägige deutsche Rechtsprechung zurückgegriffen werden (vgl. Sack 1995, S. 81). Soweit die Begriffe des Markengesetzes von denen des bisherigen deutschen Markenrechts abweichen, ist im Sinne einer richtlinienkonformen Auslegung zu prüfen, ob sie unterschiedlichen oder gleichen Inhalts sind. Die Zäsur im deutschen Markenrecht kann aber nicht bedeuten, "daß nunmehr das gesamte bisherige Markenrecht und die hierzu in Jahrzehnten entwickelte Lehre und Rechtsprechung obsolet geworden wären nach dem bekannten Motto aus dem 'Freischütz': 'Schmeißt doch das Scheusal in die Wolfsschlucht.'" (von Gamm 1993, S. 798) Daher beziehen die folgenden Ausführungen bei der Erläuterung des Markengesetzes auch die bislang zu dem Warenzeichenrecht ergangene Rechtsprechung mit ein, soweit davon ausgegangen werden darf, daß sie auch für die Auslegung des Markengesetzes maßgeblich ist.

Schutzgegenstand des Markengesetzes sind Marken (Waren und Dienstleistungen), geschäftliche Bezeichnungen (Unternehmenskennzeichen und Werktitel) sowie geographische Herkunftsangaben (§ 1 MarkenG; die in *Kap. 2.3.2.5.1* zitierten Paragraphen beziehen sich, sofern nicht anders angegeben, auf das Markengesetz). Die Anwendung anderer Vorschriften zum Schutz dieser Kennzeichen wird durch das Markengesetz nicht ausgeschlossen (§ 2).

(1) Der Markenschutz

Im Vergleich zum Warenzeichengesetz hat das Markengesetz den Katalog der grundsätzlich **schutzfähigen Zeichenformen** erheblich erweitert. Erstmals werden schutzfähige Zeichen nicht nur negativ abgegrenzt, sondern positiv aufgeführt, nämlich "Personennamen, Abbildungen, Buchstaben, Zahlen, Hörzeichen, dreidimensionale Gestaltungen einschließlich der Form einer Ware oder ihrer Verpackung sowie sonstige Aufmachungen einschließlich Farben und Farbzusammenstellungen" (§ 3 I 1. Halbsatz).

Wie bislang das Warenzeichengesetz fordert auch das Markengesetz, daß ein Zeichen, für das Markenschutz verlangt wird, **Unterscheidungskraft** besitzen muß. Das Zeichen muß geeignet sein, die mit ihm versehenen Waren oder Dienstleistungen aus ihrer Anonymität heraustreten zu lassen und diese als aus einem bestimmten Geschäftsbetrieb stammend zu kennzeichnen, also "Waren oder Dienstleistungen eines Unternehmens von denjenigen anderer Unternehmen zu unterscheiden" (§ 3 I 2. Halbsatz). Dieses Kriterium steht in engem Zusammenhang mit dem originären Schutzgut des Zeichenrechts, das nicht das Zeichen als solches schützen will, sondern seine Unterscheidungs- und die sich darauf gründende Herkunftsfunktion. Keine Unterscheidungskraft haben nach der Rechtsprechung zum Warenzeichengesetz z.B. die Bezeichnungen "Paletti" für feine Backwaren, "Ökostein" für Bodenplatten, "Oceanline" für Sportartikel und "Eminent" für Koffer, Aktentaschen und Kosmetikkoffer (vgl. Heil 1991). Welche konkreten Zeichen aus dem obengenannten Katalog tatsächlich zur Individualisierung einer Ware oder Dienstleistung geeignet sind, wird vielfach erst die künftige Rechtsprechung zeigen (vgl. Meister 1995, S. 366).

Als weiteres Kriterium wird die **Selbständigkeit** eines Zeichens gefordert. Das Zeichen muß eine selbständige geistige Leistung neben der Ware als solcher verkörpern und darf nicht die Ware selbst ausmachen. So heißt es in § 3 II: "Dem Schutz der Marke nicht zugänglich sind Zeichen, die ausschließlich aus einer Form bestehen,
1. die durch die Art der Ware selbst bedingt ist,
2. die zur Erreichung einer technischen Wirkung erforderlich ist oder
3. die der Ware einen wesentlichen Wert verleiht."

Der **Schutz von Marken** kann auf **drei Wegen** entstehen: durch die Eintragung in das beim Patentamt geführte Markenregister, durch Benutzung und Erlangung von Verkehrsgeltung - dies entspricht dem Ausstattungsschutz nach dem Warenzeichengesetz - und durch notorische Bekanntheit einer Marke (§ 4).

Mit dem förmlichen Akt der Eintragung in das Markenregister wird für Dritte erkennbar, daß ein Markenschutz beantragt bzw. vorhanden ist. Insoweit wirkt der Markenschutz präventiv. Dies ist bei den beiden anderen Wegen des Markenschutzes nicht der Fall. Sowohl der Schutz durch Benutzung und Erlangung von Verkehrsgeltung - siehe unter Punkt (b) - als auch der Schutz durch notorische Bekanntheit einer Marke - siehe unter Punkt (c) - sind an bestimmte Umstände des Einzelfalles gebunden, deren Vorhandensein im Zweifelsfall erst Gerichte bestätigen werden. Ein solcher Schutz wirkt insoweit nur reaktiv. Erst wenn die Rechtsprechung einem Kennzeichen die entsprechende Verkehrsgeltung oder die notorische Bekanntheit zugebilligt haben, können hiervon präventive Schutzwirkungen ausgehen.

Unabhängig von der Art, wie ein Schutzrecht entsteht, gilt das **Grundprinzip der Priorität** (Vorrang, Zeitrang). Dies bedeutet, daß ältere Kennzeichenrechte Schutz vor jüngeren Zeichen genießen, sofern diese miteinander kollidieren. Der Inhaber des prioritätsälteren Zeichen kann dem Inhaber des prioritätsjüngeren Rechts die Benutzung des Zeichens verbieten. Priorität besitzt damit den Charakter einer Vorfahrtsregel im Kennzeichenschutz und hat vor allem in bezug auf die ökonomische Verwertbarkeit eines Zeichens eine weitreichende Bedeutung (vgl. Giefers 1995, S. 31 ff., von Wahlert 1994, S. 1754).

(a) Der Markenschutz durch Eintragung in das Markenregister

Anders als bislang beim Warenzeichengesetz ist die Eintragung von Marken **nicht mehr** an das Vorhandensein eines **Benutzungswillens** und eines **Gewerbebetriebs** gebunden. Mit dem Wegfall dieser Voraussetzungen eröffnet sich die Frage nach Spekulationsmarken. Denn es wird nun auch allen Privatleuten - "z.B. auch einer Hausfrau oder einem Studenten - künftig grundsätzlich möglich sein, sich Warenzeichen eintragen zu lassen" (Füllkrug 1994, S. 679), aus denen sie dann Rechte gegen Dritte ableiten könnten, ohne selbst am Wettbewerb teilzunehmen. Trotz dieser naheliegenden Vermutung darf davon ausgegangen werden, daß ein potentieller Markeninhaber mindestens einen **kaufmännischen, d.h. gewerblichen Bezug** haben muß (so auch Meister 1995, S. 366). Dies ergibt sich daraus, daß die Markenfunktionen mit der Anmeldung konkretisiert werden müssen. Der Anmelder muß, um nicht bösgläubig nach § 50 I Nr. 4 zu handeln, bestimmte Bezüge zu der Ware bzw. Dienstleistung, die durch seine Marke gekennzeichnet werden soll, und zu der Herkunfts-, der Qualitäts- und der Werbefunktion aufweisen: wirtschaftliche Kontrolle oder Einflußmöglichkeit auf die Herkunft der Ware bzw. Dienstleistung, Kontrolle der Qualität der Einsatzfaktoren zur Herstellung der Ware bzw. zur Erbringung der Dienstleistung und Werbung für das Qualitäts- und Herkunftsbild einer bestimmten Ware bzw. Dienstleistung (vgl. Füllkrug 1994, S. 687). Insoweit ist die Gefahr von Spekulationsmarken zu verneinen.

Der Eintragung in das Markenregister stehen absolute und relative Eintragungshindernisse entgegen. Die **absoluten Eintragungshindernisse** des Markengesetzes entsprechen weitgehend denen des Warenzeichengesetzes, abgesehen von einigen sprachlichen Unterschieden, die sich inhaltlich aber nicht auswirken dürften (vgl. von Gamm 1994, S. 780). Von der Eintragung ausgeschlossen sind nach § 8 II z.B. Marken,

- denen für die Waren und Dienstleistungen jegliche Unterscheidungskraft fehlt,
- die ausschließlich aus Zeichen oder Angaben bestehen, die im Verkehr zur Bezeichnung der Art, der Beschaffenheit, der Menge, der Bestimmung, des Wertes, der geographischen Herkunft, der Zeit der Herstellung der Waren oder der Erbringung der Dienstleistungen oder zur Bezeichnung sonstiger Merkmale der Waren oder Dienstleistungen dienen,
- die ausschließlich aus Zeichen oder Angaben bestehen, die im allgemeinen Sprachgebrauch oder in Verkehrsgepflogenheiten zur Bezeichnung der Waren oder Dienstleistungen üblich geworden sind,
- die geeignet sind, das Publikum insbesondere über die Art, die Beschaffenheit oder die geographische Herkunft der Waren oder Dienstleistungen zu täuschen,
- die gegen die öffentliche Ordnung oder gegen die guten Sitten verstoßen,
- die Staatswappen, Staatsflaggen, andere Hoheitszeichen etc. enthalten und
- die amtliche Prüf- und Gewährzeichen enthalten.

Von besonderem Interesse werden künftig die **relativen Eintragungshindernisse** sein, die sich aus der Existenz fremder, prioritätsälterer Schutzrechte ergeben. Relative Eintragungshindernisse sind zunächst nach § 9 I

- früher angemeldete oder eingetragene identische Marken für identische Waren oder Dienstleistungen (Nr. 1),
- früher angemeldete oder eingetragene identische oder ähnliche Marken für identische Waren oder Dienstleistungen, bei denen die Gefahr von Verwechslungen besteht, einschließlich der Gefahr, daß Marken gedanklich miteinander in Verbindung gebracht werden (Nr. 2),
- sowie auch solche früher angemeldete oder eingetragene identische oder ähnliche Marken, die zwar nicht ähnliche Waren oder Dienstleistungen umfassen, aber im Inland bekannt sind und deren Benutzung ihre Unterscheidungskraft oder ihre Wertschätzung ohne rechtfertigenden Grund in unlauterer Weise ausnutzen oder beeinträchtigen würde (Nr. 3).

In den ersten beiden Fällen sind es **Identische oder ähnliche Waren oder Dienstleistungen**, die zu einer Löschung der Eintragung führen können. Inwieweit der Begriff der Ähnlichkeit mit dem aus der Rechtsprechung zum Warenzeichengesetz eingeführten Begriff der Gleichartigkeit übereinstimmt, ist noch offen (vgl. Kliems 1995, von Wahlert 1994, S. 1761 ff.).

Im dritten Fall wird der **Schutzumfang über die Ähnlichkeit von Waren oder Dienstleistungen hinaus** ausgedehnt, sofern es sich um bekannte Marken handelt, die durch bestimmte Handlungen geschädigt würden. Den in § 9 I Nr. 3 angesprochenen Handlungen, die einen Grund zur Löschung bieten, konnte bislang nur mit einem wettbewerbsrechtlichen Anspruch, insbesondere auf der Grundlage von § 1 UWG, begegnet werden (vgl. Meister 1995, S. 370, von Gamm 1994, S. 780). Der kennzeichenrechtliche Schutz ist also neu. Zu den Handlungen, die eine Löschung rechtfertigen, gehören die Rufausbeutung, die Beeinträchtigung der Wertschätzung sowie die Beeinträchtigung der Unterscheidungskraft (Verwässerungsgefahr). Im folgenden werden hierzu einige Beispiele genannt (vgl. ausführlich Sack 1995, S. 82 ff.).

Die **Rufausbeutung einer bekannten Marke** ist zum einen gegeben, wenn die fremde Marke Güte-, Qualitäts- und Prestigevorstellungen der relevanten Verkehrskreise ausnutzt. Die Rechtsprechung bejahte einen solchen Verstoß z.B. bei der Anmeldung der Whiskymarke "Dimple" für Herrenkosmetik, der Weinbrandmarke "Asbach" für ein Landbrot aus Unterasbach mit der Marke "Asbacher Landbrot" und der Fotoartikelmarke "Kodak" für Fahrräder, Feuerzeuge und Zigarren. Rufausbeutung liegt auch vor, wenn eine fremde Marke den Aufmerksamkeitswert der bekannten Marke ausnutzt, wie dies etwa der BGH in seiner "Mars"-Entscheidung gegen den Geschenkartikelhersteller "Harlekin" festgestellt hat. Harlekin hatte auf dem Deckel einer streichholzbriefähnlichen Verpackung unter Verwendung des bekannten Logos den Text "Mars macht mobil" und auf der Innenseite, die beim Aufklappen des Deckels sichtbar wurde, die Worte "bei Sex-Sport und Spiel" angebracht. In der Verpackung befand sich ein Kondom (vgl. zur Markenverunglimpfung auch Deutsch 1995).

Die **Beeinträchtigung der Wertschätzung einer bekannten Marke** wird angenommen, falls die fremden Marken qualitativ schlechtere Produkte kennzeichnen, wie etwa die bekannte Zigarettenmarke "Players" für minderwertiges Gebäck und die bekannte Tabakmarke "Dunhill" für minderwertige Sonnenbrillen und Brillengestelle. Des weiteren liegt eine Beeinträchtigung der Wertschätzung vor, sofern die relevanten Verkehrskreise mit den Waren oder Dienstleistungen der fremden Marke Anmutungen assoziieren, die mit den Waren oder Dienstleistungen der bekannten Marke nicht kompatibel sind. Dies ist z.B. der Fall, wenn die Verbraucher mit der bekannten Whiskymarke "Dimple" einen seifigen Beigeschmack verbinden, weil sie unter derselben Marke "Putzmittel" angeboten sehen.

Mit der **Beeinträchtigung der Unterscheidungskraft**, d.h. der **Verwässerungsgefahr bekannter Marken** ist das Kennzeichenrecht ausgedehnt worden. Denn Schutz vor Verwässerungsgefahr genossen bislang nur berühmte Marken - hierauf wird weiter unten in *Kap. 2.3.2.5.2* eingegangen. Eine Rechtsprechung zum Schutz bekannter Marken vor Verwässerung liegt bislang nicht vor. Anhaltspunkte für Kriterien, die im Streitfall heranzuziehen sind, liefert die Rechtsprechung zum Schutz berühmter Marken. Nach Sack (1995, S. 85) sind die gesamten Umstände des Einzelfalls entscheidend, ob eine Marke Schutz vor Verwässerungsgefahr nach § 9 I Nr. 3 MarkenG verdient. Dabei sollen vor allem folgende Kriterien berücksichtigt werden:

- der Bekanntheitsgrad der Marke,
- ihre Alleinstellung,
- ihre Unterscheidungskraft und Originalität,
- ihr Werbewert,

- ihre Wertschätzung,
- die Branchennähe der Parteien (auch außerhalb des Ähnlichkeitsbereichs) sowie
- ein Freihaltebedürfnis außerhalb des Ähnlichkeitsbereichs.

Aus der Liste dieser Kriterien geht hervor, daß der Schutz bekannter Marken nicht nur den Bekanntheitsgrad, sondern die gesamte besondere ökonomische Leistung honoriert, die eine Unternehmung mit ihrem absatzpolitischen Instrumentarium erbracht hat (vgl. Meister 1995, S. 370).

An den Bekanntheitsgrad bekannter Marken werden geringere Anforderungen zu stellen sein als bei berühmten Marken, die Kennzeichenschutz nach §§ 12, 823 I, 1004 BGB beanspruchen (vgl. von Gamm 1993, S. 797). So reichte dem BGH bei seiner auf § 1 UWG gestützten Entscheidung zum Schutz der Whiskymarke "Dimple" vor Verwässerung durch die Verwendung als Kennzeichen für Herrenkosmetika ein Bekanntheitsgrad von 43 % aus (vgl. BGH, in: GRUR 1985, S. 551).

Zusammenfassend läßt sich feststellen, daß in allen aufgeführten Fällen, in denen sich eine angemeldete und eingetragene Marke einer bekannten Marke wettbewerbswidrig nähert, ein relatives Eintragungshindernis vorliegt.

Kehren wir nach diesen Ausführungen zu den weiteren relativen Eintragungshindernissen zurück. Die Eintragung einer Marke kann auch gelöscht werden, wenn der angemeldeten und eingetragenen Marke **sonstige ältere Schutzrechte** entgegenstehen, zu denen Namensrechte, das Recht an der eigenen Abbildung, Urheberrechte, Sortenbezeichnungen, geographische Herkunftsangaben und sonstige gewerbliche Schutzrechte zählen (§ 13 II). Von der Eintragung sogar ausgeschlossen sind solche Zeichen, die mit im Inland **notorisch bekannten Marken** identisch oder ähnlich sind (§ 10 I).

Nach der Auslegung des Warenzeichengesetzes genoß nicht jedes eingetragene Zeichen den gleichen Schutzumfang gegenüber später angemeldeten und eingetragenen Zeichen, wovon auch bei der Interpretation des Markengesetzes auszugehen ist. Der Schutzumfang variiert nach Maßgabe der **Kennzeichnungskraft**, die ein eingetragenes Zeichen aufweist. Von ihrer Intensität hängt es ab, wie im konkreten Einzelfall die Verwechslungsgefahr und damit die Reichweite des Schutzes zu beurteilen ist. Hier kann zwischen Zeichen mit ihrer Natur nach starker, normaler oder schwacher Kennzeichnungskraft und entsprechend erweitertem, normalem oder eingeschränktem Schutzumfang unterschieden werden. Von Natur aus schwache Zeichen sind z.B. solche, die an Beschaffenheits- oder geographische Herkunftsangaben angenähert oder von diesen abgewandelt sind. Solche Zeichen genießen bereits gegenüber geringfügig modifizierten Zeichen Dritter keinen Schutz.

Die ursprüngliche, d.h. die von Haus aus einem Zeichen zueigene Kennzeichnungskraft, bestimmt den Schutzumfang eines eingetragenen Zeichens immer dann und so lange, wie dieses nicht benutzt wird. Nach Inbenutzungsnahme eines eingetragenen Zeichens ist nicht mehr die ursprüngliche Kennzeichnungskraft entscheidend, sondern allein der Umfang und die Stärke, in der sich das Zeichen tatsächlich in den beteiligten Verkehrskreisen durchgesetzt hat. Aus einem ursprünglich schwachen Zeichen kann durch Benutzung ein starkes Zeichen werden, ebenso wie umgekehrt aus einem starken ein schwaches Zeichen werden kann.

Der **tatsächlichen Benutzung eines Zeichens** kommt im Markenrecht auch insofern besondere Bedeutung zu, daß bestimmte absolute Eintragungshindernisse des § 8 II überwunden werden können. So bestimmt § 8 III, daß Zeichen,

- die von Haus aus nicht unterscheidungskräftig sind,
- die ausschließlich aus Zeichen oder Angaben bestehen, die im Verkehr zur Bezeichnung der Art, der Beschaffenheit, der Menge, der Bestimmung, des Wertes, der geographischen Herkunft, der Zeit der Herstellung der Waren oder der Erbringung der Dienstleistungen oder zur Bezeichnung sonstiger Merkmale der Waren oder Dienstleistungen dienen, oder
- die ausschließlich aus Zeichen oder Angaben bestehen, die im allgemeinen Sprachgebrauch oder in Verkehrsgepflogenheiten zur Bezeichnung der Waren oder Dienstleistungen üblich geworden sind,

dann zur Eintragung zugelassen werden, wenn sich die Marke infolge ihrer Benutzung für die Waren oder Dienstleistungen, für die sie angemeldet worden ist, in den beteiligten Verkehrskreisen durchgesetzt hat und die sonstigen materiellen Schutzvoraussetzungen gegeben sind. Hierzu ist es erforderlich, daß das Zeichen eine nicht nur territorial begrenzte, sondern eine nationale **Verkehrsdurchsetzung** aufweisen kann, die nach bisheriger Rechtsprechung zum Warenzeichengesetz einen Grad von mindestens 50 % erreichen sollte. Beispiele hierfür sind die Zahlen "4711", die Buchstaben "SL" für den Mercedes-Benz der SL-Klasse, die Herkunftsangabe "Berliner Illustrierte Zeitung" und die Beschaffenheitsangabe "Asbach Uralt" für Weinbrand (vgl. von Wahlert 1994, S. 1759).

Für eingetragene Marken besteht wie nach dem Warenzeichengesetz ein **Benutzungszwang**, der mit einer **fünfjährigen Benutzungsschonfrist** verbunden ist (§ 43 I S. 1, § 26). Innerhalb dieser Frist schützt das Markenrecht die abstrakte Herkunftsfunktion eines von Haus aus unterscheidungskräftigen Zeichens unter dem Gesichtspunkt der Entwicklungsbegünstigung. Es gibt dem Markeninhaber die Chance, durch eine tätige Verbindung von Zeichen und Ware oder Dienstleistung das Zeichen im Verkehr als Hinweis auf seinen Geschäftsbetrieb zu etablieren, d.h. die abstrakte Herkunftsfunktion seines eingetragenen Zeichens in eine konkrete Herkunftsfunktion zu transformieren (vgl. Baumbach/Hefermehl 1985, Einl WZG, Rdn. 17 ff.). Bleibt diese Chance ungenutzt, weil die betreffende Marke innerhalb dieser Frist nicht benutzt wird, verliert der Markeninhaber seine Ausschließlichkeitsrechte (§ 25).

Da die Ausschließlichkeitsrechte sowohl für eingetragene Marken als auch für die durch Benutzung und Verkehrsgeltung entstandene Marke und für notorisch bekannte Marken gelten, werden sie im Anschluß an die Erörterung, wie ein Markenschutz entsteht, unter dem Punkt (d) behandelt.

Unter den Verfahrensangelegenheiten seien abschließend einige zentrale Aspekte hervorgehoben. Während das Warenzeichengesetz den **Widerspruch** gegen ein Waren- oder Dienstleistungszeichen drei Monate nach Bekanntmachung der Anmeldung, also vor ihrer Eintragung, vorsah, kann nach dem Markengesetz (§ 42 I) drei Monate nach Veröffentlichung der Eintragung Widerspruch erhoben werden (vgl. ausführlich Winkler 1994). Des weiteren hat der Gesetzgeber die **Position des Anmelders verstärkt** (vgl. Meister 1995, S. 369). Die Last für die Darlegung absoluter Eintragungshindernisse liegt beim Amt. Nicht der Anmelder muß - wie noch nach dem Warenzeichengesetz - die Abwesenheit von Eintragungshindernissen beweisen. Die **Schutzdauer** eingetragener Marken beträgt - wie bisher auch - zehn Jahre und kann jeweils um zehn Jahre verlängert werden, was durch Zahlung der Verlängerungsgebühren bewirkt wird (§ 47). "Werden die Gebühren nicht rechtzeitig gezahlt, so teilt das Patentamt dem Inhaber der eingetragenen Marke mit, daß die Eintragung gelöscht wird, wenn die Gebühren ... nicht innerhalb von sechs Monaten nach Ablauf des Monats, in dem die Mitteilung zugestellt worden ist, gezahlt werden". (§ 47 III S. 3)

Bei der Eintragung von Marken und bei der Verlängerung der Schutzdauer entstehen folgende **Gebühren**. Die Anmeldegebühr beträgt für Marken einschließlich der Klassengebühr bis zu drei Klassen 500 DM, für jede weitere Klasse 150 DM. Durch die Eintragung einer Marke in mehreren Klassen kann eine Unternehmung einen Zeichenvorrat auch für solche Waren und Dienstleistungen anlegen, für die sie dieses Zeichen noch nicht benutzt. Die Benutzungsschonfrist von fünf Jahren ermöglicht ihr eine solche Vorgehensweise. Insgesamt gibt es 33 Klassen für Waren und 8 Klassen für Dienstleistungen, die in der Verordnung zur Ausführung des Markengesetzes aufgelistet sind (Anlage zu § 15 MarkenV). Bei der Verlängerung der Schutzdauer sind für eine Marke einschließlich der Klassengebühr bis zu drei Klassen 1.000 DM und für jede weitere Klasse 450 DM zu entrichten.

(b) Der Markenschutz durch Benutzung und Erlangung von Verkehrsgeltung

Markenschutz entsteht weiterhin, wenn ein Zeichen im geschäftlichen Verkehr benutzt wird und dieses Zeichen innerhalb der beteiligten Verkehrskreise als Marke Verkehrsgeltung erworben hat (§ 4 Nr. 2).

Die **materiellen Voraussetzungen** für den durch Verkehrsgeltung erlangten Markenschutz dürften mit denen der eingetragenen Marke übereinstimmen. Dies sind die Selbständigkeit im Verhältnis zu der gekennzeichneten Ware bzw. Dienstleistung sowie die Unterscheidungskraft. Bei dem Kriterium der Unterscheidungskraft kommt es allerdings nicht darauf an, daß das betreffende Zeichen bereits von Haus aus Unterscheidungskraft besitzt, sondern

allein darauf, daß es Kennzeichnungskraft bei den beteiligten Verkehrskreisen erlangt hat. Erst der **tatsächliche Grad der Verkehrsgeltung** bei den aktuellen und
potentiellen Abnehmern der betreffenden Waren oder Dienstleistungen läßt
den Markenschutz entstehen. Die Erlangung des Markenschutzes ist in
diesem Fall nicht an die Anmeldung und Eintragung in das Markenregister
gebunden. Diese Art des Markenschutzes entspricht dem aus dem Warenzeichengesetz bekannten Ausstattungsschutz. Welcher Grad an Verkehrsgeltung erforderlich ist, um in den Genuß des Markenschutzes zu gelangen,
hängt dabei von den besonderen Umständen des Einzelfalls ab. Die Rechtsprechung zum Ausstattungsschutz hat bereits 15 % und 25 % Verkehrsgeltung akzeptiert, um einen entsprechenden Schutz zu gewähren (vgl. von
Wahlert 1994, S. 1755). Als Faustregel kann hier gelten, daß eine um so
größere Verkehrsgeltung erforderlich ist, je mehr es sich um alltägliche
Kennzeichnungen wie z.b. reine Beschaffenheitsangaben etc. oder gängige
Farbkombinationen handelt (vgl. Baumbach/Hefermehl 1985, § 25 WZG,
Rdn. 41).

Die **Wirkungen des durch Verkehrsgeltung erlangten Markenschutzes**
sind grundsätzlich gleich denen einer eingetragenen Marke. Ist die Verkehrsgeltung allerdings regional begrenzt, so kann auch der Markenschutz nur für
diese Region und nicht - wie bei der eingetragenen Marke - für das Hoheitsgebiet der Bundesrepublik Deutschland gelten. Des weiteren geht der Schutz
verloren, wenn die Verkehrsgeltung unter den für die Gewährung des Schutzes notwendigen Grad sinkt.

Für den Hersteller von Konsumgütern ist der Schutz durch Verkehrsgeltung
unter zwei Aspekten relevant. Zum einen eröffnet er ihm die Möglichkeit,
seine Marke unter den genannten Voraussetzungen auch dann zu schützen,
wenn er sie nicht hat eintragen lassen, obwohl die materiellen Schutzvoraussetzungen dafür durchaus gegeben wären. Zum anderen - und dies dürfte in
der Praxis von größerer Relevanz sein - gewährt ihm das Kennzeichenrecht
Schutz für solche Zeichen, die wegen fehlender Unterscheidungskraft und
anderer Hindernisse nicht eingetragen werden können.

Allerdings ist folgendes zu beachten. Während die Veröffentlichung der
Eintragung einer Marke Dritten den Anspruch des Markeninhabers auf einen
Markenschutz signalisiert, ist dies bei dem durch Benutzung und Erlangung
von Verkehrsgeltung erlangten Markenschutz nicht möglich. In Streitfällen
werden **gerichtliche Entscheidungen** klären müssen, ob einer Marke dieser
Schutz zugesprochen werden kann oder nicht (vgl. Giefers 1995, S. 36). Erst
ab diesem Moment tritt eine gewisse präventive Wirkung des Markenschutzes gegenüber Dritten ein.

(c) Der Markenschutz durch notorische Bekanntheit einer Marke

In der Pariser Verbandsübereinkunft (PVÜ) findet sich eine Vorschrift zum
Schutz nicht eingetragener, notorisch bekannter Marken (Art. 6bis PVÜ). In

Ländern, die dieser Übereinkunft beigetreten sind, wird notorisch (allgemein) bekannten Zeichen aus anderen Ländern Markenschutz gegenüber Zeichen gleicher oder gleichartiger Produkte gewährt, wenn das notorisch bekannte Zeichen in diesem Land nicht eingetragen ist (vgl. Kur 1994, S. 1869). Für den Schutz reicht die Bekanntheit der Marke als Voraussetzung aus. Ihre Benutzung ist nicht erforderlich. Diese Form des Markenschutzes ist in das Markengesetz übernommen worden (§ 4 Nr. 3) und umfaßt - weitergehend als Art. 6bis PVÜ - neben Waren auch Dienstleistungen (vgl. Berlit 1995, S. 13). Der notorisch bekannten Marke kommen dieselben Schutzwirkungen zu wie der eingetragenen oder der durch Verkehrsgeltung erworbenen Marke. Es ist davon auszugehen, daß für die Anerkennung als notorisch bekannte Marke ein **Bekanntheitsgrad** nachgewiesen werden muß, der über den Bekanntheitsgrad des mit Verkehrsdurchsetzung erworbenen Markenschutzes hinausgeht und bei mindestens 60% liegen dürfte (vgl. Giefers 1995, S. 37).

(d) Ausschließlichkeitsrechte des Markeninhabers

Wer Markenschutz durch eine eingetragene Marke, durch Benutzung und Erlangung von Verkehrsgeltung oder durch notorische Bekanntheit einer Marke besitzt, verfügt über die in § 14 aufgeführten **Ausschließlichkeitsrechte**, die gegenüber jedermann wirken (vgl. hierzu auch Meister 1995, S. 369 ff.). Nach § 14 II ist es zunächst Dritten untersagt, "ohne Zustimmung des Inhabers der Marke im geschäftlichen Verkehr

1. ein mit der Marke identisches Zeichen für Waren oder Dienstleistungen zu benutzen, die mit denjenigen identisch sind, für die sie Schutz genießt,
2. ein Zeichen zu benutzen, wenn wegen der Identität oder Ähnlichkeit des Zeichens mit der Marke und der Identität oder Ähnlichkeit der durch die Marke und das Zeichen erfaßten Waren oder Dienstleistungen für das Publikum die Gefahr von Verwechslungen besteht, einschließlich der Gefahr, daß das Zeichen mit der Marke gedanklich in Verbindung gebracht wird, oder
3. ein mit der Marke identisches Zeichen oder ein ähnliches Zeichen für Waren oder Dienstleistungen zu benutzen, die nicht denen ähnlich sind, für die die Marke Schutz genießt, wenn es sich bei der Marke um eine im Inland bekannte Marke handelt und die Benutzung des Zeichens die Unterscheidungskraft oder die Wertschätzung der bekannten Marke ohne rechtfertigenden Grund in unlauterer Weise ausnutzt oder beeinträchtigt."

Einen im Vergleich zum Warenzeichengesetz erweiterten kennzeichenrechtlichen Schutz genießen somit **bekannte Marken auch außerhalb des Ähnlichkeitsbereichs** (§ 14 II Nr. 3). Bislang waren nach dem Warenzeichengesetz Zeichen außerhalb der Warengleichartigkeit auf wettbewerbsrechtlichen (§ 1 UWG) oder zivilrechtlichen Schutz (§§ 12, 823 I, 1004 BGB) angewiesen. Auf die Tatbestände, die zu einem Untersagungsrecht des Markeninhabers führen, ist bereits bei den relativen Eintragungshindernissen unter Punkt (a) eingegangen worden, nämlich Rufausbeutung, Beeinträchtigung der Wertschätzung sowie Beeinträchtigung der Unterscheidungskraft (Verwässerungsgefahr).

Weitere Ausschließlichkeitsrechte enthalten die Absätze III und IV von § 14, die sich insbesondere auf das Anbieten von Waren und Dienstleistungen unter der geschützten Marke sowie auf die Anbringung der Marke auf Verpackungen und Kennzeichnungsmittel beziehen. Darüber hinaus kann der Markenrechtsinhaber Vernichtungs- und Auskunftsansprüche geltend machen (§§ 18, 19).

Ihre Schranken finden die Ausschließlichkeitsrechte vor allem in der **Erschöpfung des Markenrechts** nach § 24 I: "Der Inhaber einer Marke oder einer geschäftlichen Bezeichnung hat nicht das Recht, einem Dritten zu untersagen, die Marke oder die geschäftliche Bezeichnung für Waren zu benutzen, die unter dieser Marke oder dieser geschäftlichen Bezeichnung von ihm oder mit seiner Zustimmung ... in den Verkehr gebracht worden sind." Danach hat z.B. ein Konsumgüterhersteller nicht das Recht, seinen Händlern, die rechtmäßig Ware von ihm bezogen haben, die Werbung mit der Marke zu verbieten.

In dieser Weise wurde auch das **Warenzeichengesetz** nach herrschender Meinung ausgelegt. Hat der Markeninhaber seine Ware einmal in den Verkehr gebracht, dann ist sein Markenrecht mit der ordnungsgemäßen Kennzeichnung und Inverkehrbringung der Ware erschöpft (vgl. grundlegend hierzu Ulmer 1969 I, 1987, Müller, W. 1991; zu den einzelnen Argumenten sowie zu Gegenmeinungen vgl. Schröder 1990 I, S. 194 ff.). Der Auffassung, daß dem Händler ein uneingeschränktes Ankündigungsrecht (Werbehinweisrecht, Nutzung der Werbefunktion) zusteht, folgte die Rechtsprechung auch in den Fällen, in denen die Handelsunternehmung nicht Vertragspartner des Herstellers war und die Originalware über andere Lieferanten bezogen wurde (vgl. OLG Düsseldorf, in: GRUR 1983, S. 327 ff. - Ankündigungsrecht).

Das **Markenrecht** ist dagegen nach § 24 II **nicht erschöpft**, wenn sich der Inhaber der Marke oder der geschäftlichen Bezeichnung "der Benutzung der Marke oder der geschäftlichen Bezeichnung im Zusammenhang mit dem weiteren Vertrieb der Waren aus berechtigten Gründen widersetzt, insbesondere wenn der Zustand der Waren nach ihrem Inverkehrbringen verändert oder verschlechtert ist." Der Gesetzesentwurf war ursprünglich ergänzt um "... oder wenn die Marke oder die geschäftliche Bezeichnung in einer Weise oder Erscheinungsform benutzt wird, die geeignet ist, die Wertschätzung der Marke oder der geschäftlichen Bezeichnung in unlauterer Weise zu beeinträchtigen." Der Wegfall dieser zweiten Voraussetzung, unter der eine Erschöpfung des Markenrechts entfällt, führt jedoch nicht zu einer Einschränkung. Denn diese Voraussetzung dürfte unter den Oberbegriff der "berechtigten Gründe" fallen (vgl. Lehmann/Schönfeld 1994, S. 484).

Berechtigte Gründe, Dritten die Benutzung der Marke zu untersagen, dürften danach auch vorliegen, wenn der Werbewert der Marke beeinträchtigt wird. Dies ergibt sich aus der Zielsetzung des Markengesetzes, die Qualitäts- und

Werbefunktion einer Marke stärker zu schützen. Die Verkehrsanschauung, Verbrauchererwartung und Wertschätzung einer Marke sollen durch das Markengesetz einen höheren Stellenwert erhalten (vgl. Klaka 1994, S. 327).

Folgt die Rechtsprechung künftig dieser Überlegung, so wird sie sich vor allem mit den vielfältigen Formen der Handelswerbung auseinanderzusetzen haben, die den Werbewert einer Marke schädigen können. Neben den Werbeaussagen (aggressive Niedrigpreiswerbung, kritisierende Werbevergleiche, irreführende Werbeangaben) können vor allem das Image der Werbeträger und das Werbeumfeld eines Markenartikels sowie die zeitliche und räumliche Streuung der Handelswerbung den Wert einer Marke beeinflussen (vgl. zu diesem Problemkreis Schröder 1990 I, S. 43 ff., 1990 II, 1993, 1994).

Bild 21 stellt abschließend einige aus dem Warenzeichengesetz bekannte Begriffe neuen Begriffen aus dem Markengesetz gegenüber.

Warenzeichengesetz	Markengesetz
Waren- und Dienstleistungszeichen	Marken
Verbandszeichen	Kollektivmarke
Ausstattung	durch Benutzung und Erlangung von Verkehrsgeltung entstandenes Markenrecht
Zeichenrolle	Markenregister
Gleichartigkeit	Ähnlichkeit
Freizeichen	üblich gewordene Bezeichnungen
ärgerniserregende Darstellungen	Verstöße gegen die öffentliche Ordnung oder die guten Sitten

Bild 21: Verwandte Begriffe aus dem Warenzeichen- und Markengesetz (ausgewählte Beispiele)

(2) Der Schutz von Unternehmenskennzeichen

Mit dem Schutz geschäftlicher Bezeichnungen, die Unternehmenskennzeichen und Werktitel umfassen, ist das bisherige Kennzeichenrecht des § 16 UWG in das Markengesetz (§ 5) übernommen worden. Auf Werktitel wird hier nicht weiter eingegangen. Unternehmenskennzeichen sind z.B. die **Firma** wie "Mercedes-Benz AG" und "Hugo Boss AG", **Firmenschlagworte** wie "Mercedes" und "Boss" und **besondere Bezeichnungen** eines Geschäftsbetriebs oder einer Unternehmung (vgl. von Wahlert 1994, S. 1751 f.).

Das Markengesetz billigt Unternehmenskennzeichen kennzeichenrechtlichen Schutz zu, ohne die **Voraussetzungen für die Entstehung der Rechte und des Schutzes** im einzelnen zu regeln. Einzige Ausnahme sind Geschäftsabzeichen, wie der Mercedes-Stern, die Shell-Muschel und das Sparkassen-S, die innerhalb beteiligter Verkehrskreise als Kennzeichen des Geschäftsbetriebs gelten (§ 5 II S. 2). Im übrigen verweist die Begründung zum Markengesetz auf die Anknüpfung an das bisherige Recht zu § 16 UWG (vgl. von Gamm 1993, S. 794). Der Schutz von Unternehmenskennzeichen entsteht danach durch die Ingebrauchnahme des Zeichens im geschäftlichen Verkehr. Gefordert werden von dem Zeichen Unterscheidungskraft und die Eignung, einer bestimmten Person oder ihrer Unternehmung als Name zu dienen. Unternehmenskennzeichen werden wie Marken als **Individualisierungsmittel** geschützt. Während Marken solche Zeichen sind, die eine Unternehmung für bestimmte Waren oder Dienstleistungen benutzt oder benutzen will (z.b. Aspirin), individualisieren Unternehmenskennzeichen eine Unternehmung als Ganzes (z.b. Bayer).

Damit ist nicht ausgeschlossen, daß ein und dasselbe Kennzeichen sowohl als Marke eingetragen werden als auch Schutz nach § 5 genießen kann. So kann eine Unternehmung ihren Firmennamen oder ein Firmenschlagwort als Marke zur Eintragung für die von ihr vertriebenen Erzeugnisse anmelden. Sie vermehrt dann ihr sachliches Namens- bzw. Firmenrecht durch ein förmliches Markenrecht.

Umgekehrt ist es ebenso möglich, daß eine Marke namens- bzw. firmenrechtlichen Schutz nach § 5 erlangt. Dies ist dann der Fall, wenn eine Marke im Verkehr so bekannt geworden ist, daß sie als Kennzeichen des Geschäfts gilt, d.h. im Verkehr als Name einer bestimmten Unternehmung gewertet wird.

(3) Der Schutz geographischer Herkunftsangaben

Eine weitere Neuerung bietet das Markengesetz für geographische Herkunftsangaben. Diese konnten bislang nur mittelbar über das Wettbewerbsrecht (§§ 1, 3 UWG) geschützt werden. Nunmehr erhalten sie einen **unmittelbaren kennzeichenrechtlichen Schutz** (vgl. ausführlich Knaak 1995). Geographische Herkunftsangaben stehen folglich in einer Reihe mit Marken und geschäftlichen Bezeichnungen.

Das Markengesetz unterscheidet zwischen dem Schutz geographischer Herkunftsangaben (§§ 126-129) und dem Schutz von geographischen Angaben und Ursprungsbezeichnungen gemäß der EG-Verordnung Nr. 2081/92 (§§ 130-136). Die Aspekte der EG-Verordnung sollen an dieser Stelle nicht weiter betrachtet werden (vgl. hierzu z.B. Goebel 1995, Knaak 1995, S. 110 ff.).

Geographische Herkunftsangaben sind nach dem Markengesetz "Namen von Orten, Gegenden, Gebieten oder Ländern ..., die im geschäftlichen Verkehr zur Kennzeichnung der geographischen Herkunft von Waren und Dienstleistungen benutzt werden." (§ 126 I) Solche Namen können demnach **nur von Ortsansässigen** benutzt werden. Das Markengesetz gewährt geographischen Herkunftsangaben Schutz unter drei Voraussetzungen.

(a) Zunächst dürfen Zeichen für Waren und Dienstleistungen nicht verwendet werden, wenn dadurch die **Gefahr der Irreführung** über die geographische Herkunft besteht (§ 127 I). Nürnberger Lebkuchen, Frankfurter Würstchen, Westfälischer Pumpernickel, Meißner Porzellan, ein mit Roquefort bezeichneter Käse und Solinger Stahl müssen in den genannten Orten bzw. Regionen hergestellt worden sein. Die Gefahr der Irreführung über die geographische Herkunft ist dagegen nicht gegeben, wenn die Ortsangabe als Beschaffenheitsangabe verstanden wird, wie etwa Dresdner Stollen oder Berliner Pfannkuchen. Eine Irreführung entfällt auch, wenn es sich bei der Bezeichnung nicht um eine geographische Herkunftsangabe handelt und der Verkehr diese auch nicht als solche versteht, wie z.B. Wiener Würstchen des Metzgers Wiener oder Kasseler Rippenspeer des Kochs Caßler (vgl. Baumbach/Hefermehl 1995, § 3 UWG, Rdn. 205).

(b) Ein weiterer Schutz besteht für diejenigen geographischen Herkunftsangaben, die nach Auffassung des Verkehrs Waren oder Dienstleistungen mit **besonderen Eigenschaften oder besonderer Qualität** kennzeichnen. Entsprechen bei diesen Erwartungen andere Waren oder Dienstleistungen gleicher Herkunft nicht den Vorstellungen des Verkehrs über diese Eigenschaften oder Qualität, so dürfen sie nicht mit der geographischen Herkunftsangabe gekennzeichnet werden (§ 127 II). Mit dieser Vorschrift soll erreicht werden, daß die Verbraucher bei allen Waren oder Dienstleistungen mit derselben geographischen Herkunftsangabe auf dieselben besonderen Eigenschaften oder Qualität vertrauen können. Die ortsansässigen Anbieter sind in diesem Fall gefordert, die erwarteten Ansprüche zu erfüllen. Andernfalls haben sie kein Anrecht auf Benutzung der geographischen Herkunftsangabe.

(c) Schließlich schützt das Markengesetz geographische Herkunftsangaben, die einen **besonderen Ruf** genießen. Auch wenn eine geographische Herkunftsangabe keine Gefahr der Irreführung über die geographische Herkunft auslöst, darf sie nicht für Waren oder Dienstleistungen anderer Herkunft benutzt werden, sofern sie geeignet ist, den Ruf der geographischen Herkunftsangabe oder ihre Unterscheidungskraft ohne rechtfertigenden Grund in unlauterer Weise auszunutzen oder zu beeinträchtigen (§ 127 III). Damit knüpft diese Vorschrift an den Schutz bekannter Marken vor Rufausbeutung und Verwässerung an, der bislang lediglich über § 1 UWG gewährt werden konnte. Die hier aufgeführten Tatbestandsvoraussetzungen entsprechen vom Grundsatz her denen der bekannten Marke in § 14 II Nr. 3, die oben unter Punkt (1) (a) dargestellt worden sind.

2.3.2.5.2 Der Schutz der berühmten Marke

Neben den **bekannten** kennt das Kennzeichenrecht noch die **berühmten** Marken, deren Schutz allerdings nicht durch das Markengesetz abgedeckt wird. Vielmehr werden berühmte Marken weiterhin durch das BGB (§§ 12, 823 I, 1004) gegen Verwässerungsgefahr geschützt. Dieser Schutz bezieht sich nicht auf Kennzeichen als Individualisierungsmittel für eine Unternehmung als Ganzes bzw. bestimmte von ihr vertriebene Waren. Anknüpfungspunkt des Schutzes berühmter Marken sind auch nicht die wettbewerbsrechtlichen Funktionen. Vielmehr ist es der spezifische Eigenwert eines Kennzeichens als **wertvoller Bestandteil einer Unternehmung**, dem Schutz gewährt wird (vgl. Baumbach/Hefermehl 1985, § 31 WZG, Rdn. 190; vgl. zur jüngeren Rechtsprechung Ernst-Moll 1993, von Schultz 1994). Voraussetzungen für den Schutz eines Zeichens vor Verwässerungsgefahr sind

- eine überragende Verkehrsgeltung, die auf dem Bekanntheitsgrad basiert,
- die Alleinstellung des betreffenden Zeichens,
- eine gewisse Eigenart des Zeichens im Sinne von Originalität und
- eine besondere Wertschätzung beim Publikum (vgl. Giefers 1995, S. 95).

Bei einer 1979 durchgeführten Untersuchung erzielten die Marken "Maggi", "Mercedes", "Asbach", "Dr. Oetker", "Grundig", "Glücksklee", "Dornkaat", "Philips" und "Echt Stonsdorfer" einen **allgemeinen Bekanntheitsgrad** zwischen 90,3% und 96,6 %. Die Ergebnisse einer Untersuchung aus dem Jahr 1985 lauten: "Honda" 85,7 %, "ATA" 87,5 %, "Saba" 88 %, "Reval" 88,3 %, "Grundig" 98 %, "Tchibo" 98,7 %, "Nivea" 98,8 % und "Coca Cola" 99,7 % (vgl. zu diesen Angaben Ernst-Moll 1993, S. 10).

Der Bekanntheitsgrad, ab dem eine Marke als berühmt gilt, ist jedoch kein fester Wert, sondern wird von der Rechtsprechung unter Berücksichtigung der jeweiligen Umstände des Einzelfalls zu bestimmen sein. Erzeugnisse des allgemeinen Konsums wie etwa "Coca Cola" werden zu einer höheren Bekanntheit führen als Waren, die sich nur an bestimmte Bevölkerungsschichten richten. Insofern kann im zweiten Fall ein niedrigerer Bekanntheitsgrad ausreichend sein (vgl. Ernst-Moll 1993, S. 10).

Ein hoher Bekanntheitsgrad genügt allein noch nicht, um Anspruch auf den Schutz einer berühmten Marke erheben zu können. Vielmehr ist die gesamte ökonomische Leistung zu beurteilen, die eine Marke repräsentiert. Marken in der Bundesrepublik Deutschland, die die einmalige Kennzeichnungs- und Werbekraft berühmter Marken besitzen, sind z.B. "VW", "Agfa", "4711", "Nivea" und "Persil".

2.3.2.5.3 Der Schutz als Gemeinschaftsmarke

Die EG-Kommission hat dem Europäischen Rat 1988 einen Vorschlag für eine Verordnung des Rates über die Gemeinschaftsmarke vorgelegt (vgl. ausführlich von Mühlendahl 1989). Im März 1994 ist schließlich die Gemeinschaftsmarken-Verordnung (GemMVO) in Kraft getreten und entfaltet seither unmittelbare Wirkung in sämtlichen Mitgliedstaaten der Europäischen Union (vgl. Kur 1994, S. 1873 f.). Die Annahme des Vorschlags wurde deshalb verzögert, weil die Fragen der Verfahrenssprache und des Sitzes des Europäischen Markenamtes nicht geklärt werden konnten.

Die Gemeinschaftsmarke zeichnet sich dadurch aus, daß eine natürliche oder juristische Person künftig - voraussichtlich ab 1996 - mit einer einzigen Anmeldung beim Europäischen Markenamt in Alicante (Spanien) oder bei einer nationalen Behörde, in Deutschland ist dies das Patentamt, eine in allen EU-Mitgliedstaaten gültige, einheitliche Marke anmelden kann. Bislang mußte in jedem Land separat der Markenschutz beantragt werden. Mit der Gemeinschaftsmarke sind folgende Vorteile verbunden:

- Anmeldeformulare und Gebührenerhebung werden standardisiert.
- Der Umfang des Markenschutzes ist sehr umfassend. So sind z.b. auch dreidimensionale Gebilde, Werbe-Jingles und Personennamen international schutzfähig.
- Es wird für alle EU-Mitgliedstaaten nur ein Widerspruchsverfahren geben.

Die Gemeinschaftsmarke ist mit einem **Ausschließlichkeitsrecht** ausgestattet, das vom Grundsatz her dem Recht des Inhabers einer Marke nach § 14 MarkenG entspricht und das vor allem die Herkunftsfunktion sichern soll. Es besteht gleichfalls eine Benutzungsschonfrist von fünf Jahren. Die Schutzfrist kann bei tatsächlicher Benutzung jeweils um zehn Jahre verlängert werden.

Ähnlich wie bekannte Marken nach § 9 I Nr. 3 MarkenG werden auch **bekannte Gemeinschaftsmarken** außerhalb des Ähnlichkeitsbereichs geschützt, wenn die Verwendung eines Zeichen den guten Ruf der Gemeinschaftsmarke ausbeutet oder ihre Unterscheidungskraft beeinträchtigt (vgl. Kur 1994, S. 1874).

Der Überblick über die wichtigsten Regelungen zum neuen Markenrecht haben gezeigt, daß eine Reihe von Fragen erst durch die künftige Rechtsprechung beantwortet werden können. Zentrale Fragen, die sich dem Konsumgüterhersteller bei der Absicherung seiner Markenstrategien im Vergleich zum bisherigen Warenzeichenrecht stellen, lauten:

- Wie wird der Begriff der **Ähnlichkeit** von Waren und Dienstleistungen ausgelegt werden?
- Welche **Tatbestände** zählen zu den relativen Eintragungshindernissen, nach denen die Unterscheidungskraft oder die Wertschätzung einer bekannten Marke ohne rechtfertigenden Grund in unlauterer Weise ausgenutzt oder beeinträchtigt würden?
- Welche Anforderungen werden an den **Bekanntheitsgrad** einer Marke gestellt, um als bekannt zu gelten?
- Ändern sich mit der Absicherung der bekannten Marken die Anforderungen an den **Schutz der berühmten Marke**?
- Knüpft die Rechtsprechung bei dem durch Benutzung und Erlangung von **Verkehrsgeltung** entstandenen Markenrecht an die Rechtsprechung zum Ausstattungsschutz an?
- Welche "**berechtigten Gründe**" führen dazu, daß ein Hersteller das An-

kündigungsrecht eines Händlers, der Waren mit seiner Marke vertreibt, einschränken kann?

Die Kenntnis der Antworten auf diese und weitere Fragen ist hilfreich bei der Gestaltung des Schutzrechtsmanagements.

2.3.3 Entscheidungsprobleme im Rahmen des Schutzrechtsmanagements

2.3.3.1 Marketingstrategien und Schutzrechte

Die verschiedenen Rechtsgebiete des gewerblichen Rechtsschutzes strukturieren das Beziehungsfeld von Marketing und Recht auf zweierlei Weise. Zum einen vermitteln sie zur Absicherung von Marketingstrategien bestimmte Schutzpositionen. Zum anderen wirken sie als zu beachtendes Recht restriktiv auf die Planung und Realisation von Marketingstrategien ein. Der kollektiv für alle Wettbewerber gültige Verhaltenscodex des Wettbewerbsrechts engt dabei den Verhaltensspielraum für eigene Marketingmaßnahmen zunächst ebenso ein wie durch Dritte realisierte gewerbliche Schutzrechte, d.h. Patente, Gebrauchs- und Geschmacksmuster und Kennzeichen. Diese Grenzen gilt es zunächst auszuloten, um sodann verbleibende Freiräume für das eigene Marketing auszuschöpfen. Von besonderer Bedeutung für das Marketing ist die Erlangung gewerblichen Sonderschutzrechtes. Zwar umspannt der **wettbewerbsrechtliche Interessenschutz** den Gesamtbereich gewerblicher Betätigung und vermittelt entsprechend Schutzpositionen für das gesamte absatzpolitische Aktionsfeld. Allerdings wirkt der Schutz des UWG lediglich **chancenerhaltend**, indem Marketingmaßnahmen Dritter ihrerseits an den Verhaltensmaßstab der "guten Sitten" gebunden sind. Dabei war der wettbewerbsrechtliche Interessenschutz bis zur Tchibo/Rolex-Entscheidung des BGH (vgl. BGH, in: GRUR 1985, S. 876 ff.) gerade im Bereich der Produktpolitik eher unzureichend, da er selbst gegen sklavische Nachahmungen grundsätzlich keinerlei Handhabe bot. Inwieweit das Wettbewerbsrecht künftig einen individuellen Leistungsschutz bei der Profilierung von Produkten als Bezugspunkt der kaufrelevanten Einstellungen aktueller und potentieller Abnehmer im Wettbewerb gewährt, bleibt abzuwarten.

Dem Bemühen um eigenständige Produktprofile kommen demgegenüber die **sondergesetzlich geregelten Schutzrechte** des gewerblichen Rechtsschutzes unmittelbar entgegen. Sie monopolisieren gewerbliche Leistungen als solche und können daher als **chancenerweiternd** charakterisiert werden. Unter Marketing-Gesichtspunkten ist überdies von Bedeutung, daß die verschiedenen gewerblichen Schutzrechte an den jeweils unterschiedlichen Eigenschaftsdimensionen von Produkten (technisch-funktional, ästhetisch und individualisierend) ansetzen. Durch deren Kombination und entsprechende

Monopolisierung verschiedener Produktelemente, die jeweils für sich genommen akquisitorische Wirkungen entfalten können, besteht damit die Möglichkeit, komplette produktpolitische Strategien detailliert gegenüber Nachahmungen Dritter abzusichern.

Von Bedeutung für das Marketing ist ferner, daß die gewerblichen Schutzrechte nicht nur Schutz vor identischen Nachahmungen gewähren, sondern darüber hinaus grundsätzlich gegenüber jeder substantiell identischen oder gleichwertigen Leistung, insbesondere auch gegenüber solchen Leistungen, die durch Dritte selbständig hervorgebracht werden, ihre Ausschlußwirkungen entfalten.

Schließlich bieten die gewerblichen Schutzrechte gegenüber dem wettbewerbsrechtlichen Leistungsschutz den Vorteil, daß ihr Schutz in der Regel unabhängig von einer tatsächlichen Praktizierung von Marketingstrategien realisiert werden kann: Mit ihrer Hilfe lassen sich demnach zukünftig zu praktizierende Marketingstrategien bereits präventiv absichern, während das UWG, anknüpfend an der tatsächlichen Praktizierung von Marketingstrategien, lediglich reaktiv-offensive Eingriffsmöglichkeiten gegenüber Dritten gewährt.

Die nachfolgend darzustellende **Schutzrechtspolitik** bezieht sich daher auf die Erhaltung und Bewirtschaftung der sondergesetzlich geregelten, gewerblichen Schutzrechte. Im Rahmen einer groben Klassifikation kann zwischen den Maßnahmenbereichen präventiver, defensiver und offensiver Schutzrechtspolitik sowie der Lizenzvergabepolitik unterschieden werden (vgl. hierzu auch Schröder, J., 1987, S. 127 ff.).

Die **präventive Schutzrechtspolitik** beinhaltet vielfältige Entscheidungen und Maßnahmen, die auf den Erwerb gewerblicher Schutzrechte gerichtet sind. Der Anlaß ist die Antizipation von Beeinträchtigungen künftiger Marketingstrategien, die auftreten können, wenn der Erwerb eigener Schutzrechte bzw. von Nutzungsbefugnissen an fremden Schutzrechten, die ihrerseits eigene Handlungsspielräume begrenzen, unterbleibt.

Die **defensive Schutzrechtspolitik** umfaßt sämtliche Entscheidungen und Maßnahmen im Zusammenhang mit der Abwehr von Angriffen Dritter auf entstandene bzw. im Entstehen befindliche Schutzrechte. Die Angriffe können darauf abzielen, die Schutzrechte zu vernichten, zu beschränken oder deren endgültige Entstehung gänzlich oder partiell zu verhindern.

Die **offensive Schutzrechtspolitik** umfaßt die Entscheidungen und Maßnahmen im Rahmen eigentätiger Angriffe auf rechtlich angreifbare Verhaltensweisen Dritter im Bereich gewerblicher Schutzrechte. Sie beinhaltet einerseits das Vorgehen gegen Verletzungen eigener Schutzrechte, andererseits das Vorgehen gegen fremde Schutzrechte.

Gegenstand der **Lizenzvergabepolitik** sind sämtliche Entscheidungen und Maßnahmen hinsichtlich der Verwertung gewerblicher Schutzrechte als selbständig verkehrsfähige Wirtschaftsgüter außerhalb der eigenen Unternehmung.

2.3.3.2 Die präventive Schutzrechtspolitik

Aus den globalen Aufgaben der Entwicklung und Realisation einer optimalen Schutzrechtskonzeption für geplante Marketingstrategien ergeben sich im Rahmen der präventiven Schutzrechtspolitik folgende spezielle Aufgaben (vgl. Schmidt 1963, S. 1 ff., Strunkmann-Meister 1971, S. 26 ff., Tronser 1994):

- Prüfung und Überwachung der **relevanten Schutzrechtslage** für geplante produkt- bzw. absatzprogrammpolitische Strategien,
- Beobachtung von Produktentwicklungsprozessen in der Unternehmung bezüglich des **Auftretens schutzfähiger Leistungen,**
- Prüfung und Sicherung der jeweils geforderten materiellen und formellen **Schutzvoraussetzungen,**
- Auswahl der jeweils vorteilhaftesten **Schutzinstrumente,** sofern für eine zu schützende Leistung mehrere Schutzrechte in Frage kommen,
- Bestimmung des optimalen **Anmeldungszeitpunktes** sowie der optimalen **räumlichen Erstreckung** des jeweils angestrebten Schutzes,
- Ermittlung von **Umgehungsmöglichkeiten** für zu schützende Leistungen,
- **Anmeldung** der gewählten Schutzrechte für die jeweils am Absatzmarkt zu verwertenden Schutzobjekte sowie gegebenenfalls für die erkennbaren Umgehungsalternativen,
- **konkrete und deutliche Formulierung der Schutzansprüche,** insbesondere in den Fällen, in denen keine Prüfung der materiellen Schutzvoraussetzungen erfolgt, wie etwa beim Gebrauchsmuster,
- **Nutzung von Kostenvorteilen** bei der Erlangung von Schutzrechten, wie etwa bei Geschmacksmustern,
- **Überwachung** der Schutzrechtslaufzeiten und gegebenenfalls Nutzung von Verlängerungsmöglichkeiten,
- **Einhaltung bestimmter Zahlungsfristen,** um die automatische Löschung eines Schutzrechtes, etwa beim Patent, zu verhindern, sowie
- **Lizenzverhandlungen,** sofern Schutzrechte Dritter den eigenen Marketingstrategien entgegenstehen und sich diese weder erfolgreich bekämpfen noch mit ökonomisch vertretbarem Aufwand umgehen lassen.

Im folgenden werden ausgewählte Maßnahmen der präventiven Schutzrechtspolitik näher erläutert. Zu den wichtigsten Entscheidungstatbeständen zählt zunächst die Frage, ob Sonderschutzrecht überhaupt in Anspruch genommen werden soll oder nicht. Damit eng verbunden sind die Fragen, welches Schutzrecht wann und wo angemeldet werden soll (vgl. Kowalski 1980, S. 168, Grefermann/Röthlingshöfer 1974, S. 32 ff.).

(1) Die Frage nach der **Vorteilhaftigkeit der Anmeldung eines gewerblichen Schutzrechtes** im Vergleich zum Verzicht auf Sonderschutzrecht resultiert aus der Überlegung, daß mit der Erlangung gewerblicher Schutzrechte Informationsabflüsse in Form der jedermann zugänglichen Veröffent-

lichungen von Anmeldungen und Eintragungen (z.B. im Patentblatt, Muster-register, Markenregister) verbunden sind. Den positiven Schutzeffekten gewerblicher Schutzrechte steht demnach die Gefahr gegenüber, daß aktuelle und potentielle Konkurrenten frühzeitig Einblick in eigene, zukünftige Marketingstrategien gewinnen können. Will die Unternehmung ihren Konkurrenten diesen Einblick verwehren, bleibt ihr nur die Möglichkeit der Geheimhaltung der jeweiligen Leistung. Damit stellt sich das Entschei-dungsproblem faktischer Schutz durch Geheimhaltung versus Sonderschutz-recht.

(2) Wenn sich die Unternehmung für die Erlangung von Schutzrechten entschieden hat, stellt sich die Frage des **optimalen Anmeldungszeit-punktes**. Dabei ist zu berücksichtigen, daß spätestens zum Zeitpunkt der Markteinführung unangreifbare Benutzungsbefugnisse vorliegen sollten. Dies bedeutet, daß Schutzrechtsanmeldungen zweckmäßigerweise spätestens so zu terminieren sind, daß vor der Markteinführung von Innovationen genügend Zeit zur Abwicklung etwaiger Einsprüche, Widersprüche und Löschungsan-träge verbleibt.

Ungeachtet dessen ist speziell bezüglich der Anmeldung technischer Schutz-rechte zu prüfen, inwiefern es zweckmäßig ist, die Vornahme einer Patent-bzw. Gebrauchsmusteranmeldung hinauszuzögern, bis produktionstechnische Probleme sowie Fragen der Markttragfähigkeit und Umgehungsmöglich-keiten für Dritte geklärt sind.

Daneben hat die Bestimmung des Anmeldungszeitpunktes für technische Schutzrechte schließlich das Risiko zu berücksichtigen, daß Dritte der Unter-nehmung mit der Erlangung gewerblicher Schutzrechte zuvorkommen. Je geringer dieses Risiko ist, um so eher kommt unter Berücksichtigung der Informationseffekte einer Schutzrechtsanmeldung eine vergleichsweise späte Anmeldung in Frage. Je höher dieses Risiko ist, um so eher empfiehlt es sich, eine Anmeldung zu einem möglichst frühen Zeitpunkt vorzunehmen, d.h. gegebenenfalls unmittelbar im Anschluß an das Vorliegen der gesetzlich geforderten Schutzvoraussetzungen (vgl. Schmidt, A., 1967, S. 5).

(3) Bei technischen Gegenständen, die sowohl dem Patent- als auch dem Gebrauchsmusterschutz zugänglich sind, ist weiterhin zu entscheiden, welches **Schutzrecht** angemeldet werden soll und ob die Patentanmeldung durch einen Gebrauchsmusterschutz ergänzt werden soll, um die bis zur Patenterteilung bestehende Zeit des verminderten Patentschutzes abzusichern. Vorteilhaft ist eine Gebrauchsmusterabzweigung grundsätzlich dann, wenn ein schneller Schutz angestrebt wird. Ihr Nachteil ist indessen der frühzeitig eintretende Informationseffekt, der den Mitbewerbern Aufschlüsse über die künftigen Marketingaktivitäten bietet.

(4) Bei der Ermittlung der materiellen Schutzvoraussetzungen ist die **Kenntnis von Informationsquellen** notwendig, die in den einzelnen Situa-tionen Auskunft über die relevanten Sachverhalte geben. Strebt ein Konsum-

güter-Hersteller z.B. die Erteilung eines Patents an, so muß er prüfen, ob seine Erfindung den Anforderungen an die Neuheit entspricht, also über den derzeitigen Stand der Technik hinausreicht. Hierzu bieten sich verschiedene Informationsquellen an. Ein erster Schritt kann ein an das Patentamt gestellter Rechercheantrag sein (§ 43 PatentG). Das Patentamt ermittelt dann die öffentlichen Druckschriften, die für die Beurteilung der Patentfähigkeit der zu prüfenden Erfindung in Betracht zu ziehen sind. Die Gebühr für diese Recherche beträgt 200 DM. In einem zweiten Schritt kann von dem Patentamt eine Auskunft zum Stand der Technik eingeholt werden (§ 29 PatentG). Die Gebühr für diese Informationen beträgt 850 DM. Des weiteren stehen verschiedene patentamtliche Veröffentlichungen zur Verfügung, wie z.B. Offenlegungs-, Auslege-, Patentschriften, Unterlagen eingetragener Gebrauchsmuster, aus denen ersichtlich ist, welche möglicherweise neuheitsschädlichen Erfindungen bereits existieren. Schließlich können z.b. Fachzeitschriften, Firmenbesuche, Messebesuche und Expertenbefragungen Hinweise auf bereits öffentlich zugängliche Kenntnisse über den derzeitigen Stand der Technik liefern. Analog ist bei den anderen Sonderschutzrechten vorzugehen.

(5) Im Verfahren zur Erlangung von Schutzrechten ist auf die **konkrete und deutliche Formulierung von Schutzrechtsansprüchen** zu achten. So sollten Gebrauchsmusteranmeldungen, auch wenn sie vergleichsweise geringere Schutzvoraussetzungen erfüllen müssen, ebenso exakt abgefaßt werden wie im Fall einer Patentanmeldung (vgl. Tronser 1991, S. 15). Bei Geschmacksmusteranmeldungen sind Darstellungen zu hinterlegen, aus denen das zu schützende Muster oder Modell in seinen Einzelheiten deutlich zu erkennen ist. Unklarheiten könnten zum Nachteil des Anmelders ausgelegt werden (vgl. von Falckenstein 1991, S. 104).

(6) Einzelne Patente, Gebrauchsmuster, Geschmacksmuster und Marken schützen die Unternehmung zunächst vor identischen Imitationen der betreffenden Schutzgegenstände. Gegen Substitutionskonkurrenz durch andere gleichwertige oder gar bessere technische Problemlösungen und/oder ästhetische Gestaltungen bieten sie jedoch keinen Schutz.
Zu den wichtigsten Aufgaben präventiver Schutzrechtspolitik zählt daher neben der Erlangung von Schutzrechten für unmittelbar am Absatzmarkt zu verwertende Gegenstände die **Intensivierung der Schutzpositionen durch sogenannte Defensivrechte**, die einzig den Zweck haben, Dritten eine Umgehung eigener technischer Schutzrechte bzw. eine Annäherung an eigene ästhetische Gestaltungen oder Marken zu erschweren bzw. unmöglich zu machen. Eine solche Strategie der Schutzrechtshäufung (vgl. Grefermann/ Röthlingshöfer 1974, S. 55 f.) kann z.B. durch Aufsplittung des Erfindungsgedankens und Anmeldung mehrerer einander flankierender Patente erfolgen. Daneben kommt der Kauf fremder Patente z.B. von außenstehenden Einzelerfindern und unabhängigen Forschungsinstituten in Betracht.
Während die Anhäufung von Defensivrechten bei den technischen Schutzrechten und Geschmacksmustern sachlich und zeitlich unbegrenzt möglich

ist, sind der Ausdehnung des Schutzes von Marken mittels Defensivzeichen durch den **Benutzungszwang** Grenzen gesetzt. Mit Ablauf der fünfjährigen Benutzungsschonfrist kann ein Widerspruch nicht mehr auf eine unbenutzte Marke gestützt werden. Das Defensivzeichen wird löschungsreif.

(7) Fragen hinsichtlich der **räumlichen Ausdehnung von Schutzpositionen** ergeben sich unmittelbar aus dem Territorialitätsgrundsatz der gewerblichen Schutzrechte, der besagt, daß ein nationales Schutzrecht auf das jeweilige Hoheitsgebiet beschränkt ist. Bezüglich des Problems, in welchen Ländern Schutzrechtsanmeldungen vorzunehmen sind, ist eine integrierte absatz-, produktions- und lizenzpolitische Betrachtung erforderlich. Entsprechend ist zu prüfen, in welchen Ländern Absatz- und/oder Produktionsmöglichkeiten für die betreffenden Schutzobjekte bestehen oder günstige Bedingungen für eine Vergabe von Lizenzen herrschen (vgl. Grefermann/Röthlingshöfer 1974, S. 50 ff.).

(8) Stehen **fremde Schutzrechte** einem Erwerb eigener Rechte entgegen, ergibt sich schließlich noch ein Wahlproblem:

- Partizipation an dem betreffenden fremden Schutzrecht durch Lizenznahme bzw. Kauf des fremden Schutzrechts unter Beibehaltung der geplanten Marketingstrategie oder
- Suche nach (schutzfähigen) Umgehungsmöglichkeiten des betreffenden fremden Schutzrechts und entsprechende Anpassung der geplanten Marketingstrategie.

2.3.3.3 Die defensive Schutzrechtspolitik

Im Rahmen einer Längsschnittanalyse der Grundprobleme der betrieblichen Schutzrechtspolitik markieren die Eintragungen von Gebrauchs- und Geschmacksmustern, die Offenlegungen und Eintragungen von Patenten sowie die Eintragungen von Marken wichtige Zäsuren. Die mit diesen Ereignissen korrespondierenden amtlichen Veröffentlichungen gewähren Dritten erstmals Einblicke in die Innovationsvorhaben und signalisieren diesen, daß nunmehr der Versuch unternommen werden kann, gegen die insoweit rechtswirksam entstandenen oder im Entstehen befindlichen Schutzrechte vorzugehen. Maßnahmen im Zusammenhang mit der Abwehr von Angriffen Dritter bilden den Gegenstandsbereich der defensiven Schutzrechtspolitik. Anlässe defensiver Schutzrechtspolitik sind vor allem folgende **Formen rechtlicher Angriffe Dritter**:

- Einsprüche gegen **Patente** binnen einer Frist von drei Monaten nach der Patenterteilung; Patent-Nichtigkeitsklagen nach Ablauf der Einspruchsfrist,
- Löschungsanträge betreffend eingetragene **Gebrauchsmuster**,

- Klage auf Feststellung, daß ein eingetragenes **Geschmacksmuster** nicht schutzfähig sei. Im Gegensatz zu den übrigen gewerblichen Schutzrechten kennt das Geschmacksmusterrecht keine speziellen Löschungs- bzw. Nichtigkeitsverfahren, die Dritten die Möglichkeit geben, den rechtswirksamen Bestand eines Geschmacksmusters anzugreifen; angreifbar sind Geschmacksmuster außer im Verletzungsprozeß daher nur mittels Feststellungsklage bei ordentlichen Gerichten,
- Widersprüche gegen angemeldete und eingetragene **Marken** innerhalb von drei Monaten nach Veröffentlichung der Eintragung der Marke; Löschungsanträge und Löschungsklagen wegen absoluter Schutzhindernisse oder wegen des Bestehens älterer Rechte.

Im Zusammenhang mit diesen Angriffsmöglichkeiten kann die defensive Schutzrechtspolitik sowohl in formellen als auch in informellen Auseinandersetzungen gefordert sein. Dies hängt davon ab, ob Dritte unmittelbar die oben genannten Maßnahmen ergreifen und entsprechende gerichtliche bzw. patentamtliche Verfahren initiieren oder ob sie die gegebenen Möglichkeiten zunächst lediglich als Sanktionspotential zum Zweck der Herbeiführung einer informellen Konfliktbereinigung nutzen. In Abhängigkeit von dem fallspezifisch zweckmäßigen Verhaltensmuster (Anpassungs-, Konfrontations- oder Kooperationsverhalten) und dem jeweils betroffenen Schutzrecht kommen jeweils unterschiedliche **Vorgehensweisen der defensiven Schutzrechtspolitik** in Frage.

(1) Die **Rücknahme** der Schutzrechtsanmeldungen bzw. der Verzicht auf bestehende Schutzrechte oder auf bestimmte Elemente davon korrespondieren mit der Anpassungsstrategie.

Wie ein Hersteller versuchen kann, aus dem erfolgreichen Angriff eines Dritten auf seinen Markennamen noch einen wirtschaftlichen Vorteil zu ziehen, zeigt das Beispiel des französischen Modedesigners "Yves Saint-Laurant", der unter der Bezeichnung "Champagne" ein Parfüm auf den Markt gebracht hatte. Nachdem die Gerichte entschieden hatten, daß die Verbraucher fälschlicherweise von einer Geschäftsbeziehung zwischen Parfüm- und Champagnerherstellern ausgehen könnten - gegen die Nutzung des Namens "Champagne" hatte in Frankreich u.a. "Moët-et-Chandon" geklagt -, war "Yves Saint-Laurant" gezwungen, seine Produkte aus dem Markt zurückzunehmen - in Frankreich drohte für jede nach einem bestimmten Zeitpunkt noch im Verkauf befindliche Flasche eine Strafe von 3.000 FF - bzw. die weitere Auslieferung zu stoppen.

In Deutschland wurde auf das Verbot, den Namen "Champagne" zu benutzen, mit folgender Werbeanzeige reagiert:

Der Hersteller "Yves Saint-Laurant" hat das Verbot genutzt, um sein Produkt in der verbliebenen Zeit mit einer Knappheitsstrategie ("... solange der Vorrat reicht") zu vermarkten und auf die Exklusivitätswirkungen dieses bald nicht mehr erhältlichen Parfüms bei den Verbrauchern zu setzen. Gleichzeitig konnte der Effekt ausgenutzt werden, daß die Rechtsstreitigkeiten in den Medien publiziert wurden und somit zur Bekanntmachung des Produktes und der Gründe für das Verkaufsverbot beitrugen. Die eigene Werbung und die (unfreiwillige) Unterstützung durch die Medien waren geeignet, das Interesse der Verbraucher auf ein neues Produkt in einem hart umkämpften Markt zu lenken und damit auch den Absatz der bereits ausgelieferten Parfümflaschen zu fördern.

(2) Im Rahmen der Konfrontationsstrategie, d.h. der Austragung patentamtlicher bzw. gerichtlicher Verfahren kommen bei Patenten und Gebrauchsmustern hauptsächlich Teilung bzw. Beschränkung und bei Marken vor allem die Löschung aus dem Markenregister in Frage. Diese Maßnahmen erlauben eine Kanalisierung von Konflikten und damit eine an fallspezifische, ökonomische und rechtliche Risiken angepaßte Feinsteuerung der Abwehr von Angriffen auf entstandene bzw. im Entstehen befindliche Schutzrechte.

(3) Wichtige Instrumente im Rahmen der Kooperationsstrategie sind schließlich bei technischen Schutzrechten die **Lizenzvergabe** und bei Markenzeichen das **Angebot von bilateralen Abgrenzungsvereinbarungen**. Eine Abwehr von Angriffen durch Lizenzvergabe kommt bei technischen Schutzrechten vor allem dann in Betracht, wenn der Aggressor seinerseits nicht über Ausschlußbefugnisse verfügt und einerseits rechtliche Risiken ausgeschaltet, andererseits aber eine Einschränkung bzw. Vernichtung von Schutzpositionen mit Wirkung gegenüber sämtlichen anderen Wirtschaftssubjekten vermieden werden sollen (vgl. das Fallbeispiel Gilette/Wilkinson bei Dahmann 1981, S. 284 ff.). Schließlich kommt vor allem dann, wenn priori-

tätsältere Rechte gegenüber eigenen Schutzrechten geltend gemacht werden, die Einleitung von Offensivmaßnahmen als Instrument der reaktiven Schutzrechtspolitik in Betracht.

2.3.3.4 Die offensive Schutzrechtspolitik

Rechtliche Grundlagen der offensiven Schutzrechtspolitik sind
- zum einen die realisierten Schutzwirkungen eigener Ausschlußrechte und die damit verknüpften Unterlassungs- und Schadensersatzansprüche gegenüber jedem Dritten, der bestehende eigene Rechte verletzt, und
- zum anderen die in den jeweiligen Normenwerken kodifizierten Möglichkeiten, gegen entstandene bzw. im Entstehen befindliche Schutzrechte Dritter vorzugehen (vgl. Grefermann/Röthlingshofer 1974, S. 66 ff.).

Ansatzpunkte der offensiven Schutzrechtspolitik bilden zum einen folgende (tatsächliche oder drohende) **gewerbsmäßige Handlungen Dritter**, die in den Schutzbereich eigener Schutzrechte eingreifen. Beispiele hierfür sind
- das Herstellen, Anbieten, Inverkehrbringen, Gebrauchen, der Besitz oder die Einfuhr von patentgeschützten Erzeugnissen durch unbefugte Dritte (§ 9 I Nr. 1 PatG);
- die Anwendung oder das Anbieten eines geschützten Verfahrens und/oder der durch dieses Verfahren unmittelbar hergestellten Erzeugnisse durch Dritte (§ 9 I Nr. 2 PatG);
- das unbefugte Anbieten oder Liefern von Mitteln, die sich auf wesentliche Elemente einer patentierten Erfindung beziehen (§ 10 I PatG);
- das Nachbilden, Inverkehrbringen, Feilhalten und Gebrauchen von gebrauchsmusterrechtlich geschützten Erzeugnissen (§ 11 I S. 2 GebrMG);
- das Herstellen oder Verbreiten geschützter Geschmacksmuster (§§ 5, 14a GeschmMG);
- das widerrechtliche Versehen von Waren oder deren Verpackung bzw. Umhüllung mit geschützten Marken sowie deren Verwendung auf Ankündigungen, Preislisten, Geschäftsbriefen, Rechnungen oder dergleichen und das Inverkehrbringen oder Feilhalten widerrechtlich gekennzeichneter Waren (§§ 14 II, III, IV MarkenG).

Zum anderen kann sich die offensive Schutzrechtspolitik auf die **Existenz oder das Entstehen von Schutzrechten Dritter** beziehen. Diese sind im Vergleich zu eigenen Schutzrechten entweder
- prioritätsältere Rechte, die der Praktizierung eigener Marketingstrategien und/oder eigenem rechtswirksamen Schutzrechtserwerbs entgegenstehen, oder
- prioritätsjüngere Rechte, die mit eigenen prioritätsälteren Schutzrechten bzw. Schutzrechtsanmeldungen kollidieren.

Aus den eigentätig durchzuführenden bzw. zu veranlassenden rechtlichen Schritten gegenüber Dritten ergeben sich für das Marketing-Rechts-Management folgende spezielle Aufgaben:

- Systematische Beobachtung der von der Unternehmung bearbeiteten sowie benachbarter Absatzmärkte, tatsächliche oder drohende Verletzungen eigener Schutzrechte aufdecken zu können,
- Systematische Überwachung der gegenüber eigenen Rechten jüngeren Schutzrechtsanmeldungen Dritter,
- Sicherung von Beweismitteln, d.h. Nachahmungen, Plagiaten, widerrechtlich gekennzeichneten Waren etc.,
- Suche nach Tatsachen und Sicherstellung von Belegen, die Widerrufs-, Nichtigkeits- bzw. Löschungsgründe für fremde Schutzrechte darstellen,
- Prüfung etwa bestehender Vorbenutzungsrechte eines vermeintlichen Verletzers, die einer Geltendmachung von Unterlassungs- und Schadensersatzansprüchen entgegenstehen könnten,
- Prüfung der Möglichkeiten bzw. Erfolgsaussichten möglicher Gegenangriffe des jeweils anzugreifenden vermeintlichen Schutzrechtsverletzers,
- Initiierung und Abwicklung informeller Konfliktlösungsprozesse durch Kontaktaufnahme mit den jeweiligen (vermeintlichen) Verletzern,
- Einleitung und Abwicklung formeller Verfahren zwecks gerichtlicher Durchsetzung von Ansprüchen auf Unterlassung, Schadensersatz, Beseitigung, Rechnungslegung; gegebenenfalls Erhebung positiver Feststellungsklagen,
- Initiierung und Abwicklung von Einspruchs-, Widerspruchs- und Löschungsverfahren betreffend fremde Schutzrechte.

Im Rahmen der Bestimmung einer angepaßten Offensivstrategie ist nunmehr zu entscheiden, **wie** vorzugehen ist. Dabei ist zunächst eine **zweckmäßige Initiativhandlung** auszuwählen: Alternativ kommen die unmittelbare Einleitung patentamtlicher und/oder gerichtlicher Verfahren oder die informelle Geltendmachung der jeweiligen Angriffsgrundlagen in Betracht.

Gegen eine unmittelbare Einleitung gerichtlicher Verfahren sprechen z.B. bei aufgedeckten Schutzrechtsverletzungen zunächst zivilprozeßrechtliche Vorschriften. Diese sehen im Falle eines sofortigen Anerkenntnisses von Ansprüchen durch den Antragsgegner vor, daß der Antragsteller mit den Kosten des Verfahrens belastet werden kann, wenn zumutbare außergerichtliche Maßnahmen zur Vermeidung prozessualer Auseinandersetzungen unterblieben sind (vgl. Schulte 1981, § 84 Rdn. 15 ff.).

In der Regel kommen daher als Initiativhandlungen informelle Konfliktlösungsprozesse in Frage. Dabei ist das Risiko zu berücksichtigen, infolge möglicherweise rechtswidrigen und schuldhaften Handelns gegenüber dem vermeintlichen Verletzer schadensersatzpflichtig zu werden (vgl. Schulte 1981, § 139 Rdn. 41 ff.). Daher empfiehlt es sich, nicht unmittelbar eine scharfe Schutzrechtsverwarnung auszusprechen, sondern z.B. in der Weise zu verfahren, daß zunächst auf den vermeintlichen Verletzungstatbestand hingewiesen und um Auskunft darüber gebeten wird, aufgrund welcher Umstände man sich zu der jeweiligen Benutzungshandlung berechtigt fühle. Reagiert der vermeintliche Störer hierauf nicht oder rechtfertigen die von ihm vorgetragenen Gründe wie etwa der Hinweis auf bestehende Vorbenutzungsrechte keinen Verzicht auf eine weitere Verfolgung der betreffenden Störung, sollte dann in einem nächsten Schritt allerdings eine scharfe Verwarnung ausgesprochen werden. Dies ergibt sich daraus, daß nur die Verwarnung, d.h. ein ernsthaftes und endgültiges Unterlassungsbegehren vor der Kostenfolge gemäß § 93 ZPO schützt, nicht dagegen ein bloßer Meinungsaustausch über die Schutzrechtslage (vgl. Melullis 1991, S. 17). Ferner schützt eine scharfe Verwarnung davor, daß sich der jeweils angegriffene Störer im Rahmen gegebenenfalls später einzuleitender Schadensersatzprozesse erfolgreich auf das Fehlen von Vorsatz oder Fahrlässigkeit beruft.

Eine andere als die vorstehend skizzierte Vorgehensweise, die die Einleitung gerichtlicher Verfahren zunächst vorbehaltlich der Ergebnisse informeller Einigungsversuche vorsieht, kommt in der Regel nur dann in Frage, wenn ein besonders schwerer Schaden droht oder nach Lage der Umstände des Einzelfalls davon ausgegangen werden muß, daß Abmahnungen oder Verwarnungen erfolglos bleiben werden.

Ein ähnlich abgestuftes Vorgehen, wie es zuvor bezüglich des Verhaltens gegenüber Schutzrechtsverletzungen beschrieben wurde, empfiehlt sich grundsätzlich auch im Rahmen des Vorgehens gegenüber fremden Schutzrechten. Bei einem Vorgehen gegen Patente oder Kennzeichenrechte Dritter gilt dies indessen dann nicht, wenn noch die Möglichkeit eines Einspruchs bzw. Widerspruchs gegeben ist. Ungeachtet des Standes informeller Konfliktlösungsprozesse kommt es hier darauf an, das Risiko auszuschalten, später gegebenenfalls den langwierigen und aufwendigen Weg einer Nichtigkeitsklage einschlagen zu müssen. Der Nutzung der lediglich zeitlich befristeten Möglichkeiten des Einspruchs bzw. Widerspruchs ist daher unbedingte Priorität vor einer informellen Konfliktlösung einzuräumen.

2.3.2.5 Die Politik der Lizenzvergabe

Im wesentlichen können folgende **Zwecke der Lizenzvergabe** unterschieden werden:
- Überwindung ressourcenbedingter Engpässe und/oder bestehender Handelshemmnisse;
- Erwirtschaftung zusätzlicher Deckungsbeiträge aus unternehmungsfremden Tätigkeitsfeldern;
- Reduktion des Fehlschlagrisikos für Marketingstrategien;
- Erschließung fremder und Verteidigung eigener Schutzrechte.

Zu den wichtigsten Aufgaben der Lizenzvergabepolitik zählen einmal die **Selektion und Akquisition geeigneter Lizenznehmer** und zum anderen die **Gestaltung der vertraglichen Bindungen**, die diesen auferlegt werden sollen (einen groben Überblick über Lizenzvertragsarten und -inhalte vermittelt *Bild 22*).

Letzteres betrifft insbesondere die zweckkonforme Bestimmung dessen,

- was konkret lizenziert werden soll (Marken und/oder Geschmacksmuster und/oder technische Schutzrechte),
- welcher Exklusivitätsgrad den Lizenznehmern eingeräumt werden soll (einfache oder ausschließliche Lizenz),
- welche Beschränkungen diesen aufzuerlegen sind (räumlich, zeitlich, sachlich) und
- in welcher Höhe Lizenzgebühren zu entrichten sind.

Mit einer **ausschließlichen** Lizenz erwirbt der Lizenznehmer ein gegen jedermann wirkendes Ausschlußrecht, das neben der Einräumung von Nutzungsbefugnissen auch eine Übertragung entsprechender Verbietungsbefugnisse umfaßt. Ausschließliche Lizenzen stellen Abspaltungen von Teilrechten dar, die dem Lizenzgeber eine weitere Benutzung des Schutzgegenstandes in den Grenzen der ausschließlichen Lizenzierung ebenso unmöglich machen wie die Vergabe weiterer identischer Lizenzen (vgl. Bernhardt 1973, S. 196 ff.). Ausschließliche Lizenzen kommen daher vor allem dann und insoweit in Frage, wie eine Benutzung des jeweiligen Schutzgegenstandes innerhalb der eigenen Unternehmung a priori ausgeschlossen ist.

Die Vergabe einer **einfachen** Lizenz gewährt demgegenüber dem Lizenznehmer lediglich einen schuldrechtlichen Anspruch auf Mitbenutzung des jeweiligen Schutzgegenstandes. Sie läßt das negative Verbietungsrecht und das Benutzungsrecht des Lizenzgebers unberührt; seine Handlungsfreiheit bleibt in vollem Umfang erhalten (vgl. Bernhardt 1973, S. 199). Die Vergabe einfacher Lizenzen kommt insbesondere dann in Betracht, wenn die Vergabe mehrerer identischer Lizenzen erforderlich oder ökonomisch vorteilhaft ist.

Hauptanwendungsgebiet **räumlicher Beschränkungen** sind internationale Marktabgrenzungen, wobei vor allem der Festlegung der durch den Lizenznehmer zu bearbeitenden Drittmärkte große Bedeutung zukommt (vgl. Gaul/Bartenbach 1969/74, K 65 - 68). Hier gilt es sicherzustellen, daß dem Lizenznehmer die Möglichkeit genommen ist, als Konkurrent der eigenen Unternehmung auf jenen Märkten aufzutreten, die bereits selbst bearbeitet werden oder zukünftig bearbeitet werden sollen.

Zeitliche Beschränkungen kommen vor allem dann in Frage, wenn eine spätere Marktbearbeitung durch die eigene Unternehmung vorgesehen ist, zuvor jedoch Chancen und Risiken solcher Projekte ermittelt werden sollen und/oder lediglich der zum Aufbau eigener Kapazitäten erforderliche Zeitraum überbrückt werden soll.

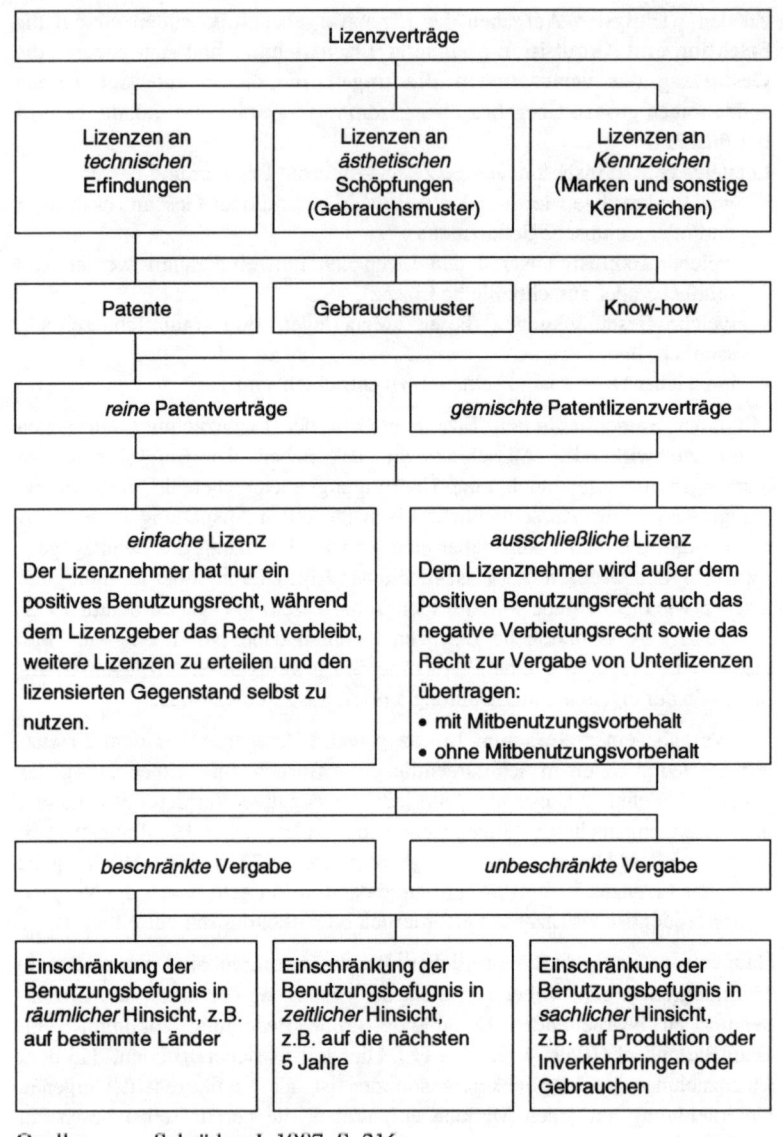

Quelle: Schröder, J. 1987, S. 216.
Bild 22: Übersichten über Lizenzvertragsarten

Die Vereinbarung **sachlicher Beschränkungen** betrifft die Frage, welche Benutzungsart (Herstellen, Inverkehrbringen, Feilhalten, Gebrauchen) und welches Anwendungsgebiet (bei Lizenzen an technischen Schutzrechten) dem jeweiligen Lizenznehmer zugestanden werden sollen. Eine bloße Herstellungslizenz ermöglicht z.B. die Überwindung eigener produktionswirtschaftlicher Engpässe, ohne daß der Lizenznehmer als Konkurrent der eigenen Unternehmung auftritt.

Mit dem **Lizenzentgelt** wird entschieden, in welcher Form und in welcher Höhe Gegenleistungen für die Lizenz zu erbringen sind (siehe *Bild 23*).

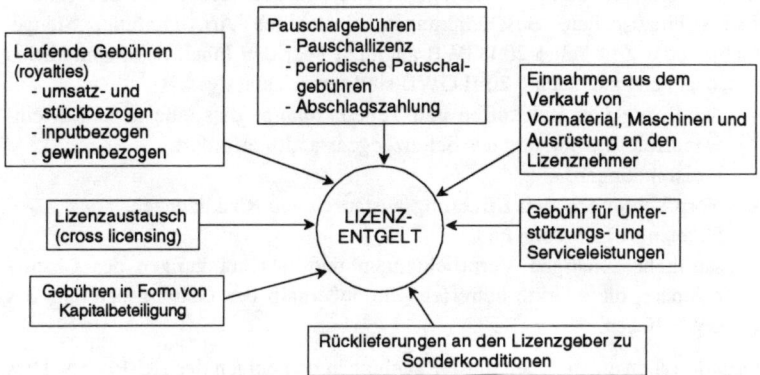

Quelle: Schröder, J. 1987, S. 221.
Bild 23: Formen des Lizenzentgelts

Mögliche **Formen des Lizenzentgelts** sind Rücklieferungen zu Sonderkonditionen, die Überlassung von Kapitalanteilen an der Unternehmung des Lizenznehmers und schließlich die Zahlung von Lizenzgebühren. Bezüglich letzterer kann wiederum unterschieden werden zwischen einmaligen und periodischen Pauschalgebühren sowie Umsatz-, Stück- und Gewinnlizenzgebühren (vgl. Weihermüller 1982, S. 118 ff.).

Als Bewertungsfaktoren zur Bestimmung der Höhe des Lizenzentgelts kommen in Betracht (vgl. Schultz 1980, S. 76, 123 ff.)

- der Grad der technischen Reife und Marktreife des Lizenzobjektes, wobei letztere wiederum bestimmt wird durch
- die relative Vorteilhaftigkeit des Lizenzobjektes in den Augen aktueller und potentieller Käufer/Verwender,
- die Kompatibilität mit bestehenden Bedürfnissen, Erfahrungen, Wertesystemen,
- die Komplexität des Lizenzobjektes und
- die Erprobbarkeit und Mitteilbarkeit des Lizenzobjektes.

Wichtige Bewertungsfaktoren für die Höhe des Lizenzentgelts sind ferner

- die Entwicklungskosten,
- die Kosten der Anmeldung und Bewirtschaftung der entsprechenden Schutzrechte und
- die Kosten der Akquisition des Lizenznehmers und der laufenden Bewirtschaftung von Lizenzverträgen.

Die Vergabe von Lizenzen an gewerblichen Schutzrechten unterliegt **rechtlichen Grenzen** und wird vor allem durch § 20 GWB und Art. 85 EWGV begrenzt (vgl. Langen/Niederleithinger/Schmidt 1982, GWB, § 20). So bestimmt § 20 I GWB, daß Lizenzverträge unwirksam sind, soweit dem Lizenznehmer Beschränkungen auferlegt werden, die über den Inhalt des Schutzrechts hinausgehen. Beschränkungen hinsichtlich Art, Umfang, Menge, Gebiet oder Zeit läßt § 20 I GWB als nicht über den Inhalt des Schutzrechts hinausgehend zu. Nach § 20 II GWB sind ferner zulässig

- der Bezug von Rohstoffen und Teilen, solange dies eine technisch einwandfreie Ausnutzung des Schutzgegenstandes erfordert,
- Preisbindungen,
- Verpflichtungen zum Erfahrungsaustausch und Rücklizenzen,
- Nichtangriffsabreden und
- sämtliche sonstigen Verpflichtungen und Beschränkungen des Lizenznehmers, die Märkte betreffen, die außerhalb des Geltungsbereichs des GWB liegen.

Grundsätzlich entsprechen diese Regelungen denjenigen des EU-Rechts. Dies gilt insbesondere für Lizenzverträge, die auch bzw. nur Patente betreffen und nicht gleichzeitig eine gegenseitige und/oder mehrfache parallele Lizenzierung territorialer Schutzrechte im gemeinsamen Markt beinhalten. Diesbezüglich lassen EU-Kommission und EuGH eine deutlich restriktivere Haltung als die nationale Rechtsprechung erkennen. Ihr liegt die Auffassung zugrunde, daß Territorialitätsprinzipien im Gemeinsamen Markt hinter dem mit den Wettbewerbsregeln des EWGV verfolgten Integrationsziel zurückzustehen haben. Neben den Bestimmungen des EU- und GWB-Rechts sind schließlich die allgemeinen Bestimmungen des Vertragsrechts als Begrenzungsfaktoren der Lizenzpolitik zu beachten (vgl. Kraßer/Schmid 1982, S. 324 ff.).

2.4 Beschränkende Rechtsvorschriften der Absatzprogrammpolitik

2.4.1 Die Produktgestaltung

Die Produktgestaltung umfaßt vor allem die Gestaltung der funktionalen, ästhetischen und kennzeichnenden Eigenschaften des Produktes. Rechtliche Grenzen der Gestaltung dieser Produkteigenschaften beruhen hauptsächlich auf verbraucherpolitischen Überlegungen; ein wesentliches Ziel einer am Schutz des Verbrauchers orientierten Politik besteht darin, die Sicherheit und Gesundheit des Verbrauchers zu wahren und ihn vor defekten und gefährlichen Produkten zu schützen. Ein solcher Schutz wird im geltenden deutschen Recht durch zwei sich ergänzende Maßnahmenbereiche angestrebt (vgl. von Hippel 1974, S. 28, Brendel 1976, S. 54 ff.):

- die direkte Qualitätssteuerung durch Mittel des **Wirtschafts-Verwaltungsrechts** und
- die indirekte Qualitätssteuerung durch Mittel des **Haftpflichtrechts**.

Das Verwaltungsrecht ist eher präventiv angelegt; es will durch zwingende Vorschriften den Eintritt von Schäden nach Möglichkeit verhindern und versucht, die mannigfaltigen Gefahren für die geschützten Rechtsgüter bereits an ihrem Ursprungsort zu bekämpfen.

Das Haftpflichtrecht wirkt dagegen eher korrektiv; es will entstandene Schäden ausgleichen bzw. beseitigen. Allerdings bewirkt das Haftpflichtrecht in der Regel auch eine mittelbare Verhaltenssteuerung, indem es ein betriebswirtschaftliches Kalkül induziert, welches die Kosten von Qualitätsverbesserungen der sich daraus ergebenden Reduktion von Haftpflichtansprüchen gegenüberstellt.

2.4.1.1 Direkte Qualitätssteuerung durch gesetzliche Qualitätsvorschriften

Bei den verwaltungsrechtlichen Vorschriften zur Gütesicherung können zwei Bereiche unterschieden werden. Zum einen wirken Rechtsnormen auf den **Herstellungs- bzw. Absatzvorgang** selbst ein, um Gefahren, die bereits mit der Herstellung entstehen, zu vermeiden. Hierher gehören alle Rechtsnormen, die entweder

- **unmittelbar** vorschreiben, wie Produkte beschaffen sein bzw. verarbeitet werden müssen, damit sie in den Verkehr gebracht werden dürfen, oder
- **mittelbar** auf die Produktgestaltung Einfluß nehmen, indem sie vorschreiben, wer bestimmte Produkte herstellen darf (Zulassungsaufsicht) und wann ein Gewerbe untersagt werden darf (Gewerbeaufsicht).

Zum anderen wirken Rechtsnormen auf die **Produktinformation** ein und enthalten Vorschriften über die Warenkennzeichnung, um Gefahren, die erst durch bzw. nach dem Erwerb bei der Verwendung entstehen, zu verhüten.

(1) Für Herstellung und Absatz relevante Rechtsnormen

Einschneidenden rechtlichen Beschränkungen sind Entscheidungen über den Produktkern und die Produktzusammensetzung insbesondere aus dem Lebensmittel- und Arzneimittelrecht ausgesetzt. Dach- und Rahmengesetz des deutschen Lebensmittelrechts bildet das **Lebensmittel- und Bedarfsgegenständegesetz (LMBG)**. Es hat vor allem durch die Einbeziehung von Tabakerzeugnissen, kosmetischen Mitteln und Bedarfsgegenständen (u.a. Körperpflegemittel, Spielwaren, Scherzartikel, sämtliche Reinigungs-, Pflege- und Imprägniermittel sowie Mittel zur Geruchsverbesserung und Insektenvertilgung) eine weitreichende Bedeutung für produktpolitische Entscheidungen erlangt. So ist es zum Schutz der Verbraucher vor Gesundheitsschäden z.B. untersagt,

- Lebensmittel, Kosmetika oder sonstige Bedarfsgegenstände herzustellen oder gar zu vertreiben, die geeignet sind, die menschliche Gesundheit zu schädigen (§§ 8, 24, 30 LMBG),
- Bedarfsgegenstände in Lebensmitteln zu verwenden, soweit dies zu Gesundheitsschäden führen kann (§ 30 Nr. 3 LMBG), und
- Zusatzstoffe in Lebensmitteln zu verwenden, die nicht ausdrücklich als Zusatz zugelassen sind (§ 11 LMBG; dieses Verbotsprinzip ist in § 20 auf Tabakerzeugnisse und in den §§ 25, 31 LMBG teilweise auch auf Kosmetika und Bedarfsgegenstände ausgedehnt worden).

Des weiteren soll mit dem LMBG die Gefahr ausgeschlossen werden, **Erzeugnisse mit Lebensmitteln zu verwechseln**. Nach § 8 Ziff. 3 LMBG ist es daher untersagt, "Erzeugnisse, die keine Lebensmittel sind, bei denen jedoch auf Grund ihrer Form, ihres Geruchs, ihres Aussehens, ihrer Aufmachung, ihrer Etikettierung, ihres Volumens oder ihrer Größe vorhersehbar ist, daß sie von den Verbrauchern, insbesondere von Kindern, mit Lebensmitteln verwechselt und deshalb zum Munde geführt, gelutscht oder geschluckt werden können," herzustellen und zu vermarkten, wenn diese Verwechslung eine Gefährdung der Gesundheit hervorruft. Mit dieser Änderung wurde gleichzeitig die EG-Richtlinie zur Angleichung der Rechtsvorschriften der Mitgliedstaaten für Erzeugnisse, deren tatsächliche Beschaffenheit nicht erkennbar ist und die die Gesundheit oder die Sicherheit der Verbraucher gefährden (87/357/EWG), in nationales Recht umgesetzt.

Von den im LMBG eingeräumten Regelungsbefugnissen, zur Verhütung einer Gesundheitsgefährdung durch die betreffenden Produkte **Rechtsverordnungen** zu erlassen, hat der deutsche Verordnungsgeber regen Gebrauch gemacht. Er hat diverse Verordnungen erlassen, durch die z.B. Höchstmengen an absichtlich beigefügten Zusatzstoffen festgesetzt, zulässige

Rückstände von Arznei- und Pflanzenschutzmitteln sowie Antibiotika festgelegt, die Beachtung von Hygienevorschriften verlangt, die Verwendung bestimmter Stoffe bei der Produktion überhaupt verboten oder ihr Einsatz zwingend vorgeschrieben wird. Die Nichtbeachtung der zwingenden Vorschriften des LMBG bzw. der dazu erlassenen Rechtsverordnungen kann gemäß §§ 51 ff. LMBG erhebliche Geld- und Freiheitsstrafen nach sich ziehen.

Ähnlich wie das LMBG, nur in verschärfter Form, enthält auch das **Gesetz über den Verkehr mit Arzneimitteln** (AMG), das die Grundlage des deutschen Arzneimittelrechts bildet, Vorschriften darüber,

- wie ein Arzneimittel beschaffen sein soll (§§ 5-12 AMG, insbesondere das Verbot des § 5 AMG, "bedenkliche" Arzneimittel in den Verkehr zu bringen),
- wer Arzneimittel herstellen darf (§§ 13-20 AMG, insbesondere die Erlaubnispflicht zur gewerbsmäßigen Arzneimittelproduktion nach § 13 AMG) und
- wie und durch wen ein Arzneimittel in den Verkehr gebracht werden darf (§§ 21-37 AMG, insbesondere materielles Zulassungsverfahren statt bisheriger formeller Registrierpflicht).

Weiterhin sind bei der Arzneimittelproduktion die im Gegensatz zum Deutschen Lebensmittelbuch rechtsverbindlichen Vorschriften des Deutschen Arzneibuches zu beachten, dessen Regeln Arzneimittel grundsätzlich entsprechen müssen (§ 55 AMG). Die Nichtbeachtung der Vorschriften des AMG können nach §§ 95-98 AMG mit Geld- und Freiheitsstrafen sowie mit Geldbußen geahndet werden.

Neben der administrativen Kontrolle von Lebens- und Arzneimitteln haben die verwaltungsrechtlichen Qualitätsvorschriften auch für sonstige Produkte wachsende Bedeutung gewonnen, vor allem durch das **Gesetz über technische Arbeitsmittel** (sog. Maschinenschutzgesetz = MschG), das seit dem 1.1.1980 die Kurzbezeichnung "Gerätesicherheitsgesetz" trägt. § 3 dieses Gesetzes bietet den Gewerbeaufsichtsämtern der einzelnen Bundesländer die Grundlage dafür, Herstellern und Importeuren von "technischen Arbeitsmitteln" - darunter fallen u.a. Arbeits- und Kraftmaschinen, Werkzeuge, Arbeitsgeräte, Haushaltsgeräte, Sport- und Bastelgeräte sowie Spielzeug - durch ein sogenanntes Vertriebsverbot den Absatz sicherheitstechnisch mangelhafter Geräte zu untersagen.

In bezug auf die Sicherheit von Produkten ist weiterhin die **EG-Richtlinie über die allgemeine Produktsicherheit** (ABl EG Nr. L 228 v. 11.8.1992, S. 24 ff.) zu erwähnen. Da es nicht möglich ist, für alle Produkte Gemeinschaftsvorschriften zu erlassen, soll diese Richtlinie die Lücke bezüglich jener Produkte füllen, für die im Rahmen gemeinschaftlicher Rechtsvorschriften keine spezifischen Bestimmungen über die Sicherheit existieren (Art. 1 Abs. 2). Spezifische Bestimmungen über die Sicherheit sind z.B. für Spielzeuge (umgesetzt in deutsches Recht durch die Verordnung über die

Sicherheit von Spielzeug vom 21.12.1989, BGBl. 1989 I, S. 2541 f.) und Maschinen vorhanden. Danach dürfen nur sichere Produkte auf den Markt gebracht werden.

Die Produktsicherheits-Richtlinie gilt **ausschließlich für Konsumgüter**. Produktionsanlagen, Investitionsgüter, Rohstoffe, Halbfabrikate und andere nur für die berufliche Nutzung bestimmten Produkte sind nicht Gegenstand der Richtlinie.

Als "sicheres Produkt" gilt nach Art. 2 lit b "jedes Produkt, das bei normaler oder vernünftigerweise vorhersehbarer Verwendung, was auch die Gebrauchsdauer einschließt, keine oder nur geringe ... Gefahren birgt, insbesondere im Hinblick auf

- die Eigenschaften des Produkts, unter anderem seine Zusammensetzung, seine Verpackung, die Bedingungen für seinen Zusammenbau, seine Wartung;
- seine Einwirkung auf andere Produkte, wenn eine gemeinsame Verwendung mit anderen Produkten vernünftigerweise vorhersehbar ist;
- seine Aufmachung, seine Etikettierung, gegebenenfalls seine Gebrauchs- und Bedienungsanleitung sowie Anweisungen für seine Beseitigung sowie alle sonstigen Angaben oder Informationen seitens des Herstellers;
- die Gruppen von Verbrauchern, die bei der Verwendung des Produkts einem erhöhten Risiko ausgesetzt sind, vor allem Kinder."

Aus dieser Aufzählung ist ersichtlich, daß von einem Konsumgut keine unvertretbaren Gefahren ausgehen dürfen und daß vor noch verbliebenen Restrisiken gewarnt werden muß. Es wird darüber hinaus deutlich, daß diese Richtlinie auf mehrere absatzpolitische Instrumente gleichzeitig wirkt. Dies geschieht dadurch, daß sie die Produktgestaltung ebenso anspricht wie die Verpackung, die Kennzeichnung, die Kundendienstpolitik, die Werbung und die Entsorgung. Verantwortlich für die Produktsicherheit sind neben den Herstellern auch die Händler, die aktiv die allgemeine Sicherheitspflicht erfüllen müssen, z.B. bei der Beratung und Aufklärung der Verbraucher im Verkaufsgespräch.

Ein besonderer Aspekt liegt darin, daß sich die Mitgliedstaaten verpflichten müssen, geeignete **Maßnahmen zur Kontrolle der Sicherheit** einzuleiten. Zu diesem Zweck sollen Behörden eingerichtet oder benannt werden, welche die Sicherheit der Produkte überprüfen und gegebenenfalls auch die Rücknahme der Produkte aus dem Markt anordnen können (Art. 5).

Gravierend wirkt sich der **Abbau der sogenannten technischen Schranken in der Europäischen Union** auf die Produktgestaltung aus (vgl. hierzu auch Schröder/Ahlert 1993, S. 383 ff.). Zahlreiche Richtlinien wurden und werden erlassen, um die Produktnormen im Bereich der Sicherheits- und Umweltschutzanforderungen zu harmonisieren.

Der **Umweltschutz** hat bereits in zahlreiche spezialgesetzliche Vorschriften Eingang gefunden. Sowohl Produkt- als auch Verpackungsgestaltung werden dadurch direkt beeinflußt. Eine Zusammenstellung der hierbei relevanten

Rechtsvorschriften findet sich bei dem vom Umweltbundesamt herausgegebenen Handbuch zur Berücksichtigung des Umweltschutzes in der öffentlichen Verwaltung und im Einkauf (Umweltbundesamt 1989). Zu diesen Regelwerken gehören z.b. das Abfallgesetz, das Chemikaliengesetz, das oben bereits erwähnte LMBG, die Phosphathöchstmengenverordnung und das Wasch- und Reinigungsmittelgesetz. Letzteres untersagt u.a., Wasch- und Reinigungsmittel in den Verkehr zu bringen, wenn deren biologische Abbaubarkeit oder deren sonstige Eliminierbarkeit nicht bestimmten Anforderungen entspricht. In Zukunft ist damit zu rechnen, daß weitere umweltrechtliche Produktvorschriften erlassen werden, in denen erhöhte Anforderungen an die Umweltverträglichkeit gestellt werden.

Auf der Grundlage von **§ 14 des Abfallgesetzes** (AbfG) vom 27.8.1986, der als Überschrift "Kennzeichnung, getrennte Entsorgung, Rückgabe- und Rücknahmepflichten" trägt, kann die Bundesregierung für Erzeugnisse, deren Abfälle schadstoffhaltig sind (z.b. quecksilberhaltige Produkte, Batterien, Farben, Lösungsmittel), eine Kennzeichnungspflicht, eine Pflicht zur getrennten Entsorgung sowie eine Rücknahme- und Pfandpflicht festlegen und darüber hinaus anordnen, daß diese Erzeugnisse nur in bestimmter Beschaffenheit, für bestimmte Verwendungen, bei denen eine ordnungsgemäße Entsorgung der anfallenden Abfälle gewährleistet ist, oder überhaupt nicht in Verkehr gebracht werden dürfen, wenn bei ihrer Entsorgung die Freisetzung schädlicher Stoffe nicht oder nur mit unverhältnismäßig hohem Aufwand verhindert werden könnte.

Schließlich ist auch auf die Überlegungen zu einer Verordnung hinzuweisen, die die **Verwertung von Haushaltsgeräten und sogenanntem "Elektronik-Schrott"** zum Inhalt hat. Die Verbraucher sollen gebrauchte "braune und weiße Ware" - also einerseits Geräte der Unterhaltungs-Elektronik etc. und andererseits Elektro- und elektronische Haushaltsgeräte - an den Hersteller, den Handel oder beauftragte Dritte zurückgeben können. Diese sollen ein Sammelentsorgungs- und stoffliches Verwertungssystem aufbauen, was allerdings voraussetzt, daß bereits in die Neukonstruktion Aspekte der Entsorgung und Verwertung einfließen, so etwa die Verminderung umweltschädlicher Materialien und der Einsatz wiederverwertbarer Kunststoffe.

(2) Für Produktinformationen relevante Rechtsnormen

Zweck der verschiedenen gesetzlichen Kennzeichnungsvorschriften ist es, die Verbraucher in einheitlicher, allgemein verständlicher Form über wesentliche, objektiv nachprüfbare und gesicherte Warenmerkmale zu unterrichten, ihnen durch Erhöhung der Qualitätstransparenz eine kritische Beurteilung zu ermöglichen und sie damit sowohl vor gesundheitlichen Schäden und Sicherheitsrisiken als auch vor Irreführung zu schützen (vgl. Weber/Annuk 1976, S. 40 ff., Höhfeld/Strecker 1986, S. 23). Zu den rechtlichen Kennzeichnungsvorschriften gehören alle Vorschriften, die

155

- entweder positive und/oder negative **Warenkennzeichnungspflichten** für einzelne Wareneigenschaften bzw. Qualitätsbestandteile, wie z.b. Materialart, Brauchbarkeit, Haltbarkeit, Frische, Gefährlichkeit enthalten - derartige Pflichten sind z.b. im LMBG, AMG, MschG und Textilkennzeichnungsgesetz sowie in der Lebensmittelkennzeichnungsverordnung und Benzin-Qualitätsangabenverordnung verankert, oder
- durch **Festlegung von Standards und Handelsklassen** zur Darstellung der Gesamtqualität der Produkte zwingen und eine Pauschalbeurteilung von Waren ermöglichen.

2.4.1.2 Indirekte Qualitätssteuerung durch das Haftpflichtrecht

Entscheidungen über die physische Zusammensetzung und technische Konstruktion eines Produktes sowie die begleitende Kommunikation bedürfen unter dem Aspekt einer möglichen Inanspruchnahme durch das Haftpflichtrecht sorgfältiger Überlegungen. Einen Überblick über die wichtigsten Komponenten des Haftpflichtrechts mit Bedeutung für die Produktpolitik gibt *Bild 24*. Hierbei ist zwischen unmittelbaren Mangelschäden und mittelbaren Mangelfolgeschäden zu unterscheiden.

(1) Liegt ein **Mangelschaden** vor, d.h. ist ein Produkt fehlerhaft und verletzt es dadurch das Erfüllungs- bzw. Geschäftsinteresse des Käufers, und bestehen zwischen Käufer und Verkäufer keine über den Kaufvertrag hinausgehenden, besonderen vertraglichen Vereinbarungen, so ergeben sich die Ansprüche des Geschädigten aus der **gesetzlichen Gewährleistungsregelung**. Gesetzliche Anspruchsgrundlagen für den Kauf sind §§ 459 ff. BGB, die u.a. Gewährleistungs-, Schadensersatz- und Nachlieferungsansprüche bestimmen, sowie für Kaufleute zusätzlich §§ 373 HGB (vgl. Näheres bei Bussert 1979, 219 ff., Schlegelberger 1982, §§ 373-382). Als Grundprinzip der Gewährleistungshaftung gilt die Verschuldens*un*abhängigkeit des Verkäufers einer mangelhaften Sache.

Gesetzliche Gewährleistungsregelungen werden häufig durch **vertragliche Vereinbarungen** geändert, entweder durch individualvertragliche Vereinbarungen oder durch die für Massengeschäfte erforderlichen Allgemeinen Geschäftsbedingungen (AGB), sofern sie nicht rechtsunwirksam sind. Insbesondere letztere sind rechtlich dann nicht wirksam, wenn sie den Vertragspartner des Verwenders der AGB entgegen den Geboten von Treu und Glauben unangemessen benachteiligen (§§ 8-11 ABGB). In diesem Fall wird von **Garantiezusagen** gesprochen. Dabei handelt es sich im Gegensatz zur verbreiteten Ansicht nicht immer um Erweiterungen der Gewährleistungsansprüche zugunsten der Abnehmer, sondern häufig auch um Einschränkungen (Freizeichnungsklauseln).

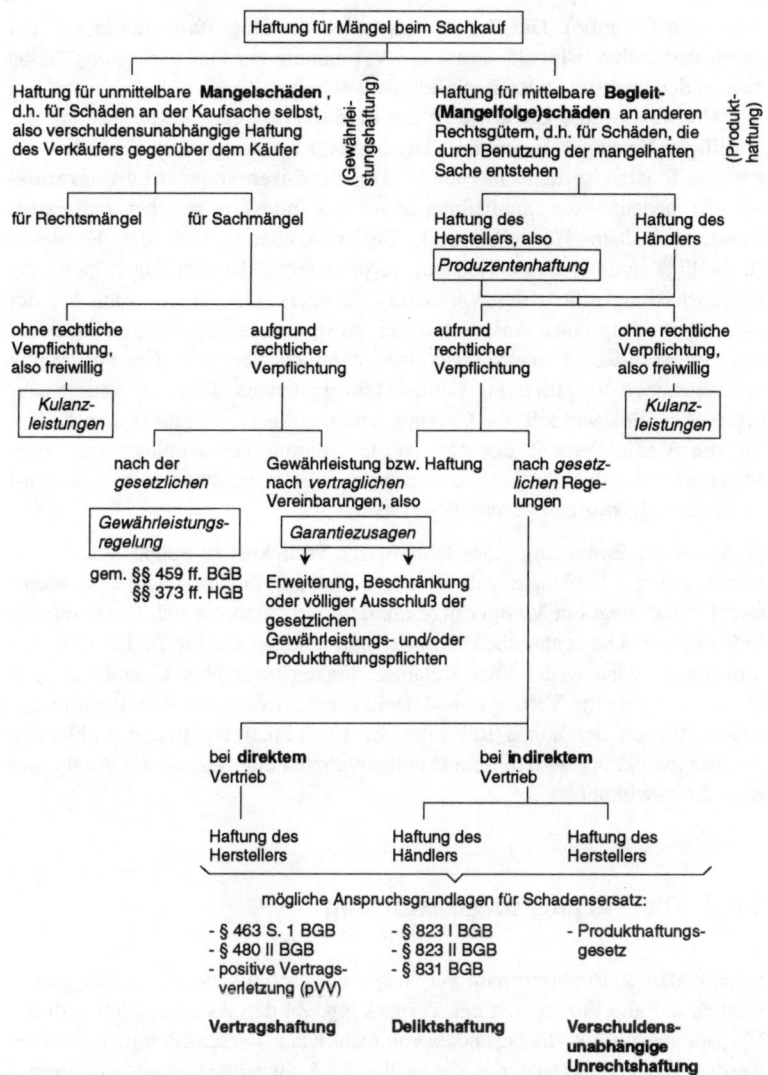

Bild 24: Gewährleistung, Garantie und Kulanz

Zwischen den Begriffen **Gewährleistung und Garantie** besteht keine eindeutige Trennschärfe. Sinnvoller ist es, von dem gesetzlich **vorgeschriebenen Einstehenmüssen** für Mängel bei der Erfüllung von Kauf-, Werk-, Werklieferungs- und Mietverträgen zu sprechen (hierfür soll im folgenden der Arbeitsbegriff Gewährleistung verwendet werden). Hiervon soll das **vertraglich vereinbarte**, von dem gesetzlich vorgeschriebenen abweichende Einstehenmüssen für obengenannte Mängel unterschieden werden (im

157

folgenden Garantie). Die Bedeutungsvielfalt des Begriffs Garantie und der damit verbundenen Inhalte sowie die Verbindung zur Gewährleistung lassen sich an den nachstehenden Begriffen verdeutlichen: Die **Unselbständige Garantie** ist die Modifikation der Gewährleistung des jeweiligen Vertrages, indem der Garantierende eine eingeschränkte oder verschärfte Einstandspflicht übernimmt. Die **Produzentengarantie (Garantieschein)** bedeutet die Schließung eines Garantievertrages bei indirektem Absatz zwischen Hersteller und Käufer, wodurch sich der Hersteller (freiwillig) zu einer Gewährleistung verpflichtet. Unberührt davon bleibt die Gewährleistungspflicht des Verkäufers (Handel). Der Käufer kann bei der Geltendmachung eines Anspruches den Anspruchsverpflichteten auswählen. Die **Selbständige Garantie** ist eine inhaltlich über die Gewährleistung hinausgehende Verpflichtung (keine Modifikation im Sinne der unselbständigen Garantie), wie z.b. die Garantie des Bauträgers gegenüber dem Käufer für die Vermietbarkeit des Hauses. Übernimmt der Anbieter für einen Mangelschaden die Haftung, ohne rechtlich dazu verpflichtet zu sein, so wird von **Kulanzleistungen** gesprochen.

(2) Wenn die Benutzung eines fehlerhaften Produktes zu einem Schaden an einem anderen Rechtsgut geführt und somit das Integritätsinteresse beeinträchtigt hat, liegt ein **Mangelfolgeschaden** und damit ein Fall der **Produkthaftung** vor. Die rechtlichen Anspruchsgrundlagen hierfür finden sich, sofern die Schäden weder über Kulanzleistungen noch über Garantiezusagen ersetzt werden, im Vertrags- und Deliktsrecht sowie im Produkthaftungsgesetz. Wegen der hohen Relevanz der Produkthaftung und der aktuellen Rechtsentwicklung wird diesem Problemkomplex eine vertiefende Analyse in *Kap. 2.6* gewidmet.

2.4.2 Die Verpackungsgestaltung

Beschränkende Rechtsnormen zur Verpackungspolitik beziehen sich grundsätzlich auf alle Funktionen der Verpackung. Zu den Aktionsparametern der Verpackungspolitik, die besonders von rechtlichen Vorschriften reglementiert werden, gehören das Material, die Größe, die Kennzeichnung und die Werbefunktion der Verpackung (vgl. hierzu Pollmüller 1978, S. 137 ff.).

2.4.2.1 Das Material der Verpackung

Im Rahmen des Materialaspektes der Verpackung sind die Fragen zu beantworten, "ob" ein Verpackungszwang besteht und "inwieweit" bestimmte Reglementierungen bei der Art der Verpackung bestehen. Rechtliche Regelungen bzgl. des Materials bestehen vor allem

- zum Schutz des Produktes vor Verderb, Schmutz, Bazillen etc., um die Ekelerregung des Durchschnittsverbrauchers zu vermeiden ("Ob"),
- zur Schaffung der Voraussetzung zur Einhaltung bestimmter rechtlicher Vorschriften ("Ob"),
- zur Vermeidung von Gefahren, die sich aus der Verwendung der Verpackung ergeben ("Wie"), angesprochen ist damit das Produkthaftungsrecht (siehe *Kap. 2.6*), und
- zur Vermeidung gefährlicher, gesundheitsschädlicher und umweltschädlicher Verpackungen ("Wie").

Rechtsvorschriften, die zum Schutz der Gesundheit eine bestimmte Art der Verpackung vorschreiben, existieren vor allem im Arznei- und Lebensmittelrecht. Letzteres enthält innerhalb der einzelnen Gesetze und Verordnungen (Lebensmittel- und Bedarfsgegenständegesetz (LMBG), Margarinegesetz, Butterverordnung, Käseverordnung u.v.a.m.) **zahlreiche Einzelvorschriften**, die sich auf das "Ob" und das "Wie" der Verpackung beziehen. Insbesondere kann der Verkäufer zur Verpackung der Ware verpflichtet sein, will er nicht gegen § 17 I Nr. 1 LMBG verstoßen. Ein solcher Verstoß kann dann vorliegen, wenn die Umstände der Warenpräsentation (z.B. in unverschlossenen Glasschalen auf offener Straße angebotene Süßwaren) geeignet sind, die Beschaffenheit der Produkte nachhaltig hinsichtlich ihrer objektiven Verkehrstauglichkeit zu beeinflussen und dadurch den Ekel des Durchschnittsverbrauchers zu erregen.

Während sich ein möglicher Verpackungszwang ("Ob") in dem vorstehenden Beispiel nach den zu beurteilenden Umständen des Einzelfalls richtet, gilt für andere Produkte per se ein **genereller Verpackungszwang**, wie z.B. für Zigaretten (§ 6 I TabStG), um bestimmte gesetzliche Verpflichtungen, hier das Tragen der Steuerbanderole, erfüllen zu können.

Sowohl das Arznei- als auch das Lebensmittelrecht beinhalten zudem eine Fülle von **Ermächtigungsvorschriften**, die es dem zuständigen Minister u.a. anheimstellen, per Rechtsverordnung die Wahl des Verpackungsmaterials zu beeinflussen ("Wie"). Anforderungen an das Verpackungsmaterial resultieren ferner aus der allgemeinen Verkehrspflicht nach §§ 823 ff. BGB, wonach auch bei der Verpackungspolitik die Gefahr einer deliktsrechtlichen Haftung beachtet werden muß (siehe *Kap. 2.6*).

Im Bereich des Umweltrechts hat die Bundesregierung die Ermächtigungsgrundlage von § 14 des Abfallgesetzes (AbfG) für den Erlaß der "Verordnung zur Vermeidung von Verpackungsabfällen" genutzt, die ab dem 1.12.1991 schrittweise in Kraft getreten ist. Da die **Verpackungsverordnung** alle Elemente der Verpackungspolitik berührt, wird sie in *Kap. 2.4.2.5* gesondert dargestellt.

Schließlich bestehen **Rechtsprobleme bei Mehrwegverpackungen**, wie z.B. im Hinblick auf die Eigentumsverhältnisse und die Rechtsnatur des "Pfandes" beim Direktvertrieb oder im Hinblick auf die Individualisierung von Getränkeflaschen beim indirekten Vertrieb (vgl. Kollhosser/Bork 1987).

2.4.2.2 Die Größe der Verpackung

Durch gesetzliche Vorschriften über die Größe der Verpackung soll vorbeugend verhindert werden, daß gewisse Waren in Einheiten verkauft werden, die den Abnehmer - weil schwer überschaubar - über die Menge täuschen. Neben den spezialgesetzlichen Regelungen des Lebensmittel- und Arzneimittelrechts werden Entscheidungen über die Größe der Packung als Maß- und Mengeneinheit vor allem durch die Forderungen des Gesetzes über das Meß- und Eichwesen (Eichgesetz) und den verschiedenen daraus hervorgegangenen Verordnungen über Fertigpackungen beeinflußt. Sie enthalten neben formellen Mengenkennzeichnungspflichten auch materielle Füllmengenregelungen (z.B. § 16 EichG und §§ 17, 18 FPV).

Außer diesen mehr technisch-physikalisch orientierten existieren auch noch einige wettbewerbsrechtlich ausgerichtete Rechtsvorschriften, die es verbieten, durch die äußere Aufmachung der Verpackung eine Täuschung über den tatsächlichen Inhalt herbeizuführen (sog. Mogelpackungen). Nach § 17 EichG müssen Packungen so gestaltet sein, daß sie keine größere Füllmenge vortäuschen, als darin tatsächlich enthalten ist. Die Tatbestandsvoraussetzungen des § 17 EichG, daß ein Mißverhältnis zwischen Füllmenge und Packungsgröße einerseits und das Vortäuschen andererseits bestehen, können in der Regel durch drei Grundformen erfüllt sein. Verboten sind danach erstens bestimmte **Gestaltungsformen und -erscheinungen**, wie z.B. zu große Hohlböden, zu dicke Wandungen von Behältnissen, Verschlüsse von Behältnissen, die vortäuschen, daß die Behälter bis zum Rand gefüllt sind. Unzulässig ist auch die Reduzierung des Inhalts eines seit längerem auf dem Markt befindlichen Erzeugnisses unter Beibehaltung der Verpackungsgröße. Verboten sind zweitens **zu große Lufträume** der Packungen, wobei der technisch notwendige Luftraum im Rahmen des noch zu tolerierenden Luftraums zu berücksichtigen ist.

Verboten ist drittens die **Unverhältnismäßigkeit** von Füllmenge zu Packungsvolumen, die insbesondere durch das Zusammenwirken der ersten beiden Formen entstehen kann. Eine solche Unverhältnismäßigkeit liegt dann jedoch nicht vor, wenn beispielsweise auf der Verpackung darauf hingewiesen wird, daß die Innenpackung ein wesentlich geringeres Volumen aufweist, als die Außenpackung vermuten läßt. Für verschiedene Erzeugnisse und Behältnisse enthält § 17a EichG Sonderregelungen, die u.a. dem Schutz der Verbraucher und der Erleichterung des Handels mit Fertigpackungen dienen. Ein weiteres spezialrechtliches Täuschungsverbot über sog. Mogelpackungen beinhaltet § 17 I Nr. 5 LMBG, wonach es verboten ist, Lebensmittel unter irreführender Bezeichnung, Angabe und Aufmachung anzubieten.

Neben diesen spezialgesetzlichen Vorschriften sind darüber hinaus die "sittenwidrige Täuschung" (§ 1 UWG) und das allgemeine Verbot der "Irreführung" (§ 3 UWG) bei der Bestimmung der Verpackungsgröße zu beachten. Mogelpackungen sind nach § 3 UWG nicht deshalb zulässig, weil ihre Gestaltung aus technischen oder wirtschaftlichen Gründen notwendig ist (vgl. OLG Frankfurt, in: WRP 1979, S. 772 - Patent-Schuhcremedosen). Vielmehr hat der die Ware in Verkehr Bringende alle Maßnahmen zu ergreifen bzw. zu unterlassen, um mittels der Verpackungsgröße eine Täuschung über den tatsächlichen Inhalt zu vermeiden.

2.4.2.3 Die Kennzeichnung der Verpackung

Vorschriften, die zum Schutz vor Gesundheitsschädigungen und Irreführung eine bestimmte Kennzeichnung der Verpackung vorschreiben, sind vor allem in der Fertigpackungsverordnung (FPV), in der Lebensmittel-Kennzeichnungsverordnung (LMKV), im LMBG, in der Nährwert-Kennzeichnungsverordnung, in der Diätverordnung, im AMG und im EichG zu finden.

Die **Fertigpackungsverordnung** enthält folgende grundsätzliche Regelungen für die **Mengenkennzeichnung**. Unbestimmte Füllmengenangaben, die Angabe eines Füllmengenbereichs oder die zusätzliche Angabe eines Bruttogewichts sind unzulässig (§ 6 II FPV). Bei **echten Sammelpackungen**, die aus mehreren einzelnen, auch separat erhältlichen Fertigpackungen bestehen, sind zusätzlich zur Angabe der Füllmenge auf den einzelnen Fertigpackungen (z.B. Schokoriegel) auf der Umhüllung der Sammelpackung die Anzahl und die Nennfüllmenge der einzelnen Fertigpackungen anzugeben. Diese Angabe kann entfallen, wenn die einzelnen zu einer Sammelpackung gehörigen Fertigpackungen sichtbar und leicht zählbar sind (§ 6 V FPV). **Unechte Sammelpackungen** enthalten mehrere in einer Fertigpackung verpackte Einzelstücke, die einzeln nicht zum Kauf angeboten werden. Hier müssen auf der Fertigpackung die Füllmenge und die Zahl der Stücke angegeben werden (§ 6 III FPV) **Kombinationspackungen** bestehen aus mehreren nicht zum Einzelkauf bestimmten Packungen unterschiedlicher Größe und teilweise auch unterschiedlicher Art (z.B. Seife und Parfum). Hier sind nur die einzelnen Mengen anzugeben (§ 6 IV FPV). Auf **Maßbehältnissen** wie z.B. Flaschen sind das Nennvolumen, das Randvolumen und das Herstellerzeichen anzugeben (§ 17 I FPV). Darüber hinaus enthält die FPV für die Mengenangabe zahlreiche produktbezogene Vorschriften, auf die hier nicht eingegangen werden kann.

Nach der **Lebensmittel-Kennzeichnungsverordnung** dürfen Lebensmittel in Fertigpackungen nur in den Verkehr gebracht werden, wenn sie folgende Angaben enthalten (§ 3 LMKV):

- die Verkehrsbezeichnung, d.h. die nach allgemeiner Verkehrsauffassung übliche Bezeichnung (§ 4 LMKV),
- den Namen der Firma oder des Herstellers oder des Verpackers oder eines in der EU niedergelassenen Verkäufers,
- das Zutatenverzeichnis (§§ 5, 6 LMKV) sowie
- das Mindesthaltbarkeitsdatum (§ 7 LMKV).

In der jüngeren Vergangenheit sind rechtliche Probleme insbesondere bei Lebensmitteln aufgetreten, die Begriffe wie "leicht" oder "light" tragen. Die Verbraucher erwarten bei diesen Produkten z.b. einen niedrigeren Kaloriengehalt als bei vergleichbaren "normalen" Produkten. Treffen diese Erwartungen nicht zu, verstoßen die Anbieter gegen das Irreführungsverbot (siehe hierzu in *Kap. 4.3.2*). Lebensmittel-Kontrollaktionen zeigen, daß vielfach die gesetzlich erforderlichen Kalorien- und Nährwertangaben fehlten. So stellte die Arbeitsgemeinschaft der Verbraucherverbände fest, daß z.b. sieben von neun "leichten" Kondensmilcherzeugnissen keine Kalorien- und Nährwertangaben aufwiesen (vgl. o.V. 1993). Für die Verbraucher ist es unter diesen Voraussetzungen schwierig und teilweise unmöglich zu überprüfen, ob die "leichten" Produkte ihren gesundheitsbezogenen Erwartungen entsprechen. Weitere Verstöße wurden vor allem in den Produktgruppen Käse, Milchprodukte, Wurstwaren, Bier und Backwaren registriert. Ein Beispiel: Als "leicht" gekennzeichnete Wurstsorten enthielten weit über 300 kcal pro 100 g, obwohl Wurstwaren nach der Nährwert-Kennzeichnungsverordnung nur dann als "kalorienvermindert" bezeichnet werden dürfen, wenn sie maximal 200 kcal pro 100 g enthalten.

Neben den speziell für die einzelnen Produktbereiche (Lebensmittel, Kosmetika, Arzneimittel etc.) bestehenden Vorschriften ergibt sich aus den allgemeinen Grundsätzen der Instruktionshaftung die Kennzeichnungspflicht für Verpackungen, auf denen auf von dem jeweiligen Produkt ausgehende Gefahren hinzuweisen bzw. über dessen Ge- oder Verbrauch zu belehren (siehe *Kap. 2.6.3.2.3*) ist.

2.4.2.4 Die Werbe- und Verkaufsförderungsfunktion der Verpackung

Soweit es um die Werbe- und Verkaufsförderungsfunktion der Verpackung geht, sind insbesondere die Vorschriften der ZugabeVO zu beachten. Zwar gilt die Verpackung in der Regel als handelsübliches Zubehör zur Ware, aber sie verstößt dann gegen § 1 ZugabeVO, wenn sie gezielt zu Zwecken der Absatzförderung einen Zweitnutzen besitzt, der sich nicht im Rahmen handelsüblicher Gepflogenheiten bewegt und über das hinausgeht, was von der Käuferseite ohnehin als Verpackung erwartet wird. Dabei kommt dem Wertfaktor einer Verpackung besondere Bedeutung zu: Eine Verpackung ist dann nicht mehr als handelsübliches Zubehör einer Ware zu bewerten, wenn sich der Aufwand für Werkstoff und Ausstattung mit dem Verpackungszweck allein nicht mehr rechtfertigen läßt, d.h. der Aufwand für die Verpackung muß produktadäquat sein (vgl. Burmann 1973, S. 106 ff.). Ferner ist es bedenklich, in der Werbung auf die speziellen Zweitverwendungsmöglichkeiten der Verpackung besonders aufmerksam zu machen; nach der Rechtsprechung ist der Eindruck des Angebots eines handelsüblichen Zubehörs in der Regel zu verneinen, wenn durch die begleitende Werbung der Zweitnutzen als eigentliche Zweckbestimmung in den Vordergrund gerückt wird.

2.4.2.5 Die Bedeutung der Verpackungsverordnung für die Verpackungsgestaltung

Die Verpackungsverordnung von 1991 nimmt mit ihren abfallwirtschaftlichen Zielen in § 1 einen starken Einfluß auf die Verpackungspolitik (die folgenden Rechtsnormen beziehen sich auf die VerpackungsVO): Verpackungsgewichte und -volumen sind auf ein notwendiges Maß zu **reduzieren**, Verpackungen sollen so gestaltet werden, daß sie **wiederbefüllt** werden können, und Verpackungen sollen vorrangig stofflich **verwertet** werden, wenn eine Wiederbefüllung nicht möglich ist.

In § 3 I werden Transport-, Um- und Verkaufsverpackungen voneinander abgegrenzt: **Transportverpackungen** sind Fässer, Kanister, Kisten, Säcke, Paletten, Kartonagen etc., die dazu dienen, Waren auf dem Weg vom Hersteller bis zum Vertreiber vor Schäden zu bewahren, oder die aus Gründen der Sicherheit des Transportes verwendet werden. **Umverpackungen** sind Blister, Folien, Kartonagen etc., die dazu bestimmt sind, die Abgabe von Waren nach dem Selbstbedienungs-Prinzip zu ermöglichen, Diebstähle zu verhindern bzw. zu erschweren und die überwiegend der Werbung dienen. **Verkaufsverpackungen** schließlich sind geschlossene oder offene Behältnisse oder Umhüllungen von Waren, wie Becher, Beutel, Blister, Dosen, Eimer, Kanister, Säcke, Schachteln etc., die vom Endverbraucher zum Transport oder bis zum Verbrauch der Ware verwendet werden.

Für alle drei Verpackungsarten sieht die Verordnung für deren Vertreiber eine **Rücknahmepflicht** sowie die Pflicht vor, die Verpackungen grundsätzlich zu demselben Zweck **wiederzuverwenden (Mehrwegverpackung)** oder sie vorrangig einer **stofflichen Verwertung (Recycling)** zuzuführen (§§ 4-6). Diese Pflichten gelten für Transportverpackungen ab dem 1.12.1991, für Umverpackungen ab dem 1.4.1992 und für Verkaufsverpackungen ab dem 1.3.1993.

Für Verpackungen von Getränken, Wasch- und Reinigungsmitteln sowie Dispersionsfarben besteht ab dem 1.1.1993 eine **Pfanderhebungspflicht**. Das Pfand ist ab einem bestimmten Füllvolumen zu erheben: Getränke, Wasch- und Reinigungsmittel ab 0,2 l, Dispersionsfarben ab 2 kg (§§ 7, 8).

Allerdings hat der Gesetzgeber die Möglichkeit geschaffen, sich von der Rücknahme- und Entsorgungspflicht für Verkaufsverpackungen sowie von der Rücknahme- und Pfanderhebungspflicht für die Verpackungen von Getränken, Wasch- und Reinigungsmitteln sowie Dispersionsfarben durch ein privates Abholsystem zu befreien, das die aufgeführten gebrauchten Verpackungen in den Haushaltungen oder in deren Nähe abholt und anschließend der Sortierung und stofflichen Verwertung zuführt (§§ 6 III, 9 I). Zu diesem Zweck wurde 1990 die Duales System Deutschland (DSD) GmbH gegründet, deren Träger Hersteller von Verpackungen und Konsumgütern sowie Handelsunternehmungen sind. Die Gesellschaft vergibt an die Konsumgüterhersteller Lizenzen zur Nutzung des sogenannten **grünen Punktes**, der dann von den Produkten geführt werden darf, die die Verbraucher in separaten Wertstofftonnen sammeln und somit auf dem obengenannten Weg zur stofflichen Verwertung gelangen. Ziel ist es, daß in absehbarer Zeit im Handel nur noch Produkte mit dem grünen Punkt oder mit Mehrwegverpackungen erhältlich sind.

Weiterhin ist die Rücknahme- und Pfanderhebungspflicht bei Mehrwegverpackungen von Getränken solange aufgehoben, wie deren Anteil in der Bundesrepublik Deutschland nicht unter 72 % sinkt (§ 9 II).

2.4.3 Die Markenpolitik

Die Markenpolitik umfaßt sämtliche mit der Markierung von Produkten zusammenhängenden Entscheidungen und Maßnahmen. Markierung bedeutet, daß auf Produkten Kennzeichen angebracht werden, die eine Individualisierung der Ware ihrer betrieblichen Herkunft nach ermöglichen sollen, d.h. die Markierung wird als Identifikations- und Differenzierungsmittel eingesetzt. Als Kennzeichnungsmittel für Hersteller- und Händlermarken kommen grundsätzlich Buchstaben, Zahlen, Farben, Bilder oder Kombinationen daraus in Betracht.

Neben der Beachtung bestehenden Rechtsschutzes Dritter an Marken und sonstigen Kennzeichen (siehe hierzu in *Kap. 2.3.2.5*) ist bei Entscheidungen über die Produktmarkierung darauf zu achten, daß die mit der Warenkennzeichnung u.U. implizierten Produkteigenschaften (Beschaffenheit, Herkunft, Herstellungsart etc.) mit denen des tatsächlichen Produktes übereinstimmen. Die Produktmarkierung darf keine täuschenden Angaben enthalten; daher sind alle gesetzlichen Vorschriften, die sich gegen Irreführung wenden, zu beachten, insbesondere die §§ 1, 3, 4 UWG (vgl. hierzu ausführlich die Ausführungen zu den rechtlichen Grenzen der Gestaltung der Werbebotschaft in *Kap. 4.3*) und die spezialgesetzlichen Vorschriften über Irreführung, vor allem des LMBG und AMG.

2.5 Beschränkende Rechtsvorschriften der Kundendienstpolitik

2.5.1 Die relevanten Rechtsnormen der Kundendienstpolitik im Überblick

Die rechtlichen Problemstellungen der Kundendienstpolitik sind aufgrund der engen Verknüpfungen dieses Instrumentes mit dem Angebot der Hauptleistung, aber auch mit der Gestaltung der Kontrahierungsbedingungen und der Distributionspolitik, äußerst vielschichtig. Fragen der Gewährleistungshaftung, der Produkthaftung und der Festlegung von "Garantiekonditionen" in Allgemeinen Geschäftsbedingungen gehören ebenso zu dem hier relevanten Problemfeld wie die unmittelbar mit der Durchführung der Instruktions-, Versorgungs- und Serviceleistungen verbundenen Fragen der Vertragsgestaltung, der Selektion und Bindung von Vertragspartnern und dergleichen. Die rechtlichen Dimensionen lassen sich wie folgt strukturieren.

Erstens sind rechtliche Verpflichtungen **Anlässe** für Kundendienstleistungen, wie z.B.

- die Versorgung mit sachlichen Hilfsmitteln, insb. Ersatzteilen,
- die Durchführung von Serviceleistungen, deren Gewährleistungsanspruch dem Käufer aus einem Mangelschaden oder Mangelfolgeschaden (vgl. zu diesen Begriffen sowie *Kap. 2.6.1*) erwachsen kann, sowie
- die Instruktionspflicht (schriftliche Gebrauchs- und Benutzungsanleitungen) gegenüber den Käufern zur Vermeidung eines auf einem Instruktionsfehler beruhenden Mangelfolgeschadens (siehe hierzu ausführlich *Kap. 2.6.3.2.3*).

Zweitens sind rechtliche Probleme die **Folge** von Kundendienstleistungen, wenn diese selbst aufgrund

- unzulänglicher Versorgungsleistungen (z.B. keine Versorgung mit Ersatzteilen),
- mangelhafter Ausführung der Serviceleistungen oder
- falscher oder mißverständlicher Instruktionen einen Mangelschaden oder Mangelfolgeschaden nach sich ziehen, die einen Haftungsanspruch des Geschädigten gegenüber dem Träger der Kundendienstleistung begründen können.

Drittens sind **rechtliche Gestaltungsmöglichkeiten** im Rahmen der Kundendienstpolitik darauf hin zu prüfen, ob und inwieweit sie die

- Verhinderung der obengenannten rechtlichen Probleme,
- zumindest die Eingrenzung ihrer negativen Auswirkungen auf die Unternehmung und
- die Absicherung bestimmter absatzpolitischer Strategien erlauben.

Als Gestaltungsinstrument zur Einschränkung oder (unter akquisitorischen Aspekten) zur Ausdehnung der gesetzlichen Gewährleistungsansprüche bieten sich **individualvertragliche Regelungen** an, wie z.B. ein Garantievertrag. Zur Vermeidung rechtlicher Auseinandersetzungen empfiehlt sich - wenn auch diese Form nicht zwingend ist - die schriftliche Niederlegung von Art, Umfang, Ziel und Entgelt der zu erbringenden Leistungen, die sowohl einzeln als auch im Rahmen eines umfangreichen Leistungspaketes anfallen können. Die Einzelleistungen dieses Leistungspaketes können zu einem bestimmten Zeitpunkt (z.B. eine Routinewartung neben einer Großreparatur) oder in zeitlichen Abständen (z.B. 10 Inspektionen im Halbjahresrhythmus) erbracht werden.

Viertens sind zur wirksamen Vorbeugung gegenüber angreifbaren Positionen die **rechtlichen Grenzen** bei der Ausgestaltung der kundendienstpolitischen Elemente im Rahmen der Angebotspolitik, der Kundendienst-Organisation, der Preisgestaltung und der Werbung zu erfassen und zu berücksichtigen (vgl. *Bild 25*).

2.5.2 Rechtliche Probleme im Rahmen technischer Serviceleistungen

Bei den technischen Serviceleistungen liegt das Schwergewicht rechtlicher Probleme bei der **Wartung, Inspektion und Reparatur.** Montage, Installation und Inbetriebnahme treten dagegen nur bei einer begrenzten Anzahl von Produkten auf und hier in der Regel auch nur einmal, nämlich bei der Anschaffung. Hier sind zwar gelegentlich auch rechtliche Fragen anzutreffen, etwa darüber, wer eine Montage durchführen muß und in welcher Zeit, ob der Kaufpreis schon fällig ist, obwohl eine Anlage noch nicht vollständig installiert ist, weil der Käufer noch nicht die für die Installation notwendigen Vorarbeiten hat ausführen lassen, und ähnliches. Solche Fragen stehen aber im engen Zusammenhang mit der Lieferung des Hauptproduktes selbst und sollen daher nicht vertieft werden.

2.5.2.1 Die Pflicht zur Erbringung von Serviceleistungen aus der gesetzlichen Gewährleistung

Im folgenden werden überblickartig die wesentlichen Punkte im Zusammenhang mit den Voraussetzungen, den Rechtsfolgen und der Durchführbarkeit der gesetzlichen Gewährleistungspflicht bei Sachmängeln dargestellt.

(1) Anspruchsvoraussetzungen

Die erste Anspruchsvoraussetzung bildet eine **mangelhafte Leistung**, d.h. ein Fehler, der den Wert oder die Ge- bzw. Verbrauchstauglichkeit mindert oder aufhebt, oder das Fehlen einer zugesicherten Eigenschaft (siehe ausführlich hierzu *Kap. 2.6.2.1*). Die zweite Anspruchsvoraussetzung besteht in der **Unkenntnis des Käufers** über diesen Sachmangel bei **Kaufabschluß**. Kannte der Käufer den Mangel oder dessen Eignung zur Minderung des Wertes oder der Ge- bzw. Verbrauchstauglichkeit, so besteht kein Gewährleistungsanspruch (§ 460 BGB).

Relevante Rechtsvorschriften im Bereich der Kundendienstpolitik

Angebotspolitik
- Gewährleistung (§§ 459-492; 633-640 BGB)
- Besonderheiten der Gewährleistung beim Handelskauf (§§ 377 f. HGB)
- Grenzen vertraglicher Vereinbarungen der Gewährleistung (§ 476a BGB, §§ 9, 11 Nr. 10 AGBG)
- Garantievereinbarungen (§§ 305, 157 BGB)
- Haftung der Verkäufer für Verschulden des Herstellers beim Verkauf von Produkten (§ 278 BGB)
- Wartungsverträge, Abschlußfreiheit und Verhältnis zur Gewährleistung (§§ 305, 242 BGB)
- Ersatzteillieferpflicht (§§ 242, 305, 133, 157 BGB)

Kundendienst-Organisation
- Selektion der Kundendienstträger (§§ 22 IV, V, 26 II GWB, Art. 85, 86 EWGV)
- Vertriebsbindung für Güter, die im Kundendienst verwertet werden (§§ 18 I, Ziff. 3, 22 IV, V GWB, Art. 85, 86 EWGV)
- Bezugsbindung für Ersatzteile (§§ 18 I, Ziff. 2, 22 IV, V GWB, Art. 85, 86 EWGV)

Preispolitik
- Preisgestaltung (§ 22 IV, V GWB, Art. 86 EWGV)
- Rabatt für Großkunden (§ 8 RabattG)
- Preisempfehlung für Kundendienstleistungen (§§ 15, 38 I Nr. 12, 38a GWB)
- Kundendienst als Zugabe (§ 1 I, IId ZugabeVO)
- Kostenvoranschlag (§§ 305, 241 BGB)

Werbung
- unlautere bzw. irreführende Werbeaussagen (§§ 1, 3 UWG)
- Verbot der Ausnutzung fremden "good wills" durch Vortäuschung einer Organisationszugehörigkeit (§§ 1, 3 UWG)
- Wertwerbung für Kundendienst durch unentgeltliche Leistungen (§ 1 UWG, § 1 ZugabeVO)

Bild 25:   Relevante Rechtsvorschriften im Bereich der Kundendienstpolitik

(2) Verlust des Gewährwährleistungsanspruches durch Verjährung

Gemäß §§ 477 I, 638 I BGB verjähren Gewährleistungsansprüche im Zusammenhang mit Güterumsätzen nach 6 Monaten, sofern der Mangel nicht arglistig verschwiegen wurde (dann nach 30 Jahren, § 195 BGB). Die Frist beginnt in dem Augenblick, in dem das Gut so "in den Herrschaftsbereich des Käufers gelangt ist, daß er es untersuchen und einen Mangel entdecken kann" (Larenz 1981, § 41 IId, S. 58).

Bei Anerkennung des Anspruchs durch den Anspruchsverpflichteten oder bei gerichtlicher Geltendmachung des Anspruches wird die bisher abgelaufene Zeit bei einem erneuten Anspruch nicht angerechnet (§ 217 BGB), dagegen wird die bereits abgelaufene Verjährungszeit nur angehalten, um einen Mangel festzustellen oder ihn abzustellen (§ 205 BGB). Letzteres bedeutet beispielsweise, daß bei einer einwöchigen Reparatur die Gewährleistungsansprüche erst eine Woche später verjähren.

(3) Besonderheiten des Gewährleistungsanspruches beim Handelskauf

In Ergänzung zu den obengenannten Punkten ist bei einem Handelskauf (beide an einem Kaufvertrag beteiligte Parteien sind Kaufleute gemäß §§ 1 ff. HGB) die **ordnungsgemäße Rüge** gemäß §§ 377, 378 HGB erforderlich. Dies bedeutet, daß die angelieferte Ware sofort nach Erhalt untersucht und Mängel dem Lieferanten unverzüglich angezeigt werden müssen (§ 379 I HGB). Kann der Mangel erst später erkannt werden, so ist dann ohne Verzug die Mängelrüge vorzunehmen (§ 377 III HGB). Die Verletzung der Pflicht zur unverzüglichen Rüge führt nur dann nicht zum Verlust der Gewährleistungsansprüche, wenn der Verkäufer den Mangel gekannt, aber arglistig verschwiegen hat (§ 377 V HGB).

(4) Rechtsfolgen

Ein berechtigter Gewährleistungsanspruch räumt dem Käufer im Rahmen des **Kaufrechts** die Möglichkeiten der Wandlung (– Rückgängigmachung des Kaufes), der Minderung (= Ermäßigung des Kaufpreises) sowie bei Serienartikeln die Nachlieferung einer mangelfreien Sache ein.

Aus dem **Werkvertragsrecht** wächst dem Kunden das Recht auf Nachbesserung, d.h. Reparatur der mangelhaften Leistung, zu.

2.5.2.2 Die Erweiterungs- und Einschränkungsmöglichkeiten der gesetzlichen Gewährleistungsregelung durch eine unselbständige Garantie

Dem Verkäufer steht die Möglichkeit offen, die sich aus der gesetzlichen Gewährleistungsregelung ergebenden Ansprüche durch (1) individualvertragliche Vereinbarungen oder (2) vorformulierte Vertragsbedingungen einzuschränken oder zu erweitern (sog. unselbständige Garantie).

Die rechtliche Zulässigkeit **individualvertraglicher Vereinbarungen** ergibt sich aus der in Art. 2 GG garantierten und in §§ 241, 305 BGB konkretisierten Vertragsfreiheit. Von besonderer Bedeutung ist in diesem Zusammenhang die in § 476a BGB verankerte Möglichkeit, daß der Verkäufer sich beim Kaufvertrag das **Recht auf Nachbesserung** einräumen kann, das damit den in § 462 BGB gesetzlich garantierten Rechten des Käufers auf Wandlung bzw. Minderung vorgeschaltet ist. Alle bei der Nachbesserung anfallenden Kosten, wie etwa Arbeits-, Material- und in gewissem Umfang auch Transport,- Wege- und sonstige Kosten, hat der zur Nachbesserung verpflichtete Verkäufer zu tragen (§ 476a, S. 1 BGB).

Die Möglichkeit des bis zum völligen Ausschluß von Gewährleistungsansprüchen gehenden Rechtes findet seine Grenzen zum einen in arglistig verschwiegenen Mängeln, für die der Unternehmer gemäß §§ 476, 637 BGB immer haften muß, und zum anderen in § 138 BGB, wonach gegen die guten Sitten verstoßende Individualvereinbarungen unwirksam sind.

Von der gesetzlichen Gewährleistung abweichende Regelungen wirken immer nur auf den vertraglich geregelten Problemkreis; im übrigen gelten die gesetzlichen Regelungen.

Weitergehende Grenzen der Vertragsfreiheit bestehen bei **vorformulierten Vertragsbedingungen**, welche in der Form von Allgemeinen Geschäftsbedingungen (AGB) dem Kaufvertrag zugrunde gelegt werden können, um unökonomische Individualvereinbarungen zu vermeiden (siehe dazu *Kap. 1.5.6*). Die für den Kundendienst wesentlichen Bestimmungen finden sich in § 11 Ziff. 10 AGBG. Hiernach gilt im Zusammenhang mit dem Absatz neu hergestellter Sachen: Wenn eine der in dieser Vorschrift angesprochenen Klauseln in AGB auftaucht, so ist sie unbedingt unwirksam. Diese Klauseln werden im folgenden vorgestellt:

(1) Ziff. 10 a:
Ein Kunde darf nicht auf Rechte gegenüber Dritten verwiesen werden, d.h. eine Freizeichnung von der gesetzlichen Gewährleistungspflicht unter Hinweis des Händlers auf eine gegebenenfalls abgegebene Herstellergarantie ist unwirksam.

(2) Ziff. 10 b:
Der Gewährleistungsanspruch darf nicht auf ein Nachbesserungsrecht beschränkt bleiben, wenn die Nachbesserung unmöglich ist, fehlschlägt oder sonst unzumutbar hinausgezögert wird. Für diesen Fall muß wenigstens Wandlung noch hilfsweise gegeben sein. Ohne Wandlungsrecht würde der Käufer in einer gegen Treu und Glauben verstoßenden Weise rechtlos gestellt (vgl. BGH, in: BB 1980, S. 13 ff.).

Das zentrale Problem liegt in der Klärung der Frage, wann eine Nachbesserung als fehlgeschlagen anzusehen ist, d.h. wie oft sich ein Käufer Reparaturversuche gefallen lassen muß, wenn ein und derselbe Fehler immer wieder auftritt. Diese Frage ist für Kraftfahrzeuge schon einmal dahingehend entschieden worden, daß der Käufer nach dem dritten vergeblichen Reparaturversuch den Vertrag rückgängig machen kann (vgl. OLG Frankfurt, in: DB 1981, S. 637). Allgemein hängt die Zahl der zumutbaren Nachbesserungsversuche von der Art des Mangels und einer Abwägung der beiderseitigen Interessen ab (vgl. OLG Karlsruhe, in: DAR 1977, S. 323). So läßt sich dem Kraftfahrzeugfall entnehmen, daß bei höherwertigen Produkten bis zu drei Reparaturen zumutbar sind, sonst aber nur eine oder höchstens zwei. Nur ein Versuch ist insbesondere dann zulässig, wenn

- der Verwender der AGB unzuverlässig ist,
- der Kunde für den Verkäufer erkennbar auf die Benutzung des Produktes angewiesen ist oder
- wenn man die Sache zum Hersteller einschicken muß (vgl. Hensen 1978, § 11 Rdn. 38).

Mißlingt dieser Versuch, so kann der Käufer sogleich den Kauf rückgängig machen oder gegebenenfalls auch eine Minderung des Kaufpreises fordern. Dieses Verhältnis von Nachbesserung zu den wenigstens noch hilfsweise bestehenden Rechten muß aus den AGB deutlich hervorgehen. Es reicht nicht aus, lediglich das zusätzliche Angebot der Nachbesserung in den AGB zu erwähnen, ohne deutlich zu machen, daß daneben die gesetzlichen Ansprüche ebenfalls bestehen, falls eine Nachbesserung fehlschlägt (vgl. BGH, in: BB 1981, S. 389 ff. = DB 1981, S. 1130 f. = NJW 1981, S. 867 ff.).

(3) Ziff. 10 c:
Die Pflicht, im Reparaturfall sämtliche anfallenden Kosten gemäß § 476a BGB zu tragen, kann in den AGB nicht abbedungen werden.

(4) Ziff. 10 d:
Dem Kunden dürfen keine unverhältnismäßig hohen Vorleistungspflichten aufgebürdet werden. So darf z.B. die Anerkennung eines Nachbesserungsanspruches bei einem gravierenden Mangel nicht von der vollständigen Kaufpreiszahlung abhängig gemacht werden.

(5) Ziff. 10 e:
Rügepflichtklauseln, die dem § 377 HGB nachgebildet sind (vgl. unter (3) in *Kap. 2.5.2.1*), sind nur in beschränktem Umfang zulässig, um den nichtkaufmännischen Abnehmer vor der Gefahr eines vorzeitigen Rechtsverlustes zu schützen:
Für Mängel der Kaufsache, die **offen** zu Tage treten, dürfen dem Käufer Rügepflichten auferlegt werden, solange sich die Ausschlußfristen, die für die Geltendmachung des Mangels vorgesehen sind, im Rahmen des Üblichen halten.
Für **nicht offensichtliche** Mängel darf dagegen in AGB grundsätzlich keine Rügepflicht festgelegt werden. Nur soweit dem Kunden gesetzlich nicht vorgesehene Garantieansprüche eingeräumt werden, sind Rügefristen auch bei nicht offensichtlichen Mängeln zulässig. Diese Fristen dürfen jedoch die Verjährungsfrist der gesetzlichen Gewährleistungsansprüche nicht überschreiten.

(6) Ziff. 10 f:

Gesetzliche Gewährleistungspflichten dürfen nicht für den Kunden nachteilig verändert werden.

Einen engeren rechtlichen Rahmen haben insbesondere Kfz-Reparaturwerkstätten seit der BGH-Entscheidung 1987 (vgl. BGH, in: DB 1987, S. 2038 ff. - Unwirksamkeit von Kfz-Reparaturbedingungen) zu beachten, wonach sieben Klauseln der Allgemeinen Kfz-Reparaturbedingungen des Zentralverbandes des Kraftfahrzeughandwerks für unzulässig erklärt wurden, insbesondere die in bestimmten Fällen den Schadensersatzanspruch ausschließenden Klauseln. Zum einen dürfen Reparaturwerkstätten bei schuldhaft schlecht ausgeführten Reparaturen den Ersatzanspruch nicht mehr auf die Kosten für die **tatsächliche** Inanspruchnahme eines Mietwagens begrenzen. Zum anderen ist die Freizeichnung von jenen Schadensersatzansprüchen unzulässig, die im Zusammenhang mit einem **nicht unverzüglich** angezeigten Mangel, der nach einer Reparatur aufgetreten ist, gestellt werden. Darüber hinaus dürfen sich die Werkstätten nicht mehr auf die Klausel berufen, wonach die Schiedsstelle des Kfz-Handwerks zunächst in Streitfällen zwischen Werkstatt und Kunden anzurufen war; vielmehr hat der Kunde das Recht, unter Umgehung einer solchen Schlichtungsstelle **direkt ein Gerichtsverfahren** zur Durchsetzung seines Anspruches einzuleiten.

Neben diesen primär die Gewährleistungsansprüche und die Regelung dieser Ansprüche betreffenden Klauseln seien wegen ihrer weitreichenden Bedeutung an dieser Stelle die übrigen verbotenen Klauseln genannt. Unzulässig ist danach das **einseitige Auftragserweiterungsrecht** durch die Werkstatt, es sei denn, bei der Auftragserteilung wurde individuell eine Höchstgrenze für durchzuführende Arbeiten vereinbart. Eine **Haftung** kann auch **nicht** mehr **für Gegenstände ausgeschlossen** werden, die während des Aufenthaltes in ihren Werkstätten aus dem Fahrzeug entwendet wurden, sofern die Kunden sie nicht leichtsinnigerweise im Fahrzeug liegengelassen haben.

2.5.2.3 Die Pflicht zur Erbringung von Serviceleistungen bei Gewährung einer Herstellergarantie

Mit dem Angebot und der Annahme einer von §§ 459 ff. BGB unabhängigen Herstellergarantie schließt der Hersteller bei indirektem Vertrieb einen **Garantievertrag** mit dem Käufer und legt sich damit freiwillig die aus diesem Vertrag erwachsenden Pflichten zur Erbringung von Serviceleistungen auf. Gründe hierfür sind

- der fehlende rechtliche Einfluß auf das Gewährleistungsangebot des Zwischenhandels aufgrund von § 15 GWB (Verbot der Beeinflussung von Zweit- bzw. Zweitfolgeverträgen),
- die faktische Verpflichtung des Trägers der Kundendienstleistungen zur Durchführung der in der Herstellergarantie angebotenen Leistungen oder

171

- die Erhöhung des akquisitorischen Potentials, insbesondere dann, wenn der Hersteller national oder international tätig ist, der Händler aber nur lokal operiert (Ausbau der Vertrauensstellung).

Das Angebot der Herstellergarantie kann in Form einer der Ware beigepackten **Garantiekarte**, aber auch als **Packungsaufdruck**, in einer **Werbebroschüre** etc. abgegeben werden. Zur Annahme seitens des Käufers und damit zur Schließung des Garantievertrages bedarf es keiner ausdrücklichen Erklärung, da eine solche nach der Verkehrssitte nicht zu erwarten ist (§ 151 S. 1 BGB), es sei denn, der Hersteller macht die Wirkung der Garantie von der Rücksendung der ausgefüllten Garantiekarte etc. abhängig. Im übrigen liegt spätestens in der Berufung auf die Garantiekarte bei Auftauchen eines Mangels die - immer noch rechtzeitige (§ 151 S. 2 BGB) - Annahme des Garantieangebotes (vgl. Bader 1976, S. 209 ff.).

Der zwischen **Hersteller** und Käufer zustandegekommene Garantievertrag berührt zunächst überhaupt nicht die gesetzliche oder auch vertraglich abgewandelte Gewährleistungspflicht des **Händlers** als Verkäufer gegenüber dem Käufer (vgl. Nickel 1981, S. 1494). Insbesondere kann der Händler nicht in seinen AGB festlegen, daß der Kunde seine Ansprüche ausschließlich auf die Garantie des Herstellers stützen und daher nur diesen erfolgreich in Anspruch nehmen kann, da eine solche Regelung gegen § 11 Ziff. 10 lit. a AGBG verstoßen würde (siehe in *Kap. 2.5.2.2*).

Auch in AGB kann der Händler auf die Herstellergarantie in der Weise Bezug nehmen, daß er die dort getroffenen Bestimmungen seinen Verträgen zugrundelegt, so daß die Gewährleistungspflichten von Hersteller und Händler vollständig übereinstimmen. Legt er jedoch eigene Gewährleistungsbedingungen fest, so kann er sich bei Eintritt des Schadensfalls nicht auf möglicherweise für ihn günstigere Bedingungen des Herstellers in der "Garantiekarte" berufen (vgl. OLG Frankfurt, in: DB 1981, S. 637).

Mit der Existenz einer Herstellergarantie neben der gesetzlichen Gewährleistungspflicht des Händlers treten zwischen Hersteller und Händler oftmals Probleme auf, die einer Regelung bedürfen. Zum einen geht es um die **Zuweisung der Kostenlast** für einen durch Reparatur beseitigten Mangel. Eine eindeutige rechtliche Regelung hierfür existiert nicht. Zum anderen sollte die Frage der **Kostenerstattung** in einem Rahmenvertrag geregelt werden, wenn sich der Hersteller zur Durchführung der ihm obliegenden Gewährleistungspflicht des Händlers bedient. Ein Streitpunkt hierbei ist häufig die Höhe des Reparaturentgeltes, da der Händler derartige Reparaturen in der Regel gewerbsmäßig durchführt und damit auch einen kalkulatorischen Gewinn beansprucht. Dieser Anspruch ist insoweit gerechtfertigt, als es sich um einen entgeltlichen Geschäftsbesorgungsvertrag (§ 675 BGB) handelt.

2.5.2.4 Die Besonderheiten von "Wartungsverträgen"

Insbesondere bei wartungsbedürftigen und störanfälligen Produkten sowie überhaupt allen Produkten, die in regelmäßigen Abständen öffentlich untersucht werden müssen (TÜV), besteht oft der Wunsch, nicht bei jeder einzeln notwendig werdenden Kundendienstleistung eine erneute Vereinbarung abschließen zu müssen. Dieser Wunsch nach einer kontinuierlichen Zusammenarbeit führt dann häufig zu einem Wartungs-, Service-, Betreuungs-, Kundendienstvertrag oder wie diese Abkommen auch immer bezeichnet sind. Schon die Vielzahl der in der Praxis gebräuchlichen Bezeichnungen deutet an, daß es sich keineswegs um einen einheitlich festgelegten Vertragstypus oder gar um einen gesetzlich normierten Vertrag handelt. Sein Inhalt hängt sehr stark von den Besonderheiten des Einzelfalles, also insbesondere dem betroffenen Produkt, den Bedürfnissen des Kunden und den Leistungsmöglichkeiten der Unternehmung (Kapazität, Leistung außerhalb der gewöhnlichen Arbeitszeit, Reparatur beim Unternehmer oder beim Kunden, etc.) ab:

(1) So kann sich ein Vertrag über die Vornahme vorbeugender Instandhaltungsarbeiten darauf beschränken, nur eine Regelung für regelmäßig wiederkehrende Wartungsarbeiten zu treffen (Wartungsvertrag im engeren Sinne).

(2) Er kann aber auch die Beseitigung kleinerer oder aller Störungen beinhalten (Wartungsvertrag im weiteren Sinne).

(3) Schließlich besteht auch die Möglichkeit, daß der Unternehmer sich als Gegenleistung für die regelmäßigen Wartungsgebühren verpflichtet, alle notwendigen Wartungs- und Instandsetzungsarbeiten durchzuführen, Verschleißteile zu ersetzen, öffentliche Gebühren (Zulassungs-, Prüf-, Genehmigungsgebühren etc.) zu zahlen und sämtliche anderen Kosten zu tragen, die erforderlich sind, um dem Kunden den bestimmungsgemäßen Gebrauch des Produktes zu ermöglichen.

Die aufgezeigte Vielfalt möglicher Vertragsinhalte weist darauf hin, daß ein solcher Dauervertrag nicht allein nach den Regeln des Werkvertrages gemäß §§ 631 ff. BGB beurteilt werden kann (vgl. Beise 1979, S. 1214). Vielmehr handelt es sich wohl um Rahmenabkommen, die sowohl werkvertragliche als auch dienstvertragliche und im Hinblick auf Ersatzteile schließlich auch kaufvertragliche Elemente aufweisen. Bei der Frage des anwendbaren Rechts kommt es dann immer darauf an, welche konkrete Pflicht aus dem Vertrag gerade in Rede steht.

Ein besonderes Problem kann sich aus einem "Wartungsvertrag im weiteren Sinne" im Verhältnis zur Gewährleistung ergeben. Wird ein solcher Vertrag nämlich schon beim Kauf des Produktes abgeschlossen, so bezahlt der Kunde in den Pauschalgebühren seines Wartungsvertrages auch Instandsetzungsleistungen des Unternehmers, die während der Gewährleistungsfrist an sich kostenlos erbracht werden müßten (vgl. Beise 1979, S. 1215). Diese Bedenken können u.a. dadurch ausgeräumt werden, daß während der gesetzlichen

Gewährleistungsfrist eine ermäßigte Pauschalgebühr gezahlt wird. Auf diese Weise muß der Kunde nur noch die auch während der Garantiezeit kostenpflichtigen Wartungen bezahlen.

2.5.3 Rechtliche Probleme der Versorgung mit Ersatzteilen und Zubehör

2.5.3.1 Die Pflicht zur Bevorratung von Ersatzteilen und Zubehör

Eine spezielle gesetzliche Pflicht des Herstellers zur Bevorratung von Ersatzteilen und Zubehör läßt sich weder dem Kauf- noch dem Werksvertragsrecht entnehmen. Eine derartige Pflicht kann einerseits aus einer vertraglichen Vereinbarung resultieren, wie z.b. der Nachkaufgarantie bei Markenporzellan; andererseits wird auch ohne eine solche ausdrückliche vertragliche Zusicherung eine allgemeine Verpflichtung des Herstellers zur Bereithaltung von Ersatzteilen sowohl von der Rechtsprechung als auch in der Literatur anerkannt (vgl. Finger 1970, S. 2049 ff., Ramm 1966, S. 66 f.). Diese Verpflichtung gegenüber dem Endabnehmer besteht auch bei indirektem Absatz. Für die genaue Bestimmung des sachlichen und zeitlichen Umfanges dieser Pflicht lassen sich verschiedene Kriterien heranziehen. Der **sachliche** Umfang der Ersatzteilbevorratungspflicht bestimmt sich insbesondere nach

- der Art des Ersatzteils,
- der voraussichtlichen Nutzungsdauer des Produktes und
- sonstigen Lieferquellen für dieses Ersatzteil.

Danach tritt die Verpflichtung des Herstellers zur Bereithaltung von Ersatzteilen insbesondere bei langlebigen Produkten mit Verschleißteilen ein, bei denen er mit dem Auftreten eines Bedarfs rechnen mußte und gleichartige Ersatzteile nicht ohne Schwierigkeiten auf dem freien Markt beschafft werden können. Dabei ist ein Bestand in der Höhe bereitzuhalten, der der zu erwartenden Nachfrage entspricht. Völlig außergewöhnliche Bedarfe (z.B. bei Katastrophen) bleiben außer Betracht.

Zur Bestimmung der **zeitlichen** Lagerhaltungsdauer müssen insbesondere die Nutzungsdauer des Hauptproduktes sowie sein wirtschaftlicher Wert herangezogen werden. Für Produkte mit kurzer Nutzungsdauer und niedrigem Preis wird in der Praxis meist nur eine Pflicht mit kurzer Lagerhaltungsdauer bejaht. Bei höherwertigen Gütern dagegen ist die Zeitdauer der Lagerhaltung in Abhängigkeit vom Wert des Produktes gestaffelt.

2.5.3.2 Die Zulässigkeit von Vertriebs- und Bezugsbindungen für Ersatzteile und Zubehör

Für die Erbringung von Kundendienstleistungen, insbesondere technischen Serviceleistungen, kommen grundsätzlich zwei Träger in Frage. Auf der einen Seite kann - und wird in aller Regel - ein solches Angebot vom Hersteller des Hauptproduktes sowie von solchen Unternehmungen ausgehen, die mit dem Hersteller in irgendeiner Weise vertraglich verbunden sind. Dieser Gruppe stehen die völlig selbständigen Reparatur- und Servicebetriebe gegenüber. Beiden Gruppen ist gemein, daß sie ihre Leistung nur ordnungsgemäß erbringen können, wenn sie über die erforderlichen Ersatzteile verfügen. Werden diese Ersatzteile nur von einer einzigen Quelle vertrieben - diese ist dann auch immer der Hersteller des Hauptproduktes, denn das Hauptprodukt ist ja letztlich nichts anderes als die Summe aller Ersatzteile -, so hängt die Wettbewerbsfähigkeit auch der unabhängigen Servicebetriebe von der Belieferung mit Ersatzteilen durch den Hersteller ab. Damit stellt sich die Frage, ob und gegebenenfalls nach welchen Kriterien der Hersteller einzelne Betriebe von der Belieferung mit Ersatzteilen ausnehmen und damit einen Selektivvertrieb vornehmen kann.

Gibt es dagegen verschiedene Quellen für Ersatzteile, so kann der Hersteller ein Interesse daran haben, daß wenigstens bei seinen Vertragspartnern (Händler, Werkstätten, Servicestationen etc.) ausschließlich von ihm gelieferte Teile verwendet werden. Daraus ergibt sich die Frage, ob ein Hersteller seine Vertragsunternehmungen verpflichten kann, die betreffenden Produkte ausschließlich bei ihm zu beziehen.

Beide angesprochenen Vorgehensweisen beinhalten eine Marktbeschränkung, die sowohl durch vertragliche Vereinbarung abgesichert als auch durch wirtschaftlichen Druck ohne Vertrag durchgesetzt werden kann. Ob eine konkrete Maßnahme zulässig ist oder nicht, richtet sich nach den §§ 18, 26 II GWB. Dabei ist § 18 GWB nur für vertraglich vereinbarte Bindungen einschlägig und setzt einen Eingriff der Kartellbehörde voraus, um wirksam zu werden. Demgegenüber wirkt § 26 II GWB unmittelbar, und zwar auch bei rein faktischen Bindungen. Zusätzliches Erfordernis ist hier lediglich, daß die bindende Unternehmung entweder marktbeherrschend im Sinne von § 22 GWB oder marktstark ist (siehe hierzu ausführlich *Kap. 1.5.5.1.2*).

Kern beider Vorschriften ist das Kriterium der Unbilligkeit einer Behinderung der durch die Bindung betroffenen Unternehmungen. Dabei ist eine Behinderung nicht unbillig, wenn sie aus sachlichen Gründen erfolgt und dabei der sachliche Grund bei einer Abwägung der Interessen des bindenden und der behinderten Unternehmung ein Übergewicht behält. Selektiver Vertrieb und damit eine **Vertriebsbindung** für Ersatzteile des Zwischenhandels wurde in folgenden Fällen für zulässig gehalten:

- Das Erwecken des falschen Eindrucks seitens eines Wartungsdienstes, seine Leistungen im Rahmen der Kundendienstorganisation des Herstellers zu erbringen, rechtfertigte den Ausschluß der Versorgung mit Ersatzteilen (vgl. BGH, in: WuW/E, S. 1238-1245, 1455-1458).
- Ehemalige Vertragshändler brauchen nicht mehr mit Ersatzteilen beliefert zu werden, wenn sie jetzt ausschließlich Konkurrenzprodukte vertreiben.
- Die Notwendigkeit der Schulung und Überwachung eines größeren Absatzmittlerkreises, insbesondere bei beratungs- und wartungsbedürftigen technisch komplizierten Produkten erlaubt auch eine rein quantitative Selektion.
- Eine Selektion muß auch im Hinblick auf die Einhaltung der Produktbeobachtungspflicht (siehe *Kap. 2.6.3.2.3*) zulässig sein, um sich vor solchen Abnehmern zu schützen, welche zur Übernahme der Produktbeobachtung und zur Meldung von Schäden an den Hersteller nicht bereit sind und dadurch die Haftungsgefahr des Herstellers erhöhen.

Auch eine **Bezugsbindung** für Ersatzteile ist grundsätzlich zulässig, insofern und soweit sie gegenüber der behinderten Unternehmung nicht unbillig ist. Bei Bezugsbindungen sind folgende Interessen zu erkennen:

- Der Hersteller des Hauptproduktes möchte wenigstens innerhalb seiner Kundendienstorganisation die Qualität der erbrachten Leistungen und damit auch die der verwendeten Ersatzteile kontrollieren (vgl. hierzu und zu dem gesamten Problemkomplex Engelhardt 1981, S. 135 ff.).
- Die Vertragsunternehmungen (auf der Abnehmerseite) des Herstellers möchten die benötigten Teile jeweils dort beziehen, wo es ihnen gemessen an Preis, Lieferservice und ähnlichen Kriterien am günstigsten erscheint. Die Akzeptanz des Bezugsbindungssystems liegt darin begründet, daß der Hersteller grundsätzlich über alle Teile verfügt, die Bestellung also nur mit einem Partner abgewickelt zu werden braucht, daß weiter der Hersteller markentypisch sortiert ist, d.h. die Probleme der jeweiligen Marke besser kennt als ein freier Großhändler, der sämtliche Marken der Branche führt, und schließlich, daß auf diese Weise eine gleiche wettbewerbliche Ausgangsposition für die Vertragsunternehmungen des Herstellers geschaffen wird, die die Voraussetzung für ein relativ wirtschaftsfriedliches Verhalten bietet.
- Anders ist die Lage hingegen bei dem freien Ersatzteilgroßhandel, der den großen Markt der Vertragshändler und -werkstätten neben den freien Werkstätten und Tankstellen ebenfalls beliefern möchte, bei den Zulieferbetrieben, die ihre Abhängigkeit von den Herstellern als Hauptabnehmer verringern möchten und schließlich bei den Nachbauunternehmungen, die - wenn schon nicht in der Erstausrüstung der Produkte vertreten - wenigstens beim Ersatzgeschäft dabei sein wollen.

In seiner Entscheidung zu diesem Komplex im Fall VW-Original-Ersatzteile hat der BGH den Interessen des Herstellers das größere Gewicht zugemessen und dabei insbesondere darauf abgestellt, daß der Hersteller für die Qualität der in seiner Organisation erbrachten Kundendienstleistungen mit seinem Image haftet und daß er überdies durch seine Anstrengungen den Bedarf überhaupt erst geweckt habe.

Der Grund dafür, daß das **Zubehör** nicht in der bisherigen Betrachtung mit berücksichtigt wurde, liegt in der sehr starken Heterogenität möglicher Zubehörteile. Man kann Zubehör nach drei verschiedenen Gesichtspunkten gliedern:

• hauptsächlicher Hersteller,
• Nähe zum Ersatzteilbegriff,
• Wirkung auf das Hauptprodukt.

Beim ersten Kriterium stellt sich die Frage, wer das Zubehör herstellt. Eine Vertriebs- oder Bezugsbindung kommt nur in Betracht, wenn der Hauptprodukthersteller auch das Zubehör produziert, nicht aber, wenn es von einem anderen Hersteller angeboten wird.

Nach dem zweiten Kriterium sind zu unterscheiden einerseits Teile, die je nach Definition einmal Zubehör und andermal Ersatzteil sein können (z.b. Drehzahlmesser), andererseits eindeutig dem Zubehör zurechenbare Teile (z.b. spezieller Fernsehschrank für ein TV-Gerät).

Nach dem dritten Kriterium wird Zubehör in solches unterteilt, das eine unmittelbare Auswirkung auf die Funktion des Hauptproduktes hat (z.b. selbständige Lautsprecher zu einem Radio), sowie solches, das zwar den Nutzen des Hauptproduktes im weitesten Sinne erhöht und damit noch als Zubehör angesehen werden kann, das aber keine unmittelbaren Auswirkungen, insbesondere keine physischen Auswirkungen auf das Hauptprodukt hat (z.b. Verbandskissen für PKW).

Bei der Heranziehung dieser zwar nicht überschneidungsfreien Kriterien ist es für die Interessenabwägung nun wichtig, ob das einzelne Teil entweder aus der Sicht des Kunden als "Ersatzteil" nachgefragt wird oder ob eine Wirkung auf die Funktion des Hauptproduktes ausgeübt wird, die vom normalen Benutzer nicht oder nicht allein dem Zubehör zugeschrieben wird. In beiden Fällen hat der Hersteller ein Interesse an der Kontrollierbarkeit des Vertriebs, das das normale Absatzinteresse übersteigt. Dann können die Argumente für die Interessenabwägung weitgehend der Beurteilung der Lage bei den Ersatzteilen entnommen werden. Hat das Zubehör dagegen eine mehr eigenständige Funktion, so ist es rechtlich wie ein Hauptprodukt zu behandeln, d.h. spezifische kundendienstpolitische Rechtsnormen finden hier keine Anwendung.

2.5.4 Rechtliche Probleme der Preispolitik im Rahmen von Kundendienstleistungen

Im Zusammenhang mit der Preissetzung für Kundendienstleistungen, insbesondere für Versorgungs- und Serviceleistungen, entstehen vielfältige rechtliche Probleme. Sie betreffen die Transparenz von Rechnungen, die Höhe des vom Kunden für eine bestimmte Leistung zu erbringenden Entgeltes, die Fragen der Verbindlichkeit und Entgeltlichkeit von Kostenvoranschlägen und bei mehrstufigen Kundendienstsystemen sowie das Problem der Durchsetzung einer Preisniveaustrategie des Herstellers bei den nicht zur Herstellerorganisation gehörenden Trägern von Kundendienstleistungen. Auf die Vertiefung des letztgenannten Punktes wird hier verzichtet (siehe hierzu *Kap. 3.2*).

2.5.4.1 Die Transparenz von Rechnungen

Sofern keine durch die Gewährleistungs- bzw. Garantiepflicht abgedeckten Kundendienstleistungen, sondern vom Kunden zu bezahlende Reparatur- und Serviceleistungen erbracht werden, tritt das Problem der Vollständigkeit und Detailliertheit der zu erstellenden Rechnung auf. Viele Rechnungsbelege weisen nicht oder nur begrenzt nachvollziehbare, pauschale oder unvollständige Bestandteile auf, die dem Kunden die Transparenz der zu bezahlenden Rechnung erschweren oder sogar unmöglich machen (vgl. Micklitz 1986, S. 1709). Schon gar nicht kann eine Einheitlichkeit der Rechnungslegung unterschiedlicher Unternehmungen festgestellt werden, was vor allem auf die verschiedenen Berechnungsmethoden zurückzuführen ist (z.B. Nichteinbeziehung von Nebenkosten, Gemeinkosten etc. in die Stundenverrechnungssätze).

Ein Recht auf eine Rechnungslegung steht dem Verbraucher nicht zu, weshalb insbesondere die Frage an Bedeutung gewinnt, ob der Verbraucher den reparierten Gegenstand **vor oder nach** der Bezahlung erhält. Im zweiten Fall entfällt der Zahlzwang des Kunden, da die Reparaturunternehmung nicht mehr von ihrem Werkunternehmerpfandrecht Gebrauch machen kann (vgl. Micklitz 1986, S. 1710). Die Frage, ob die Werkunternehmung im Fall der Nichtbezahlung der Reparaturrechnung die Streitsache als Pfand einbehalten darf, konnte bisher auch nicht eindeutig geklärt werden (vgl. OLG Celle, in: NJW 1953, S. 1470 ff., anders LG Wuppertal, in: DAR 1983, S. 23 ff.).

Zum Interessenausgleich zwischen Werkunternehmer und Kunden empfiehlt sich das Konzept des Effektivstundenlohns (vgl. Micklitz 1986, S. 1710), wonach als Bemessungsgrundlage die Reparaturzeit herangezogen wird und der Lohn für die Reparaturzeit unter Einbeziehung aller Kostenbestandteile in der Rechnung ausgewiesen wird.

2.5.4.2 Die Entgelthöhe für Kundendienstleistungen

Wie schon angeführt wurde, liegt der Kundendienstleistung im Regelfall ein Vertrag zwischen Anbieter und Nachfrager der Leistung zugrunde. Ist das Entgelt zwischen den Parteien ausdrücklich vereinbart, so ergibt sich in der Regel kein besonderes rechtliches Problem. Häufig fehlt aber eine solche ausdrückliche Vereinbarung, sei es, weil die Höhe des Entgeltes erst nach erledigter Arbeit feststeht, sei es, weil eine solche Vereinbarung schlicht vergessen wurde. Für die dann erforderliche Auslegung müssen zwei Fälle unterschieden werden:

1. Fall: Begehrt der Kunde eine Leistung unter Hinweis auf eine noch bestehende "Garantie" und widerspricht der Unternehmer nicht, so kann der Kunde davon ausgehen, daß die Leistung für ihn kostenlos erbracht wird; eine Zahlungspflicht entsteht nicht.

2. Fall: In den übrigen Fällen, also außerhalb von "Garantieleistungen", muß der Kunde gemäß § 632 I BGB mit einer Rechnungserteilung rechnen; denn der Unternehmer betreibt sein Gewerbe, um Gewinn zu machen, so daß von der Entgeltlichkeit der Leistung ausgegangen werden muß. Dabei richtet sich die Höhe gemäß § 632 II BGB entweder nach einer Taxe, d.h. allgemein bekanntgemachten Vergütungssätzen, soweit eine solche existiert, oder in den übrigen, wohl überwiegenden Fällen nach der üblichen Vergütung. Da die Üblichkeit aber im Zweifel auch vom Unternehmer nachzuweisen ist, empfiehlt sich auch aus diesem Grunde eine ausdrückliche Vereinbarung, die möglichst schriftlich festzuhalten ist.

2.5.4.3 Die Erstellung von Kostenvoranschlägen

Kostenvoranschläge sind grundsätzlich für jeden Werk- oder Dienstvertrag denkbar. Doch haben sie gerade bei Reparaturen als einer besonderen Art von Werkverträgen mit schlecht strukturierter Ausgestaltung (jede Reparatur kann anders verlaufen) eine spezielle Bedeutung erlangt. Zunächst ist zu unterscheiden zwischen einem **verbindlichen** und einem **unverbindlichen** Kostenvoranschlag. Das Gesetz geht in § 650 I BGB grundsätzlich von der Unverbindlichkeit aus, wenn die Verbindlichkeit nicht ausdrücklich vereinbart ist. Für die Verbindlichkeit bedarf es stets einer ausdrücklichen Vereinbarung, also eines Vertrages gemäß § 305 BGB. Für den Nachweis empfiehlt sich hier die Schriftform, wobei aufzuzeichnen ist, ob ein fester Betrag oder eine Preisobergrenze als verbindlich gelten sollen.

Neben der Frage nach der Verbindlichkeit des Kostenvoranschlages hat auch schon oft die Frage der **Entgeltlichkeit** von Kostenvoranschlägen Anlaß zu Streit gegeben. Die Rechtsprechung geht davon aus, daß Kostenvoranschläge im allgemeinen unentgeltlich erstellt werden. Lediglich dort, wo nach Treu und Glauben eine unentgeltliche Erstellung nicht erwartet werden kann, etwa wenn die Erstellung einen besonderen Aufwand erfordert oder ausnahmsweise die Entgeltlichkeit bei einer bestimmten Art von Verträgen üblich sein sollte, kann ein Unternehmer damit rechnen, daß ein Zahlungsanspruch auch stillschweigend gemäß § 632 I BGB anerkannt wird. Dieses Problem stellt sich natürlich nicht, wenn die Entgeltlichkeit ausdrücklich vereinbart wird.

Oft ist der Unternehmer bereit, einen Kostenvoranschlag unentgeltlich anzufertigen, wenn er dann auch den Auftrag bekommt. Dem steht jedoch vielfach das Interesse des Kunden entgegen, der ja gerade mit verschiedenen Kostenvoranschlägen als Grundlage entscheiden will, bei welcher Unternehmung er die Leistung in Anspruch nehmen will. Eine Lösungsmöglichkeit für dieses Problem kann darin gesehen werden, daß zunächst eine Vergütung für die Anfertigung des Kostenvoranschlages vereinbart wird, diese Vergütung aber bei Auftragserteilung auf den Rechnungsbetrag angerechnet wird. Ein solches Vorgehen läßt sich dadurch rechtfertigen, daß die Unternehmung für den Kunden eine Leistung erbringt, ihm nämlich eine Entscheidungsgrundlage verschafft und dafür einen gewissen Aufwand hat, an dessen Umfang sich natürlich die Höhe der Vergütung orientieren muß. Derartige Vereinbarungen werden auch ganz allgemein anerkannt, so daß sie bei Vorliegen der geschilderten Interessenlage unbedingt empfohlen werden können. Abschließend ist darauf hinzuweisen, daß nach Ansicht des Bundeskartellamtes Vertragsklauseln in Konditionenempfehlungen von Verbänden gemäß § 38 II Ziff. 3 GWB dann unzulässig sind, wenn der Kunde die Kosten für die Ausarbeitung eines Angebots zu tragen hat, aber der Auftrag selbst dann nicht erteilt wird. Das Bundeskartellamt sieht derartige Klauseln nicht als Regelung einer Nebenleistung im Sinne des Gesetzes an. Vielmehr ist nach seiner Ansicht bei Nichterteilung des Auftrags die Ausarbeitung des Angebotes der alleinige Vertragsgegenstand.

2.6 Die besonderen Anforderungen der Produkthaftung an das Konsumgüter-Marketing

In den vergangenen Jahren sind Hersteller immer wieder in Fälle der Produkthaftung verwickelt gewesen. Die Geschädigten haben nicht selten Ersatz in Höhe von mehreren Millionen DM für Mangelfolgeschäden gefordert. Zu den spektakulären, weil tragischen Ereignissen zählen

- der **Contergan-Fall** in den 60er Jahren, bei dem schwangere Frauen nach der Einnahme des in dem Beruhigungsmittel "Contergan" enthaltenen Wirkstoffs Thalidomid von der Firma "Chemie Grünthal" verkrüppelte, lebensunfähige oder tote Kinder geboren hatten,
- der **Giftgasunfall** 1985 im indischen Bhopal mit über 2.000 Toten, wofür von der US-amerikanischen Unternehmung "Union Carbide" Schadensersatz in Milliardenhöhe gefordert wurde,
- die von den **Holzschutzmitteln** "Xyladecor" und "Xylamon" der Firma "Desowag" geschädigten Personen,
- der bereits zu Beginn geschilderte Fall des Herstellers "Werner & Mertz", der gesundheitsschädliche **Ledersprays** der Marken "Erdal-Rex" und "Solitär" trotz Kenntnis der Gefahren für die Gesundheit nicht vom Markt zurückgerufen hatte, und auch
- der tödliche Unfall eines Motorradfahrers, dessen Honda "Goldwing" mit einer **fremden Lenkerverkleidung** ausgestattet war, auf deren Gefahren der Motorradhersteller Honda nicht hingewiesen hatte.

Mit Fragen der Produkthaftung wird sich fast jeder Hersteller von Konsumgütern während der Vermarktung seiner Produkte auseinandersetzen müssen. Die folgenden Ausführungen erläutern in Grundzügen das Produkthaftungsrecht und zeigen Maßnahmen auf, wie sich das Produkthaftungsrisiko erfolgreich beherrschen läßt.

2.6.1 Die rechtlichen Grundlagen der Produkthaftung im Überblick

2.6.1.1 Mangelfolgeschäden, Anspruchsberechtigte und Anspruchsverpflichtete

Unter der Haftung für Mangelfolgeschäden (Produkthaftung) versteht man die Schadensersatzhaftung des bzw. der **Anspruchsverpflichteten** für die das sogenannte Integritätsinteresse beeinträchtigenden **Begleit- und Folgeschäden** (Mangelfolgeschäden) aus der ordnungsgemäßen Benutzung oder dem vorgesehenen Verbrauch fehlerhafter oder gefährlicher Produkte, die der **Anspruchsberechtigte** infolge des Produktfehlers an seinen Rechts- und

Vermögensgütern erlitten hat (vgl. Schmidt-Salzer 1976, S. 19). Die aus der Benutzung fehlerhafter Produkte entstehenden **Mangelfolgeschäden** können sein:

- Personenschäden, d.h. Schäden an Leben oder Gesundheit einer mit dem fehlerhaften Produkt in Berührung gekommenen Person,
- Sachschäden, d.h. Schäden, die über den Schaden an dem fehlerhaften Produkt selbst hinausgehen und durch dessen Benutzung an Vermögensgütern entstehen,
- reine Vermögensschäden, wie z.b. der Gewinnausfall wegen einer defekten Produktionsanlage.

Mangelfolgeschäden können bei folgenden Personen auftreten, die somit als **Anspruchsberechtigte** ihr Recht auf Schadensersatz geltend machen können:

- beim Käufer, der Vertragspartner von Hersteller oder Groß- oder Einzelhändler ist, wodurch ein vertragliches Schuldverhältnis besteht,
- bei dritten Personen, mit denen seitens des Herstellers oder Groß- oder Einzelhändlers kein Vertragsverhältnis besteht,
- beim Benutzer des Produktes,
- bei völlig unbeteiligten Personen (sog. "by-stander").

Als **Anspruchsverpflichtete** kommen im Rahmen der Produkthaftpflicht grundsätzlich alle Unternehmungen in Frage, die mit dem den Mangelfolgeschaden verursachenden Produkt in Berührung gekommen sind,

- im Herstellerbereich: Zulieferer, Hersteller von Zwischenprodukten, Hersteller des Endproduktes, Konstruktionsbüros etc.,
- im Vertriebsbereich: Groß- und Einzelhändler, Importeure etc. und
- im Kundendienstbereich: Service- und Versorgungsunternehmungen, sofern diese nicht mit dem Hersteller identisch sind.

Dabei haftet jeder nur für den in seinem Verantwortungsbereich verursachten Fehler; z.T. bestehen auch Leitverantwortlichkeiten für Tätigkeiten von Dritten. So muß z.B. der Hersteller seinen Zulieferer ordnungsgemäß aussuchen und dessen Produkte auf Fehler hin untersuchen. Sofern diese Sorgfaltspflicht erfüllt wird, haftet der Hersteller nicht für eine im Einzelfall verursachte Fehlerhaftigkeit des zugelieferten Einzelteils und für die dadurch ausgelöste Fehlerhaftigkeit des Endproduktes. Kommt der Hersteller dieser Sorgfaltspflicht jedoch nicht nach, so haftet er im Schadensfall neben dem Zulieferer (vgl. Schmidt-Salzer 1976, S. 22).

2.6.1.2 Die Haftungsgrundlagen

Die Produkthaftung ist ein uraltes Risiko, das bereits das älteste Gesetzbuch der Menschheit, der Codex Hammurabi (ca. 1750 v.Chr.), erfaßt. Dort heißt es (entnommen aus Schmidt-Salzer 1990, S. 48 f.): "Wenn ein Baumeister für jemanden ein Haus errichtet, dessen Konstruktion nicht fest genug ist, so daß das Haus einstürzt und den Tod des Bauherrn verursacht, so soll dieser Baumeister getötet werden." Neben der Haftung mit dem eigenen Leben als Rechtsfolge sah der Codex Hammurabi des weiteren einen sachlichen Schadenersatz vor: "Wenn durch den Einsturz Eigentum beschädigt wird, so ist der Baumeister verpflichtet, das wiederherzustellen, was zerstört wurde. Da der Einsturz des Hauses durch eine schlechte Konstruktion verursacht wurde, soll er (der Baumeister) dieses auf eigene Kosten wiederherstellen."

In der Bundesrepublik Deutschland regeln folgende Rechtsgrundlagen zivilrechtliche Produkthaftungsansprüche:

- die allgemeinen Haftungsbestimmungen des BGB, die für alle Produkte gelten (§§ 463, 480 II, 823 I, II, 831 BGB) und
- das auf dem Prinzip der Verschulden*un*abhängigkeit basierende Produkthaftungsgesetz (ProdHaftG),
- spezielle Vorschriften über die Produkthaftung in einzelnen Gesetzen, die jeweils für bestimmte Produkte gelten, wie z.B. die Produkthaftungsregelung im Arzneimittelgesetz (AMG) nach dem Prinzip der Gefährdungshaftung (= verschulden*un*abhängige, allein an die Schaffung eines bestimmten Gefahrenmoments anknüpfende Haftung), ferner § 6 Futtermittelgesetz und § 39 I Saatgutverkehrsgesetz, welche die Produkthaftung für den Fall fingierter Eigenschaftszusicherungen regeln. Auf diese letztgenannten Spezialregelungen wird im folgenden nicht näher eingegangen.

Nach den allgemeinen Haftungsbestimmungen des **Bürgerlichen Gesetzbuches** können grundsätzlich zwei verschiedene Haftungstatbestände im Rahmen der zivilrechtlichen Betrachtung der Produkthaftung unterschieden werden:

- die **vertragliche Schadensersatzhaftung**, die bei einem zwischen Schädiger und Geschädigtem bereits vor Eintritt des Schadens bestehenden Vertragsverhältnis in bezug auf das fehlerhafte Produkt in Betracht kommt (siehe *Kap. 2.6.2*), und
- die **Deliktshaftung** als Schadensersatzhaftung, die unabhängig davon, ob ein Vertragsverhältnis zwischen dem Geschädigten und dem Schädiger besteht, angewandt werden kann. Rechtsgrundlage sind die §§ 823 ff. BGB, die zur Haftung des Schädigers dessen Verschulden voraussetzen (siehe *Kap. 2.6.3*).

Mit der Einführung des **Produkthaftungsgesetzes** (ProdHaftG) werden erstens die sich aus dem bisherigen Vertrags- und Deliktsrecht ergebenden Schutzlücken geschlossen und die Durchsetzung von Ansprüchen der Verbraucher erleichtert. Zweitens wird das europäische Produkthaftungsrecht unter dem Gesichtspunkt der Verhinderung von Wettbewerbsverzerrungen weitgehend vereinheitlicht (siehe *Kap. 2.6.4*).

Bild 26 zeigt die rechtlichen Anspruchsgrundlagen der Produkthaftung im Überblick, soweit sie in diesem Buch behandelt werden.

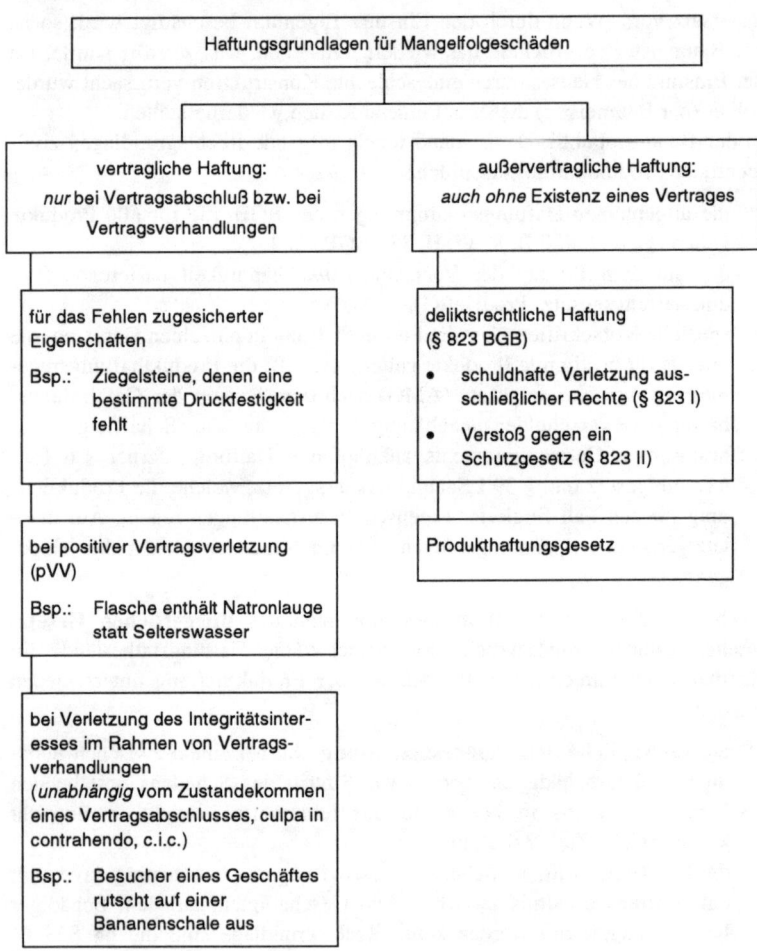

Bild 26:   Die rechtlichen Anspruchsgrundlagen der Produkthaftung

Liegt zwischen dem Geschädigten und dem Schädiger ein **Vertragsverhältnis** (z.B. direkter Vertrieb eines Herstellers) vor, dann stehen sowohl die vertragliche Produkthaftung als auch die deliktsrechtliche Haftung und die Haftung nach dem ProdHaftG in Anspruchskonkurrenz zueinander. Dies bedeutet, daß der Geschädigte aus den drei Anspruchsgrundlagen die für ihn - insbesondere unter dem Aspekt der Beweisprobleme - günstigste wählen kann. Besteht **kein Vertragsverhältnis**, dann kann der Geschädigte immer noch zwischen der deliktsrechtlichen und der Haftung nach dem ProdHaftG wählen. Dieser Sachverhalt ist bei den getrennt abgehandelten Haftungsgrundlagen stets zu berücksichtigen.

2.6.1.3 Die Haftung bei Arbeitsteilung

In einer modernen Industriegesellschaft ist es die Regel, daß einzelne Unternehmungen ihre Erzeugnisse nicht ausschließlich allein herstellen und vertreiben, sondern daß bei der Herstellung und beim Vertrieb verschiedene Unternehmungen beteiligt sind. Hier ist zwischen inner- und zwischenbetrieblicher Arbeitsteilung zu unterscheiden. Bei der **innerbetrieblichen** Arbeitsteilung werden eigene Mitarbeiter zur Durchführung bestimmter Tätigkeiten eingesetzt. Bei Mangelfolgeschäden kann zunächst der Hersteller für das Verhalten eigener Mitarbeiter und Verrichtungsgehilfen haften. Darüber hinaus besteht die Organisationshaftung des Geschäftsherrn für eine ordnungsgemäße Geschäftsführung und Beaufsichtigung des Betriebsablaufs. Schließlich können leitende Mitarbeiter persönlich haften, wie dies z.B. bei den Mitarbeitern der Firma "Werner & Mertz" der Fall war.

Die **zwischenbetriebliche** Arbeitsteilung, bei der selbständige Unternehmungen eingeschaltet werden, hat vor allem durch die Zunahme betrieblicher Optimierungsprozesse, wie etwa Just in time, strategische Allianzen oder CAD/CAM/CIM-Kooperationen, an Bedeutung gewonnen. Die Haftung der an der Herstellung und dem Vertrieb eines Endproduktes beteiligten Unternehmungen beschränkt sich grundsätzlich auf die jeweiligen Aufgabenbereiche und Pflichten, die von den einzelnen Unternehmungen übernommen werden. Dies schließt jedoch nicht aus, daß - wie auch noch gezeigt werden wird - der leistungsempfangenden Unternehmung bestimmte Pflichten bei der Auswahl und der Kontrolle der leistungsabgebenden Unternehmung obliegen. Soweit die beteiligten Unternehmungen gegenüber dem Anspruchsberechtigten nach außen gesamtschuldnerisch haften, läßt sich der Regreßanspruch im Innenverhältnis entsprechend des jeweiligen Verursachungs- bzw. Verschuldensanteils regeln.

Auf den Problemkreis produkthaftungsrechtlicher Fragen bei inner- und zwischenbetrieblicher Arbeitsteilung kann im folgenden nicht weiter eingegangen werden (vgl. m.w.N. Foerste 1989, S. 409 ff., Lehmann 1993).

2.6.2 Die vertragliche Produkthaftung

Besteht zwischen dem Hersteller des fraglichen Produktes und dem Verbraucher als Geschädigtem ein Vertragsverhältnis, so kann sich eine vertragliche Pflicht zum Ersatz von Mangelfolgeschäden aus der Regelung zum Schadensersatz wegen Nichterfüllung (§§ 463, 480 II BGB) oder aus den gesetzlich nicht geregelten Rechtsinstituten der positiven Vertragsverletzung (pVV) und der culpa in contrahendo (c.i.c.) ergeben.
Mit dem Rechtsinstitut der **culpa in contrahendo** (c.i.c.) werden die Nebenpflichten zum Schutz des Integritätsinteresses während der Vertragsverhandlungen erfaßt, ohne daß es zu einem Vertragsabschluß kommen muß. Der Verkäufer haftet hier, wenn er schuldhaft seine **vor**vertraglichen Pflichten (Auskunft, Beratung oder Aufklärung) verletzt und dem Kunden hierdurch ein Mangelfolgeschaden entsteht (vgl. Anhalt 1978, S. 60). Hierauf wird im folgenden nicht weiter eingegangen.

2.6.2.1 Die Schadensersatzhaftung für das Fehlen zugesicherter Eigenschaften

Mit den §§ 463, 480 II BGB wird für den Stückkauf bzw. Gattungskauf der Schadensersatzanspruch in den Fällen des arglistigen Vorspiegelns, des arglistigen Verschweigens und des Fehlens zugesicherter Eigenschaften geregelt. Im folgenden wird lediglich die Problematik der Schadensersatzregelung für das Fehlen einer zugesicherten Eigenschaft dargestellt. Die in §§ 463, 480 II BGB normierte Schadensersatzpflicht beruht auf dem Prinzip der verschuldens*un*abhängigen Garantiehaftung, da es sich bei der Verpflichtung zum Schadensersatz bei fehlenden zugesicherten Eigenschaften nicht um die Rechtsfolge aus einer **Pflichtverletzung** handelt, die stets ein Verschulden voraussetzen müßte, sondern um eine im Rahmen eines Vertrages **freiwillig übernommene Einstandspflicht** (vgl. BGH, in. NJW 1968, S. 1622 ff. - Kleber). Diese Auslegung der Eigenschaftszusicherung des Herstellers kann ergeben, daß dieser nicht nur dafür einsteht, daß die verkaufte Sache eine bestimmte zugesicherte Eigenschaft hat (Erfüllungsinteresse), vielmehr hat er sich damit auch verpflichtet, aus dem Fehlen der zugesicherten Eigenschaft resultierende Folgeschäden zu ersetzen (Verletzung des Integritätsinteresses). Um eine Verletzung der freiwilligen Einstandspflicht nachweisen zu können, muß festgestellt werden, ob überhaupt eine Eigenschaftszusicherung vorliegt und inwieweit diese dann zu einem Schutz des Integritätsinteresses führt.

Das **Vorliegen einer Eigenschaftszusicherung** ist gegeben, wenn der Hersteller in bindender Absicht die Gewähr für das Vorhandensein bestimmter Eigenschaften übernimmt und verspricht, für alle Folgen einstehen zu wollen, wenn diese Eigenschaften fehlen. Ausschlaggebend hierfür ist allein, "ob bei Bewertung sämtlicher Umstände des Vertragsabschlusses das Verhalten beider Parteien rechtlich als Forderung, Abgabe und Annahme einer Eigenschaftszusicherung zu werten ist" (Schmidt-Salzer 1973, S. 232). Anhaltspunkte für die Beurteilung des Einstehenwollens des Verkäufers sind die Wichtigkeit der zugesicherten Eigenschaft für den Verwendungszweck und die besondere Sachkunde des Käufers, wie z.B. ausreichende Klebeeigenschaften für das Befestigen ganz bestimmter Deckenplatten (vgl. BGH, in: NJW 1968, S. 1622 ff. - Kleber).

Inwieweit eine Eigenschaftszusicherung zum **Schutz des Integritätsinteresses** geeignet ist, hängt davon ab, in welchem Zusammenhang der Mangelfolgeschaden mit dem Fehlen der zugesicherten Eigenschaft(en) steht. Diese Frage ist dann positiv zu beantworten, wenn der Hersteller bei Kenntnis des Verwendungszweckes der gekauften Ware hierfür eine eindeutige Eigenschaftszusicherung gegeben hat und wenn das Fehlen der zugesicherten Eigenschaft ursächlich ist für den Mangelfolgeschaden.

Nach §§ 463, 480 II BGB können in Abhängigkeit von der Auslegung auch Entwicklungsgefahren und sogenannte Ausreißer in die Haftung einbezogen sein. **Entwicklungsfehler** sind Fehler, die nach dem objektiven Stand der Wissenschaft und Technik beim Inverkehrbringen des Produktes vorhersehbar waren. Gibt der Hersteller eine Eigenschaftszusicherung ohne jede Einschränkung ab, weil er z.B. nach sorgfältigen Untersuchungen im Rahmen des gegebenen Standes von Technik und Wissenschaft zu der Überzeugung gekommen ist, daß sein Produkt für den vorhergesehenen Zweck geeignet ist, so haftet er selbst dann für die Folgen des Fehlens dieser zugesicherten Eigenschaften, wenn sich erst Jahre später im Zuge der Weiterentwicklung der Wissenschaft herausstellt, daß die Annahme unrichtig war. Bei einem solchen Entwicklungsfehler kann der Hersteller dessen Haftungsübernahme nur ausschließen, indem er eine einschränkende Zusicherung der Eigenschaft vornimmt, die sich ausdrücklich auf den derzeitigen Stand von Wissenschaft und Technik bezieht.

Analog zu Entwicklungsfehlern ist das **Ausreißerrisiko** zu behandeln. Als Ausreißer werden Produkte einer Serienfertigung bezeichnet, wobei die Serie generell fehlerfrei ist, einzelne Produkte jedoch mit Mängeln behaftet sind. Der Hersteller kann sich dem Haftungsanspruch aus der verschuldensunabhängigen Garantiehaftung entziehen, indem er die Zusicherung in der Form gibt, daß das fragliche Produkt im allgemeinen über die betreffenden Eigenschaften verfügt. Der Hersteller macht mit dieser Zusicherung den ausdrücklichen Vorbehalt, daß ein Fabrikationsfehler vorliegen kann. Eine Haftung im Rahmen der verschuldensunabhängigen Garantiehaftung wird damit ausgeschlossen, nicht jedoch eine mögliche Haftung im Rahmen der Deliktshaftung (siehe auch *Kap. 2.6.3.2.2*).

2.6.2.2 Die Schadensersatzhaftung aufgrund einer positiven Vertragsverletzung

Das Rechtsinstitut der **positiven Vertragsverletzung** (pVV) wurde von der Rechtsprechung und der juristischen Literatur in Analogie zu § 325 BGB (vom Schuldner zu vertretendes Unmöglichwerden) und § 326 BGB (Verzug) entwickelt. Damit werden jene Fälle von Mangelfolgeschäden erfaßt, bei denen die Sachmangelhaftung weder wegen Unmöglichkeit noch wegen Verzug ausreichend eingreift. Vielmehr deckt die pVV jene Lücke, bei der die Pflichtverletzung des Kaufvertrages in der Schlechterfüllung des Vertrages liegt, aus der Mangelfolgeschäden resultieren können (vgl. Anhalt 1978, S. 41 f.). Die **Voraussetzungen der Haftung** für Mangelfolgeschäden aufgrund der pVV sind

1. das Vorliegen eines Kaufvertrages,
2. die Verletzung einer Vertragspflicht (= Schlechterfüllung),
3. das Vorliegen eines Mangelfolgeschadens,
4. der Nachweis der Kausalität zwischen Schlechterfüllung und Mangelfolgeschaden und
5. die schuldhafte Verletzung der Sorgfaltspflichten (= Verkehrspflichten) des Verkäufers, indem er die Ware in einem solchen Zustand liefert, daß dem Käufer an seinen Rechtsgütern ein Schaden entstehen kann, bzw. indem er es versäumt, den Käufer über die sachgerechte Verwendung des Produktes aufzuklären und ihn vor Gefahren zu warnen (vgl. BGH, in: BB, S. 561 f. - Betonbereitungsanlage; BGH, in: BB 1975, S. 806 = DB 1975, S. 587 - Haartonicum).

Bei den vertraglichen Sorgfaltspflichten handelt es sich um dieselben Verkehrspflichten, deren Verletzung auch die Haftung des Schädigers nach dem Deliktsrecht (§ 823 I) begründen kann. Die Darstellung der Verkehrspflichten erfolgt ausführlich in *Kap. 2.6.3.2.*

Die **Beweislast** bei der pVV wird auf Schädiger und Geschädigten derart verteilt, daß der Geschädigte die Existenz einer Kausalität zwischen Schlechterfüllung seitens des Herstellers und einem daraus resultierenden Mangelfolgeschaden nachzuweisen hat, während der Schädiger den Entlastungsbeweis des Unverschuldens antreten muß.

Eine pVV liegt z.B. vor, wenn der Verkäufer von Mineralwasser in den dafür vorgesehenen Flaschen nicht Selterswasser, sondern Natronlauge abgefüllt hat. Für die hieraus resultierenden Gesundheitsschäden hat der Verkäufer aufzukommen.

Einen überblickartigen Vergleich zwischen der Schadensersatzhaftung für das Fehlen zugesicherter Eigenschaften mit der Schadensersatzhaftung aufgrund pVV gibt *Bild 27.*

Kriterium \ Art der Haftung	Schadensersatzhaftung für das Fehlen zugesicherter Eigenschaften	Schadensersatzhaftung aufgrund positiver Vertragsverletzung
rechtliche Grundlage	§ 463 BGB (Stückkauf) § 480 I BGB (Gattungskauf) §§ 633 I, 635 BGB (Werkvertrag)	außergesetzliches Rechtsinstitut; Rechtsanalogie zu §§ 325, 326 BGB
Haftungsprinzip	nach herrschender Meinung verschuldens*un*abhängige Garantiehaftung	verschuldensabhängige Haftung
Art der Verletzung	Verletzung einer freiwillig übernommenen Einstandspflicht	Pflichtverletzung
Anwendungsvoraussetzungen	a) Eigenschaftszusicherung zur Wahrung des Integritätsinteresses und b) Kausalität zwischen Eigenschaftszusicherung und Rechtsgutverletzung	a) Vorliegen einer vertraglichen Sorgfaltspflicht und b) Ursächlichkeit für die Beeinträchtigung des Integritätsinteresses und c) schuldhafte Verletzung der Sorgfaltspflicht
Verjährung der Schadensersatzansprüche für bewegliche Güter	a) nach Kaufvertragsrecht (§ 477 BGB): 6 Monate ab Datum der Ablieferung b) nach Werkvertragsrecht (§ 638 BGB): 6 Monate; 30 Jahre bei arglistigem Verschweigen	a) nach Kaufvertragsrecht (§ 477 BGB analog): 6 Monate ab Datum der Ablieferung b) nach Werkvertragsrecht (§ 195 BGB): 30 Jahre ab Datum der Abnahme des Werks

Bild 27: Vergleich der Schadensersatzhaftung für das Fehlen zugesicherter Eigenschaften mit der Schadensersatzhaftung aufgrund positiver Vertragsverletzung

2.6.3 Die deliktsrechtliche Produkthaftung gemäß § 823 BGB

§ 823 BGB erfaßt rechtswidriges und schuldhaftes Verhalten. Dabei knüpft § 823 I BGB an aufgezählten Schutzgütern an, § 823 II BGB an die Verletzung eines Schutzgesetzes. Bei beiden Haftungstatbeständen ist zumindest Fahrlässigkeit erforderlich. Der Fahrlässigkeitsmaßstab in § 823 I BGB ist durch die Rechtsprechung und die Lehre in Gestalt der sog. Verkehrspflichten konkretisiert worden, worauf im folgenden zunächst eingegangen wird.

An dieser Stelle sei noch einmal darauf hingewiesen, daß bei einer **bestehenden Vertragsbeziehung** zwischen vertraglicher und deliktischer Haftung eine sog. Anspruchskonkurrenz besteht. Der Geschädigte kann sowohl nach den vertragsrechtlichen als auch nach den deliktrechtlichen Anspruchsgrundlagen einen Schadenersatzanspruch geltend machen und diejenige Grundlage wählen, die für ihn erfolgversprechender ist (vgl. Anhalt 1978, S. 78 f.).

2.6.3.1 Die Haftungsvoraussetzungen des § 823 I BGB

Nach § 823 I BGB ist zum Ersatz des Schadens verpflichtet, wer vorsätzlich oder fahrlässig das Leben, den Körper, die Gesundheit, die Freiheit, das Eigentum oder ein sonstiges absolutes Recht, wie z.B. das Persönlichkeitsrecht eines anderen, widerrechtlich verletzt.

Das Vermögen als solches wird durch § 823 I BGB nicht geschützt. Folgende Voraussetzungen zur Begründung eines Schadensersatzanspruches nach § 823 I BGB müssen erfüllt sein (vgl. Anhalt 1978, S. 42 f.):

1. Es muß ein **Schaden** vorliegen im Sinne einer Verletzung eines der in § 823 I BGB aufgeführten Rechtsgüter.
2. Es muß ein **Produktfehler** vorliegen, der in den Verantwortungsbereich der beklagten Unternehmung fällt.
3. Es muß ein **Kausalzusammenhang** zwischen dem Produktfehler und der Rechtsgüterverletzung bestehen.
4. Der Hersteller muß **schuldhaft gehandelt**, also vorsätzlich oder fahrlässig den Fehler hervorgerufen haben.

Als zentrale Voraussetzungen werden im folgenden das Vorliegen eines Produktfehlers und das diesbezügliche Verschulden untersucht. Anknüpfungspunkt für die Feststellung eines vom Hersteller verursachten Produktfehlers ist die Existenz sogenannter **Verkehrspflichten** (vgl. ausführlich Kullmann/Pfister, Kennzahl 1520), d.h. der Hersteller hat dafür Sorge zu tragen, daß seine Absatzgüter verkehrssicher und frei von gefährlichen Fehlern sind.

Eine Verletzung der Verkehrspflichten kann sowohl durch **positiv schädliches Handeln** des Herstellers selbst oder seiner Gehilfen als auch durch die **Unterlassung** einer erforderlichen Prüfung der Einhaltung dieser Sorgfaltspflichten hervorgerufen werden.

2.6.3.2 Fallgruppen von Produktfehlern und entsprechende Verkehrspflichten

Die folgende Darstellung befaßt sich mit typischen Fallgruppen von Produktfehlern sowie den entsprechenden Verkehrssicherungs- und Gefahrabwendungspflichten. Die Ursachen für fehlerhafte Produkte können insbesondere in vier Bereichen liegen:

Bereich	Art des Fehlers
(1) Produktplanung	Konstruktionsfehler
(2) Produktion	Produktions-/Fabrikationsfehler
(3) Instruktion	Instruktionsfehler
(4) Vertrieb	Produktbeobachtungsfehler

In den Fallgruppen (1) bis (3) bezieht sich die Verantwortlichkeit auf den innerbetrieblichen Bereich, da der Fehler bereits vor dem Zeitpunkt der Auslieferung vorliegt, während sich die Verantwortlichkeit bei der Fallgruppe (4) über den innerbetrieblichen Bereich hinaus erstreckt, da das Auftreten von Fehlern erst nach dem Zeitpunkt der Auslieferung bekannt wird. Die einzelnen Fehlerarten schließen sich bei ein und demselben Produkt nicht aus, sondern können durchaus kombiniert auftreten. In den nachfolgenden Ausführungen werden

- zunächst Begriff und Wesen der genannten Fehlerarten bestimmt,
- die entsprechenden Pflichten des Herstellers aufgezeigt und
- abschließend die Verletzung dieser Pflichten charakterisiert.

2.6.3.2.1 Konstruktionsfehler und Planungspflichten

Im Planungsstadium vor der eigentlichen Herstellung eines Produktes können Fehler im Rahmen der Konstruktion auftreten, die typisch für die ganze Serie sind, d.h. bei der Umsetzung der Konstruktionspläne treten die entsprechenden Mängel **bei allen Produkten** auf. Somit droht jedem Verbraucher, der ein solches Produkt benutzt, eine Verletzung, wie z.B. bei fehlerhaft konstruierten Bremsen und Geräten ohne ausreichende Schutzvorrichten.

Zur Vermeidung von Konstruktionsfehlern obliegt dem Hersteller die Pflicht, seinen Betrieb so einzurichten, daß technische Mängel bereits im Ansatz, also zum Zeitpunkt der Planung, vermieden werden. Die Planungsabteilung einer Unternehmung muß sich bei der Neukonstruktion nach dem jeweils **gültigen Stand der Wissenschaft und Technik** Gedanken darüber machen, welche schädigenden Wirkungen gegebenenfalls von dem Produkt ausgehen können und ob die Möglichkeit besteht, geeignete Sicherheitsvorkehrungen einzurichten, um derartige Gefahren zu eliminieren.

Darüber hinaus muß der Hersteller auch die **technische Weiterentwicklung** beobachten und gegebenenfalls entsprechende Anpassungen bei dem fraglichen Produkt vornehmen, soweit der neueste Stand der Technik objektiv zu erkennen und zu ermitteln ist (Problem der Betriebsgeheimnisse). Die Rechtsprechung hat nicht nur technisch fehlerhafte, sondern auch für den Verwender nach dem gültigen Stand der Wissenschaft und Technik zu umständliche Konstruktionen als mögliche Grundlage eines Schadensersatzanspruches wegen schuldhafter Verletzung der Verkehrspflichten anerkannt. Grundlage hierfür war der Fall der Herstellung eines Rungenverschlusses zur Befestigung von Holz auf einem Langholzwagen, in dem der BGH den Schadensersatzanspruch eines von abrutschenden Holzstämmen verletzten Arbeiters bejaht hat, obwohl der Verschluß bei richtiger Bedienung ein genügendes Maß an Sicherheit gewährte. Der Verschluß war nämlich nur mittels des Gehörs oder durch Rütteln auf sein ordnungsgemäßes Einrasten hin zu überprüfen, nicht aber mit den Augen, während andere schon auf dem Markt befindliche Konstruktionen die zuverlässige Kontrolle mit den Augen erlaubten. Der Hersteller hatte nach Ansicht des BGH deshalb fehlerhaft gehandelt, weil "schon nach dem damaligen technischen Entwicklungsstand Bauweisen möglich waren, die dem Erfordernis höchster Betriebssicherheit mehr entsprechen als die Konstruktion, die zum Unfall des Klägers geführt hat" (BGH, in: BB 1952, S. 587 - Rungenverschluß).

Schließlich hat der Hersteller seine Produkte vor der Markteinführung ausreichend unter praxisnahen Bedingungen zu erproben. Wichtig ist in diesem Zusammenhang, daß die behördliche Zulassung oder Genehmigung bzw. Patentierung einer fehlerhaften Konstruktion nicht den Hersteller von seinen Verkehrspflichten entbinden, da die Herstellerpflicht zum einen umfassender ist als die Prüfungspflicht und der Prüfungsumfang einer Behörde und zum anderen im Rahmen eines Patentverfahrens nur die technische Neuheit eines Produktes geprüft wird (vgl. Anhalt 1978, S. 91, BGH, in: NJW 1987, S. 372 - Zinkotom-Spray).

Konstruktionsbedingte Sicherheitsmängel sind z.B. in jüngerer Vergangenheit sowohl bei Erwachsenen- als auch bei Kinderfahrrädern aufgedeckt worden. Etwa 75.000 Menschen - darunter ca. 18.000 Kinder - verunglücken jährlich mit dem Fahrrad. Anlässe für eine Untersuchung der Fahrradkonstruktionen waren tragische Unfälle, bei denen Fahrradfahrer ohne Fremdeinwirkung stürzten und sich erhebliche, teilweise unheilbare Verletzungen zuzogen. Die Tests zeigten, daß die Konstruktion vielfach nicht dem Stand der Technik entsprach. Konstruktionsfehler wiesen vor allem die Bremsen, die Sattelstützen und die Fahrradlenker auf (vgl. Voss 1994). Bei Kinderfahrrädern ergab die Untersuchung, daß diese überwiegend - um Herstellungskosten zu reduzieren - mit Komponenten für Erwachsenenräder ausgestattet sind, wie zu breite Tretlager, so daß die Kinder spreizbeinig fahren müssen, zu große Sättel, weit abstehende Bremsgriffe und unhandliche Kettenschaltungen. Diese Komponenten werden jedoch nicht den Anforderungen eines Kindes gerecht, sondern gefährden vielmehr ihre Gesundheit (vgl. Juppenlatz 1994).

2.6.3.2.2 Produktionsfehler und Kontrollpflichten

Im Unterschied zum Planungsfehler sind von einem Produktionsfehler **nur einzelne oder einige Produkte** betroffen, z.T. auch eine ganze Serie (sog. "Montagsproduktion"). Dabei handelt es sich um Fehler, die in der Phase der Produktion entstanden sind, weil z.b. die verwendeten Maschinen mangelhaft gearbeitet haben oder da sie schlecht gewartet sind, versagen oder abgenutzt sind. Als eine weitere Fehlerquelle kommt daneben auch das Fehlverhalten des Bedienungspersonals in Frage.

Einige Beispiele für Produktionsfehler:
Der Lenker eines Motorrollers wird falsch montiert, weil die dafür zuständige Arbeitnehmer sich in einem Augenblick der Unachtsamkeit nicht an seinen Arbeitsplan hält (vgl. BGH, in: VersR 1956, S. 259 - Motorroller).
Ein Fahrradfahrer kommt zu Fall, weil die Fahrradgabel wegen eines Materialfehlers bricht (vgl. BGH, in: VersR 1956, S. 410 - Fahrradgabel).
Die bis zu einem bestimmten Zeitpunkt einwandfrei arbeitende Abfüllvorrichtung versagt plötzlich dahingehend, daß die abgefüllten Mineralwasserflaschen unter Überdruck stehen und in der Hand des Verbrauchers explodieren (vgl. LG Hanau, in: VersR 1959, S. 104).
Die bei zu niedriger Temperatur geschmiedete hintere Schubstrebe eines PKW bricht, wodurch ein Wageninsasse schwer verletzt wird (vgl. BGH, in: NJW 1968, S. 247 = VersR 1967, S. 1199 - Schubstrebe).
Bei allen aufgeführten Fällen stellt sich nun die Frage, inwieweit der Hersteller haftbar gemacht werden kann. Um Produktionsfehler zu vermeiden, obliegen dem Hersteller diverse **Kontrollpflichten**, die sich sowohl auf die benötigten Einsatzmaterialien (Rohstoffe, Halbfabrikate, Zwischenprodukte), Maschinen und Art der Herstellungsverfahren beziehen als auch auf Zwischen- und Endkontrollen der Produkte innerhalb des Produktionsprozesses (vgl. Foerste 1989, S. 355 ff.).
Allgemeingültige Normen über Beschaffenheit und Intensität der Kontrollvorgänge existieren nicht, vielmehr sind die anzuwendenden Kontrollverfahren unter anderem von der Art des herzustellenden Produktes (bei manchen Produkten genügen einfache Sichtkontrollen, während bei anderen intensive Kontrollen durchgeführt werden müssen), von der Eintrittswahrscheinlichkeit des Fehlers sowie von der Sicherheit und Zuverlässigkeit des Produktionsprozesses abhängig. Nach dem Bezugsobjekt kann man die Herstellungskontrollpflichten unterteilen in

* die **allgemeine** Produktionskontrolle, d.h. die Kontrolle des Produktionsprozesses zur Vermeidung maschineller und/oder menschlicher Fehler und
* die **konkrete** Produktkontrolle (Qualitätskontrolle), deren Aufgabe es ist, mangelhafte Zwischen- und Endprodukte ausfindig zu machen und durch deren Herausnahme zu verhindern, daß aufgrund von Fertigungsfehlern nicht betriebssichere oder auf sonstige Art und Weise gefährliche Produkte den Betrieb verlassen (vgl. Schmidt-Salzer 1976, S. 78 ff.).

Zwischen diesen beiden Bereichen der Herstellungskontrolle besteht ein enger Zusammenhang. Je größer der Sicherheitsquotient der Fertigungsanlagen ist (= Sicherheit, mit der die Fertigungsanlagen fehlerfrei arbeiten), um so niedriger sind die an die konkrete Produktkontrolle zu stellenden Anforderungen (et vice versa). Zahlreiche bereits in die Fertigungsabläufe eingebaute Sicherheitsvorkehrungen, die eine Herstellung fehlerhafter Produkte praktisch unmöglich machen, verringern somit die Intensität der konkreten Produktkontrolle.

Bei Stichprobenprüfungen hat der Hersteller die Pflicht, diese mit entsprechender Sorgfalt und Fachkenntnis durchführen zu lassen, gegebenenfalls unter Hinzuziehung unternehmungsexterner Kontrolleure, wie z.b. Testinstitute.

Unter Berücksichtigung der nicht erreichbaren 100 %-igen Vollkommenheit und Fehlerlosigkeit trifft den Hersteller der Vorwurf einer schuldhaften Pflichtverletzung, wenn er innerhalb der Produktkontrollpflichten nicht das ihm **technisch und finanziell Zumutbare** durchgeführt hat. Der Produzent haftet also für einen Produktionsfehler, wenn an einer einzelnen Sache bei der Fertigung oder bei der Qualitätskontrolle ein Fehler unterlaufen ist, der die Sache mangelhaft macht und der durch zumutbare Sicherungsvorkehrungen hätte vermieden werden können (z.b. unsorgfältige Auswahl des Fabrikations-, Kontroll- und Aufsichtspersonals; Unterlassen notwendiger Qualitätskontrollen).

Dagegen hat ein Hersteller gemäß § 823 I BGB keine schuldhafte Pflichtverletzung begangen, wenn er die ihm zumutbaren Sicherungsvorkehrungen getroffen hat und infolge eines einmaligen Fehlverhaltens eines Arbeiters bzw. der Fehlleistung einer Maschine ein Fehler entstanden ist (sog. **Ausreißer**). Hierin zeigt sich gleichzeitig die Grenze der aus Produktionsfehlern ableitbaren Schadensersatzansprüche, da der Geschädigte für den aus einem fehlerhaften Produkt resultierenden Schaden keinen Anspruch geltend machen kann, wenn der Hersteller nachweislich die zumutbaren Sicherungsmaßnahmen eingehalten hat. Bei derartigen Ausreißern besteht für den Geschädigten eine **Schutzlücke**.

2.6.3.2.3 Instruktionsfehler und Hinweispflichten

Ist das Produkt geplant, konstruiert und fabriziert und schließlich auch verkauft, so können Schäden immer noch durch sogenannte Instruktionsfehler verursacht werden. Instruktionsfehler liegen vor, wenn ein einwandfrei konstruiertes und produziertes Produkt dadurch Schäden anrichtet, daß der Hersteller den Verbraucher oder Benutzer nicht ausreichend auf bestimmte vorhersehbare Gefahren hingewiesen hat, die mit der Benutzung oder dem Verbrauch des Produktes einhergehen. Solche Fehler sind z.b. gegeben, wenn Gebrauchsanweisungen unverständlich oder keine ausreichenden

Warnungen vor bestimmten gefährlichen Eigenschaften des Produktes vorhanden sind.

Einige Beispiele für Instruktionsfehler:
Der Hersteller eines Spezialklebemittels für Fußbodenbelag, das bei seiner Verwendung entzündbare Gase entwickelt, darf sich nicht darauf beschränken, den Klebemittelbehälter nur mit der Aufschrift "feuergefährlich" zu versehen, sondern er muß den Benutzer eindeutig und nachhaltig auf die große Gefahr hinweisen, die sich aus der Entwicklung entzündlicher und feuergefährlicher Gase ergibt (vgl. BGH, in: VersR 1960, S. 342 ff.).

Eine Herstellerfirma vertreibt ein kosmetisches Präparat (Haartonicum) an Friseurgeschäfte, und zwar ohne jeden Hinweis im beigefügten Prospekt auf die Tatsache, daß das Tonicum bei besonderer Empfindlichkeit durchaus Hautallergien hervorrufen kann: Ein Friseur erleidet so starke Schäden, daß er seinen Beruf aufgeben muß (vgl. BGH, in: NJW 1975, S. 824 - Haartonicum).

Ein Instruktionsfehler lag auch in dem bereits erwähnten Fall der Lenkerverkleidung eines Honda-Motorrades vor. Der Fahrer war mit seinem Motorrad auf trockener Autobahn bei ca. 150 km/h ins Schleudern geraten und tödlich verunglückt. Ursache für den Unfall war die Lenkerverkleidung eines anderen Herstellers, die nicht von Honda hergestellt und montiert worden war und die bei hoher Geschwindigkeit die Stabilität und Bodenhaftung des Motorrades verringerte. Der BGH urteilte, daß der Hersteller auch ohne konkrete Kenntnis der Gefahrenlage allgemein vor nicht von ihm empfohlenen Lenkerverkleidungen hätte warnen müssen (vgl. BGH, in: BB 1987, S. 717 - Motorrad).

Zu einer erweiterten Instruktionshaftung hat die Rechtsprechung in den Fällen von Babynahrung und Babytrinkflaschen geführt (BGH, in: NJW 1995, S. 1286 ff.):
"Nicht nur die Hersteller von Kindertees seien verpflichtet, auf die Gefahren des sog. Dauernuckelns hinzuweisen. Gleiches gelte auch für die Produzenten von Frucht- und Gemüsesäften und von solchen Flaschen, die Säuglinge alleine halten können.
Im zugrundeliegenden Fall hatte ein heute 10jähriger Junge vier Schneidezähne verloren, weil er ab der achten Lebenswoche rund 14 Monate lang regelmäßig Kindertee der Fa. Milupa AG und ab dem ersten Lebensjahr zusätzlich Frucht- und Gemüsesäfte der Fa. Hipp KG aus der kleinen Milupa-Plastiksaugerflasche als "Dauernuckel" und als Einschlafhilfe bekommen hatte. Als Kariesschäden an den Milchzähnen des Kindes festgestellt wurden, setzten die Eltern die Getränke mit zeitlichem Abstand ab.
Aufgrund zahlreicher Fälle des sog. Nursing Bottle Syndroms hatte Milupa schon seit Dezember 1982 auf allen Teedosen einen in den Folgejahren weiter verbesserten und deutlicher gestalteten Warnhinweis angebracht, den die Bundesrichter jetzt für ausreichend erachteten, um die Eltern vor einem

Mißbrauch zu warnen. Dagegen wurde Hipp für die Kariesschäden verantwortlich gemacht, weil auf den Verpackungen ihrer Säfte kein solcher Warnhinweis angebracht war, obwohl die Gefahr kariöser Zerstörung durch ihre Produkte im Vergleich zu zuckerhaltigen Teegetränken noch größer war. Nach Angaben des BGH hätte sie die Fehlentwicklung und das damit verbundene Risiko von Kariesschäden erkennen müssen.

Soweit die Hipp-Säfte dem Kind durch die Milupa-Flasche verabreicht worden waren, haftet jedoch auch Milupa für den dadurch eingetretenen Schaden; denn sie mußten damit rechnen, daß die Eltern mit diesen Flaschen ihren Kindern auch Getränke anderer Hersteller verabreichen würden, vor deren Gefahren sie nicht hinreichend gewarnt waren. Milupa hätte deshalb auch auf den von ihr vertriebenen Flaschen einen deutlichen Warnhinweis anbringen müssen; denn gerade wegen des leichten Gewichts der Flaschen und aufgrund des speziell geformten Saugaufsatzes, der den Getränkestrahl auf die besonders gefährdeten Zahnstellen lenkt, habe die Möglichkeit der Schädigung von Kleinkindern durch "Dauernuckeln" nahegelegen." (entnommen aus Produkthaftung International, Heft 3/1995, S. 92)

Die Firma Milupa vertreibt ihre Trinksauger seitdem mit diesen Hinweisen:

"Wichtiger Hinweis:

Stillen ist das Beste für Säuglinge.

Bevor Sie sich entscheiden, eine Säuglingsmilchnahrung zu verwenden, lassen Sie sich bitte in Ihrer Klinik oder von Ihrem Kinderarzt beraten.

- Verwenden Sie nur Glasflaschen und überlassen Sie Ihrem Kind die Flasche nicht als Dauernuckel.
- Häufiger oder dauernder Kontakt der Zähne mit kohlenhydrathaltigen Nahrungen oder Flüssigkeiten kann schwere Zahn- und daraus resultierende Folgeschäden verursachen.
- Lassen Sie Ihr Kind spätestens nach dem 1. Lebensjahr nur noch aus der Tasse trinken." (Verpackung des Milupa Trinksauger ab 1. Tag, für dünnflüssige Nahrung, kleine Lochung, flacher Kautschuksauger, K4)

Aus der Rechtsprechung zur Instruktionshaftung resultieren vor allem folgende Hinweispflichten: Eine **Belehrung** des Verbrauchers über die sachgerechte Bedienung und Handhabung sowie die bestimmungsgemäße Benutzung des Produktes (Belehrungspflicht), damit es durch Fehlanwendungen nicht zu Rechtsgutverletzungen kommt, und/oder eine **Warnung** vor spezifischen, für den Verbraucher nicht ohne weiteres erkennbare Gefahren (Warnpflicht).

Die Einhaltung dieser Pflichten entbindet den Hersteller keineswegs davon, für die Herstellung möglichst fehlerfreier und gefahrloser Produkte Sorge zu tragen, da ungeachtet der Hinweispflichten der Grundsatz der Ungefährlichkeit des Produktes Gültigkeit besitzt. Belehrungs- und Warnpflichten müssen daher als **Ausnahme** angesehen werden, wenn weitergehende Gefahrenabwendungsmaßnahmen, die den Bereichen Planung und Produktion zuzuordnen sind, nicht verlangt werden können. Zudem können Ausstattungsmängel nicht durch Warnungen kompensiert werden (vgl. Schmidt-Salzer 1987, Art. 6, Rdn. 167 ff.). Mit der Einhaltung der Hinweispflichten hat der Hersteller dann alles ihm zur Gefahrenabwendung Zumutbare durchgeführt, was den innerbetrieblichen Verantwortungsbereich betrifft (vgl. Anhalt 1978, S. 99 f.). Die Warnpflicht, durch die offengebliebene Gefahrenbereiche der Planungs- und Produktionshaftung abgedeckt werden müssen, erstreckt sich besonders auf folgende Bereiche (vgl. Schmidt-Salzer 1976, S. 94 ff.):

- Nach dem Stand der Technik nicht zu beseitigende Gefahren: Da insoweit deliktsrechtlich von dem Hersteller keine Gefahrabwendungsmaßnahmen verlangt werden können, muß er zumindest in den dem Produkt beigefügten Instruktionen auf diese **abstrakt-generelle Gefährlichkeit** hinweisen.
- Gefährlichkeit für bestimmte Benutzer: Ist z.B. mit Medikamenten die Gefahr verbunden, daß sie für empfindliche Personen zu Allergien führen, muß der Hersteller auf diese **individuell-abstrakte Gefährlichkeit** hinweisen.
- Gefährlichkeit des Produktes bei bestimmten Arten der Verwendung: Ist z.B. ein maschinelles Gerät bei ordnungsgemäßem Gebrauch gefahrlos, während es bei unsachgemäßem Gebrauch zu einer Gefahr für den Benutzer werden kann, muß der Hersteller vor dieser **generell-konkreten Gefährlichkeit** warnen.
- Gefährlichkeit bei bestimmten Konstellationen: Wenn bestimmte Gefahren nur **bei bestimmten Konstellationen** auftreten, wie z.B. bei Schwangerschaft, bei hoher Luftfeuchtigkeit, so unterliegt der Hersteller auch hier der Warnpflicht (vgl. BGH, in: VersR 1977, S. 918 - Pflanzenschutzmittel, BGH, in: NJW 1987, S. 372 - Zinkotom-Spray). Als eine derartige Konstellation ist auch die Verwendung fremder Erzeugnisse in Verbindung mit den eigenen Herstellererzeugnissen zu werten, wie z.B. Motorrad-Verkleidungen von einem anderen als dem Motorradhersteller (Honda-Fall) oder Babysäfte von einem anderen als dem Babyflaschenhersteller (Milupa-Fall).

Wichtig ist, daß die Belehrungs- und Warnpflichten **deutlich, ausreichend, vollständig und substantiiert** sein müssen (vgl. auch Rominski 1992). Die Hinweise müssen auf den durchschnittlichen Benutzer einer spezifischen Sache zugeschnitten und sachlich adäquat sein, d.h. durch klare Gebrauchsanweisungen, Bedienungsanleitungen und Gefahrenhinweise muß ein exaktes Bild von Art und Umfang der bestehenden Gefahren sowie deren Abwehrmöglichkeiten gegeben werden. Ein Beispiel: Ist die Gefahr einer fehlerhaften Verwendung eines Arzneimittels durch einen Arzt besonders groß und haben sich hierdurch schon mehrfach schwere Körperschäden ergeben, wie z.B. Armamputationen bei Fehlinjektionen eines Narkosemittels in die Arterie, so muß der Hersteller hierauf die Ärzte **eindringlich und genau** hinweisen (vgl. BGH, in: NJW 1972, S. 2217 ff. - Kurznarkosemittel). Praktische Hinweise für die Gestaltung von Gebrauchsanweisungen geben z.B. Brendl/Brendl 1991.

Die **notwendigen** Instruktionen müssen weiterhin klar erkennbar sein; sie dürfen nicht in kleingedruckter, angesichts der konkreten Umstände unauffälliger Schrift erteilt werden; auch darf die Lesbarkeit weder durch mangelnde Gliederung und Hervorhebung von Textteilen noch durch fehlende Zeilenabstände noch durch ablenkende Gestaltungselemente erschwert werden (vgl. BGH, in: WRP 1987, S. 378 - 6-Punkt-Schrift). Handelt es sich um Maschinen oder sonstige Produkte mit langer Lebensdauer, muß die Warnung auf der Sache selbst an sichtbarer Stelle angebracht sein, weil der Hersteller nicht davon ausgehen kann, daß eine in einem Prospekt enthaltene Warnung auch nach längerer Zeit noch neuen Kollegen, welche die Maschine bedienen, übergeben wird.

Nach der jüngeren Rechtsprechung ist bei der Abfassung von Instruktionen auch zu berücksichtigen, ob sie sich **an Fachleute oder an Letztverbraucher** richten, bei denen keine Fachkenntnisse vorausgesetzt werden können (vgl. BGH, in: DB 1992, S. 1516 - Silokipper).

Bei der Frage, wie Warn- und Belehrungshinweise nun konkret zu gestalten sind, kann es zweckmäßig sein, sich an den **Kriterien** zu orientieren, die hierzu in den USA entwickelt worden sind. Denn die US-amerikanische Rechtsprechung zur Produkthaftung hat sich in den letzten Jahren zum Vorreiter im Bereich des Verbraucherschutzes entwickelt (vgl. hierzu Cherry/Geigle 1994). Konsumgüter-Hersteller, die ihre Produkte in die USA exportieren, werden diese Kriterien ohnehin übernehmen müssen, um den US-amerikanischen Hinweispflichten zu genügen. Weitere Hinweise, wie Produktaufschriften und Gebrauchsanweisungen zu gestalten sind, um keine überzogenen Erwartungen an die Sicherheit eines Produktes auszulösen, liefert z.B. Standop (1993, S. 957 ff.).

Es gibt jedoch einige **Einschränkungen bei den Informationspflichten.** So braucht z.B. das, was man an Wissen von dem in Frage kommenden Abnehmerkreis erwarten kann, nicht in einer Gebrauchsanweisung mitgeteilt zu werden. Im Falle der unsachgemäßen Anbringung eines Fensterkranes hat der BGH (vgl. BGH, in: BB 1959, S. 537 ff.) ausgeführt, wer sich eine Maschine, ein Werkzeug oder ein sonstiges Gerät anschaffe, um sich seiner zu bedienen, müsse sich selbst darum kümmern, daß er mit ihm umzugehen lerne. Eine weitere Einschränkung der Hinweispflicht ergibt sich dadurch, daß nicht nur den Hersteller benutzerbezogene Aufklärungspflichten treffen, sondern sich auch der **Benutzer** um eine produktbezogene Aufklärung zu kümmern hat. Des weiteren dürfen die Anforderungen an die Hinweispflicht des Herstellers nicht überspannt werden, d.h. der Hersteller ist nur dann verpflichtet, die Abnehmer bzw. Anwender des Produktes zu belehren, "wenn und soweit sie aufgrund der Besonderheiten des Geräts sowie der bei den durchschnittlichen Benutzern vorauszusetzenden Kenntnisse damit rechnen müssen, daß bestimmte konkrete Gefahren entstehen können. ... Was auf dem Gebiet allgemeinen Erfahrungswissens der in Betracht kommenden Abnehmerkreise liegt, braucht nicht zum Inhalt einer Gebrauchsbelehrung gemacht zu werden." (BGH, in: BB 1975, S. 1031 f. - Spannkupplung). Durch diese Reduktion des Umfangs der Aufklärungspflichten auf die besonderen und dem Durchschnittsverbraucher nicht ohne weiteres bekannten Risiken wird die Gefahr einer Aushöhlung des Verbraucherschutzes durch zu ausführliche und damit in der Praxis nicht immer zu Ende gelesene Gebrauchsanweisungen, Packungsbeilagen etc. vermindert.

Zusammenfassend kann festgestellt werden, daß der Produzent dann wegen eines **Instruktionsfehlers** haftet, wenn es vorhersehbar ist, daß von einem in Verkehr gebrachten Erzeugnis Gefahren ausgehen und der Produzent eine entsprechende Belehrung bzw. eine wirksame Warnung unterläßt. Soweit das Produkt von oder für Personen verwendet werden soll, welche die Gefahren nicht ohne weiteres abzuschätzen vermögen, muß eine nachdrückliche und umfassende Unterrichtung über die richtige Verwendung und über die Folgen einer nicht bestimmungsgemäßen Anwendung erfolgen. Ein Instruktionsfehler liegt insbesondere vor, wenn die Gebrauchsanweisung unrichtig oder unvollständig ist.

2.6.3.2.4 Produktbeobachtungsfehler und Überwachungs- und Rückrufpflichten

Die Verkehrspflichten des Herstellers enden nicht damit, daß er seine Produkte nach der Durchführung von Kontrollen in den Bereichen Planung, Produktion und Instruktion in den Verkehr bringt; darüber hinaus hat der Hersteller die Pflicht, seine Produkte am Markt zu beobachten. Dies gilt besonders für **neue Produkte**, die sich bewähren sollen, aber auch für schon **laufende Serien**, wenn sich durch technische Weiterentwicklungen und neue Erkenntnisse die Frage stellt, ob das Produkt noch weiter wie bisher vertrieben werden kann oder ob nicht Veränderungen vorgenommen werden müssen. Ein nach bisherigem Erkenntnisstand aus Wissenschaft und Technik als gefahrlos geltendes Produkt kann sich durchaus nach der Markteinführung unerwartet als schädigend erweisen (sog. Entwicklungsgefahren).
Einige Beispiele für Produktbeobachtungsfehler:
Als besonders hart und widerstandsfähig empfohlene Fensterlacke wiesen nach mehreren Jahren des Verbrauchs den Mangel auf, daß sie die dauerhafte Durchfeuchtung des Fensterholzes von innen heraus begünstigten, wodurch an den lackierten Fenstern von Pilzbefall hervorgerufene Fäulnisschäden auftraten. Derartige Schäden waren in den ersten Jahren des Vertriebes nicht bekannt geworden (vgl. BGH, in: BB 1972, S. 1069 - Fensterlack).
Häufig treten Produktbeobachtungsfehler auch bei Medikamenten auf, die in der Testphase bei Tierversuchen und ausgewählten Patienten keine schäd-

lichen Nebenwirkungen verursacht hatten, die dann jedoch nach der Markteinführung auftraten (vgl. LG Aachen, in: IZ 1971, S. 504 - Contergan). In den Jahren 1980 bis 1983 war es in ca. 70 Fällen zu teilweise erheblichen gesundheitlichen Beeinträchtigungen bei Verbrauchern gekommen, die Lederpflegesprays der Marken "Erdal-Rex" und "Solitär" benutzten. Obwohl der Hersteller "Werner & Mertz" dies wußte, unterließ er es, diese Produkte vom Markt zurückzurufen.

Diese Beispiele verlangen Antworten auf drei wesentliche Fragen im Fall der Haftung für einen Produktbeobachtungsfehler:

(1)   Welche Beobachtungspflichten obliegen dem Hersteller?
(2)   Welche Maßnahmen muß der Hersteller ergreifen?
(3)   Wann haftet der Hersteller für Schäden an Rechtsgütern?

(1) Beobachtungspflichten

Für den Hersteller besteht nach der Rechtsprechung **keine uneingeschränkte Pflicht** zur Produktbeobachtung. Vielmehr besteht diese Pflicht nur in den Fällen, in denen ein begründeter Anlaß vorliegt, d.h. in denen es vor allem nicht auszuschließen ist, daß die in den Verkehr gebrachten Produkte Konstruktionsfehler aufweisen.

Vor allem bei **Neukonstruktionen** muß der Hersteller dafür Sorge tragen, daß er z.B. über seinen Außendienst oder seine Vertragshändler schnellstens über etwaige auf Konstruktionsfehler hindeutende Unfälle unterrichtet wird. Das gleiche gilt für die Umstellung laufender Produkte auf **neue Materialien** (z.B. Verwendung von Nylon statt Reyon für die Reifenherstellung). Hier muß der Hersteller die Bewährung des geänderten Produkts beobachten und gegebenenfalls erhaltenen Hinweisen, Beschwerden usw. nachgehen.

Wenn ein Produkt bereits **seit längerer Zeit im Markt** beanstandungsfrei abgesetzt worden ist, sinkt mit zunehmender schadensfreier Zeit die Produktbeobachtungspflicht. Selbst wenn es sich nachträglich herausstellt, daß dennoch ein Konstruktionsfehler vorliegt, hat der Hersteller nicht schuldhaft gehandelt, da er angesichts der offensichtlichen Bewährung seines Produktes davon ausgehen konnte, daß die bei Einzelstücken auftretenden Fehler nur mit atypischen Fabrikationsfehlern behaftet sind.

(2) Maßnahmen zur Vermeidung von Mangelfolgeschäden

Welche Maßnahmen der Hersteller aufgrund der Ergebnisse der Produktbeobachtung zu treffen hat, hängt von den Umständen des Einzelfalles ab, vor allem also von der Größe und/oder Wahrscheinlichkeit der Gefahr, dem Kreis der Betroffenen, der Bedeutung der betroffenen Rechtsgüter, den Handlungsmöglichkeiten, der Wirksamkeit der in Betracht kommenden Maßnahmen usw. Dabei ist zwischen präventiven und reaktiven Maßnahmen zu differenzieren. Im Rahmen der **präventiven** Maßnahmen geht es um die Beseitigung der erkannten Fehler an dem auch künftig abzusetzenden

Produkt. Bei Vorliegen eines Konstruktionsfehlers muß daher die gesamte Konstruktion verbessert werden. Handelt es sich um bisher nicht erkannte Nebenwirkungen oder um Gefahren, die sich nur bei bestimmten Benutzungsweisen ergeben, so kann u.U. eine entsprechende Ergänzung der Instruktionen eine geeignete Maßnahme darstellen.

Im Rahmen der **reaktiven** Maßnahmen geht es um die Beseitigung der erkannten Mängel an den bereits abgesetzten Produkten, d.h. es sind Maßnahmen in bezug auf die bereits in den Händen der Benutzer befindlichen Produkte zu ergreifen. Hierbei kann u.U. eine bloße Information der Konsumenten über die Händler genügen, wenn der Hersteller berechtigterweise davon ausgehen kann, daß die Händler die Information an die betroffenen Endabnehmer weiterleiten.

Gegebenenfalls kann aber auch die Pflicht bestehen, ein fehlerhaftes Produkt vorläufig oder endgültig **vom Markt zurückzurufen**. Vielfältige Beispiele hierfür finden sich in der Automobil- und Reifenindustrie, wo an den Handel oder an den Konsumenten ausgelieferte fehlerhafte Produkte zurückgerufen und die Konsumenten vor der Benutzung eines Wagens dieser Art gewarnt werden, um somit Unfälle zu vermeiden.

Wichtig ist, daß je nach Sachlage eine derartige Rückrufpflicht auch bereits aufgrund eines noch nicht endgültig geklärten Verdachts entstehen kann, wenn die Untersuchungen über Art und Wirkung der Fehlerquelle zwar noch nicht eingeleitet bzw. endgültig abgeschlossen sind, aber wegen der bisher verfügbaren Informationen zu befürchten ist, daß bei weiterer Benutzung des Produktes erhebliche Schäden eintreten können.

Rückrufaktionen sind vor allem in der Reifen-, Elektro- und Automobilbranche zu beobachten. Die Erfahrungen aus der Praxis zeigen, daß teilweise mehr getan wird, als rechtlich erforderlich gewesen wäre (vgl. Schmidt-Salzer 1990, S. 1029). *Bild 28* gibt einen Überblick über Rückrufaktionen in der Automobilbranche.

Spektakuläre Rückrufaktionen können - wie bei der Adam Opel AG im Frühjahr 1995 - erhebliche Kosten verursachen. An 2,3 Mio. Modellen des Opel "Astra" wurde nachträglich um den Tankeinfüllstutzen eine Metallscheibe montiert, um Brandgefahren beim Tanken zu vermeiden. Weiterhin wurden elektrische Steckverbindungen an 1,2 Mio. Opel-Fahrzeugen mit Airbag überprüft. Beide Maßnahmen führten zu Aufwendungen in Höhe von 90 Mio. DM. (Einen Überblick über die Kosten von Rückrufaktionen sowie ihre kostenrechnerische und bilanzielle Behandlung gibt Standop 1992).

Aber auch in anderen Branchen kann der Aufwand für Rückrufaktionen erheblich sein. Der größte Zigarettenhersteller der USA, Philip Morris, rief im Frühjahr 1995 8 Milliarden Zigaretten zurück. Ein kleiner Teil davon sollte defekte Filter haben, die bei Rauchern zeitweises Unbehagen, Augen-, Nasen- und Halsbeschwerden, Schwindel, Husten sowie Keuchen hervorrufen. Schwangere Frauen und Menschen mit Krankheiten der Atemwege wurden besonders gewarnt. Die in der Zigarettenindustrie bislang einzigartige Aktion kostet nach Angaben des Konzerns 275 Mio. DM. Der Filterdefekt sei auf Materialfehler eines Zulieferers zurückzuführen und beträfe keine für den Export bestimmten Zigaretten (vgl. o.V. 1995 I).

Datum	Modell	Rückrufgrund	Stück	Raum
1988	BMW 3er Allrad	Ölmeßstab	18.000	E**
1991	BMW 3er mit vier Türen	Frontklappen-Verschluß	100.000	W**
1989	Fiat Uno	Schwingarme	191.568	-**
1989	Fiat Uno 750/1000	Querlenker	70.000	-**
1988	Ford Escort, Orion	Kotflügel-Verkleidung	113.000	D**
1990	Jaguar 12-Zylinder Limousine, XJS V12	Tempomat	48.000	W**
1990	Mercedes-Benz SL	Überrollbügel-Sensor	2.800	D*
1991	Mercedes-Benz mit Hängerkupplung	Verriegelungsmechanik	89.000	W**
1988	Opel Corsa, Kadett, Ascona	Bremskraftregler	636.000	W**
1991	Opel Omega, Senator	Bremsschläuche	817.490	W**
1990	Porsche 924S, 944, 944 Turbo	Kraftstoffleitung	80.700	W**
1987	Toyota Camry 2,0	Zündsteuerteil	1.350.000	W**
1987	VW Golf Cabriolet	Kraftstoffpumpe	-	-*
1989	VW Golf Bus, Typ 2 Einspritzer	Kraftstoffschlauch	-	-*
1990	VW Golf 16 V, Jetta 16 V	Bremsleitung	37.000	D*

Quellen: * = ADAC und andere, ** = Hersteller
D = Deutschland, E = Europa, W = Welt, - = ohne Angabe

Quelle: Vgl. Löwitsch 1992, S. 12.
Bild 28:   Rückrufaktionen in der Automobilbranche (Auswahl)

(3) Haftungseintritt des Herstellers

Ist ein Hersteller nicht seiner Produktbeobachtungspflicht nachgekommen oder hat er nicht die aus den Beobachtungen erforderlichen Konsequenzen gezogen *und* ergibt sich als Folge daraus ein Schaden, den er eigentlich hätte abwenden können, dann liegt ein schuldhaftes Handeln als Haftungsvoraussetzung nach § 823 I BGB vor. Art und Umfang der bei der Produktbeobachtungshaftung erforderlichen Maßnahmen müssen nach dem Grundsatz der Verhältnismäßigkeit der Art und dem Umfang der Gefahren entsprechen. Gegenüber einer akuten Gefahr für Leben und Gesundheit kann sich der Hersteller insbesondere nicht darauf berufen, daß für ihn durch Gefahrabwendungsmaßnahmen (Rückrufaktionen, Warnkampagnen etc.) unzumutbare finanzielle Zusatzbelastungen und Imageschädigungen bestehen. Kein schuldhaftes Handeln des Herstellers liegt dagegen vor, wenn der Schaden eintritt, **bevor** der Hersteller von der Existenz eines Fehlers wissen konnte und entsprechende Maßnahmen zur Gefahrabwendung hätte durchführen können (vgl. Anhalt 1978, S. 108 f.).

2.6.3.3 Beweisfragen bei der Haftung gemäß § 823 I BGB

Die Beweislast im Rahmen des deliktsrechtlichen Schadensersatzanspruches nach § 823 I BGB liegt **vom Grundsatz her beim Geschädigten.** Danach müßte der Geschädigte im Haftungsprozeß folgende Nachweise erbringen:

1. Schadensnachweis:
   Verletzung eines der in § 823 I BGB erwähnten Rechtsgüter,

2. Fehlernachweis:
   objektives Vorhandensein eines Produktfehlers und Herkunft des Fehlers aus der beklagten Unternehmung,

3. Kausalitätsnachweis:
   Kausalzusammenhang zwischen dem verletzten Rechtsgut und dem Produktfehler bei bestimmungsgemäßer Verwendung des fehlerhaften Produktes und

4. Verschuldensnachweis:
   schuldhaftes Handeln des Herstellers.

Sofern eine dieser Voraussetzungen nicht erfüllt ist, kann die beklagte Unternehmung nicht nach § 823 I BGB haftbar gemacht werden. In vielen Fällen wird es dem Geschädigten z.B. wegen der fehlenden Zugänglichkeit relevanter betriebsinterner Unterlagen des beklagten Herstellers nicht möglich sein, insbesondere den Kausalitäts- und Verschuldensnachweis zu erbringen. Um dem Geschädigten aus dieser Beweisnot herauszuhelfen, hat die Rechtsprechung eine Erleichterung der gesetzlichen Regelung der Beweislast in Form des Anscheinsbeweises und der Beweislastumkehr eingeführt (vgl. Schmidt-Salzer 1976, S. 164 ff.); letztere ist allerdings nur im Fall von Konstruktions- und Produktionsfehlern möglich.

Zum Beweis der Existenz eines Produktfehlers und des ursächlichen Zusammenhanges zwischen einem Fehler der Kaufsache und dem Schadensereignis braucht der Geschädigte lediglich einen sogenannten **Anscheinsnachweis** zu erbringen. Hiernach muß der Geschädigte nur Tatsachen vorbringen, die einen nach der Lebenserfahrung typischen, zu dem beweisbedürftigen Ereignis führenden Geschehensablauf kennzeichnen. Er muß nicht, wie es beim Vollbeweis nötig wäre, das Vorhandensein des Fehlers als einzige und unmittelbare Schadensursache beweisen und damit alle möglichen (vorstellbaren) anderweitigen Schadensursachen, die sich aus dem Gebrauch des Produktes ergeben oder außerhalb der Einflußsphäre des Herstellers eingetreten sein können, ausschließen. Es ist dann Sache des Produzenten, Tatsachen vorzutragen, die ausreichen, um ernsthaft die Möglichkeit eines anderen Geschehensablaufes in Betracht zu ziehen und den prima-facie Beweis dadurch zu erschüttern.

Beispiel: Der BGH hat im sogenannten Hühnerpestfall den Beweis des ersten Anscheins für die Verursachung der Krankheit der Tiere durch den vom Beklagten gelieferten Impfstoff mit der Begründung als geführt angesehen, daß gerade die Charge ALD 210 (eine bestimmte, vor ihrer Abfüllung staatlich geprüfte Menge des Impfstoffes) es gewesen sei, nach deren Verwendung sowohl bei den Hühnern des Klägers als auch bei denen mehrerer anderer Landwirte der Gegend die Hühnerpest zu derselben Zeit ausgebrochen sei. Durch dieses auffällige Zusammentreffen mehrerer Schadensfälle war dem Anschein nach die Verursachung nachgewiesen, ohne daß der Kläger im einzelnen den Produktfehler und den Kausalzusammenhang beweisen mußte (vgl. BGH, in: NJW 1969, S. 269 - Hühnerpest).

Nach einem gegen den Hersteller sprechenden Anscheinsbeweis ist - im Fall von Konstruktions- und Produktionsfehlern - die **Beweislastumkehr** möglich. Dies bedeutet, daß nicht wie sonst üblich der Kläger ein Verschulden des Beklagten beweisen muß, sondern der Beklagte muß den Nachweis erbringen, daß ihn kein Verschulden trifft, da er alle ihm möglichen und zumutbaren Maßnahmen getroffen hat. Kann er dies nicht nachweisen, so wird ihm ein Verschulden unterstellt. Als Begründung für eine derartige Beweislastumkehr sind die subjektiven Voraussetzungen eines Verschuldensnachweises in Form der Komplexität und Verschachtelung eines Betriebes zu nennen. Technische, chemische oder biologische Vorgänge, die auf einer arbeitsteilig und verwickelten Organisation beruhen, machen es dem Anspruchssteller kaum möglich, die Ursache des schadenstiftenden Fehlers selbst aufzuklären.

2.6.3.4 Die Haftung des Herstellers aufgrund der Verletzung von Schutzgesetzen gemäß § 823 II BGB

Wer schuldhaft gegen ein Gesetz verstößt, das dem Schutz der Allgemeinheit oder eines einzelnen dient, unterliegt nach § 823 II BGB ebenso der Haftung wie gemäß § 823 I BGB (vgl. ausführlich hierzu Kullmann/Pfister, Kennzahl 1600-1602). Zu diesen Schutzgesetzen gehören u.a. Vorschriften aus dem AMG, dem LMBG, dem Gesetz über technische Arbeitsmittel (sog. Gerätesicherheitsgesetz, GsG) sowie aus dem Strafgesetzbuch (z.B. § 230 StGB).

Bestimmungen des Verbandes Deutscher Elektrotechniker (VDE), DIN-Normen des Deutschen Instituts für Normung und ähnliche technische Normen, in denen die allgemein anerkannten Regeln der Technik ihren Niederschlag gefunden haben, sind **keine Schutzgesetze** im Sinne des

§ 823 II BGB. Sie erleichtern aber dem Verletzten die Beweisführung bei der Konkretisierung der Verkehrspflichten.

Abschließend stellt *Bild 29* das grundsätzliche Verhältnis zwischen vertraglicher und deliktischer Haftung dar.

Art der Haftung / Kriterium	Vertragliche Haftung	Deliktsrechtliche Haftung
Basis-verletzung	Vertragspflicht	absolute Rechte
Haftungs-prinzip	1. Fehlen zugesicherter Eigenschaften: verschuldens*un*abhängige Garantiehaftung 2. positive Vertragsverletzung: verschuldensabhängige Haftung	Verschuldensprinzip
Haftungs-umfang	alle Mangelfolgeschäden, inkl. reiner Vermögensschäden	Personen- und Sachschäden, bedingt Vermögensschäden
Haftung für Erfüllungs-gehilfen	für Verschulden solcher Personen wird wie für eigenes Verschulden gem. § 278 BGB gehaftet	Entlastungsmöglichkeit des Herstellers für seine Verrich-tungsgehilfen gem. § 831 BGB
Schmer-zensgeld für immaterielle Schäden	nein	ja, gem. § 847 BGB
Möglichkeit der Haf-tungsfrei-zeichnung	grundsätzlich ja gem. § 276 BGB	nein, nur zwischen Vertragspartnern
Verjährungs-frist	in der Regel 6 Monate	3 Jahre ab Kenntnis des Geschädigten vom Schaden und von der Person des Schädigers, spätestens 30 Jahre nach Vornahme der schadens-ursächlichen Handlung
Beweislast	Beweislastumkehr zugunsten des Geschädigten gem. § 282 BGB	grundsätzlich Beweislast des Geschädigten; durch Rechtsprechung Beweislastumkehr möglich

Quelle: In Anlehnung an Anhalt 1978, S. 149.
Bild 29:   Vergleich zwischen vertraglicher und deliktischer Haftung

205

2.6.4 Die Haftung nach dem Produkthaftungsgesetz

Mit dem "Gesetz über die Haftung für fehlerhafte Produkte" (Produkthaftungsgesetz - ProdHaftG), das am 1.1.1990 in Kraft getreten ist, wurde die im Juli 1985 verabschiedete EG-Produkthaftungsrichtlinie in nationales Recht transformiert (vgl. zur EG-Richtlinie ausführlich Hollmann 1985 I, II, Schmidt-Salzer 1986).

Im Unterschied zur deliktsrechtlichen Haftung und der Haftung nach dem Rechtsinstitut der positiven Vertragsverletzung liegt dem Produkthaftungsgesetz das **Prinzip der verschuldensunabhängigen Unrechtshaftung** zugrunde. Dies bedeutet, daß ein Verschulden des Schädigers nicht nachgewiesen werden muß. Die Beweisführung beschränkt sich entsprechend auf den Schadens- und Produktfehlernachweis sowie auf den Kausalitätsnachweis (siehe hierzu *Kap. 2.6.3.3.1*). Die wichtigsten Neuerungen und Änderungen, die das ProdHaftG für den Hersteller mit sich bringt, werden im folgenden überblickartig dargestellt (vgl. auch Frietsch 1990). Im übrigen ist davon auszugehen, daß die Auslegung des Produkthaftungsgesetzes nahtlos an die bisherige Rechtsprechung anknüpft.

2.6.4.1 Sachlicher Anwendungsbereich und Haftungsadressaten

Wenn durch den Fehler eines Produktes jemand getötet, sein Körper oder seine Gesundheit verletzt oder eine Sache beschädigt wird, dann haftet der Hersteller des Produktes verschuldens*un*abhängig für die daraus entstandenen Schäden (§ 1 I, die folgenden Angaben von Rechtsnormen beziehen sich ausschließlich auf das ProdHaftG). Als Produkt ist jede bewegliche Sache definiert, auch wenn sie Teil einer anderen beweglichen oder unbeweglichen Sache darstellt. Für **landwirtschaftliche Naturprodukte und Jagderzeugnisse**, die nicht einer ersten Verarbeitung unterzogen worden sind, gelten die Regelungen des ProdHaftG **nicht** (§ 2). Dies heißt z.B., daß der unbehandelte frische Fisch, der auf dem Wochenmarkt angeboten wird, kein Produkt im Sinne des ProdHaftG ist, wohingegen der konservierte Fisch, der in den Regalen von Lebensmittelgeschäften zu finden ist, unter das ProdHaftG fällt. Die Haftung nach dem ProdHaftG gilt jedoch nur für solche Produkte, die nach dem Inkrafttreten dieses Gesetzes von dem Hersteller in den Verkehr gebracht werden.

Als **Haftungsadressaten** kommen grundsätzlich in Frage (§ 4)

- der Hersteller eines Grundstoffes = Zulieferer,
- der Hersteller eines Teilproduktes = Zulieferer,
- der Hersteller eines Endproduktes,

- derjenige, der sich als Hersteller ausgibt, indem er seinen Namen, sein Markenzeichen oder ein anderes Kennzeichen auf dem Produkt anbringt (= Quasi-Hersteller),
- derjenige, der ein Produkt zum Zweck des Verkaufs, der Vermietung, des Mietkaufs oder einer anderen Vertriebsform im Rahmen seiner geschäftlichen Tätigkeit in die Gemeinschaft einführt (= Importeure), sowie
- bei Nichtfeststellbarkeit des Herstellers oder des Importeurs auch jeder Lieferant, es sei denn, dieser gibt dem Geschädigten innerhalb angemessener Frist den Hersteller oder seinen Vorlieferanten bekannt.

Aus der Auflistung möglicher Anspruchsverpflichteter wird ersichtlich, daß unter bestimmten Bedingungen auch Händler haftungsrechtlich mit dem Hersteller gleichgestellt sind.

2.6.4.2 Definition des fehlerhaften Produktes

"Ein Produkt ist fehlerhaft, wenn es nicht die Sicherheit bietet, die unter Berücksichtigung aller Umstände, insbesondere
- seiner Darbietung,
- des Gebrauchs des Produktes, mit dem billigerweise gerechnet werden kann,
- des Zeitpunkts, zu dem das Produkt in den Verkehr gebracht wurde,
berechtigterweise erwartet werden kann." (§ 3 I)

Definition und Inhalt des erstmals in einem deutschen Gesetz kodifizierten Produktfehlers entsprechen weitgehend der bisherigen Rechtsprechung zur deliktsrechtlichen Produkthaftung. Der Fehlerbegriff stellt zunächst auf die **Sicherheitserwartungen von durchschnittlichen Verbrauchern** ab (Begriff der relativen Sicherheitserwartung), womit der Mangel des Produktes nicht in der Gebrauchstauglichkeit, sondern in der Sicherheit liegt. Die Sicherheitserwartungen werden vor allem durch die **Darbietung des Produktes** beeinflußt; denn durch die Werbung, Gebrauchsanweisungen und die Verpackung des Produktes sowie in Verkaufsgesprächen lassen sich die Verwendungsmöglichkeiten und damit die Sicherheit des Produktes demonstrieren. Der Hersteller wird daher künftig prüfen müssen, ob die durch die Werbung und in Verkaufsgesprächen erzeugten Erwartungen an die Sicherheit eines Produktes mit der tatsächlichen Produktsicherheit übereinstimmen.

Nicht unproblematisch ist die Bestimmung des vom Hersteller **vorsehbaren Produktgebrauchs**, "mit dem billigerweise gerechnet werden kann". Das Dilemma besteht darin, daß die Grenzen zwischen einem vorhersehbaren Fehlgebrauch, für den der Hersteller haftet, und anderen Formen des Mißbrauchs und der Zweckentfremdung häufig fließend sind.

Schließlich ist für den Fehlerbegriff der **Zeitpunkt des Inverkehrbringens** des Produktes relevant. Wenn nämlich zu einem späteren Zeitpunkt ein technisch verbessertes Produkt auf den Markt gebracht wird, das höheren Sicherheitsanforderungen entspricht als das alte, dann wird das alte Produkt dadurch nicht fehlerhaft (§ 3 II). Ein Produkt kann also nicht nachträglich fehlerhaft werden, wenn es zum Zeitpunkt des Inverkehrbringens den Sicherheitsanforderungen nach dem gültigen Stand von Wissenschaft und Technik entsprach.

2.6.4.3 Beweislast und Entlastungsmöglichkeiten des Herstellers

Grundsätzlich hat der Geschädigte den Schadens-, Fehler- und Kausalitätsnachweis, wobei jedoch hier, wie bereits beim derzeitigen Recht, Beweiserleichterung eingeräumt werden kann. Der Verschuldensnachweis entfällt hier, da bei dem Prinzip der verschuldensunabhängigen Unrechtshaftung das **Verschulden keine Haftungsvoraussetzung** mehr darstellt. Letzteres bedeutet auch, daß sich der Hersteller nicht mehr auf das Vorliegen eines "Ausreißers" (siehe *Kap. 2.6.3.2.2*) berufen kann. Er haftet mithin auch für "Ausreißer", was eine Haftungsverschärfung und ein erhöhtes Risiko signalisiert.

In bestimmten Fällen ist die Ersatzpflicht des Herstellers ausgeschlossen (§ 1 II). Insbesondere **entfällt die Haftung für Entwicklungsrisiken**: Der Hersteller haftet nicht, wenn er nachweist, daß er den Fehler nach dem Stand von Wissenschaft und Technik zum Zeitpunkt des Inverkehrbringens des Produktes nicht erkennen und vermeiden konnte. Unberührt hiervon bleiben jedoch die Produktbeobachtungspflichten des Herstellers.

2.6.4.4 Nicht abgedeckte Mangelfolgeschäden und Haftungshöchstgrenzen

Ausgenommen von der Haftung sind Mangelfolgeschäden an **gewerblich genutzten Sachen** (§ 1 I). Ebenfalls nicht abgedeckt werden Ansprüche auf Schmerzensgeld und der Ersatz von unmittelbaren Vermögensschäden, wie z.B. entgangener Verdienst. Weiterhin muß der Geschädigte bei **Sach**schäden eine Selbstbeteiligung in Höhe von 1.125 DM tragen (§ 12). Eine **Haftungshöchstgrenze** besteht **bei Personenschäden**, die durch ein Produkt oder gleiche Produktfehler verursacht worden sind, und zwar in Höhe von 160 Mio. DM (§ 10 I). In den genannten Fällen wird der Geschädigte auf die übrigen Haftungsgrundlagen zurückgreifen müssen, soweit diese eine Ersatzpflicht vorsehen.

2.6.4.5 Auswirkungen des Produkthaftungsgesetzes auf das Haftungsrisiko des Herstellers

Im Vorfeld der Einführung des ProdHaftG wurde vielerorts eine erhebliche Haftungsverschärfung im Sinne US-amerikanischer Haftungsverhältnisse prophezeit. Die wirklichen Auswirkungen auf das Haftungsrisiko des Herstellers sind etwas differenzierter zu sehen.

Für eine Haftungsverschärfung stehen die Einführung der verschuldensunabhängigen Unrechtshaftung sowie die Einbeziehung der sogenannten "Ausreißer" in die Haftung. Gegen eine Haftungsverschärfung sprechen vor allem die nicht abgedeckten Mangelfolgeschäden, die Haftungshöchstgrenze bei Personenschäden und die Selbstbeteiligung bei Sachschäden.

Eine Haftungskumulation besteht aufgrund des im Vergleich zum bisherigen Recht erweiterten Haftungsadressatenkreises. Einbezogen sind vor allem Quasi-Hersteller, EU-Importeure und Lieferanten, die verschuldensunabhängig auch für reine Vertriebsfehler haften.

Eine Kostenexplosion aufgrund der verschärften Produkthaftung, wie sie vielerorts prophezeit wird, ist kaum zu erwarten. Insbesondere werden keine US-amerikanischen Risikoverhältnisse auf die Bundesrepublik Deutschland zukommen, da die außerhalb des Haftungsrechts liegenden Voraussetzungen des Umfeldes gänzlich anders zu bewerten sind, wie z.B. die prozeßrechtlichen Gegebenheiten, die Anspruchsmentalität sowie das Sorgfaltsverhalten in der Produktion und beim Ge- und Verbrauch der fraglichen Produkte.

Gleichwohl unterliegen die derzeit noch extrem von den US-amerikanischen Verhältnissen abweichenden Verhaltensweisen einem Anpassungsprozeß (Zunahme der Anspruchskenntnis sowie der Anspruchswahrscheinlichkeit etc.), so daß mit einem Anstieg der Prämien für Produkthaftpflichtversicherungen zu rechnen ist.

Bild 30 (S. 184) zeigt, wie die einzelnen **Mitgliedstaaten** die in der Richtlinie enthaltenen **Optionen** ausgeübt haben. Die verschiedenen Regelungen verdeutlichen zugleich die Grenzen eines einheitlichen Produkthaftungsrechtes innerhalb der Europäischen Union.

2.6.4.6 Vergleich zwischen der Produkthaftung nach dem Deliktsrecht und dem Produkthaftungsgesetz

In *Bild 31* (S. 185) werden abschließend die deliktsrechtliche Haftung und die Haftung nach dem ProdHaftG miteinander verglichen. Es wird deutlich, daß dem Vorteil des ProdHaftG, den Hersteller unabhängig von seinem Verschulden für den von einem Produktfehler verursachten Mangelfolgeschaden haftbar machen zu können, mehrere Haftungsbeschränkungen gegenüberstehen. Der Geschädigte kann daher nur im jeweiligen Einzelfall unter Berücksichtigung aller Umstände entscheiden, welche Anspruchsgrundlage für ihn vorteilhaft ist.

Staat	Stand des Gesetzgebungsverfahren s	in Kraft seit ...	Einwand des Entwicklungsrisikos zulässig?	Haftungshöchstbetrag für Personenschäden?	landwirtschaftl. Naturprodukte
A. EU-Mitgliedstaaten (vor der Erweiterung 1995)					
Belgien	Gesetz	01.04.1991	ja	nein	nein
Dänemark	Gesetz	10.06.1989	ja	nein	nein
Deutschland	Gesetz	01.01.1990	ja	ja, DEM 160 Mio.	nein
Frankreich	Entwurf	-	nein	nein	ja
Griechenland	Gesetz, vorher VO	VO: 30.07.1988	ja	ja, GRD 7.203 Mio.	nein
Irland	Gesetz	16.12.1991	ja	nein	nein
Italien	VO	29.06.1988	ja	nein	nein
Luxemburg	Gesetz	02.05.1989	nein	nein	ja
Niederlande	Gesetz	01.11.1990	ja	nein	nein
Portugal	Gesetz	12.11.1989	ja	ja, PTA 10 Mrd.	nein
Spanien	Entwurf	-	ja	ja	nein
Vereinigtes Königreich	Gesetz	01.03.1988	ja	nein	nein
B. EFTA-Staaten					
Finnland	Gesetz	01.09.1991 01.01.1994	nein	nein	ja
Island	Gesetz	01.01.1992	ja	ja, ECU 70 Mio.	ja
Liechtenstein	Gesetz	noch nicht in Kraft	ja	nein	nein
Norwegen	Gesetz	01.01.1989 01.01.1993	nein	nein	ja
Österreich	Gesetz	01.07.1988 01.01.1994	ja	nein	nein
Schweden	Gesetz	01.01.1993	ja	nein	ja
Schweiz	Gesetz	01.01.1994	ja	nein	ja

Quelle: O.V. 1994, S. 66.
Bild 30: Umsetzung der Produkthaftungs-Richtlinie in den EU-Mitgliedstaaten und in den EFTA-Staaten (Stand Anfang 1994)

Kriterium \ Art der Haftung	Deliktsrechtliche Haftung	Haftung nach dem ProdHaftG
Gültigkeit der Rechtsgrundlage	für alle betreffenden Produkte	für alle Produkte, die nach Inkrafttreten des ProdHaftG (1.1.1990) in den Verkehr gebracht worden sind
Haftungsprinzip	verschuldensabhängige Unrechtshaftung	verschuldens*un*abhängige Unrechtshaftung
Haftungsvoraussetzungen	1. Produktfehler 2. Mangelfolgeschaden 3. Kausalität zw. 1. u. 2. 4. schuldhaftes Handeln	1. Produktfehler 2. Mangelfolgeschaden 3. Kausalität zw. 1. u. 2.
Ersatz von Sachschäden	ja	nur privat genutzte Sachen
Haftung für Entwicklungsrisiken	nein	nein
Entlastungsmöglichkeit für "Ausreißer"	ja	nein
Anspruch auf Schmerzensgeld	ja	nein
Anspruch auf unmittelbare Vermögensschäden	nein	nein
Selbstbeteiligung des Geschädigten	nein	ja: 1125 DM, aber nur bei Sachschäden
Haftungshöchstgrenze	nein	ja: 160 Mio. DM, aber nur bei Personenschäden
Erlöschen des Anspruchs	nach 30 Jahren	nach 10 Jahren
Möglichkeit der Haftungsfreizeichnung	ja, sofern vertragliches Verhältnis zw. Schädiger und Geschädigtem besteht	nein

Bild 31: Vergleich zwischen deliktsrechtlicher Haftung und der Haftung nach dem Produkthaftungsgesetz

2.6.5 Das Management von Produkthaftungsrisiken

2.6.5.1 Grundlegende Anpassungsstrategien und Aufgabenbereiche einer betrieblichen Risikopolitik

Die oben dargestellten Produkthaftungsregelungen erfordern entsprechende unternehmerische Anpassungsmaßnahmen, um von vornherein die **Eintrittswahrscheinlichkeit von Schadensfällen** zu mindern bzw. die Gefahr möglicher **Ersatzleistungen im Schadensfall** zu verhindern oder zu reduzieren. Dem Risiko-Management kommen hierbei drei sich ergänzende Aufgabenbereiche zu (vgl. zum Risiko-Management Schmidt-Salzer 1972, Standop 1978, Zentes 1979 sowie mit Ergebnissen empirischer Untersuchungen von Werder/Klinkenberg/Frese 1990):

- Risikoanalyse zur Erkennung und Gewichtung von Produktfehlern und daraus resultierender Mangelfolgeschäden,
- Schadensverhütungs-Management zur Ausschaltung bzw. Begrenzung der in der Risikoanalyse ermittelten Risiken,
- Schadensminderungs- und -bearbeitungsmanagement zur Beherrschung des Risikos einer Inanspruchnahme im Schadensfall.

Allen Maßnahmen voran muß ein ausgeprägtes **Bewußtsein der Führungskräfte und Mitarbeiter** für Fragen der Produkthaftung stehen. Erfahrungen aus der Praxis zeigen, daß die organisatorische Lösung nicht darin bestehen sollte, zentrale Kompetenzen für Fragen der Produkthaftung zu schaffen. Die Unternehmungsführung sieht bei dieser Lösung Probleme zu schnell als gelöst an, und Vorkehrungen zur Risikominimierung sind nicht mehr Gegenstand eines ständigen Verbesserungsprozesses, wie er z.B. zwingend notwendig ist, um dem Stand von Wissenschaft und Technik zu folgen (vgl. Schilling/Jörissen 1988, S. 319).

2.6.5.2 Risikoanalyse als Grundlage eines erfolgreichen Risikomanagements

Die Risikoanalyse schafft die informatorischen Voraussetzungen für die Suche, Auswahl und Durchführung von konkreten risikopolitischen Absicherungsmaßnahmen. Die Fehlerquellen und -arten bilden grundsätzlich die Ansatzpunkte für Anpassungsmaßnahmen. Dabei muß zwischen abstrakten Produktrisiken, die in allgemeiner Form für bestimmte Produkte bestehen, und konkreten Produktrisiken, die sich in speziellen Einzelfällen ergeben können, unterschieden werden. Zum Bereich der **abstrakten Produktrisiken** gehören z.B. Fertigungsmethoden sowie Werbe- und Prospektangaben der Unternehmung über deren Erzeugnisse (vgl. BGH, in: NJW 1968, S. 1622 - Kleber). In den Bereich der **konkreten Produktrisiken** fallen z.B. die ad hoc auf entsprechende Anfragen erfolgenden Beratungen der Abnehmer über die Verwendung von Erzeugnissen der Unternehmung für bestimmte von den Abnehmern angestrebte Arbeiten. Die Gewichtung der Produktfehler und damit die Gewichtung der Produktrisiken ist nach dem erkennbaren Grad ihrer Schwere vorzunehmen. Danach wird zwischen folgenden Gewichtungskategorien differenziert:

- belanglose Fehler, die die Brauchbarkeit der Produkte nicht beeinflussen,
- Nebenfehler, die zu einer geringen Funktionsbeeinträchtigung führen,
- Hauptfehler, durch die eine erhebliche Funktionsbeeinträchtigung erfolgt,
- kritische Fehler, wodurch das Produkt unbrauchbar wird,
- überkritische Fehler, die eine Gefahr für Körper und Leben bedeuten.

Diese Kategorien bilden die Grundlage für die **Dringlichkeit** und die **Art** von Anpassungsmaßnahmen, die innerhalb des Schadensverhütungs-Managements zu ergreifen sind.

2.6.5.3 Absicherungsmaßnahmen im Bereich der Schadensverhütung

Maßnahmen zur Ausschaltung bzw. Begrenzung von Produktrisiken können aufgrund der notwendigen Änderungen in den Bereichen der Betriebsorganisation und des Absatzes mit erheblichen Ausgaben verbunden sein. Diese Maßnahmen entfalten jedoch langfristig positive Wirkungen, wenn nicht nur die Zahl der fehlerhaften Produkte reduziert und damit gleichzeitig die Höhe der Gewährleistungs- und Produkthaftungskosten gesenkt, sondern auch die Produktqualität i.w.S. erhöht wird. Dies schlägt sich in einer Verbesserung des (unversicherbaren) Produkt- und Firmenimages der Unternehmung nieder und kann somit zu absatzfördernden Effekten führen. Bei einem Verzicht auf Schadensverhütung können genau gegenläufige Effekte auftreten. Durch die Vermeidung von zusätzlichen Ausgaben wird zwar die Unternehmungsliquidität kurz- bis mittelfristig nicht in Anspruch genommen, bei vermehrt auftretenden Schadensfällen ist jedoch langfristig mit einer Image- und damit Erfolgsbeeinträchtigung zu rechnen. Ein Hersteller sollte daher bei der Produkthaftung genau abwägen, ob es sinnvoll ist, ausschließlich kurzfristige monetäre Zielsetzungen zu verfolgen. Das Beispiel des Automobilherstellers "Ford" zeigt, welche Nachteile eine kurzfristige Sichtweise mit sich bringen kann (vgl. Lacey 1987, 423 f.). Ford brachte 1971 das Modell "Pinto" auf den Markt, das in eine Reihe von Unfällen verwickelt war. Nach einem Heckaufprall ging das Auto in Flammen auf. Die Hauptursache hierfür war der Einfüllstutzen, der bei Zusammenstößen manchmal herausgerissen wurde, so daß Benzin auslaufen und Feuer fangen konnte. Die Kosten für die Behebung dieses Fehlers hätten 11 Dollar pro Fahrzeug, bei 11 Millionen Personenwagen und 1,5 Millionen Lastwagen insgesamt 137 Millionen Dollar betragen. Diesen Kosten setzte Ford folgenden Nutzen gegenüber: Es wurde davon ausgegangen, durch die Behebung des Fehlers 180 Todesfälle,

180 Schwerverletzte sowie die Verbrennung von 2.100 Autos vermeiden zu können. Die vermeidbaren Kosten für ein Todesopfer wurden mit ca. 200.000 Dollar, für einen Verletzten mit 67.000 Dollar und für ein Auto mit 700 Dollar veranschlagt. In der Summe ergab sich ein Nutzen von 49,5 Millionen Dollar. Die Entscheidung lautete daher: Wenn Sicherheitsvorkehrungen gegen Feuergefahr bei Auffahrunfällen 137 Millionen Dollar verschlingen und dem nur 49,5 Millionen Dollar an Nutzen gegenüberstehen, dann ist es sinnvoller, das Geld einzusparen, anstatt Leben zu retten. Die tatsächlichen Konsequenzen dieser Entscheidung waren, daß Ford nach zahlreichen verlorenen Prozessen mehrere Millionen Dollar als Entschädigungen zahlen mußte, die in der Kosten-Nutzen-Analyse nicht berücksichtigt worden waren, und daß die Unternehmung als erster US-amerikanischer Automobilproduzent wegen fahrlässiger Tötung eines kriminellen Verbrechens angeklagt wurde. Zwar konnte dieser Prozeß gewonnen werden, doch Fords brennende Autos waren während der zwei Jahre andauernden Gerichtsverhandlungen ein ständiges Thema in der Berichterstattung der Medien, was dem Image der Unternehmung sehr abträglich war.

Welche Maßnahmen einem Hersteller zur Verfügung stehen, um Produktrisiken ausschalten oder zu begrenzen, vermittelt *Bild 32* im Überblick.

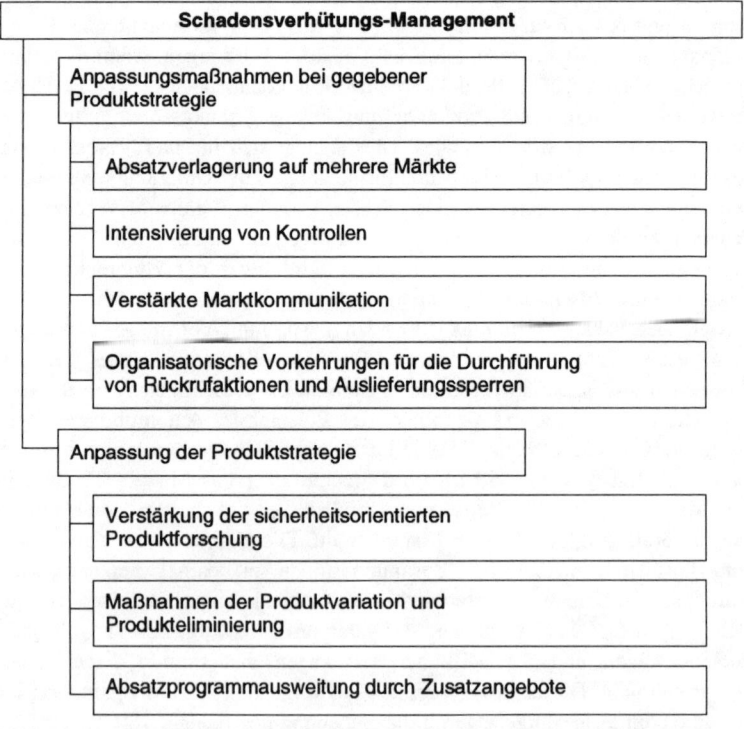

Bild 32:   Strategien im Rahmen des Schadensverhütungs-Managements

2.6.5.3.1 Anpassungsmaßnahmen bei gegebener Produktstrategie

Eine **Absatzverlagerung auf ausländische Märkte** kommt generell nur dann in Betracht, wenn in diesen Ländern ein weniger strenges Produkthaftungsrecht gilt. Da in den EU-Mitgliedstaaten nach der Transformation der Richtlinie ein nationales Recht und auch in den EFTA-Ländern durch Orientierung an der Richtlinie ein einheitliches Mindestniveau im Bereich des Produkthaftungsrechts gelten wird, ist eine derartige Defensivstrategie nur für den Fall sinnvoll, daß sich durch die unterschiedliche Ausübung der Optionen (siehe in *Kap. 2.6.4.5*) Produkthaftungsvorteile für die absatzverlagernde Unternehmung ergeben. Allerdings reicht die isolierte Betrachtung einzelner Unterschiede nicht aus; vielmehr ergibt sich die Bestimmung der Vorteilhaftigkeit einer Absatzverlagerung erst durch die Berücksichtigung und Gewichtung aller relevanten Rechtsvorschriften und der angewandten Rechtsprechung.

Produktrisiken können weiterhin durch eine **Intensivierung von Kontrollen** reduziert werden, die prinzipiell von der Wareneingangskontrolle bis zur Endabnahmekontrolle vor der Auslieferung des Endproduktes reichen (vgl. Standop 1978, S. 19 ff.). Neben der Planungskontrolle bildet vor allem die Fertigungskontrolle einen Schwerpunkt in diesem Maßnahmenbereich; insbesondere geht es dabei um die Fragen nach dem Umfang der Kontrolle (im Extremfall Vollprüfung) und nach den anzuwendenden Kontrollmethoden zur Prüfung des Qualitätsstandards.

Ohne die Produktstrategie ändern zu müssen, trägt eine **verstärkte Marktkommunikation** in Form einer Verbraucheraufklärung zu einer Verringerung von Schadensfällen bei (vgl. auch Zentes 1979, S. 240 f.). Den Verbrauchern können Informationen über die Zusammensetzung, Beschaffung und Benutzung von Produkten vermittelt werden, die z.B. einen unsachgemäßen oder bestimmungswidrigen Produktgebrauch verhindern. Dadurch lassen sich falsche bzw. überzogene Erwartungen an die Produktsicherheit vermeiden. Schadensverhütungs-Maßnahmen können u.U. selbst Inhalt einer Werbeaussage sein.

Ausgehend von dem Fehlerbegriff in § 3 ProdHaftG sowie der Rechtsprechung zur deliktsrechtlichen Produkthaftung gemäß § 823 I BGB sind an die Sicherheitserwartungen der durchschnittlichen Verbraucher besondere Anforderungen zu stellen. Mit Standop (1993, S. 956) lassen sich defensive und offensive Strategien der **Sicherheitswerbung** unterscheiden, welche die Sicherheitserwartungen der Verbraucher beeinflussen.

Defensive Sicherheitswerbung zielt darauf, solche Werbeaussagen zu vermeiden, die zu überzogenen und den tatsächlichen Gegebenheiten nicht entsprechenden Sicherheitserwartungen führen. Diesen Anforderungen dürften z.B. Aussagen mit einem Absolutheitsanspruch, wie z.B. "Allwetter-Reifen",

"Universalkleber" oder "absolut standfeste Leiter" kaum gerecht werden. Ebenso kritisch sind in diesem Zusammenhang Darstellungen zu werten, die den Produkteinsatz ohne Beachtung elementarer Sicherheitsvorkehrungen zeigen, wie z.b. Bremsmanöver auf dem Dach eines Hochhauses, um für bestimmte Reifen ("Continental") zu werben. Problematisch sind auch Demonstrationen jenseits des normalen Produktgebrauchs, wie allradgetriebene Autos ("Audi") auf einer schneebedeckten Sprungschanze.

Offensive Sicherheitswerbung bemüht sich, diejenigen Sicherheitsmerkmale herauszustellen, bei denen das beworbene Produkt einen Vorsprung gegenüber der Konkurrenz aufweist, wie z.b. Airbag auch für den Beifahrer, Seitenaufprallschutz oder ABS. Entsprechend sollen die Umworbenen höhere Sicherheitserwartungen an das eigene Produkt stellen. Mit zunehmenden Sicherheitserwartungen steigt jedoch die Gefahr, daß die Verbraucher mehr an Sicherheit erwarten, als ihnen das Produkt bieten kann. Unter diesen Voraussetzungen geht der Hersteller das Risiko ein, in einem Rechtsstreit für Mangelfolgeschäden haften zu müssen, die aus einem Instruktionsfehler bzw. aus nicht erfüllten Sicherheitserwartungen resultieren, die der Verbraucher berechtigterweise hegen durfte.

Bevor **Rückruf- und Warnaktionen sowie Auslieferungssperren** durchgeführt werden, sollte ein Hersteller zunächst die einzelnen Entscheidungsparameter betrachten (vgl. Schmidt-Salzer 1990, S. 1208):

- Gewißheit über das Vorliegen eines Fehlers: Weist ein Massenprodukt Fehler auf? Besteht Gewißheit, ein begründeter Verdacht oder eine bloße Möglichkeit?
- Gewißheit über das Bestehen einer Gefahr: Kann der Fehler Schäden auslösen? Unter welchen Voraussetzungen treten die Schäden ein?
- Zahl der betroffenen Teile: Geringe oder hohe Zahl?
- Zahl der gefährdeten Personen und/oder Sachen: Wieviele Schäden können auftreten?
- Wahrscheinlichkeit des Gefahreneintritts: Hohe oder geringe Wahrscheinlichkeit des Schadeneintritts?
- Art des Schadens: Personen- oder Sachschaden?
- Umfang des Schadens: Geringe oder schwere Personenschäden? Zeitlich begrenzte oder dauerhafte Schäden?
- Erfolgswahrscheinlichkeit einer Warn- oder Rückrufaktion: Ist es möglich, die gefährdeten Produktbenutzer rechtzeitig zu erreichen, um den Schadeneintritt zu vermeiden?

Die *Bilder 33 und 34* zeigen zwei Beispiele für Rückrufaktionen.

Nivea-Produkt ist verkeimt - Rückruf

Hamburg (dpa). Die Beiersdorf AG ruft eine bestimmte Lieferung ihres Augen-make-up-Entferners der Marke Nivea zurück. Durch ein Versehen seien verkeimte Produkte geliefert worden, teilte die Firma gestern mit. Die Flaschen haben auf dem Boden die Herstell-Nummer 907056 oder 907056-2. Sie sollen an die Beiersdorf AG, Unnastr. 48, 2000 Hamburg 20, zurückgeschickt werden.

Bild 33:   Rückruf im redaktionellen Teil einer Tageszeitung

Sicherheitsinformation für Bodenstaubsauger der Marken Bosch und Siemens

Die Robert Bosch Hausgeräte GmbH und die Siemens-Electrogeräte GmbH wenden sich an die Besitzer von Bodenstaubsaugern der Marken Bosch und Siemens, die im Zeitraum

2. Mai bis einschließlich 24. Mai 1994

im Handel gekauft wurden.

Bei einigen dieser Geräte kann es unter Umständen infolge eines von außen nicht erkennbaren Defekts des elektrischen Anschlußkabels zu einem Sicher-heitsrisiko für den Benutzer kommen.
Die betroffenen Geräte sind anhand der folgenden Fertigungsnummern erkennbar: ....

Das Gerät ist bis zur Überprüfung nicht in Gebrauch zu nehmen

Die Besitzer dieser Geräte werden gebeten, sich unverzüglich an die nächst-gelegene Werkskundendienststelle zwecks Überprüfung des Gerätes zu wenden. (Die Adresse und Telefonnummer finden Sie in der Gebrauchsan-weisung). Die Überprüfung des Gerätes erfolgt selbstverständlich kostenlos.
Nach unseren Erkenntnissen sind nur wenige Geräte von diesem Fehler betrof-fen. Als verantwortungsbewußtes Unternehmen haben wir uns aber im Inter-esse der Sicherheit unserer Kunden zu dieser Aktion entschlossen. Wir hoffen auf Ihr Verständnis.

Robert Bosch Hausgeräte GmbH   **Siemens-Electrogeräte GmbH**

Quelle: Westdeutsche Allgemeine Zeitung vom 30.05.1995.
Bild 34:   Rückruf im Anzeigenteil einer Tageszeitung

Die von Bosch und Siemens durchgeführte Rückrufaktion kann sowohl unter Marketing- als auch unter haftungsrechtlichen Gesichtspunkten als vorbildlich eingestuft werden. Die Angaben zu den betroffenen Geräten sowie zu den möglicherweise auftretenden Gefahren sind präzise. Die Kunden werden vor dem Gebrauch gewarnt. Die Überprüfung ist kostenlos, und die Firmen stellen ihr Verantwortungsbewußtsein für die Sicherheit ihrer Kunden heraus, auch wenn sie, um späteren Haftungsansprüchen zu entgehen, zu diesen Maßnahmen gezwungen sind.

Rückruf- und Warnaktionen sowie Auslieferungssperren sind allerdings nur möglich, wenn bestimmte organisatorische Vorkehrungen getroffen werden. Hierzu gehören die Schaffung einer entsprechenden Aufbauorganisation, insbesondere eines Informationssystems, und die Gewährleistung einer reibungslosen Ablauforganisation. So sollten beispielsweise eingehende Schadensmeldungen zentral erfaßt und direkt ausgewertet werden, um Anhaltspunkte für mögliche Systemfehler zu erhalten, die über den bereits eingetretenen Einzelfall hinausgehen.

Eine wesentliche organisatorische Maßnahme bildet die Einbeziehung der Außendienstmitarbeiter und Händler. Ihnen muß, soweit möglich, die Aufgabe zugewiesen werden, den Hersteller über mögliche Konstruktions-, Produktions- oder Instruktionsfehler zu unterrichten. Diese Informationspflicht ist häufig auch Bestandteil in Verträgen mit Vertragshändlern.

Sinnvoll ist ebenfalls die vollständige Erfassung aller Abnehmer, Händler wie Verbraucher, die mit den risikobehafteten Produkten beliefert werden. Rückruf- und Warnaktionen lassen sich dann auf dem Weg der schriftlichen Mitteilung unter Umgehung der öffentlichen Publizierung durch Presse, Funk und Fernsehen durchführen, da letzteres zu einer Verunsicherung der übrigen Konsumenten und Händler führen kann. Allerdings ist hier nochmals darauf hinzuweisen, daß Rückrufaktionen durchaus als Beweis für die Wahrnehmung der dem Hersteller obliegenden Sorgfaltspflichten angesehen werden können und dann auch als akquisitorisches Instrument zu interpretieren sind. Je umfangreicher die organisatorischen Maßnahmen in diesem Bereich sind, desto eher kann sich der Hersteller von dem Vorwurf einer fehlenden oder mangelhaften Organisation der Produktbeobachtung entlasten.

2.6.5.3.2 Anpassung der Produktstrategie

Hat die Risikoanalyse ergeben, daß die Konstruktion einen Hauptschwachpunkt darstellt, so muß das primäre Ziel in der Verbesserung der sogenannten Entwurfsqualität bestehen. Die Produktstrategie ist durch die **Verstärkung der sicherheitsorientierten Produktforschung** den bisherigen Produktrisiken anzupassen. Hierbei sind folgende Maßnahmen möglich:

- systematische Sammlung und Auswertung des herrschenden Standes von Wissenschaft und Technik,
- Erhöhung des Forschungs- und Entwicklungsbudgets,
- Erwerb von Lizenzen,
- Durchführung von Langzeittests an zurückbehaltenen Produkten von bereits dem Absatzmarkt zugeführten Serien,
- Durchführung von Großversuchen,
- intensive Marktbeobachtung,
- kooperative Produktforschung etc.

In engem Zusammenhang mit diesem Maßnahmenbereich steht die **Absatzprogrammausweitung durch Zusatzangebote** (vgl. Standop 1978, S. 193 f.). Wenn weder durch die Verbesserung der Fertigungsplanung und - kontrolle noch durch die direkte, auf das einen möglichen Schadensfall auslösende Kernprodukt bezogene sicherheitsorientierte Produktforschung eine nachhaltige Reduktion des Haftungsrisikos gewährleistet, dann bietet sich die Möglichkeit an, ein Zusatzprodukt zu entwickeln, das bei gemeinsamer Benutzung mit dem Kernprodukt dessen Gefährlichkeit reduziert. Beispiele für schadens- und haftungsreduzierende Zusatzprodukte sind Sturzhelme, Knieschoner etc., die additiv mit Skateboards angeboten werden, Antiallergika, die zusammen mit bei bestimmten Personen Allergien hervorrufenden Haarmitteln verkauft werden können, oder ein spezielles, extra mildes Reinigungsmittel, das für die spezielle Innenbeschichtung von Milchwagen entwickelt wurde, weil herkömmliche Reinigungsmittel für die Beschichtung zu aggressiv waren und gesundheitliche Folgeschäden bei Schulmilchempfängern hervorgerufen hatten. Die Möglichkeit einer Risikoreduktion durch das Angebot von Zusatzangeboten ist um so effizienter, je enger und zwangsläufiger die Kopplung an das Kernprodukt erfolgt. Allerdings ist dabei zu beachten, daß echte Kopplungsgeschäfte in dem Sinne, daß die Produkte nur gemeinsam erworben werden können und mögliche Folgeschäden nur bei Verwendung des Zusatzangebotes ersetzt werden, auf gewisse rechtliche Bedenken stoßen (insb. § 1 UWG, §§ 18, 22, 26, GWB, § 138 BGB). Daher muß prinzipiell das Prinzip der Freiwilligkeit beim Erwerb des Zusatzangebotes gewahrt bleiben. Dem Hersteller stehen jedoch Instrumente der Marktkommunikation zur Verfügung, um das Verbraucherbewußtsein dahingehend zu steuern, daß die Verwendung von Kern- und Zusatzprodukt eine sinnvolle Kombination darstellt.

Weiterhin hat der Hersteller die Möglichkeit, seine Produktstrategie durch Produktvariation und -eliminierung anzupassen. Bei der Absicherung gegen Produkthaftungsansprüche durch Veränderung der Produkteigenschaften lassen sich substitutive und programmergänzende **Produktvariationen** in Erwägung ziehen. Eine **substitutive** Produktvariation liegt dann vor, wenn das zu Zwecken der Haftungsreduktion veränderte Produkt an die Stelle des bisherigen tritt. Einerseits kann dabei die Strategie einer nutzungsdauerneutralen oder -steigernden Produktvariation verfolgt werden (z.B. Austausch eines folgeschadensanfälligen Ersatzteiles durch ein qualitativ besseres); andererseits besteht die Möglichkeit einer nutzungsdauerverkürzenden Produktvariation (z.B. Veränderung anderer Teile als des betroffenen Ersatzteils), wodurch das Auftreten eines Folgeschadens aufgrund des anfälligen Teils durch zwangsläufige vorherige Beendigung der Nutzungsdauer verhindert wird. Bei einer **programmergänzenden** Produktvariation lassen sich Produkte, die mit einem hohen Haftungsrisiko behaftet sind, aus dem Programm eliminieren und durch Produktvarianten ersetzen, ohne das Leistungsspektrum einzuschränken. Häufig sind z.B. Vielzweck-Produkte (universale Bohr-, Säge- und Putzmaschinen) aufgrund ihres hohen Kompliziertheitsgrades ein hoher Risikofaktor, der durch die Konstruktion und das Angebot von Spezialmaschinen (drei Maschinen, die nur jeweils für die Funktionen Bohren, Sägen **oder** Putzen geeignet sind) erheblich abgebaut werden kann.

Sind die bisher aufgezeigten Maßnahmen nicht zur Risikoreduktion geeignet oder unter Kostenaspekten nicht zu vertreten, so bleibt als letzte Maßnahme nur die vollständige **Produkteliminierung**. Entschließt sich der Hersteller dagegen lediglich zur Aufgabe einer selbständigen Markenpolitik, indem er das Produkt als Handelsmarke oder als markenloses Produkt (No Name) von Handelsunternehmungen vertreiben läßt, so wird hierdurch die Eigenhaftung des Herstellers nicht aufgehoben.

2.6.5.4 Absicherungsmaßnahmen im Bereich der Schadensminderung und Schadensbearbeitung

Sofern alle Maßnahmen des Schadensverhütungs-Managements den Eintritt eines Schadensfalles nicht verhindern oder nicht in dem gewünschten Umfang reduzieren konnten, so obliegt es dem Schadensminderungs- und Schadensbearbeitungs-Management, das Risiko einer Inanspruchnahme im Schadensfall zu beherrschen (vgl. auch Schilling/Jörissen 1988, S. 322 ff.). Hierbei bieten sich folgende Maßnahmen an, die sinnvollerweise kombiniert einzusetzen sind:

- vertragliche Abdingung von Produkthaftungsansprüchen,
- Abschluß von Produkthaftpflichtversicherungen,
- Aufbau eines effizienten Informations- und Dokumentationssystems für prozessuale Auseinandersetzungen,
- Rechtsformveränderungen und
- bilanzielle Maßnahmen zur finanziellen Bewältigung von Produkthaftpflichtansprüchen.

Eine Kombination dieser Maßnahmen wird insbesondere dadurch erforderlich, daß

- durch Haftungsbeschränkung bzw. Haftungsausschluß nicht alle Schadensfälle erfaßt werden können (insb. AGBG, § 14 ProdHaftG, § 276 II BGB),
- auch durch eine Produkthaftpflichtversicherung nicht alle Risiken abgedeckt werden können und
- durch ein gutes Informationssystem der Entlastungsbeweis häufig nicht gelingt.

(1) Die vertragliche Abdingung von Produkthaftungsansprüchen

Die Möglichkeit der Haftungsbegrenzung durch Freizeichnung besteht grundsätzlich nur gegenüber dem **Vertragspartner**, nicht aber im Verhältnis zu sonstigen geschädigten Dritten, und nur auf der Basis **gegenseitiger Vereinbarungen** (vgl. grundlegend zum Problem der Freizeichnungsklauseln Schmidt-Salzer 1985). Besteht also zwischen dem Schädiger und dem Geschädigten mit dem Eintritt des Schadens nur ein gesetzliches Schuldverhältnis, so kann bei diesem die Haftung in der Regel nicht vorweg ausgeschlossen oder begrenzt werden, insbesondere nicht durch einseitige Erklärungen des Herstellers auf Verpackungen oder Gebrauchsanweisungen. Zwischen Vertragspartnern kann durch Vereinbarung grundsätzlich sowohl eine Änderung der **vertragsrechtlichen** als auch der **deliktsrechtlichen** Haftungsgrundlagen vorgenommen werden, wobei insbesondere die rechtlichen Schranken der §§ 134, 138 BGB zu beachten sind. Eine Einschränkung der deliktsrechtlichen Haftung bei mehrstufigem Vertrieb ist seitens des Herstellers gegenüber dem Konsumenten nicht ohne weiteres möglich.

Neben der Freizeichnung im Rahmen von Individualvereinbarungen besteht die Möglichkeit der Haftungsbeschränkung bzw. des Haftungsausschlusses in den **Allgemeinen Geschäftsbedingungen**, wobei hier die Grenzen der Wirksamkeit gegenüber Kaufleuten einerseits (§ 9 AGBG) und gegenüber Nicht-Kaufleuten andererseits (§§ 4, 9, 11 AGBG) berücksichtigt werden müssen. Hervorzuheben ist im Fall der Nicht-Kaufleute, daß Freizeichnungen gemäß § 11 Nr. 7 AGBG dann unwirksam sind, wenn sie die Haftung des Herstellers oder eines Erfüllungsgehilfen für grob fahrlässige Vertragsverletzungen ausschließen (für vorsätzliches Handeln besteht nach § 276 II BGB prinzipiell keine Möglichkeit der Haftungsbefreiung).

Freizeichnungsklauseln sind vom Grundsatz her eng auszulegen, und die Auslegung richtet sich im Zweifelsfall regelmäßig gegen denjenigen, der die Haftung abbedingen will (§ 5 AGBG).

(2) Der Abschluß einer Produkthaftpflichtversicherung

Da der vertraglichen Abdingung von Produkthaftungsansprüchen Grenzen gesetzt sind, bietet sich zur Absicherung im Schadensfall die Produkthaftpflichtversicherung an (vgl. ausführlich Kullmann/Pfister, Kennzahl 6810, 6820 f., 6850 ff.). Eine Haftpflichtversicherung beherrscht das Risiko einer Inanspruchnahme im Schadensfall durch **kalkulierbare Versicherungsprämien**, d.h. der Hersteller kennt den laufenden Aufwand zur Absicherung entsprechender Risiken, deren Eintrittswahrscheinlichkeiten er innerhalb der Risikoanalyse bestimmt hat.

Der Abschluß von Produkthaftpflichtversicherungen bedeutet den Transfer von Risiken, die aus Produktfehlern erwachsen, auf dritte Unternehmungen. Das mit diesen hergestellte Innenverhältnis ist dem Geschädigten als Anspruchsberechtigter in der Regel nicht bekannt, es sci denn, der Hersteller begründet z.b. mit dieser Anpassungsmaßnahme Preiserhöhungen.

Haftpflichtversicherungen erfüllen drei Funktionen. Erstens wird die wirtschaftliche Existenz des Versicherungsnehmers im Schadensfall abgesichert (Vermögensschutz), zweitens wird der berechtigte Ersatzanspruch des Geschädigten gegenüber einem finanzschwachen Haftpflichtschuldner erfüllt (Opferschutz), und drittens hat die Haftpflichtversicherung eine Rechtsschutzfunktion, da sie auch dazu dient, unberechtigte Ansprüche abzuwehren. Das Produkthaftpflichtrisiko kann versichert werden durch

- normale **Betriebshaftpflichtversicherungen**, die jedoch reine Vermögensschäden und aus dem Fehlen zugesicherter Eigenschaften resultierende Mangelfolgeschäden nicht erfassen,
- besondere **Produkthaftpflichtversicherungen** zur Absicherung von Risiken, die von der Betriebshaftpflichtversicherung nicht erfaßt werden,
- spezielle **Versicherungen**, die einerseits in bestimmten Branchen Anwendung finden (z.B. Luftfahrtprodukthaftpflichtversicherung) und andererseits für bestimmte Kostenarten abgeschlossen werden können (z.B. Kfz-Rückrufkostenversicherung).

Bei der Frage, ob eine Haftpflichtversicherung vorteilhaft für den Hersteller ist, sind besonders deren Grenzen zu berücksichtigen. Eine erste Grenze stellt die **prinzipielle Versicherbarkeit** bestimmter Risiken dar. So ist z.B. die Versicherbarkeit der Haftung aus dem Fehlen zugesicherter Eigenschaften fraglich (vgl. Diederichsen 1971, S. 1088 ff.). Sofern eine Versicherung überhaupt möglich ist, sind die Kriterien Deckungsumfang, Deckungssumme, Selbstbehalt, Prämienhöhe sowie u.U. Serienklauseln und Maximierungsklauseln in die Vorteilhaftigkeitsrechnung einzubeziehen.

Der **Deckungsumfang** gibt den Rahmen der abgesicherten Schadensarten an. So ist z.B. zu überprüfen, ob die über den Umfang der gesetzlichen Haftpflicht des Versicherten hinaus getroffenen vertraglichen Vereinbarungen bzw. Zusagen hinsichtlich einer Haftung für Mangelfolgeschäden mit abgedeckt sind oder ob reine Vermögensschäden abgesichert sind. Mit der

Deckungssumme wird die Höhe der durch die Versicherung abgesicherten Schäden festgelegt. Auf der Basis der Risikoanalyse läßt sich ermitteln, welche Deckungssummen bestimmten Risiken entsprechen; häufig scheuen sich die Hersteller jedoch, für angemessene Deckungssummen entsprechende Aufwendungen (Prämien) zu erbringen, und verzichten somit auf eine notwendige Absicherung.

Die **Prämien** für die vereinbarten Versicherungsleistungen lassen sich durch einen **Selbstbehalt** reduzieren, d.h. der Versicherungsnehmer trägt im Schadensfall selbst einen bestimmten Anteil an der Schadensregulation. Inwieweit ein Selbstbehalt für den Hersteller sinnvoll ist, hängt nicht zuletzt davon ab, wie hoch die Diskrepanz zum Prämiensatz ohne Selbstbehalt ist und wie hoch die Eintrittswahrscheinlichkeit eines berechtigten Schadensersatzanspruches eingeschätzt wird.

Weitere Besonderheiten der Vertragsgestaltung sind Serien- und Maximierungsklauseln (vgl. Standop 1978, S. 192 f.). Sofern bei einer Serienproduktion ein für die ganze Serie typischer Produktfehler entsteht, der in mehreren Fällen zu Schadensfällen führt, werden nach der **Serienklausel** diese Schadensfälle nicht als Einzelfälle betrachtet, für welche die Versicherung jeweils bis zur vereinbarten Deckungssumme haften müßte, sondern als ein Gesamtfall, für den die Versicherung nur einmal bis zur Deckungssumme einsteht. Durch eine **Maximierungsklausel** werden die Versicherungszahlungen an den Versicherungsnehmer pro Periode auf ein festgelegtes Vielfaches der Deckungssumme begrenzt. Treten also mehrere Schadensfälle auf, die einzeln nicht die Deckungssumme überschreiten, in ihrer Gesamtheit aber darüber liegen, so endet der Versicherungsschutz bei einem bestimmten Vielfachen dieser Deckungssumme.

Aufgrund der dargestellten Grenzen einer Produkthaftpflichtversicherung wird deutlich, daß diese Anpassungsmaßnahme allein nicht ausreicht, um das Risiko der Inanspruchnahme im Schadensfall zu beherrschen.

(3) Der Aufbau eines effizienten Informations- und Dokumentationssystems für prozessuale Auseinandersetzungen

Ein effizientes Informations- und Dokumentationssystem muß in der Lage sein, Konstruktions-, Produktions- und Absatzwege des zur Schadensursache gewordenen Produktes darzulegen, um - bei Anwendung der deliktsrechtlichen Haftung gemäß § 823 BGB - im Rahmen der Beweislastumkehr zur Entlastung des Herstellers und damit zur Vermeidung der Haftungsverschiebung zu dessen Lasten beitragen zu können. Mit Hilfe adäquater Instrumente, wie z.B. Stichprobenpläne für die Produktion, Konstruktionsunterlagen, Arbeitsanweisungen, Sammlung von Käuferadressen, wird es dem Hersteller erleichtert, die Einhaltung seiner Verkehrssicherungspflichten nachzuweisen (vgl. hierzu auch von Werder/Klinkenberg/Frese 1990, S. 140 ff.).

Als hilfreich können sich auch **Schichtpläne** erweisen, die Aufschluß darüber geben, welche Mitarbeiter mit welchem Produkt zu welchem Zeitpunkt befaßt waren. Von Interesse sind diese Fragen insbesondere dann, wenn es um die Haftung leitender Mitarbeiter geht.

Als Beweismaterial können auch **Statistiken** über Art und Anzahl der Beanstandungen seitens der Abnehmer, über Art und Anzahl von erhobenen Ansprüchen (Nachbesserung, Ersatzlieferung, Garantieerfüllung etc.) und über die während der Produktion festgestellten Mängel dienen (vgl. Albach/Schoeller 1981, S. 492). Welche Bedeutung diesem Maßnahmenkomplex in der Praxis beigemessen wird, zeigt eine vom Verband Deutscher Automobilhersteller (VDA) veröffentlichte Schrift, welche die Dokumentationspflichten im Automobilbau im Hinblick auf die Sicherheitsgesetze in den USA und die Produkthaftung zum Inhalt hat.

Hersteller und die am Vertrieb eines Produktes beteiligten Wirtschaftssubjekte sind insbesondere mit Inkrafttreten des **Produkthaftungsgesetzes** auf derartige Informations- und Dokumentationssysteme angewiesen. Denn sie entlasten zum einen den Hersteller, wenn er z.B. nachweisen kann, daß er ein bestimmtes Produkt nicht in den Verkehr gebracht hat. Zum anderen entlasten sie Quasi-Hersteller, EU-Importeure und Händler, wenn sie ihre Lieferanten nachweisen können. Gelingt ihnen dies aber nicht, tragen sie die volle Haftung, da sie bei fehlendem Nachweis der Lieferanten haftungsrechtlich dem Hersteller gleichgestellt sind.

(4) Rechtsformveränderungen

Durch produkthaftungsinduzierte Rechtsformwahl bzw. -veränderung läßt sich zwar weder das Schadensereignis noch die Einstandspflicht des Herstellers beseitigen, aber der tatsächliche Umfang der Haftung kann u.U. wirksam begrenzt werden. Dies kann dadurch erreicht werden, daß man eine Gesellschaftsform wählt, die nur die Haftung in Höhe des Gesellschaftsvermögens erlaubt. Bei dieser Strategie der Kürzung der Haftungsmasse sind z.B. folgende Vorgehensweisen denkbar:

- **Generelle Umwandlung** von Personengesellschaften in Kapitalgesellschaften oder in eine GmbH & Co KG, um die **persönliche Haftung** mit dem privaten Vermögen zu vermeiden.
- Gründung einer **Tochtergesellschaft**, die sich ausschließlich mit der Herstellung und dem Vertrieb risikobehafteter Produkte beschäftigt.
- **Betriebsaufspaltung** der ursprünglichen Unternehmung in eine **Betriebsgesellschaft**, die den Grundbesitz und das übrige Anlagevermögen aufnimmt, und eine **Produktions- und/oder Vertriebsgesellschaft**, die das Risiko für die hergestellten bzw. vertriebenen Produkte tragen.

Mögliche Nachteile, die mit diesen Rechtsformveränderungen verbunden sind, bestehen z.B. in Imageverlusten, Verringerung der Bonität und in der Durchgriffsmöglichkeit auf die Gesellschafter bei der Gründung einer Tochtergesellschaft. Diese Aspekte sind im Einzelfall zu berücksichtigen. Gerade die in Deutschland und z.B. auch in den USA vorhandene Möglichkeit des

Haftungsdurchgriffs setzt den beschriebenen Konstruktionen enge Grenzen (vgl. Schilling/Jörissen 1988, S. 324 f.).

(5) Bilanzielle Maßnahmen zur finanziellen Bewältigung von Produkthaftungsansprüchen

Will man die mit den Produkthaftungsansprüchen verbundenen finanziellen Belastungen nicht durch die externe Zuführung von Eigen- oder Fremdkapital bewältigen, sondern auf dem Wege der Selbstfinanzierung, so stellt sich - sieht man einmal von der Bildung einer **Rücklage** aus dem versteuerten Gewinn ab - vor allem die Frage, ob und in welchem Umfang die Bildung einer **Rückstellung** für Produkthaftungsansprüche zulässig ist, wobei zwischen der handels- und der steuerrechtlichen Regelung zu unterscheiden ist (vgl. speziell zu Rückstellungen für Rückrufaktionen Standop 1992, S. 915). Rückstellungen für die Produkthaftung sind ungewisse Verbindlichkeiten mit rechtlicher Verpflichtung, die sowohl in der Handelsbilanz als auch nach dem Grundsatz der Maßgeblichkeit der Handelsbilanz für die Steuerbilanz (§ 5 I EStG) in der Steuerbilanz passivierungspflichtig sind (vgl. ausführlich hierzu Kullmann/Pfister, Kennzahl 6010, 6040). Am Tag der Bilanzaufstellung muß ein Schadenersatzanspruch des Geschädigten gegenüber dem Schädiger vorliegen bzw. eine der Haftungsvoraussetzungen bekannt geworden sein. Hieraus ergibt sich die Rückstellungsbildung **dem Grunde nach**, wohingegen die **Höhe** der Rückstellung nach "vernünftiger kaufmännischer Beurteilung" festzulegen ist.

Darüber hinaus sind Rückstellungen zulässig, wenn eine hinreichende Wahrscheinlichkeit besteht, daß fehlerhafte Produkte in Verkehr gebracht worden sind *und* eine Haftungsinanspruchnahme erfolgen wird. Die hinreichende Wahrscheinlichkeit läßt sich aus

- früheren Inanspruchnahmen aus der Produkthaftpflicht,
- Ergebnissen der laufenden internen Qualitätskontrollen,
- der Inanspruchnahme aus der Gewährleistungs- oder Garantiehaftung und
- Erfahrungen der Branche ermitteln (vgl. Schilling/Jörissen 1988, S. 326).

Sofern für die in Frage kommenden Schäden eine Haftpflichtversicherung abgeschlossen worden ist, muß dem bei der Bemessung der Rückstellungshöhe Rechnung getragen werden. Besteht ein voller Versicherungsschutz, so kann von einer Rückstellungsbildung abgesehen werden; ergibt sich eine nicht gedeckte Differenz zwischen der möglichen Inanspruchnahme und der Deckungssumme, so kann eine entsprechende Rückstellung wegen Produkthaftung gebildet werden.

3. Rechtliche Grundlagen der Preis- und Absatzkreditpolitik

3.1 Die Aktionsbereiche des "Kontrahierungs-Mix"

"Das **Kontrahierungs-Mix** umfaßt die Gesamtheit vertraglicher Vereinbarungen über das Leistungsangebot, also die Transaktionsbedingungen. Es sind Entscheidungen über Preis- und Rabattpolitik, die Lieferungs- und Zahlungsbedingungen sowie die Kreditpolitik zu fällen" (Meffert 1986, S. 118).

Die **Lieferungskonditionen** umfassen die Vereinbarungen über die räumliche, zeitliche, personelle, sachliche und rechtliche Dimension der Lieferung. Ihre Gestaltung ist unlösbar mit der Marketing-Logistik verknüpft, da die logistischen Maßnahmen (Auftragsabwicklung, Lagerhaltung, Transport) der Erfüllung der vereinbarten Lieferungskonditionen dienen. Den rechtlichen Aspekten der Lieferungspolitik ist daher ein separates Kapitel innerhalb des "Distributions-Mix" gewidmet, in dem die Gestaltung der Lieferungskonditionen und der Marketing-Logistik im Kontext der Physischen Distribution behandelt werden.

Es verbleiben hier zwei Aktionsbereiche, über deren Rechtsfragen ein Überblick vermittelt werden soll,

- die **Preispolitik**, einschließlich der Rabatt- und Zugabepolitik, die mitunter auch als indirekte Preispolitik bezeichnet werden, und
- die **Absatzkreditpolitik**, einschließlich der damit aufs engste verknüpften Gestaltung der Zahlungskonditionen.

(1) Die direkte Preispolitik

Bezüglich der direkten Preispolitik könnte auf den ersten Blick der Eindruck entstehen, es gehe nur um die Variation der effektiven Preishöhe und die damit verbundenen Rechtsfragen. Tatsächlich umfaßt auch dieses Instrument eine Fülle von Aktionselementen und strategischen Entscheidungen, die in der folgenden Übersicht zusammengestellt sind (vgl. zu den Einzelheiten Ahlert 1984, S. 117 ff., Diller 1991):

Bei der **Gestaltung von Einzelpreisen** sind Entscheidungen über

- die Preishöhe,
- die Art der Preisvereinbarung (individuelle, gestaffelte oder einheitliche Preisbildung),
- die Preisfreiheit des Kunden (ungebundene, gebundene oder empfohlene Preise für nachfolgende Abnehmerstufen),

- den Zeitbezug der Preisforderung (mit oder ohne Gültigkeitsdauer) sowie
- die Gültigkeitsbedingungen (unbedingte oder bedingte Preissetzung) zu treffen.

Strategische Entscheidungen im Rahmen der Preispolitik beziehen sich auf
- das Preisniveau (Hoch- oder Niedrigpreispolitik),
- die zeitpunktbezogene Preisstruktur (Preisstaffelung, Preisdifferenzierung, Multi Unit Pricing) und
- die zeitraumbezogene Preisstruktur (z.B. Abschöpfungs- oder Penetrationspreisstrategie bei der Einführung neuer Produkte, die Prinzipien konstanter oder flexibler Preise bei eingeführten Produkten, Sonderpreisaktionen).

(2) Die indirekte Preispolitik

Als indirekte Preispolitik können alle Maßnahmen bezeichnet werden, die mehr oder weniger verdeckt **Korrekturen der Hauptpreisforderung** (= Bruttopreise) bedeuten, um zu den eigentlichen Preisen (= Nettopreise) zu gelangen. Die Gründe für solche Korrekturen können vielfältig sein:

Die indirekte Preispolitik kann aus preisoptischen Überlegungen resultieren. Der Anbieter schafft künstlich einen Preisvergleich, indem er den unkorrigierten Preis als Maßstab darstellt, an dem der endgültige Preis vom Nachfrager gemessen wird.

Die indirekte Preispolitik kann aus dem Bestreben des Anbieters resultieren, den Preis zu verschleiern und damit den Markt unvollkommener zu machen. Das mag einmal im Interesse eines leistungsschwachen Anbieters liegen; zum andern ermöglichen oligopolistische Wettbewerbsverhältnisse, den Nachfragern unter dem Deckmantel der gleichen Bruttopreise Preiszugeständnisse zu machen, ohne daß damit ein Nachziehen der Konkurrenz zu befürchten ist.

Die indirekte Preispolitik ermöglicht noch während des Umsatzaktes eine Korrektur des zuvor geforderten "Festpreises". Verstanden als Gewährung von Preiszugeständnissen, tritt sie an die Stelle des Preisaushandelns zwischen Anbieter und Nachfrager.

Auch das Prinzip der Preiskonstanz begünstigt Maßnahmen der indirekten Preispolitik: Damit kann den kurzfristigen Nachfrageschwankungen Rechnung getragen werden, ohne das Bild, das durch das Prinzip der starren Preise geprägt werden soll, wesentlich zu beeinträchtigen.

Die Formen der indirekten Preispolitik sind vielfältig. Bei Rabatten kann grundsätzlich zwischen Leistungs- und Wettbewerbsrabatten unterschieden werden (siehe *Bild 35*). Mit dem **Leistungsrabatt** vergütet der Anbieter eine besondere Leistung des Abnehmers. Der reine Leistungsrabatt ist streng genommen kostenmäßig begründet, d.h. er stellt eine Weitergabe von Kostenersparnissen dar. Demgegenüber ist der **Wettbewerbsrabatt** nicht kostenmäßig, sondern marktlich begründet. In der Praxis sind beide Komponenten miteinander vermischt, und es ist kaum möglich, den Leistungsrabatt aus der Gesamtrabattgewährung herauszurechnen.

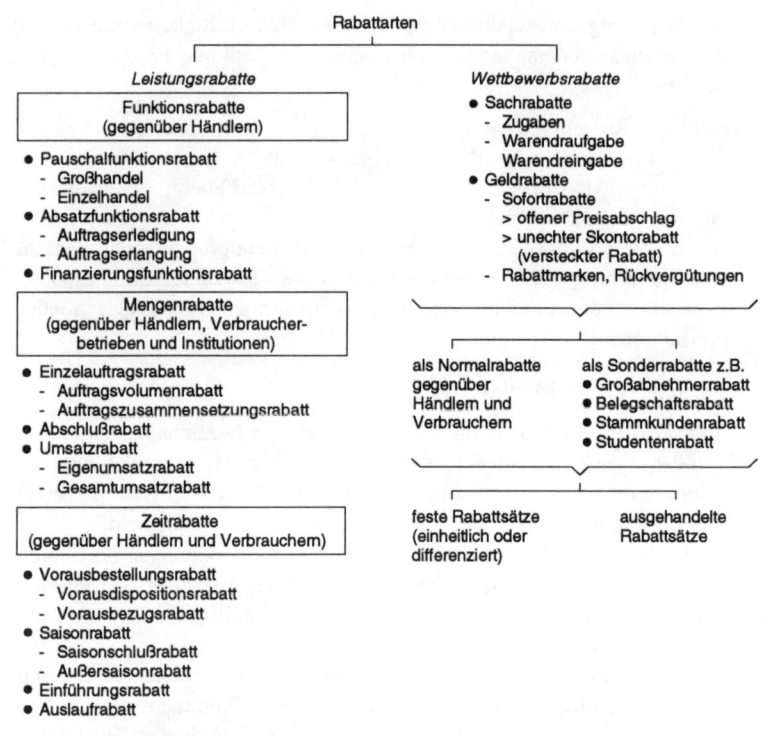

Bild 35: Rabattsysteme

(3) Die Absatzkreditpolitik, einschließlich Gestaltung der Zahlungs-konditionen

Die **Gestaltung der Zahlungskonditionen** umschließt die Festlegung von Zahlungsform (Art der Zahlungsmittel, die der Verkäufer als Gegenleistung akzeptiert) und Zahlungsweise (technische Abwicklung der Zahlung).

Mit **Absatzkreditpolitik** ist der weitaus komplexere Aktionsbereich angesprochen (vgl. dazu grundlegend Ahlert 1972), der besonders vielschichtige Rechtsprobleme aufwirft. Die Absatzkreditpolitik umschließt drei Gruppen von Aktionselementen mit akquisitorischen Wirkungen auf die Abnehmer,

* die Gestaltung des **Angebotes** an Absatzkrediten,
* die **Selektion** der Absatzkreditnehmer und
* die **Abwicklung** der Absatzkreditgeschäfte (Kreditinkasso, Mahnwesen, Modifikation der Absatzkreditkonditionen).

Darüber hinaus ergeben sich rechtliche Probleme im Zusammenhang mit der Sicherung und Finanzierung von Absatzkrediten.

Im Vordergrund der folgenden Ausführungen stehen rechtliche Fragen der Preis- und Absatzkreditpolitik, die zwischen dem **Konsumgüterhersteller und seinen gewerblichen Abnehmern** auftreten, wie z.b. die als Wiederverkäufer tätigen Groß- oder Einzelhändler. Rechtliche Probleme, die ausschließlich oder überwiegend das Verhältnis zwischen **Einzelhandel und Endverbraucher** berühren, wie z.b. Sonderpreisangebote, Sonderveranstaltungen, Preisauszeichnung, Verbraucherkredite und Zugaben, werden an dieser Stelle nicht behandelt. Entsprechend müssen Rechtsfragen, die bei der Übernahme von Einzelhandelsfunktionen durch den Hersteller relevant sind, d.h. im Direktvertrieb an die Endverbraucher, unberücksichtigt bleiben. Wesentliche Rechtsvorschriften, die preis- und absatzkreditpolitische Fragen zwischen Einzelhandel und Verbraucher klären, sind z.b. das Rabattgesetz, die Preisangabenverordnung und das Verbraucherkreditgesetz.

3.2 Beschränkende Rechtsvorschriften im Bereich der Preispolitik, einschließlich Gestaltung der Rabatt- und Zugabepolitik

3.2.1 Die relevanten Rechtsnormen im Überblick

Die in § 305 BGB verankerte **Vertragsfreiheit** garantiert u.a. auch das Recht, schuldrechtliche Verträge - und somit auch Kaufverträge - inhaltlich nach Belieben zu gestalten. Die Bestimmungen des allgemeinen Kaufrechts (insb. §§ 433-514 BGB) und des Handelskaufs (insb. §§ 373-382 HGB), welche die Rechte und Pflichten der Vertragspartner und die Folgen von Vertragsstörungen regeln, sind weitgehend dispositives Recht, das hier keine weitere Vertiefung erfahren soll (vgl. Bergcfürth/Mcnard 1973). Im Mittelpunkt der folgenden Ausführungen stehen die Beschränkungen der **preispolitischen** Gestaltungsfreiheit, die zur Wahrung schutzwürdiger Interessen Einzelner und der Allgemeinheit eingeführt wurden. Einen Überblick über die wichtigsten beschränkenden Rechtsnormen der Preispolitik vermittelt *Bild 36.*

Auf die allgemeinen Fragen des Kaufvertrages und der gerade im Bereich der Kontrahierungspolitik relevanten Allgemeinen Geschäftsbedingungen wurde schon in *Kap. 1.5.6* näher eingegangen.

Relevante Rechtsvorschriften im Bereich der Preispolitik

Die Gestaltung der Preishöhe

- Sittenwidrigkeit wucherischer Preisfestsetzung (§§ 138, 242 BGB)
- Verbot unangemessener Preise (§ 2a WiStG)
- Verbot mißbräuchlicher Preisfestsetzung von marktbeherrschenden Anbietern (§ 22 IV, V GWB)
- ruinöse Preisunterbietung, Preisschleuderei (§ 1 UWG)
- unlautere Preisunterbietungen staatlicher oder privater Preisbindungen (§ 1 UWG)
- Verbot kurzfristiger Preiserhöhungen in AGB (§ 11 Nr. 1 AGBG)
- Grenzen für sonstige Preiserhöhungen in AGB (§ 9 AGBG)
- verschiedene Gesetze und Verordnungen auf dem Gebiet der staatlich administrierten Preise (z.b. EU-Agrarmarktordnung, Preisregelung der Energiewirtschaft)
- Preisberechnungsvorschriften bei öffentlichen Aufträgen (z.b. VPÖA, LSP)

Die Gestaltung von Preisstrukturen und Preissequenzen

- Verbot personeller Preisdifferenzierungen durch Einräumung von Sonderpreisen (§ 1 RabattG)
- Verbot diskriminierender Preisfestsetzung von marktbeherrschenden oder relativ marktstarken Unternehmungen (§ 26 II GWB)
- Verbot von Lockvogelangeboten (§§ 3, 1 UWG)
- Begrenzung der zeitlichen Preisdifferenzierung (§§ 1, 3 UWG)

Die Politik der Preissicherung

- grundsätzliches Verbot vertraglich fixierter Preisabsprachen (§ 1 GWB)
- Ausnahmen vom Kartellverbot (§§ 2-8 GWB)
- Verbot der Preissicherung durch aufeinander abgestimmtes Verhalten (§ 24 I GWB)
- Zulässigkeit von Mittelstandspreisempfehlungen (§ 38 II Nr. 1 GWB)
- grundsätzliches Verbot vertikaler Preisbindungen (§ 15 GWB)
- Zulässigkeit und Mißbrauchsaufsicht bei Preisbindungen für Verlagserzeugnisse (§§ 16, 17 GWB)
- Preisbindung für Tabakwaren (§ 17 TabStG)
- grundsätzliches Verbot vertikaler Preisempfehlungen (§ 38 I Nr. 12 GWB)
- Zulässigkeit und Mißbrauchsaufsicht bei vertikalen Preisempfehlungen für Markenwaren
- Verbot der Druckausübung zur Preisbeeinflussung (§ 25 II, 38 I Nr. 8 GWB)
- Begrenzung von Preisumgehungsversuchen (§ 26 II GWB)

- Fortsetzung auf der nächsten Seite -

Rabatt- und Zugabengewährung im Rahmen der indirekten Preispolitik

- Einschränkung der Rabattgewährung an Letztverbraucher (RabattG)
- Verbot diskriminierender Rabattgewährung von marktbeherrschenden oder relativ marktstarken Unternehmungen (§ 26 II GWB)
- Verbot mißbräuchlicher Rabattgewährung von marktbeherrschenden Anbietern (§ 22 IV, V GWB)
- Verbot irreführender Rabattgewährung
- Zulässigkeit von Rabattkartellen unter bestimmten Voraussetzungen (§ 3 GWB)
- Verbot aufeinander abgestimmter Rabattgewährung (§ 25 I GWB)
- Einschränkung der Gewährung von Zugaben (ZugabeVO)

Bild 36: Relevante Rechtsvorschriften im Bereich der Preispolitik

3.2.2 Die Gestaltung von Preishöhe und Preisstruktur

3.2.2.1 Wucherische Preisfestsetzung

"Ein Rechtsgeschäft, das gegen die guten Sitten verstößt, ist nichtig." (§ 138 I BGB) Mit dieser als Generalklausel formulierten Vorschrift wird der Zweck verfolgt, Mißbräuchen der Privatautonomie entgegenzuwirken. Das zur Nichtigkeit führende sittenwidrige Verhalten kann gegenüber Geschäftspartnern, gegenüber der Allgemeinheit oder gegenüber sonstigen Dritten zum Ausdruck kommen. Gerade durch den Schutz des **einzelnen** Konsumenten unterscheidet sich diese Rechtsnorm von denen des Wettbewerbsrechts, das nur die Aktivlegitimation von Verbraucherschutzverbänden, nicht aber des einzelnen Konsumenten kennt.

Im Hinblick auf die Festsetzung der Preishöhe begrenzt § 138 BGB die Handlungsfreiheit dahingehend, daß extrem hohe Preise als Bestandteil eines Rechtsgeschäftes unter bestimmten Voraussetzungen die Nichtigkeit nach sich ziehen können. Notwendige Bedingung der Nichtigkeit ist das Vorliegen eines **besonders groben Mißverhältnisses zwischen Preis und Gegenleistung** als objektives Tatbestandsmerkmal, das jedoch jeweils einer Einzelfallbeurteilung bedarf, da generelle Preisobergrenzen nicht existieren. Erst das Hinzutreten weiterer sittenwidriger Umstände, wie etwa die verwerfliche Gesinnung des Begünstigten, führen zur Nichtigkeit des Rechtsgeschäftes (§ 138 I BGB). Zwischen Geschäftspartnern (z.B. Hersteller und Händler) kann das sittenwidrige Verhalten auch in der mißbräuchlichen Ausnutzung einer Macht- oder Monopolstellung liegen.

Die Nichtigkeit eines Vertrages mit einem wucherischen Preis als Bestandteil kann sich überdies aus den in § 138 II BGB aufgeführten subjektiven Tatbestandsmerkmalen ergeben, nämlich dann, wenn die Zwangslage, die Unerfahrenheit, der Mangel an Urteilsvermögen oder die erhebliche Willensschwäche des Dritten ausgebeutet werden. Unter Ausbeutung wird nach herrschender Rechtsprechung die bewußte Ausnutzung von wirtschaftlichen Notsituationen, von Unbekümmertheit und Sorglosigkeit sowie von mangelnder Lebenserfahrung verstanden (vgl. Bussert 1979, S. 93 ff.). Liegt eine dieser explizit genannten Voraussetzungen nicht vor, dann kann das Rechtsgeschäft unter Umständen aus anderen Gründen nichtig sein (Generalklausel).

Die Durchsetzung eines Rechtsanspruches auf der Grundlage von § 138 BGB ist allerdings mit erheblichen Schwierigkeiten verbunden, da derjenige, der sich auf die Nichtigkeit des Rechtsgeschäftes beruft, die Beweislast für die Voraussetzungen der sittenwidrigen Preisfestsetzung zu tragen hat.

3.2.2.2 Mißbräuchliche Preisbildung marktbeherrschender Unternehmungen

Die Kartellbehörde kann marktbeherrschenden Anbietern die mißbräuchliche Preisfestsetzung untersagen und die Preissenkung auf ein bestimmtes Höchstmaß begrenzen (§ 22 IV, V GWB; die folgenden Rechtsnormen beziehen sich auf das GWB). Die anbietende Unternehmung gilt als **marktbeherrschend**, wenn sie ohne Wettbewerber ist oder keinem wesentlichen Wettbewerb ausgesetzt ist oder eine überragende Marktstellung innehat (§ 22 I). Es wird eine marktbeherrschende **Monopolstellung** vermutet, wenn eine Unternehmung mindestens 33% Marktanteil und im letzten abgeschlossenen Geschäftsjahr Umsatzerlöse von mindestens 250 Millionen DM aufweist (§ 22 III Nr. 1). Es wird eine marktbeherrschende **Oligopolstellung** vermutet, wenn drei oder weniger Unternehmungen zusammen einen Marktanteil von 50 % oder mehr haben oder wenn fünf oder weniger Unternehmungen zusammen einen Marktanteil von zwei Dritteln oder mehr haben. Diese Vermutung gilt nicht, soweit es sich um Unternehmungen handelt, die im letzten abgeschlossenen Geschäftsjahr Umsatzerlöse von weniger als 100 Millionen DM hatten (§ 22 III Nr. 2).

Legt eine von dem Verfügungsverfahren betroffene Unternehmung allerdings Beschwerde beim Kammergericht in Berlin bzw. beim Bundesgerichtshof ein, dann braucht die Preissenkung bis zur endgültigen Urteilsfindung nicht vorgenommen zu werden (vgl. Schmalen 1982, S. 163).

(1) Der Gesetzgeber hat drei Beispiele für **mißbräuchliche Preisfestsetzung** aufgeführt, die der Aufsicht der Kartellbehörden unterliegen (§ 22 IV S. 2). Beim **Behinderungsmißbrauch** werden Wettbewerber durch die Preisfestsetzung des marktbeherrschenden Konkurrenten in ihren eigenen Marktstrategien behindert (§ 22 IV S. 2 Nr. 1). Ein Behinderungsmißbrauch wurde

z.B. darin gesehen, daß ein Hersteller von Tierfertigfutter für seine Händler ein Jahresbonussystem entwickelt hatte, bei dem der Umsatzrabatt auf der Basis des Jahresgesamtbezuges gewährt wurde. Beispiel: 24.500 DM Rabatt bei Abnahme von Waren im Wert von 1,5 Mio. DM, aber bereits 40.000 DM Rabatt bei Abnahme von Waren im Wert von 2 Mio. DM. Das Bonussystem bewirke einen immer stärker werdenden Preisdruck bei den übrigen Tierfutterherstellern und ließe diesen nur zur Beginn einer neuen Rabattperiode die Möglichkeit, neue Abnehmer zu gewinnen (vgl. Schwintowski 1987, Rdn. 182). Zulässig seien hingegen Rabattsysteme mit kürzeren Referenzperioden.

(2) Eine weitere Form mißbräuchlicher Preisfestsetzung ist der **Ausbeutungsmißbrauch** (§ 22 IV S. 2 Nr. 2). Marktbeherrschende Hersteller sind in der Lage, Preise von ihren Abnehmern zu verlangen, die über denen liegen, die sich bei wirksamem Wettbewerb mit hoher Wahrscheinlichkeit ergeben würden. Der praktischen Anwendbarkeit der Mißbrauchsaufsicht über zu hohe Preise sind äußerst enge Grenzen gesetzt (vgl. BGH, in: NJW 1977, S. 675 ff. - Valium I; BGH, in: WuW 1980, S. 422 - Valium II; BGH, in: WuW 1976, S. 783 ff. - Vitamin B 12). Im einzelnen scheitert die Rechtsdurchsetzung häufig an

- der Abgrenzung des relevanten Marktes,
- dem Nachweis einer marktbeherrschenden Stellung,
- der Bestimmung eines hypothetischen wettbewerbsgemäßen Preisbildungsverhaltens, um der betreffenden Unternehmung das Ausmaß der Preissenkung im Fall des Mißbrauches einer marktbeherrschenden Stellung vorgeben zu können, und
- der Festlegung der Mißbrauchsgrenze.

Zur Ermittlung hypothetischer Wettbewerbspreise ("Als-Ob-Preise") ist jede hinreichend zuverlässige Methode zugelassen. Unter anderem kann das **Vergleichsmarktkonzept** angewendet werden, bei dem räumlich, zeitlich oder sachlich vergleichbare Märkte herangezogen werden. Durch Korrekturen des Vergleichspreises, mit denen besonderen Gegebenheiten des zum Vergleich herangezogenen Marktes Rechnung getragen werden soll, läßt sich die Mißbrauchsgrenze bestimmen. Dabei ist es für die Beweiserbringung ausreichend, wenn der Vergleichspreis mit hoher Wahrscheinlichkeit der bei wirksamem Wettbewerb geforderte Preis sein würde. Nach Ansicht des BGH liegt der Mißbrauch einer marktbeherrschenden Stellung bei der Preisfestsetzung in der Regel dann vor, wenn zwischen dem fraglichen Preis und dem Vergleichspreis eine erhebliche Diskrepanz besteht (vgl. BGH, in: NJW 1977, S. 675 - Valium I).

(3) Ebenfalls der Mißbrauchsaufsicht unterliegt der sog. **Preisstrukturmißbrauch** (§ 22 IV Nr. 3). Ist ein marktbeherrschender Anbieter **auf verschiedenen Märkten mit verschiedenen Preisen** tätig, wobei der vergleichbare Markt kein Wettbewerbsmarkt sein muß, dann ist die unterschiedliche Konditionenforderung gegenüber **gleichartigen Abnehmern** unzulässig,

sofern für die unterschiedliche Behandlung kein sachlich gerechtfertigter Grund vorliegt. Die nachweisbare Konditionenspaltung ist als Anschein für einen Machtmißbrauch ausreichend (Anscheinsbeweis), mit der Folge, daß die betroffene Unternehmung die Beweislast für die sachliche Rechtfertigung dieser Ungleichbehandlung tragen muß (Beweislastumkehr).

Verfügungen nach § 22 sind recht selten. Das Bundeskartellamt hat in den Jahren 1989 und 1990 insgesamt nur sechs Verfahren eingeleitet, derweil die Landeskartellbehörden in diesem Zeitraum 69 neue Verfahren meldeten. Lediglich eine Verfügung wurde erlassen, und zwar vom Bundeskartellamt (vgl. Rittner 1993, S. 401).

3.2.2.3 Diskriminierende Preisdifferenzierung

Während die Mißbrauchsvorschrift des § 22 GWB ausschließlich die Kartellbehörden zum Eingriff berechtigt, eröffnet das Diskriminierungsverbot des § 26 II GWB der sich benachteiligt fühlenden Unternehmung den Weg der Privatklage gegenüber der diskriminierenden Unternehmung. Darüber hinaus ist der Normadressatenkreis im Vergleich zu § 22 (nur marktbeherrschende Unternehmungen) um die relativ marktstarken Unternehmungen erweitert.

Mit § 26 II wird nur die personenbezogene, nicht dagegen die örtliche und zeitliche Preisdifferenzierung beschränkt. Eine **personenbezogene Preisdifferenzierung** ist unzulässig, wenn die differenzierende Unternehmung zum Kreis der Normadressaten des § 26 II zählt, wenn die unterschiedlich behandelte Unternehmung zum geschützten Personenkreis gehört und wenn für eine Preisdifferenzierung kein sachlicher Grund vorliegt (zum Normadressatenkreis und zum geschützten Personenkreis vgl. ausführlich in *Kap. 1.5.5.1.2*). Als sachlicher Grund für eine Ungleichbehandlung gelten z.B. unterschiedliche Kosten durch Art und Umfang des Auftrages oder die Nichterfüllung von Funktionen wie Lagerhaltung und Kundendienst.

Eine Ungleichbehandlung der Abnehmer durch den Lieferanten kann aber auch dadurch zustandekommen, daß der Abnehmer den Lieferanten zur Gewährung von Vorzugsbedingungen veranlaßt. Eine derartige **passive Diskriminierung** ist den Normadressaten des § 26 II (mit Ausnahme der preisbindenden Unternehmungen) untersagt, wenn sie die Marktstellung der anderen Unternehmung ausnutzen und sie zu einer bevorzugten Behandlung veranlassen, sofern hierfür kein sachlich gerechtfertigter Grund vorliegt (§ 26 III). Die praktische Bedeutung dieser Rechtsnorm ist vor allem aus zwei Gründen untergeordnet. Als erstes besteht das **"Roß-und-Reiter"-Problem**. Lieferanten, die auf Veranlassung ohne sachliche Rechtfertigung Vorzugsbedingungen gewähren, sind aus Furcht vor Verlust des Abnehmers nicht bereit, die sie zu diesem Verhalten veranlassende Unternehmung zu nennen, insbesondere dann nicht, wenn sie die Abhängigkeit von ihrem Abnehmer sehr groß einschätzen. Als zweites besteht das **Problem des**

Nachweises sachlich ungerechtfertigter Vorzugsbedingungen, worunter nicht-leistungsgerechte Konditionen zu verstehen sind (vgl. Langen/Niederleithinger/Schmidt 1982, S. 937 f.). Dieser Nachweis ist aus zwei Gründen schwierig: Zum einen sind viele Vorzugsbedingungen weder auf Lieferanten- noch auf Abnehmerseite explizit erfaßt bzw. ausgewiesen (z.B. Auslistungsverhinderungsgebühr), was eine Untersagung durch die Kartellbehörde gemäß § 37a II i.V.m. § 26 III fast unmöglich macht. Zum anderen ist das Kriterium der Leistungsgerechtigkeit bei den ausgewiesenen Vorzugsbedingungen als Grundlage für eine sachlich gerechtfertigte Bevorzugung wenig hilfreich. Zwar mag man noch nachvollziehen, daß Regalplatz- oder Schaufenstermieten dieses Kriterium erfüllen, da hierdurch klassische Handelsfunktionen ohne Gegenleistung des Händlers von dem Lieferanten honoriert werden. Andere, weniger eindeutig zurechenbare Funktionen bringen erhebliche Abgrenzungsprobleme mit sich. Beispielhaft sollen hier die Werbekostenzuschüsse des Lieferanten genannt werden, da die Bewerbung der Herstellerprodukte durch die Handelsunternehmung nicht eindeutig dem Handel als Funktion zugeschrieben werden kann. Selbst die Anerkennung von Werbekostenzuschüssen dem **Grunde** nach als sachliche Rechtfertigung für eine Ungleichbehandlung läßt noch das Problem der Bestimmung des leistungsgerechten **Anteils** des Lieferanten an der Händlerwerbung offen, da vor allem das Gemeinkosten-Schlüsselungsproblem kaum zu lösen sein wird (vgl. zur rechtlichen Behandlung von Werbekostenzuschüssen in *Kap. 3.2.4*).

3.2.2.4 Unlautere Preisfestsetzung

Sowohl Preisunterbietungen als auch hohe Preisforderungen können auch nach § 1 UWG beurteilt werden. Beide Arten der preispolitischen Instrumente sind grundsätzlich zulässig, sofern keine Unlauterkeitsmerkmale hinzutreten. Ein solches Unlauterkeitsmerkmal bei **überhöhten Preisforderungen** ist der Ausbeutungsmißbrauch, d.h. die anbietende Unternehmung mißbraucht ihre Machtstellung zum Schaden des Abnehmers (vgl. Baumbach/Hefermehl 1995, § 1 UWG, Rdn. 876 ff.).

Bei der rechtlichen Bewertung der **Preisunterbietung** ist zu unterscheiden, ob es sich um Wettbewerber handelt, die durch Gesetz, Vertrag oder Gebührenordnung zur Einhaltung bestimmter Preise verpflichtet sind, oder ob es sich um im Preis ungebundene Waren handelt. Im ersten Fall erhält der Unterbietende einen ungerechtfertigten und daher in der Regel sittenwidrigen Vorsprung (Vorsprung durch Rechtsbruch), was als sittenwidrige Wettbewerbshandlung gegen § 1 UWG verstößt (vgl. Baumbach/Hefermehl 1995, § 1 UWG, Rdn. 253, 608 ff.). Preisunterbietungen bei nicht preisgebundenen Waren können wegen der individuellen Behinderung der Mitbewerber, wegen der Gefährdung des Wettbewerbsbestandes oder wegen der gemeinschaftsschädlichen Nachahmungsgefahr unlauter sein (marktbezogene Unlauterkeit).

Eine **Behinderungs-** bzw. **Vernichtungsunterbietung** liegt dann vor, wenn der Anbieter absichtlich bestimmte Wettbewerber zu schädigen oder vom Markt zu verdrängen sucht. Folgende Indizien lassen auf eine Vernichtungsabsicht schließen, deren Nachweis in der Praxis allerdings auf erhebliche Schwierigkeiten stößt:

- ständiger Verkauf zu Verlustpreisen ohne sachlich gerechtfertigten Grund,
- gezieltes Vorgehen gegen bestimmte Mitbewerber,
- örtliche Preisdifferenzierung und
- Planmäßigkeit.

Die **Gefährdung des Wettbewerbsbestandes** besteht dann, wenn die Preisunterbietungen geeignet sind, die Mitbewerber vom Markt zu verdrängen und dadurch den Wettbewerb auf diesem Markt teilweise oder völlig aufzuheben. Unlauter ist dabei nicht die Preisunterbietung an sich, sondern der Umstand, daß die Kunden statt eines Leistungs- nur noch einen Preisvergleich vornehmen und dadurch leistungsfähige Mitbewerber verdrängt werden.

Wettbewerbswidrig sind Preisunterbietungen auch in den Fällen, in denen andere Mitbewerber sich zu einer Nachahmung dieser Preisaktionen veranlaßt sehen und es durch die **gemeinschaftsschädliche Nachahmung** zu einer Störung der Wettbewerbsprozesse kommt. Diesen Tatbestand erfüllt auch die Preisschleuderei, bei der z.B. nicht mehr wettbewerbsfähige Unternehmungen durch aggressive Niedrigpreise andere leistungsfähige Unternehmungen bedrohen. Zu den weiteren Begleitumständen, bei deren Auftreten die Preisunterbietung wettbewerbswidrig ist, sind vor allem die Herabwürdigung der Mitbewerber sowie i.V.m. § 3 UWG die Irreführung des Publikums über eine angebliche Preissenkung oder über die Preiswürdigkeit des Gesamtangebotes (vgl. Näheres zur irreführenden Werbung in *Kap. 4.3.2*).

Im Unterschied zu § 22 GWB kann die unlautere Preisunterbietung auch nicht marktbeherrschenden Unternehmungen im Rahmen von § 1 UWG untersagt werden. Dabei muß jedoch stets berücksichtigt werden, daß Preisunterbietungen im Rahmen der Kundengewinnung Bestandteil eines funktionierenden Wettbewerbes sind. Daher kann eine Untersagung nach § 1 UWG nur bei Vorliegen von unzweifelhaften Tatbeständen einer konkurrenten- oder marktbezogenen Unlauterkeit erfolgen.

3.2.3 Die Politik der Preissicherung

3.2.3.1 Preiskartelle

Verfolgen Unternehmungen auf der Anbieterseite eine risikomeidende, an Gewinnsicherung orientierte Preispolitik, indem sie durch eine **vertragliche Koordination** ihre preispolitische Handlungsfreiheit einer gemeinsamen Strategie opfern, so liegt ein **Preiskartell** vor. Derartige horizontale Wettbewerbsbeschränkungen verstoßen grundsätzlich gegen § 1 GWB, sofern keine andere gesetzliche Bestimmung besteht. Danach sind grundsätzlich Verträge unwirksam, die Preisabsprachen zum Inhalt haben. Darüber hinaus kann die Durchführung der Verträge von der Kartellbehörde untersagt (§ 37a I, diese und die folgenden Rechtsnormen beziehen sich auf das GWB) und ein Bußgeld angedroht werden (§ 38 I Nr. 1, IV).

Ausnahmen von dem Kartellverbot sind die in den §§ 2-8 geregelten legalisierbaren Kartelle (vgl. ausführlich Rittner 1993, S. 270 ff.). Im einzelnen sind vom Kartellverbot freigestellt:

- **Konditionenkartelle**, die die einheitliche Anwendung allgemeiner Geschäfts-, Lieferungs- und Zahlungsbedingungen zum Gegenstand haben. Absprachen über Preise oder Preisbestandteile sind dagegen nicht erlaubt (§ 2);
- **Rabattkartelle**, soweit die Rabatte ein echtes Leistungsentgelt darstellen und nicht zu einer ungerechtfertigt unterschiedlichen Behandlung der Abnehmer führen (§ 3);
- **Strukturkrisenkartelle** (§ 4) und **Ministerkartelle** (§ 8), die dem Gemeinwohl und Vorteilen der Gesamtwirtschaft dienen;
- **Rationalisierungs- und Spezialisierungskartelle** (§§ 5, 5a), mit denen die innerbetriebliche Kostenstruktur und damit die Leistungsfähigkeit der Unternehmen verbessert werden sollen;
- **Mittelstandskartelle** (§§ 5b, 5c) sehen Kooperationserleichterungen in den Bereichen Forschung und Entwicklung, Einkauf, Produktion, Absatz, Werbung etc. vor, um die Wettbewerbsfähigkeit kleiner und mittlerer Unternehmungen zu fördern; sowie schließlich
- **Ein- und Ausfuhrkartelle**, die insbesondere die Abwehr ausländischer Kartelle und Monopole zum Ziel haben (§§ 6, 7).

Die Gründe für diese Ausnahmen sind folgende. Erstens wird bei bestimmten Verhaltensweisen davon ausgegangen, daß sie den **Wettbewerb nicht beschränken** (z.B. Mittelstandskartelle i.S.v. § 5). Zweitens wird bei bestimmten Kartellierungen (z.B. Konditionenkartelle, Rabattkartelle) angenommen, daß sie den **Wettbewerb verbessern können**, indem der Preis- und Qualitätswettbewerb aufgrund erhöhter Konditionentransparenz gefördert wird. Drittens können als Ausnahmegründe für ein Kartell das **Gemeinwohl und Vorteile der Gesamtwirtschaft** im Vordergrund stehen (Strukturkrisen- und Ministerkartelle).

Die Wirksamkeit der Ausnahmekartelle ist abhängig von unterschiedlichen, intensitätsmäßig verschiedenen Voraussetzungen:

- **Anmeldekartelle** werden bei ihrer Anmeldung wirksam,
- **Widerspruchskartelle** sind nach der Anmeldung wirksam, sofern die Kartellbehörde nicht widerspricht, und
- **Erlaubniskartelle** sind wirksam nach erteilter Erlaubnis durch die Kartellbehörde.

Verzichten die Unternehmungen auf ein Preiskartell i.S.v. § 1, verhalten sich aber so, als hätten sie einen solchen Vertrag abgeschlossen, indem sie bewußt und gewollt, ohne von der Marktsituation dazu gezwungen zu werden, identische oder sonstwie aufeinander abgestimmte preispolitische Entscheidungen treffen, handeln sie der Bestimmung des § 25 I zuwider. Der Nachweis eines solchen **aufeinander abgestimmten Verhaltens** ist problematisch, da die betroffenen Unternehmungen oftmals mit irreführenden Manövern (z.B. kurzfristigen Preissenkungen) oder mit abgesicherten Begründungen (z.B. allgemeine Kostensteigerung) aufwarten.

Ebenfalls unvereinbar mit § 1 sind sog. **Marktinformationsverfahren**, insbesondere Preismeldestellen (Open-Price-Systeme), die auf einer Marktseite der zentralen Erfassung und Weitergabe der individuellen Preis- und Rabattgestaltung dienen. Die Einstufung als Verstoß gegen das Kartellverbot wird aus folgenden Gründen vorgenommen. Der **Verzicht auf den Geheimwettbewerb** durch die Zugänglichmachung unternehmungsspezifischer Konditionen wirkt tendenziell wettbewerbsbeschränkend, da registrierte Preisunterschiede schnell ausgeglichen werden können. Ebenso wirkt die **Identifizierung der Konkurrenten** und der von ihnen in der Vergangenheit gewährten Konditionen mindernd auf die Wettbewerbsintensität, da die zu erwartenden Konkurrenzangebote transparenter werden. Auch die **Marktgegenseite** wird durch das Preismeldesystem dahingehend beeinträchtigt, daß ihr das Entdecken von Preisunterschieden und damit die Wahrnehmung von preisgünstigen Einkäufen versagt bleibt (vgl. Näheres hierzu bei Luhmann/Millian 1978, S. 42 ff.).

3.2.3.2 Mittelstandsempfehlungen

Eine Ausnahme vom Kartellverbot bilden Mittelstandsempfehlungen (§ 38 II Nr. 1 GWB). Die Voraussetzungen für zulässige Mittelstandsempfehlungen sind, daß sie von Vereinigungen kleiner oder mittlerer Unternehmungen gegenüber ihren Mitgliedern unverbindlich ausgesprochen werden, um die Leistungsfähigkeit der Mitglieder im Vergleich zu größeren Wettbewerbern zu erhöhen. Diese Empfehlungen unterliegen der Mißbrauchsaufsicht nach § 38 III GWB. Als Vereinigung kommen sowohl Horizontal- als auch Vertikalvereinigungen, d.h. Unternehmungen gleicher oder verschiedener Wirtschaftsstufen, in Frage. Die inhaltlichen Schwerpunkte solcher Empfehlungen liegen in der Sortiments-, Preis- und Kommunikationspolitik. Im Rahmen der Preispolitik können Empfehlungen über Mindestpreise, Rabattverzicht, Skonti und sonstige Konditionen ausgesprochen werden. Mittelstandsempfehlungskreise, teilweise auch als Mittelstands-Clubs bezeichnet, bestehen z.B. bei LANCôME, ROWENTA, GRUNDIG und NORDMENDE. Ebenso nutzt LOEWE, Hersteller von Unterhaltungselektronik, in seinem "Profi-Partner-Club" die Möglichkeit der Mittelstandsempfehlung.

Die Mittelstands-Empfehlung-Lancôme (MEL) ist ein herstellergestützter Kreis von ca. 750 mittelständischen Einzelhändlern aus der Parfümeriebranche. Die Schwerpunkte der Tätigkeiten von MEL liegen im Erfahrungsaustausch und der Weiterbildung der Einzelhändler sowie der intensiven Zusammenarbeit mit dem Kosmetikhersteller Lancôme in den Bereichen der Produktentwicklung, Produktänderung und auch Produktelimination, der gezielten Streuung von Warenproben und der abgestimmten Absatzwerbung (vgl. ausführlich o.V. 1991 I).

3.2.3.3 Vertikale Preisbindung

Nicht auf die Beeinflussung preispolitischer Maßnahmen der Konkurrenz, sondern auf die Kontrolle der Preispolitik vor- und nachgelagerter Wirtschaftsstufen zielt die vertikale **Preisbindung**. Dieses Instrument bietet einer Unternehmung die Möglichkeit, die freie Preisgestaltung ihrer Abnehmer und/oder deren Abnehmer oder auch ihrer Lieferanten einzuschränken. Dies geschieht entweder durch eine exakte Festlegung der von diesen bei Veräußerungen der Ware an Dritte zu fordernden Preise oder mittelbar z.B. durch Vereinbarung einer Preisuntergrenze, eines Kalkulationssatzes oder einer Meistbegünstigungsverpflichtung. Die Beeinflussung der Zweit- bzw. Zweitfolgeverträge kann auf vertraglichen Vereinbarungen (Bindung in Erstverträgen) oder auf sonstiger Verhaltensbeeinflussung (faktische Bindung) beruhen. Die in **Erstverträgen** fixierte Bindung des Vertragspartners hinsichtlich der Preisgestaltung ist nach § 15 GWB seit dem 1.1.1974 grundsätzlich unzulässig (zur Diskussion um das Verbot der vertikalen Preisbindung vgl. Witt 1988, Horst 1992). Derart gestaltete Erstverträge sind mindestens bezüglich der beschränkenden Abrede nichtig, unberührt hiervon bleiben allerdings die Zweitverträge. Dem Partner der Zweitverträge sowie jedem Konkurrenten der bindenden Unternehmung stehen Schadenersatz- und Unterlassungsansprüche zu (§ 35 i.V.m. § 15 GWB). Ebenso sind **faktische Bindungen** unzulässig. Kommt die Preisbindung aufgrund eines aufeinander abgestimmten Verhaltens zustande, dann liegt ein Verstoß gegen § 25 I GWB vor. Wird die Entscheidungsfreiheit des Abnehmers bei der Preisgestaltung durch die Androhung oder Ausübung wirtschaftlichen Drucks beschränkt, dann wird gegen § 25 II GWB verstoßen.

In den Jahren 1989 und 1990 wurden vom Bundeskartellamt und den Landeskartellbehörden insgesamt 34 Verfahren wegen Verstößen gegen das Preisbindungsverbot eingeleitet. Nur ein Verfahren führte in diesem Zeitraum zu einem unanfechtbaren Beschluß (vgl. Rittner 1993, S. 306).

Von dem Verbot der vertikalen Preisbindung sind lediglich Verlagserzeugnisse (§ 16 GWB) und jene Wirtschaftssubjekte ausgenommen, auf die das gesamte GWB oder das Preisbindungsverbot im besonderen keine Anwendung findet (§§ 99 - 103 GWB; vgl. zum Anwendungsbereich des GWB auch in *Kap. 1.3.3.2*). Weitere - jedoch außerhalb des GWB liegende - Ausnahmen vom Preisbindungsverbot, bestehen bei Fertigarzneimitteln und Tabakwaren. Einheitliche Preise bei apothekenpflichtigen **Fertigarzneimitteln** resultieren aus der gesetzlichen Festlegung von Höchstzuschlägen auf die Großhandelspreise und von Festzuschlägen auf die Einkaufspreise der Apotheken (§§ 2, 3 Arzneimittelpreisverordnung). Die Preisbindung bei **Tabakwaren** ergibt sich dadurch, daß nach dem Tabaksteuergesetz der auf der Steuerbanderole angegebene Packungspreis weder unter- noch überschritten werden darf (§§ 15, 17 TabStG).

Ansprüche aus Verletzungen von Preisbindungssystemen können aus einer kartellrechtlich zulässigen vertraglichen Preisbindung nur abgeleitet werden, wenn die Unternehmung das Preisbindungssystem **lückenlos** geplant (theoretische Lückenlosigkeit) und durchgeführt hat (praktische Lückenlosigkeit). Die Preisbindung unterliegt einer ständigen Mißbrauchsaufsicht der Kartellbehörde, die eingreift, falls die Preisbindung mißbräuchlich gehandhabt wird oder eine Verteuerung der gebundenen Waren hervorruft bzw. ein Absinken der Preise verhindert.

3.2.3.4 Vertikale Preisempfehlung

Die vertikale **Preisempfehlung** kann als abgeschwächte Form der Durchsetzung preispolitischer Vorstellungen auf nachgelagerten Wirtschaftsstufen angesehen werden. Im Gegensatz zur Preisbindung beruht sie weder auf einer gesetzlichen, vertraglichen oder sonstigen Verpflichtung zur Einhaltung der von der empfehlenden Unternehmung als wünschenswert empfundenen Weiterveräußerungspreise. Sie ist vielmehr als Meinungsäußerung eines Herstellers oder Großhändlers zu werten, der hierdurch seine Vorstellung über den Preis seines Produktes auf dem ihm nicht direkt zugänglichen Konsumentenmarkt kundtut. Beim Empfehlungsadressaten unterscheidet man zwischen einer Händler-Preisempfehlung, bei der nur dem Händler der gewünschte Endverkaufspreis mitgeteilt wird, und der Verbraucher-Preisempfehlung, welche den Endverbraucher über die Preisvorstellung des Empfehlenden unterrichtet.

§ 38a I GWB - die folgenden Rechtsnormen beziehen sich auf das GWB - knüpft die **Zulässigkeit** aller Formen der vertikalen Preisempfehlung an folgende kumulativ zu erfüllende Voraussetzungen:

Nur wenn eine **Markenware** mit gleichartigen Waren im **Preiswettbewerb** steht, darf allein der **Inhaber** dieser Marke für sie eine Preisempfehlung aussprechen. Eine Markenware ist nach § 38a II ein Erzeugnis, das durch eine Markierung und die Gewähr zumindest gleichbleibender Qualität gekennzeichnet ist. Gewerbliche Leistungen sowie die Kombination aus einem Erzeugnis und einer gewerblichen Leistung erfüllen nicht das Kriterium "Erzeugnis" und dürfen daher nicht mit einer Unverbindlichen Preisempfehlung ausgestattet werden. Bei Händler-Preisempfehlungen für Kleinpreisartikel entfällt die Voraussetzung der "Markenware" ebenso wie bei Händler- und Verbraucher-Preisempfehlungen für Verlagserzeugnisse, bei denen § 16 (Zulässigkeit der Preisbindung) Anwendung findet. Händler-Preisempfehlungen mittelständischer Unternehmungen unterliegen nur den in § 38 II genannten Zulässigkeitsvoraussetzungen.

Der empfohlene Preis muß **ausdrücklich** als unverbindlich bezeichnet werden. Jede abweichende Formulierung (z.B. Richtpreis) oder Abkürzung zieht ein Verbot nach sich. Zur Durchsetzung der Empfehlung darf kein wirtschaftlicher, gesellschaftlicher oder sonstiger **Druck** (z.B. Liefersperre) angewendet werden. Weiterhin muß die Empfehlung in der Erwartung ausgesprochen werden, daß der empfohlene Preis dem von der Mehrheit der Empfehlungsempfänger voraussichtlich geforderten Preis entspricht (sogenanntes **Mondpreis-Verbot**).

Die zulässigen Preisempfehlungen unterliegen der **Mißbrauchsaufsicht** durch die Kartellbehörde. Diese hat das Recht, gleichartige Empfehlungen für unzulässig zu erklären, falls ein Mißbrauch gegeben ist. Sind einer Unternehmung in zwei Fällen mißbräuchliche Preisempfehlungen nachgewiesen worden, so kann ihr gemäß § 38a III Nr. 6 sogar generell der Ausspruch von Preisempfehlungen untersagt werden. § 38a III enthält eine nicht abschließende Aufzählung von **Mißbrauchstatbeständen**:

Überteuerung der Waren (Nr. 1)
Eine Überteuerung liegt dann vor, wenn der Handel der vom Hersteller ausgesprochenen Preisempfehlung folgt und dadurch einen erheblich über der durchschnittlichen Handelsspanne liegenden Stückgewinn erzielt (vgl. Tätigkeitsbericht des BKartA 1974, S. 70 ff.). Mit der Mißbrauchsaufsicht über die Überteuerung soll verhindert werden, daß sich Waren ungerechtfertigt verteuern oder ihre Preise nicht absinken, was gesamtwirtschaftlich unerwünscht wäre.

Täuschung von Verbrauchern über den üblichen Preis (Nr. 2)

Der Tatbestand der Täuschung ist erfüllt, wenn der empfohlene Preis von der Mehrheit der Empfehlungsempfänger unterschritten wird, so daß der allgemein geforderte Preis durch Gegenüberstellung mit dem empfohlenen "Normalpreis" eine nicht vorhandene Günstigkeit vortäuscht. Diese Günstigkeit wird von den Verbrauchern um so eher angenommen, je mehr der Hersteller in seiner Werbung den Eindruck erweckt, daß es sich bei der Unverbindlichen Preisempfehlung um den allgemein üblichen Preis handelt. Der Hersteller ist daher zu Marktbeobachtungen hinsichtlich der tatsächlichen Befolgung und gegebenenfalls zu einer Korrektur seiner Unverbindlichen Preisempfehlung verpflichtet.

Erhebliche Unterschreitung der Preisempfehlung in einer Mehrzahl von Fällen (Nr. 3)

Die Erheblichkeit der Abweichung des geforderten Preises von der Preisempfehlung kann nicht generell (z.B. anhand eines Prozentsatzes) festgelegt werden. Sie ist im Einzelfall zu bestimmen, abhängig von der Betriebshandelsspanne, dem Umfang der hierdurch abgedeckten Handelsleistungen und der absoluten Preishöhe. Das Bundeskartellamt versteht unter einer Mehrzahl von Fällen eine in zeitlicher und örtlicher Hinsicht breitgestreute Vielzahl von **Einzelverkäufen** an Endverbraucher. Zur Feststellung der Anzahl der Einzelverkäufe nimmt das Amt eine Befragung von 300 bis 400 repräsentativer Handelsfirmen ausschließlich typischer Niedrigpreisbetriebe vor (vgl. Benisch 1975, S. 52 f.).

Ausschluß vom Vertrieb ohne sachlich gerechtfertigten Grund (Nr. 4)

Werden Wiederverkäufer von der Belieferung ausgeschlossen, weil sie sich nicht an die Preisempfehlung gehalten haben bzw. weil die empfehlende Unternehmung bei ihnen mit einer Unterbietung des empfohlenen Preises rechnet, so ist dies kein sachlich gerechtfertigter Grund für die Nichtbelieferung potentieller Abnehmer und damit ein Verstoß gegen das Mißbrauchsverbot.

3.2.4 Die indirekte Preispolitik

Die vielfältigen Erscheinungsformen der indirekten Preispolitik können als ein Kontinuum beschrieben werden, das durch die Pole "kostenmäßig begründete Leistungen des Abnehmers" und "fehlende Gegenleistung des Abnehmers" begrenzt wird. Bei der rechtlichen Beurteilung muß unterschieden werden, ob sich die Gewährung von Preisnachlässen an Letztverbraucher oder an gewerbliche Abnehmer richtet. An dieser Stelle werden ausschließlich die Rechtsgrundlagen für die Beurteilung der indirekten Preispolitik **gegenüber gewerblichen Abnehmern**, welche die Ware weiter umsetzen, erläutert. Dies sind im wesentlichen das GWB, das UWG und die ZugabeVO. Zwischen allen Wirtschaftsstufen mit Ausnahme der Letztverbraucher besteht grundsätzlich volle Rabattfreiheit. Neben Geld- und Warenrabatten, Barzahlungs-, Mengen-, Treue-, Funktions- und Sonderrabatten sind in der Praxis vielfältige Erscheinungsformen des Rabattes zu beobachten, denen keine Gegenleistung des Abnehmers gegenübersteht (z.b. Auslistungsverhinderungsrabatt, Listungsrabatt). Andererseits können sich hinter einer bestimmten Rabattform, die vordergründig eine Leistung des Abnehmers beschreibt, Preisnachlässe des Lieferanten verbergen, für die der Abnehmer keine spezifischen Gegenleistungen erbringt. Eine solche Grauzone ist der Werbekostenzuschuß, dessen eigentlicher Zweck die Vergütung von Aufwendungen des Abnehmers für die Förderung der Ware des Lieferanten ist. Gerade die Formen der Gewährung von verdeckten Preisnachlässen dienen in erster Linie der Konditionenverschleierung und bedürfen im Hinblick auf einen leistungsgerechten Wettbewerb der besonderen rechtlichen Beachtung.

(1) Die Begrenzung der Rabattpolitik durch das GWB

Gehört die rabattgewährende Unternehmung zum Kreis der Normadressaten des § 26 II GWB und die Unternehmung, der Rabatte gewährt werden, zum geschützten Personenkreis, so muß eine **unterschiedliche Rabattgewährung** an die Abnehmer auf sachlich gerechtfertigten Gründen beruhen (siehe Näheres zum Diskriminierungsverbot des § 26 II GWB in *Kap. 1.5.5.1.2*). Die sachliche Rechtfertigung für eine unterschiedliche Rabattgewährung kann auf verschiedenen betriebs- und absatzwirtschaftlichen Erwägungen beruhen, insbesondere auf Kostenersparnis, Erfüllung von Funktionen, Anreiz zu erhöhter oder frühzeitiger Abnahme usw. Sachlich gerechtfertigt ist eine Rabattgestaltung nach objektiven Leistungskriterien, wie z.B. Umfang der Lagerhaltung durch den Händler, Breite des vom Händler geführten Sortiments, Abstellung von Händlerpersonal zu Schulungsveranstaltungen und besondere Werbemaßnahmen durch den Händler (vgl. BKartA 1970, S. 72). Die Prüfung einer Rabattstaffel allein unter Kostengesichtspunkten füllt somit den Bereich sachlicher Rechtfertigung nicht aus. Vielmehr muß dem Unternehmer - mit Rücksicht auf sein Risiko - ein breiter Gestaltungsraum (auch in subjektiver Sicht) eingeräumt werden, der seine Grenze nur in Willkür und wettbewerbsbeschränkenden Zielsetzungen findet.

Bei der rechtlichen Beurteilung eines **Werbekostenzuschusses** (WKZ) auf der Grundlage von § 26 II GWB muß unterschieden werden, ob es sich um ausschließlich **leistungsbezogene** WKZ, um ausschließlich **konditionenbezogene** WKZ (ohne Gegenleistung des Abnehmers) oder um eine **Vermischung** dieser beiden Formen handelt. Eine auf der Gewährung unterschiedlich hoher WKZ beruhende Diskriminierung ist dem Grunde und der Höhe nach möglich. Werden ausschließlich leistungsbezogene WKZ gewährt, dann kann die Diskriminierung dem Grunde nach in der Nicht-Gewährung von WKZ an bestimmte Abnehmer bzw. Abnehmergruppen liegen. Bei der Zahlung von WKZ an alle Abnehmer ist eine Ungleichbehandlung der Höhe nach u.a. dann gegeben, wenn die WKZ neben dem leistungs- auch einen konditionenbezogenen Bestandteil aufweisen, der als Preisnachlaß ohne Gegenleistung unterschiedlich gegenüber den einzelnen Abnehmern ausgestaltet ist. Da bereits die Bewertung einer spezifischen Gegenleistung bei einem leistungsbezogenen WKZ erhebliche Schwierigkeiten bereitet und somit keine Trennschärfe zwischen leistungs- und konditionenbezogenen WKZ besteht, ist der Nachweis eines hinter einem WKZ **verborgenen Preisnachlasses** (versteckte Preisdiskriminierung) äußerst problematisch. Gleiches gilt auch für den Nachweis der passiven Diskriminierung i.S.v. § 26 III GWB. Gerade eine marktbeherrschende oder relativ marktstarke Stellung wird von den Abnehmern vielfach dahingehend ausgenutzt, den Lieferanten nicht-leistungsbezogene Konditionenzugeständnisse abzufordern (wettbewerbswidriges Anzapfen). Diese als WKZ verschleierten Zugeständnisse wären andernfalls gar nicht gewährt worden und sind anderen, nicht-marktstarken Abnehmern nicht zugänglich. Die praktische Bedeutung dieser Rechtsnorm ist allerdings nur von untergeordneter Bedeutung (siehe Näheres zum Problem des Nachweises der passiven Diskriminierung in *Kap. 3.2.2.3*).

Bei der Rabattgewährung ist weiterhin das **Verbot der einseitigen Einflußnahme** zu berücksichtigen (§ 25 II GWB). Der Tatbestand der unzulässigen Wettbewerbsbeschränkung i.S.v. § 25 II GWB ist dann erfüllt, wenn der Abnehmer entgegen seinem Entscheidungswillen durch das Versprechen bzw. Gewähren von Rabatten oder durch das Androhen des Entzuges bzw. durch den tatsächlichen Entzug zu einem Verhalten veranlaßt werden soll, das nach dem GWB oder nach einer kartellbehördlichen Verfügung nicht zum Gegenstand eines Vertrages gemacht werden darf. Liegt dagegen eine **gegenseitige Vorteilssicherung** vor, ist also das obengenannte Verhalten im Sinne und zum Vorteil des Abnehmers, dann liegt ein aufeinander abgestimmtes Verhalten vor, das gegen § 25 I GWB verstößt.

Horizontale Rabattabsprachen sind unter bestimmten Voraussetzungen von dem Kartellverbot des § 1 GWB freigestellt, sofern das als Widerspruchskartell konzipierte Rabattkartell i.S.v. § 3 GWB - Wirksamkeit nach Anmeldung und nicht erfolgtem Widerspruch durch die Kartellbehörde - nachfolgende Voraussetzungen kumulativ erfüllt:

- Der vertraglich fixierte Rabatt muß ein **echtes Leistungsentgelt** darstellen. Dies trifft insbesondere auf den Mengenrabatt (geringere Vertriebskosten) zu. Wettbewerbsbeschränkende Rabatte, wie z.B. Treuerabatte, sind von der Freistellung ausgenommen.
- Die Rabattabsprache darf keine **diskriminierende** Wirkung entfalten, etwa durch Benachteiligung bestimmter Abnehmergruppen.
- Das Kartell darf keine **schädlichen Wirkungen** auf Herstellung, Handel oder eine angemessene Versorgung der Verbraucher ausüben.

Insbesondere unter den beiden ersten Aspekten ist die Zulässigkeit von Gesamtumsatzrabattkartellen problematisch, da sie für die Wahl der anzuwendenden Rabattstufe die Umsätze eines Abnehmers mit **sämtlichen** Kartellmitgliedern innerhalb eines Zeitraums der Rabattgewährung zugrundelegen.

(2) Die Begrenzung der Rabatt- und Zugabenpolitik durch das UWG und die ZugabeVO

Wie bereits dargestellt, bringt die Einteilung von Preisnachlässen in solche, denen spezifizierbare Leistungen der Abnehmer gegenüberstehen, und solche, die ohne Gegenleistung erbracht werden und als Ausdruck der sogenannten Konditionenspreizung zu werten sind, erhebliche Schwierigkeiten mit sich. Diesem Bereich sind auch die handelsorientierten Verkaufsförderungsmaßnahmen des Herstellers zuzurechnen, die mit der Gewährung von Sach- oder Geldwerten verbunden sind, wie z.b. Schaufenstermiete und -dekoration, Regalplatzmiete, Werbe- und Verkaufshilfen. Maßgebend für die rechtliche Bewertung sind hier das UWG und die ZugabeVO (vgl. ausführlich *Kap. 4.5.2.1*). Bedenken aus § 1 UWG ergeben sich unter anderem aus der Gefahr, daß die Lieferanten sich gegenseitig bei der Gewährung bestimmter Vergünstigungen überbieten und der Leistungs- durch den Nebenleistungswettbewerb ersetzt wird. Aufgrund dieser Nachahmungsgefahr sind bspw. vom Lieferanten gezahlte Mieten für die Überlassung von Schaufenster- oder Regalplatzfläche unzulässig. Werbe- und Verkaufshilfen, die in einem engen sachlichen Zusammenhang mit der Lieferantenware stehen und dem Abnehmer den Abverkauf erleichtern sollen, sind keine unzulässigen Werbeschenkungen i.S.v. § 1 UWG. Anders ist dagegen der Sachverhalt zu werten, wenn der Abnehmer die Ware des Lieferanten nicht mehr aus der Abwägung von Preis und Qualität heraus wählt, sondern sich durch sonstige materielle Zuwendungen in seinem wettbewerblichen Entscheidungsverhalten unsachlich beeinflussen läßt (vgl. Baumbach/Hefermehl 1995, § 1 UWG, Rdn. 98).

Der Tatbestand der **aktiven bzw. passiven Bestechung** von Angestellten oder Beauftragten der abnehmenden Unternehmung (§ 12 UWG) wird hier nicht weiter betrachtet, da angebotene oder gewährte Vergünstigungen (z.B. Werbe- und Verkaufsprämien) nicht der Unternehmung zugute kommen, sondern den Angestellten oder Beauftragten dieser Unternehmung und deshalb nicht als Preisnachlässe für die erworbenen Waren in Erscheinung treten (vgl. Lehmann 1974, S. 73 ff.).

Bei der **zugaberechtlichen** Beurteilung der indirekten Preispolitik ist wie bei der Bewertung nach § 1 UWG das Kriterium der sachlichen Verbundenheit einer Zuwendung mit der Hauptleistung wesentlich. Ob überhaupt eine Zugabe i.S.v. § 1 ZugabeVO vorliegt, hängt von dem Verwendungszweck ab. Sachmittel, die im Interesse des Lieferanten speziell den Absatz seiner

Ware fördern und somit den Kunden des Abnehmers (in der Regel der Letztverbraucher) werben sollen, sind **keine** Zugaben und dürfen auch mit hohem Wert kostenlos oder leihweise überlassen werden. Erst wenn die Sachmittel über die Förderung der Lieferantenware hinaus eigenen Interessen des **Abnehmers** dienen, kann ein zugaberechtlicher Tatbestand vorliegen. Eigene Interessen des Abnehmers können sowohl im privaten als auch im geschäftlichen Bereich, der über die Förderung der Lieferantenware hinausgeht, bestehen. Unzulässig sind daher stets betriebswichtige Einrichtungsgegenstände, die der Lieferant ohne eigenes werbliches Interesse dem Abnehmer kostenlos überläßt. Bestehen bei einer Zugabe eigene Interessen des Abnehmers neben denen des Lieferanten, dann kommt es darauf an, ob das Werbeinteresse des Lieferanten (keine Zugabe) oder das Gebrauchsinteresse des Abnehmers (Zugabe) höher zu bewerten ist. Muß der Zugabencharakter bejaht werden, dann richtet sich ihre Zulässigkeit nach § 1 II ZugabeVO. Nach § 1 II lit. b, c ZugabeVO ist die Gewährung von Bar- und Naturalrabatten an die Abnehmer grundsätzlich erlaubt (vgl. Baumbach/Hefermehl 1995, § 1 ZugabeVO, Rdn. 40 f.).

Zusammenfassend kann festgehalten werden, daß das Fordern, Anbieten oder Gewähren von Geld- und Sachmitteln, die nicht der Entschädigung besonderer Mehrleistungen des Abnehmers dienen und somit nicht zwangsläufig nur im Fall des Warenbezugs bei diesem Lieferanten anfallen, unter den Aspekten der Nachahmung und der Förderung des Nebenleistungswettbewerbs als eine Gefährdung des Leistungswettbewerbs beurteilt werden.

3.3 Rechtliche Probleme der Absatzkreditpolitik, einschließlich Gestaltung der Zahlungskonditionen

3.3.1 Die relevanten Rechtsnormen im Überblick

Die besonders vielschichtigen Rechtsprobleme der Absatzkreditpolitik (einschl. der Gestaltung der Zahlungskonditionen) ergeben sich aus der Komplexität dieses Aktionsbereiches (vgl. hierzu *Kap. 3.1*). Einen Überblick über die wichtigsten beschränkenden Rechtsnormen der Absatzkreditpolitik vermittelt *Bild 37*.

Relevante Rechtsvorschriften im Bereich der Absatzkreditpolitik

1. Die Gestaltung der Zahlungskonditionen

1.1. Die Zahlungsform

- Scheck
  - Scheckgesetz
  - Geschäftsbesorgungsvertrag (§§ 675, 678 BGB)
  - Widerruf des Schecks (§ 790 BGB)
- Kreditkarten
  - AGBG
- Wechselkursfestlegung
  - §§ 244 f. BGB
  - Genehmigungspflicht von Wertsicherungsklauseln (§ 3 WährG)
- Inzahlungnahme gebrauchter Gegenstände
  - § 1 RabattG
  - PreisangabenVO
  - § 515 BGB i.V.m. §§ 433 ff. BGB (Rechtsgrundlage für Gegengeschäfte)

1.2. Die Zahlungsweise

- Internationale Zahlungsklauseln
- Einheitliche Richtlinien und Gebräuche für Dokumentenakkreditive
- Standardformeln für Eröffnung von Dokumentenakkreditiven, § 363 II HGB
- Einheitliche Richtlinien für das Inkasso von Handelspapieren

2. Die Gestaltung der Kreditkonditionen

2.1. Die Kreditgewährung

- allgemeine Rechtsnormen
  - AGBG
  - Rechtsvorschriften gegen Kreditwucher:
    §§ 138, 242 BGB, §§ 4 ff. WiStrG, §§ 102a ff. StGB
- spezielle Rechtsnormen
  - Verbraucherkreditgesetz

- Fortsetzung nächste Seite -

2.2. Die Kreditabwicklung

- Inkasso
  - Abkommen der Spitzenverbände des Kreditgewerbes
- Mahnwesen
  - Zahlungsverzug (§ 326 BGB)
  - Fristsetzung (§§ 284 I, 285 BGB)
  - gerichtliche Mahnverfahren (§§ 688-703 ZPO)
- Modifikation der Kreditkonditionen (§ 247 BGB)
- Abbruch der Kreditbeziehungen
  - wichtiger Grund (§ 626 BGB)
  - Schadensersatzansprüche der Kunden (§§627 II, 675 2. Halbs. BGB)

2.3. Die Kreditsicherung

- Kreditwürdigkeitsprüfung
- Kreditbetrug (§ 265b StGB)
- Bundesdatenschutzgesetz (§§ 4, 28, 34 BDSG)
- Sekundäre Sicherheiten
- Wechsel
  - Wechselgesetz (WG), Art. 11, 17, 25, 28 WG
  - Wechselprozeß (§§ 602 ff. ZPO)
- Personensicherheiten
  - Bürgschaft (§§ 765 ff. BGB, § 350 f. HGB)
  - Kreditauftrag (§ 778 BGB)
  - Garantievertrag (§§ 305, 459 II, 631 BGB)
- Dingliche Sicherheiten
  - Verpfändung (§§ 850 ff. ZPO)
  - Sicherheitsübereignung (§§ 930, 933 BGB)
  - Sicherungsabtretung (§ 398 f. BGB)
  - Grundpfandrechte (§§ 873 ff. BGB)
  - Eigentumsvorbehalt (§§ 929, 158 I, 455 BGB)

2.4. Die Kreditfinanzierung

- Factoring
  - Forderungsübertragung (§§ 398 ff. BGB)
- Absatzkreditvermittlung
  - behördliche Genehmigung (§ 340 I Nr. 1a GewO)
  - Bundesdatenschutzgesetz

Bild 37: Relevante Rechtsvorschriften im Bereich der Absatzkreditpolitik

3.3.2 Die Gestaltung der Zahlungskonditionen

Im Rahmen der Zahlungskonditionen geht es um die Festlegung der Zahlungsform (Art der Zahlungsmittel, die als Gegenleistung vom Verkäufer akzeptiert werden) und der Zahlungsweise (Art der technischen Abwicklung der Zahlung). Rechtliche Fragen tauchen vor allem bei der Wahl der Zahlungsform auf, bei der als gängige Möglichkeiten die Bezahlung mittels Lastschriftverfahren, das Kreditkartengeschäft und die Inzahlungnahme gebrauchter Gegenstände beim Kauf neuer Waren zur Verfügung stehen. Bei der Zahlungsweise sind fast ausschließlich die internationalen Richtlinien für die Zahlungsabwicklungen im Exportgeschäft von Bedeutung, wohingegen nationale Rechtsvorschriften hierbei kaum relevant werden.

3.3.2.1 Die Zahlungsform

(1) Die Bezahlung mittels Scheck

Der Scheck ist ein "Geldersatzmittel", das den umfangreichen bargeldlosen Zahlungsverkehr erleichtert. Gesetzlich ist ein Verkäufer zwar nur zur Annahme von Geld verpflichtet, jedoch wird er in der Regel den Scheck als "Leistung an Erfüllungshalb" akzeptieren, d.h. die Kaufpreiszahlung bleibt neben den Verpflichtungen aus dem Scheck als Verbindlichkeit bestehen und erlischt erst mit der Einlösung des Schecks und der Gutschrift des Kaufbetrages auf dem Konto des Verkäufers (§ 362 II BGB). Die Rechtsgrundlage für den Scheck bildet das Scheckgesetz (ScheckG). Die wichtigsten Beurteilungskriterien des Schecks sind seine Bestandteile (Art. 1), das Fehlen von Bestandteilen (Art. 2), der Bezogene (Art. 3), die Zulässigkeit des Indossaments (Art. 14) und der gutgläubige Erwerb (Art. 21).
Für die Zahlung (Einlösung) des Schecks haftet scheckrechtlich unabdingbar der Aussteller; auf dem Scheck vermerkte Haftungsausschlüsse gelten als nicht geschrieben (Art. 12). Der im Inland ausgestellte und zahlbare Scheck muß binnen 8 Tagen seit dem darauf vermerkten Ausstellungstag zur Zahlung vorgelegt oder in eine Abrechnungsstelle eingeliefert werden (Art. 29 I, IV, Art. 31). Die rechtzeitige Vorlage oder Einlieferung ist zwar nicht Voraussetzung für die Zahlung des Schecks (Art. 32 II), jedoch für die scheckrechtlichen Rückgriffsansprüche gegen den Aussteller, falls der Scheck nicht eingelöst wird (Art. 40, 41). Die allgemeinen Rückgriffsansprüche des Scheckinhabers verjähren nach 6 Monaten vom Ablauf der Vorlegungsfrist (Art. 52). Das bezogene Kreditinstitut ist nicht zur Einlösung eines Schecks verpflichtet (Art. 4, 15 III, 25 II). Zur Rechtsprechung und zur Kommentierung des Scheckgesetzes vgl. ausführlich Bülow 1991.
Scheckbetrug, d.h. die Hingabe ungedeckter Schecks, vielfach verbunden mit einer Vordatierung, ist strafbar nach § 263 StGB. Da der Betrug im Sinne des § 263 StGB nur bei Vorsatz des Ausstellers und Bereicherungsabsicht gege-

ben ist, handelt es sich nicht um einen Scheckbetrug, wenn lediglich im Zeitpunkt der Einlösung der Scheck ungedeckt ist, der Kunde bei der Ausstellung aber annahm, daß die Deckung bei der Vorlegung vorhanden sein würde. Im Einzelfall ist der Nachweis für die Betrugsabsicht oft nur schwer zu erbringen.

(2) Die Bezahlung mittels Überweisung

Eine Überweisung ist der Auftrag (Geschäftsbesorgungsvertrag, § 675 BGB) eines Girokontoinhabers an seine Bank, zu Lasten seines Kontos einen genau angegebenen Betrag einem gleichfalls benannten Konto gutzuschreiben.

Die Rechtsverhältnisse der Überweisung werden nur zum Teil durch die allgemeinen Gesetze (BGB, HGB) geregelt; aus den Erfordernissen des Zahlungsverkehrs hat sich eine weitgehende Regelung durch Allgemeine Geschäftsbedingungen ergeben. Die Überweisung führt zur Schuldentilgung an "Erfüllungs Statt" (§ 364 I BGB). Hat der Schuldner also die Zahlung durch Überweisung akzeptiert, erlischt sein Recht, zu einem späteren Zeitpunkt Barzahlung zu verlangen.

Kommt es durch irgendwelche Umstände zu einer Fehlleitung oder verspäteten Gutschrift der Überweisung, so kann der Gläubiger vom Schuldner nicht verlangen, daß er seine Schulden nun durch eine Barzahlung begleicht. Der Schuldner hat seine Zahlungsverpflichtung allerdings erst mit der Gutschrift des geschuldeten Betrages auf dem Konto des Gläubigers erfüllt.

(3) Die Bezahlung mittels Lastschriftverfahren

Im Gegensatz zum Scheck und zur Überweisung wird das Lastschriftverfahren in den meisten Fällen von solchen Unternehmungen genutzt, die regelmäßige Massenabrechnungen vorzunehmen haben, wie z.B. Versicherungen, Versorgungsunternehmungen und der Großhandel. Die Eigenart des Lastschriftverkehrs, genau wie beim Scheck, besteht darin, daß nicht der Zahlungspflichtige, sondern der Zahlungsempfänger den Zahlungsvorgang auslöst. Die Lastschrift ist also ein Einzugspapier, mit dem der Zahlungsempfänger durch Vermittlung seines Kreditinstitutes aus dem Guthaben des Zahlungspflichtigen den aus der Lastschrift ersichtlichen Betrag erhebt, und zwar aufgrund

- eines der Zahlstelle von dem Zahlungspflichtigen zugunsten des Empfängers erteilten Auftrages (Abbuchungsauftrag) oder
- einer dem Zahlungsempfänger von dem Zahlungspflichtigen erteilten Ermächtigung (Einzugsermächtigung).

Der wesentliche Unterschied zwischen beiden Verfahren besteht darin, daß dem Kunden beim Einzugsermächtigungsverfahren ein Widerspruchsrecht eingeräumt wird, aufgrund dessen er innerhalb von 6 Wochen jeder Lastschrift ohne Begründung widersprechen kann mit der Folge, daß ihm die Lastschrift wieder gutzuschreiben ist. Daher kann den Unternehmungen nur empfohlen werden, möglichst ein Einzugsermächtigungsverfahren mit seinen Lieferanten zu vereinbaren und die Lieferungen und Zahlungsausgänge innerhalb der 6-Wochenfrist zu überprüfen.

Die wirtschaftlichen Vorteile aus den Lastschriftverfahren ziehen hauptsächlich die Zahlungsempfänger; der Einsatz der EDV wird erleichtert, und in der Regel kann mit einem einheitlichen Zahlungseingang gerechnet werden. Für den Zahlungspflichtigen entfällt die Überwachung der Termine und somit das Risiko zur Entrichtung von Mahngebühren. Allerdings muß er diese Vorteile mit dem Verlust seiner Dispositionsfreiheit erkaufen.

(4) Das Kreditkartengeschäft

Die Kreditkarte ist ein Ausweis, der den Inhaber unter Einräumung eines bestimmten Zahlungszieles dazu berechtigt, bei allen Vertragsunternehmungen (in der Regel Dienstleistungs- und Einzelhandelsunternehmungen) bis zu einer bestimmten Höchstsumme Waren und Dienstleistungen zu beziehen, die vom Herausgeber der Kreditkarte (z.B. American Express, Diners, Visa, Eurocard) der Vertragsunternehmung unter Abzug einer Provision vergütet werden. Die Kreditkarte erfüllt somit eine Zahlungs- und eine Kreditfunktion. Das Kreditkartengeschäft wird also in der Regel zwischen drei Personen abgewickelt (sog. Drei-Parteien-System): dem Kreditkartenherausgeber, der Vertragsunternehmung und dem Kreditkarteninhaber.

Konsumgüterhersteller treten nicht als Vertragsunternehmungen auf, weshalb die rechtlichen Aspekte des Kreditkartengeschäftes hier unberücksichtigt bleiben. Zu den aktuellen Rechtsfragen der Kreditkarten-Praxis und zur Kreditkarten-Kriminalität vgl. von Usslar/von Morgen 1989, Henke 1989.

3.3.2.2 Die Zahlungsweise im Exportgeschäft

Im Exportgeschäft sind die Zahlungsbedingungen sehr unterschiedlich, da sie sich nach der Üblichkeit, der Marktlage, der Bonität des ausländischen Käufers und nach den geltenden Bestimmungen des Liefer- und Empfangslandes zu richten haben. Die Zahlungsbedingungen werden in die Verträge aufgenommen und bestimmen, wie und wann der Kaufpreis zu zahlen ist. Im Exportgeschäft sind folgende Zahlungsbedingungen üblich:

(1) Vorauszahlung oder Anzahlung,

(2) Zahlung gegen Akkreditiv,

(3) Kasse gegen Dokumente (documents against payment),

(4) Dokumente gegen Wechselakzept (documents against acceptance),

(5) offenes Zahlungsziel.

(1) Die Vorauszahlung des Kaufpreises kommt im Exportgeschäft nur selten vor. Die Devisenbestimmungen vieler Länder verbieten ihren Importeuren diese Zahlungsweise. Nur bei Spezialanfertigungen im Investitionsgüter-Bereich sind Anzahlungen bei der Auftragserteilung üblich, um das Risiko des Exporteurs auf ein wirtschaftlich erträgliches Maß zu senken.

(2) Die Eröffnung eines Dokumentenakkreditivs seitens des ausländischen Käufers ist eine der sichersten Zahlungsweisen im Exportgeschäft. Unter dem Akkreditiv versteht man den von dem Importeur an eine Bank erteilten Auftrag, aus seinem Guthaben an den Exporteur einen bestimmten Betrag gegen Aushändigung bestimmter Dokumente (Frachtbriefe, Lagerscheine, Handelsrechnungen) zu zahlen.

(3) Die Zahlungsweise "Kasse gegen Dokumente" kommt einem Bargeschäft gleich. Die Zahlung des Kaufpreises erfolgt nach der Übergabe bestimmter Dokumente an den Empfänger oder an eine beauftragte Bank. Aus Sicherheitsgründen sollte diese Zahlungsbedingung nur mit verläßlichen Kunden und bei kleineren Geschäften vereinbart werden, da der Importeur schon aufgrund der ausgehändigten Dokumente in den Besitz der Waren kommt.

(4) Bei den Zahlungsbedingungen "documents against acceptance" werden die für den Besitzübergang maßgebenden Papiere erst nach der Übergabe eines Wechsels zugunsten des Exporteurs ausgehändigt. Diese Zahlungsweise setzt großes Vertrauen in die Zahlungsfähigkeit und -willigkeit des Kunden voraus, da die Wechselstrenge in einigen Ländern zu wünschen übrig läßt.

(5) Bei der Gewährung eines offenen Zahlungsziels räumt der Exporteur dem ausländischen Käufer einen ungedeckten Kredit für die Dauer des Ziels ein. Ein offenes Zahlungsziel dürfte wegen des sehr großen Risikos wohl nur eigenen Auslandsniederlassungen eingeräumt werden.

Von seiten des deutschen Rechts ist der Zahlungsverkehr mit dem Ausland grundsätzlich frei. Beschränkungen bestehen nur für Ausfuhrverträge mit Ostblockländern. Hier sind Ausfuhrgenehmigungen erforderlich, wenn eine längere Stundung des Entgelts als 180 Tage nach Warenlieferung vereinbart wird (§ 7 AWV). Über Rechtsprobleme bei Zahlungen im Exportverkehr informiert ausführlich z.B. von Westphalen (1978).

3.3.3 Die Gewährung von Absatzkrediten

Mit dem Absatzkreditangebot bringt die Unternehmung ihre grundsätzliche Bereitschaft zum Abschluß von Absatzkreditgeschäften zum Ausdruck. Im Rahmen des Absatzkreditangebotes sind insbesondere folgende Bedingungen festzulegen (vgl. Ahlert 1972, S. 76 ff.):

- Kreditform (Güter- oder Geldkredit),
- Kredithöhe (Volumen des einzelnen Kredites; Kreditlimit bei revolvierenden Krediten),
- Höhe der Anzahlung (bei größeren Güterkrediten) bzw. der Selbstbeteiligung des Kreditnehmers an den mit dem Kreditkapital zu beschaffenden Gütern (bei Geldkrediten),
- Kreditlaufzeit und Rückzahlungsmodalitäten,
- Kreditkosten (Höhe der Gebühren und Kreditzinsen; Flexibilität der Zinsen im Zeitablauf; Berechnungsmodalitäten),
- Kreditsicherheiten (wechselmäßige Sicherung, Personalsicherheiten, dingliche Sicherheiten),
- Bedingungen und Fristen der Kreditkündigung,
- vertragliche Zusatzverpflichtungen (Mindestmengenabnahmeverpflichtungen, Verwendungsbeschränkungen bezüglich des Kreditkapitals, Alleinbezugsbindung etc.),
- Form der Angebotsunterbreitung (verbindliche oder unverbindliche Angebote; fixierte oder ausgehandelte Kreditkonditionen).

Zur Behandlung rechtlicher Aspekte des Absatzkreditangebotes empfiehlt es sich, zwischen Rechtsvorschriften, die für alle Formen der Absatzkreditgewährung relevant sind (AGBG, Vorschriften für die Festsetzung und Angabe der Kreditzinsen), und Rechtsvorschriften, die nur für ganz bestimmte Kreditformen relevant sind, zu unterscheiden.

Hinweis: Im folgenden werden nur rechtliche Probleme bei der Gewährung von Absatzkrediten an gewerblich tätige Abnehmer angeschnitten. Kredite an Konsumenten und die dabei auftretenden vielfältigen Rechtsfragen bleiben hier wegen fehlender Bedeutung für das Marketing des Herstellers unberücksichtigt.

3.3.3.1 Allgemein relevante Rechtsvorschriften

In der Regel werden Kreditverträge auf der Grundlage der Allgemeinen Geschäftsbedingungen (AGB) des Kreditgebers geschlossen (zu den rechtlichen Grundlagen der AGB vgl. in *Kap. 1.5.6*). Die Kreditgewährung durch Banken oder Sparkassen erfolgt in der Regel auf Grundlage der Allgemeinen Geschäftsbedingungen der Banken und Sparkassen (AGBB bzw. AGBSp) in der seit 1.1.1976 geltenden Fassung und der besonderen AGB der jeweils gewählten Kreditform.

Die einzelnen Vertragsbedingungen unterliegen nicht dem AGBG, wenn sie zwischen Kreditnehmer und -geber frei ausgehandelt worden sind (§ 1 II AGBG). Dies geschieht, besonders bei Banken und Sparkassen, nur in Ausnahmefällen. Ist eine Individualabrede über eine bestimmte Vertragsvereinbarung getroffen worden, so hat diese Vorrang vor der entsprechenden Klausel in den Allgemeinen Geschäftsbedingungen (§ 4 AGBG). Die

Generalklausel des § 9 AGBG soll eine unangemessene Benachteiligung einer Vertragspartei verhindern. Darüber hinaus wird in den §§ 10, 11 AGBG explizit eine Vielzahl von Klauselverboten genannt.

Als weitere allgemein relevante Rechtsnorm ist der Wucherparagraph zu beachten (§ 138 BGB), wonach die Forderung von wucherischen Zinsen untersagt ist (siehe zu den Anwendungsvoraussetzungen des § 138 BGB auch in *Kap. 3.2.2.1*). Doch ist in diesem Paragraphen nicht festgelegt, welcher konkrete Zinssatz wucherisch ist. Der Tatbestand des Wuchers setzt zweierlei voraus. Zum einen muß ein auffälliges Mißverhältnis zwischen Leistung und Gegenleistung bestehen. Zum anderen muß noch ein subjektives Moment gegeben sein, nämlich die "Ausbeutung der Zwangslage, der Unerfahrenheit, des Mangels an Urteilsvermögen oder der erheblichen Willensschwäche" eines Kreditnehmers. Richtungweisend für die Anwendung des § 138 BGB bei Kreditgeschäften ist ein Urteil des OLG Stuttgart 1979, in dem ein Kreditvertrag wegen der Wucherzinsen für sittenwidrig und daher nichtig erklärt wurde. Weiter wurde in dem Grundsatzurteil ausgeführt, daß sämtliche Gebühren und Kreditkosten in den Zinssatz miteinberechnet werden müßten, welcher dann nicht höher sein dürfte als das Doppelte des jeweils geltenden Marktzinses.

3.3.3.2 Die rechtliche Regelung von Kontokorrentkrediten

Der vertraglich geregelte Kontokorrentkredit dient hauptsächlich zur Erleichterung des Zahlungs- und Abrechnungsverkehrs zwischen Personen, die in laufender Geschäftsverbindung stehen (vgl. Vormbaum 1976, S. 181 ff.).

Aus dem §§ 355-357 HGB ergeben sich folgende Voraussetzungen für den Abschluß eines Kontokorrentvertrages:

- mindestens eine Vertragspartei ist Kaufmann;
- eine dauernde Geschäftsverbindung zwischen den Parteien, aus der beiderseitige finanzielle Ansprüche entstehen können;
- die Abrede, die beiderseitigen Ansprüche in Rechnung zu stellen und in regelmäßigen Zeitabschnitten (meistens 1 Jahr) durch Verrechnung und Feststellung des sich für einen Partner ergebenden Überschusses auszugleichen.

Durch den Kontokorrentvertrag verlieren die einzelnen Forderungen ihre Selbständigkeit. Dies hat zur Folge, daß

- keine Vertragspartei einzelne Forderungen verpfänden, abtreten oder einklagen kann,
- die Ansprüche gestundet sind,
- die Verjährung gehemmt ist und
- die Zahlungen nicht schuldtilgend wirken, sondern nur als verbindliche Guthaben behandelt werden.

Die Vertragsparteien gewähren sich also während einer Abrechnungsperiode fortlaufend gegenseitig Kredite oder wenigstens die Möglichkeit zur Kreditaufnahme. Erst mit dem Rechnungsabschluß besteht für den Geschäftspartner, dessen Konto einen negativen Saldo aufweist, die Pflicht, für einen ausgeglichenen Kontostand zu sorgen. Seine rechtliche Wirksamkeit erlangt der Kontoabschluß erst mit der ausdrücklichen Anerkennung durch beide Parteien oder stillschweigend z.B. durch die Fortsetzung des Kontokorrentverkehrs. Verweigert eine Partei die Anerkennung des Saldos, so kann die andere auf Feststellung und Zahlung des Überschusses klagen. Die Anerkennung des Saldos ist ein abstraktes Schuldanerkenntnis (§§ 781, 782 BGB), das formlos gültig ist und einen selbständigen Verpflichtungsgrund erzeugt.

3.3.4 Die Abwicklung von Absatzkreditgeschäften

3.3.4.1 Die Schuldeneintreibung bei Zahlungsverzögerungen

Kommt eine Person ihren Zahlungsverpflichtungen aus einem Kaufvertrag nicht fristgerecht nach, so gerät sie in Zahlungsverzug (§ 326 BGB). Der Gläubiger muß dann geeignete Schritte unternehmen, um seine ausstehenden Forderungen einzutreiben. Dabei kann er den Weg des außergerichtlichen und des gerichtlichen Mahnverfahrens wählen. Für das **außergerichtliche Mahnverfahren** bestehen keine Formvorschriften. Es sollte lediglich bei der Zahlungsaufforderung beachtet werden, daß dem Schuldner eine Zahlungsfrist zu setzen ist, sofern ursprünglich für die Zahlung kein bestimmter Termin vereinbart worden war (§§ 284 I, 285 BGB). Wenn alle Mahnschreiben, insbesondere die per Einschreiben verschickten, erfolglos geblieben sind, dann hat der Gläubiger die Möglichkeit, die Hilfe der Gerichte in Anspruch zu nehmen.

Mit dem **gerichtlichen Mahnverfahren** erreicht der Gläubiger verhältnismäßig schnell und ohne großen Aufwand einen sogenannten "vollstreckbaren Titel", aus dem eine Zwangsvollstreckung (Pfändung) hergeleitet werden kann. Allerdings gelten für das gerichtliche Mahnverfahren die Formvorschriften der §§ 688 bis 703 ZPO.

Das gerichtliche Mahnverfahren wird durch den Antrag des Gläubigers auf Erlaß eines Mahnbescheids bei der Geschäftsstelle des Amtsgerichtes ausgelöst (§§ 688 I, 690 I ZPO). Das Gericht stellt daraufhin dem Schuldner den Mahnbescheid zu, ohne daß es die Rechtmäßigkeit der Forderungen und Nebenkosten, wie z.B. Mahnspesen und Zinsen, nachgeprüft hätte (fehlende Schlüssigkeitsprüfung). Der Schuldner kann gegen den Mahnbescheid innerhalb von 2 Wochen Widerspruch erheben. Hierüber benachrichtigt das Amtsgericht den Gläubiger. Nun kann entweder der Gläubiger oder auch der Schuldner einen Antrag auf mündliche Verhandlung vor Gericht stellen.

Reagiert der Schuldner überhaupt nicht auf den Mahnbescheid, so kann der Gläubiger nach Ablauf der zweiwöchigen Frist innerhalb von 6 Monaten jederzeit den Erlaß eines **Vollstreckungsbescheids** verlangen (§§ 699 I, 701 S. 1 ZPO). Gegen den zugestellten Vollstreckungsbescheid kann der Schuldner wiederum binnen zweier Wochen Einspruch erheben und eine mündliche Verhandlung beantragen.

Erhebt der Schuldner keinen Widerspruch und begleicht auch nicht seine Schuld, so kann der Gläubiger die **Pfändung** beantragen (§ 794 I Nr. 1 ZPO). Das gesamte Verfahren kann innerhalb von 4 Wochen ablaufen.

3.3.4.2 Die Modifikation von Kreditkonditionen

Seitdem die staatliche Zinsregulierung (1967) aufgehoben worden ist, kann die Zinshöhe zwischen dem Kreditnehmer und -geber grundsätzlich frei vereinbart werden. Die Bildung der Zinssätze erfolgt auf der Grundlage von Angebot und Nachfrage. Im allgemeinen werden für normale Konsumentenkredite (Laufzeit bis etwa 3 Jahre) feste Zinssätze vereinbart. Wird jedoch im Kreditvertrag eine Zinsänderungsklausel vereinbart, so darf der Kreditgeber sein Recht zur Zinserhöhung nicht willkürlich ausüben (§ 315 BGB). Eine Zinserhöhung oder auch -senkung erfolgt meistens auf einer bestimmten Grundlage, wie dem von der Bundesbank festgesetzten Diskontsatz. Möchte der Kreditnehmer sein Darlehen vorzeitig zurückzahlen, so können drei verschiedene Fallgestaltungen vorliegen.

1. Fall: Im Kreditvertrag wird dem Kunden ausdrücklich das Recht zur vorzeitigen Rückzahlung des Darlehens eingeräumt. In diesem Fall können nur Schwierigkeiten bei der Berechnung der Zinsgutschrift entstehen.

2. Fall: Im Kreditvertrag ist keine Abrede getroffen worden, der Kreditgeber nimmt jedoch stillschweigend die Darlehensrückzahlung an.

3. Fall: Der Kreditgeber ist mit einer vorzeitigen Rückzahlung nicht einverstanden. Dann kann der Kunde seine Rechte aus § 247 BGB wahrnehmen. Beträgt nämlich die effektive Jahresverzinsung mehr als 6 %, so kann der Kunde nach Ablauf von 6 Monaten das Darlehen unter Einhaltung einer Kündigungsfrist von 6 Monaten kündigen. (Ausnahme: Inhaberschuldverschreibungen, wie öffentliche und Industrieanleihen, § 247 II BGB). Diese Vorschrift ist jedoch in der Rechtsdiskussion nicht unumstritten, da insbesondere die Banken und Versicherungen in dieser Bestimmung eine einseitige Bevorzugung des Kreditnehmers sehen, der zu seinem Vorteil feste Konditionen bei steigendem und hohem Zinssatz, jedoch variable Bedingungen bei nachgebendem Zinssatz in Anspruch nehmen könnte. Daneben kann auf den allgemeinen Wucherparagraphen § 138 BGB für echte Notlagen des Kreditnehmers verwiesen werden (vgl. *Kap. 3.2.2.1*).

3.3.4.3 Der Abbruch der Kreditbeziehungen durch den Kreditgeber

Kreditnehmer und -geber können jederzeit ihre Geschäftsverbindung im ganzen oder in einzelnen Beziehungen nach freiem Ermessen einseitig auflösen. Auch bei einer anderweitigen Vereinbarung ist dieses Recht jederzeit gegeben, wenn ein wichtiger Grund vorliegt. Ein wichtiger Grund zur Auflösung eines Rechtsverhältnisses ist gegeben, wenn Tatsachen vorliegen, aufgrund derer dem kündigenden Teil unter Berücksichtigung aller Umstände des Einzelfalles und unter Abwägung der Interessen beider Vertragsteile die Fortsetzung des Vertrages bis zum Ablauf der Kündigungsfrist oder bis zu der vereinbarten Beendigung des Vertragsverhältnisses nicht mehr zugemutet werden kann (§ 626 BGB).

Der Kreditgeber kann die Geschäftsverbindung vor allem dann auflösen, wenn der Kunde unrichtige Angaben über seine Vermögenslage gemacht hat, eine wesentliche Verschlechterung seines Vermögens oder eine erhebliche Vermögensgefährdung eintritt oder der Kunde der Aufforderung zur Stellung oder Verstärkung von Sicherheiten nicht in angemessener Frist nachkommt. Die Vereinbarung eines solchen Aufhebungsrechts entspricht dem außerordentlichen Kündigungsrecht bei Dauerschuldverhältnissen, um die es bei Krediten regelmäßig geht. Grundsätzlich ist der Kreditgeber nicht verpflichtet, vor der Aufhebung der Geschäftsverbindung den Kunden abzumahnen oder zu warnen. Eine solche Verpflichtung folgt insbesondere nicht aus dem Grundsatz von Treu und Glauben (§ 242 BGB) oder aus dem in der Präambel der AGB der Banken betonten Vertrauensverhältnis zwischen einer Bank und ihren Kunden. Allerdings fehlt es an einem wichtigen Grund zum Abbruch der Geschäftsbeziehungen, wenn zu erwarten ist, daß der Kunde nach einer Abmahnung sein vertragswidriges Verhalten unterläßt und den Schaden seines bisherigen Verhaltens behebt. Besonders wichtig ist die vorherige Abmahnung, wenn infolge von Ungenauigkeiten der Abrede Zweifel über die Vertragswidrigkeit einer Handlung (z.B. Kontoüberziehung) bestehen. Bei einer unzulässigen Auflösung der Geschäftsverbindung kann der Kunde Schadensersatzansprüche begründen.

3.3.5 Die Absatzkreditsicherung

Mit der Gewährung von Absatzkrediten verbinden sich Gefahren materieller Einbußen infolge unvorhersehbarer Ereignisse, die als **Risiken der Absatzkreditpolitik** bezeichnet werden (vgl. Ahlert 1972, S. 202 ff.). Einen Überblick über die verschiedenen Risiken gibt *Bild 38*.

Zur Minderung des Absatzkreditrisikos können zunächst eine Prüfung der Kreditwürdigkeit des potentiellen Kreditnehmers und auf dieser Grundlage eine Absatzkreditselektion durchgeführt werden.

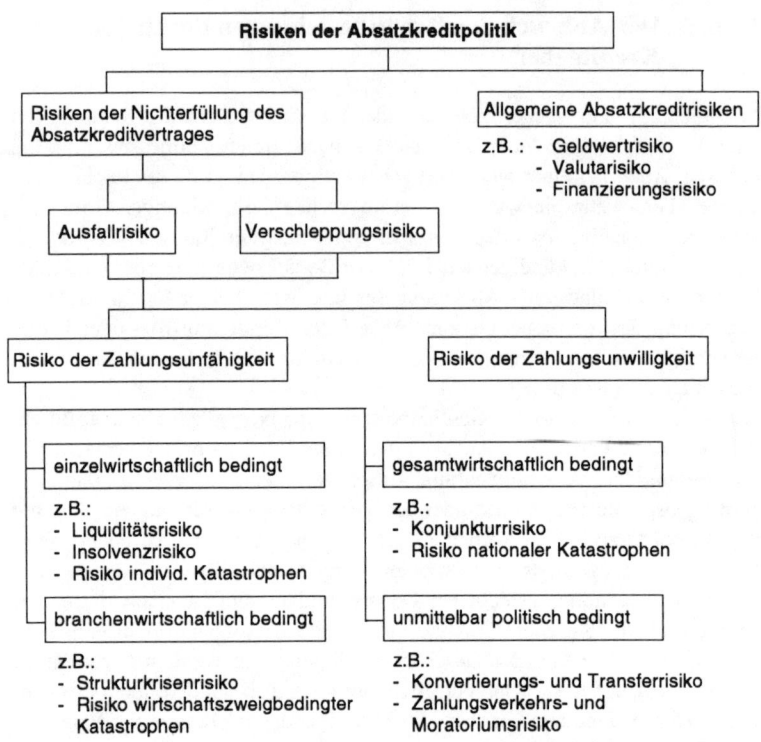

Bild 38:   Risiken der Absatzkreditpolitik

In diesem Zusammenhang ist die Risikobegrenzung durch eine entsprechende **Gestaltung des Kreditvertrages** von größerem Interesse. Besonders bei der Bereitstellung von sekundären Sicherheiten, die die Risiken der Nichterfüllung des Absatzkreditvertrages verringern sollen, sind einige rechtliche Bestimmungen zu beachten. Zu den sekundären Sicherheiten zählen

- die wechselmäßige Verpflichtung des Absatzkreditnehmers,
- die Sicherung des Absatzkreditgeschäftes durch Personensicherheiten (Bürgschaft, Garantie, Schuldübernahme) und
- die dingliche Sicherung des Absatzkreditgeschäftes (Verpfändung, Sicherungsübereignung, Forderungsabtretung, Hypothek und Grundschuld, Eigentumsvorbehalt).

Doch auch die Vielzahl der Möglichkeiten zur Absatzkreditsicherung durch sekundäre Sicherheiten kann nicht darüber hinwegtäuschen, daß den Absatzkreditrisiken nur in sehr engen Grenzen begegnet werden kann. Nur in Ausnahmefällen können die potentiellen Absatzkreditnehmer sekundäre Sicherheiten in ausreichendem Maße bereitstellen; daneben begründet gerade der Verzicht auf die Sicherheitsstellung oft den Vorteil des Absatzkredites für den Käufer. So ist die kreditgebende Unternehmung darauf angewiesen, selbst Maßnahmen zu ergreifen, um das Absatzkreditrisiko zu senken. Dies kann geschehen durch

- eine entsprechende Rücklagenbildung,
- eine risikoausgleichende Streuung und Mischung der Absatzkredite,
- eine Neutralisation der Absatzkreditrisiken (z.B. durch Devisentermingeschäfte) und
- eine Risikoübertragung an Dritte (vgl. die Ausführungen in *Kap. 3.3.6*).

Zweck der **Kreditwürdigkeitsprüfung** ist es, die Risiken der Nichterfüllung des Absatzkreditvertrages einzuschätzen, die durch die Zahlungsunwilligkeit oder Zahlungsunfähigkeit des Kreditnehmers bedingt sein können. Während die persönlichen Eigenschaften des Kreditnehmers vor allem über dessen **Erfüllungswillen** Aufschluß geben, wird durch seine Einkommens-, Vermögens- und Liquiditätsverhältnisse hauptsächlich sein **Erfüllungsvermögen** determiniert. Bei der Gewährung von Absatzkrediten an Betriebe sind neben der Vermögensmasse die derzeitige und zukünftige Ertragskraft des Betriebes zu prüfen.

Ein Kreditnehmer, der vorsätzlich unrichtige oder unvollständige Unterlagen über seine wirtschaftlichen Verhältnisse (Bilanzen, GuV, Gutachten) dem Kreditgeber zur Beurteilung seiner Kreditwürdigkeit übergibt, kann zu einer Freiheitsstrafe bis zu 3 Jahren oder zu einer entsprechenden Geldstrafe verurteilt werden (§ 265 StGB). Diese Bestimmung betrifft jedoch ausschließlich diejenigen Kredite, die an Betriebe und Unternehmungen gewährt werden (§ 265b III Nr. 1 StGB).

Nur solche Täuschungen erfüllen den Tatbestand des Kreditbetrugs, die durch die Vorlage von Unterlagen oder durch schriftliche Angaben begangen werden. Betrügerische, aber mündliche Erklärungen werden von der Strafandrohung wegen der sonst bestehenden Beweisschwierigkeiten nicht erfaßt. Eine gewisse Größe der Kredittransaktion wird stillschweigend vorausgesetzt, indem das Gesetz nur Unternehmungen erfaßt, "die nach Art und Umfang einen in kaufmännischer Weise eingerichteten Geschäftsbetrieb erfordern" (§ 265b III Nr. 1 StGB).

Der Kreditgeber hat bei der Kreditwürdigkeitsprüfung die relevanten Rechtsvorschriften des **Bundesdatenschutzgesetzes** zu beachten. Bei der Beurteilung der Kreditwürdigkeit von Konsumenten ist die Schutzgemeinschaft für allgemeine Kreditsicherung (Schufa) die weitaus bedeutendste Informationsquelle. Gespeichert werden dort die Gewährung und die Ablehnung von Krediten sowie alle wesentlichen Daten zur Geschäftsentwicklung, wie z.B. vorzeitige Tilgung, Klage und Vollstreckungsmaßnahmen, außerdem Informationen aus Registern und Informationsdiensten. Informationen über die Vermögens- und Einkommensverhältnisse der potentiellen Kreditnehmer sind jedoch nicht registriert. Die Vorteile der Schufa-Auskünfte liegen in ihrer weitgehenden Zuverlässigkeit, in ihrer Schnelligkeit (Auskunft durch Telefon oder Fernschreiber) und in ihren niedrigen Kosten. Die Rechtsgrundlage für die Datenspeicherung und Datenübermittlung durch die Schufa bildet § 28 des Bundesdatenschutzgesetzes (BDSG). Für die Übermittlung der Daten des Kreditnehmers an die Schufa ist seine schriftliche Einwilligung erforderlich (§ 4 III BDSG), die zugleich mit der Unterschrift des Kreditvertrages erfolgen oder auf einem zusätzlichen Formular eingeholt werden kann. Nach § 34 BDSG hat der betroffene Kreditnehmer das Recht auf Auskunft über die zu seiner Person gespeicherten Daten, wofür jedoch eine entsprechende Gebühr erhoben werden kann.

Unter denjenigen potentiellen Absatzkreditnehmern, bei denen die Kreditwürdigkeitsprüfung grundsätzliche Bonität gezeigt hat, strebt die kreditgewährende Unternehmung die ihren absatzkreditpolitischen Zielen entsprechende optimale **Auswahl der potentiellen Kreditnehmer** an.

Bei der Vergabe von Absatzkrediten an Betriebe muß unter Umständen der Aufrechterhaltung der Wettbewerbsfähigkeit nachgelagerter Marktstufen gemäß § 26 II GWB Rechnung getragen werden (vgl. zum Diskriminierungsverbot in *Kap. 1.5.5.1.2*). Wenn die diskriminierende Unternehmung zum Verbotsadressatenkreis gehört und sie durch die Nichtgewährung von Absatzkrediten eine nicht gerechtfertigte unterschiedliche Behandlung vornimmt, dann verstößt sie gegen das Diskriminierungsverbot des § 26 II GWB. Eine fehlende sachliche Rechtfertigung für die Diskriminierung kann z.B. dann vorliegen, wenn die bzgl. der Absatzkreditgewährung diskriminierten Abnehmer über dieselbe Bonität verfügen wie die nichtdiskriminierten. Die Nichtgewährung eines Absatzkredites kann für den Diskriminierten eine Minderung der Wettbewerbsfähigkeit zur Folge haben, die sich z.B. darin äußert, im Vergleich zur Konkurrenz nur geringere Mengen nachfragen zu können, wodurch unter Umständen Fehlmengenkosten entstehen. Die kreditgewährende Unternehmung wird in einem derartigen Fall überprüfen, ob eine universelle Gewährung oder eine vollständige Einstellung aller Absatzkredite für sie vorteilhafter ist.

3.3.6 Die Absatzkreditfinanzierung

Einer Unternehmung, die ihren Kunden im großen Umfang Absatzkredite gewährt, erwächst daraus ein beträchtlicher, zusätzlicher Kapitalbedarf. Zur Deckung dieses zusätzlichen Kapitalbedarfs kann die Unternehmung auf verschiedene Finanzierungsquellen zurückgreifen. Hat der Absatzkreditgeber seine Kreditkunden **wechselmäßig verpflichtet**, so besteht die Möglichkeit, die Wechsel diskontieren oder bevorschussen zu lassen. Für nicht wechselmäßig verbriefte Absatzkreditforderungen bietet sich als Refinanzierungsmöglichkeit die Inanspruchnahme eines kontokorrentmäßig abgewickelten **Zessionskredites** bei einer Bank oder Sparkasse an. Unter rechtlichen Gesichtspunkten soll an dieser Stelle nur auf den Forderungsverkauf eingegangen werden.

Im wesentlichen kann man zwischen zwei Formen des Forderungsverkaufes unterscheiden, dem Factoring und der Forfaitierung. Beim Factoringgeschäft kauft das Factorunternehmen (Factor) einer anderen Unternehmung (Anschlußkunden) deren Buchforderungen aus Warenlieferung vor Fälligkeit ab und übernimmt das Ausfallrisiko sowie die Führung der Debitorenbuchhaltung.

Die in diesem Zusammenhang im Vordergrund stehende Finanzierungsfunktion des Factoring beinhaltet die Bevorschussung der angekauften Forderungen, für die der Factor den Kaufpreis sofort oder zu einem vereinbarten mittleren Termin unter Abzug eines Diskontes oder erst im Zeitpunkt des Zahlungseingangs bezahlt, dem Anschlußkunden aber bis dahin gegen vereinbarte Zinsleistung einen Kredit gewährt. Aufgrund dieser Funktion ist der Anschlußkunde wirtschaftlich in derselben Lage wie bei Verkauf seiner Waren gegen Barzahlung an einen einzigen Abnehmer.

Bei der Forfaitierung werden Auslandsforderungen an ein Kreditinstitut abgetreten, für die der Bund bereits eine Ausfuhrgarantie oder -bürgschaft übernommen hat. Im Gegensatz zum Factoring werden bei der Forfaitierung jedoch keine Dienstleistungen übernommen, wie z.b. die Durchführung der Debitorenbuchhaltung.

Factoring und Forfaitierung sind Rechtsinstitute, die auf schuldrechtlicher Basis außerhalb des BGB entstanden sind. Möglich war diese Entwicklung aufgrund des in § 305 BGB festgeschriebenen Prinzips der Vertragsfreiheit. Beide Arten des Forderungsverkaufs sind Typenmischverträge zwischen Factor bzw. Forfaiteur und Anschlußkunden. Sie enthalten Elemente des Forderungskaufs, des Dienst- und Geschäftsbesorgungsvertrages verbunden mit einem Verfügungsgeschäft, nämlich der Globalvorauszession künftiger Forderungen. Bei vereinbarter Delkrederefunktion wird die Forderung auf kaufrechtlicher Grundlage (echtes Factoring), ohne diese Funktion auf darlehns- und kreditrechtlicher Grundlage (unechtes Factoring) übertragen. Das Vollzugsgeschäft wird immer im Wege der Forderungsübertragung (§§ 398 ff. BGB) vorgenommen.

In der Regel werden dem Factor im voraus alle künftigen Forderungen, die die Unternehmung gegenüber ihren Abnehmern erhalten wird (Globalvorauszession), übertragen. Hier können rechtliche Schwierigkeiten entstehen, wenn die Globalvorauszession mit einem verlängerten Eigentumsvorbehalt zusammentrifft, wenn also die Unternehmung ihren Lieferanten im voraus sicherungshalber die eigenen Kaufpreisansprüche gegenüber ihren Kunden abtritt. Hier hat nach h.M. die zeitlich erste Zession des Anschlußkunden an den Factor Vorrang vor der Sicherungsvorausabtretung, wenn sich die Globalvorauszession nicht als sittenwidrig (§ 138 BGB) erweist (zu weiteren Einzelheiten vgl. Serick 1976, S. 425 ff., Finger 1969, S. 765 ff.).

4. Rechtliche Grundlagen der Absatzkommunikationspolitik

4.1 Die Aktionsbereiche des "Kommunikations-Mix"

Die Absatzkommunikationspolitik umfaßt sämtliche Akquisitionsmaßnahmen eines Anbieters, die (allein) durch die Übermittlung von Informationen auf die Kaufentscheidung der potentiellen Abnehmer im Sinne der Unternehmungsziele einwirken sollen.

Wie *Bild 39* zeigt, wird im weiteren Sinne zur Absatzkommunikationspolitik auch die Öffentlichkeitsarbeit (Public Relations) gerechnet. Sie ist zwar nicht gezielt abnehmerbezogen, sondern soll in der gesamten Öffentlichkeit, also auch bei potentiellen Lieferanten, Arbeitnehmern, Kapitalgebern, Kommunen etc., ein den Zielen entsprechendes Bild von der Unternehmung vermitteln. Jedoch werden dadurch zwangsläufig auch potentielle Abnehmer angesprochen, und zwar entweder unmittelbar oder auf dem Umweg eines mehrstufigen Kommunikationsprozesses.

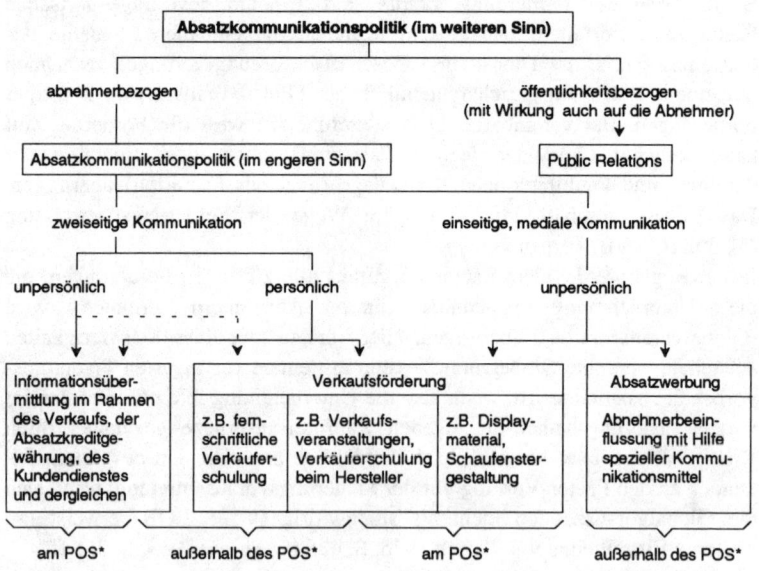

POS* = Point of Sale = Verkaufsort

Bild 39: Die Bereiche der Absatzkommunikationspolitik

Da die Öffentlichkeitsarbeit kein (rein) absatzpolitisches Instrument ist, sondern ein auf alle Funktionsbereiche, wie z.b. Beschaffungs-, Finanzierungs- und Personalpolitik, bezogenes Maßnahmenkonglomerat, wird ihr kein separater Untersuchungsabschnitt gewidmet. Die dort auftretenden Rechtsfragen unterscheiden sich nicht wesentlich von jenen im Bereich der Werbung und Verkaufsförderung.

Wie *Bild 39* weiterhin deutlich macht, überlagert die Kommunikationspolitik auf der einen Seite sämtliche anderen Instrumente, bei deren Einsatz stets (auch) Informationen an die Abnehmer übermittelt werden. In besonders ausgeprägtem Maße ist dies bei der Verkaufs- und Außendienstpolitik der Fall, deren rechtliche Aspekte in *Kap. 5.3* als Teilbereich der Distributionspolitik behandelt werden. Auf der anderen Seite umfaßt die Absatzkommunikationspolitik eigene (separate) Instrumente, die ausschließlich der Informationsübermittlung dienen: Dies sind (außer der Öffentlichkeitsarbeit) die Absatzwerbung und die Verkaufsförderung, die den Gegenstand dieses Kapitels bilden.

Während die Absatzwerbung als einseitige, mediale und unpersönliche Form der Kommunikation außerhalb des Verkaufsortes (= Point of Purchase) klar abgegrenzt ist, gehört die Verkaufsförderung zu den umstrittendsten Begriffen der Marketinglehre (vgl. dazu ausführlich Ahlert 1984, S. 190 ff.). An dieser Stelle wollen wir uns darauf beschränken, die wichtigsten Instrumentalvariablen der Verkaufsförderung aufzuführen:

*   Unterstützung der Händler beim Verkauf des Herstellerprogramms, wie z.B. Schulung, Bereitstellung von Informationsmaterial, Regalpflege, Schaufensterdekoration beim Händler, Händlerwettbewerbe,
*   unmittelbare, verbrauchergerichtete Akquisitionsbemühungen in den Verkaufsräumen des Händlers, wie z.B. Verkaufsveranstaltungen durch Personal des Lieferanten, Displaymaterial, Leuchtmittel,
*   zweiseitige Kommunikation mit den Kunden der Händler außerhalb der Verkaufsräume des Handels, wie z.B. der Einsatz von Akquisiteuren, Hostessen und Propagandisten.

In der Praxis werden mitunter auch instrumentübergreifende Aktionen, bei denen besondere Produktgestaltungen mit Sonderpreisen, besonderen Werbekampagnen etc. kombiniert werden, als Verkaufsförderung bezeichnet. Da es sich dabei nicht mehr um ein einzelnes Instrument, sondern eben um eine instrumentübergreifende Maßnahme oder Strategie handelt, ist es begrifflich nicht möglich, derartige "Verkaufsförderungs"-Aktionen dem Instrument namens Verkaufsförderung zu subsumieren, ein Umstand, aus dem die erwähnte Begriffsverwirrung nun schon seit einigen Jahren gespeist wird.

Für die Zwecke der vorliegenden Untersuchung ist die exakte begriffliche Abgrenzung zwischen Werbung und Verkaufsförderung entbehrlich. Im Mittelpunkt stehen die einzelnen **Entscheidungstatbestände** der Absatzkommunikationspolitik, wie etwa die Gestaltung von Werbebotschaft und Werbestil, die Auswahl von Werbemitteln und Werbeträgern, der Einsatz von

Warenproben und Zugaben oder die Unterstützung der Einzelhändler mit Dekorations-, Werbe- und Verkaufshilfen. Es wird dargestellt, unter welchen Voraussetzungen die betrachteten Maßnahmen rechtlich zulässig oder unzulässig sind.

Einen eigenständigen Untersuchungsgegenstand, auf den hier nicht näher eingegangen wird, bildet die kooperative Werbung zwischen Hersteller und Handel (vertikale Werbegemeinschaft, Gemeinschaftswerbung). Die Gemeinschaftswerbung zwischen nachgeordneten Wirtschaftsstufen ist wettbewerbsrechtlich grundsätzlich unbedenklich. Rechtliche Bedenken können lediglich aus dem Umstand erwachsen, daß (vertragliche) Vereinbarungen, die eine Einschränkung der Eigenwerbung der Kooperationsmitglieder zum Inhalt haben, geeignet sind, den Wettbewerb auf einer oder allen beteiligten Wettbewerbsstufen zu beschränken. Einer rechtlichen Beurteilung sind darüber hinaus die Werbekostenzuschüsse zu unterziehen, die für die Durchführung kooperativer Werbung gewährt werden (siehe hierzu in *Kap. 3.4.2*).

4.2 Die relevanten Rechtsnormen der Absatzwerbung und Verkaufsförderung im Überblick

Die Berücksichtigung von Rechtsnormen ist gerade im Bereich der Kommunikationspolitik aus verschiedenen Gründen besonders wichtig: Zum einen unterliegen Werbung und Verkaufsförderung vielfältigen rechtlichen **Restriktionen**. Zwar existiert in der Bundesrepublik Deutschland kein eigenständiges, umfassend geregeltes Kommunikationsrecht, doch schränken zahlreiche Gesetze und Rechtsverordnungen sowie die dazu ergangene, teilweise sehr umfangreiche Rechtsprechung gerade die Absatzkommunikationspolitik stark ein. Die Werberestriktionen lassen sich in wertbezogene und wertneutrale Normen unterscheiden (vgl. hierzu Baumbach/Hefermehl 1995, § 1 UWG, Rdn. 613 ff.). **Wertbezogene Normen** verfolgen soziale Schutzzwecke, wie z.B. Schutz der Volksgesundheit und Schutz des Wettbewerbs. Zu ihnen gehören das Gesetz gegen den unlauteren Wettbewerb (UWG), die Zugabeverordnung, das Lebensmittel- und Bedarfsgegenständegesetz (LMBG), das Arzneimittelgesetz (AMG) und das Heilmittelwerbegesetz (HWG). **Wertneutrale Normen** sind aus Gründen ordnender Zweckmäßigkeit erlassen worden. Zu ihnen zählen die Gewerbeordnung, die Handwerksordnung, die Preisangabenverordnung, das Textilkennzeichnungsgesetz und das Gesetz über Einheiten im Meßwesen. So wird z.B. eine Werbung mit Maßangaben für Pkw in "PS" oder für Computermonitore in "Zoll" als Verstoß gegen das Gesetz über Einheiten im Meßwesen gewertet, da die dort vorgeschriebenen Maßgrößen "Kilowatt" und "Meter bzw. Centimeter" lauten. Die Nichteinhaltung dieser Vorschrift führt nach der jüngsten Rechtsprechung zu einem Wettbewerbsvorsprung durch Rechtsbruch gegenüber denjenigen Wettbewerbern, die sich an diese Vorschriften halten (vgl. zu der Werbung mit Maßangaben Herb 1993, Grüninger 1995).

Zum anderen lassen sich bestimmte Elemente einer absatzkommunikationspolitischen Konzeption durch **Schutzpositionen** vor unbefugter Nachahmung und unmittelbarer Übernahme absichern. Rechtliche Grundlagen sind sowohl sondergesetzliche Schutzrechte wie das Urhebergesetz, das Geschmacksmusterrecht, das Markengesetz als auch der allgemeine Schutz vor Behinderung und Ausbeutung von Kommunikationsmaßnahmen durch § 1 UWG.

Einen Überblick über die relevanten Rechtsnormen der Werbung und Verkaufsförderung vermitteln die *Bilder 40 und 41*. Hier werden die Angleichungsarbeiten der Europäischen Union im Bereich des Werberechts wegen ihres fehlenden abschließenden Charakters nicht berücksichtigt.

Die Ausführungen im vorliegenden *Kap. 4* befassen sich ausschließlich mit den Restriktionen des Rechts im Bereich der Kommunikationspolitik. Dabei werden allerdings sämtliche Rechtsprobleme ausgeklammert, die sich aus den Beziehungen zu den verschiedenen an der Durchführung der Kommunikationsmaßnahmen beteiligten Wirtschaftssubjekten ergeben, z.B. bei der Einschaltung von Werbe- bzw. Verkaufsförderungsagenturen (vgl. hierzu ausführlich Lambsdorff 1983, Henning-Bodewig 1989, Möhring/Illert 1994).

(1) Qualitative Werberestriktionen

Die herkömmlichen, seit längerer Zeit bestehenden staatlichen Werberestriktionen sind mehr qualitativer Art, d.h. sie stellen durch Ge- und Verbote gewisse Anforderungen an die inhaltliche Gestaltung der Kommunikationsmaßnahmen. Sie lassen sich in zwei Erscheinungsformen gliedern:

Zum einen bestehen allgemeine, **für alle Produkte** geltende, in der Regel mehr abstrakte Verbotsnormen, durch die Mißbräuchen jeglicher Art entgegengewirkt werden soll. Für die wettbewerbsrechtliche Zulässigkeit von Werbe- und Verkaufsförderungsmaßnahmen hat hier vor allem das UWG eine große Bedeutung, wobei sich die Judikatur in der Regel genötigt sieht, auf die Generalklausel des § 1 UWG sowie auf einige begleitende Rechtssätze (vor allem §§ 3 UWG) zurückzugreifen. Trotz der stets auf den Einzelfall abgestellten Rechtsprechung zu § 1 UWG hat sich durch die Beständigkeit der Rechtsprechung zu bestimmten Kommunikationsmaßnahmen im Laufe der Zeit eine Art Gewohnheitsrecht gebildet, das es bei Entscheidungen im Rahmen der Absatzkommunikationspolitik zu beachten gilt.

1. Beschränkende Rechtsvorschriften der Absatzwerbung

1.1. Die Gestaltung von Werbebotschaft und Werbestil

- Grenzen der vergleichenden Werbung (§ 1 UWG)
- Unzulässigkeit unsachlicher Werbung (§ 1 UWG)
- Verbot der irreführenden Werbung (§ 3 UWG)
- Strafbarkeit wissentlich irreführender Werbung (§ 4 UWG)
- Regelungen der Werbung für besondere Verkaufsarten (§§ 6, 6a-c UWG)
- Verbot der Anschwärzung (§ 14 UWG)
- Strafbarkeit geschäftlicher Verleumdung (§ 15 UWG)
- Verbot irreführender Werbung für Lebensmittel (§ 17 I Nr. 5 LMBG)
- Verbot gesundheitsbezogener Werbung für Lebensmittel (§ 18 LMBG)
- Beschränkung der Tabakwerbung (§ 22 II LMBG)
- Beschränkung der Werbung für Kosmetika (§§ 27, 29 LMBG)
- Verbot irreführender Werbeangaben für Weine (§ 46 Weingesetz)
- Verbot irreführender Werbung, Pflichtangaben (§§ 3, 3a HWG)
- Werbung für Arzneimittel (insb. §§ 8 ff. AMG)
- Strafbarkeit der üblen Nachrede und Verleumdung (§§ 185, 187 StGB)
- deliktsrechtliche Haftung bei falschen Werbeangaben (§ 823 I BGB)
- Verbot vorsätzlicher sittenwidriger Schädigung durch Werbeangaben (§ 826 BGB)

1.2. Die Auswahl der Werbemittel und Werbeträger

- Verbot der Radio- und Fernsehwerbung für Tabakwaren (§ 22 I LMBG)
- Anzeige- bzw. Genehmigungspflicht für Außenwerbeanlagen (Landesbauordnungen, Ortssatzungen der Gemeinden)
- Regelung der Außenwerbung außerhalb geschlossener Ortschaften (§ 33 I S. 1 StVO)
- Verbot der Außenwerbung bei Verwechslung bzw. in Verbindung mit Verkehrszeichen (§ 35 II StVO)
- Beschränkung der ortsfesten Außenwerbung an Straßen (Landesfernstraßengesetz, § 9 BFStrG)
- Beschränkungen der Verkehrsmittelwerbung (Vorschriften der öffentlich-rechtlich organisierten Verkehrsträger)
- Ordnungswidrigkeit des wilden Plakatanschlags (Polizeirecht)

- Fortsetzung auf der nächsten Seite -

266

- Denkmal- und Naturschutzgesetze

- sittenwidrige Täuschung und Irreführung durch redaktionell getarnte Werbung (§§ 1,3 UWG)

- unzulässige redaktionelle Zugaben (§ 1 I ZugabeVO)

- Pflicht zur deutlichen Trennung von Anzeigen und redaktionellem Teil (Landespressegesetze)

- medienrechtliche Grenzen für das Product Placement in Fernsehsendungen (RfStV, Landesmedien- und Landesrundfunkgesetze)

- medienrechtliche Anforderungen an das Sponsoring (RfStV)

1.3. Die Auswahl der Werbeadressaten

- totales Werbeverbot für als jugendgefährdend indizierte Produkte außerhalb der Vertriebszweige (§ 5 II GjS)

- Verbot der sogenannten Laienwerbung (AMG)

- Verbot jeglicher Laienwerbung für verschreibungspflichtige Arzneimittel (§ 8 I HWG)

- Verbot einer Werbung außerhalb der Fachkreise für Schlaf- und Beruhigungsmittel (§ 8 I HWG)

- Verbot der Verbraucherwerbung für Heilmittel gegen Geschlechtskrankheiten (§ 21 GeschlG)

2. Schutzpositionen der Absatzwerbung

- Urheberrechtsschutz (für konkrete Werbegestaltungen)

- Geschmacksmusterschutz (insb. für das Design der Werbung)

- Markenrechtsschutz (insb. für Werbeslogans)

- Schutz von Werbeideen vor Ausbeutung, insb. Nachahmung und unmittelbare Übernahme (§ 1 UWG)

- Schutz von Werbemaßnahmen vor Vereitelung (§ 1 UWG)

- Straf- und Zivilrechtsschutz von Werbemitteln und Werbeträgern (§§ 304 f. StGB, §§ 823, 858 ff. BGB)

Bild 40:   Relevante Rechtsvorschriften im Bereich der Absatzwerbung

1. Beschränkende Rechtsvorschriften der Wertwerbung

1.2. Die Veranstaltung von Gewinnspielen

- Strafbarkeit nicht genehmigter Lotterien und Ausspielungen (§ 286 StGB)
- Verbot rechtlichen und psychologischen Kaufzwangs (§ 1 UWG)
- Verbot irreführender Gewinnspiele (§ 3 UWG)
- Verbot der Werbung mit Preisausschreiben außerhalb der Fachkreise (§ 11 Ziff. 3 HWG)
- Verbot des übertriebenen Anlockens (§ 1 UWG)

1.3. Die Werbung durch Wareneinsatz: Warenzugaben

- generelles Verbot von Zugaben (§ 1 I ZugabeVO)
- Ausnahmen des generellen Zugabeverbots (§ 1 II ZugabeVO)
- besondere Art der Ankündigung von Werbegeschenken verstößt gegen die guten Sitten (§ 1 UWG)
- Verbot des übertriebenen Anlockens (§ 1 UWG)
- Beamtenbestechung (§§ 331 ff. StGB)
- Höhe der Zugabe übersteigt den zulässigen Rabatt (§ 1 RabattG)
- Verbot von Werberabatten und -zugaben bei Tabakwaren (§§ 28, 29 TabStG)

1.4. Die Werbung durch Wareneinsatz: Warenproben

- Verbot der Kopplung mit dem Hauptprodukt (§ 1 I ZugabeVO)
- Verbot des psychologischen Kaufzwangs (§ 1 UWG)
- Verbot der breiten Streuung von Warenproben (§ 1 UWG)
- Beschränkung von Heilmittel-Warenproben an Ärzte und Apotheken (§ 7 HWG)
- Verbot der Umwerbung von Verbrauchern mit unverlangten Warenproben (§ 11 Ziff. 14 HWG)
- Bestechung von Angestellten (§ 12 UWG)
- Rabattgesetz

2. Restriktionen bei der Einflußnahme auf die Warenpräsentation im Handel

2.1. Schaufenster- und Regalplatzmiete

- Verbot des Behinderungswettbewerbs (§ 1 UWG)
- unsachliche Beeinflussung der Abnehmer (§ 1 UWG)
- Irreführung der Verbraucher über Empfehlungsverhalten des Handels (§ 3 UWG)

- Fortsetzung auf der nächsten Seite -

2.2. Werbe- und Verkaufshilfen

- Displays mit Zweitnutzen als unzulässige Zugabe (§ 1 I ZugabeVO)
- Täuschung der Verbraucher über geschäftliche Verhältnisse (§ 3 UWG)
- Verbot wettbewerbswidriger Verkaufswettbewerbe im Handel (§ 1 UWG)

2.3. Industrieverkäufer

- unzulässige Zugabe (§ 1 ZugabeVO)
- Irreführung der Verbraucher über Zugehörigkeit des Verkaufspersonals (§ 3 UWG)

Bild 41:   Relevante Rechtsvorschriften im Bereich der Verkaufsförderung

Zum anderen werden durch einige spezialgesetzliche Vorschriften **für bestimmte Produkte** konkrete normative Mindeststandards für werbliche Aussagen aufgestellt. Es sei z.B. auf die gesundheitsschützende Kennzeichnungsge- und -verbote des Lebensmittel- und Bedarfsgegenständegesetzes (LMBG), des Arzneimittelgesetzes (AMG) und des Heilmittelwerbegesetzes (HWG) verwiesen.

(2) Quantitative Werberestriktionen

Daneben hat der Gesetzgeber der sozialverpflichteten Marktwirtschaft insbesondere zum Zweck eines vorbeugenden Verbraucherschutzes den Erlaß quantitativer Werberestriktionen verstärkt, die darauf abzielen, den Umfang der Wirtschaftswerbung zu begrenzen (vgl. Weides 1976, S. 585 f). Im Unterschied zu den qualitativen Werbebeschränkungen, die lediglich Mißbräuchen der Werbefreiheit entgegentreten, zielen die bisher nur spezialgesetzlich geregelten Werbeverbote darauf ab, für die jeweiligen Produkte auch die "lautere" Werbung entweder gänzlich auszuschließen (vgl. das totale Werbeverbot in § 5 II des Gesetzes über die Verbreitung jugendgefährdender Schriften und die generellen Werbeverbote für Ärzte, Rechtsanwälte, Notare, Wirtschaftsprüfer, Steuerberater und Architekten) oder partiell gegenüber bestimmten Adressatengruppen (vgl. das Verbot der Laienwerbung im AMG und HWG) oder für bestimmte Medien (vgl. das Verbot der Tabakwerbung in Rundfunk und Fernsehen in § 22 I LMBG) zu unterbinden.

(3) Freiwillige Beschränkungen der Werbewirtschaft

Neben den staatlichen Werberestriktionen bestehen im Vorfeld der Gesetze noch zahlreiche freiwillige Selbstkontroll- und -beschränkungsabkommen einzelner Industriezweige (z.B. für die Zigaretten-, Alkohol- und Pharmawerbung) und Werberichtlinien von Verbänden sowie internationalen Organisationen (vgl. zum Überblick Nickel 1994, S. 67 ff.). Die **Selbstbeschränkungsabkommen** sind in erster Linie auf zwei Motive der Industrie zurückzuführen (vgl. Boss 1979, S. 166). Zum einen vermuten die Unternehmungen, daß ihre Werbemaßnahmen nur der Neutralisierung der

Konkurrenzwerbung dienen. Zum anderen soll durch derartige Abkommen drohenden gesetzgeberischen Eingriffen vorgebeugt werden, die die Werbetätigkeit unter Umständen stärker beschränken würden, als dies im Selbstbeschränkungsabkommen der Fall ist (vgl. zu den Selbstbeschränkungsabkommen Bunte 1980, S. 198 f.; Langen u.a. 1982, § 7, Rdn. 29). Aus diesem Grund hat z.b. der Verband der Cigarettenindustrie (VdC) die Selbstbeschränkungsmaßnahmen der Zigarettenindustrie erweitert (*Bild 42*). Die hier aufgeführten Maßnahmen sind nicht zuletzt vor dem drohenden Damoklesschwert eines totalen Werbeverbots zu bewerten, das in der Europäischen Union angestrebt wird.

- An Straßen und Haltestellen um Schulen und Jugendzentren sowie in dem vom Haupteingang von Schulen und Jugendzentren aus einsehbaren Bereich bis zu einhundert Meter Entfernung wird künftig keine Plakatwerbung für Zigaretten mehr geschaltet.
- Die Industrie verzichtet darauf, öffentlich Gratispackungen zu verteilen (sogenanntes Sampling).
- Im Kino wird künftig nach jedem Werbefilm für Zigaretten ein Warnhinweis gezeigt.
- Die Fläche für den Warnhinweis ("Die EU-Gesundheitsminister: Rauchen gefährdet die Gesundheit") und die Angabe von Nikotin- und Kondensatwerten wird auf zehn Prozent der Plakat- oder Anzeigenfläche erweitert und damit mehr als verdreifacht.
- Die Zigarettenindustrie verzichtet auf gemeinschaftliche Werbung für das Rauchen.

Quelle: ZAW 1994 II, S. 137 f.
Bild 42:   Selbstbeschränkungsmaßnahmen der Zigarettenindustrie

Weiterhin ist im Rahmen der Selbstkontrolle auf die Tätigkeit des **Deutschen Werberates** hinzuweisen, der als selbstdisziplinäres Organ des Zentralverbandes der deutschen Werbewirtschaft in seinen Arbeitsgrundsätzen die Aufgabe verankert hat, "durch geeignete Maßnahmen die Werbung im Hinblick auf Inhalt, Aussage und Gestaltung weiterzuentwickeln, verantwortungsbewußtes Handeln zu fördern, Mißstände im Werbewesen festzustellen und zu beseitigen sowie als ständiges Anspracheorgan für verbraucherbezogene Werbeprobleme zur Verfügung zu stehen". Die Tätigkeit des Deutschen Werberates ist auf den Bereich der Wirtschaftswerbung beschränkt, Vorprüfungen von Werbemaßnahmen werden nicht vorgenommen. Der Werberat kann von jeder Bürgerin und jedem Bürger angerufen werden. Obwohl der Werberat über keine speziellen Sanktionsmaßnahmen verfügt, wurden auf sein Eingreifen hin zahlreiche Werbemaßnahmen geändert, eingestellt oder öffentlich gerügt (*Bild 43*). Seine Spruchpraxis veröffentlicht der Werberat jährlich anhand ausgewählter Einzelfälle (vgl. z.B. ZAW 1990, 1991 I, 1992 I, 1993 I, 1994 I).

Vorgang \ Jahr	1990	1991	1992	1993	1994
Anzahl der Beschwerdeführer	261	226	258	513	354
Fälle vor dem Werberat	129	93	116	135	167
Werbung eingestellt	47	23	52	47	63
Werbung geändert	12	4	-	5	2
Werbung öffentlich gerügt	2	4	6	3	5

Quelle: ZAW 1991 I, S. 31, 1992 I, S. 34, 1993 I, S. 32, 1994 I, S. 28,
1995, S. 38.
Bild 43:   Beschwerdebilanz des Deutschen Werberates 1990-1994

In der jüngeren Vergangenheit hat der Werberat besonders Zeitungsanzeigen
und Plakate der Firma "Benetton" mit folgenden Fotos beanstandet:

- ein Soldatenfriedhof - dieses Motiv erschien zur Zeit des Golfkrieges,
- ein blutverschmiertes Neugeborenes,
- ein Farbiger in Uniform, der auf dem Rücken ein Maschinengewehr und
  in der Hand einen menschlichen Oberschenkelknochen trägt,
- ein gerade verstorbener Aids-Kranker, der von seinen Angehörigen be-
  trauert wird,
- die blutverschmierten Kleider eines toten bosnischen Soldaten.

Nach Auffassung des Deutschen Werberates sollen Bilder dieser Art aus der
Intimsphäre menschlichen Lebens grundsätzlich nicht in der Werbung
verwendet werden (vgl. ZAW 1992 I, S. 36). In den beiden ersten Fällen
erklärte sich "Benetton" gegenüber dem Werberat zur Einstellung der
Werbung bereit, in den anderen Fällen unterblieb eine solche Erklärung (vgl.
Henning-Bodewig 1992, S. 534). Daraufhin rügte der Werberat diese
Werbung öffentlich und erreichte damit, daß die Bevölkerung und die
eigenen Einzelhändler sehr negativ auf das Verhalten von "Benetton" reagier-
ten. Umsatzeinbußen und die Schließung vieler "Benetton"-Läden waren die
Folgen (zu weiteren Beispielen öffentlicher Rügen des Werberates vgl. ZAW
1995, S. 40). Des weiteren übergab der Deutsche Werberat diese Fälle an die
Zentrale zur Bekämpfung unlauteren Wettbewerbs, die gerichtliche Verfahren einleitete. Sämtliche Verfahren führten zu einer Untersagung der
"Benetton"-Werbung (vgl. Näheres in *Kap. 4.3.5*).

Zu den von der deutschen Werbewirtschaft aufgestellten **Verhaltensregeln,
Verlautbarungen und Richtlinien** mit selbstdisziplinärem Charakter zählen
(vgl. ZAW 1994 I, S. 67 ff.)

- die Verhaltensregeln des Deutschen Werberates für die Werbung mit und
  vor Kindern in Werbefunk und Werbefernsehen,

- die Verhaltensregeln des Deutschen Werberates über die Werbung für alkoholische Getränke,
- Verlautbarungen des Deutschen Werberates zur Werbung mit unfallriskanten Bildmotiven,
- Verlautbarungen des Deutschen Werberates zur Reifenwerbung,
- Verlautbarungen des Deutschen Werberates zum Thema Herabwürdigung und Diskriminierung von Personen und
- die ZAW-Richtlinie für redaktionell gestaltete Anzeigen.

(4) Richtlinien und Verordnungen der EU-Kommission für den Bereich der Werbung

Im Zuge der Angleichungsarbeiten der Europäischen Union sind verschiedene **Vorschläge und Richtlinien** zur Harmonisierung des Werberechts erarbeitet worden, die sich auf die nationale Gesetzgebung auswirken (vgl. zum Werberecht in der EU Schotthöfer 1991 I). Die Vorschläge der EU werden in Richtlinien verabschiedet, deren Umsetzung in nationales Recht Aufgabe der einzelnen Mitgliedstaaten ist. Die Richtlinien sind für die Mitgliedstaaten der EU verbindlich, d.h. sie müssen innerhalb einer vorgeschriebenen Frist in nationales Recht transformiert werden. Zu den Richtlinien, die bis 1995 verabschiedet worden sind, gehören (vgl. Schröder/Ahlert 1993, S. 406 ff., ZAW 1995, S. 380 f.)

- die EG-Richtlinie über irreführende Werbung von 1984: Da die deutsche Rechtsordnung die Anforderungen dieser Richtlinie durch die vorhandenen Rechtsnormen und die Rechtsprechung erfüllt, war eine spezielle Umsetzung nicht erforderlich;
- die EG-Fernseh-Richtlinie von 1989: Die Übertragung und Verbreitung von grenzüberschreitenden Fernsehprogrammen soll auf eine gemeinsame Basis gestellt und damit erleichtert werden (vgl. ZAW 1991 II, S. 85);
- die EG-Richtlinie zur Nährwertkennzeichnung von Lebensmitteln von 1990 und
- die EG-Richtlinie zur Arzneimittelwerbung von 1992: Umsetzungen dieser Richtlinie finden sich z.B. in einer Reihe neuer Vorschriften für die Heilmittelwerbung (vgl. ZAW 1995, S. 136 ff.).

Weiterhin wird zum Zeitpunkt der Veröffentlichung dieses Buches über Richtlinien beraten, die sich mit der Werbung für Tabakwaren, Lebensmittel, vergleichender Werbung (vgl. Näheres hierzu in *Kap. 4.3.1.2.3*) und dem Fernabsatz befassen.

Im Unterschied zu den Richtlinien wirken **Verordnungen der EU** direkt in das nationale Recht hinein. Im Bereich der Werbung sind dies z.B. die Verordnung zum ökologischen Landanbau von 1991 und die Verordnung über die Verwendung des europäischen Umweltzeichens von 1992.

4.3 Rechtliche Grenzen der Gestaltung von Werbebotschaft und Werbestil

Bei der inhaltlichen Gestaltung von Werbebotschaft und Werbestil muß neben **spezialgesetzlichen Vorschriften**, wie sie z.B. für Lebensmittel, Arzneimittel und Heilmittel bestehen, **vor allem das Gesetz gegen den unlauteren Wettbewerb** (UWG) beachtet werden. Das UWG setzt vor allem der bezugnehmenden Werbung enge Grenzen und verbietet die irreführende Werbung. Aufgrund der hohen praktischen Relevanz ist *Kap. 4.3* überwiegend diesen Themen gewidmet. Darüber hinaus werden ausgewählte Bereiche dargestellt, die für die Praxis der Konsumgüter-Werbung von hoher Bedeutung sind: Werbung mit Warentestergebnissen, Werbung mit Umweltschutzargumenten sowie emotionale Werbung.

4.3.1 Bezugnehmende Werbung

4.3.1.1 Grundbegriffe

Wird in der Werbebotschaft auf das Angebot oder die Unternehmung eines oder mehrerer Mitbewerber direkt oder indirekt hingewiesen, so spricht man zunächst von **bezugnehmender** Werbung (*Bild 44*). Als **vergleichende** Werbung wird die erkennbare Bezugnahme auf die Leistung oder die Unternehmung der Konkurrenz bezeichnet. Sie steht im Vordergrund der folgenden Ausführungen.

Bei der **pauschalen und indirekten Bezugnahme** läßt die Werbeaussage einen Rückschluß auf bestimmte Mitbewerber nicht zu. Es werden pauschal alle Mitbewerber in die Werbeaussage einbezogen. Einzelne Wettbewerber sind nicht erkennbar, wodurch keine Vergleichswerbung vorliegt .

Bei der **individuellen und direkten Bezugnahme** werden Mitbewerber konkret mit der Leistung oder der Unternehmung des Werbenden verglichen. Diese konkrete Bezugnahme, d.h. die Vergleichswerbung, ist mit oder ohne namentliche Nennung der Mitbewerber möglich. Die Vergleichswerbung wird unterteilt in eine **personenbezogene** und eine **leistungsbezogene**, letztere wiederum in eine anlehnende oder kritisierende. Die **anlehnende** Vergleichswerbung macht sich die Vorzüge der Konkurrenz für die eigenen Produkte und Leistungen zunutze. Dagegen beinhaltet die **kritisierende** Vergleichswerbung (Vergleichswerbung im engsten Sinn) die negative Würdigung der Konkurrenzleistung, um die Vorzüge der eigenen Produkte und Leistungen hervorzuheben (vgl. auch Pollmüller 1978, S. 175 f.).

Bild 44:   Formen der bezugnehmenden Werbung

4.3.1.2 Die rechtliche Beurteilung der bezugnehmenden Werbung im Überblick

4.3.1.2.1 Die Abgrenzung der direkten von der indirekten Bezugnahme

Das charakteristische Merkmal der vergleichenden Werbung ist die erkennbare Bezugnahme auf einen oder mehrere **bestimmte Mitbewerber**. Dies kann mit oder ohne namentliche Nennung der Konkurrenz geschehen.

Wenn ein Mitbewerber **nicht namentlich genannt** wird, so liegt dann eine vergleichende Werbeaussage, d.h. eine individuelle und direkte Bezugnahme vor, wenn ein nicht unerheblicher Teil der Umworbenen glaubt, in der Werbebotschaft einen oder mehrere Konkurrenten zu erkennen. Ob dies der Fall ist, wird von der deutschen Rechtsprechung anhand folgender Fakten geprüft (vgl. Baumbach/Hefermehl 1995, § 1 UWG, Rdn. 358 ff.):

•   **Anzahl und Bekanntheitsgrad der Konkurrenten**: Je geringer die Anzahl der zum relevanten Absatzmarkt gehörenden Konkurrenten ist und/oder je höher der Bekanntheitsgrad der Anbieter ist, desto eher können die Verkehrskreise die Mitbewerber als vom Vergleich Betroffene identifizieren.

- **Räumlicher Wirkungsbereich der Werbung**: Die gezielte Bezugnahme ist abhängig von der räumlichen Reichweite der eingesetzten Werbeträger, insbesondere wenn die Werbebotschaft auf einen Raum bezogen ist, wo bestimmte Konkurrenten tätig sind.
- **Adressatenkreis**: Hier wird zwischen fachkundigen Umworbenen und dem breiten Publikum unterschieden. Die Rechtsprechung wird den Tatbestand der vergleichenden Werbung um so eher annehmen, je kundiger der Adressatenkreis ist; denn diesen Umworbenen sind die Leistungen konkurrierender Unternehmungen eher bekannt.
- **Zusammentreffen mit Konkurrenzwerbung**: Hierbei besteht ein räumlicher oder zeitlicher Zusammenhang zwischen der Werbeschaltung von Konkurrenten, wodurch ein Vergleich ermöglicht wird.

Fehlt es an der Erfüllung dieser Kriterien, so liegt keine Vergleichswerbung vor, sondern lediglich eine **pauschale und indirekte Bezugnahme**. Solche Werbeaussagen sind zulässig, wenn sie wahr (§ 14 UWG) und nicht irreführend (§ 3 UWG) sind.

4.3.1.2.2 Die rechtliche Beurteilung der Formen vergleichender Werbung

Die rechtliche Beurteilung der **individuellen und direkten Bezugnahme** richtet sich nach der Generalklausel des § 1 UWG: "Wer im geschäftlichen Verkehr zu Zwecken des Wettbewerbs Handlungen vornimmt, die gegen die guten Sitten verstoßen, kann auf Unterlassung und Schadensersatz in Anspruch genommen werden."

Die Rechtsprechung lehnt die **persönlich vergleichende Werbung**, d.h. Hinweise auf Konfession, Rasse, Vorstrafen oder den bevorstehenden Konkurs des Konkurrenten, aus Gründen der unlauteren wettbewerbswidrigen Behinderung strikt ab (vgl. Baumbach/Hefermehl 1995, § 1 UWG, Rdn. 431).

Ebenfalls als unzulässig wird die **anlehnend vergleichende Werbung** angesehen. Es soll vermieden werden, daß der gute Ruf bestimmter Mitbewerber ausgenutzt wird, indem sich die werbende Unternehmung an die Vorzüge der Konkurrenzleistungen anhängt, um die eigenen Leistungen aufzuwerten ("Pflügen mit fremden Ochsen"). Eine Ausnahme bildet die Werbung für Ersatzteile, die mit den Originalersatzteilen des Herstellers baugleich sind. In diesem Fall darf auf die Baugleichheit der eigenen Produkte mit denen eines bestimmten Herstellers hingewiesen werden. Diese Werbung ist häufig in der Automobilbranche anzutreffen.

Die **kritisierende Vergleichswerbung** ist innerhalb eng gezogener Grenzen möglich. Die Rechtsprechung hat folgende Fallgruppen entwickelt, die einen Werbevergleich zulassen:

- der **Abwehrvergleich**, der zur Bekämpfung rechtswidriger Angriffe eines Mitbewerbers dient, sofern er erforderlich ist und nicht über das zur Abwehr notwendige Maß hinausgeht,
- der **Auskunftsvergleich**, der auf vom Kunden konkret verlangten und sachlichen Informationen basiert,
- der **Fortschrittsvergleich**, bei dem eine Herausstellung des technischen Fortschritts eines neuen Erzeugnisses im Vergleich mit bisherigen Produkten erfolgt,
- der **Aufklärungsvergleich** zur Befriedigung des Bedürfnisses der Allgemeinheit nach sachgemäßer Aufklärung,
- der **Vergleich zur Richtigstellung falscher Vorstellungen**.

Darüber hinaus sind nach der ständigen Rechtsprechung Vergleiche zulässig, bei denen ein "hinreichender Anlaß" und eine sich nach "Art und Maß im Rahmen des Erforderlichen" bewegende Kritik vorliegen (vgl. Baumbach/Hefermehl 1995, § 1 UWG, Rdn. 332).

In der jüngeren Vergangenheit hat das "Cola-Test"-Urteil des BGH für weitere Diskussionen um die rechtlichen Grenzen der vergleichenden Werbung gesorgt (vgl. BGH, in: GRUR 1987, S. 49 ff. - Cola-Test). Gegenstand war ein Werbefilm des zweitgrößten Cola-Abfüllers in Deutschland ("Pepsi-Cola") aus dem Jahr 1982. In einem sogenannten Blindtest mußte die Testperson den Geschmack von drei verschiedenen Cola-Getränken testen. Das Cola-Getränk des werbenden Herstellers wurde als am besten schmeckend beurteilt. Hierin sah die Klägerin, die Zentrale zur Bekämpfung des unlauteren Wettbewerbs, eine unzulässige Herabwürdigung des Marktführers von Cola-Getränken ("Coca-Cola"). Denn die relevanten Verkehrskreise müßten auch ohne namentliche Nennung des Marktführers aufgrund seines Marktanteils und seines überragenden Bekanntheitsgrades davon ausgehen, daß eines der beiden anderen Getränke von dem Marktführer stamme. Folglich würde mit dem vorgenommenen Geschmackstest und den sich daran anschließenden Aussagen der Geschmack dieses Getränks in unzulässiger Weise abgewertet.

Der BGH ging in seinem Urteil zwar von einer **individuellen Bezugnahme** aus, weil die angesprochenen Verkehrskreise durchaus eines der drei Getränke wegen dessen Marktstellung und Bekanntheitsgrades als Erzeugnis des Marktführers identifizieren könnten - tatsächlich war dessen Getränk jedoch nicht in den Geschmackstest einbezogen. Allerdings läge unter Berücksichtigung des Gesamtzusammenhangs keine **kritisierende** Vergleichswerbung vor. Nach Ansicht des BGH ist die Durchführung eines Tests, bei dem über den Geschmack eines Getränkes aus der (subjektiven) Sicht eines Einzelnen geurteilt wird, nicht als unbillige Behinderung des nicht-namentlich in den Vergleich einbezogenen Mitbewerbers zu bewerten ("de gustibus [non] est disputandum"). Darüber hinaus stelle auch die Anpreisung des eigenen Produktes in Zusammenhang mit der Aufforderung an die Fernsehzuschauer, selbst den Geschmack zu testen, keine unzulässige Wettbewerbshandlung dar.

Nicht erst seit der Pepsi-Cola Werbung legen zahlreiche Beispiele aus der deutschen Werbepraxis den Schluß nahe, daß Konsumgüter-Hersteller gern größere Spielräume bei der vergleichenden Werbung nutzen würden (vgl. hierzu Schröder 1994 V, S. 137 f.):

Der Automobilhersteller "Lada" ließ 1988 in einer Zeitschriftenanzeige vier Autos abbilden, drei davon unter einer Abdeckplane, so daß nur die Konturen sichtbar waren, das vierte ein "Lada Samara". In dem Text hieß es unter anderem: "Vielleicht wissen Sie, daß vergleichende Werbung in Deutschland verboten ist. Dennoch haben wir mit unserem Rechtsbeistand Mittel und Wege gefunden, die Daten unserer ärgsten Konkurrenten zu veröffentlichen. Hier sind sie, und zwar im direkten Schlagabtausch mit den Werten unseres neuen Lada Samara." Es folgen Angaben über die Anzahl der Sitze und der Türen, über die Leistungsstärke, den Kraftstoffverbrauch und den Preis für alle vier Modelle, die bis auf den "Lada Samara" nicht genannt, sondern "geschwärzt" sind. Die Anzeige schließt mit den Sätzen: "Vergleichen Sie in aller Ruhe. Und bitte haben Sie Verständnis, daß wir Sie hier aus juristischen Gründen nur zu einer Probefahrt bei einem ""-Händler einladen dürfen."

"Volkswagen" warb in einer Zeitschriftenanzeige für das Airbagsystem mit dem Satz "Sicher ein Preis, auf den wir ein bißchen stolz sein dürfen. Vergleichen Sie doch mal, wir dürfen's leider nicht in der Werbung."

Auch "Philip Morris" rief zu einem Vergleich auf, und zwar wurde für Zigaretten mit dem Satz geworben: "Wir dürfen nicht vergleichen. Aber Sie!" Die Leser wurden aufgefordert, ein Probierset zu bestellen und die darin enthaltenen Zigaretten zu vergleichen.

Aufschlußreich ist auch die Anzeige der Firma "Apple" (erschienen in "Die Welt" am 18.10.1989), die als Anbieter des Betriebssystems Macintosh mit den Ergebnissen einer englischsprachigen Studie warben, die die Betriebssysteme "Macintosh" und MS-DOS miteinander vergleicht. Während der überwiegende Teil des Textes in deutscher Sprache abgedruckt ist, werden Auszüge der erwähnten Studie in englischer Sprache wiedergegeben. So heißt es z.B.: "Macintosh is judged far easier for learning both the basic system and for learning new applications. And Macintosh is judged easier to install and use than are MS-DOS systems. ... Macintosh users learn the basic system twice as fast as do MS-DOS users. ... Macintosh requires less than half as many support time as does an MS-DOS system. ..."

4.3.1.2.3 Vorschläge zur Harmonisierung der vergleichenden Werbung in der Europäischen Union

Auf dem Weg zur Vollendung des Europäischen Binnenmarktes hat die EG-Kommission 1991 und 1994 Vorschläge für eine Richtlinie zur Harmonisierung der vergleichenden Werbung vorgelegt, die heftige Diskussionen ausgelöst haben (vgl. hierzu ausführlich Ahlert/Schröder 1993, Schröder 1994 III, IV).

Als vergleichende Werbung wird danach jede Werbung definiert, "die unmittelbar oder mittelbar einen Mitbewerber oder dessen gleichartige Erzeugnisse oder Dienstleistungen erkennbar macht" (Kommission der EG 1991, S. 15). Art. 3a I des Vorschlags sieht vor:

"Vergleichende Werbung ist nur zulässig, sofern sie sich auf wesentliche, sachliche, jederzeit nachprüfbare, lauter ausgewählte und typische Eigenschaften von Erzeugnissen oder Dienstleistungen eines Mitbewerbers bezieht und

a) nicht irreführend ist;

b) auf dem Markt nicht die Gefahr einer Verwechslung zwischen dem Werbenden und einem Mitbewerber oder zwischen den Warenzeichen, Handelsnamen, anderen unterscheidenden Kennzeichen, den Erzeugnissen oder Dienstleistungen des Werbenden und denen eines Mitbewerbers erzeugt;

c) weder Warenzeichen, Handelsnamen, Erzeugnisse oder Dienstleistungen eines Mitbewerbers herabsetzt, verunglimpft oder verächtlich macht noch hauptsächlich darauf abzielt, den Ruf eines Warenzeichens oder des Handelsnamens eines Mitbewerbers auszubeuten;

d) nicht gegen die Persönlichkeit oder die persönliche Situation eines Mitbewerbers gerichtet ist." (Kommission der EG 1994, S. 7 f.)

Aus diesem Vorschlag geht hervor, daß ein Werbungtreibender künftig in seiner Werbung auf den Konkurrenten, dessen Produkte, Leistungen und Preise Bezug nehmen kann, und zwar mit oder ohne dessen namentliche Nennung. Der sachliche Anwendungsbereich würde sowohl die Formen der anlehnenden als auch der kritisierenden Vergleichswerbung umfassen.

Vor dem Hintergrund, daß die vergleichende Werbung in den Mitgliedstaaten der Europäischen Gemeinschaft derzeit überwiegend entweder grundsätzlich verboten ist (z.B. Belgien, Luxemburg) oder aber sehr restriktiv beurteilt wird (z.B. Italien, Niederlande, Deutschland), würde eine Regelung nach dem Richtlinienentwurf die vergleichende Werbung in den meisten Ländern liberalisieren (vgl. als Überblick zum Recht der vergleichenden Werbung in den EU-Mitgliedstaaten Schotthöfer 1991 II).

Nach den Vorstellungen der Kommission sind mit der geplanten Änderung wesentliche **Vorteile** zu erwarten. Die **Verbraucher** sollen davon profitieren, daß Werbevergleiche sie über alle relevanten Eigenschaften von Produkten und Dienstleistungen aufklären. Damit werde ein wesentlicher Beitrag erbracht, die Transparenz der Angebote von Industrie, Handel und Dienstleistern zu steigern (vgl. Kommission der EG 1991, S. 14). Denn die in vielen Bereichen vorherrschende Angebotsvielfalt stelle die Verbraucher zum jetzigen Zeitpunkt vor schier unlösbare Informations- und Entscheidungsprobleme. Nicht selten kapitulierten die Konsumenten bei ihrer Suche nach Produktinformationen vor der auf sie einstürzenden Datenflut. Die Folge sei die Ungewißheit, das richtige Produkt gekauft oder die richtige Einkaufsstätte gewählt zu haben.

Hier könne eine Liberalisierung der vergleichenden Werbung Abhilfe schaffen. Die Verbraucher müßten nicht länger mühevoll Informationen einzelner Anbieter aus verschiedenen Quellen suchen, sammeln und dann vergleichen, sondern sie erhielten in kompakter Form die notwendigen Informationen aus einer Hand "frei Haus". Somit würden sie bei der Informationssuche entlastet und sparten Zeit, Mühen und Geld.

Ebenfalls zögen **Hersteller, Händler und Dienstleister** einen großen Nutzen aus dem - z.B. aus deutscher Sicht - gelockerten Werberecht. Auslöser hierfür sei die gestiegene Markttransparenz. Wenn sich durch Werbevergleiche bei den Angeboten leichter "Spreu und Weizen trennen ließen", würden sich die besseren Leistungen im Wettbewerb durchsetzen. Dies sei für die Anbieter ein Anreiz, bisherige Leistungen zu verbessern und innovative Problemlösungen auf den Markt zu bringen, von denen sie annehmen dürften, daß die Verbraucher recht schnell die Vorteile gegenüber den bisherigen Angeboten zu erkennen in der Lage seien. Leistungen, die bislang nur Mitläufer im Wettbewerb waren und die von der Intransparenz profitieren konnten, würden dagegen vom Markt verschwinden. Mithin sei davon auszugehen, daß sich das gesamte Qualitätsniveau der Leistungen heben würde.

Der Vorschlag der EG-Kommission ist in Deutschland allerdings auch auf erhebliche Kritik in Industrie und Handel gestoßen. Zahlreiche Organisationen und Interessenverbände, wie z.B. der Rat des deutschen Handels, die Bundesarbeitsgemeinschaft der Mittel- und Großbetriebe des Einzelhandels (BAG), der Deutsche Industrie- und Handelstag (DIHT), die Deutsche Vereinigung für Gewerblichen Rechtsschutz und Urheberrecht (GRUR), der Markenverband sowie die Zentrale zur Bekämpfung unlauteren Wettbewerbs, lehnen eine Liberalisierung der vergleichenden Werbung in der vorgeschlagenen Form ab und sprechen sich überwiegend für die Beibehaltung der derzeit geltenden Regelungen aus (zu den Begründungen vgl. stellvertretend für viele Nacken 1991). Im einzelnen sind folgende **Nachteile** bei einer Liberalisierung der vergleichenden Werbung in der geplanten Form zu erwarten (vgl. ausführlich Schröder 1994 III, V):

- Jeder Werbetreibende verfolgt seine individuellen Geschäftsinteressen und wird nicht bestrebt sein, die allgemeine Markttransparenz zu fördern.

- Werbevergleiche können aus diesem Grund nicht vollständig, ausgewogen und objektiv sein.
- Das zusätzliche Angebot an Informationen führt bei den Verbrauchern zu weiteren Reizüberflutungen und Informationsüberlastungen und nicht zu einer Entlastung und Hilfe bei Kaufentscheidungen.
- Die Verbraucher werden durch unvollständig, einseitig und subjektiv ausgewählte Produkteigenschaften verwirrt.
- Die von Werbevergleichen zu Unrecht benachteiligten Anbieter müssen um den Ruf und den Erfolg ihrer Produkte und ihrer Unternehmungen fürchten.
- Die Endverbraucherpreise steigen, wenn die Anbieter zusätzliche Kosten für höhere Werbepreise, für prozessuale Auseinandersetzungen und für sonstige organisatorische Aufwendungen im Zusammenhang mit vergleichender Werbung auf die Verbraucher abwälzen.
- Vergleichende Werbung kann schließlich konzentrationsfördernd wirken, wenn Werbewettbewerbe an die Stelle von Leistungswettbewerben treten und sich die Unternehmungen mit den größten Werbebudgets am Markt durchsetzen.

Solange die Diskussion um eine Richtlinie über die Harmonisierung der vergleichenden Werbung anhält und deren Verabschiedung hinauszögert, sind in Deutschland weiterhin enge Grenzen bei der Gestaltung vergleichender Werbeaussagen zu beachten.

4.3.1.3 Die rechtliche Zulässigkeit bezugnehmender Werbung - dargestellt anhand ausgewählter Beispiele

4.3.1.3.1 Individuelle und direkte Bezugnahme

Da die persönlich vergleichende Werbung durch Hinweis auf Konfession, Rasse, Vorstrafen, bevorstehenden Konkurs etc. ebenso rechtswidrig ist wie die anlehnend vergleichende Werbung, mit Ausnahme der Werbung für Ersatzteile, ergeben sich die Freiheitsgrade für eine zulässige Vergleichswerbung ausschließlich im Bereich der kritisierend vergleichenden Werbung. Maßgeblich für eine sich im Rahmen der Zulässigkeit bewegenden Formulierung der Werbebotschaft sind die Kriterien des "hinreichend begründeten Anlasses" und der "Notwendigkeit bzw. Erforderlichkeit des Vergleichs nach Art und Maß". Für den Werbungtreibenden ist daher eine spezifische Situationsanalyse unumgänglich, aus der sich diese Kriterien für eine zulässige Vergleichswerbung ableiten lassen. *Bild 45* gibt einen Überblick über die Fallgruppen zulässiger kritisierender Vergleichswerbung.

Form der Vergleichswerbung	hinreichend begründeter Anlaß	Erforderlichkeit des Vergleichs
Abwehr-vergleich	• Abwehr eines rechtswidrigen Angriffs • Abwehr einer ernsthaften Gefährdung der potentiellen Käufer	• keine rechtzeitige Abwehr durch Anrufung eines Gerichts • angemessene Fristigkeit der Abwehr im Vergleich zum Angriff • wahrer und sachlicher Vergleich
Auskunfts-vergleich	• ausdrückliches Verlangen eines Kunden nach Auskunft	• Auskunft in streng sachlicher und rational nachprüfbarer Form, die sich im Rahmen der Fragestellung hält
Fortschritts-vergleich	• Existenz einer technischen oder wirtschaftlichen Weiterentwicklung, die den Nachfragern noch nicht bekannt ist	• keine andere Möglichkeit zur Darstellung des Fortschritts • wahrer und sachlicher Vergleich
Aufklärungs-vergleich	• schutzwürdiges Interesse der Allgemeinheit nach sachgemäßer Aufklärung	• sachbezogene Werbung • Konkurrenten dürfen nicht diskriminiert werden • keine unnötige Herabsetzung
Vergleich zur Richtigstellung falscher Vorstellungen	• Wahrnehmung eines berechtigten Interesses, gegeben durch das Vorhandensein falscher Vorstellungen über das Angebot des Werbenden, woraus Konkurrenten Vorteile ziehen könnten	• wahre und sachgemäße Richtigstellung • andere Mittel sind zu diesem Zweck unzureichend

Bild 45:   Fallgruppen zulässiger kritisierender Vergleichswerbung

(1) Der Abwehrvergleich

Ein hinreichend begründeter Anlaß für die Zulässigkeit vergleichender Werbung liegt in der **Abwehr eines rechtswidrigen Angriffes**. So warb z.B. der Hersteller eines Betonzusatzmittels mit der Behauptung, sein Mittel steigere die Aggressionsbeständigkeit des Betons. Ein Fachverband der Zementhersteller stellte daraufhin in seiner Werbung die Aussage auf, daß die Werbebehauptung über das Mittel noch keine Bestätigung gefunden hätte und daß man auf bewährte Zusatzmittel bei Bauvorhaben zurückgreifen

281

sollte. Diese Werbeaussage wurde für zulässig erklärt, da der irreführenden Werbebehauptung widersprochen werden mußte, um drohenden Schaden von den Zementherstellern abzuwenden oder zu mildern (vgl. BGH, in: GRUR 1962, S. 45 - Betonzusatzmittel).

Ebenso kann die **Abwehr einer ernsthaften Gefährdung der potentiellen Käufer** als hinreichend begründeter Anlaß angesehen werden. So behauptete z.B. ein Hersteller X von Motoryachten unrichtigerweise, daß seine Yachten seetüchtig wären. Ein Konkurrent Y warb für seine eigenen Yachten bei gleichzeitiger Bezugnahme auf die Tatsache, daß die Schiffe des Herstellers X nicht seetüchtig wären (vgl. BGH, in: GRUR 1971, S. 159 ff.-Motoryacht). Die Notwendigkeit eines Abwehrvergleichs ist nur dann gegeben, wenn der Angegriffene nicht die Möglichkeit besitzt, sich durch Anrufung eines Gerichts ausreichend und rechtzeitig zu wehren.

Die Zulässigkeit des Abwehrvergleichs wird insbesondere durch die Fristigkeit von Angriffs- und Abwehrmaßnahmen determiniert. Bei längeren Auseinandersetzungen ist es mitunter nicht möglich, eine Vergleichswerbung eindeutig als Abwehr- oder als Angriffsmaßnahme zu identifizieren, so daß kein Abwehrvergleich mehr vorliegt (vgl. Baumbach/Hefermehl 1995, § 1 UWG, Rdn. 371).

(2) Der Auskunftsvergleich

Der zulässige Auskunftsvergleich ist durch zwei Voraussetzungen gekennzeichnet. Zum einen muß eine bestimmte und konkrete Anfrage des Kunden vorliegen. Zum anderen muß die Auskunft des Werbenden in streng sachlicher und rational nachprüfbarer Form erfolgen, die sich im Rahmen der Fragestellung hält.

Diese Kriterien erfüllt z.B. der kritisierende Auskunftsvergleich eines Ingenieurs, der bei einer beratenden Gemeinderatssitzung davon abrät, eine Konkurrenzfirma mit dem Bau einer Kläranlage zu beauftragen (vgl. OLG Düsseldorf, in: GRUR 1964, S. 37 - Kläranlage).

Nicht eindeutig ist der "einzuhaltende Rahmen der Fragestellung" bei der Auskunftsgewährung als vorliegendes Zulässigkeitskriterium zu bewerten. Der Umfang der Fragestellung wird begrenzt durch die Kenntnis des Auskunftssuchenden über die Anzahl der Konkurrenzprodukte und die Art und Anzahl der relevanten Merkmale des von ihm nachgefragten Absatzgutes. Zulässig sind daher auch Werbeaussagen, die über die eigentliche Fragestellung des Nachfragers hinausgehen, die aber notwendig sind, um das allgemein bekundete Interesse des Konsumenten befriedigen zu können. Dem Anbieter ist es somit möglich, bei Fragen nach Qualitätsunterschieden z.B. auch auf bestehende Preis- oder sonstige Produktunterschiede hinzuweisen, von deren Kenntnis er beim Auskunftssuchenden nicht ausgehen kann.

Die notwendige Bedingung der gezielten Auskunftssuche als Zulässigkeitskriterium erübrigt sich, wenn allgemeine Beratungsverhältnisse vorliegen, wie z.B. in der Wertpapierabteilung einer Bank. In derartigen Fällen sind

Vergleiche mit den Konditionen anderer Banken durchaus zulässig, da der Bankkunde eine umfassende fachmännische Beratung erwartet.

(3) Der Fortschrittsvergleich

Bei einem Fortschrittsvergleich werden technische oder wirtschaftliche Weiterentwicklungen des Werbenden den Leistungen eines oder mehrerer Konkurrenten gegenübergestellt. Ein derartiger Warenvergleich ist aber nur dann zulässig, wenn er wettbewerbsrechtlich erforderlich ist und wenn sich die erstrebten Ziele auf keine andere Art und Weise erreichen lassen. Die Bezugnahme auf die Konkurrenz wird dadurch gerechtfertigt, daß das Interesse der Konsumenten an Informationen über den technischen oder wirtschaftlichen Fortschritt das Interesse des Konkurrenten, nicht als Vorspann für fremde Werbung zu dienen, überwiegt.

Für zulässig wurde die kritisierende Vergleichswerbung eines Herstellers A erklärt, der ein zusätzliches Bohnergerät für den Staubsauger des Herstellers B anbot. Der Werbetreibende A nahm namentlich Bezug auf den Hersteller B, der selbst Zusatzgeräte für seinen Staubsauger vertrieb. Nur durch eine direkte Bezugnahme konnte der **technische** Fortschritt des Bohnergerätes des Herstellers A gegenüber den Zusatzgeräten des Herstellers B deutlich gemacht werden (vgl. BGH, in: GRUR 1958, S. 343 ff. - Bohnergerät).

Ein **wirtschaftlicher** Fortschritt lag z.B. in dem Angebot von Schallplatten, die nicht mit Gema-Gebühren belegt waren (vgl. BGH, in: GRUR 1970, S. 521 - gemafrei II). Die Bezugnahme auf andere Hersteller von Schallplatten mit Gema-Gebühren war rechtens, weil dadurch dem Verbraucher ein wirtschaftlicher Vorteil bekanntgemacht wurde. Nicht zulässig sind dagegen Verbesserungen des Angebots, die ausschließlich eine Preissenkung beinhalten. Zwar besteht ein Informationsinteresse des Nachfragers hinsichtlich des günstigeren Preises, jedoch ist die **Preissenkung keine neue Erscheinung**, sondern ein alltägliches und wechselhaftes Ereignis.

(4) Der Aufklärungsvergleich

Die Zulässigkeit eines Aufklärungsvergleichs wird durch zwei Komponenten bestimmt. Einerseits muß ein **schutzwürdiges Bedürfnis der Allgemeinheit nach sachgemäßer Aufklärung** vorliegen. Andererseits muß die Vergleichswerbung von hohem Informationsgehalt sein und klare, vollständige und nicht irreführende Aussagen umfassen.

Als zulässig wurde die Werbeaussage eines Schmuck- und Uhrenhändlers in einer Kleinstadt bewertet, der mit dem Slogan warb: "40% können Sie sparen, wenn Sie bei mir kaufen". Mit seinen Preisen lag der Händler 40% unterhalb der empfohlenen Richtpreise, während sich der überwiegende Teil der Mitbewerber an die Richtpreise für die gleichen Produkte derselben Hersteller hielt. Der BGH sah beide Voraussetzungen der Zulässigkeit eines Aufklärungsvergleichs als gegeben an, wobei er den hinreichend begründeten Anlaß in der wünschenswerten Förderung der Markttransparenz sah. Durch den Aufklärungsvergleich wurden dem Durchschnittsverbraucher Zeit, Geld und Mühen erspart, aufwendige Preisvergleiche durchzuführen (vgl. BGH, in: GRUR 1968, S. 433 - 40% können Sie sparen).

Die hinreichende Bedingung der Zulässigkeitsvoraussetzung war dadurch erfüllt, daß die Werbeaussage, die sich auf völlig identische Erzeugnisse bezog, klar, vollständig und nicht irreführend formuliert war.

(5) Der Vergleich zur Richtigstellung falscher Vorstellungen

Die Absatzchancen eines Anbieters können erheblich beeinträchtigt werden, wenn bei den relevanten Verkehrskreisen falsche Vorstellungen über die Leistung des Anbieters bestehen. Liegt eine derartige Situation vor, so kann der betroffene Anbieter die irrigen Vorstellungen auch dadurch beseitigen, daß er Vergleiche mit den vom Irrtum begünstigten Konkurrenten anstellt. Neben dieser notwendigen muß gleichzeitig die hinreichende Voraussetzung gewährleistet sein, daß andere Mittel nicht eingesetzt werden können, um die irrigen Vorstellungen beim Publikum auszuräumen.

Von nicht geringer Bedeutung ist die Frage der Feststellung, wie die Existenz falscher Vorstellungen bei den angesprochenen Verkehrskreisen bei Massenwerbung zu quantifizieren ist. Wenn der BGH dabei von einem "nicht völlig unbeachtlichen Teil der Verkehrskreise" spricht, so spiegelt diese Formulierung die Notwendigkeit der Quantifizierung im Einzelfall wider.

Einfacher ist die Feststellung irriger Vorstellungen im persönlichen Gespräch zwischen einem Anbieter oder dessen Vertreter und einem potentiellen Kunden. Das individuelle Gespräch bietet die Möglichkeit, falsche Vorstellungen sofort zu erkennen und zu korrigieren (vgl. BGH, in: GRUR 1960, S. 384 - Mampe Halb und Halb). Hierin kann eine Erweiterung des zulässigen Beantwortungsrahmens beim Auskunftsvergleich gesehen werden, da der Auskunftsgebende bei von ihm vermuteten falschen oder ungenauen Vorstellungen des Konsumenten den Rahmen der Fragestellung überschreiten darf.

Als zulässig wurde von der Rechtsprechung das Bemühen eines Futtermittelherstellers A angesehen, der einen früheren Kunden und jetzigen Benutzer eines Konkurrenzproduktes zurückzugewinnen versuchte. Auf den Einwand des Kunden, er hätte schlechte Erfahrungen mit dem Futtermittel gemacht, durfte der Hersteller A auf den höheren Preis des Konkurrenzproduktes bei gleicher Qualität hinweisen. Die Zulässigkeit ergab sich durch die falsche Vorstellung des Kunden, daß die Produktqualität des Herstellers A schlechter wäre als die seines Konkurrenten (vgl. BGH, in: BB 1970, S. 1369 - Futtermittel).

Diese Vergleichsform zielt in erster Linie darauf ab, den Verbraucher durch eine Erhöhung der Markttransparenz in Form verbesserter Informationen zu schützen. Problematisch ist es aber, geeignete Konkurrenzprodukte für den Vergleich zur Ausräumung irriger Vorstellungen zu finden, wenn die Produkte stark heterogen sind und daher bestimmte Vergleichsaussagen, wie z.B. Preisvorteil bei sonst gleichen Produktmerkmalen, nicht erlauben.

4.3.1.3.2 Pauschale und indirekte Bezugnahme

Die pauschale und indirekte Bezugnahme unterliegt den für die Werbung stets geltenden Grundsätzen, wie z.b. Wahrheit, Sachlichkeit und Verbot der Irreführung. Unzulässig sind daher pauschale Herabsetzungen ohne erkennbaren sachlichen Bezug, auch wenn die Äußerung bei Angabe der näheren Umstände nicht zu beanstanden wäre (vgl. Baumbach/Hefermehl 1995, § 1 UWG, Rdn. 394). Beispiel: "Genug gelobt: Den Unterschied zwischen einem Original Ersatzteil und einem Ersatzteil mögen Sie nicht sofort merken. Dafür Ihr Auto."
Die Kriterien des "hinreichend begründeten Anlasses" und der "Notwendigkeit bzw. Erforderlichkeit des Vergleichs nach Art und Maß" sind bei der pauschalen und indirekten Bezugnahme nicht relevant.

(1) Der Systemvergleich

Beim Systemvergleich erfolgt eine Gegenüberstellung von Warenarten, Systemen in der Fertigung, des Einkaufs, des Vertriebs oder der Anwendung von Produkten ohne erkennbare Bezugnahme auf einen bestimmten Mitbewerber. In der **allgemein formulierten Gegenüberstellung** von wirtschaftlichen oder technischen Systemen liegt der Unterschied zum Fortschrittsvergleich, bei dem ein Vergleich mit einem bestimmten Angebot vorgenommen wird. Beispiele für derartige Systemvergleiche sind die Gegenüberstellung von Versandhandel und sonstigem stationären Einzelhandel, von Direktwerbung und Printwerbung oder von unterschiedlichen Lagerungsmethoden für Kfz-Motoren.
Sofern ein eindeutiger Rückschluß auf bestimmte Mitbewerber durch die Verkehrskreise möglich ist, liegt kein Systemvergleich, sondern ein Fortschrittsvergleich vor, der nur bei Existenz eines hinreichend begründeten Anlasses und bei Erforderlichkeit des Vergleichs nach Art und Maß gerechtfertigt ist (vgl. unter *(3) in Kap. 4.3.1.3.2*).

(2) Die Alleinstellungswerbung

Bei der Alleinstellungswerbung preist der Werbende seine eigene Ware oder Leistung durch den Zusatz bestimmter Attribute an, wie z.B. "unschlagbar", "größtes", "schnellstes", "ältestes", "unerreicht", "einmalig". Hierbei erfolgt keine direkte Bezugnahme auf die Mitbewerber und deren Produkte, aber die Inanspruchnahme einer Spitzenstellung kann die indirekte Behauptung beinhalten, über Leistungsvorteile gegenüber der Konkurrenz zu verfügen, wodurch sich der Charakter einer Vergleichswerbung mit bestimmter Bezugnahme ergeben kann. Sofern nur eine unbestimmte Bezugnahme vorliegt, fehlt der Tatbestand der Vergleichswerbung.
Neben der positiven Formulierung von Werbeaussagen kommt der bezugnehmende Charakter der Alleinstellungswerbung vor allem bei negativen Formulierungen zum Ausdruck, die durch ihre Aggressivität die Umworbe-

nen eher zu einem Vergleich mit der Konkurrenz veranlassen als die Betonung der eigenen Leistungsfähigkeit. Beispiele hierfür sind Aussagen, wie "Kein anderes Hotel erreicht unsere Übernachtungszahlen", "Keine andere Marke wird auch nur annähernd so eingeschätzt wie X", "Es gibt keine ähnlich guten Mittel".

Die Bezugnahme wird um so deutlicher und damit bestimmt, je mehr das mögliche Vergleichsobjekt in der Werbeaussage konkretisiert wird. Durch geographische Zusätze wird dem Durchschnittsleser die Vorstellung der Vergleichsobjekte ermöglicht, insbesondere dann, wenn es sich um einen übersichtlichen geographischen Raum handelt, wie z.B. "Die beliebteste aller deutschen Zeitschriften", "Das größte Möbelhaus im Münsterland".

Eine weitere Möglichkeit der Alleinstellungswerbung bietet die Verwendung des bestimmten Artikels: "Das echte Eau de Cologne", "Das ist Kaffee", "Die Gaststätte in Münster" etc. Die Rechtsprechung mißt derartigen Formulierungen eine bestimmte bezugnehmende Interpretation durch die relevanten Verkehrskreise bei.

Problematisch bleibt die Trennung zwischen direkter und indirekter Bezugnahme der Alleinstellungswerbung. Ob ein uneingeschränkt eindeutiger Rückschluß auf die Mitbewerber möglich ist oder nicht, wird u.a. durch die Anzahl der Anbieter determiniert: je geringer die Anbieterzahl ist und je bekannter die Mitbewerber sind, um so eher kann eine Alleinstellungswerbung als individuelle und direkte Vergleichswerbung gewertet werden, worauf dann die entsprechenden rechtlichen Regeln (siehe *Kap. 4.3.1.3.1*) anzuwenden sind.

4.3.1.4 Schutzstrategien bei vergleichender Werbung

Als Werbungtreibender kann man in die Situation geraten, entweder gegen vermeintlich unzulässige Vergleichswerbung der Konkurrenz vorgehen oder sich vor rechtlichen Angriffen auf die eigene Vergleichswerbung schützen zu müssen. In beiden Fällen ist es zweckmäßig, über geeignete Vorgehensweisen zu entscheiden. Einen Überblick über mögliche Verhaltensweisen in beiden Situationen geben die *Bilder 46 und 47*. Welche Strategie angewandt werden sollte, ist von quantitativen und qualitativen Kriterien abhängig. Zu den **quantitativen** Kriterien zählen z.B. Schadensersatzhöhe, Prozeßkosten und zukünftige Absatzbeeinträchtigung. Unter **qualitativen** Gesichtspunkten sind Imageeinbußen, Fristigkeit der Wirkung der Konkurrenzwerbung, Einschätzung der Wirkung der jeweiligen Schutzstrategie etc. zu beachten. Darüber hinaus empfiehlt sich grundsätzlich ein abgestuftes Verhalten gegenüber der Konkurrenz, d.h. weder bei Abwehr- noch bei Angriffsmaßnahmen sollte "mit Kanonen auf Spatzen geschossen" werden.

Schutz-strategie	Ziele	Vorteile	Nachteile
Abwehr-vergleich (außer-gerichtlich)	• Korrektur absatz-beeinträchtigender Vorstellungen bei den Verkehrs-kreisen	• kurzfristige Reaktion auf Konkurrenz-werbung möglich • ausreichende Reichweite	• Gefahr von (außer) gerichtlichen Gegenmaßnahmen, falls sich der Abwehrvergleich als rechtlich unzulässig erweist
Abmahnung (außer-gerichtlich)	• Vermeidung künftiger Absatz-beeinträchtigung bei Aufrecht-erhaltung der Konkurrenz-werbung	• Verpflichtung der Konkurrenz zu Vertragsstrafen für den Fall der Zuwiderhandlung (= Legitimation aus vertraglich begründeten Rechten)	• Fristigkeitsaspekt bei der Rückgewinnung verlorener Käuferpräferenzen • Gefahr der Ver-tragsverletzung durch die Konkurrenz
einstweilige Verfügung (gerichtlich)	• gerichtlich bestätigte Unterlassung der Vergleichs-werbung	• Aufbau einer Schutzposition (= Legitimation aus kodifizierten rechtlichen Normen)	• Fristigkeitsaspekt bei der Rückgewinnung verlorener Käuferpräferenzen • Konkurrent erreicht Aussetzung der einstweiligen Verfügung (= Widerspruch)
Klage-verfahren (gerichtlich)	• Durchsetzung des Unterlassungs-anspruchs • Durchsetzung eines Schadens-ersatzanspruchs	• Aufbau einer Schutzposition (= Legitimation aus kodifizierten rechtlichen Normen) • monetärer Ausgleich für bisher entstandene Schäden	• Fristigkeitsaspekt bei der Rückgewinnung verlorener Käuferpräferenzen • Risiko des Mißerfolgs des Klageverfahrens (Prozeßkosten, Imageeinbußen)

Bild 46: Schutzstrategien gegen vermeintlich unzulässige Vergleichs-werbung

Schutz-strategie	Ziele	Vorteile	Nachteile
Präventiv-strategie (außer-gerichtlich)	• Konzeption einer zulässigen Vergleichswerbung	• geringe Angriffs-fläche für Gegen-maßnahmen	• Konkurrent ergreift (außer)gerichtliche Gegenmaßnahme, falls er die Werbung als unzulässig ansieht
negative Fest-stellungs-klage (gerichtlich)	• Erreichen des Nichtbestehens eines in einer Abmahnung geltend gemachten Unterlassungs-anspruchs	• Konkurrent ist zu gerichtlichen Schritten mit unsicherem Aus-gang gezwungen, sofern er keine Gegenwerbung einsetzen kann	• Konkurrent scheut nicht das Risiko, eine gerichtliche Regelung zu erwirken
Einreichen einer Schutz-schrift beim zuständigen Gericht (gerichtlich)	• mündliche Anhörung beim Verfügungs-verfahren • Nichtentsprechung des Verfügungs-verfahrens	• Darstellung der Situation des mit Vergleichen Werbenden	• Einleitung des Verfügungs-verfahrens kann nicht verhindert werden
Widerspruch gegen einstweilige Verfügung (gerichtlich)	• Aussetzung der einstweiligen Verfügung	• Aufrechterhaltung der Werbeaussage	• Risiko des Mißerfolgs
Revision bei Prozeß-verlust im Klage-verfahren (gerichtlich)	• Aufhebung des Urteils aus dem Klageverfahren	• Wiederaufnahme der Werbeaussage möglich	• Problem des Nachweises der Nicht-Existenz schuldhaften Handelns • Risiko des Miß-erfolgs (Prozeß-kosten, Schadens-ersatzzahlung)

Bild 47:   Schutzstrategien gegen Angriffe auf die eigene Vergleichswerbung

(1) Schutzstrategien gegen vermeintlich unzulässige Vergleichswerbung

Zunächst steht als mögliche Strategie der **Abwehrvergleich** zur Verfügung (siehe *Bild 46*), der zulässig ist, sofern die Kriterien des "hinreichend begründeten Anlasses" und der "Notwendigkeit bzw. Erforderlichkeit des Vergleichs nach Art und Maß" erfüllt sind (vgl. *Kap. 4.3.1.3.1*).

Weiterhin kann eine außergerichtliche Regelung durch eine **Abmahnung** erfolgen, bei der der Konkurrent aufgefordert wird, eine Unterwerfungserklärung abzugeben. *Bild 48* zeigt hierzu ein Beispiel (zu Mustertexten für diese und weitere Maßnahmen vgl. z.B. Eser 1987, S. 228, o.V. 1989 II).

---

1. Abmahnschreiben

Namens und in Vollmacht der Fa. Microsoft teile ich Ihnen folgendes mit: Sie haben am Mittwoch, den 18.10.1989, in der Tageszeitung "Die Welt" unter anderem mit der Aussage geworben: "Macintosh is judged far easier for learning both the basic system and for learning new applications. And Macintosh is judged easier to install and use than are MS-DOS systems. ... Macintosh users learn the basic system twice as fast as do MS-DOS users. ... Macintosh requires less than half as many support time as does an MS-DOS system. ..."

Diese Werbung ist eine unzulässige vergleichende Werbung und verstößt gegen § 1 UWG. Wir fordern Sie deshalb auf, bis spätestens Montag, den 06.11.1989, 12 Uhr, eine strafbewehrte Unterlassungserklärung des Inhalts abzugeben, wie sie im Entwurf diesem Schreiben beigefügt wurde.

Gleichzeitig fordern wir Sie auf, unsere Kosten, die wir unten näher beziffert haben und für die Sie nach herrschender Meinung als Verletzer aufzukommen haben, ebenfalls innerhalb der oben gesetzten Frist auf eines unserer Konten zur Einzahlung zu bringen.

Sollten Sie die oben gesetzte Frist nicht einhalten, so teilen wir Ihnen schon jetzt mit, daß wir beauftragt sind, ohne weitere Vorankündigung gerichtliche Schritte in die Wege zu leiten.

2. Unterwerfungserklärung

Hiermit verpflichten wir uns, es zu unterlassen, in Zeitungsanzeigen oder in sonstigen Publikationsorganen mit der Ankündigung "Macintosh is judged far easier for learning both the basic system and for learning new applications. And Macintosh is judged easier to install and use than are MS-DOS systems. ... Macintosh users learn the basic system twice as fast as do MS-DOS users. ... Macintosh requires less than half as many support time as does an MS-DOS system. ..." zu werben.

Gleichzeitig verpflichten wir uns für jeden Fall einer Zuwiderhandlung gegen diese Unterlassungsverpflichtung eine Vertragsstrafe in Höhe von DM 10.000 zu zahlen.

Quelle: In Anlehnung an Eser 1987, S. 228 f.
Bild 48: Mustertext für ein Abmahnschreiben und eine strafbewehrte Unterwerfungserklärung

Die **Unterwerfungserklärung** ist ein Vertrag, durch den sich der Konkurrent zur Unterlassung der beanstandeten Maßnahme verpflichtet und gleichzeitig für jeden weiteren Fall der Zuwiderhandlung dem Geschädigten die Zahlung einer angemessenen Vertragsstrafe zusichert. Die Vorteilhaftigkeit dieser Strategie gegenüber dem Abwehrvergleich wird bestimmt durch die bereits eingetretene Beeinträchtigung der Absatzchancen der Unternehmung durch die Wettbewerbsverletzung. Je höher diese Beeinträchtigung eingeschätzt wird, um so eher scheint ein Abwehrvergleich vorteilhaft, um Kunden zurückzugewinnen (Zur Erforderlichkeit der Abmahnung, insb. im Hinblick auf die Kostenentscheidung bei § 93 ZPO, vgl. Melullis 1991, S. 258 ff.).

Sofern außergerichtliche Regelungen scheitern oder nicht empfehlenswert sind, kann eine **einstweilige Verfügung** bei Gericht beantragt werden. Hierdurch wird der betroffenen Unternehmung ohne mündliche Verhandlung der gerichtlich bestätigte Anspruch auf die Unterlassung der vergleichenden Werbung gewährleistet.

Die Durchführung eines **Klageverfahrens** wird dann erforderlich, wenn der Wettbewerbsverletzer der von der Vergleichswerbung betroffenen Unternehmung eine Frist zur Klageerhebung setzt oder wenn er das Abschlußschreiben des Verfügungsverfahrens nicht oder ablehnend beantwortet. Neben der Durchsetzung des Unterlassungsanspruchs kann in einem Klageverfahren ein Schadensersatzanspruch für den durch die Konkurrenzwerbung entstandenen Schaden geltend gemacht werden. Der Erfolg eines Klageverfahrens ist davon abhängig, ob der zur Beweislast verpflichtete Kläger (Wettbewerbsverletzter) einerseits die Höhe des entstandenen Schadens und andererseits ein schuldhaftes Handeln des Beklagten in Form vorsätzlichen oder grob fahrlässigen Handelns nachweisen kann.

(2) Schutzstrategien gegen Angriffe auf die eigene Vergleichswerbung

Bei Kenntnis der materiellen Rechtsprobleme kann die Werbeaussage in der **Konzeptionsphase** auf ihre **rechtliche Zulässigkeit** hin überprüft werden (siehe *Bild 47*). Wird die Unzulässigkeit festgestellt, sind die Abänderung in eine zulässige Werbeaussage oder bei Beibehaltung der unzulässigen Werbeaussage eine Konfrontationsstrategie möglich.

Gegen eine Abmahnung kann die betroffene Unternehmung mit einer **negativen Feststellungsklage** vorgehen. Damit klagt die abgemahnte Unternehmung auf die Feststellung, daß der wegen eines angeblichen Wettbewerbsverstoßes geltend gemachte Unterlassungsanspruch nicht besteht (vgl. Melullis 1991, S. 368 ff.). Das Interesse an der negativen Feststellung erlischt in der Regel, wenn die Leistungsklage erhoben wird.

Präventiv kann eine **Schutzschrift** beim zuständigen Gericht eingereicht werden, durch die erreicht werden soll, daß einem aufgrund einer Abmahnung zu erwartenden Verfügungsantrag nicht oder nicht ohne mündliche Verhandlung entsprochen wird (vgl. Melullis 1991, S. 19 ff.).
Sofern gegen den Werbetreibenden eine einstweilige Verfügung erwirkt wird, bietet sich das **Einlegen eines Widerspruches** an; dies ist um so vorteilhafter, je mehr der Werbetreibende davon ausgehen kann, daß von seiner Seite kein schuldhaftes Handeln vorliegt oder daß er als Beweislastträger das Gericht von der Nicht-Existenz eines schuldhaften Handelns überzeugen kann (vgl. Näheres hierzu bei Ahlert 1988, S. 243 ff.).

4.3.2 Irreführende Werbung

4.3.2.1 Grundbegriffe und rechtliche Beurteilung der irreführenden Werbung

Durch § 3 UWG wird allen Wettbewerbern und Verbrauchern ein recht umfassender Schutz gegen alle Formen der beabsichtigten und unbeabsichtigten Irreführung durch falsche, mißverständliche oder gar objektiv richtige Werbeangaben über die geschäftlichen Verhältnisse des Werbungtreibenden gewährt:

"Wer im geschäftlichen Verkehr zu Zwecken des Wettbewerbs über geschäftliche Verhältnisse, insbesondere über die Beschaffenheit, den Ursprung, die Herstellungsart oder die Preisbemessung einzelner Waren oder gewerblicher Leistungen oder des gesamten Angebots, über Preislisten, über die Art des Bezugs oder die Bezugsquelle von Waren, über den Besitz von Auszeichnungen, über den Anlaß oder den Zweck des Verkaufs oder über die Menge der Vorräte irreführende Angaben macht, kann auf Unterlassung der Angaben in Anspruch genommen werden."

(1) Angaben über geschäftliche Verhältnisse

Als "Angaben über geschäftliche Verhältnisse" werden objektiv nachprüfbare, in irgendeiner kommunikativen Form geäußerte Tatsachenbehauptungen bezeichnet, die sich bei einem Minimum an konkretem, rationalem Aussagegehalt als richtig oder unrichtig erweisen. Tatsachenbehauptungen können allerdings auch als Meinungsäußerung oder werbliche Anpreisung verschleiert werden, so z.B. die Hervorhebung einer qualitätsmäßigen Spitzenstellung eines Markenerzeugnisses auf einem Markt, auf dem eindeutige Qualitätsmaßstäbe gelten. Hierbei handelt es sich nicht um eine bloße Behauptung, sondern um eine Angabe, die auf ihre Richtigkeit hin überprüft werden kann.

Ob eine Werbeaussage eine Tatsachenbehauptung oder nur ein Werturteil enthält, wird ausschließlich davon abhängig gemacht, wie das Publikum diese Werbeangabe auffaßt. Behauptungen, die zwar Tatsachencharakter aufweisen, jedoch vom Publikum nicht ernst genommen bzw. lediglich als eine Meinungsäußerung verstanden werden, gelten nicht als Angabe im Sinn von § 3 UWG (vgl. OLG Frankfurt, in: WRP 1977, S. 270 - unbezahlbare Vorteile).

Generell ist § 3 UWG nicht auf reine Meinungsäußerungen anzuwenden, denen keine Tatsachenbehauptung zugeordnet werden kann, die keine Tatsachenbehauptung in verdeckter Form enthalten oder die nicht von den Rezipienten als nachprüfbare Aussage aufgefaßt werden (vgl. Baumbach/Hefermehl 1995, § 3 UWG, Rdn. 12).

Als Beispiele für Angaben im Sinn von § 3 UWG lassen sich folgende Tatbestände aufführen:

Das Ertönen des "Legegegackers" von Hühnern in einer Rundfunkwerbung für Teigwaren wurde als die Angabe für die Verwendung von Frischeiern gewertet (vgl. BGH, in: GRUR 1961, S. 544 - Legegegacker). Das Firmenschlagwort "MEHRWERT" kann als Angabe verstanden werden, daß die Unternehmung mehr an (Waren)wert anbietet als alle Mitbewerber (vgl. BGH, in: GRUR 1973, S. 534 - MEHRWERT). Die Bezeichnung eines Kosmetikproduktes mit dem Phantasienamen "Suzanne André" wurde als Angabe der Herkunft der Ware aus Frankreich gewertet (vgl. OLG Hamburg, in: GRUR 1964, S. 691 - Suzanne André).

(2) Im geschäftlichen Verkehr und zu Zwecken des Wettbewerbs

Das Irreführungsverbot beschränkt sich auf den Bereich des Handelns im geschäftlichen Verkehr und zu Zwecken des Wettbewerbs. Unter geschäftlichem Verkehr ist die Förderung eines Geschäftszweckes - im Gegensatz zur privaten bzw. amtlichen Tätigkeit - durch geschäftliche Betätigung mit Wirkung auf nicht der Unternehmung angehörige Personen zu verstehen. Somit zählen private Äußerungen und Äußerungen innerhalb der Unternehmung, denen eine Außenwirkung fehlt, nicht zum geschäftlichen Verkehr.

Das Handeln zu Zwecken des Wettbewerbs umfaßt alle Maßnahmen, die geeignet sind, der eigenen oder auch einer anderen Unternehmung einen Vorteil auf Kosten der Mitbewerber zu verschaffen. Irreführende Werbung kann sich daher nur auf jene Wirtschaftssubjekte beziehen, die einem gemeinsamen Markt angehören. Hierin ist u.a. eine Voraussetzung für die Klageberechtigung begründet (siehe *Kap. 4.3.2.2*).

(3) Irreführend

Werbeaussagen werden als irreführend bezeichnet, wenn "die Vorstellungen, die die Umworbenen über die Bedeutung einer Angabe haben, mit den wirklichen Verhältnissen nicht im Einklang stehen" (Baumbach/Hefermehl 1995, § 3 UWG, Rdn. 22). Hierbei sind u.a. folgende Formen der Irreführung zu unterscheiden.

(a) Eine Angabe ist grundsätzlich irreführend, wenn ein **objektiv unrichtiger Tatbestand** behauptet wird. Keine Irreführung liegt jedoch vor, wenn die angesprochenen Konsumenten der objektiv falschen Aussage keine Bedeutung beimessen (vgl. BGH, in: GRUR 1963, S. 37 - Fichtennadelextrakt).

(b) Eine zweite Form der Irreführung ist das **Verschweigen** von wichtigen und zur richtigen Beurteilung des Angebotes unerläßlichen Angaben. In diesem Fall können aufgrund der Unterlassung von Angaben auch objektiv richtige Tatsachenbehauptungen auf die Rezipienten irreführend wirken. Werbeaussagen sind dann unzulässig, wenn durch das Weglassen wesentlicher Angaben ein falscher Gesamteindruck bei den Umworbenen entsteht, wie z.B. der fehlende Hinweis, daß ein Möbelhersteller nunmehr Kunststofffolien verwendet, nachdem er über Jahre hinweg seine Möbel mit Holzfurnieren ausgestattet hatte. § 3 UWG dient jedoch nicht dazu, für vollständige Kundeninformationen zu sorgen. Daher wird das Unterlassen von Angaben von einigen Autoren nicht als Angabe im Sinne von § 3 UWG angesehen (vgl. Tilmann 1976, S. 555).

(c) Eine weitere Form der irreführenden Werbung ist die **mehrdeutige Aussage**. Können einer Werbeaussage mehrere Bedeutungen zugeordnet werden, so muß jede in Frage kommende Deutung, die als nicht fernliegend angesehen werden muß, richtig sein, damit keine Irreführung der Rezipienten bestehen kann. Wenn bereits ein kleiner Teil der Beworbenen Vorstellungen hat, die von den Tatsachen abweichen, so fällt der Werbende in den Adressatenkreis des § 3 UWG. So wurde die Bezeichnung "Echt Skai" als irreführend erachtet, weil einige Konsumenten annahmen, daß dieser Ausdruck eine bestimmte Sorte Leder kennzeichnete (vgl. BGH, in: GRUR 1963, S. 539 - echt skai).

(d) Irreführend sind ebenso Werbeaussagen mit **Selbstverständlichkeiten**, die beim Rezipienten falsche Vorstellungen hervorrufen. Wenn z.B. für Pulverkaffee mit dem Zusatz "reiner Kaffee" bzw. "nichts als Kaffee" geworben wird, so ist dieser Zusatz irreführend, weil jeder Kaffeeextrakt gemäß § 1 IX KaffeeVO ausschließlich aus Kaffeebohnen hergestellt werden muß. Ein anderes Beispiel für die Werbung mit Selbstverständlichkeiten ist das Anpreisen "einwandfreier" Ware. Dieser Ausdruck ist irreführend, sofern sich auf dem relevanten Markt das ordentliche, fehlerfreie Angebot nicht zur Ausnahme entwickelt.

Für den Tatbestand der Irreführung ist es nicht erforderlich, daß es sich um Fälle tatsächlicher Irreführung handelt, d.h. wirklich entstandene Irrtümer, da § 3 UWG bereits bei der **Eignung einer Angabe zur Irreführung** der Rezipienten eingreift, um einen Unterlassungsanspruch des Klägers zu begründen (vgl. Baumbach/Hefermehl 1995, § 3 UWG, Rdn. 21, 89a).

(4) Anlockende Wirkung

Eine weitere Voraussetzung für die Anwendung von § 3 UWG ist die Existenz einer anlockenden Wirkung, die von einer täuschenden Werbeaussage ausgehen muß (vgl. Baumbach/Hefermehl 1995, § 3 UWG, Rdn. 89a). Täuschende Angaben, die nicht geeignet sind, eine anlockende Wirkung auf die Rezipienten auszuüben, fallen nicht unter das Verbot des § 3 UWG. Unter Anlocken ist bereits die Beschäftigung mit dem beworbenen Objekt zu verstehen, das der Umworbene ohne die derart getätigten Angaben möglicherweise nicht beachtet hätte. Eine Kaufentscheidung muß also nicht ausgelöst worden sein. Durch die anlockende Wirkung wird der Konsument u.U. dahingehend beeinflußt, daß er ein anderes Produkt wählen würde als im Fall der fehlenden Anlockung. Dabei ist es unerheblich, ob der mögliche Kauf gut oder schlecht für den Kaufinteressenten ist. Als Resultat ergibt sich eine Wettbewerbsverzerrung, da der lauter werbende Anbieter gegenüber dem mit irreführenden Angaben Werbenden benachteiligt wird. Hierin kommt der Charakter des Konkurrentenschutzes neben dem des Verbraucherschutzes durch § 3 UWG zum Ausdruck.

Abschließend ist noch darauf hinzuweisen, daß § 3 UWG im Verhältnis zu der Generalklausel in § 1 UWG keine Spezialvorschrift darstellt. Demnach sind irreführende Angaben i.S.v. § 3 UWG nicht unbedingt sittenwidrig nach § 1 UWG; sofern der Tatbestand der Irreführung erfüllt ist, kann die irreführende Angabe zugleich sittenwidrig sein.

Fehlen die Grundvoraussetzungen zur Anwendung von § 3 UWG, wie z.b. keine Angabe i.S.v. § 3 UWG, keine Angaben über die eigenen geschäftlichen Verhältnisse etc., so werden die durch § 3 UWG nicht erfaßten Formen der Irreführung ergänzend durch § 1 UWG geregelt (vgl. Baumbach/Hefermehl 1995, § 3 UWG, Rdn. 4).

4.3.2.2 Darlegungs- und Beweislast im Rahmen von § 3 UWG

Im allgemeinen hat der Kläger die Darlegungs- und Beweislast bei einer Klage auf irreführende Werbung zu tragen. Klageberechtigt sind nach § 13 UWG dem relevanten Markt angehörende Mitbewerber, Verbände zur Förderung gewerblicher Interessen, Industrie- und Handelskammern sowie Verbraucherverbände, nicht jedoch einzelne Verbraucher. Das Ziel einer Klage besteht darin, einen Unterlassungsanspruch und gegebenenfalls einen Schadensersatzanspruch geltend zu machen.

Die Rechtsprechung kann aufgrund allgemeiner Gerechtigkeitserwägungen Beweiserleichterungen zulassen, wodurch die strenge Beweispflicht des Klägers gelockert wird. Eine **völlige Umkehr der Beweislast** zu Lasten des Beklagten kann erfolgen, wenn es dem Kläger nicht möglich ist, Tatsachen zu beweisen, die nur dem Beklagten zugänglich sind. Unzugänglich sind z.B. innerbetriebliche Tatbestände wie Rezepte, Herstellungsverfahren etc., über die nur der Beklagte Auskunft geben kann (vgl. das Urteil des BGH zum "Bärenfang"-Likör, dessen Herstellung nach einem alten ostpreußischen Familienrezept erfolgt, BGH, in: GRUR 1963, S. 270).

Eine **teilweise Umkehr der Beweislast** erfolgt bei der Werbung mit fachlich umstrittenen Behauptungen. In einem solchen Fall muß der Kläger nachweisen, daß die fraglichen Angaben wissenschaftlich nicht unumstritten sind, während der Beklagte den Nachweis einer wissenschaftlich gesicherten Erkenntnis erbringen muß.

Eine Umkehr der Beweislast wird dann kaum zum Zuge kommen, wenn es nachzuweisen gilt, daß die Umworbenen die Angaben in einem bestimmten Sinn verstehen. Hierfür sind geeignete Methoden zur Feststellung der Irreführung erforderlich.

Das zentrale Problem bei der Anwendung von § 3 UWG liegt in der Überprüfung der Werbeaussage auf den Tatbestand der Irreführung. Der **Richter** kann die Eignung einer Werbeangabe zur Irreführung **aus eigener Sachkunde ohne Beweiserhebung** bejahen, wenn er sich zu den von der Werbung angesprochenen Verkehrskreisen zählt.

Will er dagegen die Irreführungsgefahr verneinen oder zählt er sich nicht zu den angesprochenen Verkehrskreisen, müssen **Beweismittel** eingeholt werden (vgl. Baumbach/Hefermehl 1995, § 3 UWG, Rdn. 110 ff.). Als Beweismittel kommen einerseits Auskünfte von Industrie- und Handelskammern sowie von Wirtschaftsverbänden in Frage, andererseits kann das Gericht den Beschluß der Erstellung eines demoskopischen Gutachtens fassen, auf dessen Problematik im folgenden kurz eingegangen wird (vgl. hierzu ausführlich Böhm 1986, Knaak 1986 sowie die dort angegebenen Literaturnachweise).

Für die Erstellung eines Beweisgutachtens ist erstens ein theoretisches Konstrukt (1) zu bestimmen, das die Art und Weise der Betrachtung des Untersuchungsgegenstandes festlegt und auf dessen Basis dann zweitens geeignete empirische Methoden (2) zur Feststellung der Irreführung angewandt werden.

(1) Als **theoretische Konstrukte** kommen die objektive Prüfung oder die subjektive Prüfung von Werbeaussagen in Betracht. Der erste Ansatz ist botschaftsorientiert, d.h. **senderorientiert** und versucht, ausgehend von der Werbeaussage, die Irreführungswirkung durch wissenschaftlich fundierte Beweise zu bestimmen. Da es für die wissenschaftlichen Experten häufig problematisch sein wird, sich in die Lage eines flüchtig betrachtenden Durchschnittsverbrauchers zu versetzen, fand dieser Ansatz bisher kaum Anwendung in der praktischen Rechtsprechung.

Im zweiten Ansatz wird der Rezipient der Werbeaussage explizit miteinbezogen. Bei dieser **empfängerorientierten** Wirkungsanalyse bestimmt sich die Grenze, ab der Werbeangaben wegen Eignung zur Irreführung unzulässig sind, danach,

- welcher Grad an Wissensstand und Auffassungsgabe der Bezugsperson aus dem angesprochenen Verkehrskreis für die Feststellung der durch eine Werbeaussage hervorgerufenen Vorstellungen maßgeblich ist und
- wie groß der Anteil der irregeführten Bezugspersonen am gesamten relevanten Verkehrskreis sein muß.

Der **Grad des Wissensstandes und der Auffassungsgabe** ist bei der Bezugsperson eines breiten Publikums wesentlich niedriger anzusetzen als bei der Bezugsperson eines begrenzten Fachkreises. In der deutschen Rechtsprechung wird als relevante Bezugsperson eines breiten Publikums der Durchschnittsbürger ohne Fachkenntnisse herangezogen, der eine Werbeangabe nur flüchtig betrachtet. Bei der relevanten Bezugsperson eines begrenzten Fachkreises werden entsprechende Fachkenntnisse vorausgesetzt.

Eine derart festgelegte Grenze für die Eignung zur Irreführung gibt dem Werbungtreibenden einen nicht eindeutig umrissenen **Freiraum** für seine Werbeangaben; es dürfen Angaben verbreitet werden, wenn eine bestimmte

Gruppe von Verbrauchern, die die relevanten Bezugspersonen repräsentiert, diese Angaben als nicht irreführend auffaßt oder ihnen keine Bedeutung beimißt. Andere personengebundene Kriterien erlauben nur geringere Freiräume für den Werbungtreibenden; so z.B. der unvernünftige Verbraucher als Bezugsperson, wonach als irreführend eingestuft wird, was dieser Typus von Verbraucher falsch versteht (vgl. Preston 1974, S. 131 ff.).

Sofern bei dem flüchtigen Durchschnittsbetrachter eine Irreführung festgestellt werden kann, stellt sich die Frage, wie groß der **Anteil der irregeführten Rezipienten** an der Gesamtheit der angesprochenen Verkehrskreise sein muß, um eine Werbeangabe für unzulässig zu erklären.

Die ständige Rechtsprechung geht davon aus, daß bei einem "nicht unerheblichen" Teil der umworbenen Verkehrskreise falsche Vorstellungen erweckt werden müssen, um den Vorwurf der irreführenden Werbung begründen zu können. Als "nicht unerheblicher" Teil werden von der Rechtsprechung zwischen 10% - 20% der angesprochenen Verkehrskreise angesehen (vgl. BGH, in: GRUR 1973, S. 425 - Melitta-Kaffee), jedoch kann im Einzelfall diese Grenze herauf- oder herabgesetzt werden (vgl. OLG Köln, in: WRP 1973, S. 556; KG Berlin, in: WRP 1976, S. 311 - Porzellan-Manufaktur; KG Berlin, in: WRP 1976, S. 372 - Glücksbringer).

(2) Aufbauend auf dem empfängerorientierten Ansatz sind **geeignete Methoden** anzuwenden, um den Anteil der irregeführten Rezipienten zu quantifizieren. Zu unterscheiden ist zwischen herkömmlichen demoskopischen Umfragen und differenzierten Ansätzen, wie z.B. von Raffée (1976) und Trommsdorff (1979, S. 91 ff; auf die Darstellung dieses Ansatzes soll hier verzichtet werden.).

Die **traditionellen** Methoden der demoskopischen Umfrage sind mit methodenimmanenten Fehlerquellen behaftet, so daß ihre Aussagekraft hinsichtlich der Ermittlung der Auffassung der angesprochenen Verkehrskreise fraglich ist. (Eine umfassende Diskussion über die herkömmlichen Ansätze findet sich bei Raffée 1976. Dort werden systematisch die Probleme der einzelnen Ansätze aufgezeigt.) Dabei sind hauptsächlich folgende Kritikpunkte hervorzuheben: Die traditionellen Ansätze vernachlässigen die Überprüfung der Vorstellungen der Rezipienten vor dem Kontakt mit der Werbeaussage; sowohl ein nicht irregeführter Zustand als auch bereits falsche Vorstellungen vor der Aufnahme der Werbeaussage (Grundirreführung) sind möglich. Wird die Grundirreführung bei der Umfrage außer acht gelassen, so führt dies zu einer Vermengung dieser a-priori mit den a-posteriori Irreführungen. Das Ergebnis läßt dadurch keine eindeutige Aussage über den Anteil der Verkehrskreise zu, die durch die zu beurteilende Werbeaussage irregeführt worden sind (vgl. Raffée 1976, S. 50).

Unberücksichtigt bleibt auch die Frage, ob die befragten Personen **Einfach- oder Mehrfachberührungen mit der Werbeaussage** hatten. Durch Mehrfachberührungen kann bei dem Rezipienten ein Lernprozeß ausgelöst werden, der zu einer Aufklärung des irregeführten Konsumenten führt. Durch derartige Lernprozesse sinken im Zeitablauf die Irreführungsquoten. Da bereits ein einmaliger flüchtiger Kontakt nach den Grundsätzen der Rechtsprechung die Eignung zur Irreführung bedeuten kann, ist eine Trennung in Einfach- und Mehrfachkontakte zwingend notwendig. Nur die Irreführungsquote beim Erstkontakt ist geeignet, um Aufschluß über den Grad der Irreführung gemäß der Rechtsauslegung zu geben.

Ebenso sind die Irreführungsbegriffe, die Meßmethoden und Bestimmung des gerade noch zulässigen Prozentsatzes an irregeführten Personen der Kritik von Raffée unterworfen. Eine **Verbesserung der Meßmethode** sieht Raffée (1977, S. 74 ff.) in der Differenzierung des Prüfverfahrens in vier Tests:

- Test auf Irreführung über die **Quelle einer Information**, wobei es festzustellen gilt, ob die Verkehrskreise den Werbungtreibenden identifizieren oder mit dem redaktionellen Teil z.B. einer Nachrichten- oder Magazinsendung verwechseln;
- Test auf Irreführung über funktionelle Eigenschaften eines **marktneuen Produktes**;
- Test auf Irreführung über funktionelle Eigenschaften eines **im Markt etablierten Produktes**;
- Test auf Irreführung über **soziale Eigenschaften** eines im Markt etablierten Produktes, wobei die Vorstellungen über soziale Normierung des Konsums eines Produktes erfaßt werden sollen, wie z.B. die Assoziation, beim Konsum eines bestimmten Produktes als modern, fortschrittlich oder wohlhabend angesehen zu werden.

Weiterhin wird bei diesem Ansatz die Unterteilung in Experimental- und Kontrollgruppen sowie in Vor- und Nachbefragungen vorgenommen, um die Einflüsse von Mehrfachkontakten und Grundirreführungen zu eliminieren.

Bei praktischer Anwendung dieses Ansatzes wird jedoch ein Umdenken der Rechtsprechung notwendig, da der Ansatz von Raffée auf dem **Begriff der tatsächlichen Irreführung** und nicht mehr auf der Eignung zur Irreführung aufbaut, die bis dato von der ständigen Rechtsprechung für die Anwendung von § 3 UWG vorausgesetzt wird. Irreführend sind danach Werbeaussagen, die

- einen falschen, d.h. der Wirklichkeit nicht entsprechenden Eindruck über einen bestimmten Sachverhalt hervorrufen oder bestätigen,
- wobei der falsche Eindruck ursächlich sein muß für eine über die reine Aufnahme und Speicherung der Information hinausgehende Veränderung der Einstellungen, Motive, Persönlichkeitsmerkmale, Wahrnehmungs-, Denk- und Lernprozesse des Rezipienten,
- ohne daß der Beeinflußte diese Einflußnahme bemerkt.

Grundsätzlich rechtfertigen sich die mit der Erstellung demoskopischer Umfragen verbundenen Kosten aufgrund ihrer Genauigkeit in der Messung der Irreführungsquote und der damit einhergehenden überzeugenden Beweiserhebung.

4.3.2.3 Fallgruppen irreführender Werbung

Irreführende Werbung läßt sich in verschiedene Fallgruppen unterteilen, wobei grundsätzlich irreführende Angaben gemacht werden können über

- die anbietende **Unternehmung selbst** bezüglich
  - des Alters der Firma,
  - der Größe der Firma,
  - persönlicher Verhältnisse des bzw. der Inhaber,
  - der Gesellschaftsverhältnisse und/oder

- die **Ware und Leistung** der anbietenden Unternehmung bezüglich
  - der Beschaffenheit und Qualität,
  - der Warenmenge, Warenvorrat und Auflagenhöhe,
  - der Herkunft, Bezugsart und Bezugsquelle und/oder

- die **Preisbemessung** der anbietenden Unternehmung bezüglich
  - des Preises selbst,
  - Preisschlagwörter,
  - der Gegenüberstellung von Preisen,
  - des Preissystems (Lockvogel- und Sonderangebote) und/oder

- die geschäftlichen Verhältnisse der **Mitbewerber** bezüglich
  - der konkurrierenden Unternehmung selbst,
  - der Ware und Leistungen,
  - des Preises.

Basierend auf diesen Tatbeständen werden folgende Fallgruppen irreführender Werbung unterschieden, die *Bild 49* im Überblick zeigt. Die in der Praxis bedeutendsten Fallgruppen werden im folgenden dargestellt. Da Problemstellungen der irreführenden Preiswerbung hauptsächlich im Einzelhandel auftreten, werden sie hier nicht betrachtet. Da die Werbung mit Warentestergebnissen nicht nur unter dem Gesichtspunkt der Irreführung, sondern darüber hinaus unter deliktsrechtlichen und sittenwidrigen Aspekten zu beurteilen ist, wird ihr in *Kap. 4.3.3* eine separate Darstellung gewidmet.

4.3.2.3.1 Werbung mit mehrdeutigen Angaben

(1) Mehrdeutigkeit einer Werbebotschaft

Die Mehrdeutigkeit einer Werbebotschaft kann einerseits aus der Gesamtankündigung **mehrerer** Angaben und andererseits aus **ein und derselben** Angabe resultieren. Eine Irreführung liegt dann vor, wenn nicht alle in Frage kommenden Bedeutungen richtig sind, die von einem nicht unerheblichen Teil der Verkehrskreise wahrgenommen werden. Dabei ist es unerheblich, ob der Werbungtreibende die Mehrdeutigkeit bewußt oder unbewußt herbeigeführt hat.

Fallgruppe	Ausprägung (Beispiele)
Irreführende Werbung mit mehrdeutigen Angaben	• mehrdeutige Angaben i.e.S. • Werbeaussagen mit Zweitbedeutung
Irreführende Alleinstellungswerbung	• Superlativwerbung • Komparativwerbung (positiv oder negativ) • Positivwerbung • Spitzengruppenwerbung
Irreführende Preiswerbung	• Täuschung am Preis selbst • Lockvogel- und Sonderangebote • Irreführende Gegenüberstellung von Preisen • Irreführung über das Preissystem • Preisschlagwörter • sonstige
Irreführende Blickfangwerbung	• schlagwortartige Hervorhebung einzelner Worte • Hervorhebung graphischer Elemente
Irreführende Werbung mit Warentestergebnissen	• unvollständige Testergebnisse • kommentierte Testergebnisse • veraltete Testergebnisse
Werbung mit Selbstverständlichkeiten und Nebensächlichkeiten	• gesetzlich vorgeschriebene Eigenschaften • zum Wesen der Ware gehörende Umstände

Bild 49:   Fallgruppen irreführender Werbung

Von besonderer Bedeutung bei dieser Form der Irreführung ist die Ermittlung des Anteils der irregeführten Personen. Ein Beispiel für die Darstellung dieser Problematik ist die Entscheidung des BGH im Fall der Firmenbezeichnung "Kontinent Möbel" (vgl. BGH, in: GRUR 1979, S. 716 ff. - Kontinent Möbel). Das Gericht hatte dabei festzustellen, ob die von der Bezeichnung "Kontinent Möbel" ausgehenden Mehrfachirreführungen einen nicht unerheblichen Teil der Verkehrskreise erreichten. Durch eine Befragung wurden die mit dem Begriff "Kontinent Möbel" assoziierten Bedeutungen und die Fehlvorstellungsquoten bei den Rezipienten ermittelt:

Bedeutung der Firmenbezeichnung "Kontinent Möbel"	Fehlvorstellungs-quote
• Hinweis auf internationale Herkunft der Möbel (Europa, Ausland)	8%
• Hinweis auf Angebot dieser Möbel auch im Ausland	7%
• Vorstellung eines kontinentalen Filialunternehmens	2%
• allgemeine Vorstellung der Internationalität	2%

Aus diesen Prozentwerten aller nicht zutreffenden Vorstellungen über die Firmenbezeichnung "Kontinent Möbel" ermittelte der BGH durch Addition eine Gesamt-Irreführungsquote von 19 % und sah die von ihm angenommene Beachtlichkeitsschwelle von 10 % damit als überschritten an, wodurch die Voraussetzung des Eingreifens gegen die Firmenbezeichnung gemäß § 3 UWG gegeben war. An dieser **Additionsmethode** wird jedoch vielfältige und auch nicht unberechtigte Kritik geübt (vgl. z.B. Klette 1983, S. 414 ff.). Ein Hauptkritikpunkt ist die Existenz von Mehrfach-Fehlvorstellungen bei demselben Teil des Verkehrs. Mehrfach-Täuschungen werden um so eher erzeugt, je mehr die verschiedenen Fehlvorstellungen einen gemeinsamen Nenner aufweisen und somit einen gemeinsamen Assoziationsauslöser haben. Sofern sich mehrere Fehlvorstellungen bei ein und demselben Personenkreis überlagern - und dadurch Zweifach-, Dreifach- oder Vierfach-Irreführungen entstehen - ist die reine Addition der einzelnen Fehlvorstellungsquoten völlig ungeeignet, um die Gesamt-Irreführungsquote der Verkehrskreise bestimmen zu können. Für die rechtliche Beurteilung nach § 3 UWG ist allein die Existenz eines Irrtums, nicht aber die Intensität dieses Irrtums, ausgedrückt durch die Mehrfach-Irreführungen, relevant.

Weiterhin ist die Additionsmethode in ihrer Aussagekraft bei Mehrfach-Fehlvorstellungen innerhalb unterschiedlicher Verkehrsteile fragwürdig, wenn die von dem Reizwort (hier: die Firmenbezeichnung "Kontinent Möbel") induzierten Täuschungen nicht gleichgerichtet sind, d.h. keinen gemeinsamen Nenner aufweisen, sondern in unterschiedliche Richtungen gehen. Problematisch hierbei sind die von der Rechtsprechung heranzu-ziehenden rationalen Beurteilungskriterien zur Objektivierung des Begriffes "gemeinsamer Nenner".

Die Additionsmethode sollte ebenfalls nicht angewandt werden, wenn bei den Rezipienten **diffuse Mehrfach-Fehlvorstellungen** existieren, wobei jede einzelne Fehlvorstellungsquote unterhalb der Beachtlichkeitsschwelle liegt. Wenn in dem (konstruierten) Beispiel eine Schweizer Spirituose mit der Bezeichnung "Donauwasser" auf ihre Herkunft hin bei den relevanten Verkehrskreisen untersucht werden soll, so sind als mögliche diffuse Mehr-fach-Fehlvorstellungen über die Herkunft Deutschland, Tschechien, Öster-reich, Ungarn, Jugoslawien, Rumänien, Bulgarien oder Rußland denkbar, also Länder, die die Donau durchfließt oder als Grenzfluß berührt. Diese acht in unterschiedliche Richtungen zielenden Fehlvorstellungen erreichen nicht dadurch die Beachtlichkeitsschwelle, indem ihre (hierbei unterstellten) geringen Einzel-Fehlvorstellungsquoten (Bagatellquoten) zu einer Gesamt-Irreführungsquote aufaddiert werden.

Implikationen aus diesen Kritikpunkten ergeben sich zum einen für die Anwendung von Befragungsmethoden (offene anstatt geschlossener Fragen; Berücksichtigung von Mehrfach-Irreführungen bei denselben Rezipienten; etc.) und zum anderen für die Auswertung der Befragungsergebnisse. Der Werbungtreibende hat nicht Mehrfach-Irreführungen zu verantworten, die auf grobem Unverstand der Rezipienten basieren. So darf der Rezipient z.B. wegen der Gattungsbezeichnung "Wodka" oder "Whiskey" kein alkoholisches Getränk mit dem Herkunftsland Sowjetunion oder USA erwarten.

(2) Werbeangaben mit Zweitbedeutung

Die zweite Untergruppe der mehrdeutigen Werbung umfaßt Werbeangaben, bei denen die relevanten Verkehrskreise eine Bezeichnung in einem anderen als dem ursprünglichen Sinn auffassen. Man spricht hier auch von einer sog. Zweitbedeutung (secondary meaning) (vgl. Baumbach/Hefermehl 1995, § 3 UWG, Rdn. 40). Irreführend kann die Zweitbedeutung im Vergleich zur Primärbedeutung vor allem dann sein, wenn die angesprochenen Verkehrskreise ausgehend von dem Primärinhalt Erwartungen an die Zweitbedeutung stellen, die nicht zutreffend sind. Ein Beispiel hierfür: Die Verwendung des Wortes "Seide" für ein kunstseidenes Erzeugnis ist dann zulässig, wenn durch einen unmißverständlichen Zusatz klargestellt wird, daß es sich um Kunstseide handelt. Als ein nicht hinreichender Zusatz wurde die Bezeichnung "Cupresa-Kupferseide" für ein kunstseidenes Erzeugnis erachtet.

Da für die rechtliche Beurteilung der Zweitbedeutung i.S.v. § 3 UWG allein die Verkehrsauffassung von Bedeutung ist, muß auch der Bedeutungswandel einer Zweitbedeutung innerhalb der relevanten Verkehrskreise berücksichtigt werden. Als Folge dieses Bedeutungswandels können Werbeangaben im Zeitablauf irreführend werden oder diese Eignung verlieren. Verbinden beispielsweise die relevanten Verkehrskreise mit der Bezeichnung "Bäcker-Nudeln" von einem Bäcker hergestellte Nudeln anstelle des tatsächlich vorliegenden Industrieerzeugnisses, dann ist die Zweitbedeutung in diesem Zeitpunkt irreführend, kann aber die Eignung zur Irreführung verlieren, wenn in Zukunft ein nicht unerheblicher Teil der relevanten Verkehrskreise mit der nach dem allgemeinen Sprachgebrauch unrichtigen Bezeichnung "Bäcker-Nudeln" tatsächlich ein Industrieerzeugnis assoziieren (vgl. Baumbach/Hefermehl 1995, § 3 UWG, Rdn. 42 f.).

Für die rechtliche Zulässigkeit derartiger Werbeaussagen gilt der Leitsatz, daß der Werbende nur solche unzutreffenden Zweitbedeutungen zu verantworten hat, die nicht nur in kleineren Teilen der Verbraucherschaft erwartet werden oder die nicht überraschend in größeren Teilen der Verbraucherschaft erwartet werden (vgl. Tilmann 1976, S. 555).

4.3.2.3.2 Alleinstellungswerbung

Mit der Hervorhebung der Alleinstellung verfolgt der Werbungtreibende die Absicht, seine eigene Sonderstellung im Vergleich zu seinen Mitbewerbern gegenüber den Rezipienten zum Ausdruck zu bringen. Die Alleinstellungswerbung ist grundsätzlich dann zulässig, wenn die behaupteten Angaben i.S.v. § 3 UWG inhaltlich wahr sind und die Umstände der kommunikativen

Übermittlung frei von irreführenden Elementen für die relevanten Verkehrskreise sind. Die Alleinstellungswerbung unter dem Aspekt der vergleichenden Werbung wird in *Kap. 4.3.1.3.2 (2)* behandelt. Nicht unter § 3 UWG
fallen dabei offensichtliche Übertreibungen, humoristische Anpreisungen und
marktschreierische Behauptungen, die von niemandem ernst genommen
werden.
Folgende Varianten der Alleinstellungswerbung lassen sich unterscheiden,
deren Zulässigkeit an einigen ausgewählten Fällen aus der deutschen Rechtsprechung beispielhaft dargestellt wird:

Variante	Beispiele
• Superlativwerbung	der Größte; unschlagbar; "Nr. 1"; das König unter den Bieren
• positive Komparativwerbung	T gibt Ihrem Waschmittel höhere Waschkraft. X bietet bessere Produkte.
• negative Komparativwerbung	Es gibt kein besseres Vollwaschmittel. Keiner bietet mehr als A.
• Positivwerbung	Das erste Spülmittel, bei dem Sie nicht abzutrocknen brauchen.
• Spitzengruppenwerbung	Einer der besten Camcorder.

(1) Superlativwerbung

Die Superlativwerbung, "das größte Unternehmen" oder die "Nr. 1" zu sein,
ist ohne Bezugnahme auf einen konkreten, für die Verkehrskreise bei der
Beurteilung der Aussage relevanten Maßstab (z.B. Auflagenzahl einer Tageszeitung, Umsatz, Ausstellungsfläche, Anzahl der Mitarbeiter) nur zulässig,
wenn es sich um eine wahrheitsgemäße allgemein leistungsbezogene
Spitzenstellung des Werbenden im Vergleich zu den Konkurrenten handelt
(vgl. OLG Celle, in: GRUR 1983, S. 31 - Nr. 1; OLG Karlsruhe, in: WRP
1984, S. 221 f. - Nordbadens Nr. 1 in Auflage und Verbreitung; OLG
München, in: WRP 1978, S. 741 - Der größte deutsche Spielwarenhersteller).
Ein Werbungtreibender wird sich um so weniger den Vorwurf einer irrefüh-
renden Superlativwerbung ausgesetzt sehen, je stärker er die **aufgestellte
Aussage** einer Spitzenstellung hinsichtlich des relevanten Marktes (z.B.
Einzelhandelsbetriebe vs. Gastronomie- und Cash & Carry-Betriebe), der
Mitbewerber, der geographischen Räume, des Produktes selbst (z.B.
Markenartikel vs. markenlose Artikel) etc. **relativiert** und somit bei den
angesprochenen Verbraucherkreisen Fehlvorstellungen vermeidet.
Unzulässig ist die Aussage "größter Hersteller des Kontinents", wenn diese
Angabe nur unter Hinzurechnung der Umsätze der Tochterunternehmungen
der werbenden Unternehmung richtig ist, die Verkehrskreise jedoch keine
ausreichenden Kenntnisse über die Verflechtungen der Firmen besitzen.

Ein produktbezogener **genereller Superlativ** verstößt gegen § 3 UWG, wenn die Alleinstellungsbehauptung nicht alle wesentlichen Produkteigenschaften umfaßt. So war z.b. die Aussage "Ein vergleichbares Auto muß noch gebaut werden" deshalb unzulässig, weil qualitätsmäßig adäquate Kraftfahrzeuge durchaus auf dem Markt angeboten wurden. Der unbefangene flüchtige Durchschnittsbetrachter bezieht diese Aussage jedoch nicht auf das besondere neue hydropneumatische Federungssystem, mit dem der Werbende das Auto ausgestattet hatte. Eine generelle Vorzugsstellung existierte nicht, und die Werbeaussage hätte hinsichtlich der herauszustellenden Produkteigenschaften (hier: Federungssystem) relativiert werden müssen, um nicht irreführend i.S.v. § 3 UWG zu sein (vgl. OLG Düsseldorf, in: MA 1976, S. 360). Fehlen dagegen allgemeine Beurteilungsmaßstäbe, um z.b. Superlativaussagen hinsichtlich der Qualität eines Produktes überprüfen zu können, und sind derartige Maßstäbe auch nicht im Bewußtsein der Verbraucher vorhanden, so werden Aussagen wie "Das beste Bier" aufgrund ihres objektiv nicht nachprüfbaren Inhaltes als **allgemeine Anpreisungen** angesehen, die nicht gegen das Irreführungsverbot verstoßen.

(2) Negativer Komparativ

Die Zulässigkeitsvoraussetzung für die Anwendung des "negativen Komparativs" ist die Existenz einer tatsächlich nachweisbaren Alleinstellung. Zur Beurteilung von Werbeaussagen, wie z.b. "Für Ihre Füße gibt es nichts Besseres als ein Fußbad mit S" oder "Es gibt kein besseres Bier" kann die Rechtsprechung die Auffassung der Verkehrskreise durch Befragungen ermitteln. Hierbei geht die Rechtsprechung in der Regel von einem flüchtigen Durchschnittsbetrachter einer Werbeaussage aus, der nicht die grammatikalische Möglichkeit des negativen Komparativs in Betracht zieht, daß es außer dem beworbenen Objekt noch weitere mindestens gleich gute Produkte gibt. Ergeben die Befragungen, daß die Rezipienten mit der zu beurteilenden Werbeaussage eine uneingeschränkte Spitzenstellung assoziieren, die nachweisbar nicht den Tatsachen entspricht, so liegt eine Täuschung der Verkehrskreise i.S.v. § 3 UWG vor (vgl. OLG München, in: WRP 1981, S. 340 ff. - Fußbad; OLG Hamburg, in: WRP 1977, S. 811 - Es gibt kein besseres Bier).
Die Verwendung des negativen Komparativs kann auch als Spitzengruppenwerbung beurteilt werden, wenn die relevanten Verkehrskreise in ihrer Vorstellung davon ausgehen, daß die fraglichen Werbeaussagen (es gibt keine bessere ..., es gibt keine stärkere ..., keiner versteht mehr von ..., etc.) eine Zugehörigkeit des Werbungtreibenden zu einer Gruppe von Anbietern implizieren, von denen alle gleich gute Produkte vertreiben, jedoch keiner eine exponierte Stellung einnimmt. Kann anhand objektiver Kriterien eine solche Spitzengruppenzugehörigkeit nachgewiesen werden, so ist die Werbeaussage zulässig.

(3) Spitzengruppenwerbung

In der gleichen Weise bestimmt sich die Zulässigkeit der Spitzengruppenwerbung, die sich nicht des "negativen Komparativs", sondern einer positiven
Umschreibung (einer der besten ..., einer der größten ..., einer der stärksten
..., etc.) bedient. Zu dem Problem der Anwendung geeigneter Meßkriterien
tritt hier die Frage, wie breit die Spanne festzulegen ist, innerhalb derer der
Anbieter noch zur Spitzengruppe gerechnet werden kann.

Als zugehörig zu einer Spitzengruppe sah der BGH eine Unternehmung an,
die sich in einer Werbeaussage als "eine der größten" bezeichnet hatte, wenn
sie im Vergleich zu den übrigen Unternehmungen nur unwesentlich, keines-
falls aber um die Hälfte zurückbleibt (vgl. BGH, in: GRUR 1969, S. 415 -
Kaffeerösterei). Offen bleibt hier allerdings, anhand welcher Kriterien der
Abstand zwischen den einzelnen Unternehmungen gemessen wird und wie
der Begriff "unwesentlich" inhaltlich exakt auszufüllen ist.

Die höchstrichterliche Rechtsprechung geht nicht mehr von einer Spitzen-
gruppenzugehörigkeit aus, "wenn die in der Rangfolge vorne liegenden
Unternehmen eines Geschäftszwigs voneinander wiederum einen merkli-
chen Abstand haben" (BGH, in: WRP 1985, S. 290 - Einer der größten ...).
Der "merkliche Abstand" besteht demnach in einer hinsichtlich Größe und
Bedeutung vielfachen Unter- bzw. Überlegenheit zwischen den fraglichen
Unternehmungen.

Problematisch scheint das Kriterium "Umsatz" für die Bewertung einer
Spitzengruppenzugehörigkeit zu sein, da die relevanten Verkehrskreise in der
Regel keine genauen Vorstellungen und Kenntnisse über die Umsätze der
Unternehmungen besitzen und daher diese Größe als Maßstab für die Beur-
teilung einer Werbeaussage nicht heranziehen. Benutzt die Rechtsprechung
dennoch dieses Kriterium zur Bestimmung des Abstandes zwischen den
fraglichen Unternehmungen, so kann damit bei einem empfängerorientierten
Ansatz der Irreführung keine Täuschung der Verkehrskreise nachgewiesen
werden.
Brauchbar sind dagegen z.B. der Umfang des Warenangebotes, die Preiswürdigkeit und die Qualität der angebotenen Ware als Kriterien, die für die
Rezipienten konkret faßbar und vorstellbar sind.

4.3.2.3.3 Irreführende Blickfangwerbung

Werden im Rahmen einer Gesamtankündigung einzelne Angaben im
Vergleich zu den sonstigen Angaben besonders herausgestellt, um die
Aufmerksamkeitswirkung beim Rezipienten zu steigern, so liegt eine Blick-
fangwerbung vor (vgl. Baumbach/Hefermehl 1995, § 3 UWG, Rdn. 38). Zur
Hervorhebung einzelner Passagen bei der graphischen und textlichen Gestal-
tung eines Werbemittels können z.B. der Einsatz von Fettdruck, farbliche

Unterschiede, größere Buchstabenhöhe, Einrahmung, Art der Plazierung und bildliche Darstellungsmittel verwendet werden. Durch den Blickfang soll die Funktion eines "Door-Opener" erfüllt werden, der den Verbraucher über die herausgestellte Angabe zu dem übrigen Inhalt der Ankündigung führen soll, wodurch eine wettbewerbsrechtlich relevante Beeinflussung in Form des Anlockens gegeben ist. Die derzeitige ständige Rechtsprechung geht jedoch davon aus, daß bei einem flüchtigen Betrachter nicht notwendigerweise die Beachtung der Gesamtankündigung erfolgt, sondern lediglich des Blickfangs. Aus diesem Grund wird überwiegend die herausgestellte Angabe isoliert auf ihre Eignung zur Irreführung hin geprüft.

Eine **isolierte Beurteilung der Blickfangwerbung** ist dann gerechtfertigt, wenn von dem Rezipienten nicht erwartet wird, daß er sich mit der Gesamtankündigung auseinandersetzt. In diesem Fall muß ein zulässiger Blickfang als solcher wahr sein. Dieser Anforderung genügt z.B. nicht die übermäßige blickfangartige Hervorhebung der "Gratis"-Natur einer Probesendung innerhalb eines Kaufs auf Probe, durch deren Anforderung ein Dauer-Abonnement eingeleitet wird, sofern der Adressat nicht jede einzelne Probesendung separat innerhalb einer ihm gesetzten Frist zurückschickt und damit absagt. Die beklagte Unternehmung warb für den Kauf einer Kartensammlung unter der Bezeichnung "Garten-ABC" mit folgenden 3 Blickfangbestandteilen:

a) "1. Gratis für Sie: 24 Gartenkarten"
   "2. Gratis für Sie: Die Sammelkassette"
   "3. Gratis für Sie: 53 Registerkarten"
   "4. Gratis für Sie: Die aktuelle *Gartenschaukel*"
b) "Gratis-Paket-Scheck"
c) "Ihr größter Vorteil:
   Sie können das große Garten-ABC jetzt völlig kostenlos kennenlernen.
   Fordern Sie Ihr Gratis-Paket am besten gleich an!"
   (vgl. KG Berlin, in: GRUR 1984, S. 286 f. - Garten-ABC)

Da sich der Besteller mit seiner Unterschrift auf vertraglich wiederkehrende Ansichtssendungen einläßt, wenn er den "Gratis"-Hinweisen folgt (= Beeinflussung des Kaufentschlusses), wurde dieser Blickfang als irreführend beurteilt.

Anders fällt die Beurteilung von Blickfangwerbung aus, wenn von dem Rezipienten zu erwarten ist, daß er sich nicht nur mit dem "Door-opener" auseinandersetzt, sondern auch noch mit weiteren Teilen der Werbung. Einerseits kann dies durch die Umstände der Aufnahme einer Werbung geschehen, indem der Rezipient über ausreichend Zeit verfügt, die **Gesamtankündigung** wahrzunehmen; andererseits können ihn Elemente des Blickfanges dazu veranlassen, den übrigen Inhalt der Ankündigung heranzuziehen, so z.B. durch einen sich an einer als Blickfang gestalteten Überschrift befindlichen Stern, der auf eine Fußnote mit weiteren Erläuterungen hinweist. Als zulässiger Blickfang wurde daher folgende Werbung beurteilt: Unter der großgedruckten Überschrift "Ein Schmuckstück zum Verlieben für DM 11.111,- *" warb ein Importeur für ein Kraftfahrzeug. Der sich unmittelbar neben der Preisangabe befindliche Stern verwies auf einen kleingedruckten Textteil, in dem es u.a. hieß: "Unverbindliche Preisempfehlung der ... - GmbH ab Importlager, zuzüglich Überführungskosten ...". Die Rechtsprechung ging davon aus, daß sich der Verkehr an diese Art der graphischen Darstellung gewöhnt hätte und daß der Anmerkungsstern eine ausreichende Druckgröße hätte, um den Leser auf die Fußnote hinzuweisen (vgl. KG Berlin, in: GRUR 1984, S. 455 f. - Kfz-Importeur-Werbung).

Ein weiteres Problem bei der Blickfangwerbung ist die Form der **Klarstellung eines irreführenden Blickfangs im übrigen Text**. Es gilt heute nicht mehr der unumschränkte Grundsatz, daß ein unrichtiger oder unvollständiger Blickfang, der einen Irrtum des Betrachters nach sich zieht, nicht durch den weiteren Inhalt der Werbung klargestellt werden kann. Wird ein Leser irregeführt, so ist eine Klarstellung im übrigen Teil des Werbemittels - unter der Voraussetzung, eine Beschäftigung des Lesers hiermit sei zu erwarten - nur dann möglich, wenn sie in mindestens gleicher Deutlichkeit vorgenommen wird (vgl. OLG Köln, in: WRP 1985, S. 107 f.).

Die aufgezeigten Problembereiche verdeutlichen, daß es bei der Blickfangwerbung einer differenzierten Beurteilung bedarf. Ausgangspunkt können dabei nicht der "flüchtige" Betrachter und die isolierte Bewertung des Blickfangs sein; vielmehr ist zu berücksichtigen, welcher Art das Werbeobjekt und das verwendete Werbemedium sind und in welcher zeitlichen, räumlichen und personellen Umgebung sich der Betrachter befindet. Erst wenn diese situativen Faktoren festgestellt worden sind, kann man von einem flüchtigen oder einem aufmerksamen Betrachter und von einer isolierten oder zusammenhängenden Beurteilung des Blickfangs ausgehen.

4.3.3 Werbung mit Warentestergebnissen

4.3.3.1 Formen und Bedeutung von Warentests

Als Warentest wird die Prüfung und Bewertung der für die Gebrauchstauglichkeit relevanten Eigenschaften bezeichnet, um den Konsumenten für den Kaufentscheidungsprozeß notwendige sachliche Informationen zur Verfügung zu stellen. Neben **privaten Unternehmungen** treten vor allem **Verbraucherverbände** und die vom Bundeswirtschaftsministerium finanzierte **"Stiftung Warentest"** in Berlin als Testveranstalter auf. Gegenstand dieser Veranstaltungen sind sowohl Einzeltests als auch vergleichende

Warentests, wobei besonders letzteren große Bedeutung im Rahmen der Konsumgüter-Werbung zukommt.

Die nachfolgend zu überprüfende Frage der rechtlich zulässigen Werbung unter Verwendung von Ergebnissen vergleichender Warentests stützt sich vor allem auf **neutrale Warentests**, d.h. von neutralen Prüfern nach objektiven und überprüfbaren Kriterien nicht zu Zwecken des Wettbewerbes veranstaltete Warentests, wie sie z.B. von der "Stiftung Warentest" durchgeführt werden (auf die Implikationen von Warentestergebnissen für das Marketing-Mix von Industrie und Handel wird in diesem Zusammenhang nicht eingegangen; vgl. Fritz 1984, 1985, S. 232-249, Raffée/Fritz 1985, S. 86-97, Silberer 1985, S. 49-73 sowie die dort jeweils angegebenen Literaturhinweise). Für einen neutralen Warentest müssen die Voraussetzungen der **Neutralität** der Tester, die **Objektivität** der Untersuchungen und die **Sachkunde** der Prüfer unter Vornahme der **geeigneten Prüfungsmethode** gewahrt sein.

Die Satzung der "Stiftung Warentest" weist dem Testveranstalter die ausschließliche Aufgabe zu, die Öffentlichkeit über objektivierbare Merkmale des Nutz- und Gebrauchswertes von Waren und Leistungen zu unterrichten, die in größeren geographischen Räumen, in grundsätzlich gleichartiger Beschaffenheit und in einer zu ihrer Identifizierung ausreichenden Weise angeboten werden. Insbesondere der "Stiftung Warentest" kommt unter den Testveranstaltern eine große Bedeutung zu, was durch folgende Fakten deutlich wird:

- monatliche Veröffentlichung der Testergebnisse in der Zeitschrift "test" mit einer hohen Reichweite;
- jährliche Zusammenfassung der Testergebnisse in Buchform;
- durch Auskunftsdienst, eigene Vortragsveranstaltungen, Informationsstände auf Messen etc. werden weitere Interessenten erreicht;
- Verwendung eines großen Teils der Testergebnisse im redaktionellen Teil von Rundfunk und Fernsehen.

Die Verfahren und Methoden, die bei den Warentests angewandt werden, sind allerdings auch der **Kritik** ausgesetzt (vgl. Kluy 1963, S. 152 ff., Hundhausen 1985, S. 74 ff., sowie zu den ordnungspolitischen Problemen Meiners 1968):

- die Objektivität der Gutachter wird angezweifelt, wenn lediglich fünf Personen als ausreichende Anzahl von Gutachtern angesehen wird;
- es ist strittig, ob die Waren- bzw. Leistungseigenschaften objektivierbar sind, wenn die objektiven Ausprägungen der Eigenschaften für den einzelnen Konsumenten von unterschiedlicher Bedeutung sind;
- die Vollständigkeit der Erfassung aller relevanten Eigenschaften wird angezweifelt;
- problematisch ist ebenfalls die Zusammenfassung der Einzelnoten, die auf der Bewertung unterschiedlich skalierter Merkmalsausprägungen

(nominal-, ordinal- oder metrischskaliert) basieren, zu einer aussagefähigen Gesamtnote;

- in Frage gestellt wird auch die richtige Gewichtung der Einzelnoten, aus deren Addition sich dann die Gesamtnote ergibt;
- schließlich bleibt die Frage offen, ob sich der Konsument überhaupt an der Gesamtnote orientiert oder ob nicht vielmehr für den Kaufentscheidungsprozeß die bewerteten Einzeleigenschaften relevant sind, deren Beurteilung jedoch nicht dem Gesamturteil entsprechen kann.

Bei der Veröffentlichung von Testergebnissen durch die **Testveranstalter** sind bestimmte Normen einzuhalten. Die Publikation von Testurteilen darf keine "Schmähkritik" darstellen; unzulässig sind ebenso bewußte Fehlurteile, bewußte Verzerrungen und aus den Untersuchungen gezogene Schlüsse, die als nicht vertretbar angesehen werden müssen. Sofern diese Richtlinien eingehalten werden, muß eine Unternehmung auch kritische Veröffentlichungen und konkrete Verkaufsempfehlungen zugunsten der Konkurrenz über sich ergehen lassen, da aufgrund eines fehlenden Wettbewerbsverhältnisses zwischen den/dem Betroffenen und dem Testinstitut wettbewerbsrechtliche Normen keine Relevanz besitzen.

Im folgenden werden die rechtlichen Grenzen aufgezeigt, die ein **Werbungtreibender** bei der Verwendung von Warentestergebnissen zu beachten hat. Dabei stehen zwei Problemkomplexe im Vordergrund:

- Bei der **deliktsrechtlichen** Fragestellung werden die Grenzen der erlaubten öffentlichen Warenurteile durch neutrale Testinstitute privater und öffentlich-rechtlicher Provenienz erörtert.
- Bei der **unlauterkeitsrechtlichen** Fragestellung ist zu klären, in welchem Umfang und in welcher Art und Weise es zulässig ist, fremde Warentests in die Werbung für eigene Produkte einzubeziehen.

4.3.3.2 Die deliktsrechtliche Behandlung der Werbung mit Warentestergebnissen

Innerhalb des deliktsrechtlichen Problembereiches ist die Frage zu klären, ob und welche Rechte den einzelnen Firmen, deren Erzeugnisse getestet wurden, **gegenüber Testinstitutionen** zustehen, wenn z.B. fehlerhafte Tests (falsche Ergebnisse, unvollständige Auswahl, Tests veralteter, nicht mehr im Markt befindlicher Produkte) durchgeführt wurden. Aufgrund einer fehlenden Wettbewerbsbeziehung zwischen der getesteten Unternehmung und der Testinstitution kann das Wettbewerbsrecht nicht angewendet werden, sondern sind folgende deliktsrechtliche Normen des BGB und des StGB maßgebend:

- Grundlage für den Eingriff in das Recht am eingerichteten und ausgeübten Gewerbebetrieb sind die §§ 1004, 823 I BGB;
- Grundlage für unwahre und beleidigende Tatsachenbehauptungen bilden die §§ 824, 823 II BGB sowie die §§ 186 ff. StGB.

Die Problematik der Rechtserlangung durch eine von (vermeintlich) fehlerhaften Tests betroffene Unternehmung (Testhaftung) läßt sich am **Beispiel
eines Herstellers von Skisicherheitsbindungen** verdeutlichen, der die
"Stiftung Warentest" mit den Begründungen verklagte,

- daß der Warentest solange nicht hätte durchgeführt werden dürfen, wie es
  an gesicherten wissenschaftlichen Beurteilungsgrundsätzen für Skisicherheitsbindungen fehlte,
- daß der Test nur mit beschränkten Mitteln durchgeführt worden wäre,
- daß es der Stiftung an Sachkunde fehlte,
- daß vom ursprünglichen Testprogramm abgewichen worden wäre,
- daß ein repräsentativer Querschnitt der Testobjekte fehlte, da nur ein
  Prüfmuster verwandt worden wäre,
- daß die Versuche fehlerhaft durchgeführt worden wären,
- daß bei der Auswertung die Gewichte der Einzelergebnisse falsch verteilt
  worden wären und
- daß bei der Konkurrenz günstigere Maßstäbe angelegt worden wären.

Zwar wurde der klagenden Unternehmung durch das OLG München in der
Berufungsinstanz recht gegeben, der BGH hob dieses Urteil in seiner
Entscheidung vom 9.12.1975 jedoch auf (vgl. BGH, in: NJW 1976,
S. 620 ff. - Warentest II). Dieses Urteil nutzte das Gericht, um folgende
elementare Grundsätze für die Warentestpraxis aufzustellen:
(1) Den Prüfmethoden, Wertungen und Veröffentlichungen der "Stiftung
Warentest" muß ein **angemessener Spielraum** zustehen, der auch dann
eingehalten wird, wenn sich die Prüfung auf **ein** Prüfmuster beschränkt.
(2) Bemüht sich die Stiftung - wie bislang - unabhängig (neutral) und sach-
kundig um objektive, sachliche Richtigkeit ihrer Methoden und Ergebnisse,
d.h. sind ihre Methoden und ihre Ergebnisse vertretbar (diskutabel), so
bewegt sich der vergleichende Warentest in einem **rechtlich nicht angreifbaren Freiraum** (Beurteilungsspielraum).
(3) Auch bei Bewertungen von Waren und Leistungen spricht - wie in
geistig-politischen Meinungskämpfen - die Vermutung für die Zulässigkeit
der "freien Rede" im Sinne des **Grundrechts auf Meinungsfreiheit** nach
Art. 5 GG.
(4) Jeder Gewerbebetrieb muß sich einer - gegebenenfalls auch gewerbe-
schädigenden - **Kritik seiner Leistung** stellen. Er ist zwar von der Rechtsordnung geschützt (durch §§ 823 I, 1004 BGB). Dieser Schutz muß aber an
der ebenso geschützten Meinungsäußerungsfreiheit gegenüber seinen Produkten nach Art. 5 GG gemessen werden.
(5) Testpublikationen sind häufig nicht Tatsachenbehauptungen, sondern
Meinungsäußerungen (Wertungen), zumindest überwiegt in der Regel ihr
Wertungscharakter. Fehlt es mithin an Tatsachenbehauptungen, so kann auch
ein Schadenersatzanspruch wegen unwahrer Tatsachenbehauptungen nach
§ 824 BGB nicht durchgreifen. Darüber hinaus besteht auch keine Verpflichtung zum Widerruf einer Meinungsäußerung.

(6) Die **positive Herausstellung von Konkurrenzprodukten** ist in bezug auf den Schutz des eigenen Betriebs nur eine Reflexwirkung, welche keinen rechtlich relevanten Eingriff in den eingerichteten und ausgeübten Gewerbebetrieb darstellt und daher - selbst wenn die Absatzchancen beeinträchtigt werden - nicht ausreicht, um eine wertende Beurteilung von Konkurrenzprodukten zu verbieten.

Als unrichtige und irreführende Aussagen wurden die Testveröffentlichungen der "Stiftung Warentest" beurteilt, die sich auf die **Reinigungswirkung** einer Munddusche bezogen (vgl. o.V. 1986 I, S. 24, o.V. 1986 II). Die mit ein- und neunstrahliger Düse angebotene Munddusche wurde auf ihre **Reinigungskraft** hin getestet, obwohl der Hersteller die neunstrahlige Düse ausdrücklich nur zur **Zahnfleischmassage** bestimmt hatte. Der Testveranstalter hatte damit das mit dem Hersteller abgesprochene Prüfprogramm eindeutig und gegen dessen Widerstand verändert. Im Fließtext des Testberichtes, der im November 1985 erschien, wurde die Reinigungskraft der Munddusche mit einstrahliger Düse mit der Note "zufriedenstellend" beurteilt, während in einer Fußnote des Testberichtes die Munddusche mit neunstrahliger Düse die Note "mangelhaft" hinsichtlich der Reinigungswirkung erhielt.

Das zuständige Gericht sah den Vorwurf bewußt unrichtig gemachter Angaben als erwiesen an, insbesondere sei von der Fußnote eine negative Auswirkung auf die potentiellen Käufer des Zahnpflege-Centers des klagenden Herstellers zu erwarten (vgl. o.V. 1986 II, S. 190 f.). Anders als bei einem flüchtigen Durchschnittsleser könne man - so das Gericht - davon ausgehen, daß Zusatzinformationen in Form einer Fußnote von dem Leser eines Testberichtes aufmerksam gelesen und zu seinem individuellen Urteil über das getestete Produkt erheblich beitragen würden. Das Gericht untersagte dem Testveranstalter eine weitere Verbreitung des Testberichtes, da hierdurch eine bewußte Verzerrung des Wettbewerbs hervorgerufen werde. Sofern also die bereits erwähnten Kriterien der Neutralität, Objektivität und Sachkundigkeit erfüllt sind, kommt bei diesen weit gezogenen Grenzen für die Testveranstalter eine Haftung erst dann in Betracht, wenn der Test bewußt irreführend ist, die Auswahl der Testobjekte und Prüfungsmethoden unangemessen ist oder die Schlußfolgerungen nicht mehr vertretbar sind.

In einem anderen Fall hat die Unternehmung "Brita Wasser-Filtersysteme GmbH" der "Stiftung Warentest" durch eine einstweilige Verfügung verbieten lassen, über "Brita-Wasserfilter" bestimmte Behauptungen aufzustellen. Filter zum Wasseraufbereiten im Haushalt seien oft problematisch. Denn der Betrieb solcher Geräte sei grundsätzlich mit Risiken verbunden. Beispielsweise können die vom Filter zunächst zurückgehaltenen Schadstoffe unter besonderen Bedingungen konzentriert wieder abgegeben werden, wenn eine Anzeige für die Beladung fehlt. Laut Bundesgesundheitsamt verkeimen Kleinfilter besonders häufig, da die zurückgehaltenen Substanzen eine gute Nährstoffgrundlage für Mikroorganismen sind. Schließlich treffe die der

Stiftung Warentest zugrunde liegende Behauptung, daß "Brita-Wasserfilter" verkeimen und nach längerem Gebrauch chemische Stoffe abgeben, nach Ansicht von "Brita" nachweislich nicht zu. Die "Stiftung Warentest" hatte in ihrer Zeitung "test", Ausgabe 5/91, einen negativen Bericht über Haushaltswasserfilter veröffentlicht und durch Abbildung des "Brita-Wasserfilters" einen unmittelbaren Bezug zu diesem in der Welt - nach Angaben von "Brita" - meistverkauften Wasserfilter hergestellt (vgl. o.V. 1991 II, S. 26).

4.3.3.3 Die wettbewerbsrechtliche Behandlung der Werbung mit Warentestergebnissen

Ist die Testwerbung jedoch deswegen rechtlich unangreifbar, weil die den Testinstitutionen vorgeschriebenen Regeln eingehalten wurden, so stellt sich die Frage, inwieweit der **Werbungtreibende** durch eigenes Fehlverhalten wettbewerbsrechtliche Grenzen verletzt. Zu untersuchen sind hier die sich aus dem Verbot unzulässiger Vergleichswerbung (§ 1 UWG) und dem Verbot irreführender Werbung (§ 3 UWG) ergebenden Schranken.

Um die vielfältigen Erscheinungsformen der Testwerbung einer wettbewerbsrechtlichen Beurteilung unterziehen zu können, werden Fallgruppen der Testwerbung nach wettbewerbsrechtlich relevanten Unterscheidungsmerkmalen gebildet (siehe *Bild 50*). Bei der Überprüfung der Zulässigkeit der Testwerbung gemäß §§ 1, 3 UWG werden diesen Fallgruppen zur Verdeutlichung der rechtlichen Behandlung Fallbeispiele aus der Praxis zugeordnet.

(1) Wettbewerbsrechtliche Grenzen der Werbung mit Warentestergebnissen aus § 1 UWG

Sofern die Werbung mit Warentestergebnissen den Tatbestand der vergleichenden Werbung erfüllt, richtet sich die Zulässigkeit nach den aus § 1 UWG abgeleiteten Grundsätzen für vergleichende Werbung (siehe *Kap. 4.3.1.2*). Vergleichende Werbung sind die vollständige Testwerbung und die unvollständige **Testwerbung mit horizontalen Zitaten** - unter horizontaler Testwerbung wird die Einbeziehung von Konkurrenzprodukten verstanden -, soweit die Konkurrenten erkennbar sind. Dies ist dann möglich, wenn die Namen der Konkurrenzerzeugnisse nicht verschwiegen oder im Testinserat nicht mit Nummern codiert werden. Zulässig sind diese Formen der Testwerbung, wenn ein hinreichender Anlaß besteht und die Angaben wahrheitsgemäß und sachlich sind und sich im Rahmen des Erforderlichen halten. Als hinreichender Anlaß kann die Verbraucheraufklärung (Erhöhung der Markttransparenz) angesehen werden, wobei in der Regel jedoch kein Informationsverlust bzgl. des Testberichtes erfolgen darf. Die Beantwortung der Frage, ob sich die vergleichende Werbung im Rahmen des Erforderlichen hält, kann meist nur im Einzelfall beantwortet werden (vgl. Fezer 1976, S. 483 f.).

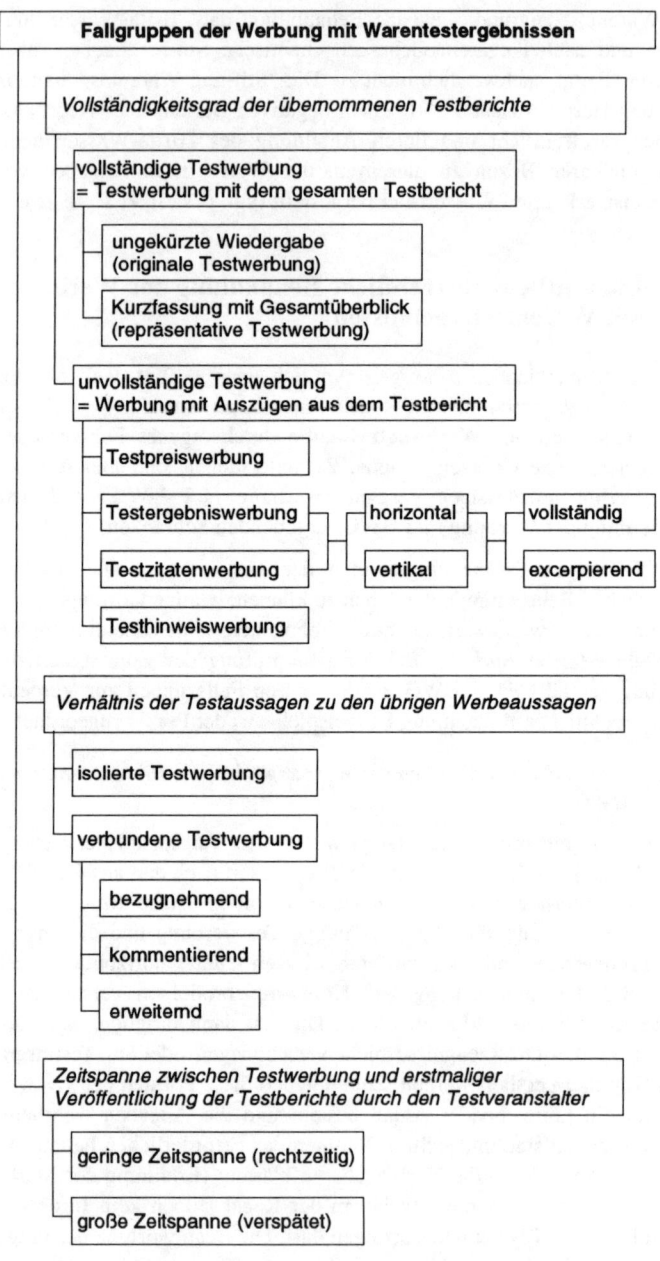

Bild 50:   Fallgruppen der Werbung mit Warentestergebnissen

Ein Fallbeispiel: Ein Hersteller von Bohrmaschinen warb in der Zeitung informationsverkürzend und unvollständig mit "baugleich lt. 'test' mit ... (Namen und Typenbezeichnung anderer Erzeugnisse), Testurteil: gut. Preis nach 'test' ...". Diese Werbung wurde nicht als unzulässig bewertet. Mit dem Hinweis auf die Baugleichheit wurde die sachliche Aufklärung der Verbraucher gefördert, worin das Gericht einen hinreichenden Anlaß sah. Eine unnötige Herabwürdigung der Mitbewerber konnte nicht festgestellt werden. Der erforderliche Rahmen der Kritik wurde eingehalten (vgl. OLG Koblenz, in: MA 1976, S. 283).

Die für den Tatbestand der Vergleichswerbung notwendige Voraussetzung einer individuellen Bezugnahme auf die Konkurrenz fehlt - im Gegensatz zu den obigen Formen der Testwerbung - bei der unvollständigen **Testwerbung mit vertikalen Zitaten**, bei der ausschließlich Bezug auf die **eigenen** Erzeugnisse des Werbungtreibenden genommen wird. Hierfür gelten die für jede Werbung stets relevanten Grundsätze der Wahrhaftigkeit und Sachlichkeit als Kriterien für die Zulässigkeit.

(2) Wettbewerbsrechtliche Grenzen der Werbung mit Warentestergebnissen
    § 3 UWG

Die Gefahr einer Irreführung besteht vor allem bei der **unvollständigen Testwerbung**. Während die reine Testhinweiswerbung noch unbedenklich ist, muß bei der vertikal oder horizontal exzerpierenden Testzitaten- und der Testergebniswerbung - die Begriffe werden im folgenden geklärt - darauf geachtet werden, daß dem Adressaten ein sachlich richtiges Gesamtbild vermittelt wird (vgl. Baumbach/Hefermehl 1995, § 1 UWG, Rdn. 422).

Die Irreführungsgefahr ist z.B. dann gegeben, wenn **einzelne positive Teilergebnisse**, die die eigene Ware betreffen, vom Werbungtreibenden herausgegriffen werden, andere negativ beurteilte Eigenschaften jedoch nicht zitiert werden (vertikal exzerpierende Testzitatenwerbung). So warb auf unzulässige Weise ein Nähmaschinenhersteller damit, daß seine Nähmaschinen von der "Stiftung Warentest" mit dem Gütesiegel "Handhabung und Näheigenschaften - gut" versehen worden seien, wobei jedoch verschwiegen wurde, daß das Produkt im Gesamturteil lediglich die schlechte Note "weniger zufriedenstellend" erhielt.

Eine unzulässige **horizontal exzerpierende Testergebniswerbung** liegt z.B. dann vor, wenn mit der Note "gut" geworben wird, dieses Ergebnis aber unter dem Notendurchschnitt der insgesamt getesteten Waren liegt und der Werbungtreibende die Zahl und die Noten der besser beurteilten Erzeugnisse nicht angibt (vgl. BGH, in: BB 1983, S. 80 - Test Gut). Nicht irreführend ist das Testurteil "gut" dann, wenn die Note "sehr gut" nicht vergeben wurde, die Mehrzahl der mitgetesteten Konkurrenzprodukte gleich gut bewertet worden sind und nur eines eine schlechtere Beurteilung erfahren hat. Hier bedarf es auch nicht des aufklärenden Hinweises auf den Qualitätsrang und die Zahl der gleichbenoteten Erzeugnisse (vgl. OLG Köln, in: BB 1982, S. 2010).

Betrachtet man das zweite Kriterium bei der Fallgruppenbildung der Werbung mit Warentestergebnissen, das **Verhältnis der Testaussagen zu den übrigen Werbeaussagen** (siehe *Bild 50*), so besteht eine Irreführungsgefahr immer dann, wenn die Gesamtaufmachung der Werbung durch die einbezogenen Testaussagen inhaltlich beeinflußt und in dem Maße verändert wird, daß dadurch bei einem nicht unerheblichen Teil der Verkehrskreise Fehlvorstellungen über die Vorzugswürdigkeit der angebotenen Ware hervorgerufen werden.

Problematisch ist hier eine **kommentierende Testwerbung**, wenn durch allgemeine Erläuterungen der durchgeführten Tests versucht wird, eine positive Bewertung des Produktes bei den Umworbenen zu vermitteln, obwohl das Produkt lediglich mit der Note "zufriedenstellend" beurteilt wurde.

Ebenso strittig können Ausprägungen der **erweiterten Testwerbung** sein, wenn durch graphische und/oder verbale Gestaltungsmaßnahmen versucht wird, den positiven Effekt eines mit "gut" oder "sehr gut" beurteilten Produktes auf andere nicht getestete Produkte, die z.B. zu derselben Markenfamilie wie das getestete Produkt gehören, zu übertragen. Insbesondere in Versandhauskatalogen findet man häufig, zentral angebracht, positive Testurteile, ohne diese einem bestimmten Produkt konkret zuordnen zu können.

Untersagt wurde auch die Headline in einer Werbeanzeige des Versandhauses Quelle "Immer wieder Test-Beweise für Quelle-Qualität! Qualitätsurteil gut!", obwohl alle abgebildeten Waren tatsächlich mit der Note "gut" bewertet worden waren. Nach Meinung des Gerichtes war diese Werbung irreführend, da die Konsumenten annehmen könnten, daß die weit überwiegende Mehrzahl der von der "Stiftung Warentest" geprüften Quelle-Produkte mit dem Qualitätsurteil "gut" versehen worden wären und daß dieses Urteil charakteristisch für alle getesteten Quelle-Produkte wäre.

Schließlich ist die **Zeitspanne** zwischen dem Erscheinen der Testwerbung und der erstmaligen Veröffentlichung der Testberichte durch den Testveranstalter bei der rechtlichen Beurteilung relevant. So ist die Testwerbung bei einem verspäteten Erscheinen irreführend, wenn z.B. die Qualität einer Rezeptur, die getestet wurde, nach dem Test verändert worden ist. Dies gilt - zumindest für Nahrungsmittel - auch dann, wenn sich dadurch die Qualität der Ware nicht verändert oder sogar verbessert (vgl. OLG Düsseldorf, in: GRUR 1984, S. 603 ff.).

Der Werbende wird um so weniger die Grenzen des Wettbewerbsrechtes verletzen, je warentestgetreuer und informationsreicher die Verwendung von rechtlich unangreifbaren Warentestergebnissen ist.

4.3.4 Werbung mit Gesundheits- und Umweltschutzargumenten

4.3.4.1 Bedeutung und rechtliche Grundlagen gesundheits- und umweltbezogener Werbeaussagen

(1) Die Bedeutung gesundheits- und umweltbezogener Werbeaussagen

Die Sorgen der Verbraucher um ihre Gesundheit und ihr Bewußtsein für Umweltprobleme sind mit den zahlreichen Umweltskandalen - hier seien nur die Themen Waldsterben, Robbensterben, Algenpest, die Rheinverschmutzung durch die Chemieunternehmung Sandoz, wachsende Abfallberge und Luftverschmutzung genannt - der letzten Jahre erheblich gestiegen. Die Industrie hat sich inzwischen weitgehend mit ihrem Angebot an Produkten und mit ihren Werbeaussagen auf die geänderte Situation eingestellt. Die **Werbung mit Gesundheitsargumenten** betont, daß die angebotenen Produkte die Gesundheit fördern oder erhalten. Sie enthält Aussagen über gesunde Ernährung, natürliche Kosmetika, die Verträglichkeit von Arzneimitteln bis hin zu gesünderen Genußmitteln.

Die **Werbung mit Umweltschutzargumenten** spricht das gestiegene Umweltbewußtsein der Verbraucher an. Dies wird durch Schlagworte, wie etwa natürlich, biologisch, umweltfreundlich, ökologisch und umweltschonend, oder durch die Verwendung von Umweltzeichen, wie beispielsweise der blaue "Umweltengel" oder unternehmungseigene Umweltgütezeichen, zum Ausdruck gebracht. Mit diesen Gestaltungselementen sollen die Umweltverträglichkeit der beworbenen Produkte und gleichzeitig ihr Beitrag zur Förderung der Gesundheit in den Vordergrund gestellt werden (zur kritischen Auseinandersetzung vgl. Adler/Mackwitz 1990).

Darüber hinaus treten Unternehmungen als Sponsoren von Umweltschutzorganisationen auf und stellen damit ihr Engagement für bessere Umweltbedingungen unter Beweis. So unterstützen z.B. "Johannis Quell" und "Holsten" Projekte des "World Wildlife Fund".

Das **Verhalten der Werbetreibenden** ist bei den Themen "Gesundheit" und "Umweltschutz" sehr unterschiedlich. Zunächst gibt es Unternehmungen, bei denen der Gesundheits- und Umweltschutzgedanke explizit in der Unternehmungsphilosophie verankert ist. Sie nehmen gesellschafts- und umweltpolitische Verantwortung für die Lebensbedingungen künftiger Generationen wahr, sie halten eine umweltbezogene Rationalität bei der Nutzung von Rohstoffen und sonstigen lebenswichtigen Ressourcen ein und entwickeln gesundheits- und umweltbezogene Problemlösungen (vgl. Meffert 1988, S. 318). Diese für Gesundheit und Umwelt tatsächlich vorhandenen Produktvorteile werden in der Werbung deutlich herausgestellt.

Daneben verfügen einige Unternehmungen zwar ebenfalls über solche Produktvorteile, sie betonen diese aber nicht in ihrer Werbung und verzichten dadurch auf mögliche Wettbewerbsvorteile zugunsten ihrer Konkurrenten. Die Konkurrenz kann somit auf Vorteile der eigenen Produkte hinweisen, ohne in der Werbung den Vergleich mit vielleicht besseren Produkten eingehen zu müssen (vgl. Faylor 1990, S. 726). Dieser Zusammenhang zeigt, daß fast schon ein Zwang zur Werbung mit Gesundheits- und Umweltschutzargumenten besteht.

Eine weitere Gruppe von Unternehmungen beteiligt sich nicht an der Entwicklung von Produkten mit gesundheitsfördernden und umweltschützenden Eigenschaften und betreibt daher auch keine Gesundheits- und Umweltschutzwerbung.

Schließlich versuchen einige Unternehmungen, ihren Produkten in der Werbung bestimmte gesundheits- oder umweltschutzbezogene Eigenschaften zuzuschreiben, ohne tatsächlich über spezielle Produkteigenschaften in dieser Hinsicht zu verfügen.

Die Werbung mit Gesundheits- und Umweltschutzargumenten ist also durch unterschiedliche Intentionen und Seriosität geprägt. Hersteller, die gesundheits- oder umweltbezogene Werbeaussagen verwenden, können mit verschiedenen rechtlichen Problemen konfrontiert werden (vgl. zum Überblick auch Schröder/Brinkschmidt 1992).

(2) Rechtliche Grundlagen gesundheits- und umweltbezogener Werbeaussagen

Jeder Mensch, der an der Erhaltung von Gesundheit und Umwelt als Lebensgrundlage interessiert ist, wird vielfach eher emotional auf die entsprechende Werbung reagieren als rational. Die Werbetreibenden stehen daher vor dem Problem, daß eine auf umfangreichen und ausführlichen Informationen basierende Werbung bei den Verbrauchern wenig erfolgversprechend ist. Aus diesem Grund werden Schlagworte und Symbole verwendet, die in ihrer Funktion als "Door-Opener" die Verbraucher schneller und wirksamer erreichen sollen (vgl. Hoppmann 1983, Vogler 1988).

Diese Gestaltungsmittel wirken allerdings häufig sinn-verkürzend oder sinnentstellend, wodurch die Werbeaussagen schnell in die Nähe eines Verstoßes gegen die guten Sitten im Wettbewerb (§ 1 UWG) oder eines Verstoßes gegen das Irreführungsverbot (§ 3 UWG) geraten. Weitere relevante Normen finden sich z.B. im Arzneimittelgesetz, im Heilmittelwerbegesetz sowie im Lebensmittel- und Bedarfsgegenständegesetz. Die deutsche Rechtsprechung hat für die Werbung mit Umweltschutzargumenten ähnlich strenge Maßstäbe gesetzt wie für die Gesundheitswerbung (vgl. Baumbach/Hefermehl 1995, § 1 UWG, Rdn. 179). Damit sollen Fehlentwicklungen verhindert werden, die sich durch "mehr scheinen als sein" ausdrücken. Rechtliche Probleme ergeben sich vor allem durch irreführende Werbeangaben sowie durch den fehlenden Bezug der Werbung zu den angebotenen Leistungen.

Mehr Rechtssicherheit soll darüber hinaus die Brüsseler "Verordnung über den ökologischen Landbau und die entsprechende Kennzeichnung der landwirtschaftlichen Erzeugnisse und Lebensmittel" bringen, die sogenannte EG-"Bio"-Verordnung. Diese am 23.7.1991 in Kraft getretene Verordnung nennt Voraussetzungen, die erfüllt sein müssen, um Agrarprodukte als "biologisch" oder "ökologisch" bezeichnen zu dürfen. Nach Meinung von Experten aus dem Lebensmittelrecht weist die EG-"Bio"-Verordnung allerdings noch einige Verständnisprobleme auf. Sie bemängeln, daß der Verordnungstext nicht eindeutig aussagt, welche Produkte nun unter die Verordnung fallen. Ungeklärt ist z.B. die Frage, ob auch Lebensmittel in den Geltungsbereich der EG-"Bio"-Verordnung gehören, die mit nur einer Zutat tierischer Herkunft, im übrigen aber mit pflanzlichen Zutaten hergestellt werden.

4.3.4.2 Die rechtliche Beurteilung gesundheitsbezogener Werbeaussagen

(1) Irreführende Gesundheitswerbung - dargestellt anhand ausgewählter Produktgruppen

Gesundheitsbezogene Angaben werden in der Werbung verwendet, um die Erhaltung und Förderung der Gesundheit in den Mittelpunkt zu stellen. Schlagworte wie "biologisch", "natürlich" oder "naturrein" sollen zudem die Aufmerksamkeit der Verbraucher ohne Umwege auf die wesentlichen Vorzüge der Produkte lenken. Wenn diese Begriffe einen unklaren Inhalt haben, besteht hier eine besonders große Gefahr, die Verbraucher irrezuführen (§ 3 UWG). Gesundheitsbezogene Werbeaussagen sind vor allem dann wettbewerbsrechtlich unzulässig, wenn sie die Angst, übertriebene Vorsicht, Gläubigkeit oder verzweifelte Hoffnung der Umworbenen ansprechen und die Verbraucher mit ihnen Vorstellungen verbinden, die nicht der Realität entsprechen (vgl. Baumbach/Hefermehl 1995, § 1, Rdn. 178).
Das folgende Beispiel verdeutlicht die Problematik für den Bereich von **Gebrauchsgütern.** Ein Anbieter von Schnellbräunungsgeräten bezeichnete seine sowohl kosmetischen als auch therapeutischen Zwecken dienenden Bräunungsgeräte in einem Werbeprospekt als "Biolarium". Außerdem war in dem Werbetext von "biopositiven Wirkungen" und dem "bionatürlichen Sonnenspektrum" die Rede. Das zuständige Gericht bezeichnete die Werbung als irreführend, da ein maßgeblicher Teil der angesprochenen Verbraucher mit "Bio" bezeichnete Produkte als besonders gesund und ungefährlich beurteilte, die Benutzung der Bräunungsgeräte aber mit gesundheitlichen Risiken verbunden sei (vgl. OLG München, in: WRP 1990, S. 59 ff. - Biolarium).

Besonders strenge Maßstäbe werden bei **Nahrungsmitteln** angelegt. So bestätigte das Bundesverwaltungsgericht ein Verkehrsverbot für Blütenhonig, der mit der Bezeichnung "naturrein" versehen war. Der Honig weise in geringem Maße Rückstände von Pflanzenschutz- bzw. Pflanzenbehandlungsmitteln auf, die auf die allgemeine Verseuchung der Umwelt mit Schadstoffen zurückzuführen waren (vgl. BVerwG, in: NJW 1987, S. 2759 ff. - Kennzeichnungsverbot für Lebensmittel). Verallgemeinerte Aussagen, die z.b. nicht die individuelle körperliche Konstitution der Verbraucher berücksichtigen, sind unzulässig. Wird etwa ein Kaffee unter dem Blickfang "Gesundheit ist wichtig" als "bekömmlich" beworben, ohne Einschränkungen vorzunehmen, wenn dieser Kaffee für bestimmte Personenkreise nicht bekömmlich ist, so liegt eine zur Irreführung geeignete Werbung vor (vgl. BGH, in: WRP 1975, S. 40 ff. - Idee-Kaffee III).

Wie bereits erwähnt, werden mit der EG-"Bio"-Verordnung bei Agrarprodukten neue Maßstäbe gesetzt. So soll es den Begriff "Bio-Produkt" im deutschen Sprachgebrauch nicht mehr geben. Weiterhin sollen alle, die dem Verbraucher gegenüber den Begriff "Öko-Produkt" verwenden, dafür haften, daß die in der Richtlinie festgelegten Regeln für eine ökologische Produktionsweise (Düngemethoden, Schädlingsbekämpfungsmaßnahmen etc.) eingehalten werden.

Gesundheitsbezogene Werbeaussagen sind vor allem bei **Diät-, Vollwert- und Leicht-Produkten** anzutreffen. Individualität und persönlicher Lebensstil drücken sich zunehmend darin aus, wie man sich ernährt. Über zwei Drittel der Bevölkerung achten heute auf gesunde Ernährung. Der Markt für gesunde Ernährung reicht von vitaminreicher und frischer Kost über kalorienreduzierte, leichte Kost bis hin zu Vollwertprodukten. Im Gegensatz zu diätetischen Lebensmitteln, die den Deklarationsbestimmungen der Diätverordnung (DiätVO) unterliegen und dem Verbraucher daher eine relativ hohe Sicherheit garantieren, sind Vollwertprodukte (Reformwaren) weder gesetzlich definiert, noch sind hinsichtlich ihrer Zusammensetzung verbindliche Verordnungen zu beachten. Hier besteht ein hohes Irreführungspotential. Dies gilt gleichermaßen für sogenannte **Leicht-Produkte**, die sowohl bei Nahrungs- als auch bei Genußmitteln angeboten werden. Der Erfolg der "Leichten Welle" - rund 15 Millionen Konsumenten kauften 1991 aus dem Angebot der ca. 6.000 "Leichtprodukte" - brachte mit "leicht", "light", "lite", "leichter" und sogar schon "doppeltleicht" eine Flut neuer Schlagworte, die gesetzlich nicht geregelt sind, und mit ihr neue Gefahren der Irreführung. So befand die Rechtsprechung die Bezeichnung "doppeltleicht" für eine Speisequarkzubereitung als irreführend, da die Verbraucher unter dieser Bezeichnung fälschlicherweise ein kalorienreduziertes Produkt erwarteten (vgl. KG, in: GRUR 1989, S. 850 f. - Speisequarkzubereitung).

Diätetische Lebensmittel dienen einem ausgewählten Ernährungszweck (§ 1 DiätVO). Sie müssen besonderen Ernährungserfordernissen entsprechen, z.B. bei Mangelerscheinungen oder Überempfindlichkeit gegen bestimmte Lebensmittel. Werden Diätprodukten durch die Werbung vorbeugende oder heilende Eigenschaften von Arzneimitteln zugesprochen, liegt eine Irreführung vor. Die folgende Werbeaussage für ein Lachsöl-Konzentrat verdeutlicht das Problem:

"GESUNDHEITSRATSCHLÄGE, Lachsöl - eine hochgesunde Ernährung. Gute Nachrichten für Cholesterinbewußte ... Um über ein intaktes Herz-Kreislauf-System zu verfügen, müßten wir essen wie die Eskimos: Fisch, Fisch und nochmals Fisch! ... Zur 'Eskimo-Diät' gibt es jedoch eine Alternative: Lachsöl-Konzentrat in Kapseln verzehren! AMEU Lachsöl-Konzentrat bietet eine praktische Möglichkeit, Omega-3 Fette im Rahmen einer gesundheitsbewußten Ernährung täglich zu verzehren..." (OLG Köln, in: GRUR 1988, S. 475 - Lachsöl)

Hierbei besteht die Gefahr, daß der durch die angedeuteten Krankheiten gefährdete Verbraucher zu diesem Produkt greift, weil er es für ein ausreichendes und erfolgversprechendes Mittel zur Selbstbehandlung seiner Krankheiten ansieht (vgl. OLG Köln, in: GRUR 1988, S. 475 f. - Lachsöl).

Die Empfindsamkeit des Verbrauchers für Naturerzeugnisse erstreckt sich auch auf die der Gesundheit dienenden **Kosmetika** ("gesunde Schönheit"). Ein Viertel der bundesdeutschen Verbraucher bevorzugt Kosmetika aus Naturproduktreihen. Gerade zunehmende Warnungen, die Haut vor unerwünschten ultravioletten Strahlen zu schützen, hat die Aufmerksamkeit für eine wirkungsvolle Hautpflege erhöht.

Sehr kritisch beurteilten die Richter die Werbung für ein Hautöl mit "natürlich" und "ein Naturerlebnis für Ihre Haut" (vgl. OLG Nürnberg, in: GRUR 1989, S. 128 f. - Hautöl). Da dieses Öl zu mehr als die Hälfte aus synthetisch hergestellten Wirkstoffen bestehe, würden die Verbraucher irregeführt. Denn im Zuge einer wachsenden Orientierung zu naturbelassenen Kosmetikprodukten erwarteten sie unter einem "natürlichen" Hautpflegeöl ein Öl, das nahezu völlig "chemiefrei" sei.

Unzulässig, weil irreführend, sind auch medizinisch klingende Zusätze in der Kosmetikwerbung. Kosmetikprodukte sind dazu bestimmt, äußerlich am Menschen zur Pflege etc. angewendet zu werden und nicht überwiegend dazu, Krankheiten, Leiden oder ähnliches zu lindern oder zu beseitigen (§ 4 I LMBG). Wird ein Kosmetikprodukt mit Aussagen beworben, die an Arzneimittel erinnern, so liegt eine unzulässige irreführende Werbung vor. Dies mußte auch der Hersteller eines Mittels zur Reinigung und Pflege des menschlichen Körpers erfahren, der in einer Zeitschrift mit folgenden Ankündigungen warb (vgl. OLG Köln, in: WRP 1988, S. 483 ff.): "Schönheitsmedizin ... Ihre Haut bleibt medizinisch gesund. Sie hält die Haut im medizinischen Sinne gesund ..." Die Werbeaussagen wurden als irreführend beanstandet, da der Leser den Eindruck gewinne, daß es sich bei dem Produkt um ein Arzneimittel, eine "Medizin" handele, das Produkt also über die pflegende Wirkung eines kosmetischen Mittels hinaus eine heilende Behandlung der Haut verspreche.

(2) Unsachliche Beeinflussung durch Gesundheitsargumente

Werbeaussagen zielen häufig auf bestimmte Gefühle des Menschen, wie z.B. Angst, Schuld, Mitleid und Nationalstolz. Fehlt jedoch zwischen der Werbeaussage und der beworbenen Leistung ein sachlicher Zusammenhang, verstößt die Werbung gegen den Grundsatz der guten Sitten im Wettbewerb (§ 1 UWG). Besonders strenge Anforderungen werden in dieser Hinsicht an die Gesundheitswerbung gestellt, wie das folgende Beispiel einer "Angst"-Werbung verdeutlicht:

Eine Erfindung, auf die Millionen Kranke schon lange warten ... Sie werden von Umweltverschmutzung verschont und beugen Krankheiten ... vor. ... Beugen Sie einer Katastrophe in Ihren eigenen Reihen vor..."

Angstgefühle werden auch bei der Werbung eines Herstellers von Bauziegeln ausgenutzt, der seine Ziegelbauweise gegenüber einer Beton-Glas-Konstruktion hervorheben will: Bei einem Artikel über die Bauweise eines Rathauses, der überschrieben ist mit "Gefährlich - immer mehr Mitarbeiter erkranken", wird die Verdopplung der Zahl der Krankheitstage auf die Beton-Glas-Konstruktion zurückgeführt, wohingegen, so der Wortlaut des Artikels, der Krankheitsfaktor bei Ziegelbauweise von 11,5% auf 2,2% zurückging (vgl. OLG Frankfurt, in: WRP 1985, S. 271 ff.).

Bild 51 enthält abschließend weitere Beispiele aus der Rechtsprechung zu unzulässigen Aussagen in der Gesundheitswerbung.

Werbeaussage (beworbenes Produkt)	Begründung für die Unzulässigkeit
"ohne künstlichen Farbstoff" (Lebensmittel)	irreführend, da Fruchtgummi keine deklarierungspflichtigen Farbstoffe enthielt
"ohne fremde Zusätze" (Brot) "naturrein" (Honig)	§ 17 I Nr. 4 LMBG verbietet Aussagen, die darauf hindeuten, daß ein Lebensmittel "natürlich, naturrein oder frei von Rückständen oder Schadstoffen" ist.
"Naturmedizin" (verschiedene Erkältungsmittel)	irreführend, wenn einzelne Produkte der Produktgruppe synthetische Hilfsstoffe enthalten
"natürlich Natur", "natürlich wohnen", "natürliches Element" (Linoleum)	irreführend, da Linoleum kein natürliches Erzeugnis im Sinne einer natürlichen Beschaffenheit der unveränderten Ausgangsstoffe ist

Quelle: Vgl. Beckmann 1994, S. 36-74.
Bild 51:   Beispiele unzulässiger Werbeaussagen mit Gesundheitsbezug

4.3.4.3 Die rechtliche Beurteilung umweltbezogener Werbeaussagen

(1) Irreführende Umweltschutzargumente

Begriffe wie Öko, Bio, Natur, biologisch abbaubar und umweltfreundlich sind rechtlich nicht geschützt und können grundsätzlich frei benutzt werden. Allerdings liegt eine wesentliche Grenze des Gebrauchs dieser Schlagworte im Irreführungsverbot (§ 3 UWG). Die Diskrepanz zwischen den Vorstellungen der Umworbenen und der Realität läßt sich an den Begriffen "Bio" und "Öko" aufzeigen. "Bio" bedeutet von Hause aus nichts anderes als Leben, "Öko" kommt von Ökologie und verweist auf die belebte und unbelebte Umwelt. Die Umworbenen messen diesen Schlagworten jedoch vielfach **Bedeutungen des Umweltschutzes** bei. Verfügen die so beworbenen Produkte nicht über die ihnen zugesprochenen umweltschützenden Eigenschaften, dann liegt eine Irreführung vor.

Beispiel 1: Die Bezeichnung "bio-Fix" für einen WC-Reiniger hat die Rechtsprechung als irreführend gewertet, da die Verbraucher an ein ausschließlich natürliches oder natürlich wirkendes Produkt denken und bei diesem Produkt davon ausgehen, daß es sich von anderen WC-Reinigern hinsichtlich des Schutzes der Natur und der Umwelt abhebt. Ebenso sei der in der Werbung für "bio-FIX" verwendete Ausdruck "biologisch abbaubar" irreführend, da die von den Verbrauchern unterstellte vollständige Abbaubarkeit auf natürlichem Wege nicht der Realität entspricht (vgl. OLG Düsseldorf, in: GRUR 1988, S. 55 ff. - bio-FIX).

Beispiel 2: Für Toilettenpapier wurde mit dem Slogan geworben: "Hygiene-Krepp aus Altpapier ist umweltfreundlich. Denn die Verwendung von Altpapier schont unsere Baumbestände." Der BGH sah in dem Begriff "Altpapier" eine Irreführung der Verbraucher, weil diese irrtümlich davon ausgingen, daß das beworbene Toilettenpapier zu 100 % aus Altpapier bestände. Tatsächlich betrug der Anteil an Altpapier nur ca. 80 % (vgl. BGH, in: WRP 1989, S. 163 ff. - ... aus Altpapier).

(2) Irreführende Werbung mit Umweltschutz-Symbolen

Das in Deutschland bekannteste Umweltschutz-Symbol ist der sogenannte **"Umweltengel"**, mit dem seit 1977 umweltfreundliche Produkte versehen werden können. Der von der "Jury Umweltzeichen" über einen Zeichennutzungsvertrag vergebene Umweltengel wird vor allem solchen Produkten verliehen, die sich im Vergleich zu anderen, demselben Gebrauchszweck dienenden Produkten durch besondere Umweltfreundlichkeit auszeichnen. Auf dem Umweltzeichen muß angegeben werden, warum das Produkt umweltfreundlich ist. Bis 1988 wurde der Zusatz "umweltfreundlich, weil ..." verwendet, seit 1988 lautet der Zusatz "Umweltzeichen, weil ...". Dabei muß der Grund für die Vergabe des Umweltzeichens genannt werden, z.B. "..., weil wassersparend", "..., weil Mehrwegflasche", "..., weil rundernerneuert".

Ein mit einem Umweltengel ausgestattetes Produkt wird in der Regel als Blickfang deutlich in der Werbung herausgestellt. Rechtliche Probleme treten aber auch hier hinsichtlich des Irreführungsverbotes auf. Eine Irreführung liegt dann vor, wenn die umworbenen Verbraucher mit dem Umweltengel und dem Grund für die Umweltfreundlichkeit des Produktes einen stärkeren Beitrag zum Umweltschutz verbinden, als er tatsächlich gegeben ist. Für die Erfüllung des Irreführungstatbestands ist es unerheblich, ob das Umweltzeichen vertragsgemäß benutzt wird (vgl. LG Köln, in: GRUR 1988, S. 53 f. - Umweltzeichen). Denn auch die richtige Benutzung der durch Güterichtlinien der "Jury Umweltzeichen" vorgesehenen Angaben kann irreführend und unzulässig sein, wenn ihre Bedeutung den Verbrauchern nicht geläufig ist und diese mit der Bezeichnung abweichende Vorstellungen verbinden (vgl. OLG Köln, in: GRUR 1988, S. 630 f. - Universal-Kaltreiniger). Zur Verdeutlichung dieses Zusammenhangs wird noch einmal auf den Fall des Toilettenpapiers aus Altpapier zurückgegriffen: Neben den bereits obengenannten Aussagen wurde das Toilettenpapier auch mit dem Umweltengel beworben ("umweltfreundlich, weil aus Altpapier"). Die "Jury Umweltzeichen" vergab den Umweltengel mit dieser Begründung, wenn die entsprechenden Produkte zu mindestens 51 % aus Altpapier hergestellt wurden. Da die umworbenen Verbraucher jedoch fälschlicherweise annahmen, daß das Toilettenpapier zu 100 % aus Altpapier bestände, ist das so verwendete Umweltzeichen geeignet, die relevanten Verkehrskreise irrezuführen. Fallen also die Erwartungen der Verbraucher und die in der Vergabepraxis der "Jury Umweltzeichen" angewandten Vergaberichtlinien hinsichtlich der Umweltfreundlichkeit eines Produktes auseinander, so liegt eine Irreführung vor (vgl. BGH, in: WRP 1989, S. 163 ff. - ... aus Altpapier).

Darüber hinaus ist es irreführend, mit dem Umweltengel zu werben, ohne den Grund der Umweltfreundlichkeit näher anzugeben (vgl. BGH, in: WRP 1989, S. 160 ff. - Werbung mit dem Umweltengel ohne nähere Konkretisierung).

Obwohl der Umweltengel beim Verbraucher eine hohe Akzeptanz gefunden und zu merklichen Umweltentlastungen geführt hat, ist er nicht unumstritten: Vertreter der Markenartikelindustrie sind der Meinung, der Umweltengel verwische das Markenprofil im Sinne der Erkenntnis "Jedes zusätzliche Kennzeichen auf einem Markenartikel schwächt die originäre Kraft der Marke" (Lindow 1989, S. 6). Daher existieren zahlreiche **firmeneigene Umweltzeichen**, die das individuelle Umweltversprechen eines Produktes unterstreichen sollen. Sie bergen aber ebenso die Irreführungsgefahr in sich wie der von der "Jury Umweltzeichen" vergebene "Umweltengel".

(3) Unsachliche Beeinflussung durch Umweltschutzargumente

Umweltschutzwerbung verstößt gegen § 1 UWG, wenn zwischen der Werbeaussage und der Leistung des Werbenden kein sachlicher Zusammenhang besteht. Ein Beispiel: Ein Kölner Möbelhändler hatte mit dem Slogan "Biomöbel gegen Smog" und dem Angebot geworben, bei Vorlage einer Bus-

oder Bahnkarte 1,50 DM (bei Kauf ab 10,- DM) zurückzuerstatten; denn durch die Benutzung öffentlicher Verkehrsmittel würde die Umwelt geschont. Nach Ansicht des BGH lag zwar weder ein Verstoß gegen das Rabattgesetz noch gegen die Zugabeverordnung vor, jedoch sahen die Richter diese Werbung als wettbewerbswidrig an, weil der Möbelhändler sein Engagement für die Umwelt (öffentliche statt private Verkehrsmittel) als unsachlichen Vorspann für seine wirtschaftlichen Eigeninteressen genutzt hatte (vgl. BGH, in: WRP 1991, S. 219 ff. - Biowerbung mit Fahrpreiserstattung).

Abschließend zeigt *Bild 52* weitere Beispiele aus der Rechtsprechung zu umweltbezogenen Werbeaussagen.

Werbeaussage (Produkt)	Begründung für die Unzulässigkeit
"Sicher, sparsam und umweltfreundlich" (Diesel-Pkw)	irreführend, weil pauschale Bezeichnung als umweltfreundlich;
"Charakter: umweltfreundlich" (Pkw)	irrige Vorstellungen, welche Eigenschaften des Pkw umweltfreundlich bzw. umwelt-
"Entdecken Sie, wie ... umwelt-bewußt die neuen ... Modelle der Zukunft begegnen ..." (Pkw)	bewußt sind
"Vollwert-Ei" (Eier von in Legebatterien gehaltenen Hühnern)	irreführend, da der Eindruck von Eiern aus ökologischer Produktion (Freilandhühner) entstehen kann
"bio-gold" (ultrahocherhitzte H-Milch)	eine nach § 14 I LMBG verbotene Reinheitsbezeichnung
"umweltbewußt bauen" (Kalksandsteine)	irreführend, weil unklar, in welchem Ausmaß und Umfang Kalksandsteine umweltfreund-lich sind und die Anforderungen an ein umweltfreundliches Bauen erfüllen
"biologisch abbaubar", Namensbestandteil "Bio" (WC-Reiniger)	irreführend, da Produkt nicht vollständig auf natürlichem Weg abgebaut wird
"Wegfall umweltbelastender Lösungsmittel" (Korrekturflüssigkeit)	irreführend, da Produkt sowohl die Umwelt belastet als auch giftig ist
"biologische Wirkungsweise", "biologisch düngen", "naturgemäß düngen" (Düngestäbchen)	irreführend, da unklar, inwieweit und bis zu welchem Grad das Produkt, das chemisch synthetisierten Langzeitstickstoff enthielt, "biologisch" und "naturgemäß" ist
"Der Umwelt zuliebe! Schont die Umwelt durch vollständige Ausnutzung der Waschmittel." (Waschmaschine)	irreführend, da keine Aufklärung über tatsächlich vorhandene umweltrelevante Aspekte; zudem belastet jede Wasch-maschine die Umwelt durch die Verwen-dung von Waschmitteln
"Umwelt schützen - Mach' mit!" (Produkte des Bürobedarfs)	irreführend, da in dem Katalog auch Produkte aus Kunststoff beworben wurden

Quelle: Vgl. Beckmann 1994, S. 36-74.
Bild 52:   Beispiele unzulässiger Werbeaussagen mit Umweltbezug

4.3.4.4 Handlungsempfehlungen für die Werbung mit Gesundheits- und Umweltschutzargumenten

Die verschiedenen Fallgruppen haben gezeigt, daß die Werbung mit Gesundheits- und Umweltschutzargumenten rechtlich sehr problematisch sein kann. Industrie und Handel müssen damit rechnen, daß ihre Werbung von Verbraucherschutzvereinen, Vereinen zum Schutz des lauteren Wettbewerbs und anderen Interessenverbänden kritisiert und abgemahnt wird. Häufig entscheiden erst die Gerichte über die rechtliche Zulässigkeit von Schlagworten, Aussagen und Symbolen in der gesundheits- bzw. umweltbezogenen Werbung. Dabei ist zu berücksichtigen, daß die gleichen Sachverhalte - aufgrund der Auslegungsbedürftigkeit der relevanten Rechtsnormen - an unterschiedlichen Gerichtsständen und zu anderen Zeiten oftmals abweichend beurteilt werden.

Den Werbungtreibenden steht grundsätzlich eine große Bandbreite von Verhaltensweisen im Umgang mit dem Recht zur Auswahl (siehe in *Kap. 1.4.3.3*). Die Extrempunkte bilden die Konfrontationsstrategie und die Umgehungsstrategie. Bei der Konfrontationsstrategie verstößt der Werbungtreibende bewußt gegen Rechtsnormen, weil er den ökonomischen Erfolg der Werbung höher einschätzt als die möglichen rechtlichen Konsequenzen. Im Rahmen der Umgehungsstrategie wird die rechtlich problematische Werbung so umgestaltet, daß sie nicht mehr in den Geltungsbereich der zuvor verletzten Rechtsnorm(en) fällt.

Welche Strategie im Einzelfall ergriffen wird, hängt vor allem von der Risikoneigung des Werbenden, den Erfolgsaussichten der fraglichen Werbemaßnahme und dem jeweiligen Stand der Rechtsprechung ab. Die folgenden Handlungsempfehlungen weisen den Werbungtreibenden Wege, rechtliche Konfrontationen mit der Rechtsordnung zu vermeiden.

(1) Eine Grundregel für die wettbewerbsrechtliche Beurteilung der Werbung ist, und dies gilt nicht nur für Aussagen mit Gesundheits- und Umweltschutzargumenten, daß es nicht darauf ankommt, was der Werbungtreibende aussagen will, sondern wie die Umworbenen seine Werbung verstehen. Pretests bei den zur Zielgruppe zählenden Umworbenen können Mißverständnisse aufdecken und helfen - nach Korrektur der irreführenden Werbeaussagen - zeitliche und finanzielle Belastungen zu vermeiden, die im Fall einer rechtlichen Auseinandersetzung auf den Werbetreibenden zukämen.

(2) Bei Agrarprodukten sollte auf den Gebrauch der Begriffe "ökologisch", "biologisch" oder "naturnah" verzichtet werden, wenn nicht alle Forderungen der EG-"Bio"-Verordnung erfüllt sind.

(3) Sofern Symbole in der Umweltschutzwerbung verwendet werden, kann eine Irreführung der Verbraucher dadurch verhindert werden, daß erläuternde Zusätze gebraucht werden. Aufklärende und erläuternde Zusätze sind - wegen der hohen Signalwirkung von Symbolen - in das unmittelbare Blickfeld der Symbole zu plazieren.

(4) Beim blauen Umweltengel der "Jury Umweltzeichen" ist immer der Grund für die Vergabe zu nennen.

(5) Pauschale Werbeaussagen zum Umweltschutz von Produkten sind zu vermeiden. Es müssen Einzeltatsachen genannt werden, die den Aspekt des Umweltschutzes belegen und die der Verbraucher unmißverständlich nachvollziehen kann.

(6) Schlagworte wie "umweltfreundlich" und "umweltbewußt" sind unzulässig, soweit die Werbeaussage keine aufklärenden Hinweise enthält. Denn ein Produkt kann nicht in jeder Hinsicht umweltfreundlich sein, sondern allenfalls die Umwelt geringer belasten als vergleichbare Produkte. An die Aufklärung werden von der Rechtsprechung strenge Anforderungen gestellt, die sich im Einzelfall nach der Art des Produktes und dem Ausmaß seiner "Umweltfreundlichkeit" bestimmen.

(7) Die Verwendung von Begriffen wie "natürlich", "naturrein", "bio" oder "öko" ist nur dann zulässig, wenn das Produkt vollständig oder nahezu ausschließlich aus natürlichen Stoffen besteht. Ansonsten ist ein erklärender Zusatz erforderlich.

(8) Die Werbung mit Eigenschaften wie "frei von Schadstoffen" oder "PVC-frei" kann die Umworbenen irreführen, wenn diese annehmen, daß andere Produkte, die nicht "frei von Schadstoffen" oder nicht "PVC-frei" sind, nachteilig für die Gesundheit oder die Umwelt sind. Eine solche pauschale Herabsetzung kann durch aufklärende Erläuterungen verhindert werden.

(9) Zwischen der Werbeaussage und dem beworbenen Produkt muß ein sachlicher Zusammenhang bestehen. Auf Werbeaussagen, die Angstgefühle ansprechen oder an das soziale Bewußtsein appellieren, sollte verzichtet werden.

4.3.5 Emotionale Werbung

Bei der gesundheits- und umweltbezogenen Werbung ist bereits darauf hingewiesen worden, daß sich Werbebotschaften oftmals **weniger an den Verstand** (sog. rationale, informative oder kognitive Werbung) und **mehr an das Gefühl** (sog. emotionale, nicht informative oder suggestive Werbung) der umworbenen Personen richten (vgl. zu den strategischen Zielsetzungen der Werbung Kroeber-Riel 1994, S. 32 ff.).

Werbung ist in der Regel nicht oder jedenfalls nicht nur reine Information, die durch Ansprache des Verstandes sachliche Verbraucheraufklärung treiben will. Vielmehr werden neben objektiv nachprüfbaren Aussagen über den Grundnutzen sowie die quantitativen und qualitativen Eigenschaften des Werbeobjektes häufig auch Geltungsbedürfnisse, Aggressionen, Hoffnungen, Wünsche und sonstige Regungen des Menschen angesprochen.

Das Wesen emotionaler Werbung liegt in ihrem Ziel, die Umworbenen durch

Verwendung unthematischer Informationen, die auf die vielfältigen vom Verstand nicht kontrollierten Regungen abzielen, zu bestimmten Verhaltensweisen zu veranlassen, ohne daß sie sich der Motivationsprozesse bewußt sind oder eine rationale Begründung für ihre Entscheidung geben können (zu Kriterien gefühlsbetonter Werbung vgl. Teichmann/von der Krüchten 1994). Bei ihren Appellen an die emotionale Entschlußzone bedient sich die emotionale Werbung verschiedener Methoden und Techniken (vgl. Kroeber-Riel 1974, S. 162 ff.). Allerdings werden starke Bedenken an der rechtlichen Zulässigkeit insbesondere gegen die vor allem in der Konsumgüterindustrie verbreitete tiefenpsychologisch konstruierte Gefühlswerbung vorgebracht (vgl. Reich/Tonner/Wegener 1976, S. 104 ff., Loewenheim 1975, S. 100 ff., Schluep 1972, S. 553 ff.), die an verdrängte Wünsche und Hoffnungen, an den Drang nach Selbstbestätigung, an Aggressionen oder untergründige Anlehnungs- und Unterwerfungsbedürfnisse der Zielgruppen anknüpft. Bei der Frage nach ihrer Vereinbarkeit mit dem UWG ist zunächst einmal auf den **Sachlichkeitsgrundsatz** als einem wesentlichen Zielbild der Werbung hinzuweisen. Diesem Grundsatz wird entsprochen, wenn die Werbung auf das Werbeobjekt bezogen ist und zwischen diesem und der Werbebotschaft ein engerer Zusammenhang besteht (vgl. Baumbach/Hefermehl 1995, § 1 UWG, Rdn. 185 ff.). Das Sachlichkeitsprinzip ist gewahrt, wenn die thematischen Informationen die unthematischen überwiegen.

Verstöße gegen den Sachlichkeitsgrundsatz durch Gefühlsausnutzung in der Werbung fallen rechtlich erst dann ins Gewicht, wenn sie als mißbräuchliche Beeinflussungsmethoden gemäß §§ 1, 3 UWG und damit als unlauter anzusehen sind.

Solange durch die verschiedenen Methoden emotionaler Werbebeeinflussung nur unbestimmte Eindrücke, Gefühle oder unbewußte Kaufassoziationen hervorgerufen werden und nicht mehr rationale, konkrete Vorstellungen mit einem Tatsachenkern, dessen Aussagegehalt nach dem Begriffspaar richtig oder unrichtig geprüft werden kann, lassen sich Phänomene der emotionalen Werbung überwiegend nur im Rahmen des § 1 UWG, nicht dagegen durch § 3 UWG erfassen. Allein die Tatsache, daß in psychologisch konstruierter oder offen emotionaler Form geworben wird, ist aber nicht automatisch ein Unlauterkeitsmoment; denn es darf bei der wettbewerbsrechtlichen Beurteilung nicht verkannt werden, daß es zum Bild der modernen Werbung gehört, bei den Umworbenen auf die verschiedenste Weise auch auf ihre Gefühle und ihr Unterbewußtsein einzuwirken, um sie auf diese Weise zum Kauf der angebotenen Ware zu veranlassen (vgl. BGH, in: DB 1976, S. 569 - Unicef-Grußkarten). Daher ist beispielsweise eine unterschwellige Vermittlung von Zusatznutzen einer Ware durch Appelle an das Prestigegefühl oder eine Verwendung von Leitbildern in der Werbung nicht ohne weiteres grundsätzlich unlauter.

Eine nach § 1 UWG unlautere Emotionalwerbung liegt vielmehr nur bei einer **grob unsachlichen Werbung** vor, d.h. bei nach den Umständen des

Einzelfalles mißbräuchlicher Ausnutzung von Gefühlsregungen und Erschwerung rationaler Kaufentscheidungen der Abnehmer. Erst dann, wenn werbepsychologische Erkenntnisse zur Erreichung sozial mißbilligenswerter Ziele eingesetzt werden und zu verbraucherpolitisch unerwünschten Wirkungen führen, wird ihre Verwendung in der Werbung unzulässig. Die exakte Abgrenzung, wann eine erlaubte bzw. verbotene Gefühlswerbung vorliegt, wird in der Rechtsprechung des BGH insbesondere danach vorgenommen, welcher Art die emotionale Ansprache ist (Grad der Wahrnehmbarkeit) und in welcher Beziehung die Gefühlswerbung zum Werbeobjekt steht (Grad des sachlichen Zusammenhangs).

Von der Rechtsprechung sind bisher in der Regel nur solche Erscheinungsformen der Emotionalwerbung untersagt worden, bei denen die Beeinflussung relativ handfest war und die Unzulässigkeit des Verhaltens sich einigermaßen evident darstellte. Als Verstoß gegen die guten Sitten verboten worden ist vor allem die **direkt und offen an bestimmte Gefühle** (Angst, Schuld, Mitleid, Nationalstolz) appellierende Werbung. Derartige Fälle einer offenen Ansprache von Gefühlen sind insbesondere dann unzulässig, wenn diese in keinerlei sachlichem Zusammenhang mit der angebotenen Ware stehen und der Umworbene durch sie nur von den für den Kauf einer Ware wesentlichen Umständen abgelenkt und planmäßig dazu bestimmt werden soll, sich aus sachfremden Gesichtspunkten zum Kauf zu entschließen (vgl. z.B. Baumbach/Hefermehl 1995, § 1 UWG, Rdn. 186c).

Läßt eine Unternehmung bei der Werbung für Zeitschriftenabonnements zu, daß die eingesetzten Werber mit dem Hinweis arbeiten, sie seien ehemalige Strafgefangene und seien auf die Abonnements angewiesen, um bestehende Schulden bezahlen zu können, so verstößt dieses Vorgehen gegen den lauteren Wettbewerb. Als unlauter wird hierbei die Ausnutzung des Mitgefühls bewertet, ohne daß ein sachlicher Zusammenhang mit der Leistung besteht (vgl. OLG Hamburg, in: MA 1981, S. 538).

Einer kritischen Beurteilung sind Werbeaussagen zu unterziehen, die sich auf die **Geldentwertung oder Preissteigerungen** beziehen. Zwar wird die Werbeangabe nicht dadurch unzulässig, daß Begriffe, wie z.B. "Geldentwertung", "Inflation", "Kaufkraftschwund", "Preisexplosion", verwendet werden, sondern in der Gesamtbetrachtung der fraglichen Werbung ist zu untersuchen, wie dem Verbraucher die Tatsache der Geldentwertung vor Augen geführt wird. Eine Sittenwidrigkeit liegt z.B. dann vor, wenn durch "Horrortexte" oder "blickfangartige Herausstellung" Angstgefühle, Panikstimmungen oder Kaufpsychosen hervorgerufen werden.

Eine neue Form der emotionalen Werbung wird im Zusammenhang mit der Anfang der 90er von "Benetton" durchgeführten Image-Werbung unter dem Begriff **Schock-Werbung** diskutiert. In Anzeigen und auf Plakaten hatte die Firma "Benetton" mit Motiven geworben, die an das Mitleid der Umworbenen appellierten. Zu den verwendeten Motiven zählten z.B. ein gerade verstorbener Aids-Kranker, Menschen im Container, ein Flüchtlingsschiff,

Kinderarbeit und die blutverschmierten Kleider eines toten bosnischen Soldaten (vgl. zu den Beispielen auch in *Kap. 4.2 (3)* sowie o.V. 1995 II, Henning-
Bodewig 1992, S. 533 f.). Diese Motive waren Gegenstand zahlreicher
Gerichtsverfahren, die im Ergebnis die Werbung untersagten und feststellten,
"daß die Werbekonzeption offensichtlich auf eine zynische Grundeinstellung
zurückzuführen sei, nach der für die Aufmerksamkeitswerbung der Firma
Benetton jedes Mittel recht sei" (o.V. 1995 II). Bei den zuletzt vor dem BGH
anhängigen Verfahren "ölverschmierte Ente", "schwer arbeitende Kinder der
Dritten Welt" und "menschlicher Körperteil mit dem Stempelaufdruck 'H.I.V.
positive'" begründeten die Richter ihre Untersagung damit, "daß Benetton mit
der Darstellung schweren Leides von Mensch und Tier das Gefühl des
Mitleids der Verbraucher anspricht, sich dabei gleichermaßen als betroffen
darstellt und somit eine Solidarisierung der Einstellung der solchermaßen
berührten Verbraucher mit seinem Namen und zugleich mit seiner Geschäfts-
tätigkeit herbeiführt." (o.V. 1995 II)
Während ein Pol der emotionalen Werbung durch die offene Ausnutzung von
Gefühlen gekennzeichnet ist, stellt sich der Gegenpol in Form der **unterschwelligen Werbung** (Subliminalwerbung) dar. Bei der unterschwelligen
Werbung werden die vom Rezipienten empfangenen Reize nicht innerhalb
eines bewußten Wahrnehmungsprozesses abgearbeitet, sondern unterhalb
seiner Bewußtseinsschwelle. Um die Wirkungen einer Subliminalwerbung
feststellen zu können, sind zwei Arten von Indikatoren zu überprüfen (vgl.
Brand 1985, S. 7 f.). Einerseits sind Indikatoren zu analysieren, die den
Schluß auf eine nicht-bewußte Wahrnehmung des Rezipienten zulassen (z.B.
deutet die Auskunft, daß er nicht die kurzzeitige Einblendung einer Anzeige
von Eiscreme während eines Kinofilms gesehen habe, auf eine nicht-bewußte
Wahrnehmung hin). Andererseits sind Indikatoren zu untersuchen, welche
die Wirkungen unbewußter Wahrnehmungen nachweisen können (z.B. der
vermehrte Konsum von Eiscreme während der Pause der Kinovorstellung).
Unterschwellige Wahrnehmung liegt aber nur dann vor, wenn die durch die
zweite Indikatorengruppe nachgewiesene Wirkung ursächlich auf die unterschwellige Reizdarbietung zurückzuführen ist.
Bei der Subliminalwerbung existieren erhebliche **Beweisschwierigkeiten**, da
zum Nachweis der Kausalität zwischen Reizdarbietung und Wirkung nur
wenige verwertbare Forschungsergebnisse vorliegen. Für die vielfältigen
Formen innerhalb des Kontinuums der emotionalen Werbung, bei denen der
sachliche Bezug zur angebotenen Leistung nicht völlig verloren geht, wird
§ 1 UWG erst dann zum rechtlichen Eingriffsinstrument, wenn eine gewisse
Toleranzschwelle der gezielt unsachlichen Kundenbeeinflussung überschritten wird. Zukünftig wird es eine wesentliche Aufgabe von Literatur und
Rechtsprechung sein, im Rahmen des § 1 UWG die Toleranzschwelle präzise
zu bestimmen und für die materiell-rechtlich noch wenig abgeklärten unzulässigen Phänomene der "unsachlichen Werbung" und des "Motivationsmiß-
brauchs" klare Eingriffskriterien zu entwickeln.

4.4 Rechtliche Grenzen der Auswahl von Werbemitteln und Werbeträgern

In verschiedenen Rechtsvorschriften hat der Gesetzgeber auch die Freiheitsgrade der Unternehmer bei Entscheidungen über die Auswahl von Werbeträgern und einzelnen Werbemitteln begrenzt. **Werbemittel** bilden die materielle Grundlage zur medialen Umsetzung der Werbebotschaft (Werbeanzeige, Plakate, Handzettel, elektrische und elektronische Medien, usw.), die dann mit entsprechenden **Werbeträgern** (Zeitungen, Zeitschriften, Fernsehen, Hörfunk, elektrische und elektronische Medien usw.) den Umworbenen zugänglich gemacht werden. So enthält z.b. § 22 I LMBG, der die Werbung für Tabakerzeugnisse in Rundfunk und Fernsehen verbietet, ein werbeträgerspezifisches Werbeverbot.

Weitere wichtige Rechtsnormen, denen bei der sachlichen Streuplanung Beachtung geschenkt werden muß, existieren vor allem für die Werbemittelbereiche **Außenwerbung** und **Direktwerbung**. Ein weiteres Marketing-Rechts-Problem, auf das im folgenden eingegangen wird, bildet die **redaktionell getarnte Werbung**, speziell im Rahmen von Printmedien. Einen systematischen Überblick über die einzelnen Bereiche, in denen rechtliche Fragen bei der Auswahl von Werbemitteln und Werbeträgern auftreten können, gibt *Bild 53*.

4.4.1 Das Recht der Außenwerbung

Die Außenwerbung unterliegt primär öffentlich-rechtlichen Schranken. Diese ergeben sich vor allem aus dem Verkehrs-, Bau-, Natur- und Landschaftsschutzrecht (vgl. ausführlich Thesen o.J.).

(1) Rechtliche Beschränkungen der ortsfesten Außenwerbung

Rechtliche Grundlagen des **Baurechts** sind im wesentlichen das Baugesetzbuch, die Baunutzungsverordnung und vor allem die Landesbauordnungen. Im **Baugesetzbuch (BauGB)** vom 1.7.1987 werden zwar Fragen der Außenwerbung nicht unmittelbar angesprochen, allerdings können über § 2 IV Ziff. 2 BauGB durch Rechtsverordnung Vorschriften erlassen werden, welche "die in den Baugebieten zulässigen baulichen und sonstigen Anlagen" betreffen, worunter auch Anlagen der Außenwerbung fallen können.

Die Außenwerbung ist in erster Linie Sache der jeweiligen Bundesländer. Aufgrund der EG-Bauproduktenrichtlinie von 1989 wurden die **Landesbauordnungen** novelliert bzw. Landesbauordnungen in den neuen Bundesländern eingeführt, die sich teilweise an der Bauordnung der DDR orientieren. Die Genehmigungspflicht ist in den Landesbauordnungen im einzelnen

unterschiedlich geregelt, stets wird aber die Erfüllung bestimmter Sicher-
heits- und Gestaltungsanforderungen geprüft (vgl. ausführlich Becker 1995,
insb. den Vergleich der Landesbauordnungen auf S. 13 f.).

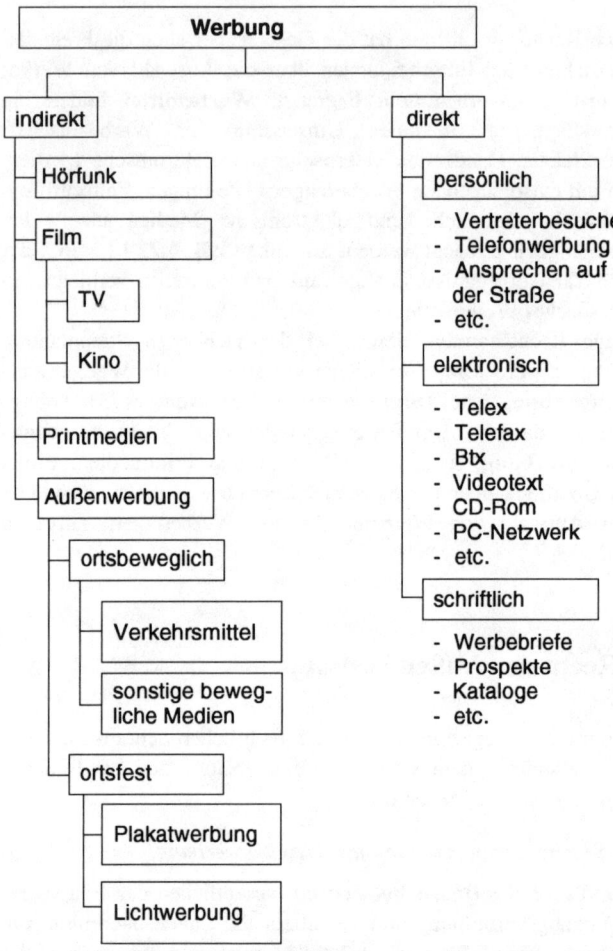

Bild 53:   Eine Auswahl der wichtigsten Werbemittel und Werbeträger

So weist z.B. die Thüringer Bauordnung (ThürBO), die der Musterbauord-
nung von 1992 entspricht, in § 63 I Ziff. 9 **genehmigungsfreie Vorhaben**
aus. "Die Errichtung, Herstellung, Änderung, Beseitigung oder der Abbruch
folgender Anlagen und Einrichtungen bedarf keiner Baugenehmigung:
9. Werbeanlagen, Warenautomaten, Hinweisschilder:
   a) Werbeanlagen mit einer Ansichtsfläche bis 0,5 m²,
   b) vorübergehend angebrachte oder aufgestellte Werbeanlagen an der

Stätte der Leistung, wenn die Anlagen nicht fest mit dem Boden oder anderen baulichen Anlagen verbunden sind,

c) Werbeanlagen für zeitlich begrenzte Veranstaltungen mit einer Ansichtsfläche bis zu 5 m²,

... ."

Entsprechend ist für alle übrigen Anlagen eine **Baugenehmigung** zu beantragen (§ 62 I ThürBO). Die Ablehnung des Antrags auf Genehmigung kann immer nur im Einzelfall bei nachweislich grober Verunstaltung des Landschafts- und Stadtbildes bzw. bei Verkehrsgefahr aufgrund örtlicher Verhältnisse erfolgen.

Die Stadt- und Landgemeinden haben darüber hinaus von den in den einzelnen Landesbauordnungen enthaltenen Ermächtigungsvorschriften zum Erlaß von regionalen und lokalen **Ortssatzungen** z.T. sehr regen Gebrauch gemacht, was in der Vergangenheit zu einer erheblichen Einschränkung der Außenwerbung geführt hat (vgl. zum Überblick Becker 1994).

Bei der **straßenrechtlichen Regelung** der ortsfesten Außenwerbung ist zwischen Verkehrsrecht und öffentlichem Straßenrecht zu unterscheiden. **Verkehrsrechtliche Beschränkungen** für ortsfeste Außenwerbungsanlagen sind im Straßenverkehrsgesetz (StVG) und der Straßenverkehrsordnung (insb. §§ 33, 46 I Nr. 8, 9 und 10 II, III StVO) enthalten. So verbietet § 33 I S. 1 Ziffer 3 StVO die Außenwerbung außerhalb geschlossener Ortschaften, soweit diese geeignet ist, die Sicherheit und den Fluß des Verkehrs zu gefährden. Im **öffentlichen Straßenrecht** sind beschränkende Rechtsvorschriften sowohl in den Landesstraßengesetzen (§§ 28, 25, 27 LStG) als auch im Bundesfernstraßengesetz enthalten (§ 9 BFStrG). Sie enthalten besondere Genehmigungspflichten und Voraussetzungen für die Errichtung von Werbeanlagen auf Bundesautobahnen, Bundesstraßen und Landstraßen. Neben dem Bau- und Straßenrecht existieren noch weitere Gesetze und Verordnungen, die zwar den Begriff Außenwerbung nicht ausdrücklich erwähnen, aber dennoch bei der Gestaltung bzw. Anbringung von ortsfesten Außenwerbungsanlagen von Bedeutung sind. Dazu gehören u.a. die Denkmal- und Naturschutzgesetze mit den entsprechenden Verordnungen, das Polizeirecht der Länder und die Wasserstraßenordnung.

(2) Rechtliche Beschränkungen der Verkehrsmittelwerbung

Im Rahmen der ortsbeweglichen Außenwerbung kommt der Verkehrsmittelwerbung, deren Medium die öffentlichen und privaten Verkehrsmittel sind, die größte Bedeutung zu. Durch das Hineinwirken in den öffentlichen Verkehrsraum besteht bei ihr die Gefahr, daß sie eine verkehrsbehindernde Beeinträchtigung in Form der Ablenkung oder Belästigung darstellt. Gleichwohl existieren im Moment für die Verkehrsmittelwerbung bis auf die Ermächtigungsvorschrift des § 6 I Nr. 3g StVG und die Vorschrift des § 33 I StVO keine gesetzlichen Restriktionen mehr. Das in § 33 I S. 1 StVG enthaltene absolute Verbot reiner Werbefahrten (nicht zu verwechseln mit den sog. Kaffeewerbefahrten) wurde vom Bundesverfassungsgericht für verfassungswidrig erklärt (vgl. BVerfG, in: DB 1976, S. 526).

4.4.2 Die redaktionell getarnte Werbung

Redaktionell getarnte Werbung ist eine Form der Schleichwerbung, bei der Werbebotschaften an die Werbeadressaten gelangen, ohne daß diese den werblichen Charakter auf Anhieb durchschauen können. Im Zeitungs- und Zeitschriftenbereich ist eine durch Vermischung von Text- und Anzeigenteil redaktionell getarnte Werbung in drei verschiedenen - auch rechtlich zu unterscheidenden - Formen möglich (siehe *Bild 54*). Ihre rechtliche Zulässigkeit bestimmt sich neben presserechtlichen Vorschriften vor allem nach §§ 1, 3, 4 UWG (vgl. zur jüngeren Rechtsprechung Gröning 1993).

Die Generalklausel des § 1 UWG erfaßt sämtliche Formen redaktioneller Werbung (vgl. Baumbach/Hefermehl 1995, § 1 UWG, Rdn. 30 ff.) Der die Unlauterkeit begründende Gesichtspunkt ist zunächst einmal stets die **Verletzung des Wahrheitsgrundsatzes**: Sowohl durch redaktionell gestaltete Anzeigen, die dem flüchtigen Durchschnittsleser mangels deutlicher Kennzeichnung als "Anzeige" nicht ohne weiteres als entgeltliche Wirtschaftswerbung erkennbar sind, als auch durch getarnte Werbung im redaktionellen Teil, die den Eindruck erweckt, es handele sich um die Feststellungen und Wertungen eines unbeteiligten und unabhängigen Dritten, wird der Leser über den Charakter der Veröffentlichung getäuscht. Die Werbung mit redaktionellen Hinweisen ist insbesondere dann wettbewerbswidrig, wenn der Werbungtreibende diesen Bericht durch Vergabe entsprechender Informationen an die Presse veranlaßt hat, unabhängig davon, ob der Inhalt des veröffentlichten Berichtes richtig oder falsch ist. Dabei geht der BGH davon aus, daß Presseveröffentlichungen, in denen eine bestimmte Ware einer namentlich genannten Unternehmung in besonderer Weise hervorgehoben wird, auf eine entsprechende Information der Unternehmung zurückgehen.

Stets wettbewerbswidrig ist auch das Verlangen des Inserenten, die im Anzeigenteil veröffentlichten Inserate mit Hilfe von Hinweisen im redaktionellen Teil zu "unterstützen".

Bei der Veröffentlichung redaktioneller Anzeigen und Zugaben ist die Sittenwidrigkeit nach § 1 UWG des weiteren unter dem Gesichtspunkt der **Ausnutzung fremder Gesetzestreue (Vorsprung durch Rechtsbruch)** gegeben,

- der bei den redaktionell gestalteten Anzeigen unter Berücksichtigung der Kennzeichnungsvorschriften der Landespressegesetze und
- bei den redaktionellen Zugaben wegen Verstoßes gegen § 1 ZugabeVO (siehe zur ZugabeVO in *Kap. 4.5.2.1*) eingreift.

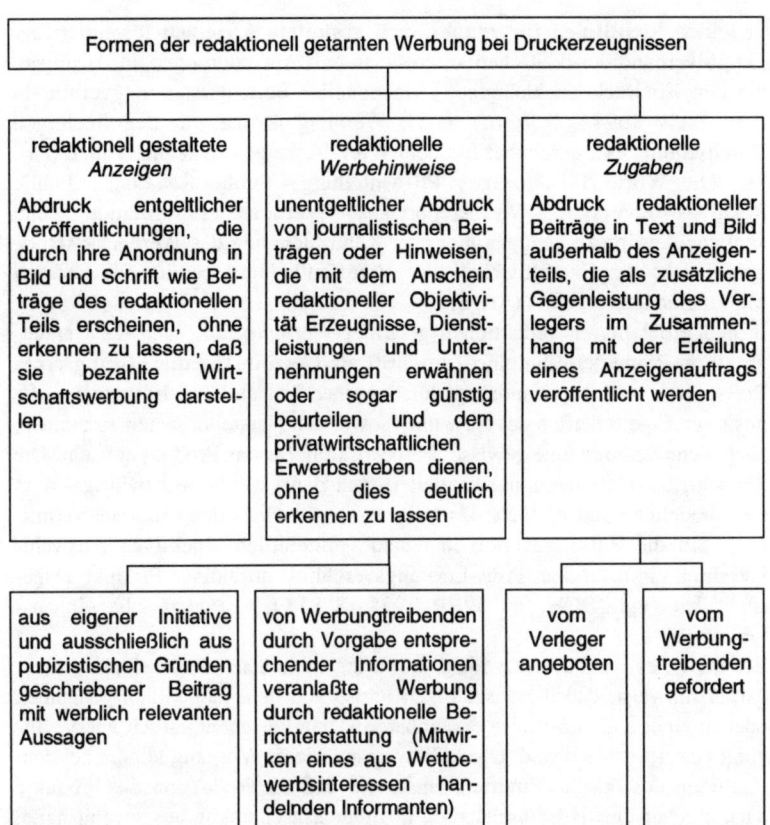

Bild 54:   Formen redaktionell getarnter Werbung bei Druckerzeugnissen

Schließlich kann auch ein **Verstoß gegen das Irreführungsverbot** (§ 3 UWG) vorliegen. So wurde z.B. die Anzeige einer Autovermietungsgesellschaft in einer Tageszeitung untersagt, die wie ein redaktioneller Beitrag gestaltet war. Es wurde über den "Käufer der Woche" eines Autohauses "berichtet", das identisch war mit der beklagten Autovermietungsgesellschaft. Im redaktionellen Teil der Anzeige äußerten sich sowohl Mitarbeiter des Autohauses als auch der Autovermietungsgesellschaft. Da diese Anzeige im redaktionellen Teil der Tageszeitung erschien, ohne sie jedoch als Anzeige kenntlich zu machen, wurde sie vom zuständigen Gericht als Verstoß gegen das Irreführungsverbot beurteilt. Für die Aufrechterhaltung der Glaubwürdigkeit sowohl der Werbung als auch der Redakteure von Zeitungen und Zeitschriften sei eine **deutliche Trennung** zwischen der Werbung und den eigentlichen redaktionellen Beiträgen erforderlich (vgl. o.V. 1983, S. 649).

In seinen **Richtlinien für redaktionell gestaltete Anzeigen** formuliert der Zentralverband der deutschen Werbewirtschaft Anforderungen an Anzeigen, die den Eindruck unabhängiger redaktioneller Berichterstattung vermitteln (vgl. ZAW 1994 I, S. 76 ff.). Diese Werbung ist u.a. für den flüchtigen Durchschnittsleser erkennbar mit dem Wort "Anzeige" zu kennzeichnen (Art. 3). "Die Worte 'PR-Anzeige', 'PR-Mitteilung', 'Public Relations', 'Public Relations-Reportage', 'Werbereportage', 'Verbraucherinformation' und ähnliche Ausdrücke genügen nicht zur Kennzeichnung des Werbecharakters, wenn nicht die Entgeltlichkeit der Veröffentlichung bereits aus anderen Merkmalen hervorgeht." (Art. 8)

In den Problemkreis redaktionell getarnter Werbung fällt auch die Darstellung von Produkten, die eine Zeitschrift als **Gewinn für die Lösung eines Preisrätsels** auslobt. Grundsätzlich ist es einer Zeitschrift nicht verwehrt, die positiven Eigenschaften des Gewinnes sowie den Herstellernamen zu nennen, auch wenn dadurch eine gewisse Werbewirkung für das Produkt entsteht. Die Zeitschriften-Unternehmung handelt jedoch dann wettbewerbswidrig, wenn die sprachliche und bildliche Darstellung des Gewinns den Eindruck vermitteln, daß die Rätselredaktion in einem vermeintlich objektiven Auswahlverfahren ein nach dem Preis-Leistungsverhältnis attraktives Produkt ausgesucht hat (vgl. BGH, in: WRP 1994, S. 814 f. - Preisrätselgewinnauslobung I).

Ebenso ist es wettbewerbswidrig, wenn die Preisrätsel-Unternehmung nicht darauf hinweist, daß die ausgelobten Preise von dem namentlich genannten oder in einer anderen Weise erkennbaren Hersteller unentgeltlich zur Verfügung gestellt worden sind. Ohne Hinweis auf diesen Vorgang könnte bei dem Publikum der falsche Eindruck entstehen, daß die Redaktion die Produkte nach eigener Qualitätseinschätzung in freier Entscheidung ausgewählt hätte, die daher eine besondere Wertschätzung verdienten (vgl. BGH, in: WRP 1994, S. 816 f. - Preisrätselgewinnauslobung II).

4.4.3 Product Placement

Die Klärung des Begriffs "Product Placement" - zu deutsch etwa Produkt-Plazierung - ist so problematisch wie seine rechtliche Beurteilung. Man kann einer weiten Definition folgen, worunter Werbung bei Veranstaltungen, insbesondere Sportveranstaltungen, Werbung in Spielfilmen sowie Werbung in Sport- und Quizsendungen, in Interviews und Informationssendungen fallen (vgl. Sack 1987 II, S. 104 ff.). Während die Zuschauer von Sportveranstaltungen, Sport- und Quizsendungen etc. oftmals erkennen, daß dort Werbung betrieben wird ("jetzt kommt wieder Schleichwerbung"), ist dies beim Product Placement in Kino- und Fernsehfilmen wesentlich problematischer. In Kino- und Fernsehfilmen werden die **Produkte selbst** als normale

Requisiten in die Spielhandlungen einbezogen. Beispiele sind die "James Bond"-Kinofilme und die Fernsehserien "Dallas", "Derrick", "Lindenstraße" und "Das Traumschiff". Dagegen wird bei den übrigen Formen des Product Placement überwiegend **nur der Markenname** in die rechte Beleuchtung gerückt oder in die richtige Formulierung eingebettet; an Produkten läßt sich meist nur das präsentieren, was der Gast einer Talk-Show oder eines Quiz an Kleidung und Accessoires trägt. Eine Ausnahme bilden Informationssendungen, in denen die Produkte selbst Gegenstand der Sendung sein können, wie z.B. in den Wirtschaftsmagazinen "Markt", "PlusMinus" und "WISO".

Mit dem Aufkommen dieser Art der Nutzung von Kinofilmen und Fernsehsendungen als Werbeträger entstand eine rege Diskussion um die rechtliche Zulässigkeit des Product Placement (vgl. Gottschalk/Scheele 1987, Henning-Bodewig 1986, Sack 1987 III mit weiteren Nachweisen). In der juristischen Literatur werden rechtliche Bedenken gegen das Product Placement vorgebracht, die sich aus dem Medien-, dem Wettbewerbs- und dem Urheberrecht ergeben (vgl. Sack 1987 II). Ausgangspunkt der Überlegungen ist, daß Produkte gegen Geld oder geldwerte Gegenleistungen **zum Zwecke der Werbung** in die Kinofilme und in das Fernsehprogramm aufgenommen werden.

Medienrechtliche Grenzen beschränken das Product Placement nur in Fernsehsendungen (Spielfilme, Informationssendungen etc.), nicht aber in Kinofilmen. Grundlagen des Medienrechts sind der Staatsvertrag über den Rundfunk im vereinten Deutschland (RfStV von 1991, GVBl. 1991 Nr. 57 v. 31.12.1991, S. 310 ff.) sowie die Landesmedien- und Landesrundfunkgesetze (vgl. z.B. Kresse 1987, Sack 1991). Die angesprochenen Grenzen liegen in folgenden Ge- und Verboten: das Trennungsgebot von Werbung und übrigem Programm, die Pflicht zur Kennzeichnung von Werbung, das Verbot der Programmbeeinflussung durch Werbeveranstalter und Werbeträger, die Verpflichtung zur Blockbildung bei der Werbung sowie die zeitliche Beschränkung der Werbung - bei öffentlich-rechtlichen Sendeanstalten nur werktags und dann nur bis 20 Uhr.

Daneben haben ARD, ZDF sowie die Landesmedienanstalten Grundsätze und Richtlinien für die Trennung von Werbung und Programm verabschiedet, die auch für das Product Placement von Bedeutung sind. So schreiben z.B. die Richtlinien des ZDF folgendes vor (vgl. ZAW 1987 II):

- Die Annahme finanzieller Gegenleistungen im Zusammenhang mit der Präsentation von Produkten, Requisiten oder Dienstleistungen in den Sendungen ist unzulässig.
- Werbung ist Bestandteil der realen Umwelt. Berichte und Darstellungen aus dieser Umwelt können vorhandene Werbung nicht künstlich aussparen. Sie ist jedoch auf das Unvermeidbare zu beschränken. Bei der Nutzung von Ausstattungen, deren Herkunft unvermeidbar identifiziert werden kann, ist auf Vielfalt im Rahmen des Gesamtprogramms zu achten.

- Die Nennung von Firmen- und Produktnamen und deren optische Präsentation ist zulässig, sofern dafür ein besonderer redaktioneller Anlaß besteht.

Wettbewerbsrechtliche Grenzen können für das Product Placement vor allem in Verstößen gegen das Irreführungsverbot, gegen das Zugabeverbot und gegen die guten Sitten durch Gesetzesverletzungen bestehen. Letzteres trifft auf das Product Placement dann zu, wenn die medienrechtlichen Vorschriften nicht eingehalten werden. Dies ist als unlauter zu bewerten, da sich der Werbungtreibende **durch - eigenen oder fremden - Rechtsbruch einen ungerechtfertigten Vorsprung** vor seinen sich gesetzestreu verhaltenden Wettbewerbern verschafft.

Hinsichtlich der Frage, ob Product Placement geeignet ist, die Zuschauer **irrezuführen**, muß zwischen den verschiedenen Arten von Sendungen und Veranstaltungen differenziert werden. Je mehr die Zuschauer davon ausgehen, daß ihnen mit den durch Product Placement beworbenen Produkten objektive und neutrale Informationen vermittelt werden, um so eher ist eine Irreführung zu unterstellen. Dies dürfte auf Informationssendungen zutreffen, weniger dagegen auf Unterhaltungssendungen sowie auf Fernseh- und Kinofilme.

Als Verstoß gegen das **Zugabeverbot** ist es zu werten, wenn Sendeanstalten die Durchführung von Product Placement als zusätzliche kostenlose Leistung beim Kauf von Werbezeiten versprechen. Kein Verstoß gegen das Zugabeverbot, wohl aber gegen die guten Sitten (§ 1 UWG) ist es, wenn der Werbungtreibende der Sendeanstalt deutlich macht, daß er nur im Fall der Durchführung von Product Placement - gegen Entgelt - auch Werbezeiten kauft.

4.4.4 Sponsoring

Als Sponsoring kann die finanzielle Förderung von kulturellen, sportlichen oder sozialen Veranstaltungen durch eine Unternehmung bezeichnet werden, die für dieses Engagement eine Gegenleistung erhält (vgl. Bruhn 1991, S. 21). Eine Gegenleistung besteht z.B. darin, daß die fördernde Unternehmung namentlich im Rahmen von gesponserten Fernsehsendungen oder auf Plakaten für von ihr unterstützte Veranstaltungen genannt wird.

Das **Sponsoring öffentlich-rechtlicher und privater Rundfunksendungen** ist grundsätzlich zulässig. Hierbei sind die medienrechtlichen Anforderungen des Rundfunkstaatsvertrages (RfStV) zu berücksichtigen. Als Sponsoring wird "der Beitrag einer natürlichen oder juristischen Person ... zur direkten oder indirekten Finanzierung einer Sendung" bezeichnet, "um den Namen, die Marke oder das Erscheinungsbild der Person, ihre Tätigkeit oder ihre Leistungen zu fördern." (§ 7 I RfStV) Auf den Sponsor (z.B. "OBI") muß im

Vor- und Abspann der Sendung hingewiesen werden (z.B. "Aktuelles Sportstudio"). "Neben oder anstelle des Namens des Sponsors kann auch dessen Firmenemblem eingeblendet werden." (§ 7 II, S. 2 RfStV) Eine weitere Anforderung besteht darin, daß der Sponsor die Verantwortung und die redaktionelle Unabhängigkeit des Rundfunkveranstalters nicht beeinträchtigen darf (§ 7 III RfStV). Auch schreibt der Staatsvertrag vor, daß die gesponserten Sendungen "nicht zum Zwecke der Werbung für Produkte oder Dienstleistungen des Sponsors unterbrochen werden" dürfen. (§ 7 IV, S. 2 RfStV)

Wird nicht eine Rundfunksendung, sondern **eine Veranstaltung aus dem kulturellen, sportlichen oder sozialen Bereich gesponsert**, die dann vom Rundfunk übertragen oder über die berichtet wird, so ist folgendes zu beachten. Nur wenn ein überwiegendes Programminteresse besteht und wenn die Unabhängigkeit der Programmgestaltung nicht eingeschränkt wird, ist dies zulässig. Ein Verstoß gegen das Trennungsgebot liegt jedoch vor, wenn bei der Übertragung eines bestimmten Ereignisses die Namen der Sponsoren dieses Ereignisses oder deren Markenzeichen blickfangmäßig herausgestellt werden (vgl. Baumbach/Hefermehl 1995, § 1 UWG, Rdn. 41). Der zuletzt genannte Grundsatz ist wie die Maßgabe, daß sich die Sponsornennung auf den Firmennamen und/oder das Firmenkennzeichen (also ohne Produktwerbung) zu beschränken hat, Gegenstand der ARD-Richtlinien über die Trennung von Werbung und Programm (vgl. ZAW 1986).

4.4.5 Die Direktwerbung

Die Direktwerbung wendet sich unmittelbar an eine Einzelperson oder Personengruppe. Sie ist gekennzeichnet durch den individuellen Charakter der direkten Ansprache und erlaubt eine besonders intensive Umwerbung potentieller Kunden. In *Bild 53* wird nach der Art der Ansprache in persönliche, elektronische und schriftliche Direktwerbung unterschieden (vgl. zum Überblick Gilles 1982, Alt 1987, Wronka 1988).

4.4.5.1 Die persönliche Direktwerbung

Zu der persönlichen Direktwerbung zählen vor allem die Straßenwerbung, unerbetene Vertreterbesuche und die Telefonwerbung.

Das individuelle **Ansprechen von Kunden** auf offener Straße, durch das diese zum Betreten des Geschäfts veranlaßt werden sollen, wird grundsätzlich als unzumutbare Belästigung beurteilt, auch wenn ein Interesse des Passanten an der angebotenen Ware vermutet werden kann (vgl. BGH, in: GRUR 1960, S. 431 ff. - Kraftfahrzeugnummernschilder). Zulässig ist jedoch das persönliche Ansprechen von Passanten an Orten und auf Veranstaltungen, wo das Publikum von vornherein damit rechnet, durch Ansprechen zum Kaufen aufgefordert zu werden (vgl. BGH, in: GRUR 1965, S. 315 ff. - Werbewagen). Wettbewerbsrechtlich erlaubt, jedoch öffentlich-rechtlich genehmigungspflichtig ist die bloße Verteilung von Werbezetteln auf der Straße.

Ob **unbestellte Vertreterbesuche** als "anreißerische" und belästigende Werbung nach § 1 UWG wettbewerbswidrig sind oder nicht, läßt sich nur im konkreten Einzelfall unter Berücksichtigung aller Umstände entscheiden. Der Umstand allein, daß der Vertreterbesuch unangemeldet stattfindet und/oder generell unerwünscht ist, macht ihn noch nicht grundsätzlich wettbewerbswidrig. Wettbewerbswidrig ist aber jede Erschwindelung oder gar Erzwingung des Eintritts und auch jede Erschleichung einer Aufforderung zu einem Vertreterbesuch.

Der **Telefonwerbung** sind enge rechtliche Grenzen gesetzt (vgl. ausführlich Paefgen 1994). Telefonwerbung ist **im privaten Bereich** wegen der damit verbundenen Belästigung und Überrumpelungsgefahr grundsätzlich wettbewerbswidrig, selbst dann, wenn der Werbende den Anruf vorher schriftlich angekündigt hat (vgl. BGH, in: GRUR 1970, S. 523 ff. - Telefonwerbung I). Ist der Umworbene selbst **im gewerblichen Bereich** tätig, so ist auch hier die Telefonwerbung nicht grundsätzlich zulässig. Unerbetene Telefonwerbung kann in diesem Fall als Belästigung und unerwünschte Störung der beruflichen Tätigkeit empfunden werden. Denn das Interesse angerufener Gewerbetreibender, von Telefonwerbung verschont zu bleiben, ist höher zu werten als das Interesse des Werbenden, einen persönlichen Kontakt durch den Telefonanruf herzustellen. In folgenden Ausnahmefällen ist die Telefonwerbung - im privaten und gewerblichen Bereich - zulässig.

(a) Wenn bereits Geschäftsbeziehungen bestehen, kann der Werbende von einem berechtigten Interesse des Angerufenen an der Werbung ausgehen. In dem folgenden Fall sah der BGH einen unzulässigen Einbruch in die Privat- und Individualsphäre. Ein Kunde hatte zwei Jahre nach dem Kauf von zwölf Flaschen Wein und sechs Flaschen Sekt von derselben Weinkellerei eine schriftliche Einladung zu einer erneuten Weinprobe erhalten. Nachdem er hierauf nicht reagierte, wurde er in einem Telefonanruf umworben. Das Gericht sah in dem zwei Jahre zurückliegenden Kauf kein bestehendes Geschäftsverhältnis und damit auch kein stillschweigendes Einverständnis des Umworbenen für einen Werbeanruf. Ebenso wurde das Schweigen auf die schriftliche Einladung nicht als ein solches Einverständnis gewertet (vgl. BGH, in: WRP 1990, S. 169 f. - Telefonwerbung II). Ein stillschweigendes Einverständnis ist auch nicht darin zu sehen, daß sich der Umworbene zuvor Informationsmaterial hat schicken lassen (vgl. BGH, in: WRP 1990, S. 288 f. - Telefonwerbung III).

(b) Eine weitere Ausnahme von der grundsätzlichen Unzulässigkeit der Telefonwerbung liegt vor, wenn der Umworbene den Anruf ausdrücklich gewünscht hat. Dies kann z.b. schriftlich durch die Zusendung einer Postkarte erfolgt sein.

(c) Speziell im gewerblichen Bereich muß ein konkretes Interesse an den Werbeobjekten unterstellt werden können. Ein allgemeiner Sachbezug zum Geschäftsbetrieb des Umworbenen reicht nicht aus (vgl. BGH, in: WRP 1991, S. 470 - Telefonwerbung IV).

Unabhängig von diesen Ausnahmen sind bei der Frage, ob eine Telefonwerbung zulässig ist, jeweils die Umstände des Einzelfalls zu überprüfen.

4.4.5.2 Direktwerbung mit elektronischen Medien

Hier sind vor allem die Telefax-, die Telex-, die Teletex- und die Btx-Werbung zu nennen, die vornehmlich im Geschäftsbereich eingesetzt werden (vgl. mit zahlreichen Beispielen aus der Rechtsprechung Wolff 1994). Des weiteren ist auf die "Neuen Medien" hinzuweisen, die auch Werbezwecken dienen.

Unerwünschte Telefax-Werbung ist grundsätzlich wettbewerbswidrig. Die damit einhergehenden Belastungen des Empfängers werden als Verstoß gegen die guten Sitten gesehen. Dazu gehören die Blockierung der Empfangsgeräte durch Werbesendungen, die Störung der Arbeitsabläufe durch die ungewollte Beschäftigung mit ankommender Werbung und die beim Empfänger anfallenden Kosten für das Material der Werbung, wie z.B. das Papier eines Telefax-Empfangsgerätes.

Telex- und Teletex-Werbung werden wettbewerbsrechtlich gleich beurteilt. Die Grenzen wettbewerbswidriger Telex- und Teletex-Werbung werden nicht so schnell erreicht wie bei der Telefax-Werbung. Nach der geltenden Rechtsprechung ist die Telex-Werbung in folgenden Fällen zulässig (vgl. BGH, in: NJW 1973, S. 42 - Telex-Werbung):

*   Die Werbung richtet sich an Branchenbeteiligte des Werbenden wie Wiederverkäufer, Weiterverarbeiter etc.
*   Die Werbung richtet sich an Unternehmungen, zu denen bereits eine geschäftliche Beziehung besteht.
*   Die Eilbedürftigkeit und wirtschaftliche Bedeutung des Angebotes rechtfertigen die Telexwerbung.

Die **Btx-Werbung** ist im Staatsvertrag über Bildschirmtext von 1991 geregelt. Unverlangte Btx-Werbung ist zwar nicht verboten, jedoch ist sie vom übrigen Inhalt zu trennen und durch ein "W" zu kennzeichnen (§ 8 Btx-Staatsvertrag). Der Btx-Teilnehmer erkennt Werbeseiten und kann auf deren Abruf verzichten oder sie auch ohne vorherigen Abruf löschen, wenn er sie nicht wünscht (Baumbach/Hefermehl 1995, § 1 UWG, Rdn. 70). Wird die

Btx-Werbung dagegen nicht durch ein "W" identifizierbar, so ist diese als sogenannte getarnte Werbung unzulässig.

Mit den sogenannten **"Neuen Medien"** wird rechtliches Neuland betreten. Die beim Einsatz von Satelliten-Rundfunk, Kabel-Rundfunk, elektronischer Textkommunikation oder auch Video auftretenden Rechtsfragen können teilweise nur durch Gesetzesänderungen und gesetzliche Neuregelungen berücksichtigt werden. Die relevanten und z.t. ungelösten Rechtsprobleme betreffen

- verfassungsrechtliche Aspekte,
- urheber-, wettbewerbs- und datenschutzrechtliche Fragen,
- Probleme des Vertragsabschlusses, der Einbeziehung von AGB, Abzahlungsprobleme, Verbraucherschutzbereiche sowie
- arbeitsrechtliche Fragestellungen und Probleme.

Grundsätzlich sind auch in diesem Bereich der Direktwerbung sämtliche wettbewerbsrechtlichen Gesetze, Nebengesetze und Verordnungen sowie die Rechtsnormen mit wettbewerbsrechtlichem Charakter anderer Gesetze und Verordnungen zu beachten (vgl. mit weiteren Nachweisen Hillig 1989).

4.4.5.3 Die schriftliche Direktwerbung

Zur schriftlichen Direktwerbung gehören vor allem Prospekte, Werbebriefe, Werbezeitschriften, Hauswurfsendungen, Handzettel und Kataloge. Diese Formen der Direktwerbung sind grundsätzlich zulässig. Allerdings können für den Direktwerber auch hier rechtliche Probleme auftreten.

Soweit **private Verteilerorganisationen** eingesetzt werden, müssen diese den Wunsch der Werbeadressaten, keine Werbung erhalten zu wollen, respektieren. Dieser Wunsch muß deutlich zum Ausdruck gebracht werden. Hierzu reicht ein Aufkleber (z.B. "Werbung - Nein, danke!") auf dem Briefkasten aus. Die Mißachtung des erklärten Willens wird als Verletzung des Persönlichkeitsrechts gewertet (§ 823 I BGB). Dem Werbungtreibenden kann allerdings dann kein Vorwurf gemacht werden, wenn er alle rechtlich und wirtschaftlich **zumutbaren Maßnahmen** ausgeschöpft hat, Belästigungen der Briefkasteninhaber zu vermeiden, wie z.B. genaue Instruktionen an die Verteilerorganisation, welche Personen keine Werbesendungen erhalten sollen, und eine stichprobenartige Kontrolle, ob diese Anweisungen auch eingehalten werden.

Darüber hinaus hat jeder die Möglichkeit, sich in die sogenannte **"Robinson-Liste"** des Deutschen Direktmarketing-Verbandes e. V. (DDV) eintragen zu lassen, die die Direktwerber dazu verpflichtet, den dort Eingetragenen keine Werbebriefe zuzusenden.

Wettbewerbsrechtlich problematisch sind als Privatbriefe **getarnte Werbebriefe**; denn es wird dem Empfänger zugemutet, einen Werbebrief zu öffnen und sich mit diesem zu beschäftigen. Aufforderungen des Werbeadressaten an den Werbungtreibenden, diese Art der Werbung künftig zu unterlassen, ist zu folgen (vgl. Baumbach/Hefermehl 1995, § 1 UWG, Rdn. 71).

Was die Gewinnung, Speicherung und Weitergabe von persönlichen Daten betrifft, sind die rechtlichen **Grenzen des Bundesdatenschutzgesetzes** maßgeblich. In das Kreuzfeuer der Kritik ist in diesem Zusammenhang wiederholt die Deutsche Bundespost geraten: Briefträger haben Anschriften von Konfirmanden, Erstkommunikanten, Abiturienten etc. gesammelt und weitergegeben. Die Telekom hat die Daten von über 200.000 Kunden, darunter die Anschriften von allen Funktelefonteilnehmern, einer Marktforschungsunternehmung übermittelt.

Weitere rechtliche Fragen im Zusammenhang mit den dargestellten Werbemitteln und Werbeträgern werden in *Kap. 5.3.4* unter dem Aspekt der personellen Dimension des Verkaufs abgehandelt.

4.5 Rechtliche Grenzen der Wertwerbung

Geht man von einer weiten Begriffsbestimmung aus, so umfaßt die Wertwerbung alle Erscheinungsformen unentgeltlicher Zuwendung von Werten in Gestalt von Sachgütern, Dienstleistungen, Rechten oder Geld für werbliche Zwecke, die von den Umworbenen verwendet werden können. Einen Überblick über wichtige Erscheinungsformen der Wertwerbung, die in der Marketing-Literatur z.T. zu den Verkaufsförderungsaktionen gerechnet werden, gibt *Bild 55*.

Händler- und verbrauchergerichtete Wertwerbung, die sich mit der Gewinnung von Aufmerksamkeit begnügt (sog. neutrale Wertwerbung) ist grundsätzlich mit dem Leitbild eines funktionsfähigen Leistungswettbewerbs vereinbar (vgl. Borck 1976, S. 285).

Das Gewähren von Vergünstigungen kann allerdings leicht als Mittel dienen, die Umworbenen zu sachfremden Überlegungen zu verleiten, sie zu "bestechen". Daher wird ihr Einsatz in besonders starkem Maße durch Vorschriften des Wettbewerbsrechts limitiert. Vor allem durch das UWG soll eine aggressive, d.h. die Entscheidungsfreiheit des Umworbenen unsachlich beeinflussende Wertwerbung verhindert werden.

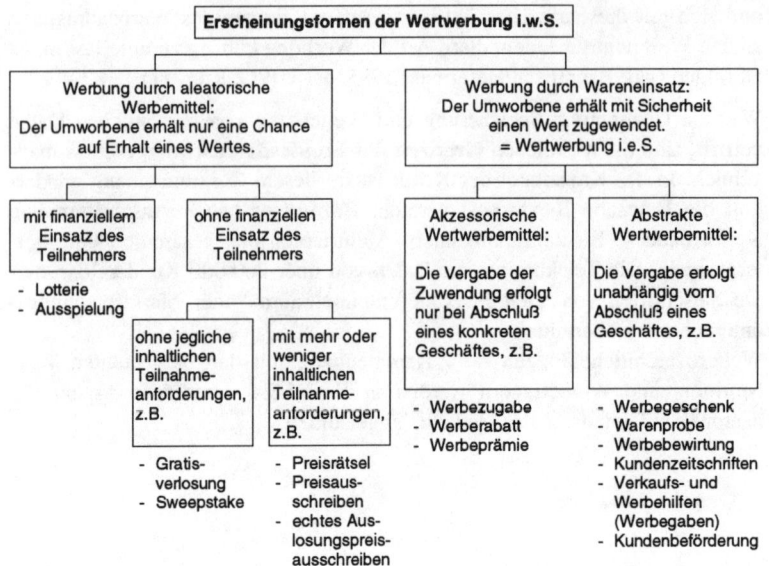

Bild 55:   Erscheinungsformen der Wertwerbung i.w.S.

4.5.1 Gewinnspiele

4.5.5.1 Erscheinungsformen und wettbewerbsrechtliche Unlauterkeitsmerkmale

Gewinnspiele sind die Spielleidenschaft der Menschen ansprechende Verkaufsförderungsmaßnahmen, die vor allem zur Bekanntmachung eines Produktes oder einer Dienstleistung und zur Kaufanregung eingesetzt werden. Alle Erscheinungsformen von Gewinnspielen weisen als gemeinsame Merkmale die Eröffnung einer Gewinnchance und die zeitliche Begrenzung dieser Aktion auf. Als Zielgruppen kommen sowohl Endverbraucher als auch Absatzmittler in Betracht. Hauptsächlich lassen sich sechs Formen von Gewinnspielen unterscheiden:

Der Wettbewerb: Für die Erbringung einer Bestleistung wird ein Preis ausgesetzt (z.B. Kindermal-, Verwendungs- oder Leistungswettbewerbe auf der Verbraucherebene, Schaufenster- oder Verkaufswettbewerbe auf der Händlerebene).

Das Marktforschungspreisausschreiben: Den Teilnehmern werden Fragen hinsichtlich der Bekanntheit und Beliebtheit von Produkten gestellt, evtl. verbunden mit Verbesserungsvorschlägen.

342

Das Preisrätsel: Für die richtige Beantwortung einer oder mehrerer Fragen, die in der Regel in einem engen inhaltlichen Zusammenhang mit der veranstaltenden Unternehmung bzw. deren Produkt(en) stehen, wird ein Preis ausgesetzt.

Das Sweepstake: Gewinnummern werden vor Beginn des Gewinnspiels gezogen und hinterlegt. Die z.B. durch Direct Mail angesprochenen Zielgruppen werden dann auf einen schon eventuell gewonnenen Preis hingewiesen.

Die Gratisverlosung: Dieses Gewinnspiel ist gekennzeichnet durch eine vom Kauf unabhängige Teilnahme, durch leicht lösbare Aufgaben (Scheinrätsel) und durch eine hohe Teilnehmerzahl.

Die Lotterie und die Ausspielung: Durch den Einsatz von finanziellen (Lotterie) oder sonstigen materiellen (Ausspielung) Mitteln erhalten die Mitspieler die Berechtigung zur Teilnahme an diesem Glücksspiel, bei dem die Chance, einen Preis zu erhalten, ausschließlich vom Zufall abhängt. Diese Veranstaltungen sind genehmigungspflichtig, und die Erteilung der Genehmigung erfolgt nur, wenn die Lotterie oder Ausspielung mit gemeinnützigen Zwecken verbunden ist.

Nach herrschender Meinung sind Gewinnspiele nicht von vornherein als unlautere Wettbewerbsmittel zu werten. Die Schwierigkeit der **wettbewerbsrechtlichen Beurteilung** gemäß den §§ 1, 3 UWG ergibt sich aus den vielfältigen Einsatzmöglichkeiten der Gewinnspiele und aus den häufig nur schwer auf den Einzelfall anwendbaren Beurteilungskriterien. Von der Literatur und der Rechtsprechung wurden nachfolgende **Unlauterkeitsmerkmale** entwickelt:

- Irreführung des Publikums,
- Ausnutzung der Spielleidenschaft durch Kopplung mit einer Ware,
- Ausübung eines psychologischen Kaufzwangs oder eines Pseudo-Kaufzwangs,
- übertriebenes Anlocken des Publikums,
- Behinderung der Mitbewerber sowie
- Auftreten sonstiger sittenwidriger Umstände.

Die Wettbewerbswidrigkeit von Gewinnspielen resultiert aus dem Auftreten eines dieser Unlauterkeitsmerkmale in einer der **Phasen des Gewinnspiels** (vgl. ausführlich hierzu Kunze 1972, S. 424), nämlich

- Erlangung/Ausgabe der Teilnahmeberechtigung,
- Lösung einer Aufgabe,
- Abgabe der Teilnahmeberechtigung sowie
- Bekanntgabe/Erlangung des Gewinns.

4.5.5.2 Verbrauchergerichtete Gewinnspiele

An ausgewählten Beispielen wird gezeigt, wann Gewinnspiele die Verbraucher zu einem unsachlichen Leistungsvergleich veranlassen und damit wettbewerbswidrig sind. Grundsätzlich kann jedes der oben beschriebenen Unlauterkeitsmerkmale in jeder Phase eines Gewinnspiels auftreten (vgl. ausführlich Ahlert/Schröder 1989, S. 351 ff.).

(1) Irreführung des Publikums

Nach § 3 UWG ist es irreführend, auf Einladungskarten zu einer Verkaufsförderungsaktion durch Aufdrucke wie "Originallos", "Freilos" oder "Gewinnerliste" den Eindruck einer Verlosung vorzutäuschen, obwohl kein Gewinnspiel veranstaltet wird, sondern Geschenkartikel verteilt werden.
Eine Täuschung über den Umfang der Gewinnchance liegt z.B. vor, wenn der irrige Anschein erweckt wird, die angekündigten Gewinne würden unter den Teilnehmern einer bestimmten Werbeveranstaltung verlost, während die Verlosung tatsächlich unter allen Losbesitzern stattfindet, die im Zeitraum eines halben Jahres Werbeveranstaltungen des Gewinnspielveranstalters besucht haben (vgl. BGH, in: GRUR 1962, S. 461, 465 - Filmvorführung).

(2) Ausnutzung der Spielleidenschaft durch Kopplung mit einer Ware

Die Ausnutzung der Spielleidenschaft durch Gewinnspiele ist dann anzunehmen, wenn eine der Phasen eines Gewinnspiels mit dem Kauf der geförderten Herstellerprodukte gekoppelt ist. Tritt an die Stelle des sachlichen Leistungsvergleichs der Wunsch nach der Teilnahme an dem Gewinnspiel, der nur durch den Kauf der Ware erfüllt werden kann, dann liegt ein unzulässiger **rechtlicher Kaufzwang** vor. Bestehen zwar gleichzeitig Teilnahmemöglichkeiten, die nicht an den Warenkauf gekoppelt sind, so sind auch diese wettbewerbswidrig, wenn sie für den Teilnehmer **umständlichere Ausweichmöglichkeiten** darstellen als der Kauf der Ware selbst.
Unzulässige Kopplungen liegen z.B. vor, wenn die **Erlangung der Teilnahmeberechtigung** nur auf folgenden Wegen möglich ist:
- die Ausgabe des Teilnahmescheines an der Kasse zusammen mit dem Kassenbon nach einem getätigten Kauf,
- die Einsendung des Kassenbons zur Erlangung der Teilnahmeberechtigung,
- die Verteilung der Teilnahmescheine innerhalb der Warenverpackung oder als Verpackungsaufdruck,
- die Verwendung des Teilnahmescheines als Bestellformular.

Wettbewerbswidrig ist ein Gewinnspiel, wenn die **Lösung der Aufgabe** nur durch den Produktkauf möglich ist. Ein Beispiel hierzu: Die "MD Foods Deutschland GmbH" veranstaltete 1995 einen Bastelwettbewerb unter dem Motto "Bau Dir Dein BUKO-Land". In jeder Packung BUKO-Käse befand sich ein Faltblatt, das u.a. folgenden Text enthielt:

"Mit einer tollen Idee kannst Du gewinnen!
Mal Dir eine Landschaft auf ein großes Stück Papier und setze Deine Modelle
darauf. Du kannst auch noch Tierfiguren, Bäume, Autos oder ähnliches
dazustellen. Wie das aussehen könnte, haben wir Dir hier schon einmal
aufgezeichnet [Es wird auf ein Bild mit mehreren Modellen verwiesen, die als
Bastelbögen auf der Rückseite des Faltblattes aufgedruckt sind; Anm. d.V.] ...
Dann mach schnell ein Foto von Deinem BUKO-Land und schick es uns. ...

Die originellsten Bilder vom BUKO-Land gewinnen. ...

Hallo Kinder,
ab sofort findet Ihr in jeder der 8 Sorten BUKO einen von 8 Bastelbögen.
Sammle so viele Modelle wie möglich und bau Dir Dein eigenes BUKO-Land."

Mitmachen an diesem Gewinnspiel konnte also nur derjenige, der sich
BUKO-Käse kaufte, da die Bastelbögen ausschließlich innerhalb der
Verkaufspackung lagen. Darüber hinaus mußte die Aufforderung "Sammle so
viele Modelle wie möglich und bau Dir Dein eigenes BUKO-Land" dazu
verleiten, mindestens die acht verschiedenen Modelle auf dem Foto vorwei-
sen zu können. Da beim Kauf einer Packung BUKO-Käse allerdings nicht
ersichtlich war, welches Modell die Verpackung als Bastelbogen enthielt,
entstand der Zwang, so viele Packungen zu erwerben, bis alle verschiedenen
Modelle gebaut werden konnten.

Neben dieser offensichtlichen Kopplung mit der Ware ist ein Gewinnspiel
auch dann problematisch, wenn durch den Kauf des geförderten Produktes
die Aufgabenlösung wesentlich erleichtert wird (vgl. BGH, in: WRP 1976,
S. 100 - Mars).

(3) Psychologischer Kaufzwang und Pseudo-Kaufzwang

Ein **psychologischer Kaufzwang** entsteht, wenn sich der Verbraucher
gezwungen fühlt, von ihm nicht gewollte Waren zu kaufen, wobei er glaubt,
daß ein Kauf von ihm erwartet wird. Eine derartige Konfliktsituation kann
z.B. durch die Ausgabe von Losen hervorgerufen werden, zu deren Entge-
gennahme die Umworbenen die Einkaufsstätte betreten müssen. Anstatt das
Warenangebot objektiv zu prüfen, können sie sich veranlaßt sehen, aus
sachfremden Erwägungen (Anstandsgefühl, Dankbarkeit, Peinlichkeit etc.)
heraus zu kaufen. Bei der Frage, ob ein psychologischer Druck ausgeübt
wird, ist die Mentalität des "normal empfindenden Durchschnittsmenschen"
als Maßstab heranzuziehen. Psychologischer Kaufzwang kann nur unter
Berücksichtigung aller Umstände des Einzelfalles angenommen werden.
Wesentliche Aspekte hierbei sind

• **die Größe und der Wert der geförderten Produkte:** je niedriger der
    Wert der geförderten Produkte ist, um so niedriger ist die Schwelle für
    eine erfolgreiche unsachliche Beeinflussung der Kaufentscheidung,

- **die Betriebsform und Größe einer Einkaufsstätte:** insbesondere in kleinen Ladengeschäften und Fachgeschäften kann durch die räumliche Enge und das Gefühl, ständig vom Personal beobachtet zu werden, ein psychologischer Druck entstehen,
- **die Kontakte zum Personal:** alle Gewinnspiele, bei denen die Teilnehmer persönlichen Kontakt mit dem Veranstalter oder dessen Verkaufspersonal aufnehmen müssen, bedürfen einer genauen wettbewerbsrechtlichen Prüfung,
- **der beteiligte Personenkreis:** je größer der Personenkreis bei einer besonderen Gewinnspielveranstaltung ist, desto weniger ist ein psychologischer Kaufzwang zu vermuten.

Fallbeispiele lassen sich auch bei diesem Unlauterkeitsmerkmal den einzelnen Phasen eines Gewinnspiels zuordnen. So ist es z.B. unzulässig, wenn pro Besuch der Einkaufsstätte nur ein Teilnahmeschein ausgegeben wird, gleichzeitig aber bekannt ist oder angenommen wird, daß mehrere Lose die Chancen auf den Gewinn erhöhen (vgl. BGH, in: WRP 1973, S. 335 - Schatzjagd).

Ebenso ist es wettbewerbswidrig, wenn die Teilnahmekarten nur in auf Verkaufstheken aufgestellten Behältern eingeworfen werden können, insbesondere dann, wenn die Anonymität des Teilnehmers nicht gewährleistet ist (vgl. BGH, in: GRUR 1973, S. 418 - Das goldene A), oder wenn Verkaufsvertreter die Gewinner aufsuchen, um ihnen den Gewinn zu überbringen (vgl. BGH, in: GRUR 1973, S. 81 f. - Gewinn-Übermittlung).

Im Gegensatz zum psychologischen Kaufzwang, wo an die Anständigkeit des Konsumenten appelliert wird, richtet sich der **Pseudo-Kaufzwang** an die Begehrlichkeit des Verbrauchers. Er glaubt z.B. die Gewinnchancen eines durch einen Versandhandel veranstalteten Preisausschreibens verbessern zu können, indem er gleichzeitig mit der Lösung oder dem Teilnahmeschein eine Bestellung aufgibt. Eine Konfliktsituation liegt beim Pseudo-Kaufzwang nicht vor, da der Umworbene sich nicht in der Zwangslage befindet, entweder kaufen oder enttäuschen zu müssen. Hier ist auf folgenden Leitsatz vom BGH zu verweisen: "Wird im Versandhandel ein Preisausschreiben veranstaltet, so muß für die Teilnehmer eindeutig klargestellt sein, daß eine gleichzeitige Warenbestellung keinerlei Einfluß auf die Gewinnchancen hat. Das ist - ungeachtet wörtlicher Hinweise - nicht der Fall, wenn ein beigefügtes vorgedrucktes Bestellformular auch als Teilnahmeschein verwendet werden kann" (BGH, in: WRP 1976, S. 172 ff. - Versandhandel-Preisausschreiben).

(4) Übertriebenes Anlocken des Publikums

Bei übertriebenem Anlocken begeben sich die Teilnehmer eines Gewinnspiels allein aufgrund des in Aussicht stehenden Gewinns in eine Situation, die zu einem Geschäftsabschluß führt. Fehlt ein sachlicher Preis-Leistungsvergleich, so liegt eine Behinderung der Konkurrenz vor. Ein Gewinnspiel ist wegen übertriebenen Anlockens um so eher als unlauter einzustufen, je wertvoller der Gewinn ist, da dieser Umstand den Teilnehmer von einer sachgerechten Überprüfung der Preiswürdigkeit und Qualität der Konkurrenzprodukte abhalten könnte (vgl. BGH, in: WRP 1971, S. 29 - Autodiagnose-Zentrum).

Unzulässig ist es auch, den Gewinn in bestimmten Einkaufsstätten abholen zu lassen, ohne vorher bekanntzugeben, ob ein Hauptgewinn oder ein Trostpreis erzielt wurde.

4.5.5.3 Händlergerichtete Gewinnspiele

Die wettbewerbsrechtliche Beurteilung von handelsgerichteten Gewinnspielen unterscheidet sich von verbrauchergerichteten dadurch, daß Absatzmittler sich durch eine Gewinnchance weitaus weniger zu unwirtschaftlichen oder unsachlichen Entscheidungen bewegen lassen als Verbraucher. Aus diesem Grund unterliegen die obengenannten Unlauterkeitsmerkmale einer weniger strengen Bewertung, da z.B. die Gefahr, einem psychologischen Kaufzwang zu unterliegen, bei einem Händler wegen seines täglichen Umgangs mit den Waren aller seiner Lieferanten und einer hieraus resultierenden Fähigkeit, Gewinnspiele richtig beurteilen zu können, wesentlich geringer ist. Einige Beispiele verdeutlichen die Rechtslage.

Unter dem Aspekt der **Behinderung anderer Hersteller** sind unter Einzelhändlern veranstaltete Schaufensterwettbewerbe zu betrachten. Zunächst wird ohne Hinzutreten besonderer Umstände nicht anzunehmen sein, daß sich der Händler aus sachfremden Erwägungen zur Ausstellung der Waren eines bestimmten Herstellers verleiten läßt, insbesondere wenn er die Kosten der Dekoration selbst trägt und wenn er aus betriebseigenen Erwägungen an dem Wettbewerb teilnimmt. Durch den Schaufensterwettbewerb werden zwar die Konkurrenten der Hersteller beeinträchtigt, deren Waren während der Dauer des Wettbewerbs überhaupt nicht oder in geringerem Maße zur Schau gestellt werden. Diese Beeinträchtigung ist aber eine normale Folge des Schaufensterwettbewerbs und muß von diesen Herstellern hingenommen werden. Anders ist es jedoch, wenn ein Schaufensterwettbewerb gezielt zur Behinderung oder zum Ausschluß anderer Mitbewerber veranstaltet wird.

Wettbewerbswidriges Handeln liegt weiterhin vor, wenn **irreführende Werbetexte** verwendet werden. Ein Hersteller packte jedem Karton seiner Produkte sogenannte Schatzscheine im "Wert" bei je 0,80 DM bei und stellte seinen Abnehmern bei Einsenden dieser Scheine einen Gewinn von 150.000 DM (= 187.500 * 0,80 DM) in Aussicht. Gleichzeitig warb er mit dem Slogan "Je mehr Sie bestellen, desto größer Ihr Gewinn". Dieses Gewinnspiel war irreführend, da lediglich einer der 187.500 ausgegebenen Schatzscheine den gesamten Gewinn in Höhe von 150.000 DM erzielen konnte, alle anderen eingesandten Schatzscheine trotz eines "Wertes" von 0,80 DM somit Nieten waren (vgl. Hanseatisches OLG, in: WRP 1973, S. 44).

Unzulässig ist es ebenfalls, die **Teilnahmeberechtigung** an eine zwingende oder als zwingend erscheinende bestimmte Plazierung der Veranstalterprodukte innerhalb des Ladens oder im Schaufenster **zu koppeln**. Auch gilt für händlergerichtete Gewinnspiele, daß die gleichzeitige Verwendung des Teilnahmescheins als Bestellschein wettbewerbswidrig ist.

4.5.2 Die Werbung durch Wareneinsatz

Mittel der Werbung durch Wareneinsatz sind vor allem Warenproben und Originalwaren zu Probezwecken, Warenzugaben, Werbegeschenke, Prämien und unentgeltliche Dienstleistungen. Die rechtliche Zulässigkeit von Zugaben und Rabatten ist in der Zugabeverordnung und im Rabattgesetz geregelt. Dagegen beurteilt sich die rechtliche Zulässigkeit von Werbegeschenken und Warenproben nach der Generalklausel des § 1 UWG.

4.5.2.1 Warenzugaben

Warenzugaben sind alle Beigaben eines Werbetreibenden, die **beim Kauf einer Ware** gewährt werden. Nach § 1 I ZugabeVO besteht das **Verbot**, im geschäftlichen Verkehr neben einer Ware oder Leistung eine Zugabe anzubieten, anzukündigen oder zu gewähren. Hierdurch soll vor allem der Fachhandel (z.B. der Spielzeughandel) vor der Gefahr der extensiven Verwendung bestimmter Güter (z.B. Spielzeug) geschützt werden. Weiterhin besteht der Sinn dieser Rechtsnorm in der Verhinderung eines unter Konkurrenzdruck entstehenden Zwangs der Nachahmung sowie einer Verfälschung des auf der Preiswürdigkeit und Qualität einer Ware oder Leistung aufgebauten Leistungswettbewerbes durch unsachliche Käuferbeeinflussung und/oder Verschleierung des Preises. Der von einer (attraktiven) Zugabe ausgehende Anreiz lenkt den Käufer von sachlichen Abwägungen bei den Kriterien Preis und Qualität der Hauptware ab und führt ihn zu einer primär gefühlsbestimmten Entscheidung.

In § 1 II ZugabeVO werden die **Ausnahmen des generellen Zugabeverbotes** genannt. Danach dürfen Reklamegegenstände von geringem Wert, geringwertige Kleinigkeiten sowie handelsübliches Zubehör prinzipiell als Zugaben gewährt werden. Da das Ankündigen, Anbieten und Gewähren einer Zugabe eine wettbewerbliche Maßnahme ist, können nach § 1 II ZugabeVO zulässige Zugaben im Einzelfall gemäß § 1 UWG unzulässig sein, wenn ein Verstoß gegen die guten Sitten vorliegt.

§ 1 III ZugabeVO schließlich führt die **Grenzen der erlaubten Ausnahmen** vom Zugabeverbot auf. Danach besteht ein Verbot

- der Gratisankündigung von Zugaben (z.B. Gratiszugabe, Geschenk, Belohnung, kostenlos),
- des Anscheinerweckens der Unentgeltlichkeit einer Zugabe sowie
- der Zufallszugabe (z.B. "Jeder 10. Besucher erhält als Zugabe eine Schallplatte").

Zugaben, die **Hersteller an Händler** gewähren, müssen anders bewertet werden als jene, die **Einzelhändler an Verbraucher** aushändigen, da im ersten Fall die Gefahr unsachlicher Beeinflussung deutlich geringer einzuschätzen ist (vgl. Baumbach/Hefermehl 1995, § 1 ZugabeVO, Rdn. 70). Auch wenn dem Verbot der Zugabeverordnung sowohl Industrie und Handel als auch Handwerk, Land- und Forstwirtschaft unterliegen, so liegt die praktische Relevanz von Zugaben vor allem bei den vom Einzelhandel an den Endverbraucher gewährten Beigaben (vgl. Baumbach/Hefermehl 1995, § 1 ZugabeVO, Rdn. 20 f.). Da sich das vorliegende Buch den rechtlichen Aspekten des Hersteller-Marketing widmet, wird die wettbewerbsrechtliche Problematik von Zugaben hier nicht weiter vertieft.

4.5.2.2 Warenproben

(1) Begriff und Formen von Warenproben

Im Unterschied zu Warenzugaben sind Warenproben **nicht an den Kauf einer anderen Ware gebunden.** Warenproben dienen dazu, den Verbrauchern konkrete Produkterfahrung zu vermitteln. Mit der Erprobung einer Ware oder Dienstleistung nimmt der Konsument gewisse Mühen und Risiken auf sich, die gewöhnlich keine oder nur geringe Dankbarkeitsgefühle auslösen, d.h. die Gefahr eines psychologischen Kaufzwangs besteht nicht (vgl. Baumbach/Hefermehl 1995, § 1 UWG, Rdn. 119).

Bei den Formen von Proben kann zwischen Gebrauchs- und Verbrauchsgütern sowie Dienstleistungen (z.B. Reise-, Reinigungs-, Unterhaltungs-, Unterricht- und Körperpflegeleistungen) unterschieden werden. Im Bereich der Verbrauchsgüter kommen prinzipiell **Originalwaren**, die auch gegen Entgelt erhältlich sind, und speziell für den Erprobungszweck hergestellte **Sonderanfertigungen** in Frage, wie z.B. konventionelle Probenverpackung (Flaschen, Tuben etc.) und Beutelpackungen (Schlauch-, Prospekt-, Konturenbeutel etc.).

(2) Die wettbewerbsrechtliche Beurteilung von Warenproben

Rechtliche Grundlagen für die Zulässigkeit von Warenproben sind die §§ 1, 3 UWG und die ZugabeVO. Die rechtliche Beurteilung setzt an den Aspekten Probemenge, Probemotive, Anzahl angesprochener Personen (Probenstreuung), Probedauer, Akzessorietät (Zusammenhang mit dem Warengeschäft) und sonstigen besonderen Umständen an, die im folgenden überblickartig dargestellt werden.

Die **Menge einer Probe** darf lediglich für mehrmaliges Probieren ausreichen. Sofern eine sachgemäße Erprobung nur bei einer **Originalware** möglich ist, so kann im Einzelfall die unentgeltliche Abgabe dieser handelsüblichen Wareneinheit zulässig sein. Die Abgabe von Originalwaren zu Probezwecken unterliegt grundsätzlich einer strengeren Beurteilung als die Abgabe von **Sonder-Probepackungen.** Es soll die Gefahr ausgeschlossen werden, daß die Originalware den Bedarf des Empfängers über den Zeitraum des Probierens hinaus deckt und somit der Wettbewerb verzerrt wird. Probepackungen, die zwar kleiner als die üblichen Verkaufseinheiten des Verteilers, jedoch ebenso groß wie die Handelspackungen der Konkurrenten sind, sind nur dann zulässige Warenproben, wenn sich ihr Inhalt auf eine zur Erprobung notwendige Warenmenge beschränkt (vgl. Baumbach/Hefermehl 1995, § 1 UWG, Rdn. 120 ff.).

Als **Probemotive** werden die Einführung von Neuprodukten, die Bekanntmachung einer Produktvariation (z.b. Qualitätsverbesserung) sowie die Marktausweitung bekannter Produkte als wettbewerbskonform anerkannt.

Die **Probenstreuung** kann sowohl in der Abgabe an Einzelpersonen als auch als Massenverteilung erfolgen. Rechtliche Bedenken richten sich vor allem gegen den Masseneinsatz von Warenproben, wenn aufgrund einer dadurch hervorgerufenen Marktverstopfung die Gefahr der Verdrängung kleiner und mittlerer Unternehmungen besteht.

Bei der **Probendauer** ist folgendes zu beachten. Die unentgeltliche Abgabe von Sonder-Probepackungen in einer für den Probezweck notwendigen Warenmenge ist auch über längere Zeit grundsätzlich zulässig. Bei Originalwaren sind dagegen engere zeitliche Grenzen gesetzt.

Gebrauchsgüter dürfen nur kurzfristig als Warenprobe überlassen werden. Als zulässig wurde z.B. die Probezeit von einem Monat für den Test eines Mikrowellenherdes angesehen, da für die Erprobung dieser zu jener Zeit für den Markt neuen Geräte aufgrund der veränderten Handhabung des Gerätes eine entsprechende Umstellungszeit erforderlich war (vgl. OLG Frankfurt, in: WRP 1981, S. 28 - Mikrowellenherd).

Wenn Warenproben **mit anderen Produkten,** sei es mit Komplementärprodukten, anderen Produkten desselben Herstellers oder auch mit Konkurrenzprodukten, **gekoppelt** werden, liegt keine selbständige Zuwendung, sondern eine Zugabe i.S.v. § 1 ZugabeVO vor, auf die die entsprechenden Rechtsvorschriften anzuwenden sind. Ist die Probe dagegen jederzeit auch einzeln erhältlich, so ist das Gewähren der Warenprobe nach der ZugabeVO unbedenklich. Dies gilt auch, wenn einer Ware die Probe eines gleichartigen Konkurrenzproduktes beigefügt ist, da hierdurch der Vergleich von Konkurrenzprodukten und nicht der unmittelbare Absatz der verkauften Hauptware gefördert wird.

Besondere Umstände, die eine Warenprobe wettbewerbswidrig machen, können in einem **anreißerischen Aufdrängen** der Probe durch besonders aufdringliche Werbung oder in der Ausübung eines **psychologischen Kaufzwangs** liegen. Werden **Warenproben entgeltlich** abgegeben, so ist dies im Grundsatz ohne wesentliche Einschränkung zulässig. Rechtliche Bedenken treten hier vor allem bei der Dauer der Probezeit auf, da der Probezweck gewöhnlich nur eine kurze Testzeit rechtfertigt. So wurde z.b. die Überlassung von Farbfernsehgeräten zu Erprobungszwecken für einen Monat gegen ein Entgelt von 10,- DM als übermäßiges Anlocken gewertet, da ein psychologischer Zwang auf den Kunden zum Abschluß eines sich an die Erprobungszeit anschließenden Mietvertrages ausgeübt würde. Als ausreichende Erprobungszeit wurde in diesem Fall der Zeitraum von einer Woche angesehen (vgl. OLG München, in: WRP 1979, S. 892).

4.6 Rechtliche Grenzen einer Einflußnahme auf die Warenpräsentation im Handel

Aus dem weiten Bereich der vom Hersteller durchführbaren handelsorientierten Verkaufsförderungsmaßnahmen werden im folgenden die Schaufenster- und Regalplatzmiete, die Werbe- und Verkaufshilfen und die Industrieverkäufer herausgegriffen und auf ihre rechtliche Zulässigkeit hin untersucht. Rechtliche Bedenken können sich hier vor allem aus dem UWG und der ZugabeVO ergeben.

4.6.1 Schaufenster- und Regalplatzmiete

Bei den Versuchen der Hersteller, eine günstige Präsentation ihrer eigenen Produkte zu erreichen, waren in der Vergangenheit viele Hersteller bereit, dem Handel hierfür eine besondere Vergütung zu bieten. Das zeitweise Anmieten von Schaufenster- oder Regalflächen ist jedoch grundsätzlich wettbewerbswidrig (vgl. BGH, in: GRUR 1977, S. 257 ff. - Schaufensteraktion): (1) Schaufenster- und Regalplatzmiete haben **täuschende Auswirkungen auf die Verbraucher** (§§ 1, 3 UWG), weil der Händler eine Eigenwerbung für die präsentierten Produkte vortäuscht, er aber in Wirklichkeit Träger einer Fremdwerbung ist. Die Verbraucher gehen unter Umständen fälschlicherweise davon aus, daß der Einzelhändler das im Schaufenster oder Regal plazierte Produkt aufgrund eines besonderen Preis-Leistungsverhältnisses als besonders vorteilhaft herausstellt.

(2) Es besteht auf der Herstellerseite die **Nachahmungsgefahr**, sich gegenseitig für die Überlassung von Schaufenster- und Regalflächen zu überbieten (zum Thema Nachahmungsgefahr und Unlauterkeit vgl. Schütz 1993). Dadurch werden diejenigen Hersteller gleichzeitig behindert, die die Miete nicht zahlen wollen oder können und denen somit der Zugang zum Sortiment des Handels versperrt wird (§ 1 UWG).

(3) Das Versprechen oder die Gewährung von Mieten können die **Kaufentscheidung des Händlers unsachlich beeinflussen** (§ 1 UWG).

Keine wettbewerbsrechtlichen Bedenken hingegen bestehen gegen die Untervermietung bestimmter Teilflächen, wenn der Hersteller den Verkauf seiner Produkte in Eigenregie durchführt.

Die ausschließlich auf die Schaufensterdekoration der Produkte des Herstellers beschränkten Maßnahmen (Dekorationsmaterial, Dekorateure etc.) sind ebenfalls rechtlich nicht zu beanstanden. Unzulässig ist hingegen die Vornahme einer Dekoration anderer als der Herstellerprodukte.

4.6.3 Werbe- und Verkaufshilfen

Ein Hersteller kann seine Händler mit Werbe- und Ausstattungsmaterial unterstützen, wie z.b. Prospekte, Beleuchtungsmaterial, Vitrinen, Schaukästen. Dies ist nach § 1 UWG grundsätzlich unbedenklich, wenn die Hilfen in sachlicher Beziehung zu den Produkten des Herstellers stehen, d.h. primär die Funktion der Absatzförderung und Werbung für die Herstellererzeugnisse übernehmen (vgl. Baumbach/Hefermehl 1995, § 1 UWG, Rdn. 98).

Allerdings muß im Einzelfall geprüft werden, ob die vom Hersteller zur Verfügung gestellten Materialien mit dem Zugabeverbot kollidieren (§ 1 I ZugabeVO). Dies ist dann nicht anzunehmen, wenn die Werbe- und Verkaufshilfen eindeutig darauf ausgerichtet sind, die Produkte des betreffenden Herstellers zu bewerben. Ein Zugabecharakter liegt jedoch für den Fall vor, daß das eigene Interesse des **Einzelhändlers**, nämlich sein innerbetrieblicher Nutzen, das Interesse des **Herstellers**, seine Produkte zu bewerben, erheblich überwiegt. Dieser Sachverhalt ist z.b. gegeben, wenn ein Hersteller Vorführstände ausleiht, die nicht eindeutig mit seinem Markenzeichen oder Firmennamen gekennzeichnet sind und in denen auch andere Produkte präsentiert werden. Muß der Zugabecharakter von Werbe-, Ausstattungs- und Dekorationshilfen bejaht werden, sind diese nur zulässig, wenn sie als handelsübliches Zubehör eingestuft werden können.

4.6.4 Industrieverkäufer

Ein Hersteller, der die produktadäquate Präsentation seiner Erzeugnisse nicht allein durch eigene sachliche und mediale Präsentationsmaßnahmen und die Unterstützung durch personale Maßnahmen des Händlers gewährleistet sieht, kann **herstellereigenes Verkaufspersonal** in den Einzelhandelsgeschäften einsetzen. Die wettbewerbsrechtliche Beurteilung des Einsatzes von Industrieverkäufern, die dem Händler ent- oder unentgeltlich angeboten werden, erfolgt nach den §§ 1, 3 UWG und § 1 ZugabeVO.

Ein Verstoß gegen § 3 UWG kann vorliegen, wenn der Endverbraucher nicht erkennen kann, daß es sich um herstellereigenes Personal handelt. Wenn die Kunden durch falsche oder unterlassene Kennzeichnung in Unkenntnis gelassen werden, ob sie das Verkaufsgespräch über die Produkte des Herstellers mit dem Personal des Einzelhändlers oder einem Industrieverkäufer führen, so liegt eine **Irreführung** vor (vgl. o.V. 1971, S. 388).

Anstecknadeln, Schildchen und selbst Berufskleidung mit dem Namen und den Farben des Herstellers allein reichen nicht für eine am Durchschnittsverbraucher orientierte, eindeutige Kennzeichnung aus. Erst durch zusätzliche Hinweise neben einer deutlichen Bezeichnung an der Kleidung wird in ausreichendem Maße darauf hingedeutet, daß Verkäufer des Herstellers tätig sind.

Auch eine ausreichende Kenntlichmachung der Industrieverkäufer entbindet nicht von einem sittenkonformen Wettbewerbshandeln im Sinne von § 1 UWG, d.h. die Verbraucher dürfen nicht in unzumutbarer Weise **bei ihrer freien Kaufentscheidung behindert und belästigt** werden.

Der Einsatz von herstellereigenem Verkaufspersonal im Einzelhandel führt nicht zu einer nach § 1 UWG unzulässigen Behinderung anderer Hersteller.

Die **zugaberechtliche** Beurteilung hängt hauptsächlich davon ab, ob der Zurverfügungstellung des Verkaufspersonals durch den Hersteller eine geldwerte Gegenleistung des Einzelhändlers gegenübersteht, die nicht als Scheinentgelt anzusehen ist (vgl. o.V. 1971, S. 390). Eine geldwerte Gegenleistung können z.B. verminderte Mengenrabatte des Herstellers oder andere ungünstigere Konditionen sein. Sofern bei dem Einsatz der Industrieverkäufer die reine Informations- und Werbefunktion im Vordergrund steht, kann schon das vorhandene Eigeninteresse des Herstellers an einer interessanten Werbeplattform als Gegenleistung gewertet werden und den Zugabecharakter ausschließen. Sofern der Zugabecharakter des Industrieverkäufers bejaht werden muß, liegt eine unzulässige Zugabe i.S.v. § 1 I ZugabeVO vor.

5. Rechtliche Grundlagen der Distributionspolitik

5.1 Die Aktionsbereiche des "Distributions-Mix"

"Das Distributions-Mix bezieht sich auf alle Entscheidungen, die im Zusammenhang mit dem Weg eines Produktes zum Endkäufer stehen" (Meffert 1986, S. 118). Zweck der Distributionspolitik eines Herstellers ist es, seinen Absatzgütern **Präsenz im Absatzmarkt** zu verschaffen. Dies bedeutet zweierlei:

- **Physische Präsenz** ist durch logistische Maßnahmen (Auftragsabwicklung, Lagerhaltung, Transport) sicherzustellen.
- **Kommunikative Präsenz** liegt vor, wenn die Verbraucherzielgruppe mit den Absatzgütern konfrontiert wird, wenn die Absatzgüter also
  - sachlich (Warenträger, Schaufenster),
  - personal (Verkaufsgespräche, Vorführungen) und/oder
  - medial (Verkaufsprospekte, Versandkataloge)präsentiert werden, oder anders ausgedrückt, wenn sie "Regalplatz" haben.

Auf eine griffige Kurzformel gebracht, besteht das zentrale Anliegen des Güterproduzenten im Rahmen seiner Distributionspolitik darin, seinen Produkten "Regalplatz zu verschaffen und möglichst dauerhaft zu sichern" (vgl. dazu ausführlich Ahlert 1995). Die Distributionspolitik umschließt damit drei Aktionsbereiche:

(1) Die Lieferungspolitik

Die auf die physischen Warenverteilungsprozesse gerichtete Distributionspolitik des Herstellers umschließt alle Entscheidungen und Maßnahmen, die mit der Überbrückung der räumlichen und zeitlichen Diskrepanzen zwischen dem Anbieter und den Abnehmern im Zusammenhang stehen (siehe *Bild 56*). Dabei sind zwei Gestaltungsbereiche unlösbar miteinander verknüpft:

- einerseits die Vereinbarung der **Lieferungskonditionen** und
- andererseits die Erfüllung der vereinbarten Lieferungskonditionen durch die Maßnahmen der **Marketing-Logistik**.

Beide Maßnahmenkomplexe bilden zusammen die **Lieferungspolitik**. Inbegriff der gesamten akquisitorischen Wirkungen der Lieferungspolitik ist der **Lieferservice**. Dabei handelt es sich um eine subjektive Größe, die von der Bewertung der Lieferungspolitik durch die potentiellen Transaktionspartner abhängig ist. Im Lieferservice schlagen sich Art und Ausmaß nieder, in denen die Unternehmung das physische Distributionssystem beeinflußt.

Lieferungspolitische Entscheidungen	
Entscheidungen über die Lieferungskonditionen	Entscheidungen im Bereich der Marketinglogistik
Entscheidungen über • Kostentragung • Gefahrtragung • technische Abwicklung der Raumüberbrückung Bestimmung der • Lieferzeit und • Liefertermine	Entscheidungen im Rahmen der Auftragsbearbeitung Entscheidungen über • Formen • Standorte und • Träger der Lagerhaltung
Bestimmung der • Beschaffenheit und • Genauigkeit der Lieferung sowie • der rechtlichen Verpflichtungen	Entscheidungen über • Mittel und • Träger des Transportes
Entscheidungen über • personelle und • sachliche Lieferungsumstände	Entscheidungen über die logistischen Aspekte der Verpackungsgestaltung
Koordination zwischen den Vereinbarungen der Lieferungskonditionen und den Möglichkeiten der Marketinglogistik	

↓

Lieferungspolitische Zielgrößen	
Lieferservice	Kosten der Lieferungspolitik

↓

Zielgrößen des Marketing
• ökonomische Ziele, z.B. Umsatzhöhe, Umsatzstruktur, Marktanteil, Kosten • psychographische Ziele, z.B. Kundeneinstellungen, Markenbekanntheit, Kundenbindung

Bild 56: Gestaltungsbereiche der Lieferungspolitik aus der Herstellersicht

(2) Die Verkaufspolitik

Die Verkaufspolitik umschließt die Gesamtheit aller Maßnahmen zur Gestaltung der räumlichen, zeitlichen, personellen und sachlichen Umstände, unter denen sich die Kaufhandlung der Kunden vollzieht. Die Formen des Verkaufs sind vielfältig; sie reichen vom passiven Abwarten auf Kundenanfragen über die Beteiligung an Ausschreibungen bis hin zur aktiven Ansprache der Kunden durch Repräsentanten der Unternehmung (Mitglieder der Geschäftsleitung, Reisende, Verkäufer in eigenen Geschäftsstellen oder Läden) oder

355

durch beauftragte Distributionsvermittler (Handelsvertreter, Kommissions-agenten etc.). Wegen der überwiegend externen Tätigkeit des Verkaufsper-sonals wird dieser Maßnahmenbereich auch Verkaufs- und Außendienst-politik oder auch Vertrieb genannt.

(3) Die Absatzkanalpolitik

Die Möglichkeiten, die Warenverkaufsprozesse in mehrstufigen Distribu-tionssystemen zu beeinflussen, reichen über die Verkaufsanstrengungen der eigenen Verkaufsorganisation sowie die speziellen Maßnahmen der Förde-rung des (Weiter)Verkaufs hinaus. Schon durch die **Selektion der Absatz-mittler** (Wahl der Absatzkanalstruktur) nimmt der Hersteller entscheidenden Einfluß auf die Abfolge von Kaufabschlüssen bezüglich seiner Absatzgüter bis hin zum letztabnehmenden Verbraucher. Zur **Akquisition der ausge-wählten Absatzmittler** setzt er ferner das gesamte Instrumentarium der Absatzpolitik ein, nicht nur die Instrumente Verkaufspolitik und Verkaufs-förderung, sondern auch die händlergerichtete Produkt-, Preis-, Werbepolitik etc. Darüber hinaus werden spezifische **Koordinations- und Führungs-maßnahmen** (z.B. die vertraglich fundierte Zusammenarbeit mit den Absatzmittlern) ergriffen.

Die Gesamtheit dieser handelsgerichteten Aktivitäten dient letztlich einer den Distributionszielen entsprechenden, direkten oder indirekten Einwirkung auf die Präsenz der Absatzgüter im Absatzmarkt, auf das quantitative Ausmaß und die qualitative Form, in denen die Kaufhandlungen der Verbraucher-zielgruppe bezüglich der Absatzgüter des Herstellers zustande kommen.

Die Absatzkanalpolitik läßt sich somit nicht überschneidungsfrei in das absatzpolitische Instrumentarium einordnen, da sie die Summe aller absatz-politischen Maßnahmen umfaßt, die gegenüber einer bestimmten Teilgruppe der Abnehmer, nämlich den Händlern, durchgeführt werden. Es wird auch von Absatzwegepolitik oder handelsgerichteter Absatzpolitik gesprochen.

5.2 Die Lieferungspolitik, einschließlich Marketing-Logistik

5.2.1 Die relevanten Rechtsnormen im Überblick

Die Lieferungspolitik umschließt die Gesamtheit aller Maßnahmen, die mit der Überbrückung der räumlichen und zeitlichen Diskrepanzen zwischen der anbietenden Unternehmung und den Abnehmern im Zusammenhang stehen (vgl. Ahlert 1984, S. 155).

Im Rahmen der Lieferungspolitik sind mithin Entscheidungen über Maßnah-men aus zwei interdependenten Bereichen zu treffen:

356

- die Lieferungskonditionen, welche die Vereinbarungen über die räumliche, zeitliche, personelle, sachliche und rechtliche Dimension der Lieferung beinhalten, und
- die logistischen Maßnahmen zur Erfüllung der vereinbarten Lieferungskonditionen (Marketing-Logistik).

Art und Weise der Lieferungspolitik entfalten gegenüber den Abnehmern häufig ein nicht unerhebliches akquisitorisches Potential, weshalb mit der Festlegung der Lieferungskonditionen und der sie umsetzenden Maßnahmen der Marketing-Logistik Umfang und Qualität des Lieferservices bestimmt werden.

Sowohl bei der Wahl der ökonomischen Gestaltungselemente, etwa der Festsetzung der Transportkosten, der Auslastung des Fuhrparks etc., als auch bei der Ausschöpfung der rechtlichen Freiheitsgrade, etwa der Gestaltung der Haftungsvereinbarungen, stößt die Unternehmung auf vielfältige restriktive Rechtsnormen aus unterschiedlichen Rechtsgebieten, die es zu kennen und bei der Gestaltung der obengenannten Maßnahmen zu berücksichtigen gilt.

Im folgenden wird das Augenmerk nicht so sehr auf Vollständigkeit gerichtet, sondern auf einen Überblick über jene Probleme, die in der Praxis immer wieder Schwierigkeiten bereiten.

Den Ansatzpunkt für die Darstellung ausgewählter rechtlicher Aspekte der Lieferungspolitik bilden die sich durch die Ausgestaltung der einzelnen Elemente der Lieferungskonditionen und der Marketing-Logistik ergebenden Problemstellungen. Einen zusammenfassenden Überblick der wichtigsten dabei zu beachtenden Rechtsnormen vermittelt *Bild 57*.

5.2.2 Die Gestaltung der Lieferungskonditionen

Zu den Lieferungskonditionen gehören alle Vereinbarungen über

- die Lieferzeit bzw. Erfüllungszeit,
- den Erfüllungsort,
- die Folgen einer Lieferzeitüberschreitung,
- die Folgen einer Annahmeverweigerung des Empfängers,
- die Folgen des endgültigen Lieferungsausfalles,
- die Transportkostentragung,
- den Abschluß einer Transportversicherung und deren Kostenübernahme,
- die Haftung für Transportschaden,
- die Benutzung eines oder mehrerer verschiedener Transportmittel,
- die Auswahl einer bestimmten Person, die die Lieferung durchführt.

Unter rechtlichen Aspekten erscheinen vor allem die verschiedenen Möglichkeiten einer **Lieferzeitvereinbarung** und die Folgen ihrer Nichteinhaltung sowie die Regelungen über die Transportdurchführung und die damit zusammenhängende **Kosten- und Gefahrtragung** interessant, weil sie stark durch rechtliche Vorschriften limitiert werden.

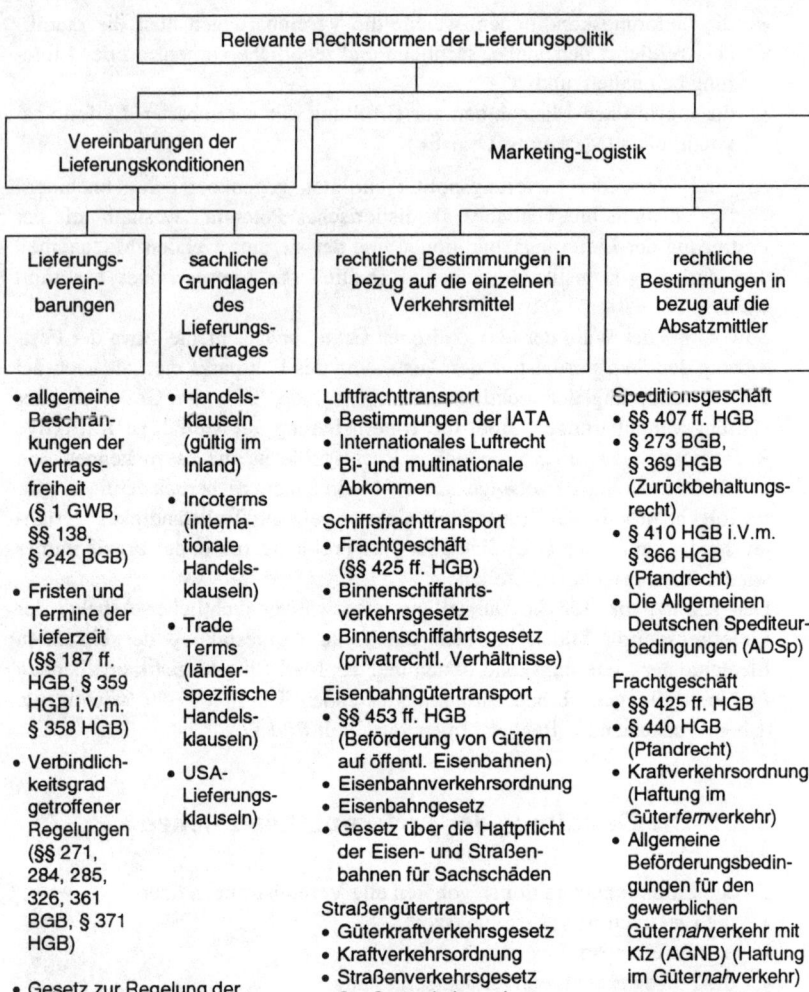

Relevante Rechtsnormen der Lieferungspolitik

Vereinbarungen der Lieferungskonditionen

Marketing-Logistik

Lieferungsvereinbarungen	sachliche Grundlagen des Lieferungsvertrages	rechtliche Bestimmungen in bezug auf die einzelnen Verkehrsmittel	rechtliche Bestimmungen in bezug auf die Absatzmittler

Lieferungsvereinbarungen

- allgemeine Beschränkungen der Vertragsfreiheit (§ 1 GWB, §§ 138, § 242 BGB)
- Fristen und Termine der Lieferzeit (§§ 187 ff. HGB, § 359 HGB i.V.m. § 358 HGB)
- Verbindlichkeitsgrad getroffener Regelungen (§§ 271, 284, 285, 326, 361 BGB, § 371 HGB)
- Gesetz zur Regelung der Allgemeinen Geschäftsbedingungen, v.a. §§ 4, 9, 10 Nr. 1+2, 11 Nr. 4, 8, 9 AGBG
- Sonderregelungen im Außenhandel (§§ 9-11 AWG)

sachliche Grundlagen

- Handelsklauseln (gültig im Inland)
- Incoterms (internationale Handelsklauseln)
- Trade Terms (länderspezifische Handelsklauseln)
- USA-Lieferungsklauseln

rechtliche Bestimmungen Verkehrsmittel

Luftfrachttransport
- Bestimmungen der IATA
- Internationales Luftrecht
- Bi- und multinationale Abkommen

Schiffsfrachttransport
- Frachtgeschäft (§§ 425 ff. HGB)
- Binnenschiffahrtsverkehrsgesetz
- Binnenschiffahrtsgesetz (privatrechtl. Verhältnisse)

Eisenbahngütertransport
- §§ 453 ff. HGB (Beförderung von Gütern auf öffentl. Eisenbahnen)
- Eisenbahnverkehrsordnung
- Eisenbahngesetz
- Gesetz über die Haftpflicht der Eisen- und Straßenbahnen für Sachschäden

Straßengütertransport
- Güterkraftverkehrsgesetz
- Kraftverkehrsordnung
- Straßenverkehrsgesetz
- Straßenverkehrsordnung
- Gesetz über das Fahrpersonal im Straßenverkehr

Spezialnormen für den Transport gefährlicher Güter

rechtliche Bestimmungen Absatzmittler

Speditionsgeschäft
- §§ 407 ff. HGB
- § 273 BGB, § 369 HGB (Zurückbehaltungsrecht)
- § 410 HGB i.V.m. § 366 HGB (Pfandrecht)
- Die Allgemeinen Deutschen Spediteurbedingungen (ADSp)

Frachtgeschäft
- §§ 425 ff. HGB
- § 440 HGB (Pfandrecht)
- Kraftverkehrsordnung (Haftung im Güter*fern*verkehr)
- Allgemeine Beförderungsbedingungen für den gewerblichen Güter*nah*verkehr mit Kfz (AGNB) (Haftung im Güter*nah*verkehr)

Lagergeschäft
- §§ 416 ff. HGB
- Hamburger Lagerungsbedingungen

Bild 57: Relevante Rechtsvorschriften im Bereich der Lieferungspolitik

5.2.2.1 Die Vereinbarung der Lieferzeit

Die Lieferzeitvereinbarung zwischen Lieferant und Abnehmer fällt juristisch in den Bereich des dispositiven Rechts, d.h. sie unterliegt keinen zwingenden rechtlichen Bestimmungen; mithin ergeben sich drei Alternativen zur Vereinbarung der Lieferzeit und -termine:

- Einschlägige Bestimmungen des BGB und HGB bilden die Vertragsbasis;
- Allgemeine Geschäftsbedingungen sind die Grundlage für die beteiligten Vertragsparteien;
- Individualvereinbarungen werden zwischen den Vertragspartnern geschlossen.

Während im ersten Fall ausschließlich gesetzliche Regelungen herangezogen werden, stellen die AGB und die Individualvereinbarungen vertragliche Regelungsmöglichkeiten dar, welche den gesetzlichen Rahmen der Lieferzeitvereinbarung einerseits einschränken, andererseits aber auch erweitern können.

5.2.2.1.1 Die gesetzlichen Regelungen

Zur Berechnung der Fristen und Termine erlangen die Vorschriften der §§ 187-193 BGB und des § 359 HGB i.V.m. § 358 HGB dann Gültigkeit, wenn entweder

- keine,
- nur unvollständige oder
- rechtlich nicht vertretbare Lieferzeitvereinbarungen getroffen werden.

Welche Fristen und Termine sich bei den einzelnen Vereinbarungen aus den obengenannten Rechtsnormen ergeben, ist *Bild 58* zu entnehmen.
Der **Verbindlichkeitsgrad** der getroffenen Vereinbarungen regelt sich nach den §§ 271, 284, 285, 326, 361 BGB sowie § 376 HGB; die wichtigsten Inhalte dieser Rechtsnormen sind

- der **Zeitpunkt**, ab dem der Gläubiger die vereinbarte Leistung fordern kann und der Schuldner sie bewirken muß (§ 271 BGB);
- der **Verzug des Schuldners**, wenn der Schuldner auf eine Mahnung des Gläubigers, die nach Eintritt der Fälligkeit erfolgt (§ 284 I BGB), nicht leistet und der Schuldner den Verzug zu vertreten hat (§ 285 BGB);
- der **Verzug des Schuldners ohne Mahnung**, wenn der Leistungszeitpunkt kalendermäßig festgelegt ist (§ 284 II BGB);
- der **endgültige Schuldnerverzug**, wenn der Gläubiger dem Schuldner eine angemessene Frist zur Leistungserfüllung setzt, nach deren Überschreitung er die Annahme der Leistung zu verweigern droht (§ 326 I S. 1 BGB);

Beginn der Frist	**1. Möglichkeit:** Ist für den Fristanfang ein Ereignis oder ein in den Tageslauf fallender Zeitpunkt maßgebend, so wird dieser Tag nicht mitgerechnet. (§ 187 I BGB) **2. Möglichkeit:** Ist für den Fristanfang der Beginn eines Tages maßgebend, so wird dieser Tag mitgerechnet. (§ 187 II BGB)
Dauer der Frist	**Tage:** Ist eine Frist von acht Tagen vereinbart, so sind darunter im Zweifel volle acht Tage zu verstehen. (§ 359 II HGB) **Monate:** 1/2 Monat = 15 Tage; 1/4 Jahr = 3 Monate; 1/2 Jahr = 6 Monate (§ 189 I BGB)
Fristende bei zusammen-hängenden Zeiträumen	**1. und 2. Möglichkeit:** Mit Ablauf des letzten Tages (§ 188 I BGB) **1. Möglichkeit:** Mit Ablauf desjenigen Tages der letzten Woche (des letzten Monats), der durch seine Benennung (durch seine Zahl) dem Tage entspricht, in den das Ereignis oder der Zeitpunkt fällt. (§ 188 II BGB) **2. Möglichkeit:** Mit Ablauf desjenigen Tages der letzten Woche (des letzten Monats), der dem Tage vorangeht, der durch seine Benennung (durch seine Zahl) dem Anfangstag entspricht. (§ 188 II BGB) **1. und 2. Möglichkeit:** Fehlt bei einer nach Monaten bestimmten Frist bei dem letzten Monat die Zahl des für den Ablauf der Frist maßgebenden Tages, so endet diese Frist mit dem Ablauf des letzten Tages dieses Monats. (§ 188 III BGB)
Samstage, Sonn- und Feiertage	Fällt der letzte Tag der Frist auf einen Sonntag oder auf einen am Erklärungs- oder Leistungsort staatlich anerkannten Feiertag oder auf einen Sonnabend, so tritt an die Stelle eines solchen Tages der nächstfolgende Werktag. (§ 193 BGB) Diese Auslegungsregel gilt nicht für Rechtsgeschäfte, deren Inhalt ausdrücklich als Ende einer Leistungsfrist den letzten Samstag, Sonntag oder Feiertag eines Zeitraums bestimmt.

Bild 58: Fristen und Termine der §§ 187-193 BGB und § 359 HGB

- die **Berechtigung des Gläubigers zum Rücktritt**, wenn der Schuldner bei sog. Fixgeschäften nicht zum vereinbarten Termin leistet (§§ 361 BGB, 376 HGB);
- die **Konsequenzen aus der Nichteinhaltung** der vereinbarten Termine und Fristen:
  - Schadensersatzanspruch des Gläubigers (§ 286 BGB),
  - Wahlrecht des Gläubigers zwischen Schadensersatzforderung und Rücktritt vom Vertrag (§ 326 I S. 2 BGB);

- die **gesteigerte Haftung des Schuldners** während des Lieferungsverzuges (§ 287 BGB), wonach er jede Fahrlässigkeit zu vertreten hat und auch für die während des Verzugs durch Zufall eintretende Unmöglichkeit der Leistung verantwortlich ist, es sei denn, daß der Schaden auch bei rechtzeitiger Lieferung eingetreten wäre;
- die Möglichkeit der Vereinbarung von **Vertragsstrafen** wegen Lieferungsverzuges (§§ 339 BGB, 348 HGB).

5.2.2.1.2 Die vertraglichen Regelungsmöglichkeiten

Da sich eine generell an der gesetzlichen Regelung ausgerichtete Lieferzeitvereinbarung häufig als zu starr erweist und den vielfältigen zeitbezogenen Interessen der Vertragsparteien nicht gerecht wird, lassen sich Lieferzeitvereinbarungen auch vertraglich regeln, und zwar entweder in der Form von Individualvereinbarungen oder auf der Grundlage von AGB. In beiden Fällen sind jedoch der Vertragsfreiheit Grenzen gesetzt, die primär dem Schutz des Abnehmers dienen, vor allem dann, wenn dieser Nicht-Kaufmann ist.

(1) Individuelle Lieferzeitvereinbarungen

Die Grenzen der individuellen Lieferzeitvereinbarungen werden vor allem bestimmt durch

- die Unwirksamkeit wettbewerbsbeschränkender Vereinbarungen (§ 1 GWB),
- die Nichtigkeit sittenwidriger Rechtsgeschäfte (§ 138 BGB) und
- die Pflicht zur Leistung nach Treu und Glauben (§ 242 BGB).

Im Außenhandel kann die weitgehende Autonomie der Vertragsparteien aufgrund von gesamtwirtschaftlichen Gesichtspunkten noch weiter eingeschränkt werden. Nach den §§ 9-11 AWG kann die Außenhandelsstelle für Erzeugnisse der Ernährung und Landwirtschaft oder bei anderen Gütern das Bundesamt für gewerbliche Wirtschaft die maximalen Lieferfristen sowohl für Einfuhr- als auch Ausfuhrgüter beschränken (vgl. Langen 1968).

(2) Allgemeine Geschäftsbedingungen

Wird die Lieferzeitvereinbarung auf der Grundlage von Allgemeinen Geschäftsbedingungen getroffen, so sind die Bestimmungen des AGBG zu beachten. Die in den Allgemeinen Geschäftsbedingungen enthaltenen lieferzeitspezifischen Bestimmungen werden nur dann Vertragsbestandteil, wenn keine individuellen Lieferzeitvereinbarungen getroffen werden (§§ 1 II, 4 AGBG) und der Verwender ausdrücklich auf sie hinweist oder die andere Vertragspartei in zumutbarer Weise von ihrem Inhalt Kenntnis nehmen konnte, z.B. durch einen Aushang am Ort des Vertragsabschlusses (§ 2 AGBG).

Unwirksam sind nach der Generalklausel des § 9 AGBG alle Lieferzeitvereinbarungen, die gegen die Gebote von Treu und Glauben verstoßen. Im einzelnen sind folgende AGB-Klauseln **unwirksam**:

- unangemessen lange Fristen oder nicht hinreichend bestimmte Fristen des Verwenders von AGB für die **Erbringung der Leistung** (§ 10 Nr. 1 AGBG);
- unangemessen lange oder nicht hinreichend bestimmte **Nachfristen** des Verwenders, wodurch sich dieser dem Eintreten des Schuldnerverzuges nach § 326 I BGB zu entziehen versucht (§ 10 Nr. 2 AGBG);
- die **Freistellung** des Verwenders, den anderen Vertragsteil mahnen oder ihm eine Nachfrist setzen zu müssen (§ 11 Nr. 4 AGBG);
- die **Einschränkung** der gesetzlichen Rechte des Vertragspartners bei einer vom Anwender der AGB zu vertretenden Unmöglichkeit der Leistung oder im Fall des Leistungsverzuges (§ 11 Nr. 8 AGBG);
- Analoges gilt für die Fälle der Teilunmöglichkeit und des Teilverzugs (§ 11 Nr. 9 AGBG).

Die Klauselverbote gelten jedoch **nicht bei dem Vertragsabschluß mit einem Kaufmann** (§ 24 AGBG). Sind einzelne AGB-Klauseln unwirksam oder wegen ihrer Ungewöhnlichkeit nicht Vertragsbestandteil geworden, so treten an ihre Stelle die entsprechenden gesetzlichen Regelungen. Mit dieser Maßgabe bleibt der übrige Vertragsinhalt grundsätzlich wirksam. Der gesamte Vertrag ist nur dann unwirksam, wenn das Festhalten an ihm für eine Vertragspartei eine unzumutbare Härte darstellen würde. Das kann z.B. der Fall sein, wenn sich infolge Nichtgeltung einzelner Klauseln das Verhältnis von Leistung und Gegenleistung grundlegend verschoben hat.

5.2.2.2 Die Vereinbarung des Kosten- und Gefahrüberganges

Auch die Vereinbarung des Kosten- und Gefahrüberganges unterliegt keinen zwingenden rechtlichen Bestimmungen. Vielmehr können hier ebenfalls alternativ die gesetzlichen Bestimmungen oder vertragliche Regelungen (Individualvereinbarungen oder AGB) als Basis herangezogen werden.

5.2.2.2.1 Die gesetzlichen Regelungen

Für die Vereinbarung von Kosten- und Gefahrübergang gewinnen die gesetzlichen Bestimmungen dann an Bedeutung, wenn keine, nur unvollständige oder rechtlich nicht vertretbare Vereinbarungen diesbezüglich getroffen werden.

Die Gefahrtragung aus einem Vertragsverhältnis ist in den §§ 275, 279 BGB (Leistungsgefahr des Verkäufers) und dem § 323 I BGB (Gegenleistungsgefahr des Käufers) grundlegend geregelt:

- Geht die Kaufsache **nach Vertragsschluß** aus einem Umstand unter, den der **Verkäufer nicht zu vertreten** hat, dann braucht der Verkäufer seine Leistung nicht zu erbringen (§ 275 BGB).

- Ist die Kaufsache **nur der Gattung nach bestimmt**, so hat der Verkäufer sein Unvermögen zur Leistung auch dann zu vertreten, wenn ihn hieran kein Verschulden trifft. Erst wenn die ganze Gattung nicht mehr existiert, ist er von der Pflicht zur Leistung befreit (§ 279 BGB).

- Hat der Verkäufer hingegen den **Untergang der Kaufsache zu vertreten**, so ist er dem Käufer zur Leistung von Schadensersatz verpflichtet (§ 325 BGB).

- Kann der Verkäufer aus einem Grund, den weder er noch der Käufer zu vertreten hat, die Kaufsache nicht liefern, so braucht auch der Käufer seine Gegenleistung (= Kaufpreiszahlung) nicht zu erbringen (§ 323 I BGB).

Der Verkäufer trägt also bis zu seiner Vertragserfüllung (Übergabe und Übereignung, § 433 I S. 1 BGB) die Gefahr, daß die Kaufsache untergeht und der Käufer deshalb nicht zur Kaufpreiszahlung verpflichtet ist.

Abweichend von den vorgenannten Fällen kann der **Zeitpunkt des Gefahrübergangs** vom Verkäufer auf den Käufer auch **vorverlegt** werden: bei Übergabe der Kaufsache an den Käufer (§ 446 I S. 1 BGB), bei Auslieferung der Kaufsache an einen Transporteur im Falle des Versendungskaufs (§ 447 I BGB) sowie bei Eintragung des Käufers in das Grundbuch (§ 446 II BGB). Auf die Darstellung der letzten Möglichkeit kann im folgenden verzichtet werden.

(1) Zeitpunkt des Gefahrübergangs bei Übergabe der Kaufsache an den Käufer

Mit der Übergabe der Kaufsache, durch die der Käufer in deren **unmittelbaren Besitz** gelangt, geht die Gefahr des zufälligen Unterganges auf den Käufer über; für die Gefahrtragung ist die Verschaffung des Eigentums nicht erforderlich (§ 446 I BGB). Der Käufer muß ab diesem Zeitpunkt den vollen Kaufpreis zahlen. Dies gilt auch beim Ratenkauf unter Eigentumsvorbehalt, wenn die Sache nach der Übergabe, aber vor Zahlung der letzten Kaufpreisrate untergeht.

(2) Zeitpunkt des Gefahrübergangs bei Auslieferung der Kaufsache an einen Transporteur im Falle des Versendungskaufs

Nach § 447 I BGB geht die Gefahr des zufälligen Untergangs mit der Auslieferung der Kaufsache an den Transporteur auf den Käufer über. Der Gefahrübergang ist also noch weiter vorverlegt: dem Käufer ist die Sache weder übereignet noch übergeben worden. An die Anwendung des § 447 BGB sind vier Voraussetzungen geknüpft:

- **Versendung an einen anderen Ort als den Erfüllungsort**
  Der Erfüllungsort ist der Ort, an dem der Verkäufer die Sache übergeben muß. Ist der Verkäufer verpflichtet, dem Käufer die Kaufsache zu bringen (Bringschuld), so ist der Wohnsitz des Käufers der Erfüllungsort. Da in diesem Fall Versendungs- und Erfüllungsort übereinstimmen, geht die Gefahr nach § 446 I S. 1 BGB (Gefahrtragung des Käufers bei Übergabe der Kaufsache) über. Handelt es sich jedoch um den gesetzlichen Regelfall einer Holschuld oder um eine Schickschuld, ist in beiden Fällen der Wohnsitz des Verkäufers der Erfüllungsort, und die erste Voraussetzung für die Anwendung des § 447 I BGB ist gegeben. Ob im Einzelfall eine Bring-, Hol- oder Schickschuld vorliegt, muß durch Auslegung des Vertrages unter Berücksichtigung der Verkehrssitte ermittelt werden.
- **Versendung auf Verlangen des Käufers**
- **Auslieferung an die Transportperson**
  Setzt der Verkäufer zum Transport unternehmungseigene Organe ein, so ist zu prüfen, ob nicht eine Bringschuld vorliegt und die Anwendung des § 447 BGB deshalb ausscheidet.
- **Zufälliger Transportschaden**
  Zufall liegt nicht vor, wenn der Verkäufer z.B. durch unsachgemäße Verpackung den Untergang oder die Verschlechterung der Kaufsache verschuldet hat. Für das Verschulden des fremden Transportpersonals haftet der Verkäufer allerdings nicht (§ 278 BGB), jedoch nur unter der Voraussetzung einer sorgfältigen Auswahl. Die Kosten der Versendung gehen im allgemeinen zu Lasten des Käufers (§ 448 BGB).

Für Geschäfte zwischen **Kaufleuten** (Handelsgeschäfte) ist in diesem Zusammenhang noch auf die besondere Pflicht des Käufers hinzuweisen, die Ware **unverzüglich** nach der Zulieferung zu untersuchen und einen festgestellten Mangel sofort dem Verkäufer anzuzeigen (§ 377 HGB).

5.2.2.2.2 Die vertraglichen Regelungsmöglichkeiten

Neben den im Bereich der Lieferzeitvereinbarung aufgezeigten Grenzen der **Allgemeinen Geschäftsbedingungen**, die sich auch entsprechend auf die Vereinbarung des Kosten- und Gefahrübergangs übertragen lassen, sind bestimmte Klauseln nach dem AGBG unwirksam. Diese werden abschließend in § 11 AGBG genannt. Unwirksam sind z.B. der Ausschluß oder die Einschränkung der gesetzlichen **Gewährleistungsansprüche** (§ 11 Nr. 10 AGBG) und der Ausschluß oder die Einschränkung der Haftung für das **Fehlen zugesicherter Eigenschaften** (§ 11 Nr. 11 AGBG).

Zwischen Kaufleuten werden zur schnelleren und einfacheren Abwicklung gleichartiger Verträge häufig sogenannte **Handelsklauseln** angewendet, die den Inhalt bestimmter Lieferungsvereinbarungen entsprechend dem Handelsbrauch abkürzen, wie z.B. "nach Muster", "I a", "netto Kasse", "gegen

Akzept". Handelsklauseln sind also übliche formelmäßige Abkürzungen, die den Verträgen einen bestimmten Inhalt geben und ihre Auslegung durch den Handelsbrauch erfahren (§ 346 HGB).

Im Außenhandel werden **Trade Terms**, spezielle **USA-Lieferungsklauseln** und die sogenannten **Incoterms** (International Commercial Terms) verwendet, von denen aber nur letztere die Transportbedingungen einheitlich und supranational festlegen (vgl. o.V. 1990, Meffert/Bolz 1994, S. 231 f.). Diese werden daher nachfolgend im Überblick dargestellt. Die Incoterms legen den Kosten- und Gefahrübergang für die Ware im Regelfall fest, d.h. bei termingerechter Lieferung der Ware und bei ordnungsgemäßer Abnahme durch den Käufer (siehe *Bild 59*)

Inhaltlich werden die Klauseln durch drei Bereiche von Pflichten und Ansprüchen der Parteien ausgefüllt. Diese sind

(1) die Lieferpflicht des Verkäufers, die Abnahme- und Zahlungspflicht des Käufers und zahlreiche Nebenpflichten, die den Abschluß des Fracht- und Versicherungsvertrages und die Beschaffung der Versanddokumente, die Konsulatsfaktura und andere Urkunden betreffen,

(2) die Kostenzurechnung für Fracht und Versicherung, Dokumente, Zölle und sonstige Abgaben, Verpackung und Wiegen der Ware, Messen und Prüfen der Qualität,

(3) der Gefahrenübergang vom Verkäufer auf den Käufer bei vertragsgerechter und säumiger Wahrnehmung ihrer Pflichten.

Bezüglich des Übergangs der Kosten und Gefahren sind Ein- und Zweipunktklauseln zu unterscheiden. Bei ersteren gehen Kosten und Gefahren an demselben Ort vom Verkäufer auf den Käufer über, während dies bei Zweipunktklauseln an verschiedenen Orten geschieht.

Die Auslegungsregeln entsprechen **nach deutschem Recht** materiell den Bestimmungen der §§ 433 ff. BGB und 373 ff. HGB über die Pflichten und Rechte der Parteien, den Übergang der Gefahr des zufälligen Unterganges und der zufälligen Verschlechterung der Ware, ferner den §§ 269, 275, 279 ff., 324 ff. BGB über den Schuldnerverzug (= Leistungs- oder Annahmeverzug) und den Gläubiger- oder Annahmeverzug des Käufers, die Haftung bei Unmöglichkeit der Leistung durch den Verkäufer als Schuldner einer individuellen Stückschuld oder einer Gattungsschuld und deren Konkretisierung gemäß § 243 II 2 BGB.

Nicht enthalten ist dagegen in den Incoterms eine Regelung, welche den Verkäufer bei Annahmeverzug des Käufers nur noch für Vorsatz und grobe Fahrlässigkeit haften läßt, wie sie etwa im § 300 I BGB enthalten ist.

Klausel: Standardcode - engl. Bedeutung (deutsche Bedeutung)	Übergang der Gefahren vom Verkäufer auf den Käufer	Übergang der Kostenlast vom Verkäufer auf den Käufer
Gruppe E: Abholklausel		
EXW - Ex Works (Ab Werk)	ab Verfügungstellung der Ware im Werk des Verkäufers	
Gruppe F: Haupttransport vom Verkäufer nicht bezahlt		
FCA - Free Carrier (Frei Frachtführer)	mit Übergabe der Ware an den Frachtführer am vereinbarten Ort	
FAS - Free Alongside Ship (Frei Längsseite Seeschiff)	wenn die Ware übernahmebereit längsseits des Seeschiffes (z.B. auf dem Kai oder dem Leichter) im vereinbarten Verschiffungshafen liegt	
FOB - Free On Board (Frei an Bord)	wenn die Ware die Reling des Seeschiffes im vereinbarten Verschiffungshafen überschritten hat	
Gruppe C: Haupttransport vom Verkäufer bezahlt		
CFR - Cost and Freight (Kosten und Fracht)	wie bei FOB	nach Ankunft des Seeschiffes im Bestimmungshafen (FOB + Seefracht)
CIF - Cost, Insurance and Freight (Kosten, Versicherung, Fracht)	wie bei FOB	ab Ankunft des Seeschiffes im Bestimmungshafen (FOB + Seefracht und Seeversicherung)
CPT - Carriage Paid To (Frachtfrei)	mit Übergabe der Ware an den (ersten) Frachtführer am vereinbarten Ort	nach Ankunft der Ware am Bestimmungsort
CIP - Carriage and Insurance paid To (Frachtfrei versichert)	wie bei CPT	wie bei CPT, und der Verkäufer trägt die Kosten der Transportversicherung
Gruppe D: Ankunftsklauseln		
DAF - Delivered At Frontier (Geliefert Grenze)	wenn die Ware an der vereinbarten Grenze (vor der Zollgrenze) zur Verfügung gestellt wird	
DES - Delivered Ex Ship (Geliefert ab Schiff)	wenn die unverzollte Ware an Bord des Schiffes im benannten Bestimmungshafen zur Verfügung steht	
DEQ - Delivered Ex Quay (Geliefert ab Kai, verzollt)	wenn die verzollte Ware am Kai des benannten Bestimmungshafens zur Verfügung steht	
DDU - Delivered Duty Unpaid (Geliefert unverzollt)	wenn die unverzollte Ware am benannten Ort zur Verfügung steht	
DDP - Delivered Duty Paid (Geliefert verzollt)	wenn die verzollte Ware am benannten Ort zur Verfügung steht	

Quelle: O.V. 1990.
Bild 59:   Die Incoterms von 1990 - Kosten- und Gefahrenübergang im internationalen Warenverkehr

5.2.3 Die Gestaltung der Marketing-Logistik

Der Marketing-Logistik kommt die Aufgabe zu, die zwischen Hersteller und Abnehmer vereinbarten Lieferungskonditionen zu erfüllen, damit das richtige Produkt zur vereinbarten Zeit in der richtigen Menge an den gewünschten Ort gelangt. Für die Vielzahl der logistischen Entscheidungstatbestände werden im folgenden wichtige rechtliche Regelungen in bezug auf die Verkehrsmittel und die Logistik-Dienstleister, die mit Aufgaben der Lagerung, des Transports und der Spedition betraut werden, aufgezeigt. Dabei kann auf Einzelprobleme, die mit den genannten Bereichen zusammenhängen, an dieser Stelle nicht vertiefend eingegangen werden.

5.2.3.1 Die wichtigsten rechtlichen Regelungen in bezug auf die einzelnen Verkehrsmittel

Die Entscheidung über den Einsatz eines Transportmittels wird in der Regel durch folgende Faktoren begrenzt:
- produktspezifische Besonderheiten (Sperrigkeit, Wert, Empfindlichkeit u.a.),
- die Charakteristika des Herstellers (Größe, Finanzkraft, Sortiment u.a.),
- die Kundenstruktur (Anzahl der Kunden, geographische Verteilung der Kunden, Entfernung zwischen Produktionsstätte und Lieferort),
- verschiedene rechtliche Bestimmungen.

An dieser Stelle soll nur auf den Einfluß des Rechts auf die Wahl zwischen den einzelnen Transportmöglichkeiten (Luft, Wasser, Schiene, Straße) eingegangen werden. Allerdings können auch in diesem Bereich lediglich einzelne Aspekte angeschnitten werden. Denn die relevanten rechtlichen Bestimmungen für den Transport in der Luft, zu Wasser und auf der Schiene auszugsweise oder gar vollständig dokumentieren zu wollen, würde den hier vorgegebenen Rahmen bei weitem überschreiten, zumal ein Großteil der Gesetze, Verordnungen, Vorschriften und Abkommen supranationaler Natur sind.

5.2.3.1.1 Der Luftfrachttransport

Für den Luftfrachttransport sind neben den Bestimmungen der IATA (International Air Transport Association), welche nur Anwendung finden, wenn Abflughafen und Zielflughafen in einem Vertragsland der IATA liegen, internationales Luftrecht sowie bi- und multilaterale Abkommen zu berücksichtigen. Die Wahl des Luftweges wird wesentlich mitbestimmt durch die grundsätzliche Erlaubnis für eine Fluggesellschaft, bestimmte Zielflughäfen überhaupt anfliegen zu dürfen. Darüber hinaus sind besondere Deklarationsvorschriften für Luftfrachtgüter, Mindestfrachten bzw. Mindestfrachtgebühren, Haftungsfragen im Fall der Zerstörung, des Verlustes oder der Beschädigung von Gütern während der Luftbeförderung u.v.a.m. zu beachten (vgl. Ohling 1986).

5.2.3.1.2 Der Schiffsfrachttransport

Im Bereich des Schiffsfrachttransportes muß zwischen Binnen- und Seeschiffahrtsverkehr unterschieden werden. Der **Binnenschiffahrtsverkehr** wird geregelt durch das Gesetz über den gewerblichen Binnenschiffsverkehr in Verbindung mit den Bestimmungen über die Frachtenbildung (Gesetz zur Änderung des Binnenschiffsverkehrsgesetzes vom 1.8.1961).
Bei der **Seeschiffahrt** werden die Frachtraten des Linienverkehrs (= planmäßiger Verkehr auf festen Routen) auf internationalen Konferenzen festgelegt. Die Preise der Trampschiffahrt (= Charterung von Schiffen) bilden sich am freien Markt. Da es sich bei der Seeschiffahrt in fast allen Fällen um den Export oder Import von Gütern handelt, sind die Bestimmungen des Außenwirtschaftsgesetzes (AWG) vom 28. April 1961, der Außenwirtschaftsverordnung (AWV) vom 22. August 1961 und die §§ 474-905 HGB zu beachten. Daneben beeinflussen die Regelungen des GATT (Allgemeine Zoll- und Handelsabkommen) den internationalen Güteraustausch (zur weiteren Bedeutung des Deutschen Seerechts, der Konnossementsklauseln und der Haager Regeln für den Export- und Import-Verkehr vgl. Ohling 1986).

5.2.3.1.3 Der Eisenbahngütertransport

Die für den Eisenbahngütertransport in Betracht kommenden Gesetze nennt *Bild 57*. Eine Sammlung eisenbahnrechtlicher Vorschriften findet sich z.b. bei Dernbach (1989). Haftungsfragen der Eisenbahn nach dem Frachtrecht behandelt z.B. Becker (1968).

5.2.3.1.4 Der Straßengütertransport

Welche Rechtsnormen beim Straßengütertransport relevant werden können, ist *Bild 57* zu entnehmen. Innerhalb des Straßengüterverkehrs werden nach dem Güterkraftverkehrsgesetz (GüKG, Stand 1993) folgende Formen unterschieden:
- der **Güternahverkehr** (§§ 80-89c GüKG): Er umfaßt jede Beförderung von Gütern mit einem Kraftfahrzeug für andere innerhalb der Nahzone. Die Nahzone ist das Gebiet innerhalb eines Umkreises von 75 Kilometern um den Standort des Kraftfahrzeuges (§ 2 GüKG).

- der **Güterfernverkehr** (§§ 8-32 GüKG): Er umfaßt jede Beförderung von Gütern mit einem Kraftfahrzeug für andere über die Grenzen der Nahzone hinaus oder außerhalb dieser Grenzen (§ 3 GüKG).
- der **Umzugstransport** (§§ 37-44 GüKG) und
- der **Werkverkehr** (§§ 48-52 GüKG), der jede Beförderung für eigene Zwecke einschließt, wie z.b. die Beförderung von Gütern zum Eigenverbrauch oder zur Veredelung.

Grundsätzlich darf der Unternehmer mit **im Fernverkehr zugelassenen Fahrzeugen auch Nahverkehrstransporte** durchführen. Jedoch darf er außerhalb der Nahzone seines Standortes keinen Nahverkehr betreiben. Ausgenommen von diesem Verbot, das dem Schutz des Güternahverkehrs dient, sind die An- und Abfuhr im Güterfernverkehr.

Der **Güterfernverkehr ist genehmigungspflichtig** (§ 8 I GüKG). Eine entsprechende Konzession wird von der zuständigen Landesverkehrsbehörde nur dann erteilt, wenn der Unternehmer zuverlässig und fachlich geeignet ist und wenn die finanzielle Leistungsfähigkeit des Betriebes gewährleistet ist (§ 10 I GüKG). Dabei dürfen die vom Bundesverkehrsminister im Einvernehmen mit dem Bundesrat festgesetzten Höchstzahlen der Genehmigungen (Kontingente der einzelnen Bundesländer) nicht überschritten werden, d.h. es muß eine Konzession frei sein (§ 9 GüKG). Die Konzession ist an die Person des Unternehmers gebunden und wird ihm für acht Jahre erteilt (§ 11 GüKG).

Beim **Werkverkehr** muß die Beförderung der "Heranschaffung der Güter zum Unternehmen, ihrer Fortschaffung vom Unternehmen oder ihrer Überführung entweder innerhalb des Unternehmens oder zum Zweck des Eigengebrauchs außerhalb des Unternehmens dienen." (§§ 48 I, Nr. 2 GüKG) Hierfür bestehen keine Genehmigungs- und Versicherungspflichten (§§ 50 GüKG). Die im **Werkfernverkehr**, d.h. außerhalb eines Umkreises von 75 Kilometern um den Standort des Kraftfahrzeuges eingesetzten LKW müssen lediglich die vom Bundesminister für Verkehr vorgeschriebenen Beförderungs- und Begleitpapiere mitführen (§ 52 I GüKG).

Den **gesamten Straßengütertransport** trifft die eingreifende Regelung des § 30 StVO; denn er verbietet bis auf wenige Ausnahmen den Verkehr von LKW über 7,5 t oder Anhängern an Sonn- und Feiertagen von 0-22 Uhr. Auch die Beschränkung der Warenannahmebedingungen in den Innenstädten, wie z.B. Fußgängerzonen, vorgeschriebene Anfuhrzeiten, die Sperrung bestimmter Straßen für LKW mit höherer Tragfähigkeit oder mit Anhänger sowie Park- und Halteverbote, bringen zusätzliche Erschwernisse für den Straßengütertransport. Die weitgehende staatliche Reglementierung des Gütertransportes dient neben den Zielen im Rahmen der Strukturpolitik (Regionalpolitik, Investitionsfinanzierung) auch der Markt- und Wettbewerbsregulierung, der Preiskoordination und der gleichmäßigen Kostenverteilung zum Schutze der staatseigenen Verkehrsträger, insbesondere der Eisenbahn.

5.2.3.2 Die wichtigsten rechtlichen Regelungen in bezug auf die Logistik-Dienstleister

Alle unternehmungsfremden Organe, die entgeltlich Funktionen der Marketing-Logistik übernehmen, werden als Logistik-Dienstleister bezeichnet. Hierzu zählen vor allem Spediteure, Frachtführer und Lageristen. Von Interesse sowohl für den Logistik-Dienstleister als auch für die beauftragende Unternehmung sind insbesondere Haftungsfragen in bezug auf die während des Transportes oder der Lagerung entstandenen Schäden.

5.2.3.2.1 Der Spediteur

Spediteur ist, wer es gewerbsmäßig übernimmt, Güterversendungen durch Frachtführer oder durch Verfrachter von Seeschiffen für Rechnung eines anderen (des Versenders) in eigenem Namen zu besorgen (§ 407 I HGB).

Das Gesetz geht damit zunächst davon aus, daß der Spediteur grundsätzlich keine Beförderung ausführt, sondern nur die **Übernahme einer Geschäftsbesorgung** im Sinne des § 675 BGB, nämlich die Besorgung von Güterversendungen verspricht. Die Rechte und Pflichten eines Spediteurs erlangt der Beauftragte dem Versender gegenüber durch Abschluß des Speditionsvertrages.

Die gesetzlichen Vorschriften über den Speditionsvertrag sind im HGB und BGB breit gestreut zu finden. Das HGB behandelt in den §§ 407-415 (Spezialvorschriften) das Speditionsgeschäft. Wird der Spediteur als Frachtführer oder als Lagerhalter tätig, so kommen die §§ 425-452 (Frachtgeschäft) und die §§ 416-424 (Lagergeschäft) des HGB hinzu. Ferner gelten die Vorschriften des HGB über den Kommissionär teilweise auch für den Spediteur, insbesondere soweit es sich um Empfangnahme, Aufbewahrung und Versicherung des Gutes handelt. Ergänzt werden diese Spezialvorschriften des HGB durch die allgemeinen Vorschriften des Auftragsrechts im BGB. Diese gesetzlichen Vorschriften sind überwiegend nachgiebiger Art, d.h. der Parteivereinbarung ist größter Spielraum gelassen.

Daneben finden die **Allgemeinen Deutschen Spediteurbedingungen (ADSp)** als laut BGH "eine fertig bereitliegende, allgemein festgelegte Vertragsgrundlage" Eingang in das Speditionsgewerbe. Die ADSp (Stand 1993) sind Allgemeine Geschäftsbedingungen i.S.v. § 1 AGBG. Maßgeblich für die Wirkung der ADSp sind die allgemeinen Grundsätze des Bürgerlichen Rechts und des Handelsrechts (vgl. Näheres z.B. bei Helm 1986, S. 179 ff.). Im Verkehr zwischen Kaufleuten gelten die ADSp als Handelsbrauch ohne besondere Vereinbarung, bei Nicht-Kaufleuten kann die Übernahme der ADSp durch ausdrückliche oder stillschweigende Vereinbarung bei Vertragsabschluß erfolgen. Es ist jedoch auch möglich, die Gültigkeit der ADSp ausdrücklich auszuschließen.

Zur Zahlung der Spediteurentgelte ist grundsätzlich derjenige verpflichtet, mit dem der Spediteur im Vertragsverhältnis steht, also der Auftraggeber. Auf Weisung des Auftraggebers kann der Spediteur seine Rechnung an den Empfänger richten; verweigert dieser die Zahlung, kann der Spediteur seine Forderung dem Auftraggeber gegenüber geltend machen (§ 12 ADSp).

Verweigert ein Kunde die Zahlung der auf dem Gut liegenden Kosten, so kann der Spediteur das Zurückbehaltungs- oder das Pfandrecht geltend machen (§ 273 BGB, zivilrechtliches Zurückbehaltungsrecht gegen Privatleute, § 369 HGB kaufmännisches Zurückbehaltungsrecht gegen Kaufleute, § 410 HGB i.V.m. § 366 HGB, Pfandrecht als Spediteur). Wird der Auftrag gemäß ADSp abgewickelt, so hat der Spediteur noch zusätzlich das erweiterte Pfand- und Zurückbehaltungsrecht gemäß § 50 ADSp, das er an allen in seiner Verfügungsgewalt befindlichen Gütern oder sonstigen Waren des Auftraggebers ausüben kann.

Die **gesetzliche Haftung des Spediteurs** bei durch ihn schuldhaft verursachten Schäden wird in den §§ 390, 407 II HGB geregelt. Danach haftet er in vollem Umfang, und Haftungsgrenzen sind ausgeschlossen.

Sofern die **ADSp** im Vertrag zwischen Spediteur und Auftraggeber Anwendung finden, haftet der Spediteur zwar grundsätzlich auch bei eigenem Verschulden (§ 51a S. 1 ADSp), allerdings ist die Spediteurhaftung innerhalb der ADSp wesentlich eingeschränkter als im Rahmen der gesetzlichen Haftung. Die grundsätzliche Entlastungspflicht des Spediteurs wandelt sich in einen vom Auftraggeber zu erbringenden Nachweis des schuldhaften Handelns des Spediteurs, wenn der Schaden am Gut äußerlich nicht erkennbar gewesen ist oder dem Spediteur die Aufklärung der Schadensursache nach Lage der Umstände billigerweise nicht zugemutet werden kann (§ 51a S. 2 ADSp). Weitere Anlässe für eine **Haftungsbegrenzung** bzw. einen **Haftungsausschluß** sind:

- Begrenzung der Haftungshöhe auf 5 DM je kg brutto jedes beschädigten oder in Verlust geratenen Packstücks, höchstens jedoch 4.750,- DM je Schadenfall (§ 54a Ziff. 1, 2 ADSp);
- Begrenzung der Haftungshöhe auf 65.000,- DM je Schadenfall bei Unterschlagung oder Veruntreuung durch Arbeitnehmer des Spediteurs (§ 54a Ziff. 3 ADSp);
- keine Haftung für Güter, deren Wert mehr als 65,- DM je kg brutto beträgt, wenn dem Spediteur nicht rechtzeitig eine schriftliche Wertangabe vom Auftraggeber zugegangen ist (§ 56a ADSp);
- bei Schäden, die auf fehlende oder mangelhafte Verpackung der Güter, auf Aufbewahrung im Freien, sofern dies vereinbart wurde, auf schweren Diebstahl oder schweren Raub etc. zurückzuführen sind, haftet der Spediteur nur, wenn ihm ein schuldhaftes Handeln nachgewiesen werden kann (§ 57a ADSp);
- alle am Gut äußerlich erkennbaren Schäden müssen von dem Empfänger schriftlich festgehalten werden; äußerlich nicht erkennbare Schäden hat

der Empfänger dem anliefernden Spediteur unverzüglich, spätestens am 6. Tag nach Ablieferung des Gutes schriftlich anzuzeigen; andernfalls gelten die Schäden als nach der Ablieferung eingetreten (§ 60 ADSp);

- die Verjährungsfrist beträgt für alle Schäden 8 Monate, beginnend mit der Kenntnis des Anspruchsberechtigten von dem Schaden, spätestens jedoch mit der Ablieferung des Gutes (§ 64 ADSp).

Nach § 39a ADSp ist der Spediteur verpflichtet, jeden Auftrag gegen Schäden, "die dem Auftraggeber durch den Spediteur bei der Ausführung des Auftrages erwachsen können", zu versichern. Andernfalls kann sich der Spediteur nicht auf die Haftungsbegrenzungen und -ausschlüsse der ADSp berufen, sofern diese Vertragsgegenstand geworden sind, sondern er haftet in vollem Umfang nach den gesetzlichen Bestimmungen des HGB und des BGB.

5.2.3.2.2 Der Frachtführer

Frachtführer ist, wer es gewerbsmäßig übernimmt, die Beförderung von Gütern auszuführen (§ 425 HGB). In dieser Definition zeigt sich, daß der Frachtführer nicht Spediteur und der Spediteur nicht Frachtführer ist; gleichwohl kann der Spediteur auch als Frachtführer tätig werden, wenn er alternativ

- von seinem Selbsteintrittsrecht Gebrauch macht (§ 412 HGB),
- die Beförderung des Gutes mit anderen Gütern zusammen in einer Sammelladung aufgrund eines für seine Rechnung geschlossenen Frachtvertrages übernimmt,
- eine Spedition zu festen Spesen (§ 413 HGB) durchführt oder mit seinem Auftraggeber einen Frachtvertrag anstelle eines Speditionsvertrages abschließt.

Die am Frachtvertrag Beteiligten sind der Absender, der Frachtführer und der Empfänger. Der Absender schließt den Frachtvertrag mit dem Frachtführer und übergibt ihm das Gut zur Beförderung. Der Empfänger hat gegen den Frachtführer einen Auslieferungsanspruch (Vertrag zugunsten eines Dritten). Der Frachtvertrag findet seine grundlegende gesetzliche Regelung in den §§ 425-452 HGB, der Seefrachtvertrag im 4. Buch des HGB. Diese gesetzlichen Vorschriften werden durch besondere Gesetze, Verordnungen oder Geschäftsbedingungen der einzelnen Verkehrsträger ergänzt.

Nach § 429 HGB tritt die Haftung des Frachtführers für Schäden ein, die

- durch Verlust oder
- durch Beschädigung des Gutes in der Zeit von der Annahme bis zur Ablieferung oder
- durch Versäumung der Lieferfrist

entstanden sind, wenn er nicht beweist, daß sie durch die Sorgfalt eines ordentlichen Kaufmanns nicht abgewendet werden konnten. Das Verschulden des Frachtführers wird also vermutet, d.h. es liegt eine Beweislastumkehr zu Lasten des Frachtführers vor. Der Frachtführer hat nach § 431 HGB auch das Verschulden "seiner Leute" und anderer Personen, die er einsetzt, zu vertreten.

Der Umfang der Schadensersatzpflicht wird durch § 430 I HGB im Fall des Verlustes oder der Beschädigung des Gutes auf den gemeinen Handelswert bzw. den gemeinen Wert (= Wert, den das Gut für jeden hat), den das Gut am Ablieferungsort hat, begrenzt. Voller Ersatz ist dagegen bei Vorsatz oder grober Fahrlässigkeit (§ 430 III HGB) sowie im Fall der Lieferfristüberschreitung zu leisten.

Im Straßengütertransport gelten in bezug auf die Haftung des Frachtführers im Güterfernverkehr die besonderen Bestimmungen der "Kraftverkehrsverordnung" für den Güterfernverkehr mit Kraftfahrzeugen" (KVO) und im Güternahverkehr die "Allgemeinen Beförderungsbedingungen für den gewerblichen Güternahverkehr mit Kraftfahrzeugen" (AGNB).

Von besonderer Bedeutung für die Haftung im Güterfernverkehr ist die KVO aus zwei Gründen. Zum einen haftet der Frachtführer für alle Schäden, die an den beförderten Gütern in der Zeit von der Annahme zur Beförderung bis zur Ablieferung entstehen, ohne daß ein schuldhaftes Handeln vorliegen muß; danach muß er nachweisen, daß der Verlust oder die Beschädigung auf Umständen beruht, die auch nicht durch die Sorgfalt eines ordentlichen Kaufmanns abgewendet werden konnten. Zum anderen können die Vorschriften der KVO in deren Geltungsbereich nicht abbedungen werden; d.h. die Bestimmungen der KVO gehen denen der §§ 425 ff. HGB und denen der ADSp vor, es sei denn, die KVO enthält keine diesbezügliche Regelung.

Übernimmt ein Spediteur die Tätigkeit eines Frachtführers, so hat er auch dessen Rechte und Pflichten zu erfüllen (§ 412 HGB); darüber hinaus unterliegt er im Güterfernverkehr in bezug auf die Schadenshaftung nicht nur bei der Frachtführertätigkeit, sondern auch bei den eigentlichen speditionellen Tätigkeiten den frachtrechtlichen Vorschriften der KVO.

5.2.3.2.3 Der Lagerhalter

Lagerhalter ist, wer gewerbsmäßig die Lagerung und Aufbewahrung von Gütern übernimmt (§ 416 HGB). Für den Lagervertrag gelten die Vorschriften §§ 416-424 HGB. Darüber hinaus wickeln die Lagerhalter und die öffentlichen Lagerhäuser ihre Geschäfte nach besonderen Lagerbedingungen ab, wie z.B. den **Hamburger Lagerungsbedingungen**.

So wie ein Spediteur die Tätigkeit eines Frachtführers übernehmen kann, so kann er auch die Aufgaben eines Lagerhalters zusätzlich erfüllen. In einem solchen Fall gelten gleichzeitig die §§ 43-49 ADSp.

Dem **Lagerhalter** obliegen gegenüber dem Einlagerer folgende Pflichten:

- Der Lagerhalter muß mit der Sorgfalt eines ordentlichen Kaufmannes arbeiten, die Interessen des Einlagerers wahren und seine Weisungen befolgen (§§ 390, 417 I HGB).
- Bei der Übernahme der Ware muß er die übliche Empfangskontrolle durchführen und dem Einlagerer auf Wunsch eine Quittung (Lagerempfangsschein) oder einen Lagerschein geben (§ 424 HGB).
- Er muß dem Einlagerer während der Geschäftszeit Zutritt zu den Lagerräumen gewähren, wenn dieser dazu berechtigt ist (§ 418 HGB).
- Wahrnehmbare Veränderungen am Gut, die seine Entwertung befürchten lassen, muß er dem Einlagerer unverzüglich mitteilen (§ 417 II HGB).
- Auf Verlangen des Berechtigten muß er das Lagergut jederzeit herausgeben (§ 418 HGB).

Der **Einlagerer** muß zur ordnungsgemäßen Erfüllung des Lagervertrages folgende Pflichten erfüllen:

- Der Einlagerer muß dem Lagerhalter das Gut in einwandfreiem Zustand und in einwandfreier äußerer Beschaffenheit übergeben, andernfalls kann er für Schäden, der durch das Gut verursacht werden, haftbar gemacht werden.
- Er muß dem Lagerhalter das vereinbarte oder ortsübliche Lagergeld zahlen, das i.d.R. monatlich abgerechnet wird, und die Auslagen, die im Rahmen der Auftragserfüllung entstanden sind, erstatten (§ 420 HGB).

Die **Haftung der Lagerhalter** richtet sich im einzelnen nach den Geschäftsbedingungen, die Bestandteil des Lagervertrages sind. Grundsätzlich haften die Lagerhalter für jeden Schaden am Gut, der in der Zeit zwischen Empfangnahme zur Einlagerung bis zur Ablieferung entstanden ist, wenn der Schaden durch ein Verschulden des Lagerhalters bzw. durch eine Verletzung seiner Sorgfaltspflicht entstanden ist (§§ 390 I, 417 I HGB). Dieser allgemeine Haftungsgrundsatz und auch die Frage nach der Beweislast werden durch die einzelnen Lagerungsbedingungen in unterschiedlicher Weise abgewandelt. Für den Einlagerer ist es daher unerläßlich, daß er sich die betreffenden Lagerungsbedingungen besorgt, um notfalls im Vertrag abweichende Einzelheiten zu vereinbaren. Im Interesse der Rechtsklarheit ist eine Regelung der Haftung im Vertrag besonders dann sinnvoll, wenn der Lagerhalter bei einem Dritten einlagert.

Nach § 17 der Hamburger Lagerungsbedingungen haftet der Lagerhalter für Schäden, welche durch Verlust, Minderung oder Beschädigung des Gutes seit der Empfangnahme bis zur Ablieferung entstanden sind, wenn ihm bewiesen wird, daß der Verlust oder die Beschädigung auf Umständen beruht, die durch die Sorgfalt eines ordentlichen Lagerhalters hätten abgewendet werden können. Der Lagerhalter kann sich gegen Schadensersatzansprüche durch den Abschluß einer Haftpflichtversicherung schützen, die ihm die Risiken im Umfang der betreffenden Lagerungsbedingungen oder im erweiterten Umfang abnimmt.

Für die Lagergeschäfte eines Spediteurs gelten die Haftungsbeschränkungen der ADSp. Schadensersatzansprüche werden in diesem Fall durch die obligatorische Speditionsversicherung befriedigt. Gegen übliche Lagerrisiken (Einbruch, Diebstahl, Feuer, Wasser) schließt der Lagerhalter nur dann eine Lagerversicherung ab, wenn er einen ausdrücklichen Auftrag des Einlagerers oder des Berechtigten vorliegen hat (§ 390 II, 417 I HGB).

5.3 Die Verkaufs- und Außendienstpolitik

5.3.1 Die Aktionsbereiche der Verkaufs- und Außendienstpolitik im Überblick

Wie in *Kap. 5.1* schon dargelegt, umschließt die Verkaufspolitik die Gesamtheit aller Maßnahmen zur Gestaltung der räumlichen, zeitlichen, personellen und sachlichen Umstände, unter denen sich die Kaufhandlung des Kunden vollzieht (Ahlert 1984, S. 132).

Ausgehend von den unterschiedlichen **Dimensionen des Verkaufsvorgangs**, welche in *Bild 60* dargestellt sind, ergeben sich bei deren Ausgestaltung für den Entscheidungsträger nicht selten neben alternativen auch additive Wahlmöglichkeiten. So wird sich ein Konsumgüterhersteller in der Regel nicht auf eigene Verkaufsräume beschränken, sondern kann zusätzlich Außendienstmitarbeiter zum Domizil der Abnehmer entsenden und wird darüber hinaus auch an Fach- und Hausmessen teilnehmen. Gleichzeitig gehen mit dieser Wahl Entscheidungen über die übrigen obengenannten Dimensionen des Verkaufsvorgangs einher.

Die Vielschichtigkeit der Ausgestaltung der Verkaufspolitik wird um die **rechtliche Komponente** erweitert, die bei allen Dimensionen und deren unterschiedlichen Ausprägungen zu berücksichtigen ist. Je facettenreicher die Umstände der Kaufhandlung gestaltet werden, um so vielfältiger sind die rechtlichen Restriktionen, mit denen der Entscheidungsträger konfrontiert wird. Im folgenden sollen daher die wichtigsten Restriktionen getrennt nach den einzelnen Dimensionen aufgeführt werden. Die Vertiefung der rechtlichen Problematik verkaufspolitischer Entscheidungen muß sich aufgrund ihrer Vielfalt auf einige prägnante Beispiele beschränken.

Rechtliche Bestimmungen hinsichtlich der Ausgestaltung der **zeitlichen** Dimension finden sich weniger im Verhältnis zwischen gewerbsmäßigen Vertragsparteien als vielmehr beim Verkauf durch Verkaufsstellen an den Letztverbraucher. Zentrale Rechtsvorschrift ist hier das Gesetz über den Ladenschluß (LSchlG), das die Ladenöffnungszeiten beim Verkauf an Letztverbraucher begrenzt. Dieser Problemkreis wird hier nicht weiter behandelt. Ausgegrenzt wird an dieser Stelle auch die **sachliche** Dimension der Verkaufspolitik, deren Inhalt es ist, die Konfrontation des Kunden mit der Ware zu ermöglichen oder zu erleichtern. Diese Aspekte sind in erster Linie gegenüber dem Endverbraucher von Bedeutung und daher weniger für das Herstellermarketing, sondern vielmehr für das Handelsmarketing relevant.

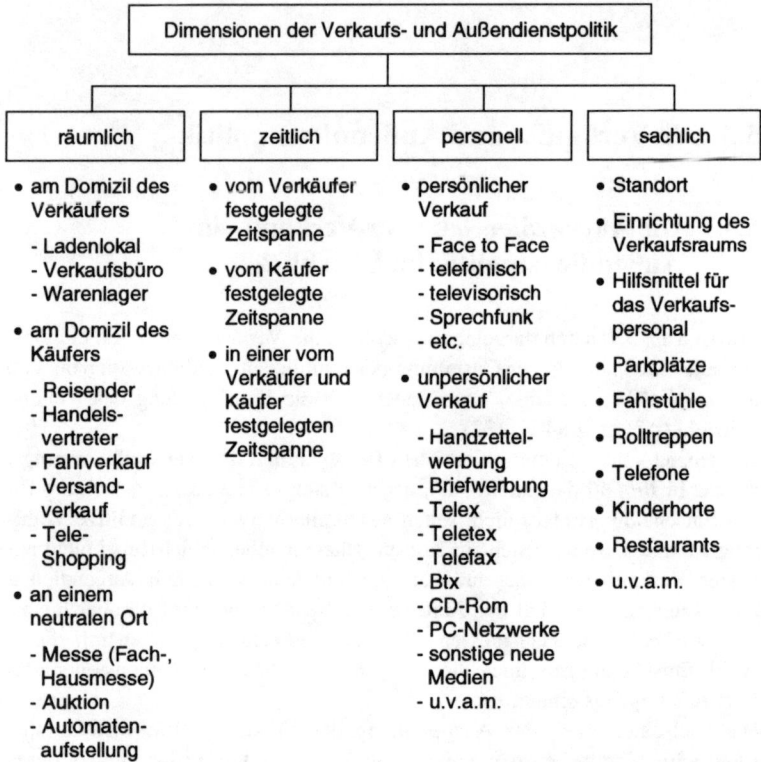

Bild 60:   Die Aktionsbereiche der Verkaufs- und Außendienstpolitik

5.3.2 Die Gestaltung der räumlichen Dimension des Verkaufs

Bei der Frage, ob sich der Kaufakt am Domizil des Verkäufers, des Käufers oder an einem neutralen Ort vollziehen soll, sind teilweise übereinstimmende, teilweise auch gänzlich verschiedene Rechtsvorschriften zu beachten. Hierzu zählen vor allem:

376

(1) Verkauf am Domizil des Verkäufers

- Begrenzung des Kaufscheinhandels (§ 6b UWG)
- Unlauterkeit des individuellen Ansprechens von Kunden auf offener Straße vor dem Ladenlokal etc. (§ 1 UWG)

(2) Verkauf am Domizil des Käufers

- Verkauf durch **Reisende**
  - §§ 59-83 HGB (allgemeine Vorschriften für Handlungsgehilfen)
  - § 278 BGB (Haftung für Reisende im Außendienst)
  - § 1 UWG (Unlauterkeit unbestellter Vertreterbesuche unter bestimmten Umständen, Schutz der Privatsphäre)
  - HTWiG

- Verkauf durch **Handelsvertreter, Handelsmakler, Kommissionäre**
  - §§ 54 f., 84-92c HGB (Recht des Handelsvertreters, insb. Ausgleichsanspruch gem. § 89b HGB)
  - §§ 93-104 HGB (Recht des Handelsmaklers)
  - §§ 383-406 HGB (Recht des Kommissionärs)
  - HTWiG

- **Fahrverkauf**
  - §§ 55 ff. GeWO (Vorschriften über Reisegewerbe)
  - § 33 StVO, StVG und §§ 15 a STVZO
  - Bundesfernstraßengesetz und Straßengesetze der Länder
  - Hygieneverordnungen der Länder

- **Versandverkauf, Tele-Shopping etc.**
  - §§ 145 BGB und § 1 UWG (Vertragsabschluß und Unlauterkeit der Zusendung unbestellter Waren)
  - Datenschutz (Be- und Verarbeitungsvorschriften für Kundendaten), insb. § 24 BDSG

(3) Verkauf an einem neutralen Ort

- **Messen, Auktionen**
  - §§ 64 ff. GeWO (Recht der Marktveranstaltungen, insb. Messen, Musterungen und Ausstellungen)
  - § 373 IV, V HGB (Recht der öffentlichen Versteigerung)
  - Börsengesetz (gesetzliche Regelung von Wertpapier- und Warenbörsen)
  - § 1 UWG (Verbot der individuellen Passantenansprache)

- **Automatenverkauf etc.**
  - § 14 III, V GeWO, § 4 Einzelhandelsgesetz, § 15 Raumordnung NRW (Genehmigungs- und Anzeigepflicht für Verkauf aus Warenautomaten)
  - Rechtsfragen des Automatenaufstellvertrages

- **Verkauf ab LKW**
  - § 7 UWG (Verbot von Sonderveranstaltungen).

Im folgenden werden zentrale rechtliche Fragen des Einsatzes von Handelsvertretern und Reisenden, des Automatenaufstellvertrages sowie des Tele-Shopping erörtert.

5.3.2.1 Rechtliche Probleme bei dem Einsatz von Handelsvertretern und Reisenden

Mit dem Einsatz von Reisenden oder Handelsvertretern können sowohl unterschiedliche als auch gleichartig zu behandelnde Rechtsprobleme auftreten. Unterschiede ergeben sich vor allem aus der rechtlichen Unselbständigkeit bzw. Selbständigkeit dieser Verkaufsorgane. **Reisende** sind rechtlich unselbständige und weisungsgebundene Handlungsgehilfen und zählen damit zu den unternehmungseigenen Verkaufsorganen (§§ 59 ff. HGB). Aufgrund seiner Stellung als Handlungsgehilfe (§ 59 I HGB) muß für den Reisenden die Haftung von dem Vertretenen gemäß § 278 BGB übernommen werden, sofern der Reisende schuldhaft gehandelt hat, also vorsätzlich oder fahrlässig. Bei der Kündigung eines Reisenden sind die arbeitsrechtlichen und damit verbundenen Vorschriften hinsichtlich eines Angestellten zu beachten; Ausgleichsansprüche bei Beendigung des Arbeitsverhältnisses bestehen nicht.

Ein **Handelsvertreter** übernimmt im Rahmen eines Geschäftsbesorgungsvertrages die Verkaufsfunktion für eine ihn damit beauftragende Unternehmung; er wickelt die Geschäfte in deren Namen und für deren Rechnung ab. Aufgrund seiner rechtlich selbständigen Stellung und trotz seiner Weisungsgebundenheit gegenüber der vertretenen Unternehmung kann der Handelsvertreter als unternehmungsfremdes Verkaufsorgan bezeichnet werden. Die rechtlichen Grundlagen des Handelsvertreters sind in den §§ 84 ff. HGB geregelt. Diese Vorschriften enthalten die umgesetzte EG-Richtlinie vom 18.12.1986 zur Koordinierung des Rechts der Handelsvertreter (vgl. hierzu Ankele 1989). Die entsprechend geänderten Vorschriften des HGB sind seit dem 1.1.1990 geltendes Recht (vgl. ausführlich Hopt 1992).
Der Handelsvertreter kann entweder mit der Vermittlung oder mit dem Abschluß von Geschäften betraut werden (§ 84 I HGB). Bei diesen Geschäften tritt der Handelsvertreter als Kaufmann, und zwar als Mußkaufmann gemäß § 1 Nr. 7 HGB auf, weshalb er den einschlägigen Handelsbrauch zu beachten hat. In diesem Zusammenhang haftet er auch für eigenes Verschulden.
Von wesentlicher Bedeutung für die Parteien eines Handelsvertretervertrages sind die rechtlichen Fragen eines möglichen **Ausgleichsanspruchs**, wenn das Vertragsverhältnis beendet wird (§ 89b HGB). Ein Ausgleichsanspruch ist an die Voraussetzung geknüpft, daß der Handelsvertreter im Rahmen seiner

Tätigkeit das akquisitorische Potential der von ihm vertretenen Unternehmung aufgebaut bzw. erweitert hat, aus dem diese weiterhin einen Nutzen ziehen kann (§ 89b I HGB). Die Voraussetzung auf eine Ausgleichszahlung fehlt beispielsweise dann, wenn diejenigen Kunden, die der Handelsvertreter während des Vertragsverhältnisses geworben hat, ihm zur Konkurrenzunternehmung folgen (vgl. Hopt 1992, Rdn. 19 ff.). Die gesetzlich vorgeschriebene **Höchstgrenze des Ausgleichs** liegt bei der Durchschnittsjahresprovision der letzten fünf Jahre bzw. einer entsprechend kürzeren Zeit, wenn die Vertragsdauer fünf Jahre noch nicht erreicht hatte (§ 89b II HGB).

Grundsätzlich **entfällt der Ausgleichsanspruch** bei Kündigung des Vertrages durch den Handelsvertreter; Ausnahmen vom Verlust des Anspruches sind ein begründeter Anlaß im Verhalten der Unternehmung oder Unzumutbarkeit wegen Alters oder Krankheit des Handelsvertreters (§ 89b III Nr. 1 HGB). Darüber hinaus entfällt der Ausgleichsanspruch bei Kündigung durch den Unternehmer unter der Voraussetzung, daß für die Kündigung ein wichtiger Grund wegen schuldhaften Verhaltens des Handelsvertreters vorlag (§ 89b III Nr. 2 HGB). Beispiele hierfür sind Beleidigung und unzulässiger Wettbewerb; kein schuldhaftes Handeln ist gegeben bei außerordentlicher Kündigung wegen bloßen Schuldverdachts oder bei Verschulden der Angestellten des Handelsvertreters (vgl. Hopt 1992, Rdn. 67). Abschließend ist noch darauf hinzuweisen, daß **Handelsvertretern im Nebenberuf** kein Ausgleichsanspruch zusteht (§ 92b HGB).

Mit der Umsetzung der EG-Richtlinie in das deutsche Handelsvertreterrecht ist für die **im Ausland tätigen Handelsvertreter** eine bedeutende Änderung eingetreten. Unter der Voraussetzung, daß die Vertragsparteien die Anwendbarkeit deutschen Rechts vereinbaren, kann der Ausgleichsanspruch eines nicht im Inland ansässigen Handelsvertreters - anders als nach altem Recht - nicht mehr ausgeschlossen werden, wenn dieser zumindest einen Teil seiner Tätigkeit **innerhalb der EU** ausübt (§ 92c HGB).

Sofern Geschäfte mit Letztverbrauchern abgeschlossen werden, finden für Handelsvertreter und Reisende die Vorschriften des **Gesetzes über den Widerruf von Haustürgeschäften und ähnlichen Geschäften (HTWiG)** Anwendung. Dieses am 1.5.1986 in Kraft getretene Gesetz soll den Verbrauchern Schutz vor "Überrumpelung" durch Ansprechen an der Haustür, auf der Straße, am Arbeitsplatz, auf sog. Kaffeefahrten oder bei ähnlichen Gelegenheiten geben, wenn ihnen aufgrund der äußeren Umstände nur geringe Möglichkeiten für eine sachliche und objektive Abwägung des Angebotes verbleiben. Der in diesem Gesetz verankerte Schutz umfaßt sowohl Kaufverträge als auch sonstige entgeltliche Vertragsgeschäfte, wie z.B. Werk-, Dienst- oder Mäklerverträge. Die Widerrufsfrist solcherart abgeschlossener Geschäfte beträgt eine Woche, beginnend mit der vom Kunden unterschriebenen schriftlichen Belehrung (§ 2 I S. 2 HTWiG). Die im Zweifelsfall bestehende Beweislast hinsichtlich des Zeitpunktes der

Aushändigung der Belehrung liegt nicht beim Kunden, sondern beim anderen Vertragspartner, was ebenfalls zu einer Schutzerweiterung der Verbraucher führt. Bei Widerruf eines das HTWiG betreffenden Geschäftes sind die Vertragspartner zur Rückgewährung der empfangenen Leistungen verpflichtet (§ 3 HTWiG).

In §§ 6 u. 1 II HTWiG sind jene Fälle aufgeführt, die zu einer Einschränkung der anzuwendenden Schutzbestimmungen dieses Gesetzes führen:

- Verträge, denen mündliche Verhandlungen auf vorhergehende Bestellung des Kunden vorausgegangen sind,
- Bagatellgeschäfte von höchstens 80 DM,
- im Fall des Vorliegens einer materiellen Beurkundung der Willenserklärung des Kunden (§ 1 II HTWiG),
- Versicherungsverträge,
- Verträge, die der Kunde in Ausübung einer selbständigen Erwerbstätigkeit abschließt, oder
- wenn die andere Vertragspartei nicht geschäftsmäßig handelt (§ 6 HTWiG).

Die Seriosität von über Handelsvertreter und/oder Reisende direkt an Letztverbraucher absetzenden Unternehmungen wird nicht zuletzt an der Zahl der (publik gewordenen) Widerrufsfälle und Rechtsstreitigkeiten bei Haustürgeschäften und ähnlichen Geschäften gemessen. Die Ausbildung und Schulung der obengenannten Verkaufsorgane von auf langfristige Kundenbeziehungen und Seriosität bedachten Unternehmungen sollte aus diesem Grund die Vermeidung aller von den Kunden als unangenehm und/oder als rechtlich unzulässig zu bewertenden Verhaltensweisen umfassen. Mit dem HTWiG ist dem einzelnen Verbraucher ein Schutzinstrument an die Hand gegeben worden, sich direkt - über den Widerruf - gegen von ihm im nachhinein als unerwünscht angesehene Vertragsabschlüsse zu wehren, unabhängig davon, ob sie unlautere Begleitumstände im Sinne des Wettbewerbsrechts hatten oder nicht (vgl. Näheres hierzu bei Ulmer 1986).

Unbestellte Vertreterbesuche sind generell nicht unzulässig i.S.v. § 1 UWG, es sei denn, mit dem Auftreten des Vertreters sind für den Besuchten unzumutbare **Belästigungen** verbunden, wie etwa die Ausübung psychologischen Zwanges, die Ausnutzung von Gefühlen, Überredungsversuche bei ablehnender Haltung des Besuchten oder die Ausnutzung der Spielleidenschaft. Als Unlauterkeitsmerkmal im Sinne dieser Vorschrift ist auch das **Erschleichen** von Vertreterbesuchen zu qualifizieren, hier liegt dann nicht der Tatbestand der Belästigung, sondern der **Irreführung** vor (vgl. Nordemann 1994, Rdn. 181). Beispiele hierfür sind die persönliche Überreichung von Gutscheinen, um dadurch zu einem Vertragsabschluß zu gelangen, sowie mit demselben Ziel die Übermittlung eines Gewinns oder die schriftliche Erlangung eines Vertreterbesuches auf der Grundlage **mehrdeutig** formulierter Aufforderungen auf Werbepostkarten, welche die Kunden an die Unternehmungen zurückschicken.

5.3.2.2 Rechtliche Fragen des Automatenaufstellvertrages

Absatzpolitische Bedeutung erlangt der Vertrieb über Automaten in erster Linie aus zwei Gründen: zum einen erlauben Automaten den Absatz dafür geeigneter Produkte auch außerhalb der gesetzlichen Ladenöffnungszeiten, zum anderen ermöglichen Automaten auch den Absatz von bestimmten Produkten an jene Personen, die den persönlichen Kontakt mit dem Verkaufspersonal oder an der Kasse scheuen, wie z.B. bei Zigaretten und Kondomen.

Grundlage für die Aufstellung eines Automaten bildet der sogenannte Automatenaufstellvertrag, der in der Praxis mit einer Fülle rechtlicher Fragen behaftet ist.

Fraglich ist bereits der Charakter des Automatenaufstellvertrages. Er ist ein im Gesetz nicht ausdrücklich normierter, im Rechts- und Wirtschaftsleben entstandener, sog. verkehrstypischer Vertrag. Die Art des Rechtsverhältnisses zwischen dem Automatenaufsteller und der anderen Vertragspartei hängt davon ab, wo und unter welchen Gegebenheiten es zu einer Automatenaufstellung kommt.

Wenn ein Raum allein zum Betrieb eines oder mehrerer Automaten oder ein Platz für einen Automaten gegen ein festes Entgelt oder einen bestimmten Anteil am Umsatz zur Verfügung gestellt wird, ist der Vertrag als Mietvertrag und zwar über die Miete eines Grundstücksteils zu qualifizieren. Wird dagegen der Automat in einen Gewerbebetrieb, insbesondere in eine Gastwirtschaft, eingegliedert und eine Gewinnbeteiligung vereinbart, ist ein partiarisches Rechtsverhältnis, eine Gesellschaft oder ein gemischter Vertrag anzunehmen. Bedeutung erlangt diese Unterscheidung vor allem bei Fragen der Kündigungsfrist und der Schriftform gem. § 566 BGB.

Bei **Mietverträgen** beträgt die Kündigungsfrist regelmäßig die Zeit bis zum 3. Werktag zum Ende des übernächsten Monats, ansonsten gelten die Bestimmungen des § 723 I BGB (Kündigung durch Gesellschafter).

Im Rahmen des Vertragsabschlusses sind folgende Klauseln als nicht unbedingt unbedenklich bzw. als bedenklich zu bewerten: die **Ausschließlichkeitsklausel**, wonach ein Gastwirt keine anderen Automaten aufstellen darf als die des Vertragspartners, und die **Nachfolgeklausel**, wonach ein Gastwirt dafür einzustehen hat, daß sein Nachfolger den Automatenaufstellvertrag übernimmt. Letztere Klausel ist jedenfalls gegenüber einem Pächter unwirksam, der hinsichtlich seines Nachfolgers kein Bestimmungsrecht hat.

5.3.2.3 Rechtliche Fragen des Tele-Shopping

Das Tele-Shopping gehört zu den Vertriebsformen des Electronic-Shopping, "bei denen die Angebotspräsentation für Waren und Dienstleistungen sowie die Vertragsanbahnung durch einen Anbieter wie auch der Vertragsabschluß und Bestellvorgang durch einen Nachfrager ohne gleichzeitige körperliche

Anwesenheit der Vertragspartner über elektronische Medien realisiert werden. Die Bezahlung erfolgt konventionell (z.B. per Nachnahme oder Kreditkartenabrechnung) oder mittels Electronic Banking." (Flegel 1995, Sp. 556) Beim Tele-Shopping werden in speziellen TV-Sendungen oder TV-Werbespots Produkte präsentiert, die der Fernsehzuschauer durch einen Anruf über die in der Sendung oder dem Werbespot eingeblendete oder angesagte Telefonnummer bestellen kann. Teilweise wird das Tele-Shopping auch der Kommunikationspolitik zugerechnet (vgl. z.B. Schmalen 1992, S. 19).

Rechtliche Probleme des Tele-Shopping berühren rundfunkrechtliche, wettbewerbsrechtliche und vertragsrechtliche Aspekte. Im einzelnen lassen sich für das Tele-Shopping folgende rechtliche Grenzen formulieren (vgl. Keßler 1991, S 291, sowie ausführlich Wellens 1991):

Tele-Shopping ist im Rahmen der geltenden **Rundfunkordnung** als Werbung grundsätzlich zulässig. Es unterliegt den inhaltlichen und zeitlichen Restriktionen für Werbesendungen. Entscheidend ist die strenge Trennung vom redaktionellen Programm, etwa durch Werbelogos und Einblendungen wie "Dauerwerbesendung". Ein Verstoß gegen das Trennungsgebot liegt vor, wenn der Moderator des Tele-Shopping in zeitlichem Zusammenhang auch den redaktionellen Programmteil betreut (siehe zu den medienrechtlichen Grenzen der Werbung auch in *Kap. 4.4.3* und *Kap. 4.4.4*).

Die ungenügende Kennzeichnung des Tele-Shopping als Werbesendung und die Nichteinhaltung der Trennung von Werbung und redaktionellem Programm verstoßen zudem gegen das **Wettbewerbsrecht**. Weiterhin müssen sich unter wettbewerbsrechtlichen Gesichtspunkten Gewinne, die in einer Tele-Shopping-Sendung ausgelobt werden, in einem angemessenen Rahmen halten. Andernfalls würde das Publikum in übertriebener Weise angelockt und von einer sachgerechten Prüfung der Konkurrenzangebote abgehalten.

Vertragsrechtliche Grenzen des Tele-Shopping ergeben sich vor allem aus dem BGB, dem AGBG, dem VerbrKrG und dem HTWiG. Produktbeschreibungen innerhalb einer Tele-Shopping-Sendung stellen zugesicherte Eigenschaften dar, für die der Anbieter einzustehen hat. Allgemeine Geschäftsbedingungen können durch Einblendungen im Rahmen der Sendung nicht wirksam werden. Gleichwohl wird ein spätestens bei Lieferung erklärter Eigentumsvorbehalt Vertragsbestandteil. Abzahlungsgeschäfte sind angesichts des Formerfordernisses nur bis zu einem Betrag von DM 400 möglich. Wird die Sendung mit einer Unterhaltungsshow verbunden oder wird ein Gewinnspiel veranstaltet, so steht dem Besteller aufgrund des Charakters einer Freizeitveranstaltung ein Widerrufsrecht nach dem HTWiG von einer Woche zu (siehe zum HTWiG auch in *Kap. 5.3.2.1*).

5.3.3 Die Gestaltung der personellen Dimension des Verkaufs

Im Bereich der personellen Dimension des Verkaufs ergeben sich starke Überschneidungen zum Bereich der Direktwerbung. Um Wiederholungen zu vermeiden, wird an dieser Stelle auf *Kap. 4.4.5* verwiesen.

(1) Persönlicher Verkauf

Der Versuch, im persönlichen Verkaufsgespräch eine Entscheidung zum Kauf oder zur Inanspruchnahme einer Dienstleistung oder einer sonstigen Leistung herbeizuführen, ist ein charakteristisches Merkmal des Wettbewerbes und der Absatzpolitik und als solches nicht unzulässig. Die Grenzen des wettbewerbsrechtlich Zulässigen werden jedoch überschritten, wenn der Verkäufer Mittel einsetzt, welche die freie Willensentschließung beeinträchtigen oder gar ausschließen (vgl. Baumbach/Hefermehl 1995, § 1 UWG, Rdn. 4). Diese Mittel des wettbewerbsfremden **Kundenfanges** sind derart vielfältig, daß eine vollständige Aufzählung nicht möglich ist. Gerade beim persönlichen Verkauf sind insbesondere die Ausübung eines psychologischen Zwangs, Appelle an Gefühle, Belästigung durch Anreißen etc. am ehesten geeignet, um den Kunden beim direkten Kontakt mit sachfremden Mitteln von einer sachlichen und unverfälschten Entscheidung abzuhalten. Diese Verhaltensweisen sind unlauter und verstoßen gegen § 1 UWG.

(2) Unpersönlicher Verkauf

Bei den Methoden des unpersönlichen Verkaufs entfällt die Möglichkeit der interaktiven nicht-programmierten Kommunikation zwischen Verkäufer und Kunden. Die Methoden sind in zwei Bereiche zu gliedern: zum einen in jene, die sich des Printmediums bedienen, wie z.B. Handzettel und Briefwerbung, zum anderen in solche, die elektrische und elektronische Medien einsetzen, wie z.B. Telex, Telefax, Telebox, Bildschirmtext. Diese Problemkreise sind bereits in *Kap. 4.4.5.2* und *Kap. 4.4.5.3* besprochen worden.

Zum unpersönlichen Verkauf gehört auch die **progressive Kundenwerbung** (sog. Schneeballsysteme), die dadurch gekennzeichnet ist, daß der Kunde mit dem Verkäufer einen Vertrag abschließt und dabei die Möglichkeit hat, die Kaufpreisschuld ganz oder teilweise durch die Akquisition neuer Kunden zu tilgen. Die neu angeworbenen Kunden werden ihrerseits in das System einbezogen, indem ihnen die gleiche Möglichkeit eingeräumt wird, durch Werbung weiterer Kunden den Kaufpreis abzutragen. Dieses Vertriebssystem ist außer als Schneeballsystem auch unter den Begriffen Lawinen-, Hydra-, Gella-, Multiplex- und Admira-System bekanntgeworden.

Progressive Kundenwerbung ist wettbewerbsrechtlich grundsätzlich unzulässig. Dies ergibt sich aus der Eigenart der Verkaufsform und den daraus für die Kunden möglicherweise resultierenden Nachteilen. Der Kunde tätigt den Kauf in der Erwartung, daß die Voraussetzungen, an die der kostenlose oder verbilligte Erwerb der Ware geknüpft ist, bei einem entsprechenden Werbeinsatz leicht zu erfüllen sind. In dieser Erwartung muß er aber zwangsläufig enttäuscht werden, da die Möglichkeiten, neue Kunden zu finden, mit dem Grad der Ausbreitung der Werbung systembedingt sinken. Der einzelne Kunde weiß nämlich in der Regel nicht, wieviele Kunden bereits an dem Spiel teilnehmen und darüber hinaus noch interessiert sind. Die diesem System innewohnenden Eigenschaften der Irreführung über die Chancen, neue Kunden zu akquirieren, sowie die Ausnutzung der Spielleidenschaft müssen zu einer Beurteilung als generell unlauter i.S.v. §§ 1, 3, 6c UWG führen. Trotz dieser eindeutig negativen und ablehnenden Beurteilung taucht das Schneeballsystem von Zeit zu Zeit immer wieder einmal auf und richtet unter seinen - oft leichtgläubigen - Opfern großen Schaden an.

5.4 Das Absatzkanalmanagement

5.4.1 Zur Frage spezieller Rechtsnormen im Bereich der Absatzkanalpolitik

Wie in *Kap. 5.1* schon dargelegt wurde, umfaßt die Absatzkanalpolitik (Absatzwegepolitik, handelsgerichtete Absatzpolitik) die Summe aller absatzpolitischen Maßnahmen einer Unternehmung gegenüber den an der Distribution ihrer Absatzgüter teilnehmenden bzw. zu beteiligenden Handelsbetriebe.

Absatzkanalpolitik läßt sich daher nicht als ein Instrument neben anderen in das absatzpolitische Instrumentarium überschneidungsfrei einordnen, sondern stellt eine Zusammenfassung aller bislang behandelten Instrumente "von A (wie Absatzprogrammpolitik) bis Z (wie Zugaben)" mit Ausrichtung auf eine bestimmte Käuferzielgruppe, nämlich die der Handelsbetriebe, dar.

Dabei kann die Beeinflussung des Handels mittels des Einsatzes von Akquisitionsinstrumenten unmittelbar und/oder mittelbar erfolgen:

- Die **unmittelbare Beeinflussung** der ausgewählten Händler wird auch als "Push-Methode" bezeichnet, durch die ein so starker Angebotsdruck zu erzeugen versucht wird, daß die Absatzgüter sprichwörtlich in die Sortimente der Händler "hineingepreßt" werden.
- Die **mittelbare Beeinflussung** der als Transaktionspartner erwünschten Händler geschieht auf dem Umweg über die Händlerkunden, insbesondere die Verbraucher. Diese sollen durch Akquisitionsmaßnahmen dazu

veranlaßt werden, die Absatzgüter nachdrücklich beim Handel zu verlangen und sie ihm sprichwörtlich aus den Regalen zu "ziehen". Die Erzeugung des Nachfragesogs wird auch als "Pull-Methode" bezeichnet (vgl. Näheres zu diesen Grundorientierungen der Absatzkanalpolitik bei Ahlert 1995, S. 158 ff.).

Die Absatzkanalpolitik geht also über die unmittelbar handelsgerichteten "Push"-Maßnahmen hinaus und hat auch die verbrauchergerichteten Akquisitionsmaßnahmen zu integrieren. Absatzkanalpolitik umschließt aber keine "neuen" eigenartigen Instrumente, die zusätzlich zu den bislang schon ausführlich beschriebenen Aktionsbereichen

- des Vertragsmanagements, einschließlich Selektion der Vertragspartner und Fundierung einer längerfristig angelegten Koordination durch komplette Vertragssysteme,
- des Schutzrechtsmanagements und
- des Produkt-, Kontrahierungs-, Kommunikations- und Distributions-Mix

an dieser Stelle zu behandeln wären.

Dementsprechend sind sämtliche **Rechtsprobleme der handelsgerichteten Absatzpolitik** in den vorstehenden Abschnitten schon (implizit) behandelt worden. Diese Feststellung mag einige Leser überraschen, die gerade im Bereich der Absatzkanalpolitik ganz eigenartige und steigende Bedeutung gewinnende Marketing-Rechts-Probleme angesiedelt sehen. Tatsächlich handelt es sich aber um spezifische Ausprägungen der bislang schon besprochenen Rechtsprobleme, die aus den Besonderheiten des Geschäftes zwischen Herstellern und Händlern erwachsen (siehe *Bild 61*).

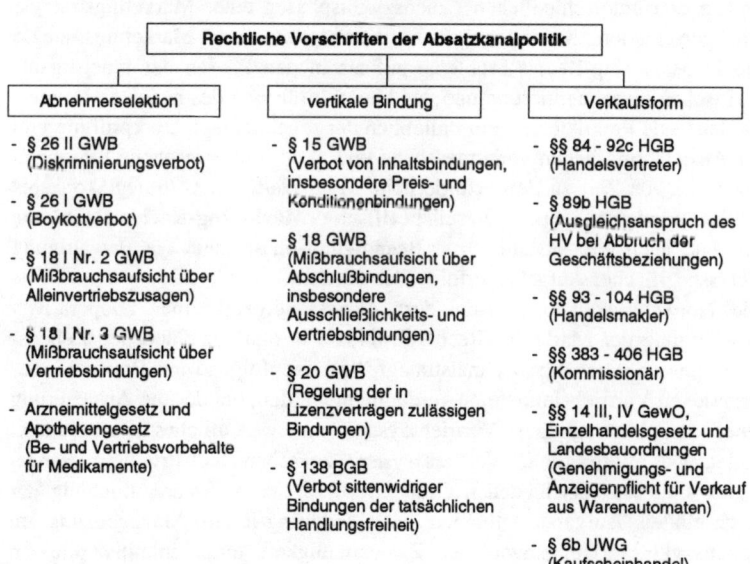

Bild 61: Relevante Rechtsvorschriften im Bereich der Absatzkanalpolitik

Es würde also zu unnötigen Wiederholungen führen, wollten wir sämtliche Rechtsprobleme in Zusammenhang mit der handelsgerichteten Absatzpolitik noch einmal aufgreifen und eingehend behandeln. Wir nutzen daher dieses abschließende Kapitel, um am Beispiel des Absatzkanalmanagements die rechtlichen Probleme im Lebenszyklus einer Marketingstrategie und deren Handhabung durch das Marketing-Rechts-Management einer Längsschnittanalyse zu unterziehen. Dabei kann - anknüpfend an *Kap. 1.2.3* - die Systematik der Marketing-Rechts-Probleme nach den formalen Management-Phasen Planung, Realisation und Kontrolle angewendet werden. In der hier gebotenen Kürze müssen wir es allerdings bei einem skizzenhaften Überblick bewenden lassen (vgl. zu den Einzelheiten der Rechtsfragen des Absatzkanalmanagements Ahlert 1978, S. 153 ff.; 1981, S. 63 ff.; 1982, S. 62 ff.; insb. 1988, Teil II; 1995, S. 139 ff.).

5.4.2 Die Absatzkanalstrategie auf der Basis eines Vertraglichen Vertriebssystems als Gegenstand einer Längsschnittanalyse

Der Zweck des funktionalen Marketing-Rechts-Managements besteht darin, die im Zuge der Planung, Realisation und Kontrolle von Marketingstrategien auftretenden Rechtsprobleme zu lösen und die entsprechenden rechtsspezifischen Funktionen auszuüben. Die damit verbundenen Aufgabenstellungen sind in den unterschiedlichen Lebenszyklusphasen einer Marketingstrategie sehr verschieden. So treten bei der Konzeption einer Marketingstrategie andere Marketing-Rechts-Probleme auf als in den Phasen der innerorganisatorischen Implementierung und der Markteinführung des neuen Konzeptes. Die laufende Praktizierung einschließlich der regelmäßigen Überprüfung und der Absicherung gegen vorhergesehene und nicht vorhergesehene Störungen sowie die von Zeit zu Zeit erforderliche Modifikation des Strategiekonzepts werfen wiederum neue, **phasenspezifische Marketing-Rechts-Probleme** auf, und auch die Auslauf- bzw. Beendigungsphase kann die Bewältigung rechtsspezifischer Aufgaben erforderlich machen.

Die Notwendigkeit oder zumindest Zweckmäßigkeit einer kooperativen Bewältigung der Marketing-Rechts-Probleme in den verschiedenen Lebenszyklusphasen einer Absatzkanalstrategie soll nachfolgend am Beispiel einer komplexen Vertriebsinnovation verdeutlicht werden, bei der die Absicherung durch ein Vertragliches Vertriebssystem ein wesentliches Basiselement bildet. Das Vertragliche Vertriebssystem zwischen Industrie und Handel eignet sich aus verschiedenen Gründen vorzüglich zur Verdeutlichung der wechselnden Aufgabenstellungen des Marketing-Rechts-Managements im Lebenszyklusverlauf sowie der Zweckmäßigkeit einer interdisziplinären Zusammenarbeit zwischen Marketing- und Rechtsexperten:

(1) Wachsende Bedeutung der Vertraglichen Vertriebssysteme

Die in der Praxis anzutreffenden **Formen einer vertraglich fixierten Zusammenarbeit** von Herstellern mit Handelsbetrieben sind vielfältig und haben in den letzten Jahren erheblich an Bedeutung gewonnen. Einen Überblick über die Kooperationsformen vermittelt *Bild 62*.

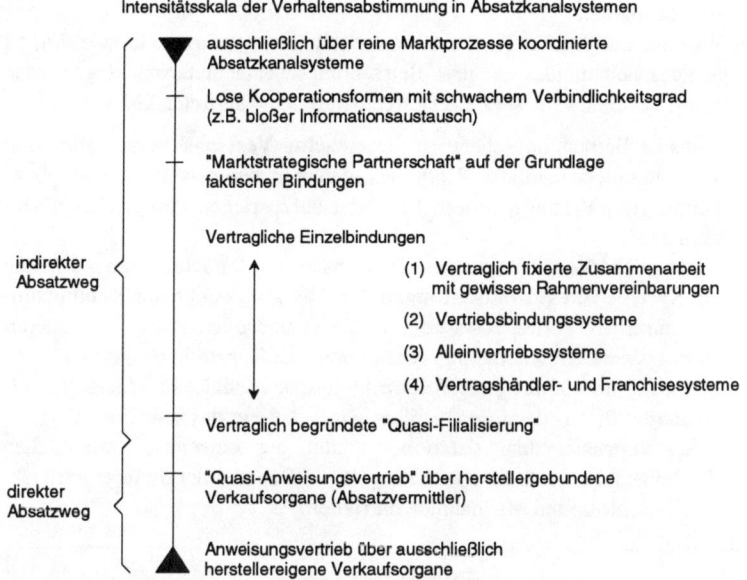

Bild 62: Formen der Kooperation zwischen Industrie- und Handelsbetrieben

In *Bild 62* werden die Formen der Verhaltensabstimmung im Absatzkanal nach dem Ausmaß geordnet, in dem Hersteller und Händler sich in ihrem Verhalten binden. Die Intensitätsskala erstreckt sich zwischen den beiden Extremfällen "überhaupt keine Zusammenarbeit im Absatzkanal" (reine Marktprozesse) und "vollständig vom Hersteller kontrollierter Anweisungsvertrieb" (herstellereigene Verkaufsorgane). Im Mittelfeld liegen die Kooperationssysteme auf vertraglicher Grundlage, die von einer vertraglich fixierten Zusammenarbeit mit gewissen Rahmenvereinbarungen bis hin zu Vertragssystemen reichen, die quasi einer Filialisierung entsprechen.

(2) Komplexität von Absatzkanalstrategien auf der Basis Vertraglicher Vertriebssysteme

Das Gemeinsame der Vertraglichen Vertriebssysteme besteht darin, daß sie eine planmäßige, auf Dauer angelegte und durch individualvertragliche Vereinbarungen im Zusammenhang mit Austauschverträgen geregelte Zusammenarbeit zwischen grundsätzlich selbständig bleibenden Industrie-

und Handelsunternehmungen begründen. Im Gegensatz zu branchenbezogenen Kartellen horizontal miteinander konkurrierender Unternehmungen handelt es sich hier um eine vertikale Gruppenkooperation nach dem Fächerprinzip. Am Knauf des Fächers ist demnach nicht eine Mehrzahl konkurrierender Herstellerbetriebe, sondern lediglich ein einziger Hersteller angesiedelt, der mit einer Reihe ausgewählter Händler bezüglich der Art und Weise des Vertriebs seiner Absatzgüter bzw. seines Absatzprogramms zusammenarbeitet.

Die Komplexität solcher Kooperationsmodelle besteht darin, daß, wie *Bild 63* zeigt, zwischen mindestens drei Betrachtungsebenen unterschieden werden kann, auf denen jeweils spezifische Rechtsprobleme auftreten können:

- Unterste Betrachtungsebene ist die **einzelne Vertragsklausel**. Hier sind so viele unterschiedliche Bindungen denkbar, wie es sinnvolle Möglichkeiten gibt, Vertragspartnern Pflichten aufzuerlegen und Rechte einzuräumen.
- Vertragliche Vertriebssysteme auf der nächsten Betrachtungsebene stellen ein **System von Einzelbindungen** dar. Die Zahl denkbarer Kombinationen einzelner Vertragsklauseln ist nahezu unendlich groß, so daß jedes Vertragswerk ein unternehmungsindividuelles Konstrukt darstellt.
- Die dritte und umfassendste Betrachtungsebene bildet die **Absatzkanalstrategie**, die so detailliert geplant wird, daß sie das jeweilige Vertragliche Vertriebssystem determiniert und die einzelnen vertraglichen Bindungen nur noch die Umsetzung der im Rahmen der Strategieentwicklung beschlossenen Maßnahmen darstellen.

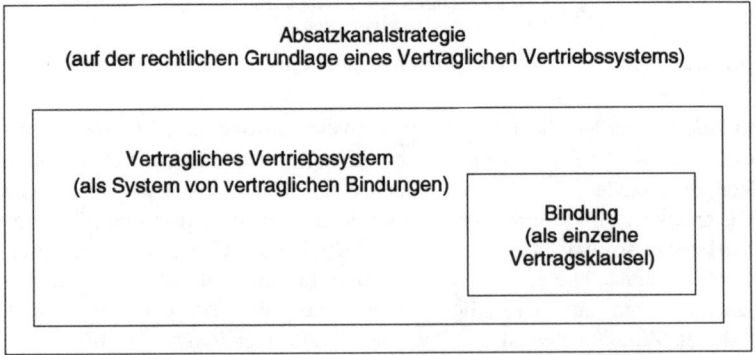

Bild 63:   Betrachtungsebenen bei der Analyse Vertraglicher Vertriebssysteme

(3) Restriktive und schützende Funktionen der Rechtsordnung bei Vertraglichen Vertriebssystemen

Kooperationssysteme, die auf dem rechtlichen Fundament Vertraglicher Vertriebssysteme gründen, sind geradezu ein Prototyp von Marketingstrategien, bei denen einschränkende und schützende Wirkungen des Rechts gemeinsam auftreten und ineinandergreifen. Schutzpositionen vermittelt die Rechtsordnung durch die Möglichkeit, derartige Vertragssysteme zu praktizieren und sie gegen Einwirkungen durch Dritte - z.b. Außenseiter - abzusichern. Daß die Unternehmung im Lebenszyklus eines solchen Vertriebssystems auf die verschiedensten begrenzenden Rechtsnormen stößt, wird im folgenden ausführlich dargestellt.

Der Lebenszyklus eines Vertragssystems wird zu diesem Zweck unterteilt in die Phasen der

- Systemkonzeption,
- Systemeinführung,
- Systempraktizierung und der
- Systembeendigung.

In jeder dieser Phasen treten spezielle rechtliche Probleme auf, so daß eine separate Abhandlung der sich hieraus ergebenden Aufgaben des Marketing-Rechts-Managements gerechtfertigt erscheint. Diese Vorgehensweise soll jedoch nicht darüber hinwegtäuschen, daß die in den einzelnen Entwicklungsstadien entstehenden Probleme und damit auch die Aufgaben des Marketing-Rechts-Managements in hohem Maße interdependent sind. So treten rechtliche Schwierigkeiten in den späteren Phasen des Lebenszyklus um so seltener auf, je detaillierter und sorgfältiger sie bereits bei der Systemkonzeption antizipiert und berücksichtigt wurden.

5.4.3 Marketing-Rechts-Management in der Konzeptionsphase

5.4.3.1 Die Formulierung der absatzkanalpolitischen Zielkonzeption

Unter der Absatzkanalstrategie eines Herstellers kann ganz allgemein die für einen bestimmten Zeitraum geplante Folge von absatzpolitischen Maßnahmen verstanden werden, die auf die Selektion und akquisitorische Beeinflussung der Absatzmittler gerichtet sind und die mehrperiodische Koordination der Zusammenarbeit im Distributionssystem mit einschließen. Durch diese absatzkanalpolitischen Maßnahmen soll eine bestimmte Zielkonzeption für den Absatzkanal erreicht werden.

In dem nachfolgend zu betrachtenden Demonstrationsbeispiel wird von einem Hersteller hochwertiger, problemvoller Markenartikel ausgegangen, dem als "Wunschbild" ein Absatzkanalsystem vorschwebt, welches bei minimalen internen Konflikten nach außen hin möglichst effizient (transaktionskostenoptimal) funktioniert und es dem Hersteller als Systemgestalter (Marketingführer) erlaubt, seine Marketingvorstellungen über alle Absatzstufen hinweg möglichst kontrolliert (unverfälscht) an die ausgewählte Verbraucherzielgruppe heranzutragen. Diese noch recht vage formulierte Zielvorstellung ist in operationale Absatzkanalziele umzusetzen, wobei im folgenden zwei Komponenten des vieldimensionalen Zielsystems in den Mittelpunkt der Betrachtung gerückt werden sollen:

- Gewährleistung eines **sach- und fachgerechten Vertriebs** der hochwertigen (imageempfindlichen) und beratungs- sowie servicebedürftigen Markenerzeugnisse (vgl. Näheres zu dieser Problematik bei Ahlert 1995, S. 205 ff.).

- **Aufrechterhaltung eines nach unten begrenzten Preiskorridors** in der letzten Stufe des Absatzkanalsystems, insbesondere die Vermeidung von Preiskämpfen, Lockvogelaktionen und Untereinstandspreisverkäufen bei der betreffenden Markenware (vgl. dazu ausführlich Ahlert 1983, S. 459 ff.).

Das hervorragende Anliegen des exemplarisch betrachteten Herstellers hochwertiger und problemvoller Markenartikel ist es also, daß seine Erzeugnisse nur in solchen Einkaufsstätten angeboten werden, die seinen qualitativen Anforderungen an den Vertrieb genügen. Außerdem möchte er in möglichst großem Umfang Einfluß auf die Preisgestaltung beim Verkauf an die Verbraucher nehmen können. Diesem Wunschbild dürfte am ehesten der vollständige Anweisungsvertrieb über ausschließlich herstellereigene Verkaufsorgane entsprechen. Dieser Direktvertrieb ist aber im Regelfall nicht transaktionskostenoptimal, so daß die Einschaltung von Absatzmittlern unumgehbar ist. Um gleichwohl die absatzkanalpolitischen Ziele zu erreichen, sind Selektivvertriebssysteme auf der Basis vertraglicher Vertriebsvereinbarungen in Erwägung zu ziehen (vgl. zum Selektivvertrieb ausführlich Ahlert 1987 I, Fezer 1990).

5.4.3.2 Die Auswahl eines Vertraglichen Vertriebssystems

Vertragliche Vertriebssysteme sind komplexe Gebilde, die sich aus einer **Vielzahl von Einzelbindungen** zusammensetzen. Diese begründen Rechte und Pflichten, die die Entscheidungsfreiheit der Vertragsparteien beschränken. Im Rahmen Vertraglicher Vertriebssysteme stehen hierbei vertikale Umsatzbindungen im Vordergrund, d.h. Bindungen, die sich auf den Absatz von Waren beziehen (siehe in *Kap. 1.5.5.2*). Kombiniert man gedanklich nur eine geringe Zahl dieser Bindungen, so zeigt sich, daß es fast unendlich viele Möglichkeiten gibt und jedes Vertragliche Vertriebssystem ein individuelles Vertragswerk bildet.

Aufgrund dieses individuellen Charakters des einzelnen Vertraglichen Vertriebssystems lassen sich qualifizierende Aussagen über ein System kaum auf andere übertragen. Dies wird erst dann möglich, wenn man die große Zahl Vertraglicher Vertriebssysteme klassifiziert, um so wenigstens in grober Form allgemeingültige Aussagen über die Möglichkeiten und Konsequenzen bestimmter Gruppen Vertraglicher Vertriebssysteme treffen zu können. Bei dem Versuch einer **Klassifizierung** erscheint es sinnvoll, nicht von einer Analyse der in den jeweiligen Vertragssystemen enthaltenen Bindungen auszugehen. Statt dessen sollen als Ausgangspunkt die Absicherungsobjekte Vertraglicher Vertriebssysteme, nämlich die Absatzkanalstrategien, gewählt werden. Wesentliches Kriterium zur Differenzierung zwischen den verschiedenen Strategiealternativen ist die Intensität der angestrebten Verhaltensabstimmung zwischen Hersteller und Handel.

Folgt man Grossekettler (1978, S. 325 ff.), so läßt sich die Intensität der Verhaltensabstimmung mit Hilfe des **Zentralisationsgrades** α (Umfang der Weisungsrechte einer Partei als Führer gegenüber den anderen Parteien) und des **Bindungsgrades** β (Maß, in dem die zukünftigen Entscheidungen der Parteien im vorhinein festgelegt sind) ausdrücken (siehe *Bild 64*).

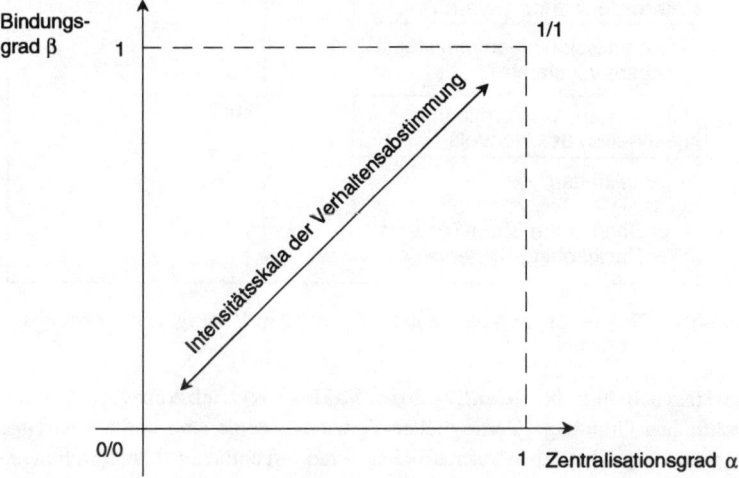

Bild 64:   Raum der Koordinationsmethoden

Hierbei bezeichnet der Punkt 0/0 reine Marktprozesse, während der Punkt 1/1 den langfristigen Zusammenschluß von Wirtschaftssubjekten in einem Herrschaftsverband markiert. Eine Klassifizierung der in der Praxis anzutreffenden Vertraglichen Vertriebssysteme bzw. der dahinter stehenden Absatzkanalstrategien anhand des Kriteriums der Intensität der Verhaltensabstimmung zeigt *Bild 65*.

391

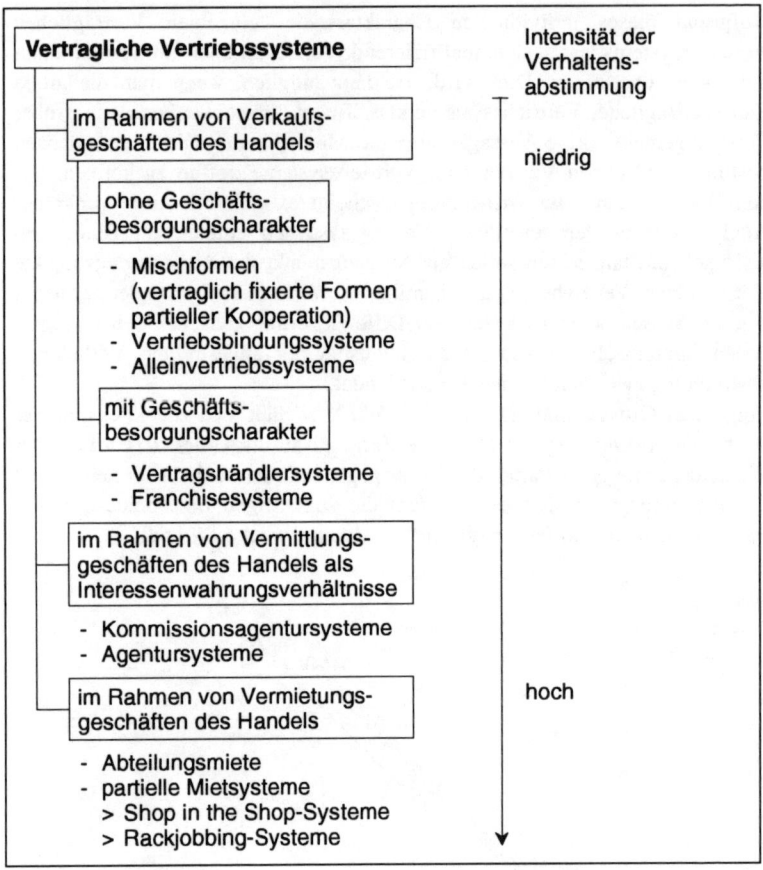

Bild 65: Intensität der Verhaltensabstimmung in Vertraglichen Vertriebssystemen

Absatzkanalpolitische **Selektiv- bzw. Exklusivvertriebskonzepte** auf der rechtlichen Grundlage Vertraglicher Vertriebssysteme sind durch eine enge Verknüpfung betriebswirtschaftlicher und rechtlicher Fragestellungen gekennzeichnet und schon aus diesem Grunde für eine kooperative Problembehandlung im Rahmen des funktionalen Marketing-Rechts-Managements prädestiniert. Rechtliche Probleme treten auf allen drei Betrachtungsebenen (siehe *Bild 63*) auf:

• auf der **Ebene der verfolgten Absatzkanalstrategie**, die durch das Vertragliche Vertriebssystem abgesichert werden soll; so ist u.a. die Zulässigkeit des Selektiv- bzw. Exklusivvertriebes nach § 26 II GWB zu prüfen;

- auf der **Ebene der einzelnen Bindungen**, die als Bestandteile (Elementarverträge) zu einem Vertraglichen Vertriebssystem zusammengefügt werden; auf dieser Ebene werden beispielsweise die Rechtsnormen der §§ 15-18 GWB relevant;

- auf der **Ebene des realen Bindungssystems** als einem Konglomerat der verschiedenen Einzelbindungen und weiterer Vertragsbestandteile, das in einer bestimmten technisch/organisatorischen Form (z.B. Reverssystem) eingeführt und gehandhabt wird; hier entsteht z.b. die Frage, ob das Zusammenkommen einer Mehrzahl von Einzelbindungen in einem Bindungssystem zu einer anderen rechtlichen Beurteilung führen kann als die separate juristische Würdigung der Einzelbindungen.

Die Bewältigung der bei der Strategiewahl auftretenden Marketing-Rechts-Probleme nach dem in *Kap. 1.4.1* erwähnten Ping-Pong-Verfahren - die Marketingmanager erarbeiten die unter betriebswirtschaftlichen Gesichtspunkten optimale Absatzkanalstrategie und übergeben diesen Entwurf zur Überprüfung der rechtlichen Zulässigkeit an die Rechtsexperten, die aufgrund von Rechtsrestriktionen zwingende Modifikationen empfehlen, die wiederum von den Marketingmanagern auf ihre marketingstrategischen Implikationen zu untersuchen sind - ist ineffizient und zeitraubend und muß aufgrund der engen Interdependenzen zwischen der rechtlichen und betriebswirtschaftlichen Dimension der Entscheidung als unangemessenes Problemlösungsverhalten bezeichnet werden.

Aufgabe des funktionalen Marketing-Rechts-Managements ist es, im Hinblick auf die absatzkanalpolitische Zielkonzeption eine den unternehmungsspezifischen Bedingungen betriebswirtschaftlich adäquate und rechtlich optimale Absatzkanalstrategie zu entwerfen. Dabei ist es nur in den seltensten Fällen möglich, eine von anderen Unternehmungen bereits praktizierte oder in der Literatur beschriebene Standardstrategie zu übernehmen. Vielmehr ist das optimale Absatzkanalkonzept in der Regel eine unternehmungsindividuelle Kombination der absatzpolitischen und rechtlichen Aktionselemente, die u.a. folgendes umschließt:

- einen bestimmten **Intensitätsgrad** der mit der Händlerzielgruppe zu vereinbarenden Verhaltensabstimmung,
- ein System inhaltlich substantiierter Rechte und Pflichten, d.h. die **Verhaltensbindungen,**
- einen Katalog von **Selektionskriterien** für die Auswahl der am Kooperationsmodell zu beteiligenden Absatzmittler,
- ein Arsenal von **Maßnahmen zur Exklusion** der nicht zu beteiligenden, aber an der Belieferung interessierten Absatzmittler,
- ein **Kontrollsystem** sowie eine Reihe von Vorkehrungen für die laufende **Koordination** und die Bewältigung von Konflikten im Absatzkanalsystem.

Kann man in einer ersten Konzeptionsstufe noch eine Grobauswahl unter den Prototypen Vertraglicher Vertriebssysteme (siehe *Bild 65*) vornehmen, so ist dieser Prototyp in einer zweiten Detaillierungsstufe den unternehmungsindividuellen Erfordernissen entsprechend anzupassen und zu gestalten. Gleichwohl ist unter rechtlichen Gesichtspunkten die Zuweisung des konkreten Vertragssystems zu einem der im Gesetz und/oder in der Rechtsprechung anerkannten Typen Vertraglicher Vertriebssysteme (z.B. Kommissionsagenturvertrag, Handelsvertretervertrag, Geschäftsbesorgungsverhältnis) von großer Bedeutung, da sich hieraus der Kreis der relevanten Rechtsnormen ergibt und sich bei der Schließung von Vertragslücken der Rückgriff auf die Gesetzesnormen derjenigen Vertragstypen anbietet, die dem betrachteten Vertrag am nächsten stehen.

So existierten beispielsweise im deutschen Recht keine Legaldefinitionen für die Vertragstypen des Franchising und des Vertragshändlers (vgl. hierzu z.B. Ulmer 1969 II, Ahlert 1981, Martinek 1988, 1989, Metzlaff 1994). Zudem ist die Abgrenzung zwischen beiden Systemtypen äußerst schwierig (vgl. Metzlaff 1994, S. 32 ff.). Auf europäischer Ebene findet sich in Art. 1 III a, b der Gruppenfreistellungsverordnung (GFVO) von 1989 eine Begriffsbestimmung zum Franchising. Danach sind Franchisevereinbarungen "Vereinbarungen, in denen ein Unternehmen, der Franchisegeber, es einem anderen Unternehmen, dem Franchisegeber, gegen unmittelbare oder mittelbare finanzielle Vergütung gestattet, eine Franchise zum Zweck der Vermarktung bestimmter Waren und/oder Dienstleistungen zu nutzen." Eine Franchise wird definiert als "eine Gesamtheit von Rechten an gewerblichem oder geistigem Eigentum wie Warenzeichen [nach dem Markengesetz müßte heute von Marken und sonstigen Kennzeichen gesprochen werden, Anm. d.V.], Handelsnamen, Ladenschilder, Gebrauchsmuster, Urheberrechte, Know-how oder Patente, die zum Zwecke des Weiterverkaufs von Waren oder der Erbringung von Dienstleistungen an Endverbraucher genutzt wird."

Bei rechtlich nicht fixierten Vertragstypen hat das Marketing-Rechts-Management eine bewußte Anlehnung des Vertraglichen Vertriebssystems an anerkannte Vertragstypen vorzunehmen bzw. eine Zuordnung durch die Rechtsprechung zu antizipieren, um die Rechtsfolgen, die sich im Falle von Angriffen auf das Vertragliche Vertriebssystem ergeben können, abschätzbar zu machen. Sowohl die Wahl der Vertragskategorie als auch der anschließende Feinentwurf setzen ein sorgfältiges Abwägen betriebswirtschaftlicher und rechtlicher Aspekte durch das Marketing-Rechts-Management voraus.

Ausgehend von der oben skizzierten Zielsetzung, sind vom Marketing-Rechts-Management die wichtigsten der Zielerreichung entgegenstehenden rechtlichen Restriktionen und ihre Auswirkungen auf mögliche Absatzkanal-Strategiealternativen des Herstellers zu ermitteln sowie Möglichkeiten ihrer Berücksichtigung bzw. Umgehung im Rahmen der Entwicklung einer optimalen Absatzkanalstrategie und des entsprechenden Vertraglichen Vertriebssystems aufzuzeigen.

In der Phase der Systemkonzeption sind neben zivilrechtlichen Fragen insbesondere kartellrechtliche Schranken Vertraglicher Vertriebssysteme von Bedeutung. Der erstgenannte Problemkreis betrifft Bereiche des allgemeinen Vertragsrechts (Wirksamkeitsgrenzen der §§ 134, 138, 242 BGB sowie des AGBG etc.). Im Hinblick auf kartellrechtliche Einfluß- und Begrenzungsfaktoren sind vor allem die §§ 15, 18, 26 II GWB zu nennen: Während sich § 15 gegen Beschränkungen der Inhaltsfreiheit hinsichtlich des Abschlusses von Zweitverträgen richtet, erfaßt § 18 Beschränkungen der Abschlußfreiheit des Gebundenen durch Verwendungs-, Ausschließlichkeits- und Vertriebsbindungen sowie Kopplungsgeschäfte. § 26 II beinhaltet eine zusätzliche Einschränkung der Vertragsfreiheit in Form eines Diskriminierungsverbotes für marktbeherrschende Unternehmungen sowie für Unternehmungen mit relativer Marktstärke gegenüber kleinen und mittleren Unternehmungen. Einzelheiten zu diesen Rechtsfragen sind in *Kap. 1.5.5* enthalten.

5.4.3.3 Die Abfassung des Vertragswerkes

Neben der Berücksichtigung des relevanten Rechtsrahmens ist es für das Marketing-Rechts-Management unerläßlich, bei der Entwicklung einer Absatzkanalstrategie und damit des Vertraglichen Vertriebssystems auch die Vorstellungen des Handels in seine Überlegungen mit einzubeziehen. Ein rechtlich einwandfreies, optimal an den Zielen des Herstellers ausgerichtetes Vertragliches Vertriebssystem, das der Handel nicht akzeptiert, wird bei der Einführung scheitern. Dieser Gefahr läßt sich um so eher begegnen, je detaillierter der Hersteller die Wünsche und Vorstellungen seiner Absatzmittler erforscht und schließlich auch berücksichtigt. Schwierigkeiten ergeben sich in diesem Zusammenhang durch die große Zahl potentieller Absatzmittler (vgl. Wiedemann 1982, S. 82), deren Vorstellungen bezüglich der Intensität einer Zusammenarbeit mit dem Hersteller aufgrund individueller betrieblicher Gegebenheiten divergieren werden. Für das Marketing-Rechts-Management stellt sich deshalb die Aufgabe, gewisse für das Gros der Absatzmittler unverzichtbare Mindestanforderungen an ein zukünftiges Vertragliches Vertriebssystem zu ermitteln. Dies setzt umfangreiche Vorgespräche voraus, bei denen nicht nur die Wünsche des Handels erfragt, sondern auch alternative Konzeptionen des Herstellers auf ihre Akzeptanz seitens des Handels geprüft werden können.

Die Vorsondierungen sind in erster Linie Aufgabe der Marketingexperten, da der ökonomische Interessenausgleich im Mittelpunkt steht. Bei der anschließenden Ausgestaltung der Absatzkanalstrategie bzw. des Vertraglichen Vertriebssystems ist eine Zusammenarbeit von Marketingmanagern und Rechtsexperten jedoch in der Regel unverzichtbar. So ist es erforderlich, die rechtlichen Konsequenzen denkbarer Zugeständnisse an den Handel herauszuarbeiten und unter Berücksichtigung sowohl ökonomischer als auch rechtlicher Überlegungen eine Strategie zu entwickeln, die den Vorstellungen des Handels möglichst nahekommt, es dem Hersteller aber gleichzeitig ermöglicht, nach Maßgabe seiner Zielvorstellung unverzichtbare Rechtspositionen beizubehalten.

In welchem Umfang bei der Systemkonzeption Forderungen des Handels schließlich berücksichtigt werden, hängt insbesondere von der Marktmacht des betreffenden Herstellers ab. Je größer diese ist, d.h. je unverzichtbarer die Herstellerprodukte für den Handel sind, desto eher wird es dem Hersteller möglich sein, eigene Vorstellungen durchzusetzen und Widerstände des Handels gegen das System zu überwinden.

Wird auf der Basis der oben skizzierten Überlegungen eine Absatzkanalstrategie entwickelt, so ist es vornehmlich die Aufgabe der Rechtsexperten, das konkrete Vertragssystem zur Absicherung dieser Strategie zu formulieren. Den Marketingexperten fällt es zu, die Zieladäquanz des Vertragstextes zu gewährleisten und sicherzustellen, daß nicht etwa ökonomische Ansprüche aus rechtlichen Erwägungen aufgegeben werden. Das Marketing-Rechts-Management hat in diesem Zusammenhang zu wählen zwischen einer formularmäßigen Konzeption des Vertriebsvertrages (Reverssystem) und einer jeweils individuellen Abfassung des Vertragstextes.

Formularverträge liegen vor, wenn ein einmal schriftlich fixierter Vertragstext, in dem bereits die gesamten Bindungen enthalten sind, allen Abschlüssen in gleicher Weise zugrunde gelegt wird. Mit ihnen ist für den Hersteller ein Rationalisierungsvorteil verbunden; denn das Vertragswerk muß nicht mit jedem Händler aufs neue ausgehandelt werden. Hierdurch wird sowohl der einzelne Vertragsabschluß als auch die Durchsetzung des Systems beschleunigt. Geht man davon aus, daß der Hersteller das Machtpotential besitzt, das Vertragssystem in der Praxis durchzusetzen, so stellen Formularverträge sicher, daß seine Vorstellungen bei allen Händlern gleichermaßen verwirklicht werden.

In diesem Zusammenhang wird aber auch ein Nachteil von Formularverträgen deutlich. Sie gestatten es nicht, auf spezielle örtliche Besonderheiten (Konkurrenzsituation, Kaufkraftniveau etc.) und betriebsindividuelle Daten (Finanzkraft, Kundenstamm etc.) Rücksicht zu nehmen. Dies wäre nur bei einer **individuellen Vertragsfassung** möglich.

Unter rechtlichen Gesichtspunkten ist die **Wahl des Vertragstypus** erheblich, da auf Formularverträge, die dem Handel einseitig auferlegt werden, bei denen die einzelnen Vertragsbestandteile also nicht Ergebnis eines Verhandlungsprozesses sind, die Bestimmungen des AGBG Anwendung finden können (vgl. Pollmüller 1981, S. 145 ff.).

Bei einer Einschaltung des Großhandels in den Vertrieb der Ware ist ferner zu entscheiden, ob mit allen zu beliefernden Einzelhändlern Vertriebsbindungsverträge abzuschließen sind, **Direktverpflichtung**, oder ob es dem Großhandel überlassen bleibt, seine Abnehmer anhand der vom Hersteller vorgegebenen Selektionskriterien selbst auszuwählen und seinerseits mit diesen Vertriebsbindungsverträge abzuschließen, **Kettenverpflichtung**.

Bei der Vertragsformulierung ist auf **Eindeutigkeit** zu achten, um Interpretationsspielräume so weit wie möglich einzuschränken. Hier steht das Marketing-Rechts-Management vor dem Problem, einerseits durch umfassende Formulierungen, die qualitative Wertungen enthalten, die Realität möglichst vollständig zu erfassen, andererseits aber auch eine objektive Beurteilung durch vorwiegend quantitative Vorgaben zu ermöglichen.

5.4.4 Marketing-Rechts-Management in der Durchsetzungsphase

5.4.4.1 Selektion und Akquisition im Kreis aktueller und potentieller Absatzmittler

Bei der **Einführung** eines Vertraglichen Vertriebssystems ergeben sich für das Marketing-Rechts-Management drei Problembereiche: die Selektion der Absatzmittler, mit denen eine kooperative Verhaltensabstimmung erfolgen soll, deren Akquisition sowie die Exklusion der nicht erwünschten Interessenten.

Hat der Hersteller seine Produkte zuvor universell vertrieben, so geht mit dem Abschluß von Vertriebsbindungsverträgen mit Händlern, die die in der Phase der Systemkonzeption definierten Selektionskriterien erfüllen, zugleich eine Exklusion anderer Absatzmittler einher. Dies führt in der Regel zu einer erheblichen Unruhe im Absatzkanalsystem, die sich während der Übergangszeit störend auf den Absatz der Ware auswirkt.

Für den marktbeherrschenden bzw. relativ marktstarken Hersteller ergibt sich die Notwendigkeit, die **Selektionskriterien** nicht nur diskriminierungsfrei auszugestalten, sondern sie auch diskriminierungsfrei anzuwenden. Dieses Problem taucht auf, weil Selektionskriterien, die die Erfüllung qualitativer Anforderungen des Herstellers sicherstellen sollen, in der Regel Formulierungen wie "angemessen", "den örtlichen Verhältnissen entsprechend", "ausreichend" und ähnliche beinhalten, die dem Hersteller einen weiten Ermessensspielraum gewähren.

Aufgrund des **Diskriminierungsverbotes** (§ 26 II GWB) ist das Marketing-Rechts-Management also gehalten, bei der Prüfung, ob ein Händler die Kriterien erfüllt, einen einheitlichen Maßstab bei der Interpretation derart unbestimmter Begriffe anzulegen. Durch das Hinzuziehen subjektiver, nicht vertraglich fixierter Kriterien, die sich aufgrund betriebswirtschaftlicher Überlegungen anbieten, dürfen bestimmte Handelsbetriebe, die nach objektiven Maßstäben die vertraglich niedergelegten Anforderungen erfüllen würden, nicht ausgeschlossen werden.

Auch ist den Händlern, die nach der Einführung eines Vertriebsbindungs-systems nicht mehr beliefert werden, weil sie die qualitativen Anforderungen nicht erfüllen, eine **angemessene Übergangsfrist** zu gewähren, will man sich nicht dem Vorwurf aussetzen, der Abbruch der Lieferbeziehungen sei in der praktizierten Form unbillig und sachlich ungerechtfertigt (vgl. Markert 1981, § 26 Rdn. 222).

Die Selektion der erwünschten Absatzmittler und die behutsame Exklusion der nicht erwünschten Interessenten stellen somit aufgrund der engen Verflechtung von betriebswirtschaftlichen Vorteilhaftigkeitsüberlegungen und rechtlichen Zulässigkeitserwägungen einen Problembereich dar, der eine enge Zusammenarbeit von Marketingmanagern und Rechtsexperten erzwingt.

Bezüglich der **Akquisition** der Händler ist es die Aufgabe des Herstellers, das Vertriebssystem möglichst schnell im Handel einzuführen, um dadurch Friktionen so gering wie möglich zu halten. Demzufolge ist die Streuung der Adoptionszeitpunkte (an denen die einzelnen Handelsbetriebe das Vertrag-liche Vertriebssystem annehmen) um den mittleren Übernahmezeitpunkt (an dem 50 % der späteren Mitglieder des Absatzkanalsystems das Vertragliche Vertriebssystem angenommen haben) zu minimieren.

Die Durchsetzung des Vertragssystems bei den Handelspartnern fällt in erster Linie in den Aufgabenbereich der Marketingmanager. Die Notwendigkeit einer Kooperation mit Rechtsexperten ist jedoch gegeben, wenn in Gesprä-chen mit dem Handel die konkreten rechtlichen Implikationen der einzelnen Vertragsklauseln zur Diskussion stehen oder wenn es um die Abschätzung der rechtlich zulässigen Druckmittel gegenüber zögernden Handelspartnern geht.

Neben einer Berücksichtigung der Vorstellungen des Handels bei der Systemkonzeption fördert insbesondere eine frühzeitige Information der Absatzmittler die **Handelsakzeptanz.** Der Abschluß von Vertriebsbindungs-verträgen mit mehreren tausend Händlern wird nur dann in einem angemes-senen Zeitraum zu bewältigen sein, wenn ihnen vorher die für sie mit der Einführung eines solchen Vertraglichen Vertriebssystems verbundenen Vorteile ausführlich dargelegt werden und sie genügend Zeit haben, sich zu dem neuen Vertriebssystem eine Meinung zu bilden. Eine persönliche, detaillierte Information des Handels kann ferner dazu beitragen, daß der Eindruck einer "Überrumpelungsaktion" und die damit verbundene Abwehr-haltung vermieden werden.

Der Hersteller hat in diesem Zusammenhang allerdings zu berücksichtigen, daß eine vorzeitige Information des Handels auch **negative Folgen** haben kann. Händler, die nicht zu dem für eine vertragliche Zusammenarbeit auserwählten Kreis gehören, sehen sich u.U. zu Vorratskäufen veranlaßt. Gelangt die "gehamsterte" Ware nun nach und nach auf den Markt, so wird hierdurch die Lückenlosigkeit des Vertriebsbindungssystems gefährdet, die - wie unten noch näher auszuführen ist - Voraussetzung des Schutzes eines solchen Vertragssystems ist.

Weitere Möglichkeiten, die Adoption des Vertraglichen Vertriebssystems durch den Handel zu fördern, besitzt der Hersteller im Rahmen der **Kommunikationspolitik** z.B. in Form einer fachhandelsbezogenen Werbung, von kooperativen Verkaufsförderungsaktionen und einer verstärkten Ansprache der Endverbraucher und der dadurch bedingten Erhöhung des Bekanntheitsgrades der Herstellermarke sowie im Rahmen der **Kontrahierungspolitik** z.B. in Form von Einführungsrabatten, zeitlich begrenzten Sonderpreisaktionen, der Einräumung längerfristiger Zahlungsziele und der Gewährung von Investitions- oder Einrichtungszuschüssen.

5.4.4.2 Marketing-Rechts-Probleme bei der laufenden Praktizierung des Vertriebssystems

Die **Praktizierung** eines Vertriebsbindungssystems, das z.B. in der Rundfunk- und Fernsehbranche durchaus 8.000 - 15.000 Facheinzelhändler umfassen kann, bedingt einen **hohen Verwaltungsaufwand**. Die Verwaltung des Systems umfaßt die Abwicklung von Vertriebsbindungsangelegenheiten mit bestehenden Händlerkunden und die Aufnahme neuer Absatzmittler.

Eine Kooperation von Marketingmanagern und Rechtsexperten ist auch im Rahmen der Systemverwaltung in der Regel erforderlich, da bei der Bearbeitung laufender Vertriebsbindungsangelegenheiten sowie bei der Aufnahme neuer Händler in das System stets zwischen dem rechtlich Zulässigen und dem betriebswirtschaftlich Sinnvollen zu unterscheiden ist. Marketingmanager, die die betreffenden Sachverhalte allein unter ökonomischen Aspekten betrachten würden, wären hier ebenso überfordert wie Rechtsexperten, soweit deren Blickwinkel nur die rechtliche Komponente des Entscheidungsproblems erfaßt. Betriebswirtschaftliche und rechtliche Probleme zwischen dem Hersteller und Systemmitgliedern können sich z.B. aus einer **unterschiedlichen Auslegung des Vertragstextes** ergeben. Hier existiert in der Praxis in Anbetracht einer Vielzahl von unbestimmten Begriffen, die üblicherweise in den Vertragswerken enthalten sind, ein großes Konfliktpotential. Beispiele sind die Fragen, ob

- ein Händler sein Verkaufspersonal in bezug auf die betreffende Ware "ausreichend" schulen läßt,
- die Lagerhaltung einen "angemessenen" Umfang besitzt,
- die Waren in einer "ihrer Qualität entsprechenden Art und Weise" präsentiert werden usw.

Aufgrund ihrer **unterschiedlichen Interessenlage** werden Hersteller und Händler hinsichtlich der konkreten Interpretation der einzelnen Formulierungen oftmals unterschiedlicher Auffassung sein. Eine Konsensbildung erfordert auf der Herstellerseite ein Abwägen rechtlicher und betriebswirtschaftlicher Aspekte. In rechtlicher Hinsicht ist z.B. die Frage zu klären, ob ein rechtlich durchsetzbarer Anspruch auf Erfüllung der entsprechenden

Vertragsklausel besteht und ob bei Nichterfüllung eine Lieferverweigerung einer gerichtlichen Überprüfung standhalten würde, während im Rahmen der betriebswirtschaftlichen Überlegungen abzuwägen ist, ob die Androhung oder Einleitung rechtlicher Schritte und die damit verbundene Verärgerung des Händlers nicht u.U. größere Nachteile für den Hersteller entfalten würden als eine nur partielle Nichterfüllung des Vertrages.

Auch aus einer **dynamischen Entwicklung des Handelsbetriebes im Zeitablauf** können sich Probleme ergeben. So kann sich ein Händler, der als gehobenes Fachgeschäft die Anforderungen des Herstellers zunächst erfüllte, durch das allgemein gestiegene Preisbewußtsein der Konsumenten und eine sich verschärfende Wettbewerbssituation veranlaßt sehen, sein Geschäft in einen Fachmarkt oder Fachdiscounter umzuwandeln bzw. in dieser Richtung zu diversifizieren. Eine stetige Überwachung des Leistungsniveaus der Absatzmittler sowie eine Beendigung des Vertragsverhältnisses, wenn Händler die gestellten Anforderungen nicht mehr erfüllen können bzw. wollen, fällt somit ebenfalls in den Aufgabenbereich des Marketing-Rechts-Managements.

Im Rahmen der **Aufnahme neuer Systemmitglieder** steht die Subsumtion beitrittswilliger Händler unter die vom Hersteller festgelegten Selektionskriterien im Mittelpunkt. Aufgrund der Tatsache, daß zu den betreffenden Händlern in der Vergangenheit noch keine Lieferbeziehungen bestanden und man sich anders als bei der Einführung des Vertragssystems nicht auf Erfahrungswerte stützen kann, ist zur Beurteilung der tatsächlichen Fähigkeit des Händlers, die Selektionskriterien zu erfüllen, eine breite Informationsbasis erforderlich. Diese hat sich der Hersteller mit Hilfe von Betriebsbesichtigungen, Kundenbefragungen und einer Einblicknahme in die Bücher zu verschaffen.

Neben der Abwicklung laufender Verwaltungsangelegenheiten, die sowohl rechtliche als auch betriebswirtschaftliche Aspekte umfassen, stellt der **Schutz des Vertriebsbindungssystems** die wichtigste Aufgabe des Marketing-Rechts-Managements im Rahmen der Praktizierung des Vertragssystems dar. Dieser kann sowohl defensiv als auch offensiv erfolgen. Defensiv ist der Schutz des Systems dann, wenn der Hersteller reagiert, d.h. sich z.B. gegen gerichtliche Schritte anderer zur Wehr setzt. Dagegen liegt eine offensive Verteidigung des Systems dann vor, wenn Vertragsbrüche oder andere Systemstörungen aktiv gerichtlich und außergerichtlich verfolgt werden. Hinsichtlich des Personenkreises, gegen den sich die Schutzmaßnahmen richten, kann unterschieden werden zwischen

- Maßnahmen, die die Einhaltung der Verträge durch die Systemmitglieder sicherstellen sollen, und
- Maßnahmen, die sich gegen Störungen durch Außenseiter richten.

Als **Außenseiter** werden in diesem Zusammenhang vertraglich nicht gebundene Händler bezeichnet, die sich den Zugang zu vertriebsgebundener Ware verschaffen. Dies allein ist noch nicht wettbewerbswidrig. Ein wettbewerbswidriges Verhalten liegt erst dann vor, wenn sich der Außenseiter die Ware durch Schleichbezug, durch Verleitung eines gebundenen Händlers zum Vertragsbruch oder unter Ausnutzung fremden Vertragsbruchs verschafft (vgl. Regelmann 1989, S. 780 f., Baumbach/Hefermehl 1995, § 1 UWG, Rdn. 761 ff.). Beim **Schleichbezug** gelangt der Außenseiter an die Ware eines vertriebsgebundenen Händlers, indem er falsche oder unklare Angaben über seine eigene Beziehung zum Hersteller macht oder indem er einen Strohmann vorschiebt. Diese Verhaltensweise ist grundsätzlich wettbewerbswidrig. Gleiches gilt für den Fall, daß der Außenseiter nicht nur die Ware kauft, sondern den gebundenen Händler bewußt **zu einem vertragsbrüchigen Verhalten verleitet.** Sowohl der Nachweis des Schleichbezugs als auch des Verleitens zu einem vertragsbrüchigen Verhalten sind in der Praxis mit großen Problemen behaftet, wenn der Außenseiter nicht seine Bezugsquelle nennt. Schließlich handeln Außenseiter unlauter, wenn sie **durch fremden Vertragsbruch einen Wettbewerbsvorsprung** erlangen. Dies ist z.B. dann der Fall, wenn der Außenseiter preisgebundene Ware bezieht und diese unterhalb der vorgeschriebenen Preise veräußert, während sich die zum Vertriebsbindungssystem gehörenden Händler an die Preisbindung halten und dadurch Absatzverluste hinnehmen.

Zentrale Voraussetzung des Schutzes eines Vertriebsbindungssystems, insbesondere gegen Außenseiter, ist die **Lückenlosigkeit des Systems** (vgl. hierzu Regelmann 1989, S. 781 ff., Belz 1990, Fezer 1990). Sie zu gewährleisten, ist für das Marketing-Rechts-Management vordringliche Aufgabe; denn nur bei einem lückenlosen System ist es dem Hersteller möglich, seine Ansprüche gegenüber Systembeteiligten und Außenseitern durchzusetzen. Die Rechtsprechung unterscheidet zwischen der theoretischen und der praktischen Lückenlosigkeit. **Theoretisch lückenlos** ist ein Vertriebsbindungssystem, wenn alle Abnehmer der Ware vertraglich gebunden sind, so daß die Ware nur durch Vertragsbruch eines Systemmitgliedes an Außenseiter gelangen kann. Dagegen liegt **praktische Lückenlosigkeit** vor, wenn das Vertragssystem tatsächlich nicht durchbrochen wird. Im Rahmen einer gerichtlichen Verfolgung von Vertriebsbindungsverstößen erleichtert die Rechtsprechung dem Hersteller die Beweisführung insofern, als daß sie nicht verlangt, die tatsächliche Lückenlosigkeit unmittelbar zu beweisen (was praktisch kaum möglich wäre), sondern sich mit einem Anscheinsbeweis begnügt. Um diesen erbringen zu können, ist es erforderlich, daß das Marketing-Rechts-Management nicht nur alle ihm bekannt gewordenen Verstöße gegen das System verfolgt, sondern das System auch aktiv überwacht.

Zur **Aufdeckung von Vertragsbrüchen**, die von vertriebsgebundenen Händlern oder Außenseitern begangen worden sind, stehen mehrere Kontrolltechniken zur Verfügung:

- Markt- und Händlerbeobachtungen,
- Durchführung von Testkäufen bei vertriebs- und nicht vertriebsberechtigten Händlern,
- vertraglich gewährte Einsichtnahmen in die Geschäftsbücher der gebundenen Händler sowie
- Kontrollnummern, die auf der Ware (z.B. Parfumflaschen, Tennisschlägern, HiFi-Geräten) angebracht sind.

Werden Bindungsverstöße aufgedeckt, so hat das Marketing-Rechts-Management unverzüglich gegen die vertragsbrüchigen Händler vorzugehen. Die Sanktionsmöglichkeiten reichen hierbei von Abmahnungen über zeitlich begrenzte bzw. unbegrenzte Liefersperren bis hin zur Einleitung gerichtlicher Schritte. Außerdem ist die Aufstellung und Bekanntgabe einer Sperrliste erforderlich, auf der alle nicht mehr zu beliefernden Händler aufgeführt sind.

Ein wiederholt in der Praxis auftretendes Phänomen ist, daß die Außenseiter vor dem Verkauf der Waren die **Kontrollnummern entfernen**. Beispiels weise werden Aufkleber mit den Kontrollnummern abgezogen, auf den Verpackungen eingedruckte Nummern ausgeschnitten oder Nummern aus Parfumflaschen herausgeätzt. Die Schleichwege des Außenseiters können dann kaum zurückverfolgt werden. Gegen diese Praktiken kann ein Hersteller nur dann erfolgreich vorgehen, wenn sein System schutzwürdig, d.h. lückenlos ist (vgl. hierzu und zum folgenden o.V. 1989 II). Versieht ein Hersteller seine Waren ausschließlich deshalb mit Kontrollnummern, um solche Händler zu exkludieren, die nicht seiner Absatzkanalkonzeption entsprechen (Vertriebskontrolle), so kann er bei der Entfernung der Kontrollnummern keinen wettbewerbsrechtlichen Schutz erwarten. Nur wenn andere schutzwürdige Gründe hinzutreten, eröffnet sich ihm die Möglichkeit, der Entfernung seiner Kontrollnummern erfolgreich zu begegnen.

Ein erster Grund ist der **Schutz der allgemeinen Sicherheit** bei der technischen Überwachung gefährlicher Maschinen. Die Existenz von Kontrollnummern erleichtert dem Hersteller die Durchführung von Rückrufaktionen, um Personen- und Sachschäden zu vermeiden. Gleichzeitig kann er dadurch Produkthaftungsansprüche vermeiden oder abwehren (siehe hierzu in *Kap. 2.6.3.2.4*). Dies wird von der Rechtsprechung aber nur bei solchen Produkten anerkannt, bei denen die Abwehr von Gefahren nicht mit anderen zumutbaren Mitteln als über ein Nummernsystem möglich ist.

Ein zweiter Grund, der ein Vorgehen gegen die Entfernung von Kontrollnummern auch in nicht schutzwürdigen Vertriebssystemen rechtfertigt, ist die **Beschädigung der Ware** oder die **Beeinträchtigung ihrer Wertschätzung durch den Verbraucher**. Hierbei kommt es auf die Kundenerwartungen und nicht auf die Vorstellungen des Herstellers an. Sehen die Verbraucher in den entfernten Kontrollnummern keine Minderung des Gebrauchswerts, weil sie sich z.B. daran gewöhnt haben, daß Produkte in preisaggressiven Betriebsformen des Handels leichte Mängel oder andere Aufmachungen aufweisen können, läuft ein Klagebegehren ins Leere.

Ein dritter Grund ist die **Irreführung der Verbraucher über die Garantie**. Wirbt ein Außenseiterhändler z.B. mit einer einjährigen Garantie und gewährt tatsächlich nur eine Händler-, nicht aber die Herstellergarantie, da er die Waren im Garantiefall wegen fehlender Kontrollnummern nicht an den Hersteller schicken will, so liegt eine Irreführung vor, wenn die Verbraucher aufgrund der Werbung davon ausgegangen sind, daß der Hersteller die Garantie einräumt. Nach der Rechtsprechung ist für den Kaufentscheidungsprozeß relevant, daß der Hersteller hinter der Garantieleistung steht und nicht der Händler (vgl. in ähnlichem Zusammenhang LG Düsseldorf, in: GRUR 1983, S. 327 ff. - Ankündigungsrecht).

5.4.5 Marketing-Rechts-Management in der Anpassungs- und Beendigungsphase

5.4.5.1 Die Anpassung des Vertragssystems an die Dynamik der Umwelt

Vertragliche Vertriebssysteme basieren auf bestimmten Vorstellungen der Vertragsparteien über die aktuelle betriebswirtschaftliche und rechtliche Situation und über die Entwicklung der relevanten Daten in der Zukunft. Stellt sich nun nach der Einführung des Vertragssystems heraus, daß der **Bedingungsrahmen** falsch eingeschätzt wurde oder sich von den Prognosen abweichend entwickelt, so entsteht in der Regel ein Bedarf, das System an die veränderte Rahmenkonstellation anzupassen. Anlaß für eine Anpassung des Vertragswerkes kann sowohl eine Änderung des relevanten Rechtsrahmens als auch der betriebswirtschaftlichen Ausgangsdaten geben.

Die **Feststellung eines Anpassungsbedarfs** ist Aufgabe des Marketing-Rechts-Managements. Hierbei obliegt es den Rechtsexperten, durch ständige Beobachtung Veränderungen des Rechtsrahmens festzustellen und diese hinsichtlich ihrer Auswirkungen auf das Vertragliche Vertriebssystem zu analysieren. Beispiele für derartige Veränderungen sind die Verkündung neuer bzw. die Änderung bestehender Gesetzesnormen, der Erlaß von Verordnungen oder neue Entwicklungstendenzen in der Rechtsprechung. Aufgrund der Rechtsunsicherheit, die auf vielen Gebieten insbesondere des Wettbewerbsrechts festzustellen ist, wird eine genaue Abschätzung der Auswirkungen allerdings kaum möglich sein. Dies gilt insbesondere bei der Verkündung neuer Gesetzesnormen, deren Auslegung durch die Rechtsprechung noch völlig ungeklärt ist. Hier ist der Analytiker oftmals auf Hypothesen angewiesen und wird nur recht grobe Aussagen treffen können.

Den Marketingexperten fällt die Aufgabe zu, die Entwicklung der betriebswirtschaftlichen Rahmenbedingungen zu verfolgen. So kann die Marktsituation aufgrund veränderter Konkurrenzverhältnisse (verstärkte

Konkurrenz aus Fernost) oder eines gewandelten Konsumentenverhaltens (z.B. verringerte Bedeutung der Servicekomponente für den Absatz eines Produktes) eine Anpassung der Absatzkanalstrategie des Herstellers erforderlich machen und so eventuell auch eine Änderung des Vertraglichen Vertriebssystems sinnvoll erscheinen lassen. Eine Anpassung des Vertragswerkes kann somit zum einen durch externe Einflußfaktoren erzwungen werden (z.b. Änderung gesetzlicher Regelungen) und zum anderen die Konsequenz von Vorteilhaftigkeitsüberlegungen sein.

Hat das Marketing-Rechts-Management einen konkreten Anpassungsbedarf festgestellt, so ist in einem nächsten Schritt eine **geeignete Form der Reaktion** auf die veränderten Umweltbedingungen festzulegen. Hierbei ist zu berücksichtigen, daß Voraussetzung jeder Änderung des Vertragstextes neben der Zustimmung des Herstellers auch die des Händlers ist. Die Ableitung einer Pflicht für den Handel, einer Vertragsanpassung zuzustimmen, besteht nach herrschender Rechtsprechung nicht und kann auch nicht unter Anwendung des § 242 BGB (Treuepflicht der Vertragspartner) konstruiert werden (Zu den rechtlichen Aspekten der Vertragsbeendigung vgl. Pollmüller 1981, S. 196 ff.); denn der Händler ist dem Vertragssystem nur unter den im Vertragstext fixierten Bedingungen beigetreten, so daß ihm eine Teilnahme unter anderen Bedingungen gegen seinen Willen nicht zugemutet werden kann.

Eine Einigung beider Vertragsparteien über eine Abwandlung des Vertrages wirft jedoch aufgrund der grundsätzlich unterschiedlichen Interessenlagen häufig Probleme auf. Es erscheint daher sinnvoll, bereits im Rahmen der Konzeption des Vertragssystems **Anpassungsklauseln** in den Vertragstext aufzunehmen, die im Falle des Eintritts genau definierter Umweltänderungen eine Abänderung bestimmter Vertragspunkte vorsehen. In diesem Zusammenhang taucht allerdings das Problem auf, daß derartige Klauseln nur für eine bestimmte Anzahl **vorhersehbarer Änderungen** des relevanten Bedingungsrahmens vorgesehen werden können und bei unerwartet eintretenden Entwicklungen nicht greifen.

Ist eine solche präventive Berücksichtigung von Anpassungsklauseln im ursprünglichen Vertragstext nicht vorgenommen worden, so hat das Marketing-Rechts-Management bei der Vertragsanpassung die Vorstellungen des Handels zu berücksichtigen, um so seine Zustimmung sicherzustellen.

5.4.5.2 Marketing-Rechts-Probleme bei der Beendigung Vertraglicher Vertriebssysteme

Die Beendigung Vertraglicher Vertriebssysteme als letztes Stadium des Lebenszyklus wird regelmäßig dann die geeignete Alternative darstellen, wenn aufgrund gravierender Veränderungen der rechtlichen und/oder ökonomischen Rahmenbedingungen eine Anpassung des Vertragssystems nicht mehr sinnvoll erscheint. Diese Situation kann z.B. bei einer **Novellie-**

rung von Gesetzesnormen oder auch **höchstrichterlichen Urteilen,** die wesentliche Bestandteile des Vertriebsvertrages für unzulässig erklären, eintreten. Auch ist es denkbar, daß eine weitere Praktizierung des Vertragssystems an dem **mangelnden Markterfolg** der dahinterstehenden Marketing- bzw. Absatzkanalstrategie scheitert.

Während in den Fällen einer gerichtlichen Untersagung des Vertragssystems oder der Verabschiedung neuer restriktiver Rechtsnormen die Notwendigkeit einer Beendigung des Vertraglichen Vertriebssystems in der Regel unmittelbar evident wird, tritt der Entscheidungsbedarf im Falle einer Verschlechterung des Absatzerfolges nicht immer deutlich hervor. In diesem Zusammenhang ist es die Aufgabe des Marketing-Rechts-Managements, in regelmäßigen Abständen Kosten-Nutzen-Analysen durchzuführen, auf deren Basis dann eine Entscheidung über die Weiterführung oder die Beendigung des Vertraglichen Vertriebssystems getroffen werden kann.

Ist eine Beendigung des Vertraglichen Vertriebssystems aufgrund rechtlicher oder ökonomischer Bedingungen erforderlich, so hat das Marketing-Rechts-Management die mit den Händlern abgeschlossenen **Vertriebsverträge zu kündigen** (vgl. Pollmüller 1981, S. 196 ff.). Die Möglichkeit der Kündigung eines Dauerschuldverhältnisses ist in der Literatur und Rechtsprechung allgemein anerkannt. Um die in diesem Zusammenhang regelmäßig auftretenden Meinungsverschiedenheiten z.b. hinsichtlich der Rücknahme von Lagerbeständen, eines etwaigen Ausgleichsanspruches des Händlers oder der Ersatzteillieferung nach Vertragsende zu vermeiden, ist es sinnvoll, die Kündigungsmodalitäten bereits in der Phase der Systemkonzeption zu entwickeln und im Vertragstext zu fixieren.

Die Längsschnittanalyse durch den Lebenszyklus Vertraglicher Vertriebssysteme hat gezeigt, daß in allen Lebenszyklusphasen die betriebswirtschaftlichen und rechtlichen Entscheidungsprobleme miteinander verflochten sind. Hierbei richtet sich der Grad der Interdependenzen zwischen den Bereichen Marketing und Recht nach dem jeweils aktuellen Lebenszyklusstadium und nach der Intensität der vertraglich geregelten Zusammenarbeit.

In der Phase der Systemkonzeption ist der Kooperationsbedarf zwischen Marketingmanagern und Rechtsexperten besonders ausgeprägt, da rechtliche Restriktionen, insbesondere des GWB, den Entwurf einer zieladäquaten Absatzkanalstrategie maßgeblich beeinflussen. Hier ist ein interdisziplinäres Vorgehen im Rahmen des Marketing-Rechts-Managements unverzichtbar.

Dies gilt, etwas abgeschwächt, auch für die folgenden Lebenszyklusphasen der Einführung, Praktizierung und Beendigung eines Vertraglichen Vertriebssystems. Die überwiegende Zahl der in diesen Phasen auftretenden Probleme wird das Spannungsfeld Marketing/Recht betreffen, so daß es zu ihrer Lösung einer Zusammenarbeit zwischen Marketingmanagern und Rechtsexperten bedarf.

Abhängig von der Intensität der vereinbarten Verhaltensabstimmung variiert der Umfang des Kooperationsbedarfes bei den einzelnen Vertragssystemen.

So wird bei einer nur partiell vertraglich geregelten Zusammenarbeit mit gewissen Rahmenvereinbarungen eine ständige Abstimmung zwischen Marketingmanagern und Rechtsexperten nicht in demselben Umfang erforderlich sein wie bei straff organisierten Kooperationsformen (Vertragshändlerschaft, Franchising, Agentursysteme).

Literaturverzeichnis

Ahlert, D. (1972), Absatzförderung durch Absatzkredite an Abnehmer, Theorie und Praxis der Absatzkreditpolitik, Wiesbaden.

Ahlert, D. (1978), Rechtliche Probleme im Bereich distributionspolitischer Entscheidungen, in: Handbuch des Marketing, Bd. I, Hrsg.: J. Koinecke, Gernsbach, S. 153-170.

Ahlert, D. (Hrsg.) (1981), Vertragliche Vertriebssysteme zwischen Industrie und Handel, Wiesbaden.

Ahlert, D. (1982 I), Vertikale Kooperationsstrategien im Vertrieb, in: ZfB, S. 62-93.

Ahlert, D. (1982 II), Grundprobleme des Marketing-Rechts-Management, in: Jahrbuch des Marketing, Hrsg.: K.M. Schöttle, Essen, S. 90-112.

Ahlert, D. (1982 III), Einführung in die betriebswirtschaftliche Problematik des vertraglichen Selektivvertriebs, in: AGR des Landes Nordrhein-Westfalen, Nr. 224, Dortmund.

Ahlert, D. (1984), Grundzüge des Marketing, 3. Aufl., Düsseldorf.

Ahlert, D. (1987), Die Bedeutung des vertraglichen Selektivvertriebs für den freien Wettbewerb und die Funktionsfähigkeit von Märkten, in: WRP, S. 215-233.

Ahlert, D. (1988), Marketing-Rechts-Management, Rechtsprobleme des Marketing und ihre kooperative Bewältigung durch Rechtsexperten und Marketingmanager in der Praxis industrieller Unternehmungen, Köln.

Ahlert, D. (1995), Distributionspolitik. Das Management des Absatzkanals, 3. Aufl., Stuttgart, Jena.

Ahlert/Flocke (1982), Rechtliche Aspekte der Kundendienstpolitik, in: Kundendienst-Management, Entwicklungsstand und Entscheidungsprobleme der Kundendienstpolitik, Hrsg.: H. Meffert, Frankfurt a.M., S. 237-293.

Ahlert/Pollmüller (1978), Die Rechtsordnung als institutioneller Rahmen des Marketing, in: Handbuch Marketing, Bd. I, Hrsg.: J. Koinecke, Gernsbach, S. 117-127.

Ahlert/Schröder (1989), Rechtliche Grundlagen des Marketing, Stuttgart, Berlin, Köln.

Ahlert/Schröder (1993), Europäische Konsequenzen von großzügigen rechtlichen Regelungen für eine vergleichende Werbung in den EG-Mitgliedstaaten, in: MA, S. 172-175.

Ahlert/Schröder (1994), Die Absicherung von Markenstrategien durch das Marketing-Rechts-Management, in: Handbuch Markenartikel, Hrsg.: M. Bruhn, Stuttgart, S. 1713-1746.

Ahlert/Wellmann (1988 I), Von der Machtkonzentration zur dynamischen Marktbeherrschung im Handel - Wirtschaftswissenschaftliche Grundlagen einer Diskussion zur Kartellrechtsnovelle, in: BFuP, S. 193-219.

Ahlert/Wellmann (1988 II), Deregulierung oder Verschärfung des GWB? - Wettbewerbspolitische und wettbewerbsrechtliche Konsequenzen der Konzentration im Handel, in: BFuP, S. 250-275.

Albach/Schoeller (1981), Produkthaftung - Ergebnisse eines Symposiums, in: ZfB, S. 482-495.

Alt, W. (1987), Recht und Praxis der Briefkastenwerbung. Privatrechtliche, wettbewerbsrechtliche und datenschutzrechtliche Probleme der Direktwerbung, Frankfurt.

Anhalt, P. (1978), Produzentenhaftung: Rechtsgrundlagen, Haftungsrisiken, Absicherungsmöglichkeiten, 2. Aufl., Kissing.

Ankele, J. (1989), Das deutsche Handelsvertreterrecht nach der Umsetzung der EG-Richtlinie, in: DB, S. 2211-2213.

Backhaus/Plinke (1986), Rechtseinflüsse auf betriebswirtschaftliche Entscheidungen, Stuttgart/Berlin/Köln/Mainz.

Bader, P. (1976), Probleme der Garantiekarte, in: NJW, S. 209-213.

Bartl, H. (1982), Aktuelle Rechtsfragen des Bildschirmtextes, in: DB, S. 1097-1103.

Baumbach/Duden/Hopt (1987), Handelsgesetzbuch, 27. Aufl., München.

Baumbach/Hefermehl (1985), Warenzeichenrecht - Warenzeichenrecht und Internationales Wettbewerbs- und Zeichenrecht, 12. Aufl., München.

Baumbach/Hefermehl (1995), Wettbewerbsrecht. Gesetz gegen den unlauteren Wettbewerb, Zugabeverordnung, Rabattgesetz und Nebengesetze, 18. Aufl., München.

Becker, D. (1968), Die Haftung der Eisenbahn nach nationalem und internationalem Frachtrecht, Schriftenreihe des Instituts für Industrie- und Verkehrspolitik der Universität Bern, Hrsg.: F. Voigt, Bd. 18, Berlin.

Becker, D. U. (1994), Werbung und Baurecht, Örtliche Bauvorschriften, Hrsg.: ZAW, Bonn.

Becker, D. U. (1995), Werbung und Baurecht, Die Landesbauordnungen, Hrsg.: ZAW, Bonn.

Beckmann, C. (1994), Umweltwerbung - Rechtsgrundlagen und Fallbeispiele, Hrsg.: ZAW, Bonn.

Beise, H. (1979), Gewährleistungsprobleme bei Wartungsverträgen, in: DB, S. 1214-1216.

Belz, F. (1990), Der Schutz selektiver Vertriebsbindungssysteme durch die deutsche Rechtsprechung - Das Problem der theoretischen und praktischen Lückenlosigkeit, in: WRP, S. 297-302.

Benisch, W. (1973), Das neugeregelte Diskriminierungsverbot, in: MA, S. 543-550.

Bergefurth/Menard (1973), Das Kaufrecht, Freiburg i.B.

Berlit, W. (1995), Das neue Markenrecht, München.

Bernhardt, W. (1973), Lehrbuch des Deutschen Patentrechts, 3. Aufl., München.

Böhm, E. (1986), Die Beweisführung demoskopischer Gutachten im Rahmen von § 3 UWG, in: GRUR, S. 290-302.

Borck, H.G. (1976), Wertreklame: Leistungs- und Nichtleistungswettbewerb?, in: WRP, S. 285-287.

Borck, H.G. (1983), Über aggressive Wertreklame. Versuch der Abgrenzung unterschiedlicher Unlauterkeitskriterien gegeneinander, in: WRP, S. 311 ff.

Borck, H.G. (1994), UWG-Deregulierung als Reformersatz, in: WRP, S. 349-355.

Boss, M.A. (1979), Eingriffe in die Werbung, in: Marketing ZFP, S. 165-172.

Brand, H.W. (1985), Unterschwellige Werbung, Edition ZAW, Hrsg.: ZAW, 6. Aufl., Bonn.

Braun, K. (1983), Vergleichende Werbung, in: MA, S. 552- 64.

Brendel, T. (1976), Qualitätsrecht, Schriften zum Wirtschaftsrecht, Bd. 24, Berlin, S. 54 ff.

Brendl, E.; Brendl, M. (1991), Sichere Gebrauchsanleitungen erstellen und erkennen, Freiburg i. Br.

Brouër/Bockmair (1988), Geschmacksmuster, Köln.

Bruhn, M. (1991), Sponsoring, Unternehmen als Mäzene und Sponsoren, 2. Aufl., Wiesbaden.

Bülow, P. (1991), Wechselgesetz, Scheckgesetz, Allgemeine Geschäftsbedingungen, Heidelberg.

Bunte, H.-J. (1980), Wettbewerbs- und Kartellrecht, München.

Burmann, H.F. (1973), Verpackung als Verkaufsförderer, in: Marketing-Journal, S. 104 ff.

Bussert, R. (1979), Bürgerliches Recht für Betriebswirte, 2. Aufl., Wiesbaden.

Cherry/Geigle (1994), Die Warnpflicht europäischer Hersteller. Neue ANSI-Kriterien für Warnschilder in den USA, in: PHI, Heft 1, S. 34-39.

Dahmann, G. (1981), Patentwesen, technischer Fortschritt und Wettbewerb, Formulierung einer empirisch prüfbaren Patenttheorie und Bewährungstests am Beispiel der Rasiergeräteindustrie, Frankfurt a.M.

Dernbach, L. (1989), Taschenbuch der Eisenbahn-Gesetze, 8. Aufl., Darmstadt.

Deutsch, V. (1995), Zur Markenverunglimpfung - Anmerkungen zu den BGH-Entscheidungen "Mars" und "Nivea", in: GRUR, S. 319-321.

Diederichsen, U. (1971), Die Deckung des Produkthaftpflichtrisikos im Rahmen der Betriebshaftpflichtversicherung, in: Versicherungsrecht, S. 1077-1096.

Diller, H. (1991), Preispolitik, 2. Aufl., Stuttgart, Berlin, Köln.

Dreier, Th. (1987), Die Entwicklung des Schutzes integrierter Halbleiterschaltkreise, in: GRUR Int., S. 645-663.

Eichmann, H. (1989), Materiellrechtliche Zweifelsfragen des neuen Geschmacksmusterrechts, in: GRUR, S. 17-22.

Engelhardt, H.W. (1981), Überlegungen zur Bezugsbindung für Ersatzteile, in: DBW, S. 135-140.

Ernst-Moll, J. (1993), Die berühmte und die bekannte Marke, in: GRUR, S. 8-18.

Europäische Kommission (1989), Vorschlag der Europäischen Kommission für eine Richtlinie des Rates über die allgemeine Produktsicherheit, Amtsblatt der Europäischen Gemeinschaften Nr. C 193 v. 31.1.1989.

von Falckenstein, R. (1991), Das Geschmacksmuster-Eintragungsverfahren - gegenwärtiger Stand, in: GRUR, S. 98-104.

Faylor, J.A. (1990), Irreführung und Beweislast bei umweltbezogener Werbung, in: WRP, S. 725-730.

Fezer, K.-H. (1976), Testwerbung, in: GRUR, S. 483 f.

Fezer, K.-H. (1990), Vertriebsbindungssysteme als Unternehmensleistung - Zum Wettbewerbsschutz des selektiven Vertriebs im Grauen Markt, in: GRUR, S. 551-567.

Finger, P. (1969), Die Forfaitierung, ihre Erscheinungsformen in der Praxis und ihre rechtliche Behandlung, in: BB, S. 765 ff.

Finger, P. (1970), Eisenbahngesetze, 6. Aufl., München.

Flegel, V. (1995), Electronic Shopping, in: Handwörterbuch des Marketing, Hrsg.: Tietz/Köhler/Zentes, 2. Aufl., Stuttgart, Sp. 555-568.

Flocke, H.-J. (1986), Risiken beim internationalen Anlagenvertrag, Hinweise zu ihrer Bewertung sowie Möglichkeiten der Risikobeschränkung durch Vertragsgestaltung, Abhandlungen zum Recht der internationalen Wirtschaft, Heidelberg.

Foerste, U. (1989), Deliktische Haftung, in: Produkthaftungshandbuch, Bd. 1, Hrsg.: F. Graf von Westphalen, München, S. 263 ff.

Frietsch, E. (1990), Das Gesetz über die Haftung für fehlerhafte Produkte und seine Konsequenzen für den Hersteller, in: Der Betrieb, S. 29-35.

Fritz, W. (1984), Warentest und Konsumgütermarketing, Wiesbaden.

Fritz, W. (1985), Der vergleichende Warentest als Herausforderung für das strategische Marketing, in: ZfB, S. 232-249.

Fritze, U. (1982), Verderben die Juristen die guten Sitten im Wettbewerb? - untersucht am Beispiel der sklavischen Nachahmung, in: GRUR, S. 520 ff.

Füllkrug, D. (1994), Spekulationsmarken. Eröffnet der Wegfall des Geschäftsbetriebs, Formalrechte zu mißbrauchen?, in: GRUR, S. 679-688.

Gabele/Kirsch/Treffert (1977), Werte von Führungskräften der deutschen Wirtschaft, München.

von Gamm, O.-F. Frhr. (1986), Neue höchstrichterliche Rechtsprechung zum Wettbewerbsrecht (UWG), 4. Aufl., Köln, S. 135-156.

von Gamm, O.-F. Frhr. (1992), Vorschlag der EG-Kommission für eine Richtlinie des Rates über vergleichende Werbung und zur Änderung der

Richtlinie 84/450/EWG über irreführende Werbung, ABlEG Nr. L 250 v. 19.9.1984, S. 17, in: WRP, S. 143-147.

von Gamm, O.-F. Frhr. (1993), Zur Warenzeichenrechtsreform, in: WRP, S. 793-798.

von Gamm, O.-F. Frhr. (1994), Schwerpunkte des neuen Markenrechts - Referat anläßlich der GRUR-Jahrestagung am 3.6.1994, in: GRUR, S. 775-781.

Gaul/Bartenbach (1969/1974), Handbuch des gewerblichen Rechtsschutzes, 2. Aufl., Köln.

Giefers, H.-W. (1995), Marken- und Firmenschutz - Aktueller Leitfaden zum neuen Markenrecht mit vielen Beispielen und Mustern, Planegg.

Gilles, P. (1982), Das Recht der Direktwerbung, Darmstadt.

Gilles, P. (1988), Werbung und Vertrieb unter Einsatz teletechnischer Kommunikationsmittel und ihre Schranken im Privat- und insbesondere Wettbewerbsrecht, in: NJW, S. 2424 ff.

Goebel, F.P. (1995), Schutz geographischer Herkunftsangaben nach dem neuen Markenrecht, in: GRUR, S. 98-103.

Gottschalk/Scheele (1987), Schluß mit der Schleichwerbung - Es lebe Product Placement, in: MA, S. 532 ff.

Gramm, W. (1985), Der Gegenstand eines Gebrauchsmusters nach dem Gesetz zur Änderung des Gebrauchsmustergesetzes, in: GRUR, S. 650-652.

Grefermann/Röthlingshöfer (1974), Patentwesen und technischer Fortschritt, Teil II: Patent- und Lizenzpolitik der Unternehmen, Göttingen.

Gröning, J. (1993), Hintertüren für redaktionelle Werbung? - Aufdeckung und Bekämpfung redaktioneller Werbung nach der neuesten Rechtsprechung des Bundesgerichtshofs, in: WRP, S. 685-694.

Grossekettler, H. (1978), Die volkswirtschaftliche Problematik von Vertriebskooperationen. Zur wettbewerbspolitischen Beurteilung von Vertriebsbindungs-, Alleinvertriebs-, Vertragshändler-, Franchisesystemen, in: ZfgG, S. 325 ff.

Grossekettler, H. (1985), Marktprozesse als analytisches Problem und ordnungspolitische Gestaltungsaufgabe, in: Preis- und Wettbewerbstheorie, Hrsg.: Borchert/Grossekettler, Stuttgart u.a., S. 115 ff.

Großfeld, B. (1982), Haftungsverschärfung, Haftungsbeschränkung, Versicherung, Umverteilung, in: Europäisches Rechtsdenken in Geschichte und Gegenwart, Festschrift für H. Coving zum 70. Geburtstag, Hrsg.: H. Norbert, München, S. 111-124.

Gröning, J. (1994), 100 Tage UWGÄndG, in: WRP, S. 775-787.

Grüninger, M. (1995), Die Werbung für Computermonitore mit Maßangaben oder Scotland Metre und der Abbau von Zollschranken, in: WRP, S. 448-452.

Hagenmüller/Sommer (Hrsg.) (1987), Factoring-Handbuch, national - international, Frankfurt a.M.

Hasskarl, H. (1976), Umfang der Instruktionspflicht des Warenherstellers, in: BB, S. 165-166.

Heil, G. (1991), Schutzunfähige Warenzeichen und Marken 1990, München.

Helm, J. G. (1986), Speditionsrecht, 2. Aufl., Berlin.

Henning-Bodewig, F. (1986), Product Placement und andere Arten der "absatzfördernden Kommunikation". Die neuen Formen der Schleichwerbung?, in: BB, Beilage zu Heft 18.

Henning-Bodewig, F. (1989), Die wettbewerbsrechtliche Haftung von Werbeagenturen und Werbungdurchführenden, in: Rechtsfragen in Wettbewerb und Werbung, Hrsg.: J. Amann, Bd. 2, Stuttgart, Kap. 5.6., Rdn. 565-616.

Henning-Bodewig, F. (1992), Schockierende Werbung, in: WRP, S. 533-539.

Henke, M. (1989), Bargeldlose Zukunft und Kartenkriminalität, Hamburg.

Hensen, H.D. (1978), AGBG, in: AGB-Gesetz, Kommentar zum Gesetz zur Regelung des Rechts der Allgemeinen Geschäftsbedingungen, Hrsg.: Ulmer/Brandner/Hensen, 3. Aufl., Köln, § 11.

Herb, W. (1993), Die Werbung mit "PS" - Zur wettbewerbsrechtlichen Relevanz des Gesetzes über Einheiten im Meßwesen, in: WRP, S. 151-156.

Hillig, H.-P. (1989), Urheberrecht und Wettbewerbsrecht, in: Recht der Neuen Medien, Hrsg.: Fuhr/Rudolf/Wasserburg, Heidelberg.

von Hippel, E. (1974), Verbraucherschutz, Tübingen.

Hierte, H. (1991), Der Zugang zu Rechtsquellen und Rechtsliteratur, Köln u.a.

Höhfeld/Strecker (1986), Gesetzliche Warenkennzeichnung, in: Handbuch des Verbraucherrechts, Hrsg.: AgV/DGB, Neuwied, Gruppe F2.

Hollmann, H.H. (1985 I, II), Die EG-Produkthaftungsrichtlinie, (I), in: DB, S. 2389 ff., (II), in: DB, S. 2439 ff.

Hoppmann, E. (1983), Wettbewerb und Werbung, in: WUW, S. 776-779.

Hopt, K. (1992), Handelsvertreterrecht, §§ 84-92c, 54, 55 HGB mit Materialien, München 1992.

Horst, J.-P. (1992), Das Verbot der vertikalen Preisbindung. Interdisziplinäre Analyse eines Tabus auf marketingwissenschaftlicher und wettbewerbspolitischer Grundlage, Schriften zu Distribution und Handel, Bd. 9, Hrsg.: D. Ahlert, Frankfurt a.M., New York.

Hubmann, H. (1988), Gewerblicher Rechtsschutz, Patent-, Gebrauchsmuster-, Warenzeichen- und Wettbewerbsrecht, 5. Aufl., München.

Hundhausen, E. (1985), Was hat das Marketing gegen Testurteile, in: asw, Heft 5, S. 74 ff.

Immenga/Mestmäcker (1981), GWB-Kommentar zum Kartellgesetz, München.

Jungjohann, K. u.a. (1974), Informationsverhalten und Informationsbedarf von Juristen, Berlin.

Juppenlatz, P. (1994), Schrott von der Stange. Der STERN ließ an der Uni Aachen Fahrräder für Acht- bis Zwölfjährige auf ihre Sicherheit testen, in: Stern, Heft 49, S. 220-223.

Karpf, R. (1983), Werbung mit Testergebnissen, München.

Kelbel, G. (1987), Die Novelle zum Geschmacksmustergesetz, in: GRUR, S. 141-148.

Kelbel, G. (1989), Das neue Geschmacksmusterrecht, in: GRUR, S. 631-642.

Keßler, J. (1991), Rechtliche Aspekte des Tele-Shoppings - zu normativen Grenzen eines neuen Marketing-Konzepts, in: WRP, S. 285-291.

Kisseler, M. (1994 I), Das deutsche Wettbewerbsrecht im Binnenmarkt, in: WRP, S. 1-15.

Kisseler, M. (1994 II), Wettbewerbsrecht und Umweltschutz, in: WRP, S. 149-156.

Klaka, R. (1994), Erschöpfung und Verwirkung im Licht des Markenrechtsreformgesetzes, in: GRUR, S. 321-330.

Kleier, U. (1983), Bildschirmtext - Wirtschaftliche und rechtliche Auswirkungen, in: WRP, S. 534 ff.

Klette, M. (1983), Zur sogenannten Additionsmethode bei Mehrfach-Irreführungen, in: GRUR, S. 414-422.

Kliems, H. (1995), Relativer Ähnlichkeitsbegriff bei Waren/Dienstleistungen im neuen Markenrecht?, in: GRUR, S. 198-204.

Kloepfer/Michael (1991), Vergleichende Werbung und Verfassung - Meinungsgrundrechte als Grenze von Werbebeschränkungen, in: GRUR, S. 170-180.

Kluy, H. (1963), Problematik und Stand des Warentests, in: Jahrbuch der Absatz- und Verbrauchsforschung, Hrsg.: Bergler/Vershofen, München, S. 152 ff.

Knaak, R. (1986), Demoskopische Umfragen in der Praxis des Wettbewerbs- und Warenzeichenrechts, München, Weinheim.

Knaak, R. (1995), Der Schutz geographischer Herkunftsangaben im neuen Markengesetz, in: GRUR, S. 103-112.

Kollhosser/Bork (1987), Rechtsfragen bei der Verwendung von Mehrwegverpackungen, in: BB, S. 909-916.

Kommission der EG (1990), Fünfter Bericht von der Kommission an den Rat und an das Europäische Parlament über die Durchführung des Weißbuches zur Vollendung des Binnenmarktes, Belgien.

Kommission der EG (1991), Vorschlag für eine Richtlinie des Rates über vergleichende Werbung und zur Änderung der Richtlinie 84/450/EWG über irreführende Werbung. In: ABlEG Nr. C 180/14 v. 11.7.1991.

Kommission der EG (1994), Geänderter Vorschlag für eine Richtlinie des Europäischen Parlaments und des Rates über vergleichende Werbung und zur Änderung der Richtlinie 84/450/EWG über irreführende Werbung. In: ABlEG Nr. C 136/4 v. 19.5.1994.

Kowalski, U. (1980), Der Schutz von betrieblichen Forschungs- und Entwicklungsergebnissen - Die Gestaltung des schutzpolitischen Instrumentariums im Innovations-Imitationsprozeß, Frankfurt/M.

Kraft, A. (1991), Notwendigkeit und Chancen eines verstärkten Schutzes bekannter Marken im neuen WZG, in: GRUR, S. 339-344.

Kraßer/Schmid (1982), Der Lizenzvertrag über technische Schutzrechte aus der Sicht des deutschen Zivilrechts, in: GRUR Int., S. 324 ff.

Kresse, H. (1987), Rundfunkwerbung - auf dem Weg aus der Kleinstaaterei, in: MA, S. 376-391.

Kroeber-Riel, W. (1974), Grundlagen und Techniken der emotionalen Werbung, in: Neuere Ansätze der Marketing-Theorie, Festschrift für O.R. Schnutenhaus, Hrsg.: Hammann/Kroeber-Riel/Meyer, Berlin, S. 192 ff.

Kroeber-Riel, W. (1994), Strategie und Technik der Werbung, 4. Aufl., Stuttgart, Berlin, Köln.

Kullmann/Pfister (o.J.), Produzentenhaftung, Loseblattsammlung, Berlin.

Kunze, G.F. (1972), Gewinnspiele in der Praxis, in: MA, S. 424-442.

Kur, A. (1994), Internationale Aspekte des Schutzrechtsmanagements, in: Handbuch Markenartikel, Hrsg.: M. Bruhn, Stuttgart, S. 1861-1889.

Lacey, R. (1987), Ford. Eine amerikanische Dynastie, Düsseldorf, Wien, New York.

Lachmann, J.-P. (1983), Werbung über Bildschirmtext, in: WRP, S. 591 ff.

Lambsdorff, H.G. Graf (1983), Das Recht der Werbeagenturen, in: Rechtsfragen in Wettbewerb und Werbung, Hrsg.: J. Amann, Bd. 2, Stuttgart, Kap. 5.6., Rdn. 534-563.

Langen, E. (1968), Außenwirtschaftsgesetz, München.

Langen/Niederleithinger/Schmidt (1982), Kommentar zum Kartellgesetz, 6. Aufl., Darmstadt.

Larenz, K. (1981), Lehrbuch des Schuldrechts, Bd. 2, besonderer Teil, 12. Aufl., München.

Lehmann, M. (1974), Die Werbung mit Geschenken, Köln u.a..

Lehmann, M. (1993), Produzentenhaftung bei integrierter Produktion - computer integrated manufacturing (CIM), in: BB, S. 1603-1607.

Lehmann/Schönfeld (1994), Die neue europäische und deutsche Marke: Positive Handlungsrechte im Dienste der Informationsökonomie, in: GRUR, S. 481-489.

Lindow, E.-W. (1989), Der kranke Engel, in: FAZ-Verlags-Beilage v. 06.06. 1989, Nr. 128, S. 6.

Löhr, M. (1974), Vergleichende Werbung im Spiegel der Rechtsprechung, in: MA, S. 498-504.

Loewenheim, U. (1975), Suggestivwerbung, unlauterer Wettbewerb, Wettbewerbsfreiheit und Verbraucherschutz, in: GRUR, S. 100 ff.

Löwitsch, R. (1992), Rückruf-Aktionen, Immer peinlich, häufig heimlich, in: Auto Bild v. 4.5., S. 8-12.

Lohmann, H. (1978), Vertragsrecht, Bd. 2, Verpflichtungsverträge, Stuttgart/Berlin/Köln/Mainz.

Luhmann/Milhahn (1978), Die rechtlichen Grenzen der Preisgestaltungsfreiheit und der Werbung mit dem Preis, Kissing.

Markert, K. (1981), Vierter Abschnitt, Wettbewerbsbeschränkendes und diskriminierendes Verhalten, § 26, in: Kommentar zum Kartellgesetz, Hrsg.: Immenga/Mestmäcker, München, S. 1086 ff. und 1094 ff.

Martinek, M. (1987), Franchising, Grundlagen der zivil- und wettbewerbsrechtlichen Behandlung der vertikalen Gruppenkooperation beim Absatz von Waren und Dienstleistungen, Heidelberg.

Martinek, M. (1989), Aktuelle Fragen des Vertriebsrechts. Belieferungs-, Fachhändler-, Vertragshändler-, Agentur- und Franchise-Systeme, 2. Aufl., Köln.

Meffert, H. (1986), Marketing, 7. Aufl., Wiesbaden.

Meffert, H. (1988), Strategische Unternehmensführung und Marketing, Wiesbaden.

Meffert/Bolz (1994), Internationales Marketing-Management, 2. Aufl., Stuttgart, Berlin, Köln.

Meiners, D. (1968), Ordnungspolitische Probleme des Warentests, Berlin.

Meister, H. (1989), Das Phänomen Produktpiraterie, in: WRP, S. 559-567.

Meister, H. (1990), Neues deutsches Zeichenrecht - eine Zwischenbilanz, in: MA, S. 525-548.

Meister, H. (1991), Leistungsschutz und Produktpiraterie, Frankfurt/Main.

Meister, H. (1995), Die Verteidigung von Marken. Eine Skizze zum neuen Recht, in: WRP, S. 366-377.

Melullis, K.-J. (1991), Handbuch des Wettbewerbsprozesses unter besonderer Berücksichtigung der Rechtsprechung, Köln.

Menke, B. (1993), Die moderne informationsökonomische Theorie der Werbung und ihre Bedeutung für das Wettbewerbsrecht, dargestellt am Beispiel der vergleichenden Werbung, in: GRUR, S. 718-728.

Metzlaff, K. (1994), Franchiseverträge und EG-Kartellrecht. Die GruppenfreistellungsVO Nr. 4087/88 für Franchiseverträge, Münster, Hamburg.

Micklitz, H.-W. (1982), Verbraucherschutz und Bildschirmtext, in: NJW, S. 263-268.

Micklitz, H.-W. (1986), Die Rechte des Verbrauchers bei fehlender oder unvollständiger Reparaturrechnung, in: DB, S. 1709-1712.

Möhring/Illert (1974), Werbeagenturvertrag und Beratungspflichten der Werbeagenturen, in: BB 1974, S. 65-70.

Möschel, W. (1983), Recht der Wettbewerbsbeschränkungen, Köln u.a.

von Mühlendahl, A. (1989), Das künftige Markenrecht in der Europäischen Gemeinschaft, in: GRUR Int., S. 353-362.

Müller, R. (1990), Was Sie über "Normen" in der EG nach dem 1.1.1993 wissen sollten, in: Marketing Journal, S. 350-354.

Müller, W. (1991), Das Ankündigungsrecht des Zeicheninhabers im Lichte der Händlerwerbung, in: GRUR, S. 274-280.

Müller-Hennerberg, K.-F. (1958), Gesetz gegen Wettbewerbsbeschränkungen, Köln, Berlin.

Nacken, G. (1991), Vergleichende Werbung bald EG-weit erlaubt? In: BAG-Nachrichten, Heft 3, S. 24-26.

Nacken, G. (1994), Anmerkungen zu den Änderungen des UWG, in: WRP, S. 791-795.

Nickel, E. (1981), Zur Problematik von Gewährleistungs- und Garantiekostenregelungen durch AGB im Verhältnis zwischen Hersteller und Handel, in: NJW, S. 1490-1494.

Nickel, E. (1994), Werbung in Grenzen - Report über Werbekontrolle in Deutschland, Hrsg.: ZAW, Bonn.

Nielsen, F. (1982), Grundlagen einer Reform des deutschen Gebrauchsmusterrechts, Berlin.

Nordemann, W. (1994), Wettbewerbsrecht, 7. Aufl., Baden-Baden.

Ohling, H. (1986), Export-Import-Spedition, 10. Aufl., Wiesbaden.

O.V. (1971), Gutachter-Ausschuß für Wettbewerbsfragen. Industrieverkäufer im Einzelhandel, in: WRP, S. 388-390.

O.V. (1981), Moral unterliegt Pragmatik, in: asw, Heft 4, S. 66 ff.

O.V. (1983), Nicht gekennzeichnete redaktionelle Werbung, in: WRP, S. 649.

O.V. (1986 II), Blendax stoppt Warentester, in: LMZ Nr. 3 v. 17.1.1986, S. 24.

O.V. (1986 III), Irreführende Testergebnisse, Obergerichtliche Entscheidungen zur Tätigkeit der Stiftung Warentest, in: MA, S. 190-192.

O.V. (1989 I), Praktische Hilfen, in: Praxisratgeber zum Wettbewerbsrecht bei Werbung, Verkauf und Marktverhalten, Loseblattsammlung, Hrsg.: Schräder/Hohl, Freiburg i.Br., Gruppe 7.

O.V. (1989 II), Wann Schleichbezieher milde Richter finden, in: asw, Heft 2, S. 64-72.

O.V. (1990), Incoterms 1990, Hrsg.: Deutsche Landesgruppe der ICC (International Chamber of Commerce), Köln 1990.

O.V. (1991 I), Mittelstandskreise - Kartell für die Kleinen, in: ehb, S. 272 ff.

O.V. (1991 II), Ein Erfolg gegen "test", in: LMZ v. 24.5., S. 26.

O.V. (1993), Täuschung durch Light-Produkte, in: LMZ Nr. 47 v. 26.11., S. 31.

O.V. (1994), Umsetzung der Produkthaftungs-Richtlinie in den EU-Mitgliedstaaten und in den EFTA-Staaten, in: PHI, Heft 2, S. 66.

O.V. (1995 I), Marlboro-Konzern ruft 8 Milliarden Zigaretten zurück, in: WAZ v. 29.5.1995.

O.V. (1995 II), Karlsruhe untersagt Schockwerbung - Drei Benettonanzeigen waren sittenwidrig, in: LMZ Nr. 28 v. 14.07.1995, S. 28.

Paefgen, T.C. (1994), Ist die Telefonwerbung noch zu retten? Agonie eines Direktmarketinginstruments, in: WRP, S. 73-89.

Partu, D. (1985), Die Organisation des Marketing-Rechts-Managements: Formelle und institutionelle Probleme der Zusammenarbeit von Marketingmanagern und Rechtsexperten in Großunternehmen der Konsumgüterindustrie, Münster.

Piper, H. (1992), Zu den Auswirkungen des EG-Binnenmarktes auf das deutsche Recht gegen den unlauteren Wettbewerb, in: WRP, S. 685-691.

Pollmüller, H.-D. (1978), Rechtliche Beschränkungen der Werbepolitik, in: Handbuch des Marketing, Bd. 1, Hrsg.: J. Koinecke, Gernsbach, S. 171-188.

Pollmüller, H.-D. (1981), Rechtliche Aspekte vertraglicher Vertriebssysteme, in: Ahlert, D. (Hrsg.), Vertragliche Vertriebssysteme zwischen Industrie und Handel, Wiesbaden, S. 125 ff.

Pollmüller, H.-D. (1982), Zur Frage der Zulässigkeit des vertraglichen Selektivvertriebs nach deutschem Kartellrecht - Bestandsaufnahme der aktuellen Rechtsprechung zum Diskriminierungsverbot und Konsequenzen für die Systemgestaltung, in: Betriebswirtschaftliche und rechtliche Probleme des vertraglichen Selektivvertriebs, Hrsg.: AGR, o.O., S. 27-72.

Preston, J.L. (1974), Reasonable Consumer or Ignorant Consumer? How the FTC decides, in: The Journal of Consumer Affairs, S. 131 ff.

Raffée, H. u.a. (1976), Irreführende Werbung, Wiesbaden.

Raffée, H. u.a. (1977), Irreführung messen, in: asw Heft 5, S. 74-81.

Raffée/Fritz (1985), Warentest im Marketing-Test, in: asw, Heft 5, S. 86-97.

Ramm, P. (1966), Fortwirkung von Verträgen, insbesondere von Lieferverträgen, Diss. München.

Rehfeldt/Rehbinder (1978), Einführung in die Rechtswissenschaft, 4. Aufl., Berlin u.a.

Regelmann, C. (1989), Zur Lückenlosigkeit selektiver Vertriebsbindungen bei sogenannten Reimporten, in: WRP, S. 779-783.

Reich/Tonner/Wegener (1976), Verbraucher und Recht, Göttingen.

Reuter, A. (1991), Das neue Gesetz über Umwelthaftung, in: BB, S. 145-149.

Rittner, F. (1981), Einführung in das Wettbewerbs- und Kartellrecht, Karlsruhe.

Rittner, F. (1993), Wettbewerbs- und Kartellrecht, 4. Aufl., Heidelberg

Rominski, D. (1992), Warnhinweise: Eindeutig und auffällig!, in: asw, Heft 4, S. 107-109.

Sack, R. (1987 I), Anmerkung zur "Cola-Test"-Entscheidung des BGH, in: GRUR 1987, S. 49 ff. - Cola-Test.

Sack, R. (1987 II), Zur wettbewerbsrechtlichen Problematik des Product Placements, in: ZUM Sonderheft, S. 103-128.

Sack, R. (1987 III), Product Placement im Fernsehen, Medien-, urheber- und wettbewerbsrechtliche Grenzen, in: Marketing ZFP, S. 196-200.

Sack, R. (1991), Neue Werbeformen im Fernsehen - rundfunk- und wettbewerbsrechtliche Grenzen, in: AfP, S. 704 ff.

Sack, R. (1995), Sonderschutz bekannter Marken, in: GRUR, S. 81-98.

417

Scheer, S. (1992), Deutsches Patent-, Gebrauchsmuster-, Geschmacksmuster-, Warenzeichen-, Wettbewerbs- und Arbeitnehmererfindungsrecht, 38. Aufl., Hürth-Efferen, Köln.

Schilling/Jörissen (1988), Das Produkthaftpflichtrisiko. Bedeutung für Haftung, Organisation und Marktverhalten des Unternehmens, in: DBW, S. 311-329.

Schlegelberger, F. (1982), Handelsgesetzbuch, Bd. 5 §§ 373-382, 5. Aufl., München.

Schluep, W.R. (1972), Wirtschaftsrechtliche Aspekte der Werbung an das Unbewußte, in: ZSR, S. 553 ff.

Schmalen, H. (1982), Preisbildung und Rechtsordnung, in: WiSt, S. 162-168.

Schmalen, H. (1992), Kommunikationspolitik, 2. Aufl., Stuttgart, Berlin, Köln.

Schmidt, A. (1963), Die Patentabteilung im Betrieb, Düsseldorf.

Schmidt, A. (1967), Aktive Patent- und Lizenzpolitik in Industrie und Wirtschaft, Düsseldorf.

Schmidt, J. (1981), Wettbewerbstheorie und -politik, Stuttgart.

Schmidt-Salzer, J. (1972), Produkthaftung, Produkthaftpflichtversicherung und risk management, in: BB, S. 1430 ff.

Schmidt-Salzer, J. (1973), Produkthaftung, Heidelberg.

Schmidt-Salzer, J. (1976), Entscheidungssammlung Produkthaftung, Berlin.

Schmidt-Salzer, J. (1985), Produkthaftung, Bd. II: Freizeichnungsklauseln, Heidelberg.

Schmidt-Salzer, J. (1986), Die EG-Richtlinie Produkthaftung, in: BB, S. 1103 ff.

Schmidt-Salzer, J. (1987), Dokumentation, Produkt-Verschuldungshaftung und verschuldungsunabhängige Haftung nach der EG-Richtlinie, in: DB, S. 1285-1289.

Schmidt-Salzer, J. (1990), Produkthaftung, Deliktsrecht, 1. Teil, 2. Aufl., Heidelberg.

Schotthöfer, P. (Hrsg.) (1991 I), Handbuch des Werberechts in den EG-Staaten, Österreich, Schweiz und USA, Köln, Rz. 14 Int.

Schotthöfer, P. (1991 II), Das Recht des Vergleichs in der Werbung in den Mitgliedstaaten der EG, Österreich, Schweiz, in: Werbeforschung und Praxis, Folge 3, S. 121-126.

Schröder, H. (1990 I), Vertikaler Markenschutz als Problem der Markenartikelindustrie, Schriften zu Distribution und Handel, Bd. 6, Hrsg.: D. Ahlert, Frankfurt a.M., New York.

Schröder, H. (1990 II), Markenschutz: Wenn die Handelswerbung zum Problem wird, in: asw, Heft 7, S. 72-79.

Schröder, H. (1993), Der Markenartikel im Spannungsfeld zwischen Industrie und Handel, in: MA, S. 43-52.

Schröder, H. (1994 I), Rechtliche Probleme im Rahmen von Markenstrategien - dargestellt an ausgewählten Fallbeispielen aus der Praxis, in: Handbuch Markenartikel, Hrsg.: M. Bruhn, Stuttgart, S. 1683-1711.

Schröder, H. (1994 II), Der Schutz der Marke im Absatzkanal - Probleme und Lösungsansätze, in: Handbuch Markenartikel, Hrsg.: M. Bruhn, Stuttgart, S. 1835-1859.

Schröder, H. (1994 III), Die Bedeutung einer Liberalisierung der vergleichenden Werbung für die Funktionsfähigkeit des Wettbewerbs, in: DBW, S. 363-381.

Schröder, H. (1994 IV), Vergleichende Werbung nach den Vorstellungen der Europäischen Kommission von 1991 beeinträchtigt die Funktionsfähigkeit des Wettbewerbs, Anmerkungen zu den Dialogbeiträgen von H.G. Borck, W. Fritz, M. Kisseler, N. Reich, P. Schotthöfer, K. Sedelmeier, in: DBW, S. 693-697.

Schröder, H. (1994 V), Vergleichende Werbung - Verlust an Information, in: Jahrbuch der Ernährungswirtschaft 1994, Hrsg.: M. Kersten, Neuwied, S. 136-139.

Schröder/Ahlert (1992), Konsumgüter-Marketing und Recht, in: Marketing, Beitrag 62, Hrsg.: L.G. Poth, Neuwied.

Schröder/Ahlert (1993), Marketing, in: Handbuch Unternehmung und Europäisches Recht, Hrsg.: E. Gerum, Stuttgart, S. 375-420.

Schröder/Brinkschmidt (1992), Vorsicht bei Gesundheits- und Umweltaussagen!, in: asw, Heft 2, S. 72-84.

Schröder, J. (1987), Marketing-Schutzrechts-Management, Absatzwirtschaftliche und rechtliche Probleme der Erlangung und Bewirtschaftung rechtlicher Schutzpositionen für absatzprogrammpolitische Strategien, Schriften zu Distribution und Handel, Bd. 2, Hrsg.: D. Ahlert, Frankfurt a.M., Bern, New York.

Schulte, R. (1981), Patentgesetz, 3. Aufl., Köln u.a.

Schultz, A.-M. (1980), Gebührenbemessung bei internationalen Lizenz- und Know-How-Verträgen, St. Gallen.

Schütz, J. (1993), Nachahmungsgefahr und Unlauterkeit, in: WRP, S. 168-170.

von Schultz, D. (1994), Wohin geht das berühmte Kennzeichen?, in: GRUR, S. 85-89.

Schweer, D. (1986), Das neue Abfallgesetz, in: DB, S. 2371-2374.

Schwendemann, U. (1981), Wiederholungszeichen - gleiche Rechte oder Privilegierung?, in: GRUR, S. 158 f.

Schwintowski, H.-P. (1987), Prüfe dein Wissen - Rechtsfälle in Frage und Antwort, Heft 22, München.

Seffer, A. (1992), Juristische Aspekte der Umweltwerbung, in: Werbeforschung und Praxis, Heft 1, S. 16-21.

Serick, R. (1976), Rechtsprobleme des Factoring-Geschäfts, in: BB, S. 425 ff.

Silberer, G. (1985), Beurteilung, Nutzung und Wirkungen von Ergebnissen vergleichender Warentests im Konsumentenbereich, in: Jahrbuch der Absatz- und Verbrauchsforschung, S. 49-73.

Simitis, S. (1970), Informationskrise des Rechts und Datenverarbeitung, Karlsruhe.

Standop, D. (1978), Zur Anpassung der Unternehmenspolitik an ein verschärftes Recht der Produzentenhaftung, in: DBW, S. 191 ff.

Standop, D. (1992), Kosten von Produktrückrufen, in: Handbuch Kostenrechnung, Hrsg.: W. Männel, Wiesbaden, S. 907-916.

Standop, D. (1993), Sicherheitskommunikation, in: Handbuch Marketing-Kommunikation, Hrsg.: Berndt/Hermanns, Wiesbaden, S. 946-964.

Steindorff, E. (1993), Unlauterer Wettbewerb im System des EG-Rechts, in: WRP, S. 139-151.

Strunkmann-Meister, K. (1971), Zur Rechtsschutzplanung neuer Produkte, in: MA, S. 425 f.

Taschner, H. C. (1986), Produkhaftung, München.

Teichmann/von der Krüchten/ (1994), Kriterien gefühlsbetonter Werbung, in: WRP, S. 704-709.

Teplitzky, O. (1994), Die jüngste Rechtsprechung des Bundesgerichtshofs zum wettbewerblichen Anspruchs- und Verfahrensrecht VI, in: WRP, S. 765-774.

Thesen, R. (o.J.), Recht der Außenwerbung, in: Rechtsfragen in Wettbewerb und Werbung (Loseblattsammlung), Hrsg.: Ammann/Jaspers, Stuttgart, München, Hannover, Kap. 5.6., Rdn. 700-783.

Tilmann, W. (1976), Irreführende Werbeangaben und täuschende Werbung, in: GRUR, S. 544 ff.

Trommsdorff, V. (1979), Das empirische Gutachten als Beweismittel im Wettbewerbsprozeß, in: Marketing ZFP, S. 91 ff.

Tronser, U. (1991), Auswirkungen des Produktpirateriegesetzes vom 7. März 1990 auf das Gebrauchsmusterrecht, in: GRUR , S. 10-16.

Tronser, U. (1994), Der Schutz technischer und ästhetischer Produkteigenschaften des Markenartikels, in: Handbuch Markenartikel, Hrsg.: M. Bruhn, Stuttgart, S. 1787-1833.

Ulmer, P. (1969 I), Die zeichenrechtlichen Grenzen der Händlerwerbung mit Herstellermarken, in: NJW, S. 11-18.

Ulmer, P. (1969 II), Der Vertragshändler. Tatsachen und Rechtsfragen kaufmännischer Geschäftsbesorgung beim Absatz von Markenwaren, München.

Ulmer, P. (1986), Direktvertrieb und Haustürwiderrufsgesetz, in: WRP, S. 445-455.

Ulmer, P. (1987), Wettbewerbsrechtliche Schranken für die Händlerwerbung mit bekannten Herstellermarken? Zur Rufausbeutung von Markenartikeln und zur Minderung ihres Werbewertes durch Lockvogelstrategien von Handelsunternehmen, in: Markenartikel, S. 234-262, 319 f.

Umweltbundesamt (Hrsg.) (1989), Umweltfreundliche Beschaffung - Handbuch zur Berücksichtigung des Umweltschutzes in der öffentlichen Verwaltung und im Einkauf, 2. Aufl., Wiesbaden, Berlin.

Uvena, R. (1978/79), Organization of a "Small" Corporate Law Department, in: The Business Lawyer, S. 831 ff.

von Usslar/von Morgen (1989), Aktuelle Rechtsfragen der Kreditkarten-Praxis, Hamburg.

Vogel, F. (1979), Blickfangwerbung, in: GRUR, S. 511 f.

Vogler, S. (1988), Öko-Kommunikation: Vom Makelartikel zum Markenartikel, in: Thexis, Heft 3, S. 19-21.

Vormbaum, H. (1976), Finanzierung der Betriebe, 4. Aufl., Wiesbaden.

Voss, J. (1994), Fabrikneuer Sperrmüll. Radfahrer leben gefährlich, in: Stern, Heft 30, S. 113-115.

von Wahlert, J. (1994), Markenartikel und Kennzeichenschutz, in: Handbuch Markenartikel, Hrsg.: M. Bruhn, Stuttgart, S. 1747-1786.

Weber/Annuk (1976), Warenkennzeichnung - ein Mittel der Verbraucherinformation, Schriften der Kommission für wirtschaftlichen und sozialen Wandel, Göttingen.

Weides, P. (1976), Wirtschaftswerbung und Grundrechte, in: WRP, S. 585-591.

Weihermüller, M. (1982), Die Lizenzvergabe im internationalen Marketing - Entscheidungsgrundlagen und Gestaltungsbereiche, München.

Wellens, C. (1991), Grenzen der Rundfunkfinanzierung: Teleshopping. Zivil-, öffentlich- und wettbewerbsrechtliche Probleme, Köln.

von Werder/Klinkenberg/Frese (1990), Produkthaftungs-Management. Empirische Untersuchungen und Handlungsempfehlungen zur Risikominderung für mittelständische Unternehmungen, Stuttgart.

von Westphalen, F. Graf (1987), Rechtsprobleme der Exportfinanzierung, 3. Aufl., Heidelberg.

Wiebe, A. (1993), Zur "ökologischen Relevanz" des Wettbewerbsrechts - Lauterkeitsrechtliche Grenzen der Umweltwerbung, in: WRP. S. 798-812.

Wiechmann, D. (1989), Negative Testurteile wurden höchstrichterlich untersagt, in: LMZ Nr. 19 v. 12.5.1989, S. 28.

Wiedemann, G. (1982), Probleme der Praktizierung von Vertriebsbindungssystemen aus der Sicht der Wirtschaftspraxis - unter besonderer Berücksichtigung aktueller Entwicklungen im EG-Kartellrecht, in: AGR, (Hrsg.), Betriebswirtschaftliche und rechtliche Probleme des vertraglichen Selektivvertriebs, Dortmund, S. 73 ff.

Wienke, M. (1986), Wettbewerbsrechtliche Probleme der Werbung über Bildschirmtext und Teletex, in: WRP, S. 455-459.

Winkler, M. (1994), Das Widerspruchsverfahren nach dem neuen Markenrecht, in: GRUR, S. 570-578.

Winter, M. (1989), Werberecht, in: Recht der Neuen Medien, Hrsg.: Fuhr/Rudolf/Wasserburg, Heidelberg, S. 353-383.

Witt, F.-J. (1988), Das Verbot der vertikalen Preisbindung nach §§ 15 ff. GWB auf dem "Effizienzprüfstand" seiner Praxiswirkung, in: WRP, S. 417-422.

Wolff, D. (1994), Werbung mit postalischen Mittel - erlaubt oder verboten?, Hrsg.: ZAW, Bonn.

Wronka, G. (1988), Marktsegmentierung und Direktmarketing, in: WRP, S. 586-589.

ZAW (Hrsg.) (1986), ARD-Grundsätze zur Trennung von Werbung und Programm, Bonn.

ZAW (Hrsg.) (1987 I), Werbung '87, Bonn.

ZAW (Hrsg.) (1987 II), Basisdienst April 1987, Bonn.

ZAW (Hrsg.) (1988), Basisdienst April v. 22.4.1988, Bonn.

ZAW (Hrsg.) (1990), Spruchpraxis Deutscher Werberat, 6. Aufl., Bonn.

ZAW (Hrsg.) (1991 I), Jahrbuch Deutscher Werberat, Bonn.

ZAW (Hrsg.) (1991 II), Werbung in Deutschland 1991, Bonn.

ZAW (Hrsg.) (1992 I), Jahrbuch Deutscher Werberat, Bonn.

ZAW (Hrsg.) (1992 II), Werbung in Deutschland 1991, Bonn.

ZAW (Hrsg.) (1993 I), Jahrbuch Deutscher Werberat, Bonn.

ZAW (Hrsg.) (1993 II), Werbung in Deutschland 1991, Bonn.

ZAW (Hrsg.) (1994 I), Jahrbuch Deutscher Werberat, Bonn.

ZAW (Hrsg.) (1994 II), Werbung in Deutschland 1994, Bonn.

ZAW (Hrsg.) (1995), Werbung in Deutschland 1995, Bonn.

Zentes, J. (1979), Marketing- und wettbewerbspolitische Aspekte der Produzentenhaftung, in: Marketing ZFP, S. 237 ff.

Zipfel, W. (1976), Lebensmittelrecht, Kommentar der gesamten lebensmittelrechtlichen Vorschriften, Bd. I, München.

Stichwortverzeichnis

R

S